Cora Dietl, Julia Gold, Heidy Greco-Kaufmann,
Elke Huwiler und Björn Reich

Inszenierungen von Heiligkeit

Das schweizerische Heiligenspiel des 16. und
frühen 17. Jahrhunderts im Kontext
konfessioneller Auseinandersetzungen

Schwabe Verlag

Gefördert durch Mittel der Deutschen Forschungsgemeinschaft
im Rahmen des Einzelprojekts DI 665/7-2 (Projektnummer 241971380).

Bibliografische Information der Deutschen Nationalbibliothek
Die Deutsche Nationalbibliothek verzeichnet diese Publikation in der Deutschen Nationalbibliografie; detaillierte bibliografische Daten sind im Internet über http://dnb.dnb.de abrufbar.

© 2024 Schwabe Verlag Berlin GmbH
Dieses Werk ist urheberrechtlich geschützt. Das Werk einschließlich seiner Teile darf ohne schriftliche Genehmigung des Verlages in keiner Form reproduziert oder elektronisch verarbeitet, vervielfältigt, zugänglich gemacht oder verbreitet werden.
Abbildung Umschlag: Bühnenplan zum ‹Luzerner Wilhelmsspiel›, 1596. ZHB Luzern, Ms.178.a.fol.:2.
Cover: icona basel gmbh, Basel
Satz: Cora Dietl, Gießen
Druck: CPI books GmbH, Leck
Printed in Germany
ISBN Printausgabe 978-3-7574-0014-9
ISBN eBook (PDF) 978-3-7574-0094-1
DOI 10.31267/978-3-7574-0094-1
Das eBook ist seitenidentisch mit der gedruckten Ausgabe und erlaubt Volltextsuche. Zudem sind Inhaltsverzeichnis und Überschriften verlinkt.

rights@schwabeverlag.de
www.schwabeverlag.de

Vorwort

Der vorliegende Band ist das Ergebnis einer langjährigen deutsch-schweizerischen Forschungskooperation, die zunächst generell dem Theater und Drama des 16. Jahrhunderts galt. Es war Heidy Greco-Kaufmanns Idee, das weite und in vielen Punkten immer noch unerschlossene Forschungsfeld auf Heiligen- oder Märtyrerdramen einzugrenzen. Von Anfang an hatten wir vor, das deutsche (vornehmlich lutherische) Märtyrerdrama mit dem schweizerischen (vornehmlich katholischen) Heiligenspiel zu kontrastieren. Durch die großzügige Förderung der Deutschen Forschungsgemeinschaft (DFG), für die ich überaus dankbar bin, ist es uns ermöglicht worden, die beiden Teilprojekte von ‹Inszenierungen von Heiligkeit im Kontext der konfessionellen Auseinandersetzungen› hintereinander zu schalten. Von 2014 bis zum lutherischen Reformationsjubiläum 2017 ist die den deutschen Texten gewidmete Edition ‹Frühneuzeitliche Märtyrerdramen› in acht Teilbänden entstanden. Zum Jubiläum der Reformation Zwinglis war der Band zum schweizerischen Heiligenspiel geplant, der auf umfangreiche Vorarbeiten von Heidy Greco-Kaufmann aufbauen konnte. Die Dringlichkeit einer wissenschaftlichen Erschließung der schweizerischen Heiligenspiele verdeutlichte sie 2015 in einem Vortrag über das damals noch gänzlich unbekannte ‹Beromünsterer Apostelspiel›, gehalten vor den mittelalterlichen Holzfiguren der Apostel in Beromünster auf der von ihr organisierten Regionaltagung der Société internationale pour l'étude du théâtre médiéval.

Die Veröffentlichung des Bandes und der ihn begleitenden Editionen hat sich aufgrund misslicher Umstände (u. a. Covid) verzögert; die Zusammenarbeit war aber in jeder Phase eine große Freude. Daher möchte ich mich heute ganz besonders bei allen Beteiligten bedanken: zuallererst bei meinen Mitautorinnen und Mitautoren Julia Gold, Heidy Greco-Kaufmann, Elke Huwiler und Björn Reich, sodann bei meiner ehemaligen Mitarbeiterin Verena Linseis, die uns in den ersten Monaten des Projekts begleitet hat. Dankbar bin ich den Bibliotheken und Archiven in Basel, Bern, Einsiedeln, Fribourg, London, Luzern, Sarnen, Solothurn und Zug, die uns nicht nur ihre kostbaren Bestände zur Verfügung gestellt, sondern uns auch mit Rat zur Seite gestanden haben. Ein ganz besonderer Dank gilt meinen studentischen Hilfskräften, Frau Lina Matzke, Frau Karina Fischer und Herrn Timo Miosga für ihren unermüdlichen Einsatz. Sie haben durch die Transkription von Handschriften, die Besorgung von Literatur, durch Korrekturarbeiten und insbesondere durch die Erstellung des Index einen enormen Beitrag zu diesem Projekt geleistet. – Nicht zuletzt gilt mein Dank dem Schwabe-Verlag, namentlich Frau Susanne Franzkeit, Herrn Harald Liehr und Frau Sonja Peschutter, für die Aufnahme des Bandes ins Verlagsprogramm, für die fürsorgliche Betreuung der Drucklegung und für ihre Geduld in der Abschlussphase des Projekts.

Cora Dietl im November 2023

Inhaltsverzeichnis

Einführung   1
CORA DIETL, HEIDY GRECO-KAUFMANN
    Reformation und Eidgenossenschaft   2
    Heiligenverehrung   12
    Die schweizerische Reformation und das Theater   20
    Schweizer Heiligenspiele als Untersuchungsgegenstand   24

Luzern   37
HEIDY GRECO-KAUFMANN
    Theatralisierte Kulthandlungen im Sakralbezirk ‹im Hof›   37
    Heiligenverehrung in Luzern   41
    Die Heiligenspiele im Kontext des Luzerner Theatralitätsgefüges   42
    Schulmeister und Spielleiter Jakob Wilhelmi   47
JULIA GOLD
    Wilhelmis ‹theatrale Hagiographie›   50
    ‹Apostelspiel› (1585/1599)   53
    ‹Wilhelmspiel› (1596)   93
    ‹Leodegarspiel› (1606)   116

Sarnen   129
ELKE HUWILER
    Sarnen in der Frühen Neuzeit   129
    Theater in Obwalden im 16. und frühen 17. Jahrhundert   131
    Der historische Niklaus von Flüe und seine Rezeption   133
    Die Bruderklausenspiele: Zurflüe (1601) und Anonymus (nach 1624)   134

Einsiedeln   165
CORA DIETL
    Geschichte des Klosters Einsiedeln   166
    ‹Meinradspiel› (1576)   169
    Ein einmaliges Ereignis? Indizien der Handschrift   199

Solothurn   205
CORA DIETL
    Die Reformation in Solothurn   205
    Solothurner Theatertradition   208
    Der Hl. Ursus als Stadtpatron Solothurns   211

    ‹Älteres St. Ursenspiel› (1539)   215
    Wagners ‹St. Mauritius und St. Ursus› (1581)   225
    Wagners ‹Actus Quintus Stephanis› (1584)   238
    Aals ‹Johannes› (1549)   239

Zug   247
ELKE HUWILER
    Zug in der Frühen Neuzeit   247
    Theater in Zug im 16. und frühen 17. Jahrhundert   248
    Johannes Mahler   249
    Bühnenform und Struktur bei Mahler   251
    ‹Spiel von St. Stanislaus› (1620)   253
    ‹Bruder Klausen-Spiel› (1624)   262
    ‹Spiel von St. Oswald› (vor 1629)   271

Bern   285
BJÖRN REICH
    Die Reformation in Bern   285
    Berner Theatertradition   288
    ‹Berner Trilogie› (nach 1601)   294

Basel   313
CORA DIETL
    Die Reformation in Basel   313
    Theatertradition in Basel   316
    ‹Wider die Abgöttery› (1535)   319
    ‹Sant Pauls bekerung› (1546)   322
    ‹Der welt spiegel› (1550)   339

Schweizer Heiligenspiele   345
CORA DIETL, JULIA GOLD, HEIDY GRECO-KAUFMANN, ELKE HUWILER, BJÖRN REICH
    Heiligentypen   348
    Überzeugungsstrategien   355
    Krieg, Reisläuferei und Heiligkeit   362
    Komik und Heiligkeit   365

Bibliographie   367
Personen- und Werkindex   411

Einführung

> Der somen der vneinigkeit
> Ist langest gsåyet vff min eyd,
> Wil aber yetz erst frücht geberen,
> Mag ich yetz by diser zyt beweren,
> So die Geistlich hand gsůcht den fund
> Vnd erweckt in vnserm bundt
> So grossen zwytracht in dem glouben.
> Was möcht vns grösser syn vor ougen?
> Sind wir doch nit ein zerteiltes rych? (V. 637–645)[1]

Der Epilogsprecher des anonymen ‹Urner Tellenspiels› aus der Zeit zwischen 1540 und 1544[2] bringt die Sprengkraft des Themas konfessioneller Auseinandersetzungen in der Schweiz deutlich zum Ausdruck. *Sind wir doch nit ein zerteiltes rych* (V. 645): Uneinigkeit ist der Idee der Eidgenossenschaft zuwider – und dennoch sind nicht allein *die Geistlich* (V. 641) dafür verantwortlich zu machen, wenngleich sie offenbar gesucht und gezielt den schon lange zuvor gesäten Samen der Zwietracht zum Keimen gebracht haben. Die Schmähung ‹der Geistlichen› besitzt in einem wohl in Uri entstandenen, aber in Zürich überarbeiteten und gedruckten Drama[3] einen

---

[1] Das Urner Spiel von Wilhelm Tell, hg. von Hans Bodmer, in: Schweizerische Schauspiele des sechzehnten Jahrhunderts, hg. von Jakob Baechtold, Bd. 3. Zürich 1893, S. 1–48; vgl. Ein hüpsch Spyl gehalten zů Vry in der Eydgnoschafft / von dem frommen vnd ersten Eydgnossen / Wilhelm Thell genannt. Zürich: Augustin Frieß [1540/44] (VD16 B 9632), Ciiij^r. Zu den weiteren Auflagen vgl. Bodmer 1893, S. 7–9.

[2] Zur Frage, inwiefern dieses Spiel mit dem anonymen älteren ‹Urner Tellenspiel› von 1512 identisch oder überarbeitet worden ist, vgl. Walsh 2000, S. 156 (mit Bezug auf Wehrli und Baechtold, ebd. S. 172, Anm. 1f.). Schon Hans Bodmer geht von einer Entstehung des Stücks in Uri aus, wo es laut Überschrift aufgeführt worden ist, während der Druck eine «wesentlich erweiterte Bearbeitung» einer «an anderem Ort tätigen Hand» (Bodmer 1893, S. 4) darstelle. Die Art, wie im Epilog mit Bibelzitaten umgegangen werde, erinnere, so Bodmer, an Heinrich Bullingers ‹Lucretia› (ebd., S. 5). Die auch bei Walsh (2000, S. 158f.) als bemerkenswert hervorgehobenen Parallelisierung zwischen Tell und Lucretia ist in der älteren Forschung für eine Zuschreibung der Druckfassung des Dramas an Heinrich Bullinger verantwortlich, die heute nicht mehr angenommen wird. Als Bullingers «einzige[s] erhaltene[s] Theaterstück» (Buckenberger 2006, S. 77) gilt heute die ‹Lucretia›, die 1533 gedruckt worden ist und zwischen 1526 und 1528 entstanden sein dürfte (ebd.).

[3] Die Begriffe ‹Drama› und ‹Spiel› werden hier und im Folgenden nicht trennscharf verwendet, da hybride dramatische Textformen behandelt werden, welche zwischen dem aristotelischen Drama und dem mittelalterlichen Spiel stehen und z. B. oft eine Akteinteilung mit der Kon-

eigentümlich schillernden Charakter.[4] Als Spiel über die Einheit der Eidgenossenschaft legt es den Finger in die Wunde der durch die Reformation verletzten Einheit und bezieht dabei, je nach Lesart, selbst Partei im konfessionellen Streit. Martin Walsh sieht das Spiel auch als Teil eines Streits um Theaterformen:

> the ‹Tellenspiel› betrays qualities of a Passion or a Saint's Play with its exemplary protagonist, multiple persecutions, verbal abuse by a tyrant, miraculous deliveries, and an apotheosis of sorts – even if we did not know that *Tellskapellen* with their annual processions were to become part of the Swiss landscape later on in the century.[5]

Die Verwendung von – wenngleich gänzlich säkularisierten – Modellen eines Heiligenspiels würde in Uri weniger erstaunen als in Zürich und doch ist Walshs Beobachtung nicht von der Hand zu weisen. Das Heiligenspiel nämlich ist in seiner Bedeutung für die konfessionellen Auseinandersetzungen in der Schweiz, die stets vor dem Hintergrund des notwendigen Zusammenhalts der Eidgenossenschaft geführt werden, nicht zu unterschätzen. Umgekehrt kann es aber auch nicht jenseits des Kontextes der schweizerischen Reformationsgeschichte verstanden werden.

Reformation und Eidgenossenschaft

Die Glaubensspaltung der Schweiz setzt, wie das ‹Urner Tellenspiel› auch verdeutlicht, den Hebel an einer neuralgischen Stelle des schweizerischen Selbstverständnisses an, nämlich an der Grundidee des gemeinsamen Kampfes für Freiheit. Das Spiel zelebriert neben dem Widerstandsakt Tells (und Kuno Abalzellens in Unterwalden) vor allem den Bund; daher ist im Titel der Auflage von 1563 auch ausdrücklich von Tell als dem ersten Eidgenossen die Rede.[6]

---

zeption für eine großflächige Simultanbühne verbinden. Die hier jeweils verwendeten Begriffe setzen Akzente: Da üblicherweise der Begriff ‹Drama› die Einhaltung der Normen eines aristotelischen Dramas oder die Konzeption als Lesedrama suggeriert, wird er im Folgenden v. a. dann verwendet, wenn das Augenmerk auf dem gedruckten Text oder der Textstruktur liegt. Der Begriff des ‹Spiels› legt dagegen eine Bindung an ein religiöses oder profanes Fest und die Aufführung auf einer Simultanbühne nahe. Mit seiner Verwendung wird insbesondere der Aufführungsaspekt betont.

[4] Deutlich wird die konfessionelle Ausrichtung des Spiels auch im Schlusswort des Narren, der zunächst erklärt, dass die guten oder bösen Werke über das Seelenheil entscheiden werden, um dann diese Einsicht als den Traum eines Narren zu entblößen und auf die Gnade Gottes zu verweisen, durch dessen Sohn alle gerechtfertigt werden, die an ihn glauben. ‹Ein hüpsch Spyl› 1540/44, Cvj^v–vij^r.
[5] Walsh 2000, S. 167.
[6] Ein hübsch spyl gehalten zů Vry in der Eidgnoßschafft / von dem Wilhelm Thellen / jhrem Landsmann / vnnd ersten Eydtgnossen [Zürich: Tobias Geßner] 1563 (VD16 B 9633).

Die am Ende der Handlung, nach der freudigen Aufnahme des Freiheitsbündnisses durch die Bevölkerung der drei Waldstätte, von einem Herold zusammengefasste weitere Geschichte der Eidgenossenschaft deckt auf, welche Ereignisse der schweizerischen Geschichte im 16. Jahrhundert als zentral und identitätsstiftend wahrgenommen wurden – Reinhardt spricht von «Mythen» der Einheit,[7] Meier vom «Eidgenössischen Festkalender».[8] Sie seien hier als Referenzgröße aufgeführt, auf die das schweizerische Theater des 16. Jahrhunderts immer wieder Bezug nimmt.

Die Reihe beginnen der Rütlischwur als angeblicher erster Bündnisschluss,[9] die (nur unsicher bezeugte) Zusicherung der Reichsfreiheit durch Adolf von Nassau[10] und der überragende Sieg der Waldstätte gegen den Habsburger Friedrich den Schönen in der Schlacht am Morgarten am 9. Dezember 1315.[11] Letzterer führte zu einer Erneuerung des Bundes der drei Waldstätte Uri, Schwyz und Unterwalden sowie zu einer Bestätigung ihrer Reichsfreiheit durch Ludwig den Bayern.[12] Der Herold erwähnt auch, dass sich Luzern 1332 dem Bund anschloss.[13] Nicht mehr explizit aufgeführt, sondern summarisch zusammengefasst werden weitere Schritte zur Ausweitung des Bündnisses, die freilich bei den Rezipienten des Zürcher Drucks als bekannt vorausgesetzt werden dürfen. Zürich selbst verbündete sich zunächst 1351 mit Luzern;[14] aus einem Streit des Propsts des Zürcher Großmünsters mit dem Schultheißen von Luzern ging 1370 als Schlichtungspapier der sog. ‹Pfaffenbrief› hervor, den Zürich, Luzern, Zug, Uri, Schwyz und Unterwalden unterzeichneten und in dem erstmals von einer ‹Eidgenossenschaft› die Rede ist, weshalb dieses Zeugnis als eine der Gründungsurkunden des Bundes gilt.[15]

Zu den weiteren vom Herold des ‹Urner Tellenspiels› benannten *lieux de mémoire* zählen die großen militärischen Erfolge der Eidgenossen: zunächst die Schlacht bei Sempach 1386 gegen Leopold von Österreich[16] und die Schlacht bei Näfels 1388. Diese beiden Siege vermehrten das militärische Ansehen der Eidgenossen, «die unter der Schutzherrschaft Gottes kämpften»,[17] und führten zur Erneuerung des nun auf Zürich, Luzern, Bern, Solothurn, Zug, Uri, Schwyz,

---

[7] Reinhardt 2011, S. 33 u. ö.
[8] B. Meier 2015, S. 8.
[9] Zur Problematik der üblichen Datierung auf 1291 vgl. B. Meier 2015, S. 43–51; Reinhardt 2011, S. 33–39.
[10] Vgl. Reinhardt 2011, S. 40; Im Hof 2007, S. 24–27.
[11] Aegidius Tschudi: Chronicon Helveticum, hg. von Bernhard Stettler, Bd. 1–6. Basel 1980–1986 (Quellen zur Schweizer Geschichte I,VII), S. 351–356.
[12] Vgl. B. Meier 2015, S. 64–74; Reinhardt 2011, S. 46–50; Im Hof 2007, S. 27f.
[13] Vgl. B. Meier 2015, S. 72f.; Reinhardt 2011, S. 60; Im Hof 2007, S. 27f.
[14] Vgl. Reinhardt 2011, S. 62; Im Hof 2007, S. 27.
[15] Vgl. Schmid 2016, S. 45; B. Meier 2015, S. 97f.; Reinhardt 2011, S. 71; Im Hof 2007, S. 29.
[16] Vgl Tschudi, Chronicon, ed. Stettler 6, 1986, S. 176–183 (mit Liste der Gefallenen).
[17] Schmid 2016, S. 49.

Unterwalden und Glarus erweiterten Bundes im ‹Sempacher Brief› 1393.[18] Erwähnt wird weiter der Triumph der Schweizer über Herzog Karl von Burgund in den Schlachten bei Grandson und Murten 1476 und in der Schlacht von Nancy 1477, bei der Karl den Tod fand.[19] Diese überraschenden Siege der Schweizer führten insbesondere dazu, dass ab diesem Moment schweizerische Söldner noch mehr als bisher gefragt waren.[20] Mailand, Savoyen, Österreich, Ungarn, der Papst und Frankreich schlossen Sold- und Pensionenverträge mit den Eidgenossen.[21] Der Herold verweist schließlich auch auf den Sieg im Schwabenkrieg im Jahr 1499, bei dem die Eidgenossen den Drei Bünden (Graubünden) in Grenzstreitigkeiten mit Tirol, das die Unterstützung des Reichs hatte, zur Hilfe kam.[22] Dieser führte schließlich zur Aufnahme Basels und Schaffhausens in die Eidgenossenschaft im Jahr 1501.[23] Im Jahr 1513 folgte Appenzell als dreizehnter Ort der Eidgenossenschaft.[24]

Das ursprüngliche ‹Urner Tellenspiel› war vielleicht im Rahmen einer Tagsatzung oder eines Schwurtags aufgeführt worden. Tagsatzungen sind die ab dem 13. Jahrhundert gelegentlich, ab 1415 regelmäßig bezeugten politischen Versammlungen der Eidgenossen, zu denen in der Regel jede Gemeinde zwei Vertreter schickte.[25] Die Schwurtage wurden durch das ‹Stanser Verkommnis› eingeführt, eine neue Ausarbeitung des Bündnisvertrags vom 22. Dezember 1481:[26] Alle fünf Jahre sollten die Bundesdokumente in der Hauptkirche der jeweiligen Stadt vorgelesen und der Eid erneuert werden.[27] Vorgesehen waren auch ‹Freundschaftsbesuche› von Delegationen der anderen Städte zum Schwurtag, zur Fastnacht oder zu kirchlichen Feiertagen.[28] Auf diesem Weg könnte der Text des ‹Urner Tellenspiels› auch nach Zürich gewandert sein, wo offensichtlich nach der Reformation der Epilog hinzugefügt wurde, der, wie oben zitiert, auf Missstimmungen in der Eidgenossenschaft hinweist, die schon lange schwelten.

---

[18] Vgl. ebd., S. 45; B. Meier 2015, S. 107f.; Reinhardt 2011, S. 82–87; Im Hof 2007, S. 31f.
[19] Vgl. Schmidt 2016, S. 51f.; B. Meier 2015, S. 142–151; Reinhardt 2011, S. 124f.; Im Hof 2007, S. 44f.
[20] Reinhardt 2011, S. 41, geht davon aus, dass die Innerschweiz bereits um 1300 ein bedeutender Exporteur von Söldnern war. Der Burgundenkrieg habe aber ihren Marktwert enorm gesteigert, ebd., S. 126.
[21] Vgl. Schmid 2016, S. 58; Im Hof 2007, S. 44f.
[22] Vgl. Schmid 2016, S. 53f.; vgl. B. Meier 2015, S. 184–169.
[23] Vgl. Gutmann 2015; B. Meier 2015, S. 170f.; Reinhardt 2011, S. 142.
[24] In offizieller Ordnung des 16. Jh. waren die 13 Orte damit: Zürich, Bern, Luzern, Uri, Schwyz, Unterwalden, Glarus, Zug, Basel, Fribourg, Solothurn, Schaffhausen und Appenzell. Vgl. Schmid 2016, S. 41.
[25] Vgl. ebd., S. 42f.
[26] Vgl. Schmid 2016, S. 45; B. Meier 2015, S. 152–162; Reinhardt 2011, S. 134.
[27] Vgl. Reinhardt 2011, S. 165f.; Im Hof 2007, S. 55.
[28] Vgl. Reinhardt 2011, S. 165.

Gemeint sein dürfte damit insbesondere der Streit um die Erbfolge des Toggenburger Grafenhauses, der von 1436 bis 1450 zu kriegerischen Konflikten zwischen Zürich und Schwyz führte, dem sog. ‹Alten Zürichkrieg›, nach welchem Zürich gezwungen wurde, seinen Bund mit den Habsburgern aufzugeben.[29] Angespielt wird vielleicht auch auf den Konflikt, der zum ‹Stanser Verkommnis› geführt hatte: In Reaktion auf die sog. ‹Kolbenbannerzüge› 1477, in denen sich Bewaffnete aus Uri, Schwyz und Unterwalden zusammengerottet hatten, um den Rat in Bern an seine Pflichten zu erinnern, hatten Luzern, Bern, Zürich, Solothurn und Fribourg einen Burgrechtspakt geschlossen, um solche Vorkommnisse zu verhindern. Das aber wurde von den Waldstätten als Verletzung des Bundesvertrags begriffen. Durch die Vermittlung des Bruders Klaus (Niklaus von Flüe) konnte bei der Tagsatzung in Stans 1481 dieser Konflikt beigelegt werden.[30] In den Bundesvertrag wurde jetzt eine neue Klausel aufgenommen, die gewaltsame Handlungen zwischen Eidgenossen untersagte und den Orten verbot, die Untertanen eines anderen Bundesmitgliedes gegen dessen Obrigkeiten aufzuhetzen. Außerdem wurde allen Einwohnern untersagt, ohne Wissen und Billigung der Obrigkeit Versammlungen zu bilden, von denen ein Gefahrenpotenzial für den inneren Frieden ausging.[31] Die Reformation sollte bald diese Friedensregelungen neu an ihre Grenzen führen.

Der Beginn der Reformation in der Schweiz ist eng mit der Person Huldrych Zwinglis verknüpft. Der Bauernsohn Zwingli war nach einem Studium der Artes in Wien und Basel noch während seines Theologiestudiums in Basel zum Priester geweiht und nach Glarus berufen worden. Mindestens zweimal war er als Feldprediger tätig.[32] Er begleitete die Glarner Truppen 1515 nach Marignano, wo die Schweizer Reisläufer nicht zuletzt wegen ihrer Uneinigkeit – die Kontingente aus Bern, Solothurn und Fribourg waren nach einer Friedensofferte François' I. abgezogen – eine sehr blutige Niederlage erlitten; die Schätzungen belaufen sich auf rund 10.000 Tote auf Seiten der Eidgenossen.[33] Dies ließ Zwingli zu einem dezidierten Gegner des Solddienstes werden.

Nach einer kurzen Zeit als Leutpriester in Einsiedeln wurde Zwingli 1518 nach Zürich berufen und predigte ab 1519 am Großmünster. Seine aus dieser Zeit überlieferten Predigten deuten bereits eine Höherbewertung der Schrift gegenüber der

---

[29] Vgl. Schmid 2016, S. 50; Reinhardt 2011, S. 102–110; Im Hof 2007, S. 33f.
[30] Vgl. Reinhardt 2011, S. 128–137.
[31] Vgl. Schmid 2016, S. 53; Reinhardt 2011, S. 135.
[32] Vgl. Campi 2016, S. 78; Moser 2014.
[33] Vgl. Schmid 2016, S. 56; Campi 2016, S. 78; B. Meier 2015, S. 174–179, der auf frühere Pensionsunruhen und die Unmöglichkeit, eine von allen Orten getragene gemeinsame Politik gegenüber benachbarten Mächten zu führen, hinweist; ausführlich zu den Gründen der Niederlage bei Marignano vgl. Somm 2015. Vgl auch Reinhardt 2011, S. 158–160.

kirchlichen Tradition an.[34] Nach einer Pesterkrankung 1519 betont er zudem zunehmend die Rechtfertigung allein durch die göttliche Gnade.[35]
Der Rat der Stadt Zürich zog Huldrych Zwingli wiederholt zu Beratungen in außenpolitischen Angelegenheiten heran.[36] Sein erster politischer Erfolg war Zürichs Entscheidung gegen eine Teilhabe am Soldbündnis der Eidgenossenschaft mit Frankreich 1521. Das Bündnis nämlich sagte dem französischen König bis zu 16.000 Söldner zu.[37] Um auch anderen eine solche Haltung zu empfehlen, veröffentlichte Zwingli 1522 eine Schrift gegen den Solddienst: ‹Ein göttlich Vermanung›.[38] Sie ist an die Eidgenossen in Schwyz gerichtet und warnt vor Soldverträgen, da sie den Zorn Gottes wecken und die Eidgenossenschaft erschüttern könnten (Aiij^v). Allein zur Verteidigung der eigenen Freiheit sei es Christen erlaubt, andere Christen zu töten; darin habe Gott die Eidgenossen bisher unterstützt (Aiiij^v). Im Dienst fremder Herren aber und beim Töten für Geld und aus Eigennutz habe sich erwiesen, dass die Eidgenossen sieglos blieben (Bij^r). Der Solddienst sei nicht nur gegen Gottes Willen, sondern auch unrechtmäßig, v. a. dann, wenn man einem Kriegsherrn diene, dem der Krieg nicht anstehe, *als Bischouen / Bâbsten / Apten / andren geistlichen* (Biiij^v). Mit dem fremden Geld würden auch nur fremde Unsitten importiert (Cij^r), würde der Neid und Hass unter den Eidgenossen geschürt (Cij^v) und die Freiheit gegen Abhängigkeit ausgetauscht (Cij^v). *Hût dich Schwytz vor frômden heren / Sy brâchtend dich zů vneeren* (Ciiij^r), warnt er am Ende seiner Schrift, mit der er nicht nur den Solddienst bekämpft, sondern auch – durchaus provokant – seine politikberatende Position in Zürich auf andere Eidgenossen übertragen will. Der Zürcher Rat erließ noch 1522 ein allgemeines Reislauf- und Pensionenverbot.[39]
Provokant gegenüber der Kirche war ein performativer Akt einiger Anhänger Zwinglis am 9. März 1522, dem Abend des ersten Fastensonntags: In der Offizin Christoph Froschauers fand das sog. ‹Zürcher Wurstessen› statt.[40] Zwingli war zwar anwesend, beteiligte sich aber nicht an diesem Fastenbruch. Dennoch verteidigte er ihn in seiner Predigt ‹Von erkiesen und fryheit der spysen› am dritten Fastensonntag. Als Reaktion auf eine vom Konstanzer Bischof initiierte Visitation vom

---

[34] Vgl. Campi 2016, S. 80; Moser 2014; Lexutt 2009, S. 153.
[35] Vgl. Campi 2016, S. 81.
[36] Vgl. ebd., S. 75.
[37] Vgl. Maissen 2016, S. 603; Dafflon 2014, S. 13; Im Hof 2007, S. 58.
[38] Huldrych Zwingli: Ein göttlich vermanung an die Ersamen / wysen / eerenuesten / eltisten Eydgnossen zů Schwytz / das sy sich vor frômden herren hůtind vnd entladind. Zürich: Christoph Froschauer d. Ä. 1522 (VD16 Z 856). Weitere Auflagen: Augsburg: Sigmund Grimm und Marx Wirsung 1522 (VD16 Z 854); Leipzig: Valentin Schumann 1522 (VD16 ZV 26251).
[39] Vgl. Campi 2016, S. 94.
[40] Vgl. ebd., S. 81f.; Jung 2016, S. 81; Leppin 2013, S. 32; Lexutt 2009, S. 71 u. 153.

7. bis 9. April publizierte Zwingli die Predigt.[41] Erstmals beriet daraufhin – am 12. Mai in Luzern – die eidgenössische Tagsatzung über Glaubensfragen.[42] Zwingli trieb die Provokation weiter, indem er am 2. Juli mit Amtsbrüdern eine Bittschrift an den Bischof unterzeichnete, dass der Zölibatzwang aufgehoben und die schriftgemäße Predigt eingeführt werden sollte; er selbst war bereits seit Frühjahr heimlich verheiratet.[43] Am 15. Juli 1522 schließlich unterbrach Zwingli die Predigt des Franziskaners Franz Lambert von Avignon im Zürcher Fraumünster über die Fürbitte Marias und der Heiligen und warf Lambert Irrtum vor. Auf dessen Initiative fand am 16. Juli eine Disputation der Kontrahenten im engen Rahmen statt; der Rat setzte daraufhin eine Disputation zwischen Zwingli und den Lesemeistern der Bettelorden vor dem Kleinen Rat für den 21. Juli 1522 an.[44] Zwei öffentliche Disputationen wurden für das folgende Jahr angesetzt: im Januar und im Oktober 1523. In der Zwischenzeit vollzog Zwingli bereits den Bruch mit dem Bistum Konstanz.[45] Schon im Anschluss an die erste öffentliche Disputation gebot der Rat allen Zürcher Predigern, nach dem Prinzip *sola scriptura* zu predigen.[46] Seine 67 ‹Schlussreden› (Thesen) publizierte Zwingli noch im gleichen Jahr.[47] Zwischen 1523 und 1525 erfolgte dann schrittweise die Umsetzung der neuen Kirchenordnung, die Abschaffung der Messe, der Bilder und Orgeln, die Säkularisation der Klöster, die Einrichtung einer Bibelschule im Großmünster, die Aufhebung des Zölibats und die Einrichtung eines dem Rat unterstellten Konsistoriums statt des bischöflichen Ehegerichts.[48]

Nach und nach entschieden sich Biel, St. Gallen, Schaffhausen, Basel und Mühlhausen, dem Zürcher Vorbild zu folgen. Bereits 1524 schlossen sich Luzern als katholischer Vorort,[49] die drei Waldstätte und Zug zum Bund der ‹Fünf Orte›

---

[41] Huldrych Zwingli: Von erkiesen und fryheit der spysen. Von ergernus vnd verbösrung. Ob man gwalt hab die spysen zů etlichen zyten verbieten. Zürich: [Christoph Froschauer d. Ä. um 1522] (VD16 Z 925). Weitere Auflagen: Basel: Adam Petri 1522 (VD16 Z 924); Augsburg: Heinrich Steiner (VD16 Z 923).
[42] Vgl. Campi 2016, S. 82.
[43] Vgl. ebd., S. 82.
[44] Vgl. ebd., S. 82; Leppin 2013, S. 33.
[45] Vgl. Campi 2016, S. 83.
[46] Jung 2016, S. 81f.
[47] Huldrych Zwingli: Ußlegen vnd gründ der schluszreden oder Artickeln. Zürich: Christoph Froschauer d. Ä 1523 (VD16 Z 821).
[48] Vgl. Campi 2016, S. 87–90; Jung 2016, S. 84; Reinhardt 2011, S. 174f.; Lexutt 2009, S. 72; Im Hof 2007, S. 58f.
[49] Als «Vorort» wird in der Eidgenossenschaft der Ort bezeichnet, der zu den Tagsatzungen einlädt und bei diesen den Vorsitz führt. Bis zur Reformation luden Luzern und Zürich am häufigsten zu Tagsatzungen ein. Schließlich setzte sich Zürich in den reformierten Teilen der Schweiz als Vorort durch, Luzern in den katholischen. Vgl. Körner 2013.

zusammen, welche die Reformation ablehnten. Als sich einige der Gemeinen Herrschaften[50] um Zürich dem neuen Glauben zuwandten, sollten 1526 durch die Disputation während der Tagsatzung in Baden die Spannungen zwischen den beiden konfessionellen Blöcken der Eidgenossenschaft gemindert werden. Am Ende der Disputation, die zwischen Johannes Eck und Johannes Oekolampad ausgetragen wurde, verurteilten die meisten eidgenössischen Orte Zwinglis Lehre. Zürich, Bern, Basel und Schaffhausen aber verweigerten die Unterschrift für das Verdikt und so führte die Disputation zu einer Spaltung der Eidgenossenschaft in der konfessionellen Frage.[51]

Als sich schließlich Bern nach einer Disputation vom 6. bis 26. Januar 1528 der Reformation anschloss, bildete sich ein reformiertes Bündnissystem der ‹Christlichen Burgrechte› mit Zürich und Bern als Kern und St. Gallen, Schaffhausen, Biel, Basel und Mülhausen sowie Konstanz und Straßburg als weiteren Mitgliedern. Die Fünf Orte (Luzern, Uri, Schwyz, Zug und Unterwalden) suchten daraufhin im April 1529 in der ‹Christlichen Vereinigung› den Schulterschluss mit Österreich,[52] was freilich im Lichte der Befreiungsgeschichte der Schweiz einen Skandal darstellte. Der Konflikt spitzte sich so zu, dass ein Krieg unausweichlich schien. Im letzten Moment konnte bei Kappel der Beginn der Kampfhandlungen im Juni 1529 verhindert und der Konflikt schiedsrichterlich beigelegt werden. Die angeblich von den Soldaten an der Grenze zwischen den zerstrittenen Gebieten gemeinsam verzehrte ‹Kappeler Milchsuppe› wurde zu einem neuen «Einheits-Mythos».[53] Im Ersten Kappeler Landfrieden wurde festgelegt, dass die Fünf Orte auf den Bund mit Österreich verzichten mussten; den Zugewandten Orten[54] und den Gemeinen Herrschaften wurde die Glaubensfreiheit zugesichert.[55]

Nachdem sich 1529 im Marburger Religionsgespräch erwiesen hatte, dass zwischen Luther und Zwingli keine Einigkeit zu erreichen war, suchte Zwingli zunächst die Unterstützung Straßburgs und Landgraf Philipps von Hessen mit dem Ziel eines umfassenden reformatorischen Bündnisses. Die Fünf Orte sollten durch Proviantsperren unter Druck gesetzt werden, um sich dem neuen Glauben anzuschließen. Diese erklärten Zürich am 9. Oktober 1531 den Krieg. Bei Kappel errangen sie am 31. Oktober 1531 im sog. ‹Zweiten Kappelerkrieg›, in dem Zwingli fiel,

---

[50] Der Begriff bezeichnet Gebiete, welche mehreren der eidgenössischen Orte gemeinsam unterstehen, vgl. Holenstein 2021.
[51] Vgl. Campi 2016, S. 95; Lexutt 2009, S. 72; Im Hof 2007, S. 60.
[52] Vgl. Campi 2016, S. 96; Reinhardt 2011, S. 178; Im Hof 2007, S. 60.
[53] Reinhardt 2011, S. 179.
[54] Der Begriff bezeichnet geistliche oder weltliche Herrschaftsgebiete sowie Städte, die mit den eidgenössischen Orten eng vertraglich verbündet waren und als zur Eidgenossenschaft gehörend angesehen wurden, ohne aber im Bündnis die vollen Rechte eines Ortes zu besitzen. Vgl. Würgler 2014.
[55] Vgl. Campi 2016, S. 97; Im Hof 2007, S. 61.

den Sieg.[56] Der Zweite Kappeler Landfrieden hob das Christliche Burgrecht auf und sah für alle Orte und Zugewandten der Eidgenossenschaft das Prinzip der Konfessionswahl durch den Rat oder die jeweilige Obrigkeit vor, verlangte aber z. T. die Rekatholisierung in den Gemeinen Herrschaften.[57] Solothurn entschied sich jetzt auch gegen die Reformation. Damit waren die katholischen Städte auf den Tagsatzungen in der Mehrheit: Luzern, Schwyz, Unterwalden, Uri, Zug, Solothurn und Fribourg standen Zürich, Bern, Basel und Schaffhausen – und ab 1536 auch Genf, das sich mit Berns Hilfe von Savoyen befreien konnte und durch Johannes Calvin reformiert wurde[58] – gegenüber. Appenzell und Glarus blieben paritätisch. Aufgrund der deutlich größeren Bevölkerungsdichte und Wirtschaftskraft der reformierten Teile der Schweiz aber fühlten sich die katholischen Teile der Eidgenossenschaft bedroht und suchten daher ab den 1560er-Jahren den Kontakt zu Savoyen. 1565 schlossen die Fünf Orte mit Papst Pius IV. einen Vertrag zur gegenseitigen militärischen Hilfe und schließlich schlossen sich die katholischen Eidgenossen 1586 im ‹Goldenen Bund› oder ‹Borromäischen Bund› zusammen. Im Jahr 1587 folgte ein Bündnisschluss mit Spanien.[59]

All dies hatte Provokationspotenzial für die reformierten Eidgenossen. Umso wichtiger war es für das reformierte Lager, sich nach dem Tod Zwinglis, der bald zum Märtyrer stilisiert wurde,[60] neu aufzustellen. Heinrich Bullinger, der Nachfolger Zwinglis, bediente sich hierzu des bereits 1528 in Zürich eingerichteten Instruments der Synode. Gemeinsam mit Leo Jud verfasste er 1532 eine Zürcher Prediger- und Synodalordnung.[61] 1532 bis 1559 formulierte Bullinger zudem neue Schulordnungen und 1535 eine amtliche Gottesdienstordnung;[62] Leo Jud schrieb im Auftrag der Synode zwischen 1534 und 1538 zwei Katechismen.[63] Bullinger war beteiligt an der Formulierung des ersten reformierten Bekenntnisses 1536 in Basel, der ‹Confessio Helvetica prior›; den Abschluss seines Reformwerks bildete die ‹Confessio Helvetica posterior›, auf die sich 1566 die schweizerischen Reformierten einigten. Sie setzt sich klar von Rom, vom Luthertum und von ‹Sekten› wie den Täufern ab, deren Verfolgung sowohl Zwingli als auch Bullinger unterstützte.[64]

---

[56] Vgl. Campi 2016, S. 100f.; Reinhardt 2011, S. 178–181.
[57] Vgl. Campi 2016, S. 101; Im Hof 2007, S. 61.
[58] Vgl. Reinhardt 2011, S. 182–188; Im Hof 2007, S. 63.
[59] Vgl. Maissen 2016, S. 614; Reinhardt 2011, S. 210; Im Hof 2007, S. 69.
[60] Vgl. Reinhardt 2011, S. 182.
[61] Vgl. Campi 2016, S. 106.
[62] Vgl. ebd., S. 111 u. 108.
[63] Vgl. ebd., S. 110.
[64] Vgl. Campi 2016, S. 121–122; Im Hof 2007, S. 64.

Auf der anderen Seite sah auch die katholische Seite nach dem Konzil von Trient (1545–1563) eine Notwendigkeit der Nachbesserung: Kardinal Carlo Borromeo, Erzbischof von Mailand, visitierte 1570 Teile der katholischen Schweiz und stellte ernüchternde Mängel in der Bildung insbesondere des Klerus fest.[65] Nachdem Basel 1529 die Reformation angenommen hatte, lag die einzige schweizerische Universität im reformierten Teil der Eidgenossenschaft. Der Rat in Luzern verbot jungen Männern der Stadt, in Basel zu studieren.[66] Die Stadtschulen in Luzern und Solothurn waren um 1500 volkssprachliche Schulen, die, wie Zahnd kritisch urteilt, «allenfalls in die Anfangsgründe des Lateins einführten».[67] Daneben aber existierten in Luzern die Lateinschule im Hof und eine Schule bei den Barfüßern,[68] die Klosterschule St. Urban in Luzern sowie die Stiftsschule Beromünster,[69] in Solothurn die Stiftschule St. Ursus,[70] in Einsiedeln die Klosterschule.[71] Im Jahr 1543 beschloss der Luzerner Rat, eine städtische Lateinschule mit einem Lehrer zu gründen, die im Barfüßerkloster angesiedelt und die gemeinsam vom Kloster, der Stadt und den Stiften im Hof und in Beromünster finanziert werden sollte.[72] Auch diese zusätzliche Möglichkeit des Lateinunterrichts löste das Problem der fehlenden höheren Bildungseinrichtung nicht. Während Zürich, Bern, Lausanne und Genf längst über Akademien speziell zur Pfarrerausbildung verfügten, steckten die katholischen Kantone in langwierigen Verhandlungen über den Ort, die Ausstattung, Finanzierung und Leitung einer solchen Einrichtung fest.[73] Nach zähem Ringen gelang es schließlich, 1574 in Luzern, 1580 in Fribourg und 1591 in Pruntrut jesuitische Niederlassungen zu etablieren.[74] In Solothurn hielten – auf Empfehlung von Carlo Borromeo – die Kapuziner Einzug und entwickelten das 1592 errichtete Kloster zu einem Studienort, an dem angehende Kleriker den höheren Studien nachgingen.[75] Die Jesuiten konnten – nicht zuletzt wegen des Widerstands des St. Ursenstifts – in Solothurn erst 1646 Fuß fassen. Im Tessin und in der Innerschweiz engagierten sich auch die Kapuziner mit Niederlassungen in Altdorf (1581), Stans (1582), Luzern

---

[65] Vgl. Reinhardt 2011, S. 205f.
[66] Vgl. Boesch 1974, S. 19.
[67] Vgl. Zahnd 1995, S. 7.
[68] Vgl. Boesch 1974, S. 17f.
[69] Vgl. ebd., S. 18; Boesch (ebd.) weist auf die schlechte Überlieferungslage bezüglich der Mädchenbildung in Luzern sowie bezüglich der Schulen in Hitzkirch, Hochdorf, Willisau, Sempach und Sursee hin. Dies bedeutet freilich nicht, dass in diesen Orten keine Schulen existierten.
[70] Vgl. Zahnd 1995, S. 10f.
[71] Vgl. unten, Kap. ‹Einsiedeln›.
[72] Vgl. Hegglin/Glauser 1989, S. 43.
[73] Vgl. Boesch 1974, S. 19–21.
[74] Vgl. Bischof 2011; zu Luzern Studhalter 1974, S. 25–41.
[75] Wind 1938, S. 83–85.

(1583) und Schwyz (1585) für die Ziele der katholischen Reform und unterstützten die Schulbildung der breiteren Bevölkerung.[76] Die Gründungen der Kapuziner in Appenzell (1587), Solothurn und Baden (1588) erfolgten in deutlich gegenreformatorischer Absicht. Der eidgenössische Priesternachwuchs sollte ab 1579 im jesuitisch geleiteten Collegium Helveticum in Mailand ausgebildet werden.[77] In Luzern etablierte schließlich Papst Sixtus V. 1586 eine dauerhafte Nuntiatur, welche die katholische Reform in der Schweiz lenken sollte.[78] Dass es zwischen dieser ‹externen› Institution und der lokalen Obrigkeit, die ihre Befugnisse nicht geschmälert sehen wollte, auch zu Spannungen kommen konnte, war abzusehen.

Die Jesuitenschulen avancierten in den Städten der katholischen Schweiz allmählich zu den bevorzugten Bildungsanstalten der Eliten. Dies führte u. a. dazu, dass alteingesessene Stiftsschulen nur noch von ärmeren Bevölkerungsschichten frequentiert wurden. In Luzern etwa verlor die einst dominierende Hofschule an Bedeutung; die städtische Lateinschule schloss mit Eröffnung der Jesuitenschule.[79] Die Aufführung von Heiligenspielen konnte daher gegen Ende des 16. Jahrhunderts auch dazu dienen, die Stiftsschulen wieder ins Gespräch zu bringen und ihre Position in der Stadt zu verbessern.

Anfang des 17. Jahrhunderts, während sich die konfessionellen Konflikte im Heiligen Römischen Reich zuspitzten, überwogen in der Schweiz in vielen Bereichen aus politischen Überlegungen wieder Bestrebungen zu einem einheitlichen Auftreten, während gleichzeitig, wie hier bereits angedeutet, andere Aspekte, welche die Einigkeit der Eidgenossenschaft zu gefährden vermochten, in den Vordergrund rückten. Die Konfliktlinie beim alten Streitthema ‹Söldner- und Pensionenwesen› verlief zu Beginn des 17. Jahrhunderts nicht mehr scharf entlang der konfessionellen Grenzen. Bereits nach dem Zweiten Kappeler Landfrieden 1531 waren die reformierte antireisläuferische und die katholische proreisläuferische Position wiederholt aufgebrochen worden, da zumindest in französischen Diensten immer wieder auch Söldnertruppen aus beiden Lagern anzutreffen waren.[80] Nach dem Tod Bullingers 1557 setzte eine Entwicklung ein, die sich allmählich von den reformationszeitlichen Maximen der Zürcher Solddienstpolitik distanzierte und in den 1610er-Jahren zu einer Neuorientierung in dieser Frage führte.[81] Im Jahr 1614 trat Zürich schließlich dem Soldvertrag der Eidgenossen mit Frankreich bei.[82] Andererseits wurde um 1600 auch in den katholischen Orten durchaus Kritik am Söldnerwesen

---

[76] Vgl. Schweizer, 2009.
[77] Vgl. Reinhardt 2011, S. 205f.
[78] Vgl. Maissen 2016, S. 613.
[79] Vgl. Hegglin/Glauser 1989, S. 44.
[80] Vgl. Körner 1997, S. 195; Maissen 2009, S. 17.
[81] Vgl. Moser/Fuhrer 2009, S. 68.
[82] Vgl. ebd.

laut, so z. B. nach dem sog. ‹Dumainschen Zug› von 1589/90, der mit einer Niederlage endete,[83] und insbesondere in den 1620er-Jahren, als die Sold- und Pensionenzahlungen aus Spanien und Frankreich zum Teil ins Stocken gerieten oder ganz ausfielen.[84]

Neue Gräben, die sich im 17. Jahrhundert zwischen den Eidgenossen auftaten (bzw. sich in dieser Zeit verstärkten), waren bedingt durch den auf Kosten des einfachen Bürgertums und der Bauerschaft ständig wachsenden Reichtum der politischen Eliten. Insbesondere ab den 1620er-Jahren führten verschiedene Krisen dazu, dass die ökonomischen Lebensumstände einfacher Leute immer prekärer wurden, was schließlich in den Bauernkrieg von 1653 mündete.[85] Dies hängt auch damit zusammen, dass mit zunehmendem Ausbau der ‹Staatlichkeit› die traditionellen Freiheiten der ländlich-bäuerlichen Bevölkerung eingeschränkt wurden und, so das Verhältnis der städtischen Obrigkeit zu den Landgemeinden in die Krise geriet.[86] Soziale Themen gewinnen damit auch im Drama des 17. Jahrhunderts an Bedeutung.

Heiligenverehrung

Dass es Zwingli 1522 gerade durch die Torpedierung einer Predigt über die Mittlerfunktion Marias und der Heiligen gelang, die zuerst halböffentliche, dann öffentliche Diskussion über seine reformatorischen Thesen in Gang zu bringen, ist sicherlich symptomatisch. Die Heiligenverehrung war vor der Reformation einerseits ein wichtiger Bestandteil des institutionalisierten kultischen Lebens in Klöstern, Stiften, Pfarreien, Bruderschaften, Zünften und Städten, anderseits spielte sie im Alltagsleben breiter Bevölkerungskreise eine wichtige Rolle.[87] In Gotteshäusern wurden Reliquien aufbewahrt und Heiligenandachten gefeiert, die fest im regionalen bzw. lokalen Festkalender verankert waren.[88] Abgesehen von der Teilnahme an ‹offiziellen› Anlässen wie Patrozinienfesten, Reliquienprozessionen u. a.[89] wandten

---

[83] Vgl. Hitz 2011, S. 23. Vgl. auch das Schreiben von Cysat im Namen der katholischen Orte an die vier reformierten Städte von 1585, in dem er das Söldnerwesen als «notwendiges Übel» darstellt. Dommann 1943, S. 169–171.
[84] Holenstein 2004, S. 4.
[85] Ebd., S. 4–6.
[86] Ebd., S. 6.
[87] Zu Heiligenverehrung in der Eidgenossenschaft vgl. Pfaff/Ferrari 2011.
[88] «Nach Massgabe der lokalen oder regionalen Intensität des Kultes kamen unterschiedliche Grade und Formen der liturgischen bzw. brauchtümlichen Verehrung vor, wie etwa ein eigenes Messformular für das Heiligenfest, das Verlesen der Vita oder Legende in der Matutin oder die blosse Erwähnung des Tagesheiligen, ausserdem Segnungen und Prozessionen sowie Predigten und geistliche Spiele.» Pfaff/Ferrari, 2011. Zu Bruderschaften in den Drei Bünden vgl. Veraguth 2023, S. 216f.
[89] Vgl. u. a. Veraguth 2023, S. 206–216.

sich Gläubige aber auch mit ihren persönlichen Anliegen jeweils an lokal besonders verehrte Heilige, pilgerten zu Gnadenorten, beteten vor Andachtsbildern und stifteten Votivgaben. Heilige oder als heilig verehrte Märtyrer und Glaubenszeugen erfüllten mehrfache Funktionen: Sie gewährten Schutz und Hilfe, leisteten Fürbitte vor Gott und dienten als Vorbilder.[90] Bei der Bewältigung des oft schwierigen Alltags, bei Krankheiten, Naturkatastrophen, Kindsnöten etc. kam der Anrufung der Heiligen eine wichtige psychische Entlastungsfunktion zu. Die Kritik an der Heiligenverehrung konnte daher mehr Aufsehen erregen als etwa Zwinglis vorausgegangene Kritik am Zölibat.

In seiner ‹Predigt von der ewig reinen Magd Maria› vom 17. September 1522 erklärt Zwingli einer Verehrung Marias, die über ihre Wertschätzung, weil sie Christi Mutter ist, hinausgeht, eine Absage; sie könne niemanden schützen und niemandem zum Heil verhelfen, *Denn er [Christus] ein einiger mitler ist zwüschend got und den menschen* (S. 426).[91]

> Aber unser irrsal ist leider dahin kommen – doch allein uß irtum der falsch lerenden das einvaltig volck Christi –, das wir uns selb überredt hant, unser gyt, eebruch, hochmůt, falsch, todschlag, verretery und laster syend tod und ab, so wir etlich rosenkrentz gemurmlet habend, glych als ob Maria ein behůterin sye aller lastren und an inen ein wolgefallen hab, also, das wir alle schuld der grusamen, bösen wercken allein hinlegind mit den unbedachten worten: Gegrützt syest, Maria etc. Uff welche wort aber uns got nit verheißen hat nachlaßung der sünd, sunder, so wir andren menschen ir schuld, die sy wider uns gethon, nachließind, würde ouch unser himelischer vatter uns unser schuld nachlaßen. Darumb sind die heligen gottes, Maria, Joannes, Petrus, Steffan, glich als zügen, die uns bezügent, daß sy also got nachvolgent zů im kummen Heb. 12., damit wir ouch den weg, den sy gangind und by inen als zügen gwüß werdind, das, hangint wir got an, als ouch sy gethon hand, kummend wir zů imm als sy (S. 427).

Als Zeugen des Wortes Gottes im Sinne von Heb 12,1 und als Vorbilder in einem auf Gott ausgerichteten Leben sollen die Heiligen dienen. Zwingli sieht sie in einer Gemeinschaft mit Gott im ewigen Leben, die sich aber nicht von der Heiligkeit jedes Christen als Teil des *corpus Christi mysticum*, der das ewige Leben erlangt, unterscheidet. Eine Mittlerfunktion lehnt er ausdrücklich ab, um noch einmal ihre Vorbildfunktion zu betonen:

---

[90] Vgl. Angenendt 1997, S. 106–108.
[91] Huldrych Zwingli: Eine Predigt von der ewig reinen Magd Maria, 17. September 1522, in: Huldreich Zwinglis sämtliche Werke, hg. von Emil Egli, Bd. 1. Berlin 1905 (Corpus Reformatorum 88), S. 391–428 (Z 15). Zu Erasmus' Einfluss auf Zwinglis kritische Haltung gegenüber der Heiligenverehrung vgl. Garside 1966, S. 93–96.

> Ja, das ist die gröste eer, die sy aller meist fröwt, daß wir uns lassind bewegen ir lyden, in disem zyt getragen, damit sy allen menschen kundbar machtind, wie vesten glouben sy in das gůt hettind, so sy den tod umb sinetwillen trůgind, das wir ouch umb desselben gůts willen glichsam inen tůgind, so werdind ouch wir gewüß irer geselschafft und ewiger fröid (S. 427f.).

In der Zürcher Disputation wird die Heiligenverehrung in ‹Schlussrede› 19–21 behandelt:[92] Christus sei der einzige Mittler zwischen Gott und den Menschen, und da Gott alle Dinge in Christi Namen gebe, bedürfe es auch keiner anderen Mittler. Darauf solle man vertrauen.[93] Ausführlich erläutert Zwingli seine Thesen wider den Heiligenkult in den ‹Auslegen und Gründen der Schlußreden›:[94] Da Christus in Joh 14,6 erklärt, niemand komme zum Vater außer durch ihn, könne es nicht angehen, dass man einen anderen Weg zu Gott suche:

> Zeigstu der Bäpstleren ablas an, meßhalten, vigilien, kilchengschrey, kutten, heiligheit der vätteren, so sprich ich: Nein, es mag also nit zůgon: es můß allein durch Christum bschehen (S. 157).

Zu den falschen, die Menschen in die Irre leitenden, Wegen zu Gott zählt Zwingli insbesondere den Heiligenkult, der dem Gläubigen falsche Sicherheit vorgaukle. Dabei hat er zunächst nichts gegen eine Wertschätzung der ‹Helden› im Glauben,[95] *Ich bin nie der meinung xin, das ich den weidlichen helden, die umb gottes willen dise welt überstritten hand, ir eer wölte mindren* (S. 169); er erklärt es aber als unsinnig, in der Meinung, die Heiligen könnten Seligkeit im Jenseits und Glück im Diesseits verleihen, Heilige anzurufen oder Heiligenbilder zu stiften, zu betrachten oder bei sich zu tragen, während man selbst in Sünde weiterlebt:

> dann man mengen so närrischen Christen funden hat, der gemeint, so er nun einen patronen on underlaß erete, so möchte er nit verdampt werden, und hat darůff geroubt, prent, kriegt, gspilt, gschworen, geebrechet; hat daby die stuck, so der sälig in disem zyt hat an im gehebt, nit angesehen, was er für ein glouben habe gehebt, wie lieb er got, wie schnöd das zytlich habe ghebt. Ja, hatt er etwan gemeint, so er s. Sebastion nun zů hoffart silberin oder guldin davor am hůt getragen hab, sye er vor allem gschütz sicher und bül; oder so er zů sanct Christoffel alle tag ein ave Maria spreche, sye er vor

---

[92] Zur Bedeutung der Zürcher Disputation für Zwinglis Position in der Frage der Heiligenverehrung vgl. Garside 1966, S. 96–98.

[93] Vgl. Aktenstücke zur ersten Zürcher Disputation, I. Die 67 Artikel Zwinglis, in: Huldrych Zwingli: Eine Predigt von der ewig reinen Magd Maria (17. September 1522), in: Huldreich Zwinglis sämtliche Werke, hg. von Emil Egli, Bd. 1. Berlin 1905 (Corpus Reformatorum 88), S. 458–465 (Z17 I), hier S. 460.

[94] Huldrych Zwingli: Auslegen und Gründe der Schlußreden, 14. Juli 1523, in: Huldreich Zwinglis sämtliche Werke, hg. von Emil Egli, Bd. 2. Berlin 1908 (Corpus Reformatorum 89), S. 14–457 (Z 20).

[95] Zum aktuell diskutierten Verhältnis von Heiligkeit und Heldentum vgl. die Arbeiten des SFB 948, insbesondere Ferro 2022, S. 19f.; Heinzer 2017, S. 9–12.

allem unradt behût; oder so er s. Barbaren lasse, fyn nach hûrischem sitten
gbildet, uff einen altar stellen, damit der meßlesend pfaff nit ze vil andächtich
wär, mög er nit one den fronlychnam und blût Christi sterben (S. 187f.).

Zwingli will ausdrücklich den Heiligen nicht ihre Seligkeit bei Gott absprechen:

> Erstlich sol nieman gedencken, daß ich zwyfel hab, ob die säligen rûw und
> fröd by got haben, also, daß ich dahyn reichen welle, es sye dhein säligheit
> nach disem zyt. Das sye verr von allem menschlichen gschlecht; dann weli-
> cher der meinung ist – als leyder ze besorgen ist; dann ir wyß und werck und
> wort zeigend gotlos lüt an –, der ist schon verdampt (S. 171).

Wenn aber die Leugnung der Seligkeit der Heiligen letztlich der Leugnung der
Seligkeit, d. h. des ewigen Lebens an sich gleichkommt, bedeutet dies, dass sich die
Seligkeit der Heiligen nicht grundsätzlich von der aller im Glauben Verstorbenen
und von Gott Aufgenommenen unterscheidet. Zwingli warnt vor dem Trugschluss,
dass die Heiligen, weil sie sich um Gott verdient gemacht haben, ihm näherstünden
und daher gebeten werden könnten, bei Gott ein gutes Wort für die Menschen
einzulegen. So wie er den Begriff der ‹Seligkeit› öffnet, verwendet er auch einen
breiten Begriff von ‹Heiligkeit›. In der landläufigen Verwendung sei dieser Begriff
irreführend, weil er zweideutig ist, denn *diß wort ‹sanctus, helig› glych als wol heisset:
einen frommen, als: einen säligen* (S. 171f.). Ihm wäre es lieber, die Heiligen ‹Selige›
zu nennen und nicht ‹Heilige›.

> Dann ‹heilig› heißt ein ietlicher frommer Christ, der sin zûversicht zû gott
> hat, darumb, das sin nam ietz by got in den himlen ist angeschriben; er ist
> aber noch nit sälig, sunder wirdt er erst sälig, so er in das angsicht gottes
> kumpt (S. 172).

‹Heiligkeit› versteht er im Sinne der ‹Gemeinschaft der Heiligen› als eine Zugehörigkeit zur Gruppe der gläubigen Christen, als Ausrichtung auf Gott. ‹Seligkeit›
dagegen wird von Gott nach dem Tode verliehen – aus Gnade und nicht als ein
Lohn, der für Werke von Gott eingefordert werden könne (S. 175). Daher können
auch die Viten der Heiligen keine Anleitungen zu seligmachenden Werken sein.
Sie sind allein Zeugnis des Glaubens. Sie als solche wahrzunehmen, sei die den
Heiligen angemessene Ehre:

> Leer, das nüt me eeret die heligen gottes, dann das man ire glouben und
> mannliche geduld, umb gots willen getragen, ußkünde, damit wir ouch zû
> sölchen heilsamen stucken gezogen werdind, und lernind den erkennen, dem
> sy ouch allein sind angehangt, und das uns nüt nüws bschicht, als Petrus
> redt, wenn wir umb gottes willen durchächtet werdend (S. 188).

Ihnen aber gottgleiche Ehre zukommen zu lassen, schmähe die Seligen. Schließlich
missverstehe man dabei diejenigen, die ihr Leben auf Gott ausrichteten und sich
ganz in seinen Dienst stellten, und unterstelle ihnen eine *superbia*, die ihnen nicht
eignete (S. 195f.).

16 Einführung

Zwinglis Auffassung von den Heiligen bzw. von Heiligkeit unterscheidet sich somit nicht grundlegend von der Formel, die 1530 in der ‹Confessio Augustana› für das lutherische Bekenntnis gefunden werden sollte:

> De cultu Sanctorum docent, quod memoria Sanctorum proponi potest, ut imitemur fidem eorum et bona opera iuxta vocationem [...]. Sed scriptura non docet invocare Sanctos seu petere auxilium a Sanctis, Quia unum Christum nobis proponit mediatorem, propitiatorium, Pontificem et intercessorem (Art. 21).[96]
>
> (Vom heiligen dienst wirt von den unsern also geleret, das man der heiligen gedenken sol, auff das wir unsern glauben stercken, so wir sehen, wie ihnen gnad widderfaren, auch wie ihnen durch glauben geholffen ist, dazu, das man Exempel neme von ihren guten wercken ein jeder nach seinem beruff [...]. Durch schrifft aber mag man nicht beweisen, das man die heiligen anruffen odder hülff bey ihnen suchen sol. Denn es ist allein ein versüner und mitler gesetzt zwischen Gott und menschen: Jhesus Christus, i. Thimo.)[97]

Die Konsequenzen freilich, die aus dem Verständnis der Heiligen als vorbildlicher Christen ohne Mittlerfunktion gezogen wird, sind deutlich unterschiedliche: Während die Bilder in der ‹Confessio Augustana› nicht erwähnt, die Memoria der Heiligen aber empfohlen wird, auch um ihre *bona opera* nachzuahmen, betont Zwingli den Missbrauch, der mit den Bildern betrieben wird, und sieht ihn als große Gefahr, zudem warnt er auch vor einer Nachahmung der Werke der Heiligen, da allein der Glaube nachgeahmt werden sollte.[98] Für den Umgang mit Heiligenbildern und mit Hagiographie hatte dies einschneidende Konsequenzen. In den reformierten Teilen der Schweiz wurden Bildwerke aus den Kirchen, später auch aus dem Privatbesitz entfernt; in Bern (1528), Basel (1529) und St. Gallen (1529) kam es dabei zu mehr oder weniger unkontrollierten Bilderstürmen.[99] Reformierte Predigten, Flugblätter und Schauspiele polemisierten gegen die Anbetung der «Götzen» und gegen das damit zusammenhängende religiöse Brauchtum.[100]

---

[96] Die Confessio Augustana, hg. von Volker Leppin, in: Bekenntnisschriften der evangelisch-lutherischen Kirche. Vollständige Neuedition, hg. von Irene Dingel. Göttingen 2014, S. 65–228, hier S. 129.
[97] Ebd., S. 128.
[98] Zu Zwinglis Ablehnung der ‹Götzenbilder› vgl. auch Garside 1966, S. 98–103.
[99] Einen Überblick über die verschiedenen Intensitäten der Bilderstürme in verschiedenen schweizerischen Städten geben die Beiträge in Dupeux (Hg.) 2000. Zur Bilderverbrennung in La Punt Chamues-ch 1576 vgl. Veraguth 2023, S. 182f.
[100] Das berühmteste Beispiel ist Hans Rütes 1531 in Bern aufgeführtes ‹Fassnachtspil den ursprung, haltung vnd Baepstlichrer Abgoettereyen allenklich verglychende›, das ein Jahr später im Druck erschien. Rüte, ed. 2000. Vgl. Dietl 2021a.

Nach den Bilderstürmen wird die kritische Haltung gegenüber Bildern und Heiligen keineswegs zurückgenommen, sondern unter Bullinger und v. a. im Dialog mit Calvin noch weiter verschärft. So liest man in der ‹Confessio Helvetica prior› von 1536:

> Ceteras vero cerimoniarum ambages inutiles et innumerabiles, vasa, vela, vestes, faces, aras, aurum, argentum, quatenus pervertendæ religioni serviunt, idola præsertim et imagines, quae ad cultum et scandalum prostant et id genus omnia prophana, a sacro nostro cœtu procul arcemus (Art. 24).[101]

> (Die anderen unnützen und unzähligen Verirrungen an Zeremonien, die Kelche, Messgewänder, Chorröcke, Kutten, Gold, Silber, die häufig zur Verkehrung der Religion dienen, vor allem die Götzen und Bilder, welche beim Kult und Ärgernis besonders herausragen, und alles Profane von dieser Art, wollen wir künftig von unserer heiligen Versammlung fernhalten.)

Weit schärfer formuliert ist Heinrich Bullingers ‹Confessio Helvetica posterior› (1566) in diesem Punkt. Hier werden mit Bezug auf das alttestamentliche Bilderverbot nicht nur Heiligenbilder, die dem Kult dienen, sondern auch Kruzifixe und sämtliche Abbildungen Christi, ja, jede sakrale Kunst, verworfen:

> Rejicimus itaque non modo gentium idola, sed et Christianorum simulacra. Tametsi enim Christus humanam assumserit naturam, non ideo tamen assumsit, ut typum præferret statuariis atque pictoribus. [...] Ut vero instituantur homines in religione, admoneanturque rerum divinarum et salutis suæ, prædicare jussit evangelium Dominus, non pingere et pictura laicos erudire: sacramenta quoque instituit, nullibi statuas constituit (Kap. IV,2 u. 4).[102]

> (Wir verwerfen daher nicht nur die paganen Götzenbilder, sondern auch die Bilder der Christen. Obgleich nämlich Christus menschliche Natur annahm, tat er dies nicht, um ein Modell für Bildhauer und Maler abzugeben. [...] Damit aber die Menschen im Glauben unterwiesen und an das Göttliche und ihr Heil ermahnt werden, befahl der Herr, das Evangelium zu predigen, aber nicht, es zu malen und die Laien mit Bildern zu belehren. Sakramente hat er eingerichtet, aber nirgends hat er Standbilder eingeführt.)

Da solche Bilder bei den Gläubigen nur Verwirrung stiften und dazu anleiten, Menschenwerke zu verehren, sollten sie beseitigt werden (Kap. IV,6). Nicht nur vor den Bildern aber wird gewarnt, sondern auch vor einer Verehrung der Heiligen und ihrer Reliquien. Unter Berufung auf Augustinus wird zwar noch einmal die Exemplarität der ‹christlichen Helden› im Leben betont; diese rechtfertige aber gerade keine Verehrung:

---

[101] Confessio Helvetica prior (sive Basileensis posterior), in: The Creeds of Christendom with a History and Critical Notes, hg. von Philip Schaff, Bd. 3. New York ⁴1877, S. 211–231, hier S. 227; eigene Übersetzung.

[102] Heinrich Bullinger: Confessio Helvetica posterior, in: ebd., S. 233–306; eigene Übersetzung.

> Atque hac in parte adprobamus illam S. Augustini de vera religione sententiam: ‹Non sit nobis religio cultus hominum mortuorum. Quia si pie vixerint, non sic habentur, ut tales quærant honores, sed illum a nobis coli volunt, quo illuminante, lætantur, meriti sui nos esse conservos. Honorandi ergo sunt propter imitationem, non adorandi propter religionem›, etc.
> [6.] Multo vero minus credimus, reliquias divorum adorandas esse aut colendas. [...] Rejicimus ergo in his omnibus doctrinam divis cœlitibus plus nimium tribuentem (Kap. V,5–7).

> (Und hierin stimmen wir der Aussage des Heiligen Augustinus in De vera religione zu: ‹Unsere Religion soll nicht aus der Verehrung toter Menschen bestehen. Wenn sie nämlich fromm gelebt haben, sollen sie nicht so verstanden werden, als würden sie solche Ehren erstreben; vielmehr wollen sie, dass wir ihn [Gott] verehren, der sie erleuchtet, und sie freuen sich, wenn es ihr Verdienst ist, dass wir ihm ebenfalls dienen. Sie sind daher als Nachzuahmende zu ehren, aber sie sind nicht religiös zu verehren‹ etc.
> [6.] Wir glauben umso weniger, dass Reliquien von Heiligen anzubeten oder zu verehren seien. [...] Wir verwerfen daher in all diesen Punkten die Lehre, die den Heiligen im Himmel zu viel Ehre zukommen lässt.)

Diese klare Absage an die Heiligenverehrung und an die geistliche Bildkunst sowie der Versuch, das traditionelle Bild aus den Frömmigkeitspraktiken zu eliminieren, provozierten Widerstand und Gegenmaßnahmen seitens der Altgläubigen. Schändungen und Profanisierungen von Bildwerken wurden insbesondere in der Frühzeit der Reformation mit Vergeltungsmaßnahmen bestraft. Geschichten über spektakuläre Rettungen von Heiligenfiguren und damit verbundene Wunder machten die Runde. Generell erhöhte sich im Zuge der konfessionellen Auseinandersetzungen parallel zur Verschärfung des Bilderverbots auf reformierter Seite das Interesse der Katholiken an den Heiligen und deren Legenden, die im populären Erzählgut verbreitet und deren Konterfeis in gedruckten Andachtsbildchen sowie in *ex votos* in Kapellen und Bildstöcken am Wegrand omnipräsent waren.

Deutlichen Auftrieb erhielt der Heiligenkult aber erst mit der Klärung strittiger Fragen durch das Konzil zu Trient, das sich in seiner letzten Sitzungsperiode mit dem heiklen Thema befasste. Das durch Papst Pius IV. am 3. Dezember 1563 unterzeichnete ‹Dekret über die Anrufung, die Verehrung und die Reliquien der Heiligen und über die heiligen Bilder› hält fest, man müsse die Laien folgendermaßen unterweisen:

> [...] Sanctos, una cum Christo regnantes, orationes suas pro hominibus Deo offerre; bonum atque utile est, suppliciter eos invocare et ob beneficia impetranda a Deo per Filium eius Iesum Christum Dominum nostrum, qui solus noster Redemptor et Salvator est, ad eorum orationes, opem auxiliumque

confugere; illos vero, qui negant, Sanctos, aeterna felicitate in caelo fruentes, invocandos esse; aut qui asserunt [...] invocationem esse idolatriam [...]: impie sentire (§1821).[103]

(Die Heiligen, die zusammen mit Christus herrschen, bringen ihre Gebete für die Menschen Gott dar; es ist gut und nützlich, sie flehentlich anzurufen und zu ihren Gebeten, ihrem Beistand und ihrer Hilfe Zuflucht zu nehmen, um von Gott durch seinen Sohn Jesus Christus, unseren Herrn, der allein unser Erlöser und Erretter ist, Wohltaten zu erwirken; jene aber, die leugnen, dass die Heiligen, die sich der ewigen Glückseligkeit im Himmel erfreuen, anzurufen seien, oder die behaupten, [...] ihre Anrufung [...] sei Götzendienst [...], die denken gottlos.)

Mit dieser deutlichen Erklärung war der Weg frei für die Verwendung der Heiligen als Aushängeschilder der katholischen Glaubensauffassung. Im Heiligenkult, der in den Städten «Ausdruck [...] kommunalen Selbstbewusstseins»[104] und in den ländlichen Gemeinden als Brauchtum stark verwurzelt war,[105] erkannten die Verfechter des alten Glaubens wirkmächtige «Abwehrkräfte der Reformation».[106] Die Pflege populärer Formen des religiösen Brauchtums war gerade in Gebieten, die an die konfessionellen Grenzen stießen, außerordentlich wichtig, um den katholischen Glauben zu erhalten bzw. zu stärken. Gleichzeitig trachteten reformorientierte Kreise danach, die Aktivitäten der Bevölkerung vermehrt zu kontrollieren und zu reglementieren, um Missbräuche einzudämmen.[107] Um ihre Ziele zu erreichen, griff die Luzerner Obrigkeit zunehmend in die öffentliche Brauchtumspflege ein, indem sie durch Vorschriften und Verordnungen auf einen geordneten und würdevollen Ablauf von Festlichkeiten drängte.

Ab der zweiten Hälfte des 16. Jahrhunderts mehren sich die Zeugnisse, dass größere Siedlungen und Wallfahrtsorte wie Ettiswil[108] und Willisau[109] im Luzerner Hinterland Schauplätze von groß angelegten Frömmigkeitsanlässen wurden, an denen die führenden Luzerner Familien teilnahmen.[110] Kollektive Pilgerfahrten, Kreuzgänge, Bittprozessionen und Patrozinienfeste waren bei den Gläubigen sehr beliebt. Von der Obrigkeit organisierte und minutiös orchestrierte Großanlässe, in

---

[103] Zitiert nach: Konzil von Trient: Dekret über die Anrufung, die Verehrung und die Reliquien der Heiligen und über die heiligen Bilder, 3. Dezember 1563, in: Heinrich Denzinger: Kompendium der Glaubensbekenntnisse und kirchlichen Lehrentscheidungen, hg. und übers. von Peter Hünermann. Freiburg i. Br./Wien ⁴⁵2017, S. 538–540; Übersetzung ebd.
[104] Pfaff/Ferrari 2011, § 1.
[105] Ebd., § 2.
[106] Hugger 2014.
[107] Zur Situation im nachtridentinischen Luzern, vgl. D. Sieber 2005, S. 44–50.
[108] Der Wallfahrtsort Ettiswil geht auf das Sakramentswunder im Zusammenhang mit dem Hostienraub der Anna Vögtli 1447 zurück. Vgl. F. Glauser 1974.
[109] Willisau ist der Schauplatz des Heiligblutwunders. Vgl. Greco-Kaufmann 2009, Bd. 1, S. 517–522.
[110] Einen Überblick über die schweizerischen Gnadenorte bietet Sidler 2016, S. 482–513.

denen lokal verehrte Heilige eine prominente Rolle spielten, eigneten sich besonders gut zur Vermittlung konfessionspolitischer Inhalte und zur Bildung eines alle gesellschaftlichen Schichten umfassenden Zusammengehörigkeitsgefühls. Nicht zuletzt stärkten die institutionalisierten, an unterschiedlichen Orten stattfindenden spirituellen Kollektiverlebnisse die Kohäsion zwischen der Stadt- und Landbevölkerung und über die Grenzen des Kantons hinaus.

Die geistlichen und weltlichen Führungseliten der Innerschweiz nahmen regelmäßig an Frömmigkeitsanlässen ihrer Bündnispartner teil. Termine und thematische Schwerpunkte waren aufeinander abgestimmt. Der Luzerner Museggumgang, der Beromünsterer Auffahrtsumritt, die Einsiedler Engelweihe, der Obwaldner Bruderklausenkult, die Luzerner Osterspielaufführungen – um nur einige zu nennen – waren im Festkalender verankerte und jährlich oder periodisch abgehaltene gesellschaftliche Großveranstaltungen von überregionaler Bedeutung. Sie gehörten, wie das fastnächtliche Besuchswesen (das nach der Abschaffung der Fastnacht in den reformierten Teilen der Schweiz[111] allmählich regional eingegrenzt wurde),[112] die Schwurtage und das kulturelle Begleitprogramm der Tagsatzungen, zur Kommunikationskultur der alten Eidgenossenschaft und dienten dem Zusammenhalt der Gesellschaft und der Konsensfindung in politischen und wirtschaftlichen Angelegenheiten.[113] Für das Bündnis von nicht zu unterschätzender Bedeutung war schließlich der Usus, den Schauereignissen verbündeter Orte beizuwohnen. Zu diesen gehörten neben Prozessionen, Umzügen, Harnisch- und Bannerschauen sowie Schützenfesten[114] auch Theateraufführungen. In den katholischen Teilen der Eidgenossenschaft traten in der zweiten Hälfte des 16. Jahrhunderts neben die traditionellen geistlichen Spiele im Umfeld des Oster-, Weihnachts- und Fronleichnamsfests vermehrt Heiligenspiele, während auf reformierter Seite insbesondere auch, wie bereits erwähnt, das Theater verwendet wurde, um traditionelle Frömmigkeitsformen zu kritisieren.

Die schweizerische Reformation und das Theater

Während Luthers und Melanchthons grundsätzlich theaterfreundliche Haltung – bei Ablehnung des geistlichen Spiels, insbesondere des Passionsspiels – bekannt ist,[115] ist die Haltung der reformierten Theologen zum Theater eine deutlich differenziertere. Dass freilich das alte Bild von einer grundsätzlichen Theaterfeindlichkeit

---

[111] Zu Einschränkungen und Verboten fastnächtlichen Treibens bereits vor und insbesondere nach der Reformation in den Drei Bünden vgl. Veraguth 2023, S. 94–97 und 148–162.
[112] Vgl. Greco-Kaufmann 2009, Bd. 1, S. 222f.
[113] Zur Theatralität der Schwurtage und Bundestage vgl. Veraguth 2023, S. 31–43.
[114] Vgl. Veraguth 2023, S. 44–69.
[115] Vgl. u. a. Metz 2013, S. 102–219.

in reformierten Ländern falsch ist, hat nicht zuletzt Metz deutlich betont,[116] auch mit Verweis auf Baechtold, der die Schweiz als «die eigentliche Geburtsstätte des neuern, durch die Reformation hervorgerufenen Dramas» bezeichnet.[117] Metz nennt in einer überzeugenden Reihe die wichtigsten Spielleiter und Verfasser von konfessionellen Fastnachtspielen, Antiken-, Bibel- und allegorischen Dramen in reformierten Städten: Niklaus Manuel, Pamphilus Gengenbach, Hans von Rüte und Herman Haberer in Bern; Jakob Rueff, Georg Binder, Jos Murer, Heinrich Bullinger und Theodor Beza in Zürich; Sixt Birck, Johannes Kolroß, Heinrich Pantaleon, Valentin Bolz und Mathias Holzwart in Basel; Jakob Funkelin in Biel; Sebastian Grübel und Johannes Jezeler in Schaffhausen.[118] Er beobachtet eine Wende von fiktionalen Stoffen zu biblischen Stoffen ab den 1520er-Jahren und eine Einschränkung konfessioneller Polemik nach dem Zweiten Kappelerkrieg 1531. Die reformierte Theatertradition endet erst Anfang des 17. Jahrhunderts.[119]

Über Zwinglis Haltung gegenüber dem Theater ist nichts bekannt. Seine Aussage in ‹Eine kurze christliche Einleitung› (1523), wonach er Bilder dulden könne, *Wo sy in geschichteswyß ieman hette one anleytung der eerenbietung usserthalb den templen* (S. 658),[120] ist von der Forschung als ein möglicher Hinweis darauf gedeutet worden, dass Zwingli auch das geistliche Spiel, sofern es allein die biblische Geschichte darstellen will, aber keinen gottesdienstähnlichen Charakter hat, akzeptieren würde.[121] Entsprechendes gilt für die Tatsache, dass er für eine Aufführung von Aristophanes' ‹Pluto› die Musik komponiert hat[122] und dass er sich eine Abschrift von Niklaus Manuels ‹Ablasskrämer› erbat.[123]

Deutlicher zu erkennen ist Heinrich Bullingers Haltung zum Drama. Aus seiner Feder stammen nicht nur das oben bereits erwähnte 1533 gedruckte Drama ‹Lucretia und Brutus›,[124] sondern er hat nach eigener Aussage sogar ein Theaterstück über die Zürcher Stadtheiligen Felix, Regula und Exuperantius verfasst. In seinem ‹Diarium› verzeichnet er am 7. Februar 1553:

---

[116] Metz 2013, S. 220–228.
[117] Baechtold 1892, S. 249.
[118] Vgl. Metz 2013, S. 231–235.
[119] Ebd., S. 235.
[120] Huldrych Zwingli: Eine kurze Einleitung, 17. November 1523, in: Huldreich Zwinglis sämtliche Werke, hg. von Emil Egli, Bd. 2. Berlin 1908 (Corpus Reformatorum 89), S. 628–883 (Z 27).
[121] Vgl. Brunnschweiler 1989, S. 124; Garside 1966, 182f.
[122] Vgl. Brunnschweiler 1989, S. 123; Garside 1966, S. 72f.; Baechtold 1892, S. 250.
[123] Ehrstine 2002, S. 40, Anm. 134.
[124] Vgl. Metz 2013, S. 264; Ehrstine 2002, S. 27f.; Metz 2013, S. 262 geht unter Berufung auf Ehrstine 2002 und Brunnschweiler 1989 davon aus, das Drama sei wider Bullingers Willen gedruckt worden. Buckenberger 2006, S. 80 stellt aber klar, dass Bullinger das Manuskript

> Hoc mense scribo beatorum martyrum Felicis et Regula et Exuperantii martyrium nobile Germanice, sub comœdia sacra.[125]
>
> (In diesem Monat habe ich das Martyrium der seligen Märtyrer Felix, Regula und Exuperantius in gepflegtem Deutsch und in der Form eines geistlichen Spiels geschrieben.)

Dieses reformierte Märtyrerdrama ist leider nicht erhalten.[126] Da sich Bullinger in der ‹Lucretia› ausdrücklich von paganen *Scoenica* (V. 11)[127] sowie *Der Edlen tåntz / vnd üppikeit* (V. 34) absetzt, deren Muster er nicht folgen wolle, könnte man auch hier eventuell eine Absetzung von katholischen oder vorreformatorischen Heiligenspielen erwarten; explizit findet sich kein Hinweis auf christliche Spiele.

Eine theoretische Äußerung Bullingers zum Drama – nun aber ausdrücklich zum Lesedrama – findet sich in seiner ‹Studiorum ratio› (1527).[128] Er lobt die Tragödie als Schule der *modestia* angesichts des vorgeführten Untergangs hoher Würdenträger (7,83–94), die Komödie als Spiegel der Sitten und als Ermahnung zur Klugheit (7,97–100).[129] Auf religiöse Spiele, ja, auf Theateraufführungen generell, geht Bullinger nicht ein.

Rudolf Gwalther, der Nachfolger Bullingers als Antistes in Zürich, hat selbst Bibeldramen verfasst.[130] Im Vorwort seines ‹Nabal› von 1549[131] erklärt er, die Funktion des Dramas entspreche dahingehend den Aufgaben des Predigerstandes, dass es die Menschen aller Stände und jeder Herkunft über ihre Pflichten belehre (a2ᵛ).

> Nec sufficere puto, ut in loco religioni et diuinis cultibus sacro illud fiat, nisi eadem doctrina et foro, et curiæ, et compitis, et theatris etiam inferatur: ut ibi quoque uel inuiti sapere discant homines, unde peccatorum et scelerum occasiones desumi consueuerunt (a2ᵛ).

---

an Oporinus geschickt hatte, aber vor dem Druck noch einmal durchsehen wollte; es wurde Oporinus gestohlen und erschien dann ohne Bullingers Erlaubnis bei Thomas Wolff.

[125] Heinrich Bullinger: Diarium (Annales vitae) der Jahre 1504–1574, hg. von Emil Egli. Basel 1904 (Quellen zur schweizerischen Reformationsgeschichte 2), S. 43; eigene Übersetzung.

[126] Vgl. Buckenberger 2006, S. 78.

[127] Heinrich Bullinger: Lucretia, in: Lucretia Dramen, hg. von Horst Hartmann. Leipzig 1973, S. 39–97. Zur Diskussion des Begriffs vgl. Brunnschweiler 1989, S. 134.

[128] Heinrich Bullinger: Studiorum ratio. Studienanleitung, hg., übers. und komm. v. Peter Stotz. Zürich 1987 (Heinrich Bullinger Werke, Sonderband 1).

[129] Vgl. Metz 2013, S. 264.

[130] Vgl. Veraguth 2023, S. 193.

[131] Zitiert nach dem Frühdruck Rudolf Gwalther: Nabal. Comoedia sacra, quę inscribitur Nabal, desumpta ex I. Samuelis XXV. cap. nunc primum conscirpta et ædita. [Zürich: Christoph Froschauer d. Ä. 1549] (VD16 W 1125); eigene Übersetzung. Vgl. auch Rudolf Gwalther: Nabal. Ein Zürcher Drama aus dem 16. Jahrhundert, hg. von Sandro Giovanoli. Bonn 1979 (Studien zur Germanistik, Anglistik und Komparatistik 83), S. 10.

(Und ich glaube nicht, dass es genügt, dass dies in religiösen Stätten und im Gottesdienst geschieht, ohne dass diese Lehre auf den Marktplatz, in die Höfe, auf Straßenkreuzungen, und auch in die Theater getragen wird, damit auch dort, ohne dass sie es wollten, die Menschen lernen, wo sie Gefahr laufen, Sünde und Verbrechen zu begehen.)

Das Verfahren, den Menschen mit der Lehre entgegenzukommen und sie so zu verpacken, dass sie leichter aufgenommen werde, sei kein neues, auch die *veteres* hätten sich der Poesie bedient, um die Wahrheit auf angenehme Weise zu vermitteln (a2ᵛ).[132] Deutlicher als Bullinger bezieht Gwalther die Lehrhaftigkeit des Dramas auf Fragen des Heils. Das Theater ist für ihn eine Predigt in anderem Gewande. Damit bewegt er sich auf dem argumentativen Feld zahlreicher lutherischer Dramenautoren. Metz merkt an, dass die ausführliche Rechtfertigung des ‹Nabal› auf Widerstände hinweise, die Gwalthers Theateraktivität in Zürich erfahren habe.[133] In der Tat geht Gwalther direkt auf Vorwürfe ein. Dabei handelt es sich aber offensichtlich nicht um generelle Vorwürfe gegen das Theater, sondern gegen eine scheinbar seinen Dienstaufgaben und seiner fachlichen Qualifikation widersprechende Betätigung und ‹Zeitverschwendung› Gwalthers (a2ʳ). Das Bibeldrama ist zu dieser Zeit noch fest etabliert, gilt aber eher als Aufgabe von Schulmeistern. Bullingers Drama über einen lokalen Heiligen scheint im reformierten Lager der Zeit singulär gewesen zu sein. Dieses Thema blieb der konfessionellen Gegenseite überlassen.

Unter die konfessionelle Auseinandersetzung auf der Bühne zieht der Antistes Johann Jakob Breitinger mit seinem Traktat ‹Bedencken von Comoedien oder Spielen› (1623)[134] den Schlussstrich, nachdem bereits 1576 und 1620 die Bündner Synode Komödienaufführungen verboten hatte und 1617 in Genf das Schauspiel verboten worden war.[135] Breitinger geht in seiner Schrift zunächst auf die Unterschiede zwischen paganem und christlichem Theater sowie zwischen Gauklerauftritten und Bibeldrama ein (Aijʳ–Aiiijʳ) und auf die Verteidigung der Spiele als Adiaphora, d. h. als Dinge, welche die Bibel weder empfiehlt noch verbietet (Aiiijʳ), oder als lehrhafte Präsentation von Exempeln (Aiiijᵛ–vʳ). Sodann geht er zu den Gegenargumenten über, *daß einiche Comoedien zů was zeiten es seye/ vns Christen/ insbesonders den Reformierten/ gar nicht gezimmen mögint* (Avᵛ). Sie seien in der Bibel weder empfohlen noch freigestellt (Avᵛ). Dass christliche Spiele anders seien als die von den

---

[132] Vgl. Metz 2013, S. 265.
[133] Ebd., S. 266.
[134] Zitiert nach der Ausgabe: Johann Jakob Breitinger: Bedencken von Comœdien oder Spilen. Zürich: Johann Rudolf Wolf 1624 (VD17 12:653213Q); vgl. Johann Jakob Breitinger: Bedencken von Comœdien oder Spilen, hg. von Thomas Brunnschweiler, in: ders., Johann Jakob Breitingers ‹Bedencken von Comoedien oder Spilen›. Die Theaterfeindlichkeit im Alten Zürich. Bern u. a. 1989 (Zürcher Germanistische Studien 17), S. 1–97.
[135] Vgl. Veraguth 2023, S. 166 und 193–199.

Kirchenvätern verurteilten paganen, mache sie jedoch noch lange nicht gut (Bij^r). Schließlich gelte für die Spiele auch, was *im articul von Bilderen/ welcher disem articul von den Comoedien gar natürlich verwandt ist* (Bij^r), stehe.

> Ja gleich wie sich die Christen mit jhren Bilderen versündend nur desto schwerer/ weil jnen gar vnverborgen ist/ daß es der wahre Gott zum höchsten verbotten [...] Also sind die Comoedien den Christen auch nur desto ein grössere sünd/ darumb daß man vermeinen will/ es dörffind vnnd könnind die werck deß gesegneten wahren Gottes gehandlet vnd gspilt werden in form vnd gstalt/ wie einist gehandlet vnnd gspilt worden die Fablen vnnd Vnthaten der Heidnischen vnd erdichteten Abgötteren (Biiij^r).

Nicht nur den Missbrauch der Spiele, den mit katholischen Spielen verbundenen Kult, will er verbieten und er will auch nicht nur vor den Gefahren der Spiele, nämlich einer Verwechselung des Dargestellten mit dem nicht darstellbaren Wahren, warnen, sondern das Spiel als solches unterbinden, da es zum Missbrauch einlade und gegen das alttestamentliche und reformierte Bilderverbot verstoße (Biiij^v) und damit letztlich Idolatrie sei.[136]

Breitingers sehr entschiedene Position führte zum Ende der reformierten Theatertradition in der Schweiz, während in katholischen Gebieten gerade die Engführung zwischen Bild und Theater, welche er als Argument gegen die Spiele aufführt, weiterentwickelt wird. Das nach- oder gegenreformatorische Heiligenspiel und die Bildkunst gehen hier neue Allianzen ein, nicht zuletzt unterstützt durch die Theaterpädagogik des Jesuitenordens, der z. T. auch lokale Heilige zum Gegenstand seiner Dramen machte und insbesondere ab 1603, unter dem Eindruck der Christenverfolgung in Japan, das Märtyrerdrama weiterentwickelte.[137]

Schweizer Heiligenspiele als Untersuchungsgegenstand

In ihrer nach wie vor gültigen Arbeit zu den deutschen ‹Mirakelspielen› bemängelt Ukena die Unschärfe des Begriffs ‹Heiligenspiele›, der, ähnlich wie der Begriff ‹Legendenspiele›, nicht klar genug von Bibelspielen zu trennen sei, da zu den ‹Heiligen› sowohl biblische als auch nachbiblische Gestalten zählen.[138] Sie wählt daher den Begriff der ‹Mirakelspiele›, um damit drei Eigenarten des Spieltypus zu beschreiben: «heilsgeschichtliche Epoche, göttliches Wunder, literarische Fixierung in Legende und Mirakel».[139] Stofflich gehe es um die *Ecclesia militans* als «Fortsetzerin des Heilswerks Christi»[140] und um Wunderereignisse, die ein göttliches Wirken in dieser

---

[136] Vgl. Metz 2013, S. 289–296; Brunnschweiler 1989, S. 157–180.
[137] Vgl. Oba u. a. (Hg.) 2021; Oba 2016; Metz 2013, S. 754–790 (v. a. S. 773).
[138] Ukena 1975, S. 35.
[139] Ebd., S. 35.
[140] Ebd., S. 36.

heilsgeschichtlichen Zeit demonstrieren. Mit der Betonung des Mirakels nimmt sie den Fokus weg von der Persönlichkeit des Heiligen und kann damit auch Heiligkreuzspiele behandeln.

Der vorliegende Band geht dezidiert einen anderen Weg. Der Begriff ‹Heiligenspiele› im engeren Sinne bezeichnet hier Spiele, in denen vorbildliche neutestamentliche oder nachbiblische (menschliche) Gestalten auftreten, die als Zeugen Christi und des christlichen Glaubens als ‹heilig› bezeichnet werden. Christus selbst und die alttestamentlichen Propheten und Patriarchen fallen nicht in diese Kategorie, und auch Spiele, in denen Heilige wie z.B. Maria neben und im Schatten Christi dargestellt werden, werden im vorliegenden Band ausgenommen und den Genres zugerechnet, die sich an den Herrenfesten orientieren: Weihnachtsspiele, Passionsspiele, Osterspiele etc. oder auch Weltgerichtsspiele. Damit orientiert sich die Wahl des Gegenstandes an den Schnittpunkten der frühen reformierten Kritik am Heiligenkult und am Bild (vor der Ausweitung dieser Kritik auf jedes religiöse Bild): Es geht um jene vorbildlichen Persönlichkeiten, deren Mittlerfunktion nach dem Tod in die Kritik der Reformatoren gerät und deren Bilder Zwingli deshalb als ‹Götzen› ablehnt. Der Protagonist eines ‹Heiligenspiels› ist nicht der ‹eine› Mittler Christus, der Verehrung verlangt. Wenn Christi Abbildung in der ‹Confessio Helvetica posterior› kritisiert und seine theatrale Darstellung von Breitinger besonders heftig angegriffen wird, liegt dies letztlich auf einer anderen Ebene: Hier geht es allein um das unerlaubte Bildnis von Gott und um die Übersetzung der Bibel ins Drama. Die Darstellung nachbiblischer Heiliger ist von dieser Kritiklinie zunächst nicht betroffen – wohl aber von Breitingers genereller Ablehnung des paganen wie des christlichen Theaters.

Anders als die von Zwingli kritisierten Heiligenbilder in Kirchenräumen müssen Heiligenfiguren im Theater zunächst als ‹heilig› im katholischen Sinne präsentiert werden, um die für protestantische Zuschauer provokante Funktion zu erhalten. Dies kann über das von Ukena ins Zentrum gerückte Mirakel geschehen, über eine Betonung der Mittlerfunktion der Heiligen oder der Heilswirkung ihrer Reliquien oder über die Reaktion der anderen Figuren auf die Heiligen. Eher akzeptabel für ein protestantisches Publikum ist dagegen die Ausstellung einer deutlichen Christusnachfolge der Protagonisten in Wort und Tat. Die Spiele kombinieren in der Regel verschiedene Strategien der Inszenierung von Heiligkeit, abhängig auch vom jeweils dargestellten Heiligentypus: den Aposteln und Märtyrern, den Bekennerheiligen, den Sünder- und Konversionsheiligen, den Asketen, Amtsheiligen und Kirchenlehrern. Letztere, allen voran Paulus, nennt Zwingli in den oben zitierten ‹Auslegen und Gründen der Schlussreden› «heilig», da sie seiner auf Paulus und auf das ‹Apostolische Glaubensbekenntnis› gestützten Definition des ‹Heiligen› als des frommen Christen in besonderer Weise entsprechen. So bieten die Gestalten des Paulus und des frommen Jedermann Ansatzpunkte für eine reformierte Gegendarstellung von ‹Heiligen›. Im Folgenden werden daher auch reformierte Spiele berücksichtigt, die neutestamentliche Heilige, Kirchenlehrer oder als ‹heilig› bezeichnete Fromme präsentieren. Neben diese Spiele werden auch ausgewählte Spiele gestellt, die zwar das Thema der Heiligkeit oder der Heiligenverehrung thematisieren, aber selbst nicht als ‹Heiligenspiele› bezeichnet werden können, sondern eher als ‹Anti-Heiligenspiele›.

Der vorliegende Band geht der Frage nach, welche Rolle dem Heiligenspiel (oder der klaren Ablehnung desselben) in der konfessionellen Auseinandersetzung in der Eidgenossenschaft zukommt. Es beschränkt sich dabei auf deutschsprachige Spiele. Das französischsprachige Theater wird derzeit in einem groß angelegten Projekt von Estelle Doudet und Natalia Wawrzyniak (Lausanne) über das frühneuzeitliche Drama der Romandie erfasst. Aufgrund des Sonderstatus' von Genf in der Eidgenossenschaft und innerhalb der reformierten Länder folgt das Theater der Romandie eigenen historischen und theologischen Prämissen. Das rätoromanische Theater ist jüngst von Manfred Veraguth behandelt worden. Als einziges Heiligenspiel aus den reformierten Drei Bünden verzeichnet er ‹Sogn Steivan›, ein vermutlich um 1570 in La Punt Chamues-ch aufgeführtes und noch fragmentarisch erhaltenes Stephanus-Spiel auf der Grundlage von Sebastian Wilds ‹Ein schone Tragedj aus der Apostelgschicht gezogen [...] von der verstynigung Stephani› von 1566.[141] Verzichtet wird im vorliegenden Band auch auf eine Einbeziehung des lateinischen Jesuitendramas. Dieses nimmt zwar auch auf lokale Legendenstoffe Bezug,[142] ist aber grundsätzlich in einer internationalen Literatur und Kultur verankert und folgt daher eigenen Mustern und wäre fraglos eine selbstständige Untersuchung wert.

Als Betrachtungszeitraum umfasst die Zeit zwischen dem Beginn der Reformation (der hier mit der Aufnahme der Predigttätigkeit Zwinglis in Zürich 1519 angesetzt werden kann) bis in die 1620er-Jahre. Die Schweiz blieb zwar, mit Ausnahme Graubündens, im Dreißigjährigen Krieg militärisch weitgehend verschont, ökonomisch lassen sich dennoch Auswirkungen des Kriegs zeigen. Augenfällig wird der kulturelle Einschnitt in der Schweiz aber erst nach Ende des Dreißigjährigen Kriegs, mit dem Bauernkrieg 1653 und dem Ersten Villmergerkrieg 1656. Ein Blick auf die Überlieferung von Heiligenspielen in der Schweiz suggeriert aber doch einen Einschnitt in den 1620er-Jahren: Vor und nach diesem Datum sind aus je unterschiedlichen Orten Spiele überliefert. Dies könnte mit der Verbreitung des Jesuitenordens zusammenhängen, der in der Schweiz zwar bereits ab 1574 Fuß gefasst hatte (in Luzern), aber v. a. im 17. Jahrhundert an Bedeutung gewann. Ein noch gewichtigerer Grund für die Änderung der schweizerischen Theaterlandschaft dürfte im Genfer Schauspielverbot von 1617 und im Wirken des Zürcher Antistes Johann Jakob Breitinger zu suchen sein, der 1624 seine ‹Bedencken von Comoedien

---

[141] Veraguth 2023, S. 189–191.
[142] Zu den Jesuitendramen in Luzern vgl. Greco-Kaufmann 2009, S. 459–475, bes. 465f. u. 470f.; Kottmann 1974, S. 164f.

oder Spielen› veröffentlichte, wodurch das Theaterspiel als solches in die Kritik bzw. in eine Verteidigungsposition geriet.[143] Das katholische Theater endet zwar nicht gleichzeitig mit dem reformierten; die Zeit nach 1624 ist aber eine Zeit, in der keine konfessionelle Auseinandersetzung auf der Bühne mehr denkbar ist, die auch theatrale Antworten provozieren könnte.

Beschränken muss sich die Arbeit schließlich auf Orte, an denen Heiligenspiele (im genannten erweiterten Sinne) überliefert sind. Im Zuge der Reformation sind vermutlich zahlreiche Handschriften vorreformatorischer Heiligenspiele vernichtet worden. So sind beispielsweise in Zürich zwar die Verehrung der Stadtpatrone Felix und Regula sowie innerstädtische Wallfahrten zu ihren Gräbern seit dem 8. Jahrhundert belegt, dazu ab dem 13. Jahrhundert Feierlichkeiten zu ihrem Gedenken und dem des Heiligen Exuperantius am 11. September,[144] außerdem ab 1304 eine Prozession mit den Reliquien dieser Heiligen am Mittwoch nach Pfingsten.[145] Ab dem 13. Jahrhundert sind auch Feierlichkeiten zu Ehren Karls des Großen am 28. Januar[146] bezeugt sowie – ab dem 15. Jahrhundert – Feierlichkeiten zum Fest des Heiligen Mauritius am 22. September.[147] Das Kirchweihfest des Großmünsters am 12. September, welches als das Hauptkirchweihfest Zürichs betrachtet werden kann, war spätestens ab dem 14. Jahrhundert von einem Jahrmarkt begleitet und ab 1465 von einem mehrtägigen Schützenfest, dem sog. Freischießen.[148] Während der Zeit des Freischießens im Jahr 1504 ist die Aufführung von einem «Spiel von unseren Heiligen» (Felix und Regula) auf dem Münsterplatz bezeugt, veranstaltet durch den Rat der Stadt.[149] Da im Schreiben des päpstlichen Legats Leonardus de Chieragatis aus dem Jahr 1495,[150] wonach der für das Fest der heiligen Stadtpatrone gewährte Ablass auf eine ruhigere Zeit jenseits des Jahrmarkttrubels verlegt werden sollte, mehrere *spectacula* erwähnt sind, vermutet Dörner, dass zum Kirchweihfest neben dem Spiel von Felix und Regula noch weitere Schauspiele präsentiert wurden.[151] Überliefert sind diese Texte aber nicht – ebenso wenig wie die bereits erwähnte reformierte *comoedia sacra* über Felix, Regula und Exuperantius von Heinrich Bullinger. Gehalten hat sich dagegen die Tradition des Freischießens, später

---

[143] Vgl. oben, S. 23f.; Verraguth 2023, S. 166.
[144] Vgl. Dörner 1996, S. 164; Vögelin 1878, S. 302.
[145] Vgl. Dörner 1996, S. 173; Vögelin 1878, S. 521.
[146] Vgl. Dörner 1996, S. 165.
[147] Vgl. ebd., S. 167.
[148] Vgl. ebd., S. 180; Vögelin 1878, S. 150.
[149] Vgl. Dörner 1996, S. 180; Vögelin 1878, S. 488. Nur das Schießen, aber nicht die Aufführung erwähnt Edlibach. Vgl. Gerold Edlibach: Chronik, hg. von Johann M. Usteri. Zürich 1847, S. 237.
[150] Staatsarchiv Zürich C II 1 Nr. 755 (1. März 1495).
[151] Vgl. Dörner 1996, S. 180, FN 409.

‹Knabenschießens›.[152] Dies darf als ein Hinweis auf die soziale Bedeutung des Heiligenfestes gewertet werden.

Textverluste sind auch in katholischen Orten zu beklagen. So hat Fritz Bossardt in einer Surseer Chronik einen Beleg dafür gefunden, dass 1617 in Sursee ein Spiel ‹Leben und Tod des hl. Georgius, Märtyrer› aufgeführt wurde.[153] Außer dem Titel bzw. dem Thema des Spiels ist aber nichts bekannt. Aufführungsort dürfte der Platz am St. Georgsbrunnen vor der St. Georgskirche[154] gewesen sein; auf diesem wurde nachweislich 1688 eine Marienklage aufgeführt.[155] Die weiteren in Sursee bezeugten Spiele behandeln alttestamentliche Stoffe.

Dass auch in neuerer Zeit Handschriften von Heiligenspielen verlorengegangen sind, bezeugt der Fall des ‹Dominikus-Spiels› des Küssnachter Pfarrers Martin Wyss aus dem Jahr 1629. Albert Mühlebach hat die 117 Seiten umfassende Spielhandschrift für seinen 1929 erschienenen Beitrag[156] im Pfarrarchiv von Buttisholz eingesehen. Es ist heute nicht mehr auffindbar.[157] Nach der Beschreibung von Mühlebach wies das Spiel, dessen Verfasser am Jesuitenkolleg in Luzern ausgebildet worden war,[158] und das von der Rosenkranzbruderschaft in Küssnacht aufgeführt wurde,[159] deutliche Ähnlichkeiten zu Johannes Mahlers Heiligenspielen auf, insbesondere in den sehr markanten Teufelsszenen.[160] Dargestellt war nach einer Disputation über das Altarsakrament zwischen Dominikus, Oekolampadius, Berengar von Tours und Osiander, aus welcher Dominikus siegreich hervorging, Marias Überreichung des Rosenkranzes an Dominikus. In den folgenden Akten bewies Dominikus in Wort und Tat (d. h. durch Wunder) die Stärke des Glaubens und seine Heiligkeit in Konfrontation mit den Teufeln, mit Venus und den Hauptlastern.[161] Dieser Text wäre, wenn er noch auffindbar wäre, zentral für die vorliegende Arbeit. Ähnliche Textverluste sind auch an anderen Orten anzunehmen und zum Teil auch bezeugt. Dies ist im Folgenden bei der Interpretation der überlieferten Spiele mitzudenken.

Konkret lassen sich bis in die 1620er-Jahre folgende Aufführungen deutschsprachiger (nicht-jesuitischer) Heiligenspiele oder Bühnenstücke, die das Thema der Heiligkeit diskutieren, in der deutschsprachigen Schweiz fassen, durch Aufführungszeugnisse oder durch überlieferte Spieltexte:

---

[152] Vgl. H. Stadler 2008.
[153] Bossardt 1941/42, S. 67; ausführlicher dazu Bossardt 1933.
[154] Vgl. dazu Bossardt 1937, S. 72.
[155] Vgl. Bossardt 1941/42, S. 67.
[156] Mühlebach 1929, S. 90f.
[157] Die Bestände des Pfarreiarchivs wurden 2022 neu aufgearbeitet und neue Verzeichnisse erstellt. Dabei ist kein Hinweis auf den Verbleib der Handschrift aufgetaucht. Für diese Auskunft bedanke ich mich herzlich bei Nicole Meier (Sekretariat der Pfarrei Buttisholz).
[158] Mühlebach 1929, S. 95.
[159] Ebd., S. 90; vgl. auch S. Jäggi 2003, S. 102.
[160] Mühlebach 1929, S. 93.
[161] Ebd., S. 96–98.

1453: Solothurn: ‹Catharina von Alexandrien› [verloren]
1495: Zürich: ‹Felix und Regula› [verloren]
1502: Solothurn: ‹Ursus› [verloren]
1504: Zürich: ‹Felix und Regula› [verloren]
1521: Solothurn: ‹Ursus› [verloren]
1531: Bern: Rüte, ‹Faßnachtspiel›
1533: Zürich: Bullinger, ‹Felix, Regula und Exuperantius› [verloren]
1535: Basel: Kolroß/Birck: ‹Tragedi wider die Abgötterey›
1539: Solothurn: ‹Älteres Ursenspiel›
1540: Bern: Rüte, ‹Gedeon›
1546: Basel: Boltz, ‹Pauli Bekehrung›
1549: Solothurn: Aal, ‹Johannesspiel›
1550: Basel: Boltz, ‹Weltspiegel›
1556: Basel: Foxe, ‹Christus Triumphans› [wohl nicht aufgeführt]
1560: Beromünster: ‹Apostelspiel›
1576: Einsiedeln: Büchser, ‹Meinradspiel›
1581: Solothurn: Wagner, ‹Mauritius und Ursus›
1583: Kerns: Boltz, ‹Weltspiegel› [?]
1584: Solothurn: Wagner, ‹Stephanus› [Aufführung fragwürdig]
1585: Luzern: Wilhelmi, ‹Apostelspiel›
1590: Sarnen: Lüthi, ‹Bruder Klaus› [verloren]
1591: Bern: Aal, ‹Johannes›[162] oder Sachs, ‹Enthauptung Johannis›[163]
1594: Luzern: Wilhelmi, ‹Katharina› [verloren]
1596: Luzern: Wilhelmi, ‹Wilhelmspiel›
1596: Solothurn: Aal, ‹Johannesspiel›
1599: Luzern: Wilhelmi, ‹Apostelspiel›
1601: Sarnen: Zurflüe, ‹Bruderklausenspiel›
nach 1601: Bern: ‹Berner Trilogie›
1606: Luzern: Wilhelmi, ‹Leodegarspiel›
1616: Sursee: ‹Georgius› [verloren]
1620: Zug: Mahler, ‹Stanislaus›
1624: Zug: Mahler, ‹Bruder Klaus›
nach 1624: Sarnen: ‹Bruderklausenspiel › (anonym)
1629: Zug: Mahler, ‹Oswald›
1629: Küssnacht: Wyss, ‹Dominikus› [verloren].

---

[162] Baechtold 1892, S. 269 nennt hierzu eine Aufführungsnotiz der Spieltruppe von Andreas Heiniger.
[163] Balling 2021, S. 211 führt gegen Baechtolds These, dass es sich um Aals Spiel gehandelt habe, das Argument an, dass es sich bei dem in Bern bezeugten Johannesspiel um eine eintägige Aufführung handelte.

Mit Blick auf reformierte Spiele, die das Thema der Heiligkeit diskutieren, ist diese Liste sicherlich erweiterbar; hier wurden nur die markantesten dieser Spiele ausgewählt. Ziel des vorliegenden Bands ist es zu zeigen, wie die lokale und regionale identitätsstiftende Bedeutung einzelner Heiliger und das immer wieder neu definierte Gemeinschaftsverständnis der Waldstätte, der Fünf Orte, der reformierten Orte und der Eidgenossenschaft im Theater miteinander verhandelt werden und dabei lokale Theater- und Frömmigkeitstraditionen reflektieren. Es soll sichtbar werden, wie die Heiligen in traditionellem Verständnis oder aber Zwinglis Korrektur des Heiligkeitsbegriffs zu Argumenten in einer Art öffentlichen Disputation werden und die theologischen Disputationen zu Beginn der Reformationszeit auf anderem Feld spiegeln. Versucht wird dabei, die konfessionelle Bindung bisheriger Untersuchungen zum reformierten Drama der Schweiz oder zum Heiligenspiel der katholischen Schweiz aufzubrechen und beide Seiten zu Wort kommen zu lassen.

Bereits zitiert wurde oben Baechtolds Preis der Schweiz als des Ursprungslands des neueren Dramas, welches durch die Reformation entstanden sei.[164] Er sieht das 16. Jahrhundert als eine Zeit der Befreiung von allerlei Zwängen, die sich in der Entwicklung neuer Dramenformen zeige. Das protestantische Drama lobt er für seine angebliche Unabhängigkeit von ausländischen Mustern, seine Naturwüchsigkeit und Moral. In besonders bunten Farben zeichnet er die satirischen Fastnachtspiele. Das katholische Drama hebt er deutlich davon ab:

> Dramen, welche im Gegensatz zu den genannten den katholischen Standpunkt vertreten, sind nicht vorhanden. Die Katholiken überlassen auch diese Gattung des Schauspiels, das in unserm Zeitraume ganz Produkt der Reformation ist, ihren Gegnern und beschränken sich auf die Pflege des alten, tendenzlosen Passions-Osterspiels.[165]

Später erklärt er:

> In Luzern ragen die alten Passions-Osterspiele aus einer vergangenen Epoche noch in das neue, ja selbst ins siebenzehnte Jahrhundert hinein, unberührt vom Geiste der neuen Welt.[166]

---

[164] Baechtold 1892, S. 249.
[165] Ebd., S. 253.
[166] Ebd., S. 260.

Allein die Bühnentechnik und die Organisation erscheinen ihm am ‹Luzerner Osterspiel› interessant, aber nicht der Text. Während Johannes Aals ‹Johannes der Täufer› als Bibelspiel noch Baechtolds Interesse findet,[167] zeigt er für die Heiligenspiele im engeren Sinne kein Verständnis: «Meist sind es schauerliche Machwerke mit abgeschmacktem Dämonenspuk»,[168] erklärt er. In ihre Inhaltsangaben mischt er Urteile wie «unbedeutend»,[169] «sklavisch» der Legende folgend,[170] «poetisch [...] wertlos»[171] und «öde».[172]

Diametral entgegengesetzte Ansichten vertritt Oskar Eberle in seiner ‹Theatergeschichte der innern Schweiz›,[173] die sich auf die Fünf Orte und damit auf das katholische Drama beschränkt.[174] Das Aufkommen der Heiligenspiele, unter denen er «alle Dramen, die Bibel oder Legende darstellen, keine biblische Gesamtschau, sondern ein Einzelgeschick gestalten», subsumiert, markiert für Eberle «die entscheidende Wendung vom Mittelalter zum Barock».[175] Die neue Ära beginne mit der Aufführung von Johannes Salats ‹Verlorenem Sohn›, den er – wie auch dessen Neufassung des Osterspiels – «im Dienste der religiösen Erneuerung Luzerns» verortet.[176]

Mit guten Gründen kann man die unterschiedliche Wertschätzung der Heiligenspiele auf konfessionelle und biografische Hintergründe der Wissenschaftler zurückführen. Dem an der Universität Zürich lehrenden reformierten Literaturprofessor Baechtold galten die in lokalen Traditionen wurzelnden und stellenweise (insbesondere in den Narrenszenen) in derber Sprache abgefassten Heiligenspiele aus moralisch-ästhetischen Gründen als minderwertig oder irrelevant; dabei verschloss er die Augen vor ebenso derben Narrenszenen im protestantischen Spiel. «Jakob Baechtold fehlte noch weitgehend das Verständnis für die barocke Literatur, und besonders für diejenige der katholischen Innerschweiz», urteilt Thomke.[177] Oskar Eberle hingegen, der von Kindesbeinen an vertraut war mit den vielerorts noch lebendigen katholischen Theatertraditionen, hatte sich schon während seines Studiums in Deutschland ganz der Erforschung der Theatergeschichte seiner Heimat verschrieben und strebte eine Wiederbelebung und künstlerische Erneuerung

---

[167] Baechtold 1892, S. 339–341.
[168] Ebd., S. 383.
[169] Ebd., S. 385.
[170] Ebd., S. 386.
[171] Ebd.
[172] Ebd., S. 388.
[173] Vgl. dazu demnächst: Greco-Kaufmann/Hoffmann 2023.
[174] Eberle 1929.
[175] Ebd., S. 18.
[176] Ebd.
[177] Thomke, 2003, S. 179.

katholischer Spieltraditionen an.[178] Bis dato kommt Eberles umfangreicher Bestandsaufnahme und Darstellung der Heiligen- und Märtyrerspiele in der Innerschweiz ein singulärer Status zu.

Auffällig ist Heinz Kindermanns Umgang mit dem Heiligenspiel. Im Band ‹Renaissance› seiner politisch belasteten Theatergeschichte, in welchem er die Innovationskraft insbesondere des deutschen Theaters zeigen möchte, weist er das ihm offensichtlich suspekte Heiligenspiel dem französischen[179] und v. a. dem «slawischen», von Jesuiten bestimmten, Theater in Prag[180] zu. In den deutschsprachigen Ländern erwähnt er nur kurz die Bühne von Stephan Broelmans ‹Laurentius› in Köln (1581)[181] und die noch einem «mittelalterlichen» Raumverständnis verankerte Bühne von Johannes Aals ‹Johannes› in Solothurn (1549).[182]

Auch noch die Literatur- und Theatergeschichten der 1970er- und 1980er-Jahre weisen eine konfessionelle Prägung auf; zudem geht in ihnen das Heiligenspiel meist aufgrund von Problemen der Periodisierung unter: Heinz Rupprich behandelt 1973 im Teilband ‹Das Zeitalter der Reformation› der von De Boor und Newald herausgegebenen Literaturgeschichte (in geringerem Umfang) auch die katholische Literatur der Zeit. Zum Theater der Schweiz bemerkt er, dass zum Beispiel die Luzerner Spiele einerseits «die mittelalterliche Unbefangenheit»[183] wahren, andererseits dazu dienen, «um angesichts der Gefahren, die von Zürich und den Zwinglianern drohen, die Gnade Gottes und seiner hl. Mutter zu erflehen».[184] Erst ab 1530 zeige das schweizerische Theater – sowohl in den katholisch gebliebenen als auch in den reformierten Regionen – ein «Bestreben, die überlieferte mittelalterliche Form zu einem neuen protestantisch-humanistischen Stil umzuformen».[185] Unter den katholischen Dramatikern hebt Rupprich Johannes Salat, Renward Cysat, Georg Brun und Johannes Aal hervor – und lobt an letzterem vor allem, dass er Flavius Josephus und Hegesippus rezipiert,[186] worin Rupprich einen Nachweis humanistischer Prägung sieht. Eine solche scheint er im Heiligenspiel nicht zu erkennen und lässt es wohl deshalb unerwähnt. Ähnliches gilt selbst noch 1993 für Manfred Braunecks ‹Die Welt als Bühne›. Er erklärt mit Hinweis auf Aals ‹Johannes›:

---

[178] Als erste große Regiearbeit führte er 1929 ein Heiligenspiel, den «Bruder Klaus», auf. Vgl. Greco-Kaufmann 2022.
[179] Kindermann 1959, S. 148.
[180] Ebd., S. 390–393.
[181] Ebd., S. 334f.
[182] Ebd., S. 358f.
[183] Rupprich 1973, S. 373.
[184] Ebd., S. 374.
[185] Ebd.
[186] Ebd., S. 375.

«Die Stücke des katholischen Lagers waren von der gleichen Machart wie die der Protestanten».[187]

Nicht entscheidend anders schätzt Wolfgang F. Michael in seiner grundlegenden Arbeit ‹Das deutsche Drama der Reformationszeit› von 1984 das katholische Spiel aus der Schweiz ein und übersieht dabei die politische Dimension der Spiele. Er würdigt Johannes Salat, Georg Brun, Zacharias Bletz, Renward Cysat und Johannes Aal[188] und sucht bei ihnen nach Spuren humanistischer Einflüsse und nach Zugeständnissen gegenüber den Reformierten. So zählt er bei Aal die positiv belegten Verwendungen der Begriffe *Euangelisch* und *reformatz* und die Repliken in der «neuhochdeutschen Luthersprache».[189] Hanns Wagners Heiligenspiele, insbesondere den ‹Ursus›, erwähnt Michael nur kurz, da sie «nicht mehr in die Periode der Reformationszeit» gehören.[190] Als angeblich noch mittelalterliches oder als schon gegenreformatorisches (sprich: barockes) Spiel also fällt das Heiligenspiel durch sein Raster und das der vorgenannten Forscher.

Andere Akzente setzen die oben bereits erwähnte Arbeit von Elke Ukena zum deutschen Mirakelspiel (1975) und Heinrich Biermanns Dissertation zu den deutschsprachigen Legendenspielen (1977). Sie kommen dem dringenden Forschungsdesiderat einer Würdigung und Interpretation einiger Heiligenspiele nach. Im Ringen um einen Gattungsbegriff machen sie keinen kategorialen Unterschied zwischen mittelalterlichen und frühneuzeitlichen und zwischen deutschen und schweizerischen Spielen. Biermann sieht Unterschiede vor allem im Umfang, in der Bühnenform und in der Auswahl der Vorlagen, nicht aber in der Intention der Spiele.[191] Mit dieser Haltung aber unterstützen die beiden Arbeiten letztlich wiederum die scharfe Trennung zwischen den reformierten Dramen und den Heiligenspielen der Schweiz.

Geradezu selbstverständlich setzt daher auch noch Wolfram Washof (2007) das deutsche Bibeldrama der Reformationszeit mit dem protestantischen Drama gleich und behandelt an katholischen Spielen allein Johannes Aals ‹Johannes›. Unter Berufung auf Gebhardt stellt er ihn nach seiner Aufführungsform «noch ganz» in die Tradition der spätmittelalterlichen geistlichen Spiele,[192] zugleich aber begreift er ihn als ein humanistisches Theaterstück, das sich allein durch die «bei einem protestantischen Dramatiker undenkbare»[193] Thematisierung der Reliquie des Heiligen

---

[187] Brauneck 1993, S. 534.
[188] Michael 1984a, S. 181–195.
[189] Ebd., S. 194.
[190] Ebd., S. 196.
[191] Biermann 1977, S. 304.
[192] Washof 2007, S. 352; Gerengel, hg. 2000, S. 45.
[193] Washof 2007, S. 355.

34   Einführung

Johannes als eindeutig katholisch positioniere. Auf den Besitzereintrag des Jesuitenkollegs in München,[194] der in seiner Abbildung des Titelblatts des Münchener Exemplars von Aals ‹Johannes› zu sehen ist, und mögliche Wechselbeziehungen zwischen dem «noch spätmittelalterlichen» Heiligenspiel und dem Jesuitendrama geht Washof nicht ein. Erst Thomas Balling (2021) nimmt im Kontext seiner vergleichenden Untersuchung verschiedener Johannes-Dramen Johannes Aals ‹Johannes› als katholischen Gegenentwurf zu protestantischen Johannes-Dramen ernst und stellt ihn in den Kontext der anderen Heiligenspiele in Solothurn.[195]

Nicht unerwähnt bleiben sollen hier sehr wertvolle Regionalstudien, die nicht nur zu den Orten des protestantischen Dramas der Schweiz vorliegen, wie u. a. Glenn Ehrstines Untersuchung zum Berner Theater der Reformationszeit (2002),[196] Regula Gámiz-Brunners Arbeit zum Theater in Bern (2013)[197] und Judith Pfeiffers Monographie über die Dramen Sixt Bircks in Basel (2016), sondern insbesondere auch zu den katholischen Orten – und das bereits seit den Arbeiten von Renward Brandstetter (1886).[198] Besonders hervorzuheben sei die umfangreiche Studie zum Luzerner Theater von Heidy Greco-Kaufmann samt höchst wertvoller Quellensammlung (2009).[199] Seit den 1980er-Jahren sind zudem vermehrt neuere Editionen von schweizerischen Heiligenspielen[200] und reformierten Spielen des 16. Jahrhunderts[201] entstanden sowie eine Reihe von Einzelstudien in Aufsatz- oder Beitragsform. Sie können hier nicht im Einzelnen aufgeführt werden und werden in den

---

[194] Washof 2007, S. 354.
[195] Balling 2021, S. 129–181.
[196] Ehrstine 2002.
[197] Gámiz-Brunner 2013.
[198] Vgl. insbesondere Brandstetter 1886a.
[199] Greco-Kaufmann 2009.
[200] Luzerner Apostelspiel, hg. von Julia Gold. Basel [2024]; Johann Zurflüe: Das Sarner Bruderklausenspiel (1601), hg. von Heidy Greco-Kaufmann und Elke Huwiler. Zürich 2017 (Theatrum Helveticum 16); Johannes Mahler: Spiel von St. Stanislaus, hg. von Hellmut Thomke und Christiane Oppikofer-Dedie. Zürich 2003; Johannes Mahler: Bruder Klausen-Spiel (um 1624), hg. von Christiane Oppikofer-Dedie. Aarau 1993; Hanns Wagner, alias ‹Ioannes Carpentarius›: Sämtliche Werke, hg. und erl. von Rolf Max Kully, 2 Bde. Bern, Frankfurt a. M. 1982; Hanns Wagner: Solothurner St. Mauritius- und St. Ursenspiel, hg. von Heinrich Biermann. Bern, Stuttgart 1980 (Schweizer Texte N. F. 5).
[201] Berner Trilogie, hg. von Björn Reich. Basel [2024]; Jakob Funklin: Die Bühne als Kanzel, hg. von Max Schiendorfer, 2 Bde. Zürich 2019; Valentin Boltz: Der Weltspiegel, hg. von Friederike Christ Kutter u. a. Zürich 2013 (Schweizer Texte N. F. 37); Jakob Ruf: Leben, Werk und Studien, hg. von Hildegard Elisabeth Keller, 5 Bde. Zürich 2008; Hans von Rüte: Sämtliche Dramen, hg. von Friederike Christ-Kutter, Klaus Jaeger und Hellmut Thomke, Bd. 1. Bern u. a. 2000 (Schweizer Texte N. F. 14); Simon Gerengel: Das Johannesspiel. Die schön euangelisch History von der enthauptung des heiligen Johannis des Tauffers, hg. von

jeweiligen Ortskapiteln berücksichtigt. Für die Regional- und die Einzelstudien gilt, dass sie notwendigerweise nur eine Konfession im Blick haben.

Die jüngst erschienene ‹Theatergeschichte der Drei Bünde› von Manfred Veraguth[202] hingegen nimmt in der Tat beide konfessionelle Seiten in den Blick, wobei der Schwerpunkt der Darstellung auf nicht-literarischen theatralen Formen aus der Zeit zwischen 1500 und 1800 liegt. Wie oben bereits erwähnt, wird ein rätoromanisches reformiertes Heiligenspiel von ca. 1570 erwähnt; auf katholischer Seite werden nur Heiligenspiele aus der zweiten Hälfte des 17. Jahrhunderts und aus dem 18. Jahrhundert behandelt.[203]

Die Einseitigkeit der Betrachtung aufzubrechen und das schweizerische Heiligen- und Märtyrerspiel als eine neue, gegenreformatorische, aber eben nicht jesuitisch-internationale und noch nicht barocke, sondern mit dem protestantischen Drama in einem Dialog stehende Theaterform des 16. Jahrhunderts ernst zu nehmen, ist die Aufgabe, der sich der vorliegende Band widmet. Damit kommt er auch dem Forschungsdesiderat nach, welches Hanspeter Marti 1998 in seinem Aufsatz ‹Luzern – Zentrum der Gegenreformation in der Alten Eidgenossenschaft› formuliert, wenn er bemängelt, dass «die katholischen Gegenden [...] von der Schweizer Literaturgeschichte recht stiefmütterlich behandelt worden» seien.[204] Sie wiederum allein zu behandeln, kann nicht genügen, da Reformation und Gegenreformation nur im Dialog gedacht werden können. Daher finden sich in diesem Band auch Kapitel zu den reformierten Orten Bern und Basel.

Michael Gebhardt. Innsbruck 2000 (Innsbrucker Beiträge zur Kulturwissenschaft, Germanistische Reihe 60); Niklaus Manuel: Werke und Briefe, hg. von Paul Zinsli und Thomas Hengartner. Bern 1998.
[202] Veraguth 2023.
[203] Ebd., S. 199–204. Zwei weitere jüngere Arbeiten, die das schweizerische Drama des 16. Jh. komparatistisch und über Konfessionsgrenzen hinweg betrachten, Posth 2022 (zum französisch- und deutschsprachigen eschatologischen Spiel) und Daiber 2023 (zum lutherischen deutschen und reformierten schweizerischen und niederländischen Passionsspiel), nehmen keine Heiligenspiele in den Blick.
[204] Marti 1998, S. 1092.

Luzern

Seit der Konsolidierung der alten Eidgenossenschaft – Luzern verbündete sich 1332 mit Uri, Schwyz und Unterwalden – gehörte Luzern zu den einflussreichen Orten des expandierenden Staatenbundes. Die am Vierwaldstättersee an der Gotthardroute gelegene Stadt avancierte im Spätmittelalter zur ökonomischen und kulturellen Drehscheibe der Innerschweiz.[1] Diese Zentrumsfunktion wurde im Zuge der konfessionellen Auseinandersetzungen noch verstärkt. Seit den 1520er-Jahren kam Luzern als ‹Vorort› der katholischen Schweiz eine Führungsposition zu.[2] Mit dem Sieg über die Neugläubigen in der Schlacht bei Kappel 1531 befestigten die katholischen Orte ihre starke militärisch-politische Position in der Eidgenossenschaft. Die Stadt Luzern manifestierte ihre Vorrangstellung regelmäßig mit Hilfe von Frömmigkeits- und Brauchtumsanlässen, die der Repräsentation von geistlichen und weltlichen Machtträgern sowie der Vermittlung religiöser und politischer Botschaften dienten. Durch ihre groß angelegten Aufführungen religiöser und weltlicher Spiele auf dem Weinmarkt profilierte sich die Stadt Luzern im 16. Jahrhundert als Hochburg katholischer Theatertraditionen und übte prägenden Einfluss auf die Kultur benachbarter Innerschweizer Länderorte aus. Die außerordentlich ergiebige Quellenlage – städtisches Verwaltungsschrifttum, Chroniken, Bildmaterialien, historische Stadtansichten, Spielhandschriften, Bühnenpläne – ermöglicht Einblicke in die szenischen Vorgänge[3] der Stadt Luzern, die bei der Entstehung und Herausbildung der volkssprachlichen literarischen Theatertradition eine Rolle spielten.[4]

Theatralisierte Kulthandlungen im Sakralbezirk ‹im Hof›

Luzerns ältestes spirituelles und herrschaftspolitisches Zentrum befand sich ‹im Hof›, dem auf einer Anhöhe, etwas außerhalb der Siedlung gelegenen Sakralbezirk mit Kloster und Kirche. Die wechselvolle Geschichte und die komplizierten Rechtsverhältnisse zwischen den geistlichen Herren, die bis zum Generalauskauf 1479 über

---

[1] Vgl. Lischer 2016.
[2] Als ‹Vorort› wurde jener eidgenössische Ort bezeichnet, der zur eidgenössischen Tagsatzung einlud und bei den Verhandlungen den Vorsitz hielt. Nach der konfessionellen Spaltung profilierte sich Luzern als Vorort der katholischen Orte, die sich meist in der Stadt Luzern zu ihren Sitzungen trafen. Vgl. Körner 2013.
[3] Unter szenischen Vorgängen versteht man Komplexe von Handlungen, die spezifisch hervorgehoben und konsequenzvermindert sind. Die Hervorhebungen erfolgen örtlich, gestisch, akustisch sowie mittels dinglicher Attribute. Vgl. Kotte 2005, Kap. 1.
[4] Basis dieses Kapitels sind die theaterhistorischen Forschungen in Greco-Kaufmann 2009, die u. a. eine systematische Quellenerhebung bezüglich szenischer Vorgänge beinhalten.

die Stadt herrschten, und den Bewohnern der Siedlung am Ausfluss der Reuss lassen sich bis ins frühe Mittelalter zurückverfolgen.[5] Das in der Mitte des 8. Jahrhunderts gegründete Benediktinerkloster St. Leodegar ‹im Hof› kam 1135 unter die Herrschaft der elsässischen Reichsabtei Murbach, der fortan auch die Mönche – südalemannische Adelige – entstammten.[6] 1291 verkaufte das Kloster Murbach seine Rechte in Luzern und Umgebung an König Rudolf I. von Habsburg, behielt sich allerdings einige Herrschaftsrechte, u. a. die Kollatur des Propstes, vor.[7] Diese bedeutete zum einen, dass die Stadt Luzern unter die Herrschaft der mächtigen Habsburger kam, die im 13. Jahrhundert ihren Territorialbesitz beträchtlich ausgeweitet hatten, und zum anderen, dass sie in Bezug auf religiöse Angelegenheiten und Bildung – seit 1229 beherbergte das Kloster eine Lateinschule – weiterhin in der Abhängigkeit des elsässischen Mutterklosters verblieb. Die Komplexität der Rechtsverhältnisse erhöhte sich noch als Luzern 1332 dem Bündnis der drei ‹Urschweizer› Länderorte beitrat.

Die weiteren Entwicklungen der Stadt Luzern standen im Zeichen eines Emanzipationsprozesses des Bürgertums, das sich aus der Abhängigkeit des Klosters im Hof befreien wollte. Seit dem beginnenden 15. Jahrhundert kamen nur noch wenige Mönche von Murbach nach Luzern; 1442 beschlossen Propst und Kapitel, keine elsässischen Mönche mehr aufzunehmen. 1456 wurde die klösterliche Propstei in ein Kollegiatstift umgewandelt und die Jurisdiktion des Bistums Konstanz institutionalisiert.[8] Vollends gekappt wurden die Verbindungen zu Murbach im Jahr 1479, als im sogenannten ‹Generalauskauf› sämtliche Hoheitsrechte an die Stadt Luzern übergingen. Im Urbar, das um 1500 unter Propst Heinrich Vogt angelegt wurde, sind alle dem Stift rechtmäßig zustehenden Einkünfte aus grundherrlichen Gütern verzeichnet. Daraus ist ersichtlich, dass das Kollegiatstift in der zweiten Hälfte des 15. Jahrhunderts «viele seiner entfernter gelegenen Besitztümer verkauft und stattdessen Grund, Boden und Rechte in der näheren Umgebung erworben» und damit sein Herrschaftsgebiet arrondiert hatte.[9] Die allmähliche Verschiebung der bestimmenden gesellschaftlichen Kräfte vom Kloster- bzw. Stiftsbezirk im Hof zum bürgerlichen Zentrum, das sich rund um die Kapellkirche etabliert hatte, zeigt sich am zunehmenden Einfluss des Leutpriesters und der Bürger auf religiöse Angelegenheiten und an der wachsenden Bedeutung des Kapellplatzes als Schauplatz öffentlichkeitswirksamer Veranstaltungen.

---

[5] Vgl. F. Glauser 2011. Digitalisate, Regesten und Erläuterungen zu den wichtigsten Quellen zum Stift Leodegar im Hof auf sind auf der Homepage des Staatsarchivs Luzern veröffentlicht. Vgl. Lischer u. a. 2023b.
[6] F. Glauser 2011.
[7] Vgl. Kaufvertrag, Lischer u. a. 2023a.
[8] Vgl. dazu den Brief, in dem der Propst Johann Schweiger und sein Kapitel mit der Stadt Luzern die Modalitäten regeln: Staatsarchiv Luzern, URK 451/8097 [Propst Schweiger'scher Brief, 13. September 1456].
[9] Staatsarchiv Luzern, PA 1422/4349 [Propst Vogt'sches Urbar]; vgl. Lischer u. a. 2023b.

Anlässlich eines Treffens des Vierwaldstätterkapitels wurde 1453 erstmals ein volkssprachliches Auferstehungsspiel aufgeführt.[10] Belegt ist die Aufführung durch die im Umgeldbuch vom 7. April 1453 *post pascaten* verzeichnete Ausgabe von *3 Pfund den schuolern zem osterspil*.[11] Der städtische Rat bezahlte also die Hofschüler, denen traditionellerweise die gesangliche Ausgestaltung der Liturgie oblag, für ihre Mitwirkung im volkssprachlichen Osterspiel, das im Zentrum der Siedlung – auf dem Platz vor der Kapellkirche – in Szene gesetzt wurde. Nach der ersten Aufführung 1453 wurde das Auferstehungsspiel sukzessive durch weitere Episoden der Heilsgeschichte erweitert. Die Passionsspielaufführungen, die am Montag und Dienstag nach Ostern stattfanden und – kontinuierlich ergänzt durch weitere Episoden der Heilsgeschichte – zu glanzvollen gesellschaftlichen Großereignissen ausgebaut wurden, erlangten im Zuge der konfessionellen Auseinandersetzungen eine staatspolitische Relevanz, die nationale und internationale Dimensionen erreichte. Dadurch, dass den Darstellern und den Zuschauern der Osterspiele auch Ablass (Erlass zeitlicher Sündenstrafen) erteilt wurde, waren sie für die Katholiken aber auch bedeutungsvoll im Hinblick auf die Sicherung des Seelenheils.[12] Obwohl die Aufführungen volkssprachlicher religiöser Spiele – im Laufe des 16. Jahrhunderts wurden neben den tradierten Szenenkomplexen des ‹Luzerner Osterspiels›[13] auch Dramatisierungen biblischer Stoffe wie der ‹Verlorene Sohn› (1533) und das ‹Antichrist- und Weltgerichtsspiel› (1549) dargeboten – zumindest in terminlicher Hinsicht keine Konkurrenz darstellten zu den seit dem Mittelalter im Sakralbezirk im Hof praktizierten liturgiegebundenen österlichen Zeremonien, verloren die szenischen Vorgänge im Hof mit der Zeit an Bedeutung. Generell erlitt die seit 1453 als Chorherrenstift organisierte Klerikergemeinschaft im Hof einen Machtverlust. Die zu Reichtum und politischer Stärke aufgestiegenen patrizischen Familien weiteten, mit Hilfe des (von ihnen gewählten und bezahlten) Leutpriesters, ihren Einfluss auf die Frömmigkeitskultur aus, nutzten Prozessionen, Wallfahrten sowie österliche und fastnächtliche Aufführungen als Foren der Repräsentation und der Propagierung konfessions- und gesellschaftspolitischer Ziele. Da Führungspersönlichkeiten der

---

[10] Dass das Auferstehungsspiel durch «geistliche Personen», Angehörige des Vierwaldstätterkapitels, aufgeführt wurde, entnehmen wir den verschiedenen Aufzeichnungen von Renward Cysat. Wiedergabe der Quellenstellen und Auswertung in: Greco-Kaufmann 2009, Bd. I, S. 158.

[11] M. Evans 1961, S. 28.

[12] Der Antrag auf Erteilung eines Ablasses für die Osterspielaufführung von 1597 ist abgedruckt in M. Evans 1961, S. 114.

[13] Der Szenenkomplex der traditionellen Luzerner ‹Osterspiele›, benannt nach dem Aufführungszeitraum, setzte mit der Erschaffung von Adam und Eva ein und umfasste die wichtigsten Episoden des Alten und Neuen Testaments bis zur Passion und Auferstehung Christi sowie einigen Erscheinungsszenen. Es war Usus, dass die Spielvorlage vom jeweiligen Spielleiter – seit 1500 übernahmen die Stadtschreiber diese Aufgabe – überarbeitet und durch neue Szenen ergänzt wurde.

katholischen Gebiete und zuweilen auch ausländische Gesandte und Besucher aus reformierten Orten an den Veranstaltungen teilnahmen, wurden diese weit über die Grenzen der Innerschweiz hinaus wahrgenommen.

Im Kontext der durch die Reformation und das Konzil von Trient (1545–1563) ausgelösten katholischen Reformbestrebungen sowie im Zuge der Herrschaftsverdichtung gerieten die Kultübung in kirchlichen Institutionen sowie die Frömmigkeitspraktiken breiter Bevölkerungskreise gleichermaßen ins Visier der weltlichen Obrigkeit. Mit Dekreten und Verboten versuchte sie die Chorherren des Stifts im Hof sowie die des im Luzerner Hinterland gelegenen Stifts zu Beromünster, die einen sehr weltlichen Lebensstil pflegten, zu kontrollieren und das religiöse und profane Brauchtumswesen der Laien zu reglementieren. Fortschrittlich gesinnte Kreise erkannten, dass zur Durchsetzung von innerkirchlichen Reformen und zur Hebung der Sittlichkeit und Moral das Bildungsniveau gehoben und die seelsorgerische Betreuung in katholischen Gebieten verbessert werden mussten. Unterstützung erhoffte man sich durch die Jesuiten, die sich – nach zähem Feilschen um eine gebührende Ausstattung ihrer Wirkungsstätten und ihres Unterhalts – 1574 in Luzern niederließen. Die Ordensgeistlichen entfalteten sogleich eine rege Lehr- und Theatertätigkeit und versuchten, unter tatkräftiger Unterstützung reformorientierter Persönlichkeiten, die Führungsrolle im religiösen und kulturellen Leben der Stadt und der Landschaft zu übernehmen. Allerdings stießen die Bemühungen der Jesuiten zum Teil auf erheblichen Widerstand. Mitglieder alteingesessener Institutionen waren nicht erfreut über die Konkurrenz und ließen sich nicht gerne maßregeln. Die Chorherren der Stifte in Luzern und Beromünster widersetzten sich bisweilen hartnäckig der Forderung, zu einer streng zölibatären und weltabgewandten Lebensweise zurückzukehren,[14] und wehrten sich gegen Reglementierungen und Restriktionen der von Klerikern und Stiftsschülern seit Jahrzehnten geübten Bräuche.[15] In der Bruderschaft zur Dornenkrone,[16] seit gut 100 Jahren Trägerin der volkssprachlichen Spiele zur Oster- und Fastnachtszeit, machten sich seit der Ankunft der Jesuiten Spannungen bemerkbar. Die einen Mitglieder wandten sich den Jesuiten zu und unterstützten die lateinischen Schüleraufführungen, die humanistisches Bildungsgut und gegenreformatorische Propaganda des international agierenden Ordens vereinten, die anderen hielten an den volkssprachlichen und von

---

[14] Seit der zweiten Hälfte des 15. Jh. stammten die Chorherren der Stifte in Beromünster und Luzern aus dem Luzerner Patriziat. Oft hatten sie die geistliche Laufbahn nicht aus Berufung gewählt, sondern hatten, weil sie in zweiter Linie der Erbfolge standen, die Chorherrenstelle angenommen, um finanziell versorgt zu sein. Viele Chorherren lebten mehr oder weniger offen mit Frauen zusammen und hatten Kinder. Im Zuge der katholischen Reform ging man rigoros gegen die Verletzungen des Zölibats und der Priesterpflichten vor. Vgl. Egloff 2003.

[15] Darunter fallen Lärm- und Heischebräuche in der Osterzeit («Pumpermetten», Eiersammeln), weihnächtliche Verkehrungsbräuche, Narrenpropst-Wahlen, Gutjahr- und Sternsingen etc.

[16] Zur Geschichte der Bekrönungsbruderschaft vgl. Dommann 1930/31, sowie Greco-Kaufmann 2009, S. 181–184.

einheimischen Lebenswelten geprägten Theatertraditionen und Frömmigkeitspraktiken fest. Mit der Etablierung der jesuitischen Bildungsanstalt, die von den Zöglingen der Eliten frequentiert wurde, verloren die Hofschule und die sozial durchmischte Bruderschaft zur Dornenkrone an Bedeutung.

Heiligenverehrung in Luzern

Im Gegensatz zu Zürich oder Solothurn, die ihren Stadtpatronen seit dem frühen Mittelalter die prestigeträchtigsten Frömmigkeitsanlässe widmeten, spielten die Luzerner Stadtheiligen, Mauritius und Leodegar, keine bedeutende Rolle im städtischen Festkalender.[17] Mauritius, der ältere Stadtheilige, stand zudem im Schatten von Leodegar. Dass Leodegar populärer war als Mauritius, zeigt sich u. a. darin, dass die Benediktinerpropstei gemeinhin ‹St. Leodegar im Hof› genannt wurde und dass der Festtag des Hl. Leodegar, der 2. Oktober, den Auftakt zur bedeutendsten Messe der Stadt bildete. Anlässlich von Prozessionen und dem zum Gedächtnis des Stadtbrands von 1340 alljährlich veranstalteten Museggumgang wurden die Reliquien der Heiligen zwar jeweils mitgetragen, doch sie waren zu keinem Zeitpunkt Protagonisten städtischer Großereignisse.[18] Die verhältnismäßig geringe Bedeutung der Luzerner Stadtheiligen änderte sich aber im Laufe der konfessionellen Auseinandersetzungen, als die in reformierten Gebieten geächteten Heiligen allmählich zu Galionsfiguren der Katholiken aufstiegen. Der Luzerner Rat besann sich auf das bis anhin weitgehend brachliegende Potenzial seiner Stadtheiligen und erteilte den Auftrag, die Kapellbrücke mit einem Bilderzyklus auszustatten, der deren Legenden mit der Geschichte Luzerns und der Eidgenossenschaft verknüpft. Das von Stadtschreiber Cysat verfasste Konzept der ca. 150 Tafeln umfassenden Bilderfolge war darauf ausgerichtet, das Selbstverständnis und den Machtanspruch des katholischen Vororts ins rechte Licht zu rücken:

> Der Zyklus beginnt mit der Heiligengeschichte Leodegars, gefolgt von jener des Mauritius. Luzern leitet sich vom Erbe der Heiligen ab – stapft sozusagen in deren Spur, erbte deren Tugenden und führt sie bis heute fort [...]. Das wichtigste Konzeptionselement ist die Präfiguration, das heisst, so wie einst Leodegar und Mauritius gelebt und gewirkt haben, so tut dies heute Luzern. Was den Heiligen widerfahren ist, widerfährt heute der Stadt.[19]

---

[17] Seit dem 13. Jh. bis zur Reformation genossen in Zürich Felix und Regula sowie deren Diener Exuperantius, Heilige der Thebäischen Legion, höchste Verehrung. Ihre Konterfeis schmückten das Stadtsiegel; die Reliquienprozession an ihrem Festtag, dem 11. September, war das wichtigste Kultereignis der Stadt. Vgl. Etter u.a. 1988. Ähnlich wie in Zürich kam auch in Solothurn Heiligen der Thebäischen Legion, Ursus und Victor, eine große Bedeutung zu, wobei sich die Frömmigkeitsveranstaltungen hauptsächlich auf den Heiligen Urs konzentrierten. Vgl. unten, Kap. ‹Solothurn›. Zur Verehrung von Leodegar vgl. F. Glauser 2011.
[18] Zum Museggumgang vgl. Greco-Kaufmann 2009, Bd. I, S. 145–156.
[19] Wegmüller 2011, S. 18.

Die Entstehung des Bilderzyklus stimmt zeitlich mit der Blütezeit der Aufführung volkssprachlicher Heiligenspiele in der Innerschweiz überein.[20] Wie für den Bilderschmuck der älteren Hofbrücke lassen sich auch für die Giebelbilder der Kapellbrücke enge Bezüge zwischen Malerei und Theater nachweisen.[21] Heinz Horat geht davon aus, dass das von Jakob Wilhelmi verfasste und 1606 aufgeführte Leodegarspiel und der Bilderzyklus auf der Kapellbrücke auf derselben – leider verlorenen – Vorlage basieren.[22] Die 1594 von Petrus Canisius verfasste Mauritiuslegende lag laut Horat mutmaßlich sowohl der Bilderfolge als auch dem 1599 von den Jesuiten aufgeführten Mauritiusspiel zugrunde.[23]

Die Heiligenspiele im Kontext des Luzerner Theatralitätsgefüges

Die Publikumswirksamkeit der an häufig frequentierten Wegen im öffentlichen Raum zur Schau gestellten Bildwerke sowie der prunkvollen Prozessionen mit Reliquienpräsentationen wurde nur durch diejenige von Schauspielaufführungen auf dem Weinmarkt übertroffen. Dies hatten die Aufführungen in Luzern zur Oster- und Fastnachtszeit bewiesen, die jeweils Heerscharen von Zuschauern, auch aus neugläubigen Gebieten und fallweise aus dem Ausland, in die Leuchtenstadt lockten. Dass die Luzerner Obrigkeit alles daransetzte, die großen Besuchermassen organisatorisch zu bewältigen, und weder Kosten noch Mühen scheute, den vornehmen Gästen Sitzplätze mit guter Sicht bereitzustellen sowie für deren standesgemäße Bewirtung und Betreuung durch Ratsmitglieder zu sorgen, entnehmen wir den Notizen des Spielleiters.[24] Die theatralen Aktivitäten, mit denen die Stadt Luzern ihre Vorrangstellung und ihr Glaubensbekenntnis in Szene setzte, inspirierten auch weitere katholische Orte zu szenischer Selbstdarstellung. Dass sie dabei auf lokal bedeutsame Stoffe zurückgriffen und unterschiedliche Aufführungstermine berücksichtigten, leuchtet ein, wenn man bedenkt, dass Wallfahrtsorte, religiöse Institutionen und Siedlungen zwar für die gleiche Sache kämpften, jedoch auch in einem Konkurrenzverhältnis standen und um die Gunst von Pilgern und Besuchern buhlten. Nicht zuletzt trug der Usus, den Schauereignissen verbündeter Orte jeweils beizuwohnen, zur Verbreitung und Verfestigung dramaturgischer Konventionen

---

[20] Cysats Entwurf liegt in mehreren Versionen vor. Sein erstes Konzept entstand im Kontext der schweren politischen Krise in der Eidgenossenschaft, die 1586 zum Zusammenschluss der katholischen Orte im ‹Goldenen Bund› führte. Während fast dreißig Jahren beschäftigte sich Cysat mit dem Bilderzyklus, der schließlich – nachdem Cysat auf Geheiß des Luzerner Rats die Anspielungen auf die Religionsfehden entschärft hatte – zwischen 1614 und 1625 im Atelier von Hans Heinrich Wägmann ausgeführt wurde. Vgl. Horat 2015.
[21] Vgl. Greco-Kaufmann 2003.
[22] Horat 2015, S. 44.
[23] Ebd., S. 45.
[24] Vgl. M. Evans 1961, S. 171.

Die Heiligenspiele im Kontext des Luzerner Theatralitätsgefüges 43

bei. Die Weinmarktaufführungen setzten Maßstäbe für alle volkssprachlichen Inszenierungen in der ‹Urschweiz›. Der katholische Vorort unterstützte die theatralen Glaubensmanifestationen der Bündnispartner tatkräftig, beispielsweise durch Verleih von Kostümen, Requisiten und Materialien für den Bühnenbau.[25] Mitunter verstärkten Luzerner Akteure die Aufführungen befreundeter Orte. Aus Einsiedeln ist überliefert, dass der Abt Joachim 1559 die gnädigen Herren von Luzern bat, *zu dem spil das sy uf Suntag Misericordia zu vollführen gesindt sind, einen Thrummeter zu schiken,*[26] und anlässlich der Aufführung des Meinradspiels 1576 wirkte der Luzerner Johannes Suter mit.[27] Eine wichtige Vermittlungsrolle kam den Priestern des Vierwaldstätterkapitels zu, die mit der Luzerner Aufführungspraxis vertraut und in die Organisation religiöser Schauereignisse ihrer Pfarrgemeinden involviert waren.

Abschriften von Luzerner Spieltexten zirkulierten unter den Mitgliedern der Bekrönungsbruderschaft und in klerikalen Kreisen, im Druck erschienen sie in der Regel nicht.[28] Nachweisen kann man die Verbreitung bzw. Inszenierung von Luzerner Spieltexten an anderen Orten im Fall von Johannes Salat (1498–1561).[29] Salat ist aber nicht der einzige Akteur, von dem wir wissen, dass er die Gepflogenheiten des Luzerner Spielbetriebs sozusagen *in persona* über die Stadtgrenzen hinausgetragen hat. Auch Johannes Zurflüe, Autor und Spielleiter des 1601 in Sarnen (Kanton Obwalden) aufgeführten ‹Bruderklausenspiels›, erwarb sein theaterspezifisches

---

[25] Aus den Regiematerialien, vor allem aus Cysats ‹Denkrödeln›, geht hervor, dass die Darsteller i. d. R. für ihre Kostüme und Requisiten selbst verantwortlich waren, respektive dass sie für deren Anfertigung bezahlen mussten. Gewänder, Rüstungen, Körperschmuck und Ausstattungsgegenstände wurden innerhalb der Spielergemeinschaft ausgetauscht, zuweilen aber auch für Produktionen befreundeter Spielergemeinschaften verliehen. Mit der Zeit verfügte die Bekrönungsbruderschaft über einen eigenen Fundus, den sie in der Hauptkirche im Hof aufbewahrte. Mehrere Notizen weisen darauf hin, dass die Ausleihe von Spielkleidung und Ausrüstung nicht reibungslos verlief: 1583. MS. 172, V, fol. 50ᵛ: *Item, was der bruoderschafft ghört, flyssig wider geben werde*, MS. Zu 178, Congregation, 1614, fol. 2ᵛ: *Das man uff künfftigs bessre fürsehung schaffe mit dem usslyhen der kleidungen vnd sachen uss der bruoderschafft gehalten im hoff uff die frömbden spil. Allso ouch mit dem vorrat von holtz, laden vnd andern rüstungen.* Zit. n. M. Evans 1961, S. 189.

[26] Zit. n. Morel 1868, S. 220. Um welches Spiel es sich handelt, ist nicht bekannt.

[27] *Der schiltknab, so unser wappen trug, Johannes Suter von Luzern, ward nachgentz des Convents, ward geheissen Adelrych.* Felix Büchser: Ein geistliches Spiel von S. Meinrads Leben und Sterben aus der einzigen Einsiedler Handschrift, hg. von Gall Morel. Stuttgart 1863, S. 122.

[28] Eine Ausnahme stellt der 1533 aufgeführte ‹Verlorene Sohn› von Hans Salat dar: Hans Salat: *Eyn parabel oder glichnus/ vsz dem Euangelio Luce am 15. von dem Verlornen/ oder Güdigen Sun [...]*. Basel: Lux Schauber 1537 (VD16 ZV 16062). Vgl. Johannes Salat: Der verlorene Sohn. Aufgrund des Erstdruckes von 1537 hg. von Robert Schläpfer, in: Fünf Komödien des 16. Jahrhunderts. Mit Erläuterungen, bio-bibliographischem Kommentar und je einem sprach- und literaturgeschichtlichen Essay hg. von Walter Haas und Martin Stern. Bern 1989, S. 61–181.

[29] Salat inszenierte in Alpnach, Sursee und Fribourg. Vgl. Greco-Kaufmann 2015b.

Knowhow in Luzern und verwendete es an seiner neuen Stelle in Obwalden.[30] Eine Quellensammlung, die den engen Austausch in der Theaterlandschaft Innerschweiz bezeugt, publizierte der Einsiedler Benediktinerpater Gall Morel.[31] Darin lesen wir beispielsweise, dass die Luzerner Spiele von 1549 und 1560 in der Einsiedler Chronik erwähnt werden und dass Abt Ulrich von Einsiedeln 1584 in seinem Ausgabenbuch vermerkte: *Sechs Kronen gen Luzern an das spyl. Hät wol mögen erspart sein.*[32] Diese Bemerkung ist insofern interessant, weil sie sich höchstwahrscheinlich auf die erste Heiligenspielaufführung in Luzern bezog, auf das 1585 von Jakob Wilhelmi[33] in Szene gesetzte ‹Apostelspiel›.[34] Weshalb der Abt die finanzielle Unterstützung im Nachhinein bereute, ist schwer zu sagen. Vielleicht war er enttäuscht, dass dieser Aufführung nicht die gleiche Bedeutung zukam wie den jeweils von den Stadtschreibern geleiteten Weinmarktspielen.

Es ist erstaunlich, dass die Heiligen, die sich im Umland längst als konfessionelle Galionsfiguren etabliert hatten, erst gegen Ende des 16. Jahrhunderts die Bühne des katholischen Vororts eroberten. Die Luzerner Obrigkeit schätzte den im Umland der Stadt blühenden Heiligenkult durchaus und unterstützte ihn durch rege Teilnahme an Wallfahrten und Kreuzgängen, an die Aufführung des ‹Apostelspiels› 1560 in Beromünster und (vermutlich) auch an die Aufführung des ‹Meinradspiels› 1576 in Einsiedeln entsandte man eine hochkarätige Delegation. Die Heiligen standen also auch bei den Herren zu Luzern hoch im Kurs. Als Protagonisten der Weinmarktspiele traten sie aber erst in Erscheinung, als sich die Bekrönungsbruderschaft und der Hofschulmeister Jacob Wilhelmi vehement dafür einsetzten.[35]

---

[30] Johannes Zurflüe war temporär als Pfarrhelfer im Hof angestellt und wirkte – zusammen mit Schulmeister Jacob Wilhelmi – an den Vorbereitungsarbeiten der Osterspiele mit. Vgl. Greco-Kaufmann 2017, S. 461.

[31] Morel 1861 und 1868.

[32] Morel 1868, S. 221.

[33] Der Name des Spielleiters der Luzerner Heiligenspielaufführungen sorgte in der Vergangenheit für Verwirrung. In den Spielmanuskripten und Korrespondenzen mit dem Rat nennt er sich Jakob Wilhelmi oder Jakobus Wilhelminus. In Cysats Liste der Luzerner Schulmeister figuriert er als «Magister Jacobus Wilhelmi von Althusen». Renward Cysat: Collectanea Chronica und denkwürdige Sachen pro Chronica Lucernensi et Helvetiae. Erste Abteilung: Stadt und Kanton Luzern. Erster Band, zweiter Teil, bearb. von Josef Schmid. Luzern 1969, S. 1170. In Webers Liste der Scolastici, Schulmeister und Provisoren im Hof wird er hingegen als «Magister Jacobus Wilhelm Ritz von Althusen» bezeichnet. P. X. Weber 1924, S. 53. Dies führte dazu, dass fortan in der Sekundärliteratur meist vom Hofschulmeister Jakob Wilhelm Ritz die Rede war. Oppikofer-Dedie wies erstmals nach, dass der Name ‹Ritz› auf einer Verwechslung beruht. Vgl. Oppikofer-Dedie 1980, S. 53.

[34] Im Jahr 1584 wurde in Luzern lediglich ein jesuitisches Schulspiel aufgeführt. Dass der Einsiedler Abt eine Produktion der Jesuiten unterstützt hat, ist eher unwahrscheinlich. Vielmehr ist davon auszugehen, dass sich der Hofschulmeister Wilhelmi an das Benediktinerkloster gewandt und um Unterstützung seiner Theaterpläne ersucht hatte.

[35] Ob die Initiative zur Aufführung von Heiligenspielen ursprünglich von einzelnen Mitgliedern der Bekrönungsbruderschaft oder vom Schulmeister im Hof ausging, kann nicht

Für das langwährende Desinteresse der Luzerner an der Dramatisierung von Heiligenviten kommen mehrere Gründe in Betracht. Wie bereits oben ausgeführt, wurden die religiösen Großveranstaltungen in den katholischen Gebieten der Innerschweiz thematisch und zeitlich aufeinander abgestimmt. Bündnispartner und/oder Untertanen basierten ihre Frömmigkeitsanlässe auf einem lokalgeschichtlich begründeten ‹Alleinstellungsmerkmal› und fixierten sie durch regelmäßige Durchführung im Kalender des Vierwaldstätter Kapitels.

Mit seinen volkssprachlichen Aufführungen am Ostermontag und Osterdienstag hatte Luzern sein Terrain in der zweiten Hälfte des 15. Jahrhunderts zeitlich und inhaltlich abgesteckt und den Spielbetrieb in organisatorischer Hinsicht durch die Gründung der Bekrönungsbruderschaft institutionalisiert. Die vom obersten städtischen Beamten, dem jeweiligen Stadtschreiber, geleiteten Aufführungen der Osterspiele schöpften ihre ‹Historien› traditionellerweise aus dem Alten und Neuen Testament sowie aus apokryphem Schrifttum. Vom Stoff her hätte das ‹Apostelspiel› ebenfalls das Potenzial gehabt für eine Aufführung am traditionellen Ostertermin, denn die Apostelgeschichten könnten – ähnlich wie das von Cysat verfasste ‹Heiligkreuzspiel› – als Fortsetzung der Osterspiel-Episoden aufgefasst werden. Dennoch tat sich der städtische Rat schwer, das von vielen Mitgliedern der Bekrönungsbruderschaft befürwortete Vorhaben zu erlauben. Nach langem Hin und Her erteilte er dann doch noch die Bewilligung, ein 25 Jahre zuvor in Beromünster aufgeführtes Apostelspiel auf dem Weinmarkt in Szene zu setzen. Anhand von Einträgen in Rats- und Bruderschafts-Protokollen, Korrespondenzen und weiteren Quellen kann man versuchen, die zögerliche Haltung der Stadtregierung nachzuvollziehen.[36] Auf den ersten Blick fällt auf, dass die Bekrönungsbruderschaft nur zwei Jahre nach der spektakulären Osterspielaufführung von 1583 schon wieder ein neues Theaterprojekt in Angriff nehmen wollte. Der kurze Abstand zwischen den Aufführungen war ungewöhnlich und entsprach weder den Satzungen der Bruderschaft, alle fünf Jahre ein Spiel zum Gedenken an das Leiden Christi aufzuführen, noch den im 16. Jahrhundert üblichen zeitlichen Abständen von ungefähr zehn Jahren. Dass der Rat nicht sogleich wieder ein kostspieliges gesellschaftliches Großereignis am traditionellen Aufführungstermin bewilligen wollte, ist verständlich. Erstaunlicherweise erlaubte er dann aber doch eine Aufführung des ‹Apostelspiels› auf dem Weinmarkt, allerdings nicht am traditionellen Aufführungstermin, sondern drei Wochen später, am Sonntag Jubilate (12. Mai). Der für Luzern neue Aufführungstermin ist ein Zeichen, dass der Rat der vom Hofschulmeister geleiteten Aufführung nicht den gleichen Stellenwert einräumen wollte wie den traditionellen österlichen

---

festgestellt werden. Tatsache ist, dass Wilhelmi eine treibende Kraft war und im Verwaltungsschrifttum am meisten Spuren hinterließ.

[36] Bei den folgenden Ausführungen stütze ich mich auf meine Forschungen: Greco-Kaufmann 2009, S. 543–558 und 2015.

‹Staatsschauspielen›.³⁷ Dass er für diesen Anlass eine besondere Stadtbewachung organisierte, legt aber nahe, dass er mit großen Besuchermassen, auch von außerhalb der Stadt, rechnete.³⁸ Eine Erklärung dafür mag die Liste der beteiligten Spieler liefern: unter den Rollenträgern des ‹Apostelspiels› von 1585 figurierten Vertreter der Geistlichkeit (Stiftsprobst Vlrich Hermann, Leutpriester Johannes Müller), militärische Hauptleute (Hauptmann Ludwig Segisser, Hauptmann Caspar Ratzenhoffer, Heinrich Segisser), angesehene Kleinräte (Schultheiß Jost Pfiffer, Niclaus von Hertenstein, Hans von Mettenwÿll, Niclaus Krus etc.), der Gerichtsschreiber Rudolf Andres sowie weitere Mitglieder von Familien, die schon auf der Osterspielbühne gestanden hatten.³⁹ Zu vermuten ist, dass diese prominenten Persönlichkeiten ihren Willen durchgesetzt hatten – nicht zuletzt gegen die Jesuiten, die volkssprachlichen Aufführungen ablehnend gegenüberstanden.

Der Auftrag der Jesuiten, die katholische Reform voranzutreiben, erwies sich in Bezug auf das Theaterspiel als besonders heikles Unterfangen. Der Versuch, die fest im gesellschaftlichen Leben breiter Bevölkerungskreise verankerte Oster- und Fastnachtspieltradition durch die Aufführungen von lateinischen Schauspielen zu verdrängen, stieß selbst in jenen Kreisen auf Widerstand, die den Orden ideell und finanziell unterstützten.⁴⁰ Da lateinische Schauspiele von einer Mehrheit der Bevölkerung nicht verstanden wurden, bat der Luzerner Rat die Jesuiten um deutschsprachige Aufführungen. Doch nur in einem Fall, dem Spiel anlässlich der Eröffnung der Jesuitenschule am 10. November 1579, kam eine lateinisch-deutsche Doppelaufführung zustande.⁴¹ Weitere volkssprachliche Aufführungen wurden von der Ordensleitung nicht bewilligt. Für die Öffentlichkeit bestimmte jesuitische Bühnenwerke wurden also weiterhin ausschließlich in Latein aufgeführt. Um die Luzerner Gönner, von denen die Jesuiten weiterhin großzügige Unterstützung erwarteten, nicht zu verärgern, insistierten die lokal tätigen Ordensgeistlichen dann aber nicht auf der sofortigen Abschaffung volkssprachlicher Aufführungen, machten aber gleichwohl ihren Einfluss geltend und griffen in inhaltlicher Hinsicht in den Spielbetrieb ein.⁴² Die von Mitgliedern der Bekrönungsbruderschaft und dem

---

37   Die Osterspiele wurden im 16. Jahrhundert vom Stadtschreiber, dem obersten städtischen Beamten, geleitet, die Bühnenanlage vom städtischen Baumeister erstellt. Die Aufführungen waren in vielerlei Hinsicht eine ‹Staatsangelegenheit›: Der städtische Rat übernahm die Unterbringung und Bewirtung der zahlreichen Gäste.
38   Die Kosten für die Wachen auf Türmen, in den Gassen und an den Stadttoren wurden aus dem Stadtsäckel bezahlt. Cysat 1969, I/2, S. 752f.
39   Das Rollen- und Spielerverzeichnis ist im Anschluss an den fragmentarischen Spieltext wiedergegeben. [Jakob Wilhelmi]: Apostelspiel, ZHB Luzern, Sondersammlung (Eigentum Korporation), Ms 175 fol., S. 72–79.
40   Unter den prominenten Darstellern der Heiligenspiele befanden sich auch Gönner der Jesuiten. Vgl. Studhalter 1973.
41   Für die folgenden Ausführungen vgl. Greco-Kaufmann 2009, Bd. I, S. 559–579.
42   Auf Veranlassung der Jesuiten führte Renward Cysat an der Fastnacht 1593 die ‹Tragicocomedi Convivii Process› auf, in der die Schädlichkeit des beliebten Brauchtums vorgeführt

Hofschulmeister Wilhelmi erhobenen Forderungen nach Aufführung von Heiligenspielen stießen bei den Jesuiten auf Widerstand. Die zum Teil deftige Ausdrucksweise und die fastnachtspielartigen Szenen, die zum Unterhaltungswert dieses Genres des religiösen Schauspiels beitrugen, waren schwer zu vereinbaren mit den Zielen der Apologeten der katholischen Reform, traditionelle Brauchtums- und Frömmigkeitspraktiken zu modifizieren und auf ein höheres sittlich-moralisches Niveau zu heben.[43]

Schulmeister und Spielleiter Jakob Wilhelmi

Jakob Wilhelmi zählte zu den Verteidigern des althergebrachten Kult- und Bildungswesens. Als *Scholasticus* der Hofschule war er eingebunden in die seit dem Mittelalter üblichen theatralen Handlungen, die sich an die Liturgie kirchlicher Feste angelagert hatten – ‹Pumpermetten› in der Osterwoche, Verkehrungs- und Lärmbräuche in der Advents-, Weihnachts- und Fastnachtszeit, Neujahrs- und Dreikönigssingen. Ungeachtet der obrigkeitlichen Anstrengungen, die kirchlichen Riten von den in Misskredit geratenen brauchtümlichen Gepflogenheiten zu reinigen, lebten diese im alten sakralen Zentrum ‹im Hof› weiter und wurden insbesondere beharrlich von Schülern und jenen Mitgliedern der Bekrönungsbruderschaft gepflegt, die sich nicht mit den angestrebten Reformen des Kult- und Gesellschaftslebens sowie den von den Jesuiten propagierten Bildungsidealen identifizieren konnten. Jakob Wilhelmi, der seit 1571 als Hofschulmeister amtete, wurde vom Rat wiederholt ermahnt, seine Zöglinge im Zaum zu halten und für einen würdevollen Einsatz bei kirchlichen Zeremonien zu sorgen. In einer ausführlichen Verteidigungsschrift schilderte Wilhelmi die undankbare Rolle der Pädagogen der zur Armenschule abgestiegenen Lehranstalt. Da das Schulgeld weitgehend von den bedürftigen Schülern aufgebracht werden müsse, könne man nicht auf die alten Bräuche verzichten, mit denen Spenden gesammelt würden. Wilhelmis Vorbehalte gegen die von den machthabenden Eliten vorangetriebenen Maßnahmen zur Erneuerung des Katholizismus waren nicht aus der Luft gegriffen. Die Reformen des Brauchtumswesens trafen die einfachen Leute mit aller Härte – nicht nur aus wirtschaftlichen Gründen wie im Fall der Heischebräuche. Da religiösem und profanem Brauchtum immer auch eine identitäts- und gemeinschaftsstiftende Funktion innewohnte, erschütterten die obrigkeitlichen Reglementierungen und Verbote das Selbstverständnis breiter Bevölkerungskreise. Während die Eliten Zugang zu humanistischer Bildung hatten und sich neue Formen der ‹gehobenen› Festkultur aneignen konnten, blieben die unteren Schichten davon ausgeschlossen.

---

und den Anhängern des sinnenfrohen Lebensstils mit Tod und ewiger Verdammnis gedroht wird. Renward Cysat: Convivii Process. Spiegel des vberflusses vnd missbruchs. Kommentierte Erstausgabe der Tragicocomedi von 1593, hg. von Heidy Greco-Kaufmann. Zürich 2001 (Theatrum Helveticum 8).

[43] Vgl. Fellay 2014.

Mit seinem Engagement für die Schulbildung von Kindern aus weniger privilegierten Familien, der Verteidigung von alten Brauchtumsformen und der Forderung nach Aufführung von populären hagiographischen Stoffen mischte sich Wilhelmi selbstbewusst in den Diskurs um katholische Reformen ein und bot dem Lehr- und Theaterbetrieb der Jesuiten die Stirn. Dass der Stiftspropst Ulrich Hermann und der Leutpriester Johannes Müller bei der Aufführung des ‹Apostelspiels› 1585 tragende Rollen übernahmen, beweist, dass er durchaus in deren Sinn handelte. Auffällig ist auch die Mitwirkung militärischer Hauptleute und Angehöriger des Luzerners Rats. Da konfessionelle Spannungen in der Eidgenossenschaft die Kriegsgefahr immer mal wieder anwachsen ließen und die Söldnerführer und Vertreter der Luzerner Regierung auch in internationalen Konflikten mitmischten, transportierten die Aufführungen auch wichtige politische Botschaften. Die in den Heiligenspielen massenhaft vorkommenden Gewalt- und Kampfszenen boten den kriegserprobten Darstellern eine großartige Plattform, ihre auf den europäischen Schlachtfeldern erworbenen Fertigkeiten in Szene zu setzen und sich als schlagkräftige Truppe im Dienst des katholischen Glaubens zu präsentieren. Damit wurde militärische Stärke markiert und nicht zuletzt der von den Reformierten gebrandmarkte Solddienst legitimiert.

Das 1585 unter der Leitung des Hofschulmeisters realisierte Spiel, bei dem die Wundertaten und Martyrien der Jünger Jesu und die Zerstörung Jerusalems auf gewiss spektakuläre Weise vorgeführt wurden, hatte bei Darstellern und Zuschauern offenbar einen bleibenden Eindruck hinterlassen. Im Zuge der Planung des nächsten Osterspiels wurde seitens der Bekrönungsbruderschaft erneut die Forderung nach einer Inszenierung des ‹Apostelspiels› laut.[44] Anfänglich stimmte der Rat einer dreitägigen Aufführung unter der Leitung des Stadtschreibers Renward Cysat zu, zog die Bewilligung dann aber wieder zurück. Die Absage provozierte offenbar heftigen Protest, sodass sich der Rat veranlasst sah, die Bekrönungsbruderschaft mit einem Kompromissvorschlag zu besänftigen:

> Item, Die wyl so vil von dem Apostel spil geredt worden, wöllend Vnser g. Herren sehen wie man sich hallten wölle, vnd wie sich die sachen erziehent, vnd, da kein Eehaffte vrsach im wäg, zuo syner zytt, alls über Ein Jar oder zwey, Dasselbig ouch ze spilen bewilligen vnd ouch ir gab vnd stür darzuo thuon.[45]

Als der Leutpriester Johannes Müller am 7. Januar 1599 – fast zwei Jahre nach der wiederum unter Cysats Leitung erfolgten Aufführung des traditionellen Osterspiels – den Luzerner Rat an sein Versprechen erinnerte, bewilligte der Rat die Aufführung,

---

[44] Die Osterspielaufführung, die 1592 hätte stattfinden sollen, wurde mehrmals verschoben und kam schließlich erst 1597 zustande. Zu den folgenden Ausführungen vgl. Greco-Kaufmann 2009, Bd. I, S. 543–558.

[45] M. Evans 1961, S. 250.

von der in Aussicht gestellten Kostenbeteiligung wollte er aber nichts mehr wissen. Die Aufführung des ‹Apostelspiels› kam dann aber trotzdem zustande und als Wilhelmi am Freitag vor Pfingsten (28. Mai) 1599 im Rathaus erschien und seinen Spieltext als Dank für *bewisener gnaden vnd wolthaten den gnädigen Herren zu dedicieren vnd presentieren*[46] gedachte, erhielt er vom Luzerner Rat 18 Kronen in Anerkennung seiner Dienste.

Dass Wilhelmi zusätzlich zu den ‹Apostelspiel›-Aufführungen von 1585 und 1599 noch weitere Spiele – 1594 eine ‹Katharina›,[47] 1596 einen ‹Wilhelm›[48] und 1606 ein ‹Leodegarspiel›[49] – inszenieren konnte,[50] beweist, dass er bei traditionell gesinnten Mitgliedern der Bekrönungsbruderschaft in hohem Ansehen stand und insbesondere auf die Unterstützung jener Kreise zählen konnte, die in das Söldner- und Pensionenwesen involviert waren. Angesichts seines Leistungsausweises – fünf große Inszenierungen auf dem Weinmarkt – kommt man nicht umhin festzustellen, dass Wilhelmi in der Luzerner Theatergeschichte eine herausragende Rolle gespielt hat. Neben den österlichen Staatsschauspielen und den Produktionen der Jesuitenschule hat er sozusagen eine ‹dritte Tradition›, nämlich die Heiligenspiele, im städtischen Theaterwesen etabliert. Diese amalgamierten Elemente der Luzerner Oster- und Fastnachtspiele, der theatralen Formen des im Luzerner Hinterland blühenden Heiligen- und Mirakelkults und der Repräsentationsformen der Söldner.[51] Charakteristisch für das auf der Luzerner Weinmarktbühne neu in Szene gesetzte Genre ist die tiefgreifende Verankerung der dargestellten Inhalte in der Lebenswelt und Festkultur der breiten Bevölkerung. Die Wirklichkeitsnähe wurde zum einen durch die Verwendung einer allgemein verständlichen sowie von Dialektismen und Kraftausdrücken durchzogenen Sprache hergestellt, zum anderen durch die Einbettung der Heiligenviten in vertraute Handlungsmuster und lokales Brauchtum.[52]

---

[46] Staatsarchiv Luzern, RP 46, fol. 308ᵛ, zit. n. Greco-Kaufmann 2009, Bd. I, S. 550.
[47] Der Rat bewilligte eine Aufführung des Spiels *uff künfftige Osteren*; vgl. das Ratsprotokoll vom 28. Februar 1594: Staatsarchiv Luzern, RP 44, fol. 35ᵛ; zit. nach Greco-Kaufmann 2009, Bd. 2, S. 294. Dazu auch Ukena-Best 2011, S. 421f. Greco-Kaufmann überlegt mit Verweis auf Brandstetter 1886c, S. 471–473, und Eberle 1929, S. 191, dass das von beiden mitgeteilte, freilich nicht mehr greifbare ‹Katharinenspiel› aus dem 18. Jahrhundert auf das Luzerner Spiel zurückgehen könnte. Gefunden wurde es im schweizerischen Rickenbach in der Nähe von Beromünster.
[48] Luzern, ZBH, Sondersammlung (Eigentum Korporation), Ms 176 fol.
[49] Ebd., Ms 184 fol.
[50] Zu den einzelnen Spielen vgl. einführend Baechtold 1892, S. 107–109, ferner Greco-Kaufmann 2009, Bd. 1, S. 546–558.
[51] Es lassen sich Bezüge zum Ettiswiler Hostienmirakel und zur Heiligblutlegende nachweisen. Vgl. Greco-Kaufmann 2015a, S. 171.
[52] Als Beispiel sei hier auf das ‹Wilhelmspiel› verwiesen. Die Spielhandlung orientiert sich zwar in großen Zügen an der von Laurentius Surius aufgezeichneten Legende, doch die einzelnen Szenen sind an die vertrauten lokalen Gepflogenheiten angepasst. Laurentius Surius: De probatis sanctorum historiis [...], Bd. 1. Köln: Johann Quentel Erben 1570 (VD16 S 10252). Die Empfangsfeierlichkeiten des Herrschers Wilhelm folgen dem üblichen Zeremoniell der

In einer Zeit, in der in reformierten Gebieten gegen alle Formen sinnlich-visueller Glaubensmanifestationen polemisiert wurde, erlebten die bildenden und darstellenden Künste im katholischen Vorort eine absolute Hochblüte. Nie zuvor bot Luzern eine solche Vielfalt an theatralen Produktionen und nie zuvor waren so viele unterschiedliche gesellschaftliche Gruppierungen aktiv darin eingebunden. Mit ihren theatral gestalteten lateinischen Osterfeiern pflegten die Chorherren im Hof ihre mittelalterlichen Traditionen weiter. Den volkssprachlichen Osterspielen, ursprünglich initiiert durch Leutpriester und das aufstrebende Bürgertum, gegen die Exklusivität lateinischer Glaubensvermittlung gerichtet und unter dem Einfluss der regierenden Patrizier zu einer Art ‹Staatsschauspielen› ausgebaut, kam weiterhin politische Bedeutung zu. Die Jesuiten entwickelten ihre lateinischen Schulspiele auf der Basis der humanistischen Gelehrtenkultur. Wilhelmis Heiligenspielaufführungen bildeten dazu sowohl sprachlich als auch von ihrem kulturellen Hintergrund her einen starken Kontrast. So kam es, dass der Weinmarkt sowohl von Traditionalisten bespielt wurde, die volkssprachliche, handlungszentrierte Theaterformen und populäre Stoffe bevorzugten, als auch von Vertretern einer reformorientierten international vernetzten Elite, die jesuitische Gelehrsamkeit und Deklamationskunst zelebrierten. Allen Akteuren war gemeinsam, dass sie mit theatralen Mitteln für die Ziele der Gegenreformation kämpften. Wilhelmis anfänglich nur widerwillig akzeptierte Theateraktivitäten entfalteten dann aber eine Breitenwirkung, die der weltlichen und geistlichen Obrigkeit offensichtlich imponierte. Es ist gut möglich, dass die Erfolge der volkssprachlichen Heiligenspiel-Inszenierungen die Jesuiten dazu veranlassten, sich ebenfalls diesem populären Genre zuzuwenden, um ihren theatral vermittelten Botschaften mehr Resonanz zu verschaffen. Gegen Ende des 16. bis Mitte des 17. Jahrhunderts bildeten Heilige und Märtyrer die bevorzugten Sujets der lateinischen Spiele.

Wilhelmis ‹theatrale Hagiographie›

Bei Wilhelmis Spielen kann man geradezu von einer «theatralen Hagiographie» sprechen,[53] die nicht untypisch ist für die schweizerischen Heiligenspiele. Ihr ist es darum zu tun, «vergangenes Heilsgeschehen für die Gegenwart als heilsbedeutsam

---

Investitur eines Luzerner Landvogts mit militärischer Musterung, Huldigung, Schwur und opulentem Festmahl. Wilhelms Gefolgsleute marschieren in Harnisch und Waffen auf und werden von Trompetern, Trommlern und Pfeifern begleitet. Völlerei, Klamauk und fastnächtliches Lebensgefühl werden abgebildet in komischen Zwischenspielen, beispielsweise in den Szenen mit dem betrunkenen Koch und seiner rabiaten Ehefrau oder im ausführlich dargestellten Lasterleben, das Wilhelm vor seiner Bekehrung führt. Vgl. Greco-Kaufmann 2015, S. 171f. Zu den Zwischenspielen und fastnachtspielartigen Szenen der Heiligenspiele siehe Greco-Kaufmann 2020.

[53] Ehrstine 2019, S. 436.

zu vergegenwärtigen»,[54] dabei *geistliche*[...] *fröud* (‹Apostelspiel›, *Sporus*-Zettel) zu evozieren und sich ausdrucksstark gegenreformatorisch zu positionieren. Die Tatsache, dass vorreformatorische Heiligenspiele für Luzern nicht überliefert sind,[55] nährt die Vermutung, dass vielleicht erst die in Bilderstürmen und in polemischer Literatur laut geäußerte reformierte Kritik am Heiligenkult einen Anreiz für katholische Heiligenspiele geschaffen hat.[56] In jedem Fall kann festgehalten werden, dass die theatralen Aktivitäten ab dem zweiten Viertel des 16. Jahrhunderts von einem dezidiert gegenreformatorisch ausgerichteten Impetus getragen waren. Dies belegen zeitgenössische Aussagen, die eben diesen hervorheben – freilich mit Bezug auf Spiele, die bereits vorreformatorisch bestanden hatten.[57] So hält Cysat für das Osterspiel[58] fest, dass es nunmehr in gegenreformatorischem Bestreben stattgefunden habe: Im Jahr 1525 sei *die schädliche enderung und abfal dess gloubens in die Eydgenossschafft leider ouch yngerisen*.[59] Der Krieg, der den katholischen[60] Orten aufgezwungen worden sei (*zuo dem krieg genöttiget*), sei durch einen gottgegebenen Sieg

---

[54] So in anderem Zusammenhang Köbele 2017, S. 169.
[55] Einführend zu den Luzerner Spielen Ukena-Best 2010, S. 589–592. Dass Eberle 1929, S. 21, den ‹Verlorenen Sohn› (1533) Johannes Salats als «Heiligenspiel» bezeichnet, ist irreführend, beruht seine Heiligenspiel-Definition doch auf einer zu wenig differenzierenden Sicht (ebd., S. 18). So mag in Bezug auf das ‹Apostelspiel› auch gefragt werden, ob es um die ‹Einzelgeschicke› der Apostel geht, ob sie trotz der szenischen bzw. abschnittsweisen Einzelgestaltung als Gruppe wahrgenommen werden sollen.
[56] Greco-Kaufmann 2015, S. 95–115. Vgl. auch unten, Kap. ‹Bern› und ‹Basel›.
[57] Zudem veränderte sich das vorreformatorische Osterspiel unter dem Eindruck der Reformation grundlegend. So wurden u. a. Exegetenfiguren und Bibelzitate eingefügt – wohl um zweifelsfrei zu erweisen, dass das Spiel keine *fabulae* bot.
[58] Im Folgenden wird vom ‹Luzerner Osterspiel› im Singular gesprochen, da es sich bei den überlieferten Texten um verschiedene Fassungen eines Werks handelt. Das Osterspiel fiel in die Zuständigkeit der Stadtschreiber. Benannt wurde es nach seinem Aufführungstermin. Dieser kirchenkalendarisch festgelegte Termin wiederum bedingte den Status des Spiels als obrigkeitlich initiiertes, organisiertes und finanziertes. Es wuchs zu einem zweitägigen Spiel aus und bot schließlich nicht nur das Passions- und Ostergeschehen, sondern die gesamte Heilsgeschichte sowie Szenen des AT und NT, beginnend bei der Erschaffung der Welt bis hin zum Pfingstereignis. Vgl. Ukena-Best 2010, S. 589. – Wie das ‹Apostelspiel› hat sich auch das ‹Luzerner Osterspiel› nur fragmentarisch erhalten, jedoch in mehreren «Regiebüchern» aus verschiedenen Jahren: 1545 (2. Tag), 1571 (1. Tag), 1583 (1. Tag, 1. Teil und weiterer Ausschnitt des ersten Tages); 1597 (Teil des 2. Tages), 1616 (1. Tag, 2. Teil und zwei Teile des 2. Tages); Ukena-Best 2010, S. 589. Zitate des Textes folgen der Ausgabe: Das Luzerner Osterspiel, gestützt auf die Textabschrift von M. B. Evans und unter Verwendung seiner Vorarbeiten zu einer kritischen Edition nach den Handschriften, hg. von Heinz Wyss, 3 Bde. Bern 1967.
[59] Cysat: Collectanea, zit. n. Neumann 1987, Bd. 1, S. 439, Nr. 2037.
[60] Wenngleich der Begriff ‹katholisch› im heutigen Sinne als Gegenbegriff zu ‹protestantisch› erst nachtridentisch anzusetzen ist – Luther spricht 1539 in ‹Von den Konziliis und Kirchen› der römischen Kirche noch das Recht ab, sich *catholica* zu nennen (Martin Luther: Von den Konziliis und Kirchen, in: Martin Luther: Werke. Kritische Gesamtausgabe, hg. von J. K. F.

beendet worden: *da Gott der Herr dieser statt [...] so herrlichen sig, ouch rüewige zyt, frid und gnad widerumb verlihen.*[61] Cysat bezieht sich hier auf den Zweiten Kappelerkrieg, aus dem die altgläubigen Orte – Luzern, Uri, Schwyz, Unterwalden und Zug – siegreich hervorgegangen waren und in dem die Galionsfigur der Schweizer Reformation, Huldrych Zwingli, gefallen war.[62] Konfessionell gebundene kriegerische Auseinandersetzungen in der Eidgenossenschaft waren damit auch mit Blick auf die Produktion und Ausrichtung theatraler Inszenierungen relevant und blieben bis ins 17. Jahrhundert hinein virulent.

Zwei Aspekte sind in Bezug auf Cysats Äußerungen hervorzuheben: erstens die kriegerischen Handlungen im Zeichen des ‹rechten› Glaubens und zweitens der Sieg, der dadurch errungen wurde, dass man Gott an seiner Seite wusste – dies ganz im Sinne von Rm 8,31.[63] Von der Möglichkeit, Gott mit Hilfe der Aufführung eines geistlichen Spiels gnädig zu stimmen, ist Cysat überzeugt: *desto meer gnad und glücks zuo erlangen von wegen der vor ougen stehenden gfaar dess kriegs, den man von denen von Zürich und irem Zwinglischen anhang besorgt und erwartet.*[64] Krieg und Spiel, Kriegsrhetorik und Seelenheil scheinen unmittelbar miteinander verknüpft, wobei das Spiel gewissermaßen strategisches Mittel ist, um sich des göttlichen Beistands zu versichern. Hier zeigt sich eine fundamentale Abgrenzung zur ‹neuen› Lehre, bekräftigt Cysat damit doch, dass man sich die Gnade Gottes durch Verdienste erwerben könne. In ähnlicher Weise gilt dies für die Heiligenspiele, die *Gott dem allmechtigen zů lob vnd eeren* dienen.[65] Verbunden wird damit zugleich die Vorstellung, *zů vffnung deß catholischen gloubens*, d. h. zur Unterstützung des katholischen Glaubens, zu spielen – und dies in ebenso distinktiver wie persuasiver Absicht.[66]

Knaake u. a. [WA], Bd. 50. Weimar 1914, S. 488–653, hier 625f.) –, wird er im Folgenden einheitlich verwendet. Zu den älteren Bedeutungen von ‹katholisch› vgl. K. Wenzel 2009, Sp. 1345f.
[61] Cysat: Collectanea, zit. n. Neumann 1987, Bd. 1, S. 439, Nr. 2037.
[62] Zu den Kappelerkriegen vgl. Meyer 2009. Auch Thali 2015, S. 446, verweist auf diese politischen Hintergründe in Bezug auf die Luzerner Spielproduktion und -intention.
[63] [Q]*uid ergo dicemus ad haec si Deus pro nobis quis contra nos.*
[64] Cysat: Collectanea, zit. n. Neumann 1987, Bd. 1, S. 445, Nr. 2075.
[65] So wird der Leutpriester Johannes Müller, selbst als Darsteller bei verschiedenen Spielen aktiv, im Ratsprotokoll vom 7. Januar 1599 zitiert. Staatsarchiv Luzern, RP 46, fol. 217ʳ, zit. nach Greco-Kaufmann 2009, Bd. 2, S. 316.
[66] Belegt ist in Briefen italienischer Gesandter, dass auch Mitglieder der «nova religione» die Luzerner Spiele besuchten. Vgl. den Brief des Gesandten Karls V., Giovanni Angelo Rizio von 1549; zit. n. L. Haas 1953a, S. 117. Rizio wohnte der Aufführung des ‹Antichrist- und Weltgerichtsspiels› bei, das bei ihm nachhaltigen Eindruck hinterlassen zu haben scheint. Sein Brief an den Gouverneur von Mailand findet sich in deutscher Übersetzung auch bei L. Haas 1953b, S. 144–146, wiederabgedruckt bei M. Evans 1961, S. 273–275; Text und Übersetzung ferner bei Greco-Kaufmann 2009, Bd. 2, S. 125–129.

‹Apostelspiel› (1585/1599)

Das ‹Luzerner Apostelspiel› ist das erste von Jakob Wilhelmi für die Luzerner Bühne adaptierte Spiel. Es vermittelt ein spezifisches Verständnis von ‹Krieg› und ‹Heiligkeit›, das überdies konfessionell markiert ist.

Das ‹Beromünsterer Apostelspiel› (1560) in Wilhelmis Bearbeitung

Ein erster Aufführungsbeleg eines Vorgängerspiels des ‹Luzerner Apostelspiels› weist ins Chorherrenstift von Beromünster.[67] Eben da wurde die Spielhandschrift aufgezeichnet, die Wilhelmi als Vorlage für seine Adaptation diente.

Der von Luzern in einem fünfstündigen Fußmarsch erreichbare ‹Flecken›[68] Beromünster hatte seinen Namen vom 1036 erstmals urkundlich erwähnten Chorherrenstift (lat. *monasterium*), das gemäß Legende von einem Grafen namens Bero gegründet worden sein soll. Das Kollegiatstift war seit dem Mittelalter ein wichtiges religiöses und kulturelles Zentrum, das seit 1226 eine Schule und eine bedeutende Bibliothek beherbergte, in der u. a. Helias Helye den ersten datierten Druck der Schweiz herstellte.[69] Das Stift verfügte schon im frühen 16. Jahrhundert über einen Theatersaal.[70] Seit 1415 war das Stift und seit 1420 auch das dazugehörige Herrschaftsgebiet, das Michelsamt, eng mit der Stadt Luzern verbunden.[71] Seit dem Herrschaftswechsel wurden die mit hohen Einkünften dotierten Chorherrenstellen an Söhne aus dem Luzerner Patriziat vergeben. Die politisch-ökonomischen und familiären Verflechtungen führten zu einem regen kulturellen Austausch zwischen dem Stift Beromünster und der Stadt Luzern. Dieser Austausch war keineswegs immer konfliktfrei. Um 1560 sind Kompetenzstreitigkeiten zwischen dem Propst und der Stadt Luzern, obrigkeitliche Disziplinierungsversuche reformunwilliger Chorherren sowie Kämpfe zwischen den Patrizierfamilien bezüglich der Zuteilung von Chorherrenstellen belegt.[72] Auf der anderen Seite war das Stift, da es über Grund- und Zehntrechte im bernischen, reformierten Aargau verfügte, konstant konfessionellen Reibungen ausgesetzt.

---

[67] Tailby 2001, S. 250; Greco-Kaufmann 2015b.
[68] Die Bezeichnung ‹Flecken› bedeutet, dass der Ort ein Marktprivileg besaß.
[69] Zur Geschichte und kulturellen Bedeutung des Stifts vgl. Büchler-Mattmann 1976, Führer/Mangold 2020.
[70] Der im Obergeschoss befindliche Saal des 1523 errichteten Gebäudes, das als Kornspeicher und Weinkeller des Stifts diente, wurde als Veranstaltungsort für Feste, Tanz- und Theateranlässe genutzt und als ‹Stiftstheater› bezeichnet. Über Aufführungen ist leider nichts überliefert. Vgl. Hörsch 2013.
[71] Ausführliche Darstellung der komplizierten territorialen und rechtlichen Verhältnisse in: Egloff 2003, S. 11–39.
[72] Zu den Einzelheiten dieser Konfliktfelder vgl. Greco-Kaufmann 2015b.

Hinweise auf eine Beromünsterer Aufführung des späteren ‹Luzerner Apostelspiels›, zu dem auch die Luzerner Obrigkeit eingeladen war, bietet ein heute verschollenes, von Gall Morel zitiertes Schreiben:[73]

> 1560 wurde in Beromünster von einer erlichen gesellschaft geistlicher und weltlicher personen, mit hilff gottes des herren, eine heilige, catholische und apostolische tragedi, vss den geschichten der apostlen, am dritten capittel daselbst, biss vff das achtist, auf Sontag nach Maria Geburt aufzuführen beschlossen, wozu Propst vnd Capitel zu Beromünster, Schultheiss Niklaus Amlehn, Landvogt Peter Feer, ouch ander vnser gnedigen Herren vnd Oberen, dass so üch anmüttig sind, freundschaftlich einluden.[74]

Es wäre denkbar, dass die überlieferte Spielhandschrift des ‹Apostelspiels› im gleichen Jahr ebendort von einem anonymen Verfasser oder Schreiber aufs Papier gebracht worden ist. Allerdings enthält das Schreiben die Information, dass die Kapitel 3–8 der Apostelgeschichte zu spielen seien, was weit weniger ist als das in der Luzerner Spielhandschrift und in Cysats ‹Collectanea› dokumentierte Spielgeschehen.[75] Belege für die Beromünsterer Herkunft lassen sich für die ‹Apostelspiel›-Handschrift allein denn auch nicht beibringen. Anders verhält es sich freilich, wenn man die Handschrift eines zweiten in Luzern aufgeführten Heiligenspiels hinzuzieht, nämlich die des ‹Wilhelmspiels› von 1596. Diese scheint vom selben Beromünsterer Schreiber zu stammen. Die Spielhandschrift wird auf dem Vorsatzblatt mit dem deutlich hervorgehobenen Namen des Erzengels Michael (*S. Michael Archangelus*) als Sprecherangabe des ersten Prologs gleichsam überschrieben und ihm unterstellt. Michael ist Patron des Chorherrenstifts Beromünster. Zudem finden sich im Spieltext klare Verweise auf Beromünster, die von der charakteristischen Hand Wilhelmis[76] für den Luzerner Kontext bearbeitet wurden. Da Michael der Patron Beromünsters, nicht jedoch Luzerns ist, streicht Wilhelmi drei Verse mit Hilfe der Bemerkung *vacant* und ersetzt außerdem den Ort *Münster* durch *Lucern*.[77] Die Erwähnung einer Apostelspiel-Aufführung in Beromünster, die Ähnlichkeit der Schreiberhände sowie die Nennung von Ort und Stiftspatron in der Handschrift

---

[73] Dazu schon Eberle 1929, S. 26f.
[74] Zit. n. Morel 1868, S. 224. Als Aufbewahrungsort des Belegs gibt Morel das Luzerner Staatsarchiv an. Der Beleg konnte dort aber nicht ausfindig gemacht werden.
[75] Vgl. dazu auch Greco-Kaufmann 2015 [2016], S. 102. Zum Konnex von Beromünsterer und Luzerner Heiligenspielen vgl. ferner Greco-Kaufmann 2015a, S. 159–173.
[76] Vgl. ausführlicher dazu unten.
[77] *Ein Engel Gotts bin ich gesant | Michael ist eüch wolbekant / Den ihr nennennt eüwern patron* (S. 1) bzw. *Als dan die ehrlich burgerschafft | Zu Münster ist mit yfer bhafft* (S. 3). Bei dem jeweils nach einem Verspaar gesetzten Strich ist nicht zu entscheiden, ob es sich um ein Komma oder um eine Virgel handelt. Oppikofer-Dedie 1980 vereinheitlicht zum Komma. Den Vereinheitlichungskriterien des Gießener Heiligenspielprojekts folgend, wird die Virgel gesetzt. Angeglichen ist überdies die Groß- und Kleinschreibung. Zu den Korrekturen Wilhelmis vgl. auch Tailby 2004, S. 256.

des ‹Wilhelm› machen die Entstehung der ‹Apostelspiel›-Handschrift ebendort wahrscheinlich. Von Beromünster gelangte sie dann anscheinend nach Luzern, genauer: ins Luzerner Chorherrenstift, wo sie für die Aufführungen von 1585 und 1599 zugrunde gelegt wurde. Die Wanderung von Theatertexten zwischen Beromünster und Luzern dürfte darin begründet sein, dass sich, wie oben dargelegt, die Beromünsterer Chorherren seit dem 16. Jahrhundert mehrheitlich aus Personen des Luzerner Patriziats[78] zusammensetzten, wodurch enge Beziehungen zwischen Stift und Stadt bestanden.[79]

Als zweiter Aufführungsbeleg gilt die Aufführung in Luzern, die für das Jahr 1585 bezeugt ist. Eine weitere Aufführung fand 1599 statt. Dokumentiert sind die beiden Aufführungen durch Renward Cysats Aufzeichnungen in seinen ‹Collectanea› und durch ein Luzerner Ratsprotokoll. Cysat hält für das Jahr 1585 fest:

> 12 May 1585 ward die Himmelfart Christi, Sendung des heiligen Geists, Zertheilung der apostlen, Himmelfart Mariae, Pauli bekherung, vnd aller apostlen martyrium, ouch Zerstörung tempels vnd statt Jerusalem von der burgerschafft gespilt von morgen bis nach vesper.[80]

Der 12. Mai 1585 war der Sonntag Jubilate, der dritte Sonntag nach Ostern. Das Spiel knüpft damit in Chronologie und Thematik an das ‹Luzerner Osterspiel› an, das zuletzt 1583 aufgeführt worden war.[81] Man kann insofern vom ‹Apostelspiel› als theatral inszenierter und fortgeführter Heilsgeschichte sprechen. Die eintägige Aufführung thematisiert neben den in den kanonischen Texten der Bibel bezeugten Ereignissen Christi Himmelfahrt (vgl. Lc 24,50–53 und Act 1,1–11), Pfingsten (Act 2,1–36) und der Bekehrung des Saulus zum Paulus (Act 9,1–19) auch apokryph bzw. legendarisch überlieferte Begebenheiten wie die Himmelfahrt Mariä[82] sowie die Apostelmartyrien[83] und die Zerstörung Jerusalems im Jahre 70 n. Chr.,

---

[78] Zur Ausbildung des Luzerner Patriziats vgl. Messmer/Hoppe 1976.
[79] Vgl. oben S. 54. Ferner Greco-Kaufmann 2009, Bd. 1, S. 546; Greco-Kaufmann 2015 [2016], S. 99 u. 103.
[80] Cysat, ed. 1969, I/2, S. 748, zit. nach Greco-Kaufmann 2009, Bd. 2, S. 236f.
[81] Die Osterspieltexte sind fragmentarisch wie folgt überliefert: 1545 (2. Tag), 1571 (1. Tag), 1583 (1. Tag, 1. Teil und ein weiterer Ausschnitt des 1. Tags), 1597 (Teil des 2. Tags) sowie 1616 (1. Tag, 2. Teil und zwei Teile des 2. Tags). Vgl. die Zusammenstellung der Osterspieltexte in der Edition Wyss 1967. Dazu ferner Ukena-Best 2010, S. 589.
[82] Bereits im 5. Jahrhundert entstand eine anonym überlieferte genaue Beschreibung des Todes und der Himmelfahrt Mariä, die für die christliche Vorstellung vom ‹guten› Tod beispielgebend war: das «fiktive Sterbeprotokoll» ‹De transitu beatae Mariae virginis›, Schreiner 2003, S. 69. Zum *Transitus Mariae* vgl. ferner Spreckelmeier 2019, hier insbes. S. 99–193. Mit den Aposteln eng verknüpft ist die Himmelfahrt Mariä schon deswegen, weil alle zwölf in ihrer Todesstunde anwesend sind.
[83] Als Quelle konnten die apokryphen Märtyrerakten, aber auch die legendarische Literatur, etwa die ‹Legenda aurea› dienen. Jacobus de Voragine: Legenda aurea. Goldene Legende, hg. und übers. v. Bruno W. Häuptli, 2 Bde. Freiburg u. a. 2014 (Fontes Christiani, Sonderband).

von der Flavius Josephus berichtet.[84] Von Jakob Wilhelmi als Verfasser bzw. Bearbeiter spricht Cysat hier nicht, wohl aber bietet das abgerissene Vorsatzblatt der Spielhandschrift diese Information.[85] Auch der *Cathalogus personarum* benennt ihn unter Nummer 137 als *Rector M. Jacob Wilhelmj* (S. 80 [79]).

Der zweite außerliterarische Beleg beglaubigt die erneute Aufführung für das Jahr 1599, die nunmehr zwei Tage umfasste. Im Ratsprotokoll vom 28. Mai 1599 heißt es:

> Vff hütt ist vor m[einen] g[nädigen] h[erren] erschinen M[agister] Jacob Wilhelm der schuolmeister jm Hoff alhie fürbringende. Nachdem er dann die geschicht der Apostlen inn tütsche rÿmen vnd spil verfasset, vnd vff zwen tag gemeeret, alles m[einen] g[nädigen] h[erren] zuo danckbarlicher erzeigung ime bewÿßner gnaden vnd wolthaten, auch gemeiner statt Lucern ze lob vnd eeren vnd nun kurtz verschinen dises spil offentlich gehalten worden, so habe er zuo anzeigung derselbigen sÿner danckbarkeit diß spill m[einen] g[nädigen] h[erren] dedicieren vnd presentieren wöllen [...]. Also habent m[eine] g[nädigen] h[erren] dises werck von ime zuo wolgefallen vnd gnaden vffgenommen, vnd ime dargegen 18 kronen vereeren lassen.[86]

Die Erweiterung des Spiels mag dabei nicht nur dem Usus vieler Luzerner Spiele (so des ‹Luzerner Osterspiels› oder des ‹Antichrist- und Weltgerichtsspiels›) geschuldet gewesen sein,[87] sie ist auch Ausweis für einen ausgeprägten Gestaltungswillen Jakob Wilhelmis, der den Text für diese zweite Aufführung grundlegend bearbeitete – davon zeugen die handschriftlichen Indizien des Fragments. Im

---

[84] Flavius Josephus: Der jüdische Krieg. 3 Bde. Griechisch und Deutsch, hg. und mit einer Einl. sowie mit Anm. vers. von Otto Michel und Otto Bauernfeind. 2. Aufl. Darmstadt 2013, Buch 6; zur Zerstörung als «Krisenerfahrung» Lücking, 2002, S. 140–165. – Dass die Zerstörung Jerusalems ein für Beromünster wie für Luzern interessantes Thema war, mögen auch die aus einer elsässischen Handschrift (um 1470) herausgeschnittenen Bilder bezeugen, die im Chorherrenstift Beromünster als Wandschmuck dienten und heute in der ZHB Luzern unter der Signatur Pp 175 fol. aufbewahrt werden. Vgl. dazu Eggenberger/Horat 2010, Kamber 2015, S. 54 –57, sowie Kamber/Mangold 2019, S. 316f.

[85] *Acta est hæc Tragedia | Anno 1585. die uero | 12 Maÿ. Dominica | Jubilate. | A M. Jacobo Wilhelmio [...] | et rithmiss ornata, in [...] | deducta, dum sch[...] | esset Lucernensis | collegiatæ s. [...] | Foelix Exitus a [...].*

[86] Staatsarchiv Luzern, RP 46, fol. 308^v; zit. nach Greco-Kaufmann 2009, Bd. 2, S. 317f.

[87] Vgl. auch die Angabe Cysats, das Osterspiel von 1597 sei *mitt so grosser zierlicheit, kosten und apparat der personen, ouch verbesserung und meerung der Historien, alls vor nie bschehen, gspillt worden* – und dies vor einer nie dagewesenen Menge an Publikum. Cysat: Collectanea, zit. n. Neumann 1987, Bd. 1, S. 440, Nr. 2037. – Brandstetter 1886b, S. 8, sieht in einem solchen Aufwand eine Diskrepanz zwischen Osterspiel und Heiligenspielen: «Die Heiligenspiele sind ebenfalls grossartige Aufführungen, einige dauern auch zwei Tage, erreichen aber doch nicht den Pomp der Osterspiele».

‹Apostelspiel› (1585/1599)

Ratsprotokoll werden indes keine inhaltlichen Angaben zum Spiel gemacht; vielmehr steht der Verfasser bzw. Bearbeiter im Zentrum, der für seine Mühen vom Rat mit 18 Kronen entlohnt wurde.[88]

Aufbau und Inhalt

Da sich keine weiteren als die zitierten Angaben über das Spiel erhalten haben, ist es schwierig, konkrete Aussagen über den ursprünglichen Textumfang zu treffen. Ähnlich schwierig gestaltet sich eine Aussage darüber, inwieweit der Spieltext möglichen Vorlagen folgt und welche Schwerpunktsetzungen im Spiel insgesamt ausgemacht werden können. Soweit der fragmentarisch überlieferte Spieltext verallgemeinerbare Schlüsse zulässt, scheinen sich die Szenen um die Inszenierung von Heiligkeit und die Inszenierung kriegerischer Handlungen zu gruppieren, die im Folgenden im Zentrum der Analyse stehen. Inhaltlich gestaltet sich der erhaltene Text wie folgt:

Die Handschrift setzt mit einer Vorrede zum *Martirium apostolorum* (S. 1) ein. Der Sprecher beginnt mit den Worten Jesu zur Nachfolge:

> Nemmd vff eüch tragen min joch
> Dan es ist süss unnd lieplich doch
> Min burdj ist auch liecht darbj
> Der solche treit ist bschwerden frÿ (S. 1).[89]

Er leitet dann zu den Martyrien über: *bis in den bittern todtt | Bewegt sÿ weder anngst noch nott* (S. 1).[90] Es folgt das *Martirium sancti Jacobi maioris* (S. 2), das jedoch nach wenigen Repliken abbricht. Die folgende eingebundene Seite (S. 3) beginnt in jener Szene, welche die Gefangenschaft Petri (vgl. Act 12,5–10) thematisiert. Die Angaben zu weiteren Figuren auf der Bühne, etwa die Regieanweisungen *loquitur Mohse* (S. 3) oder *hic incipit Magdalena* (S. 4), bleiben im Dunkeln. Es folgt die Bestrafung des Herodes[91] (S. 6). Die knappen, unspezifischen Angaben aus Act 12,21 erweitert und konkretisiert der Sprechtext des Herodes dabei als proleptische Rede, die auf

---

[88] Wie für geistliche Spiele üblich, kann es sich bei demjenigen, der mit seinem Namen für den Text und die Aufführung verantwortlich zeichnet, um den Verfasser oder den Bearbeiter handeln.

[89] Der Text folgt den Richtlinien von: Das Luzerner Apostelspiel. Erstedition und Kommentar, hg. von Julia Gold. Berlin/Basel [2024].

[90] Die Reihenfolge der beispielhaft erwähnten Apostel wird von Wilhelmi verändert: Auf Jakobus d.Ä. folgt beim Beromünsterer Anonymus Jakobus d.J., bei Wilhelmi hingegen Philippus. Die Zusammenstellung der Apostel im *Cathalogus personarum* ist weder mit der Reihung in Mt 10,2–4 noch in Mc 3,16–19 oder Lc 6,14–16 identisch (dort jeweils noch mit Judas Iskariot anstelle des nachgewählten Matthias, Act 1,26).

[91] Die Bestrafung des Herodes hat Wilhelmi auf dem *Salvator*-Zettel nachgetragen: Er wird von Teufeln – genannt werden hier Luzifer und Asmodeus – in die Hölle geführt.

das kommende Unheil der Zerstörung Jerusalems und des Tempels zielt (S. 5/6).[92] Die Rede des strafenden Engels (*Angelus percutit eum*, S. 6) bricht ab; S. 7f. stellt einen Auszug aus dem Andreas-Martyrium dar. Die folgenden Seiten thematisieren den Wettstreit zwischen Petrus und Simon Magus (S. 9), bei dem neben Nero auch Sporus auftritt (S. 10), für den verschiedene Repliken auf einem der Handschrift beigelegten Zettel vorliegen. Hier berichtet er Nero von einem *seltzan abentürig man*, der nicht nur die Kunst beherrsche, das Leben zu verlängern und Kriege zu gewinnen, sondern auch Traurigkeit und Melancholie (*Groß truren vnd melancholi*) ganz ohne Arznei heilen könne. Offenkundig preist Sporus hier die Künste des Simon Magus an, der alsbald an den Hof Neros berufen wird. Sollten die Repliken des Sporus, die von älterer Hand stammen (x₂), tatsächlich für das ‹Apostelspiel› verwendet worden sein (inhaltliche Bezüge bestehen zweifellos), wären sie in die Petrus-Simon Magus-Szene einzuordnen, und zwar vor den Wettstreit.[93] Die Handschrift setzt mit der Paulus-Handlung fort (S. 15), genauer mit den Szenen ‹Paulus vor Festus› (vgl. Act 25) und ‹Paulus vor Nero› (S. 22). Letztere stellt das Scharnier zwischen der Paulus- und Petrus-Handlung dar. Die *Historia Petrj* (S. 24) beginnt mit dem Zorn Neros über den Tod des Simon Magus, wobei die Szene um den kaiserlichen Zorn auf Paulus und den tödlichen Sturz des Mundschenks Patroclus von Wilhelmi ergänzt wird.[94] Anzunehmen ist, dass hierher auch die auf dem *Salvator*-Zettel ergänzte *Adhortatio Pauli* gehört; sie stellt die Predigt dar, die Patroclus in den Schlaf fallen lässt. Es schließen sich die *Quo vadis*-Szene und der Anfang des Martyriums Petri und Pauli an (S. 25–28). Seite 29 beginnt mitten in einem Sprechtext, der dem Martyrium des Bartholomäus zugehört. Hier haben mehrere Folterknechte und der Henker, aber auch eine *meretrix* (S. 29) ihren Auftritt. Die beiden Folgeseiten präsentieren die Bestrafung der Weltlichen und Geistlichen, die für den Tod des Bartholomäus verantwortlich zeichnen. Sie werden von den Teufeln in die Hölle geführt. Seite 32 ist unbeschrieben. Der Text setzt mitten in der Thomas-Vita, genauer: in der Treptia-und-Migdonia-Szene, wieder ein. Auf die Predigten des Thomas hin wird die Königin Migdonia von ihrer Vertrauten Treptia im christlichen Glauben unterwiesen. Beide Frauen bekehren sich und beschließen, fortan keusch zu leben. Die «aufsässige Keuschheit»[95] missfällt dem König Domitian zutiefst. Auf die Bekehrung der Frauen folgen Passio und Begräbnis des Thomas (S. 33–44). Domitian, der für den Tod des Thomas verantwortlich ist, wird von den

---

[92] *Min Bitt an eüch ist also gsteltt | Das ir haltennd in trüwer hütt | Eüwer tempel dan ich meins gůtt | Schouennd ewers vaterlanndts frumb | Betrachtennd eüwer heiligthumb | Damit dasselb nit werd verwüest | Wie das villicht dan gschehen müest* (S. 5).
[93] Die Rückseite des *Sporus*-Zettels enthält die Beschlussrede des *Fendrich* von Wilhelmis Hand und damit wohl für die Aufführung von 1599. Die Ergänzungen der Petrus-Simon Magus-Szene sind dann für diese zweite Aufführung vorgenommen worden.
[94] Neben kürzeren Ergänzungen auf den gebundenen Seiten findet sich die Erweiterung um mehrere Sprechtexte auf dem lose beigelegten *Salvator*-Zettel.
[95] So Lifshitz 2014, S. 78, in Bezug auf diese Passage der Thomas-Akten.

Teufeln in die Hölle geholt (S. 45f.). Sodann ereignet sich ein Heilungswunder am Grab des Thomas: Der todkranke Sohn des Meldeus wird gesund; Vater und Sohn bekehren sich zu Christus (S. 47f.). Die übrige Handschrift überliefert den Spielteil der Zerstörung Jerusalems, der mit der Rede des Gregorius einsetzt (S. 49) und durch eine Überschrift (S. 50) markiert ist. Hier finden sich zahlreiche Ergänzungen, die marginal, interlinear sowie auf gesonderten Blättern – ganz überwiegend von der Hand Wilhelmis – vorgenommen wurden. Inszeniert werden die Beratungen über die angemessene Kriegsführung sowie die Kriegshandlungen selbst. Der dritte Angriff der Römer gelingt; sie durchdringen die Stadtmauern Jerusalems, zerstören den Tempel und nehmen die Juden gefangen.[96] Der Spielteil endet mit der Klage der Juden über ihre Vertreibung und die daraus resultierende Diaspora (S. 67 [68]). Die Römer hingegen feiern ihren Sieg, bezahlen ihre Söldner und kehren nach Rom zurück (*Cum tuba et bomberda eunt Romam*, S. 69 [70]). Die abschließenden Reden von Hauptmann (*Capitaneus*) und Fahnenträger (*Panerher*) oszillieren dabei in ihrer Zugehörigkeit zwischen Spielteil und paratextuellem Teil (S. 68 [69]–70 [71]). Die Rede des *Fendrich* bricht am Seitenende ab; hier wurden erkennbar Blätter aus der Handschrift herausgeschnitten.

Für die Handlung stellt sich damit nicht zuletzt auch die Frage, wo sie anzusiedeln ist. Explizit genannt werden Jerusalem und Rom. Ansonsten bietet der fragmentarische Text keine weiteren Anhaltspunkte. Möglich wäre, dass insbesondere der Apostelspielteil ein Weltbild präsentierte, das die Apostel in allen Teilen der Welt (und eben auch im Zentrum Luzerns) verortet. Das im Text recht präsente Rom wäre dabei auch in Hinblick auf die gegenwärtige konfessionelle Ausrichtung des Spiels zu deuten, ist der Papst doch direkter Nachfolger Petri. Der Sieg Roms über Jerusalem ließe sich entsprechend interpretieren.[97]

Vorlage

Die Frage nach der Vorlage zielt in zwei Richtungen. Zum einen fragt sie nach den Quellen und literarischen Texten, die für das ‹Apostelspiel› adaptiert wurden. Zum anderen bezieht sie sich auf die Spielhandschrift und die aus ihr rekonstruierbaren textuellen Bearbeitungsstufen, die mithin Aufschluss über theatrale Produktions- und Aufführungsprozesse geben können. Differenziert werden muss folglich zwischen den (mutmaßlichen) Vorlagen des ‹Apostelspiels› und dem ‹Apostelspiel› als Spielvorlage.

Auf welchen konkreten literarischen Vorlagen das ‹Apostelspiel› beruht, wird nicht explizit erwähnt. Jedoch geben die bereits zitierten Ausführungen Cysats sowie innerliterarische Angaben Auskunft über die inhaltliche Ausrichtung des Spiels. Geht man von diesen Informationen aus, bedeutet das, dass die lateinischen Texte

---

[96] Vgl. die Regieanweisung *Fit tertia pugna. Ciuitas et templum euertitur capiuntur Judej*.
[97] Vgl. dazu unten zur ‹Inszenierung von Krieg›.

der Vulgata[98] und der *Historiae* (Vita oder Passio)[99] sowie der Zerstörung Jerusalems nach Flavius Josephus in einen volkssprachlichen Text, mithin in ein volkssprachliches Bühnenwerk transferiert werden. Die spielinternen Inhaltsskizzen des Fähnrichs wie der bereits zitierte Cysat'sche Eintrag zeigen, dass sich das ‹Apostelspiel› formal und inhaltlich in die Luzerner Osterspieltradition einschreibt. Insofern mag man neben einer textuellen auch von einer inszenatorischen Vorlage sprechen. Nimmt man das Bestreben Wilhelmis hinzu, den Text der Beromünsterer Vorlage um Rollen und Szenen zu erweitern, so entspricht auch dies inszenatorisch dem Osterspiel, das als heilsgeschichtliches Spiel letztlich die vollständige Bandbreite von der Schöpfung bis zur Himmelfahrt und dem Pfingstgeschehen bieten konnte. Für das Jahr 1597 überarbeitete Cysat den Osterspieltext grundlegend. Anscheinend weniger erfolgreiche Anreicherungen, wie zwei von Cysat neu geschriebene Akte, wurden bei der nächsten (mehr oder weniger) turnusmäßig stattfindenden Aufführung jedoch wieder gestrichen. Das Anreichern des Spieltextes mit neuem Material ist auch Indiz für eine Variabilität und Austauschbarkeit der Szenen und es zeugt von dem Anspruch, Texte auf den Prüfstand zu stellen und den aktuellen Gegebenheiten anzupassen. Ganz Ähnliches zeigt sich mit Blick auf Wilhelmis Bearbeitungstendenzen, auf die unten weiter eingegangen wird.

Intention der Aufführung(en)

Über die explizite Intention einer Spiel-Aufführung geben üblicherweise die rahmenden Textteile Auskunft. Namentlich sind dies Pro- und Epiloge; auch die Schlussreden des ‹Apostelspiels› akzentuieren ein spezifisches Anliegen. Im *bschlus* des Fähnrichs des Beromünsterer Ausgangstextes heißt es:

> Wir zwifflet nit gůthertzig cristen
> Habennd ir seelen thůn erfristen
> In rechter freüd geistlichem wun
> Mit Jesu Cristo Gotes sonn
> Als inn der heilgen himelfhart
> Bede des sonns vnnd Marjæ zart
> Auch in der senndung shelgen geist
> Der den apostlen gnad hat gleist
> Das sÿ im himel v̈berkhon
> Durch trüebsal vil der marter kronn
> Sinnd gůter hoffnung stiff vnnd vest
> Wir werdend auch erlanngen zletst
> Durch ir fürbit das ewig leben
> Do wir Got ewigs lob sond geben (S. 70 [71]).

---

[98] Hieronymus: Biblia sacra vulgata. Lat.-dt., hg. von Andreas Beriger u. a. Berlin/Boston 2018.
[99] In der Handschrift wird die Angabe ‹Historia› einzelner Apostel in den Überschriften zu den Szenen genannt.

Die Rede des Fähnrichs bricht an dieser Stelle ab. Umso mehr tritt der Aspekt der *intercessio* (*fürbit*) hervor, auf den zurückzukommen sein wird. Eine Einfügemarke verweist darauf, dass hier Sprechtext zu ergänzen ist. Ein Text, welcher der Einfügemarke zugeordnet werden könnte, ist jedoch verloren. Erhalten hat sich aber ein der Handschrift beigelegtes Blatt, auf dem Wilhelmi eine neue (doppelte?) Abschlussrede des Fähnrichs verzeichnet:

> Gestern am morgen vff dem plan
> Han ich üch allen gen zverston.
> Dz vnser gselschafft albereit
> Hie sůch geistliches Maÿens fröud.
> Wie vns die zit ermant darzů
> Derhalben ich nit zwÿfflen thů
> Ir als die gůtthertzigen cristen
> Habend ewer seel wol erfristet
> In rechter fröud geistlichen wun
> Mit Jesu Christo Gottes sun
> Ouch Maria der junngfraw zartt
> Als in ir heilgen himmelfartt.
> Ouch der lieben Aposteln gschicht
> Vmb Christi namen hingericht
> Hand jetz bj Got die marter kron.
> Ir fürbitt gniessend wir gar schon (*Sporus*-Zettel).

Die zitierten Schlussreden des Fähnrichs vermitteln die Begründung für ein Interesse an der Apostelspiel-Thematik. Die geistliche Maienfreude, die der Fähnrich in seiner abschließenden Rede nochmals beschwört, ist einerseits auf den Aufführungstermin bezogen – hier hat Wilhelmi den Text für die Luzerner Darbietung konkretisiert,[100] andererseits werden mit der Formulierung ‹Maienfreude› zugleich Assoziationen zu literarischen Genres aufgerufen, die ein kundiges Publikum auf den nunmehr geistlichen Bereich übertragen soll. Die Maienfreude wird heilsgeschichtlich aufgeladen und gewissermaßen auratisiert.[101] Implizit mag mit ihr auch die Assoziation einer frühlingshaften, (wieder-)erwachenden Natur verknüpft sein,

---

[100] Beide Luzerner Aufführungstermine fielen in den Mai, wohingegen für Beromünster eine Aufführung auf Sonntag nach dem 8. September (Mariä Geburt) beschlossen wurde. Vgl. den Textauszug bei Morel 1868, S 224. Spielen sollte bzw. wollte eine *erliche[] gesellschafft geistlicher vnd weltlicher personen*; zit. n. ebd.

[101] Daneben mag der inhaltliche Verweis auf den Monat Mai auch kirchenkalendarisch gedacht sein, und zwar bezogen auf eben jenen Monat, in dem gemeinhin das Fest der Himmelfahrt Christi gefeiert wird. Mit diesem begann das ‹Apostelspiel›, wie ausgeführt, mutmaßlich. Wenngleich für Beromünster ein Aufführungstermin im September vorgesehen war, mag mit der Wahl des Monats Mai für Luzern möglicherweise auch die Beromünsterer Tradition des Auffahrtsumritts mitgedacht sein. Beide Ereignisse knüpften sich dann eng an die Himmelfahrt Christi. Darüber hinaus gilt der Mai als ‹Marienmonat›; er wurde mit Maiandachten begangen.

die mit einem geistlich gedeuteten (neu) Zum-Leben-Erwachen, mithin mit Wunder und schlicht Existenziellem korrespondiert. Die zuvor auf der Bühne dargebotenen zahlreichen Wunder der Apostel, insbesondere die Totenerweckungen, zeugen davon. Sodann konvergiert die Maienfreude auch mit der hoffnungsvollen Freude, sich der Fürbitte der Heiligen zu versichern und dereinst ebenso wie die Apostel, welche die *marter kron* erwarben, in die himmlische Gemeinschaft mit Gott aufgenommen zu werden.

Angereichert wird die Spielintention der evozierten Freude durch die auf den Fähnrich folgende Rede des Herolds, der in seinen das Spiel beschließenden Versen mit Invektiven gegen die ‹neue› Lehre der Protestanten vorgeht:

> Wöllend wir dsach berůwen lon
> Doch wöl mencklich betrachten schon
> Wie der catholisch gloub bewartt
> Von den Apostlen sỹ geleârtt
> Vnd nit erst nüw herfür gezogen[102]
> Vnder dem banck, wie Luther glogen
> Dapostel bstettend gloubens werck
> Drum sola fides nüt ist, merckts.
> Ein christ die gschichten wolbetracht
> Die im spil an tag gebracht.
> Dan vnser höchst intention
> Ist vff den waren glouben schon
> Ouch christlichen wandel darbj (*Alexander-Zettel*).

Nicht nur bindet der Herold den katholischen Glauben an die Apostel – und damit an von höchster Stelle Legitimierte und Auserwählte – zurück, er bestätigt auch, dass die vermeintlich ‹neue› Lehre nichts anderes als Schein und Taschenspielertrick ist. Geschmäht wird freilich nicht Zwingli, sondern Luther, wohl, weil er als ‹Auslöser› der Reformation und damit als ‹erster Taschenspieler› angesehen wird.[103] Ostentativ vermittelt die Rede, dass die durch die Apostel vermittelten Glaubenswahrheiten den *waren glouben* und *christlichen wandel* präsentieren – eben dies sei die *höchst intention* des Spiels. Die Glaubenswahrheiten, die seit den Ursprüngen des Christentums existieren, werden nunmehr explizit markiert und konfessionell aufgeladen. Zugleich wird damit eine Kontinuität behauptet, die wiederum für die Wahrheit bürgt. Die Wurzeln des Glaubens sind, so suggeriert es der Herold, nach wie vor präsent und werden in der städtischen Gegenwart Luzerns zu einem Argument in kontroversen theologischen Fragen. Die Wahrheit des apostolischen

---

[102] Das ‹Hervorziehen› eines *allte[n] verdamte[n] jrrtumm[s]* hatte bereits Salat in seiner Reformationschronik mit Bezug auf Luther und Zwingli betont: *Lutrer/ Zwinglj und jr anhang* [hätten] *viler allter kátzern/ jn all jren büchern/ leer/ har für zogen/ und beschirmt*; zit. n. Jörg 1986, Bd. 1, S. 120.

[103] Vgl. zu dieser Sichtweise etwa Salats Reformationschronik: Alle reformatorischen *secten* hätten *jr ursprung/ und anfang ghan/ und hand/ vom Lutrer*. Salat, ed. 1986, Bd. 1, S. 118.

‹Apostelspiel› (1585/1599)

Ursprungs ist die gegenwärtige katholische Wahrheit. Einen dieser kontroversen Inhalte stellt der Herold dann als Glaubenswahrheit besonders heraus, indem er die Werke des Glaubens (*gloubens werck*) gegen den Glauben allein (*sola fide*[]) stellt. Mit der konfessionellen Perspektivierung geht noch ein Weiteres einher, nämlich die Legitimierung der eigenen Kunstpraxis, die im *spil* diese Wahrheiten augenscheinlich macht.

Die abschließende Rede des Herolds übernimmt insofern eine explizierende und konkretisierende Funktion. Sie schreibt das Spielgeschehen, in dem die Sprechtexte selten eine invektiv gestaltete konfessionelle Markierung in Abgrenzung zum (vermeintlich) Neuen vornehmen, in den zeitgenössischen Diskurs um religiöse Wahrheit und Heilssicherung ein. Der im und durch das Spiel geführte ‹Beweis› wird zum unhintergehbaren Argument. Diese kontextuelle, eben auch spielintern fassbare Einbettung lässt die thematischen Schwerpunkte, die im Folgenden näher betrachtet werden sollen, in gewissermaßen rekursiver Lektüre in einem spezifischen Licht erscheinen. Fokussiert werden soll zunächst die Inszenierung von Heiligkeit, die dem Spiel eignet. Sodann steht der Krieg als thematischer Schwerpunkt des Spiels im Zentrum.

Zu erwähnen ist freilich, dass indes auch allgemeine konfessionelle Marker in Bezug auf traditionelle Frömmigkeitspraktiken aufscheinen, die im Spiel inszeniert werden und die darüber hinaus als Publikumsappell verstanden werden können. Insofern ist das Spiel Ausweis einer nach außen wie nach innen gerichteten Auseinandersetzung mit konfessioneller Identität. Zu nennen wäre etwa das Gebet, das imperativisch die konkrete Gebetshaltung vorgibt, die eingenommen werden soll.[104] Ein Beispiel hierfür ist das Gebet, das der Beromünsterer Schreiber (A oder A₁) am unteren Rand nachgetragen hat:

> Fallend n[ider] auff euwer knüw
> Betennd [das] vater vnnser drüw
> Darbj denn Engelischen grůtz
> Darus [er]gat vnns gar vil gůts
> Beschliessennd [...]f eüwer gebet
> Mit einem cristlichen glaubens stet
> Damit ir jetz zů allen stunden
> In sölchen glauben w[erdet vunden?] (S. 3).

Aufgefordert wird dazu, die drei Hauptgebete zu beten, nämlich ‹Vaterunser›, ‹Ave Maria› und ‹Credo›. Gebetet werden soll ferner auf Knien und die Aufforderung

---

[104] Vgl. etwa zur Gebetshaltung mit kreuzweise ausgestreckten Armen (mit Verweis auf das ‹Luzerner Antichrist- und Weltgerichtsspiel› sowie das ‹Luzerner Osterspiel›) Ehrstine 2015b, S. 122. Ehrstine konstatiert: «Wie bei anderen Aspekten des postreformatorischen katholischen Kults in der Schweiz waren [...] die gemeinschaftlichen Gebetsriten des Luzerner Passionsspiels [...] das Resultat von Bestrebungen, schon vorhandene Frömmigkeitspraktiken für das kollektive Seelenheil zu koordinieren und zu amplifizieren»; ebd. S. 125.

legt durchaus nahe, dass das Publikum die Haltung direkt einnehmen soll.[105] Hier lehnt sich das ‹Apostelspiel› an die Luzerner Osterspieltradition an, für die ganz ähnliche Anweisungen zum kollektiven Gebet überliefert sind.[106] Daneben wird die Fürbittenfunktion der Heiligen hervorgehoben. Der Fähnrich bestätigt in seinem Epilog:

> Wir werdend auch erlanngen zletst
> Durch ir fürbit das ewig leben
> Do wir Got ewigs lob sond geben (S. 70 [71]).

Auch die neue bzw. ergänzte Fähnrich-Rede formuliert: *Ir fürbitt gniessend wir gar schon* (*Sporus*-Zettel). Bedeutsam ist dabei, dass das Spiel – rekursiv betrachtet – eindrücklich vorgeführt hat, wodurch die Heiligen diese Fürbittfunktion erworben haben. Ihr Leben und Sterben sind sichtbarer Ausweis.

Inszenierungshinweise: Akteure, Bühne, Kostüme und Musik

Die überaus glückliche Überlieferungslage zu den Luzerner Spielen macht es möglich, die Akteure der Spiele genauer zu bestimmen. Für das ‹Apostelspiel› hat sich neben dem Rollen- auch ein Spielerverzeichnis erhalten, das Auskunft über die (vorgesehenen) Akteure gibt. Laut *Cathalogus personarum* sind 136 Rollen zu besetzen. Neben Hauptmann, Leutpriester, Probst, Scholastici und Gerichtsschreibern spielten zahlreiche Handwerker mit. Explizit genannt werden Schuhmacher, Glaser, (Dach-)Decker, Kupferschmied, Ziegler, Maler, Schlosser, Gerber, Sackträger, Weinzieher, Steinmetz- und Goldschmiedgeselle, Metzger und Krämer. Mit Blick auf die Akteure scheint das ‹Apostelspiel› damit partizipativer zu sein, als es für das ‹Osterspiel› belegt ist. Zwar deckt sich in Bezug auf die städtische politische und geistliche Elite manche Namensangabe; ausmachen lässt sich aber auch die breitere Einbindung der Handwerker. Unabhängig davon bleibt festzuhalten, dass die Verzeichnisse davon zeugen, dass viele der Darsteller Theatererfahrung besaßen, da sie bereits bei anderen Spielen als Akteure auf der Bühne gewirkt hatten.[107] So

---

[105] Vgl. dazu Ehrstine 2015b, S. 125f.
[106] *Darumb ein yedes bett zů lob vnd Eeren | Inns bitter lyden vnd sterben deß Herren | Ein Pater noster, Aue Maria vnd glouben. | Demnach so wil ich ůch erlouben, | Iedem an sinem platz still zestan, | Zů sehen, was Gott zů lob ist fürgenon* (V. 97–102).
[107] Ob der andächtige, teilnehmende Besuch des ‹Apostelspiels› mit einem Ablass verbunden war, wie es für das ‹Luzerner Osterspiel› bezeugt ist, ist nicht belegt. Sicherlich aber war die Teilnahme am Spiel mit einem Prestigegewinn innerhalb der städtischen Gemeinschaft verbunden. Zum Ablass für den Spielbesuch in Luzern vgl. den Ablassbrief (1556) des Kardinallegaten Scipio von Pisa: Neumann 1987, Bd. 1, S. 504f., Nr. 2106. Ob den Angehörigen der Spielbruderschaft der ‹Bekrönung unseres Herrn› bereits 1504 ein Ablass für ihr Mitwirken am Osterspiel erteilt wurde, ist unsicher. Vgl. dazu Neumann 1987, Bd. 1, S. 443, Anm. zu Nr. 2058 (dort mit weiterer Literatur). Zur Verbindung von Spiel bzw. Prozession

scheint beispielsweise der Leutpriester Johannes Müller mehrfach in der Rolle des Salvators auf, nämlich zweimal im ‹Osterspiel› (1583 und 1597) und zweimal im ‹Apostelspiel› (1585 und 1599).[108] Rolle und Status scheinen miteinander verknüpft: Dem Seelsorger kommt die prestigeträchtigste Rolle zu. Der Leutpriester, ohnedies Stellvertreter Christi innerhalb der Gemeinde, inszeniert sich dergestalt als legitimer Nachfolger Christi. Andere, wie der Hauptmann Ludwig Segisser, der im ‹Apostelspiel› den Herold verkörperte – sein Sohn spielte ebenfalls mit, und zwar stellte er einen Engel dar – bekleideten nicht nur hohe militärische Ämter, sondern waren auch als Ratsmitglieder aktiv und traten als Kunststifter, im konkreten Fall für ein Bild des dem Spiel thematisch nahestehenden Hofbrückenzyklus, in Erscheinung.[109]

Informationen besitzen wir aber auch über die Bühnengestalt. Rekonstruiert werden kann ein Bild der Weinmarktbühne, auf der nicht nur das ‹Luzerner Osterspiel›, sondern auch die verschiedenen Heiligenspiele aufgeführt wurden. Pläne existieren etwa für das zweitägige ‹Osterspiel› von 1583, die von der Hand Cysats stammen, aber auch für das ‹Wilhelmspiel›, das Wilhelmi 1596 inszenierte.[110] Der Plan von seiner Hand, der den Spielinhalt des 2. Tages präsentiert, liefert einige Details, die erahnen lassen, wie man sich die Aufführung auf dem Platz vorzustellen hat. Die Handlungsorte der Simultanbühne, die sogenannten *höfe*, sind demnach auf allen vier Seiten um den Weinmarkt herum verteilt. Beschlossen werden sie vom Haus zur Sonne und vom Brunnen sowie vom Haus *Zum Metzgeren*. Hinter den Höfen befanden sich allem Anschein nach Tribünen, von denen aus das Publikum das Spiel verfolgte. Der Spieltext selbst bietet den Hinweis auf Schranken, welche die Spielfläche vom Publikum trennen.[111] Einander entgegengesetzt formierten sich Himmel (beim Haus zur Sonne) und Hölle (*Infernus* [!];[112] beim Brunnen).

---

und Ablass (mit Bezug auf Alsfeld) Ehrstine 2021, S. 259–297; ferner (mit Bezug auf Zerbst) Ehrstine 2015a, S. 81–118, sowie Ehrstine 2015b, S. 113–131.

[108] Für das Osterspiel vgl. M. Evans 1961, S. 122, für das Apostelspiel den *Cathalogus personarum* S. 71 [72].

[109] Vgl. das Hofbrückenbild, das die Zerstörung Jerusalems zeigt und in der unteren linken Bildhälfte über den Stifter samt Wappen informiert: *H. Haubtman Ludwig Segisser Ritter 1577*; https://kapellbruecke.com/hintergruende/dreiecksbilder-hofbruecke/ [31.10.2023]. Vgl. ferner Greco-Kaufmann 2009, Bd. 1, S. 550, die Segisser freilich die Rolle des Herodes (anstelle des Herolds) zuweist.

[110] Luzern, ZHB, Ms.178.a.fol.:2. Dazu Tailby 2004, S. 255–260.

[111] Vgl. die Handlungsanweisung: *Ziehend mit Trommen pfiffen den blaz vff ob den schrancken har* (V. 1342a); weitere Erwähnungen der Schranken finden sich u. a. in V. 5714a und V. 5736a. Zu den Schranken als Aufführungsdispositiv vgl. Velten 2020, S. 511–531.

[112] Wilhelmi scheint die Bewohner der Hölle hier metonymisch für den Ort zu verstehen. Welche Bewohner dies sind, mag aus anderen Luzerner Spielen eruiert werden. Zudem berichtet Rizio für das ‹Antichrist- und Weltgerichtspiel›, es seien «Luzifer und Beelzebub und eine[] mächtige[] Schar Teufel» aufgetreten. Zit. n. M. Evans 1961, S. 273. Im ‹Osterspiel›

Das ‹Apostelspiel› selbst hingegen verzeichnet nur vereinzelt Details, die auf die Aufführungspraxis bezogen werden können. Spärliche Hinweise finden sich in Bezug auf die Maskierung bzw. Kostümierung. Markant sticht hierbei eine von Wilhelmi nachgetragene Regieanweisung heraus, die Simon Magus als *In hunds gstalt* (S. 14) ausweist. Ist damit der einäugige Hundeteufel gemeint, der auch aus anderen Spielen bekannt und eine lokale Besonderheit ist?[113] Dann würde mit der Maskierung des Simon Magus gleichsam seine Demaskierung als Teufel angezeigt. Der folgende Todessturz des Magiers ließe sich insofern als zweiter Teufelssturz deuten. Möglich wäre freilich auch, dass eine zweite Gestalt neben Simon Magus erscheint: Der hundsgesichtige Teufel, der ihm seinen Flug ermöglicht.

Nachgetragen wurden auch Regieanweisungen, die auf musikalische Gestaltung hindeuten (*Musica*, S. 14, B). Da Schreiber A keine Hinweise auf Musik im Spiel gibt, können die Zusätze von B und C im städtischen Kontext Luzerns verortet werden, was mithin auch bedeutet, die musikalische Ausgestaltung am dortigen Usus zu orientieren. Musik scheint hier funktional auf die Akzentuierung ‹dramatischer› Momente ausgerichtet zu sein, wie sich am Flug und Sturz des Simon Magus beobachten lässt: Simon fliegt gen Himmel, Petrus bezwingt im Namen Jesu den *helsche[n] geist* (S. 14), Musik ertönt, der Engel Gabriel weist Simon seinen Platz in der Hölle zu, er fliegt und wird gestürzt (*Volat et praecipitatur*, S. 15). Wie der Flug bewerkstelligt wird, darüber macht der Text keine Angaben. Möglich ist aber, dass die technische Umsetzung des fliegenden Simon Magus durch musikalische Untermalung kaschiert werden soll.

Zudem finden sich Regieanweisungen, die Requisiten und Bühnenaufbauten benennen, so etwa, wenn Thomas den Teufel aus einer Götzenstatue austreibt.[114] Dass er zum Götzen geführt wird (*ducunt ad idolum*, S. 42), ist ein Zusatz Wilhelmis. Es ist daher anzunehmen, dass die Statue eine Zutat der Luzerner Aufführung ist, ebenso wie der Teufel in Drachengestalt, der nach dem Gebet des Thomas aus ihr herausfährt.[115]

---

treten seit 1545 gleich mehrere Teufel mit deutlich gesteigerter Sprech- und Bühnentätigkeit auf, die wohl auf Zacharias Bletz zurückzuführen ist. Genannt werden u. a. Luzifer, Astaroth, Beelzebub, Federwüsch, Brendlin, Glissglas, Bürstlin und Krüttlin. Vgl. M. Evans 1961, S. 50. Vgl. ferner zu drei Kategorien von Teufelsnamen in den Oster- und Heiligenspielen (biblische Namen, Namen in Form latinisierter Laster sowie deutschsprachige Namen, die zeitgenössischen Hexereiprozessen entlehnt zu sein scheinen) Brandstetter 1886b, S. 26.

[113] Vgl. beispielsweise das ‹Sarner Bruderklausenspiel› Zurflües, in dem Bruder Klaus einem Hundeteufel auf einem Spaziergang begegnet. Vgl. unten, Kap. ‹Sarnen›.

[114] Das beliebte Motiv der Zerstörung eines Götzenbildes samt Teufelsaustreibung findet sich auch bei Ursus bzw. Victor in Solothurn. Vgl. unten, Kap. ‹Solothurn›.

[115] *Hoc facto excurrit diabolus | Thomas flectit genua / Clamans. Draco*, S. 42). Die Gebetshaltung auf Knien wird auch im ‹Luzerner Osterspiel› immer wieder vorgeführt. Dabei handelt es sich entweder um ein gesprochenes oder zu sprechendes Gebet, das zugleich auf eine kollektive Handlung aller Anwesenden verweist (vgl. etwa den Abschluss des ersten Spieltags 1616: [Herold] *Nun land vnß dancken Gott dem Herren | mit einem Pater vnd Aue zehren,* |

Genannt werden überdies Mauern, die anscheinend künstlich hergestellt sind, sodass man sie mit Schüssen zum Einsturz bringen kann. Dies zeigen die Szenen um die Zerstörung Jerusalems, etwa wenn die Römer vor den Toren der Stadt stehen und mit ihrem Geschütz ein Stück der Mauer einreißen.[116]

Noch ein Requisit ist in Bezug auf die Kriegsdarstellung hervorzuheben, nämlich das Schriftstück, das den Krieg erklärt (*brieff, litera, indictione belli*). Es wird für alle Beteiligten (auf Handlungs- wie auf Publikumsebene) in genauem Wortlaut vorgetragen und legitimiert dergestalt die nachfolgenden Kriegshandlungen.

Die Markierungen in diesem Teil des Spieltextes sind von B bzw. C hinzugefügt und stellen somit Bearbeitungen für die Luzerner Bühne dar. Für den Beromünsterer Spieltext (A) finden sich freilich bereits lateinische und deutsche Regieanweisungen. Letztere gehören vor allem ebenfalls dem Spielteil um die Zerstörung Jerusalems an. Hergestellt werden soll die Geräuschkulisse des Krieges, die mit dem Einsatz von Blasinstrumenten akustisch umgesetzt ist (*Thuba*, S. 60 [61]; *Trumen vnd pffiffen*, S. 65 [66]). Gesprochene Regieanweisungen, d. h. die den Sprechtexten inhärenten Anweisungen, bestätigen den Befund, so beispielsweise:

> [CAPITANEUS.]
> Trumeter blas auff schnel vnnd bald
> Das sich svolck rüste jungg vnnd alt (S. 59 [60]).

[...] *Trumeter blast vff vnnd spricht* (S. 60 [61]).

> [CAIPHAS.]
> Diewil vnns nahett vnngefel
> Von krieg, schaff das auffblosen söll

Er [Præco] *blaset auff* (S. 58 [59]).

> [SCHÜTZ.]
> Huj frisch vnverzagt dapffer dran
> Lonndts gschütz, trumen, vnnd trumeten gonn

Si schüssend hefftig vnd fal[len] ein stuck von der mur[en] (S. 65 [66]).

Hier zeigt sich eine «koordinierte Aktion von Reden und Handeln»,[117] die für den Rezipienten ein stimmiges Gesamtbild des Geschehens erzeugt.

Den bschluß deß glaubens auch betracht, | dz er vnß geb ein sellig nacht! [Anhang 6, V. 101–104]; es folgt die Regieanweisung *Soll iederman Betten*) oder um Gestik, die als eine ‹Als ob›-Handlung markiert ist (vgl. *Abel* [...] *knüwet er für den Alltar nider, alls ob er bette*, V. 76f–g). Vgl. eine entsprechende Szene im ‹Ursenspiel›, unten, Kap. ‹Solothurn›.

[116] *Si schüssend hefftig vnd fal[len] ein stuck von der mur[en]* (S. 65 [66]).
[117] Ukena Best 2015, S. 267.

Bearbeitungstendenzen

Grundsätzlich scheint Wilhelmi im Beromünsterer Spieltext eine brauchbare Vorlage für die Luzerner Aufführung gesehen zu haben. Es existieren durchaus Spieltextseiten, die ohne oder nur mit marginaler Bearbeitung auskommen (vgl. etwa S. 10/11). Doch auch das Gegenteil ist der Fall. Es finden sich nicht wenige Seiten, die sich aufgrund extensiven Streichens und Hinzufügens als unübersichtlich ausnehmen. Sie zeugen von dem Wunsch Wilhelmis, Rollen und Sprechtexte zu erweitern und damit eben auch neue inhaltliche Akzente zu setzen. So kann Eberle nicht zugestimmt werden, wenn er konstatiert, der Apostelspieltext sei von Wilhelmi gemehrt worden, «ohne [diesen, J.G.] jedoch wesentlich zu ändern».[118]

Für den städtischen Kontext Luzerns zeigen sich zwei grundsätzliche Tendenzen: Erstens lehnt Wilhelmi das Spiel (noch) näher an die Luzerner Theatertradition an. Ausweis dafür sind die hinzugefügten Rollen, aber auch die Namensänderung bereits existierender Rollen. Exemplarisch gezeigt werden kann dies anhand der Teufelsfiguren. Wilhelmi vereindeutigt *Diabolus* einmal zu *Beelphegor*, einmal zu *Asmodæus*; der *Demon uiperinus* wird zu *Leuiathan* umgedeutet. *Lucifer* schließlich wird von Wilhelmi neu hinzugeschrieben. Ein weiteres Indiz für die textuelle Angleichung an theatrale Traditionen Luzerns ist in den von Wilhelmi hinzugedichteten Epilogen zu sehen, die sich im Wortlaut der Publikumsadressen an bereits bestehende Spiele anlehnen.[119]

Zweitens stärkt Wilhelmi durch seine Bearbeitung den gegenreformatorischen Aussagewert des Spiels. Er tut dies ganz explizit, indem er nicht nur die ohnedies im Beromünsterer Spieltext präsentierten katholischen Inhalte (Fürbitte, Wunder, Werke etc.) verstärkt, sondern auch deutliche Invektiven gegen die ‹neue› Lehre und ihre Vertreter hinzufügt. Besonders markant scheinen sie in den bereits zitierten Versen auf, die Luther als Lügner und Taschenspieler ‹entlarven›. Weitere Fallbeispiele dafür finden sich in den folgenden Einzelanalysen, die belegen, wie der vorgeführte Inhalt durch kleinere und größere Akzentuierungen konfessionell markiert wird. Zeigen lässt sich dies vor allem an Szenen, die neu oder ausführlicher gestaltet sind. Das vorhandene Textmaterial deutet darauf hin, dass die Inszenierung von Heiligkeit, aber auch die Inszenierung von Herrschaft und Herrschaftskritik sowie die Inszenierung von Kriegshandlungen amplifiziert wurden – jeweils in spezifischer konfessioneller Codierung.

Nicht eindeutig zu ermitteln ist, ob auch die kollektive Gebetshaltung für die Luzerner Aufführungen intensiviert wurde. Die so gedeuteten Sprechtexte (*Fallend*

---

[118] Eberle 1929, S. 27.
[119] Vgl. *Erwirdig gaistlich gnädig herren | Streng edelvest hoch von ehren* (A), neu hinzugefügte Reden für das Ende des zweiten Tages ([FÄHNRICH.] *Als dan abermal worden spat*); [HEROLD.] *Ehrwürdigen herren* [Riss und Loch; sinnvoll einzufügen wäre *lobend*] *gott | Andächtig frum nach ewerm staht | Streng, edel veste, hochgemeit | Fürsichtig wÿse oberkeit | Frömbd vnd heimsche gnadig herren | Abermals gnant nach ewern ehren* (C, Alexander-Zettel).

‹Apostelspiel› (1585/1599)   69

n[ider ...], S. 3) sind Schreiber A₁ zuzuweisen und dürften daher bereits in Beromünster nachgetragen worden sein. Sie akzentuieren eine kollektive Gebetshaltung, mithin die Einübung und Weiterführung zentraler Frömmigkeitspraktiken, auch und gerade gegen die ‹neue› Konfession. Auf eine spezifische Frömmigkeitspraktik zielt auch die theatrale Inszenierung der Anbetung des Kreuzes, das dabei direkt angesprochen wird.

> [ANDREAS.]
> O crutz von mir bist du gegrüßtt
> An dir hatt der weltt sünd gebüßt
> Jesus Cristus min meister vnd her
> Nun ist der discipel nit mehr
> Dan sin meister, ein gros begir
> Han ich o liebes crütz nach dir (S. 8).

Das Kreuz als theatraler Gegenstand erscheint hier als Gesprächspartner, zu dem eine innige Beziehung besteht. Mit Blick auf die Luzerner Frömmigkeitspraxis ist dabei bedeutsam, dass St. Leodegar im Hof ein Prozessionskreuz besaß, in das eine Kreuzholzreliquie eingelassen ist.[120] Es erscheint möglich, dass dieses Prozessionskreuz hier gezeigt wurde. Die intime, zärtliche Anrede (*liebes crütz*) setzt das Objekt mit dem Subjekt der heilsvermittelnden Kreuzreliquie gleich. Das Requisit verweist insofern nicht nur symbolisch auf die enge Bindung an Christus, es stellt diese Bindung nachgerade erst her. Dies gilt umso mehr, als das Kreuz als eben jenes angesprochen wird, an dem bereits Christus selbst starb. Dass das Andreaskreuz x-förmig und insofern anders als das Christuskreuz gestaltet ist, scheint für Haltung und Inhalt des Gebets nicht relevant zu sein. Wie Rede und Requisit zusammengedacht werden können, lässt der Spieltext im Dunkeln. Deutlich ist aber, dass, nicht weiter überraschend, die Gemeinsamkeit mit Christus, nämlich der Kreuzestod, und nicht die Differenz hervorgehoben wird.

Für die inszenierten Kriegshandlungen werden sodann die bereits genannten Requisiten eingesetzt, die den Spielteil um die Zerstörung Jerusalems bestimmen. Waffen und Rüstungen (*harnisch bantzer vnnd ouch gwer*; *gschütz* u. a.) weisen die Kriegshandlung als schweizerischen (Glaubens-)Krieg aus. Hier geht die kulturelle Transformation mit einer konfessionellen einher.[121]

Inszenierung von (konfessionellem) Krieg

Die erste thematische Ausrichtung des erhaltenen Spieltextes lässt sich mit der theatralen Inszenierung von Krieg und den politischen, religiösen und kriegspraktischen Voraussetzungen für einen solchen benennen. Auf die Apostelmartyrien

---

[120] Das Prozessionskreuz ist bis heute Teil des Luzerner Stiftsschatzes von St. Leodegar im Hof.
[121] Vgl. dazu unten zur ‹Inszenierung von Krieg›.

folgt die Zerstörung Jerusalems, die, wie Flavius Josephus berichtet, im Jahr 70 n. Chr. stattfand. Dass der Stoff der folgenden Darbietung *aller weltt* (S. 49) bestens bekannt sei, konstatiert einführend der Kirchenvater Gregorius:

> Wiewol vil mer zů sagen wer
> Vonn anngst vnnd not vnnd hunger schwer
> Denn djuden das erlitten hannd
> Ist aller weltt gar wol bekanndt
> Die wiber hannd getödt die kinnd
> Zur spis darzů ich noch mer finnd
> Der jämerlichen straaff so vil
> Die ich ietz nit erzellen wil (S. 49).

Die Zerstörung Jerusalems zum Thema eines geistlichen Spiels zu machen, ist nicht gänzlich ungewöhnlich. Sie findet sich beispielsweise auch im ‹Innsbrucker Spiel von Mariae Himmelfahrt› (1391),[122] aber auch zeitnah zum ‹Apostelspiel› in Johann Rassers ‹Comoedia Vom Koenig der seinem Sohn Hochzeit machte› (1575), die in Basel gedruckt wurde.[123] In jedem Fall dient das Motiv der Zerstörung Jerusalems dazu, die Bestrafung der Juden, d. h. der Andersgläubigen, für den Tod Christi und der Apostel sowie der Schmähung des Leichnams Mariae vorzuführen.[124] Diese Deutung gibt zumindest die Rede des Gregorius vor, die das Vorführen eines ubiquitären Strafhandelns Gottes als Intention des Spielteils hervorhebt. Scharnier zwischen dem Spielteil der Apostelmartyrien und der Zerstörung Jerusalems ist der Krieg, der zweifach als Glaubenskampf semantisiert wird, und zwar einmal als positives Exempel für die unumstößliche Standhaftigkeit im Glauben und einmal als negatives Exempel für das, was mit *halstarck über dmoß* (S. 50) bezeichnet ist. Mit der maßlosen Halsstarrigkeit ist die Verstockung als ‹Straftatbestand› angezeigt, der im Vers *Sinnd bliben in irm hertz verrůcht* festgeschrieben wird. Bezogen ist er direkt auf das zuvor benannte Handeln der Juden als Christus- und Christenmörder:

> Was aber aldo würd gemelt
> Das ist allein darumb hargstelt
> Das menigklich verstannd im fhaal

---

[122] Innsbruck, Universitäts- und Landesbibl., Cod. 960, 1ʳ–34ᵛ. Vgl. einführend Neumann 1983, Sp. 403–406. Ferner Dietl 2006, S. 187–205.

[123] Johann Rasser: Comoedia Vom Koenig der seinem Sohn Hochzeit machte. Basel: Samuel Apiarius 1575 (VD16 R 339). Zur ‹Comoedia› vgl. Dorninger 2008, S. 169–182. Dieses Spiel scheint auch der Aufführung in Pardella 1601 zugrundegelegen zu haben. Vgl. Veraguth 2023, S. 188.

[124] In einem szenisch nicht realisierten Argumentum zum ‹Osterspiel› von 1584 gibt Maria in ihrer Todesstunde Johannes den Auftrag, ihren Leichnam vor den Juden zu schützen: *Darumb bevilh ich dir minen Lyb, den wöllest vor den Juden bewaren vor schmach.* Luzerner Osterspiel, ed. 1967, Bd. 3, S. 162. – Zur Rolle der Juden im geistlichen Spiel vgl. etwa E. Wenzel 1992; Schulze 2002.

> Gott strafft das vbel vberaal
> Als an den juden auch ist schin
> Cristum hannd si tödt mit grosser pin[125]
> Darzů dapostel vnnd proffeten[126]
> Hannd si hingricht mit todtes nöten
> Sinnd bliben in irm hertz verrůcht
> Drumb hatt si Gott so hart besůcht (S. 49).

Wenngleich Titus dann in seiner Rolle als römischer Kaiser figurenperspektivisch logisch nicht vom Christus- und Christenmord spricht, so erscheinen die historischen Sichtweisen dem Publikum doch als überblendet. Erreicht wird dies durch die Parallelisierung von Kirchenvaterrede und Kaiserrede:

> Noch sinnd sie halstarck ůber dmoß
> Vnnd blibend stett in ůbermůtt
> Vergiessend vil vnschuldigs blůtt
> Min vatter hatt sÿ an in grochenn (S. 50).

Widerstand und ‹Verstockung› sind insofern auch auf Christus gerichtet. Die Handlung, dem ‹rechten› Glauben zu widerstreben, erscheint doppelt semantisiert, indem sie bewusst auf aktuelle Glaubensstreitigkeiten bezogen werden kann. Nicht zuletzt zeigt sich dies bereits in der zweideutig zu verstehenden Auflehnung gegen Rom. Wenn Gregorius zu Beginn davon spricht, dass eine ‹Deutung› präsentiert werde (*Ein kleine deutung werdend ir gsen* [S. 49]), so verweist dies bereits auf die Möglichkeit einer mehrsinnigen Lesart des Vorgeführten.

Christlich überformt ist die Perspektive der Handlung auch dort, wo die Juden vom Osterfest sprechen, das sie begehen wollen. Azar sagt: *Das osterfest wennd wir begonn* (S. 59 [60]).[127] Gemeint ist das jüdische Passahfest, das mit dem christlichen ‹Osterfest› bezeichnet wird, wobei der Terminus ‹Osterfest› auch neutral verwendet sein kann.[128] Möglich erscheint in einer zweiten Lesart jedoch auch, die Juden als widerständige Christen zu deuten. Gerade das Fest, das sie nicht anerkennen, soll ihnen *sur* (S. 60 [61]) werden. Aber auch kriegstaktisch ist das Fest bedeutsam. Der Hauptmann (*Capitaneus*) benennt den Angriff beim Fest als strategisch günstigen Zeitpunkt, *Dan sÿ besorgennd nach kein gfaar | Bim osterfest sinnd sÿ in bůss* (S. 61 [62]).

---

[125] Auch im ‹Luzerner Osterspiel› werden die Juden explizit für den Tod Jesu verantwortlich gemacht; vgl. bereits die Vorrede des Proclamators: *Figůrlich mans ůch wirdtt gen zverstan, | Was gwalltts die Juden im habend than, | Nit wöllen erkennen oder sehen | Die wunderzeichen durch inn beschehen* (V. 83–86).
[126] Die Tötung Christi und der Propheten ist auch Teil der Rasser'schen ‹Comoedia›, vgl. dazu einführend Martin 1888, S. 333; ferner Dorninger 2016, Sp. 197–206.
[127] Vgl. auch die Rede des Boten: *Sprechennd es kum das osterfest* (S. 59 [60]).
[128] Die Dietenberger Bibel spricht beispielsweise in Lc 22,1 von *Ostern vnnd Osterlamb*. Johann Dietenberger: Biblia/ beider Allt unnd Newen Testamenten/ fleissig/ treülich vnd Christlich/ nach alter/ inn Christlicher kirchen gehabter Translation [...]. Mainz: Peter Jordan, Peter Quentel 1534 (VD16 B 2693).

Noch ein weiteres Beispiel lässt sich für Überblendung verschiedener Sichtweisen ausmachen, nämlich dort, wo Vespasianus davon spricht, *Der lieb Gott well vnns han in hůtt* (S. 61 [62]). Entgegen der römischen polytheistischen Götterwelt (im Sinne von ‹die Götter mögen uns schützen›) wird in der Bitte um Schutz der eine christliche Gott (der ‹liebe Gott›) apostrophiert. Besonders akzentuiert und nahezu unmissverständlich formuliert wird diese Perspektivierung auf den christlichen Gott und die zeitgenössischen Ereignisse des Glaubenskriegs, namentlich des rund 50 Jahre zurückliegenden Zweiten Kappelerkriegs, im Moment des Sieges. *Die vserwelte[n] Gottes fründ* (S. 68 [69]) seien getötet worden, aber man habe sich erfolgreich gewehrt und letztlich mit Gottes Hilfe den Sieg davongetragen.

> Wir lobend Gott in sinem rich
> Das er vnns hatt so gnadigklich
> Erretet, vnd dem sig verlichen
> Als ich im fhall nie hatt des glichen
> Im sÿg lob, ehr, vnd preis geseit
> Jetzund alzit in ewigkeit (S. 69 [70]).

Auch der *übermůtt* der Juden, der sich in der Auflehnung gegen die *römisch gwaltt* zeigt, lässt sich in Beschreibung und verwendeter Terminologie auf die Kappelerkriege beziehen. In der Reformationschronik[129] des Hans Salat heißt es etwa:[130]

> Tratend jetz zamen die houpttlüt, kriegsråt und fürer des volks der v orten mit tapferem ernst und anreden/ zuo den jren/ das nun hie wår die stund und zytt/ das gott durch syn gros barmherzikeytt/ durch jr ritterlich hend, mannlich weer und taaten sy entledigen wett/ von demm unbillichen zwang/ übermůt/ fråfel/ und bschwård/ gegen jnen gebrucht/ durch jre jetz gegenwirtige vyend etc.[131]

Im Spiel heißt es weiter:

> Sie werdend fürhin nümmer bald
> Sich setzen wider römisch gwaltt (S. 69 [70]).

---

[129] Staatsarchiv Luzern, PA 185. Die Luzerner Handschrift ist ein Autograph, https://www.e-codices.unifr.ch/de/list/one/stalu/PA-0185 [31.10.2023].

[130] Glaubt man Cysat, erhielt jeder katholische Kanton eine Abschrift der Salat'schen Reformationschronik, so dass das in ihr enthaltene Gedankengut verbreitet gewesen sein und dem konfessionellen Selbstverständnis gedient haben dürfte; Wolf 1966, S. 105.

[131] Johannes Salat: Reformationschronik 1517–1534. Text und Kommentar. 3 Bde, bearb. von Ruth Jörg. Bern 1986 (Quellen zur Schweizer Geschichte, NF, 1. Abt. Chroniken 8/1-3), Bd. 2, S. 762. – Schon die Titelei weist die konfessionelle Spaltung *alls sterckste prob/ und trost/ dem alltten waren cristen glouben* aus, und zwar *zů lob und ere den strengen fromman eerenvesten/ hochgeachten/ wysen den V orten/ nämlich Lucern/ Uri/ Schwytz underwalden und Zug.* Ebd., Bd. 1 (Titelei).

Auch hier erhalten die Verse eine zweite Bedeutungsebene, lässt sich die *römisch gwaltt* doch auch auf die römische Kirche hin lesen. Impliziert ist, dass der Krieg für eben diese vorgeführt wurde. Die Rede des Fahnenträgers (*Panerher*) changiert denn auch zwischen der Anrede an das Heer (*Ir herren vnd ein ganntze gmeind | Die mit dem keiser zogen sein*, S. 69 [70]) und der Anrede an die Bürger Luzerns, mithin das Publikum, das sich gesittet (wie die Fußsoldaten?) auf den Heimweg begeben soll. Ohne sprachliche Markierung wechselt er das Register:

> Derhalben sinnd also ermant
> Ir herren burger alle sampt
> Das jeder gangge heim zů fuß
> Mit glück vnd heil wünsch ich für vs (S. 70 [71]).

In den jüdischen Klagereden wird indes die ‹korrekte› Perspektive präsentiert – der Klagegestus entspricht der Tradition. Dass die Juden in Gefangenschaft geraten sind und sie fortan in der Diaspora leben müssen, ist mithin Ursache für ihre Zerstreuung in alle Welt – und für ihr Dasein in Luzern.[132]

> Darzů ist das ganntz jüdisch lannd
> Geratten in vil spott vnd schand
> Das wir auff erdtrich sind veriagt
> In frombde land, Gott sie es klagt (S. 67 [68]).

Die beklagte Heimatlosigkeit wird von Vespasianus explizit als Strafe Gottes für *hochmůt*[] (S. 68 [69]) gedeutet:

> Ir [Jerusalems] inwoner werden zerstreüwt
> Wie inen dan zůvor ist troüwt
> Das ist ir woll verdiente straaff
> Die Gott vonn himel hatt geschåfft (S. 68 [69]).

Denkt man die zweite Bedeutungsebene mit, welche die Römer mit den Katholiken und die Juden mit den Reformierten assoziiert, so mag das Spiel damit auch die Botschaft vermitteln, dass es die Juden überall gibt.

Die Verknüpfung der Spielteile biblischen, hagiographischen und historiographischen Ursprungs ist insofern folgerichtig, als sie das göttliche Heilshandeln in der Welt verifiziert und legitimiert.[133] Ein weiteres Scharnier zwischen den Spielteilen von Apostelmartyrien und Jüdischem Krieg kann dabei in der Visualisierung von Herrscherhandeln ausgemacht werden. Hier, im Spielteil der Zerstörung Jerusalems, zeigt sich dies vor allem in der Ausgestaltung von Redeszenen, die eine konsensuale Herrschaft imaginieren und die mithin Meinungsbildung und Entscheidungsfindung vorführen. Eben diese Beratungsszenen sind es, die Wilhelmi

---

[132] Zu den Juden in der Innerschweiz vgl. Nordmann 1929, S. 73–89.
[133] Ähnliches kann Dorninger 2008, S. 175, für Rassers ‹Comoedia› ausmachen.

durch große Texteinschübe auf separaten Zetteln erweitert hat. Erhalten haben sich die durchnummerierten Repliken des Hauptmanns mit zahlreichen lateinischen Regieanweisungen (S. 53f.) sowie die Reden einzelner Soldaten (*miles*), die im Beromünsterer Text als *ritterlich* (S. 63 [64]) bezeichnet werden. Dort, wo die Sprechtexte der Beromünsterer Vorlage nicht oder nur wenig verändert sind, wurden von B indes das Geschehen explizierende Regieanweisungen eingefügt (S. 59 [60], 61 [62] u. ö.). Die veränderten und erweiterten Sprechtexte beziehen sich vor allem auf die Reden des Hauptmanns, dessen Rolle dadurch größeres Gewicht erhält. Es mag dies auch als Hinweis auf die kriegspolitische Relevanz des Hauptmanns verstanden werden, die in der zweiten Hälfte des 16. Jahrhunderts für das schweizerische Söldnerwesen wuchs: Der Luzerner Spieltext informiert über den *Capitaneus* als einer anwerbenden, an den Herrscher vermittelnden, die kriegerischen Aufgaben und Besoldung regelnden Instanz.[134]

Besonderes Gewicht liegt in den Figurenreden folglich auf den Beratungs- und Entscheidungsprozessen. Vorgeführt wird zunächst die Entscheidung des Kaisers Titus, Sohn des Vespasianus, zum Kriegszug gegen die Juden, dessen Strategie mit Hilfe des Senats erarbeitet und legitimiert wird.[135] Dass der Senat in der Figurenrede als Rat bezeichnet wird, mag als konventionelle Strategie des Spiels gedeutet werden, dem Publikum «vertraute Elemente [seiner] Lebenswelt» zu bieten.[136] Der Rat attestiert den Juden Halsstarrigkeit (*halstarck, halstercke*, S. 50) und bewusste Provokation (*trutz*, S. 51 [50]),[137] die bereits die frühere Regierung (sprich: Kaiser Vespasianus) zu großen kriegerischen Auseinandersetzungen genötigt habe. Das unschuldig vergossene Blut wolle man nun abermals rächen (S. 50, 51 u. ö.) – dies freilich mit weiterem Blutvergießen.[138] Geschehen soll dies formell durch einen *absag brieff* (S. 50): ein Schreiben, das den Frieden aufkündigt und den Krieg erklärt. Dass alles formal korrekt abzulaufen habe, betont der zweite Senator ausdrücklich:

---

[134] Vgl. dazu de Montmollin 2007.
[135] Inszeniert wird dabei ein genealogisch motivierter Krieg. Was der Vater Vespasianus begann, will der Sohn Titus nun zu Ende führen. Er tut dies in der gleichen Weise wie sein Vater.
[136] Das Zitat entnehme ich der Arbeit von Kerstin Brix zum translatorischen Vorgehen bei der frühneuzeitlichen Übersetzung antiker Texte ins Deutsche. Brix 2017, S. 190 (zu den Aneignungsstrategien).
[137] Es sind dies juristisch relevante Begriffe in Ketzerprozessen.
[138] Die Rache an den Juden ist auch in anderen Schweizer Spielen motivisch präsent, etwa im ‹Luzerner Osterspiel› oder im ‹Luzerner Antichrist- und Weltgerichtsspiel›: Zacharias Bletz: Antichristspiel, in: Reuschel, Karl Theodor: Die deutschen Weltgerichtsspiele des Mittelalters und der Reformationszeit. Eine literarhistorische Untersuchung. Nebst dem Abdruck des Luzerner ‹Antichrist› von 1549. Leipzig 1906. Vgl. u. a. den Prolog des Fähnrichs im Antichrist-Teil: *ob aber yemandt dess willens wer | Vnd sich dorum gestellt hierbär, | Vns zů gryffen in tatten vnd wortten, | die stand vil bas an andren orten. | sölch sich verpflichten der juden rach* (V. 35–39).

‹Apostelspiel› (1585/1599)

> Die juden las man wüssen bald
> Wie iren sachen hab ein gstaltt
> Das sie nit könnennd hernach jehen
> Wir habennd sÿ schnel vnversehen
> Vͦberfallen wider kriegsrecht
> Des vnns ein böse nachred brecht (S. 51).

Die eingehaltenen Gesetzmäßigkeiten lassen den Krieg als umso legitimer erscheinen. Auch während der Belagerung und dem Sturm auf die Stadt finden weitere Beratungen statt. Als die Mauern zunächst nicht durchbrochen werden können, Verluste zu beklagen sind und die Soldaten sich zurückzuziehen müssen, berät sich Vespasianus mit den Kriegführenden. Auf ihre Empfehlung hin wird die Taktik verändert und der Angriffspunkt auf die andere Seite der Stadt verlagert.[139]

Zudem wird die richtige Einstellung im Kampf für das Gelingen der Schlacht und folglich den Sieg vorausgesetzt: *Gonnd manlich dran mit leüwes mütt* (S. 64 [65]). Der Hauptmann wiederholt bekräftigend: *Wolan so wennd wir zühen dran | Mit leüwes mütt dstatt rennen ann* (S. 65 [66]). Das zentrale Charakteristikum des Löwen, mutig zu sein, wird hier verhaltensbiologisch auf die Soldaten übertragen. Bei der Rekrutierung wehrfähiger Männer war der Hauptmann zuvor explizit auf das Söldnerwesen eingegangen. Die Soldzahlung und die damit verbundene vertragliche Vereinbarung (*Dan sÿ vmb sold schon sind gedingt*) sollen den Sieg sichern:

> Dapffer kriegslüt hand ir darzů
> Dieselben ich ermanen thů
> Dz sÿ als manlich helden gar
> Zů ewer gnad sich stellend har.
> Dan sÿ vmb sold schon sind gedingt
> Hiemit ewer gnad nit mislingt (S. 53).

Zum Solddienst gehört dann außerdem, mit der Waffe zu kämpfen, auf die man verpflichtet, d. h. vertraglich festgelegt, wurde.[140] Die Bedeutung des Solddienstes für Luzern hebt Greco-Kaufmann hervor und macht dabei auch deutlich, dass das Kriegshandwerk als «bedeutender Faktor die ökonomischen Verhältnisse der Stadt Luzern und ihres Umlandes [prägte]».[141] Aufgrund des Stellenwerts dieser Tätigkeit erscheint es durchaus plausibel, dass die Luzerner Spiele kriegerisch-militärische Elemente aufgreifen und performativ nutzbar machen. Für das Osterspiel betont Greco-Kaufmann dabei die Verbindung von «innerschweizerische[m] Kriegertum

---

[139] Vgl. u. a. *Drüm zühend wir auff dander seitt | Do vnns die statt fein eben leitt* (S. 64 [65]).
[140] *Also ir krügslüt merrkend eüch | Ein jeder sol bedengken sich | Dz er mit siner waffen sorten | Daruff er ist gedinget worden | In bester mass versehen sÿ | Es kumbt die zit bsorg ich harbj | Dz ir zum strÿdt werdend ermant | Drum rüstend uch darzů alsand* (S. 54). – Zum Luzerner Solddienst vgl. S. Jäggi 1999, S. 149–159. Jäggi attestiert den Eidgenossen ein «Ansehen als aggressive und kriegstüchtige Infanteristen», S. 149. Bolzern 1986, S. 30–42.
[141] Greco-Kaufmann 2009, Bd. 1, S. 464. Sie spricht ebd. von einem «eigentlichen Soldpatriziat».

und [...] der frommen Aura der *militia Christi*».[142] Dies ist eine Beobachtung, die sich auch für die Heiligenspiele geltend machen lässt. Im ‹Apostelspiel› scheint die *militia Christi* in Wendungen wie *frum kriegsmann* und *frume kriegslütt* (S. 66 [67]; 68 [69]) präsent zu sein, auch wenn der Text die «tapferen» Soldaten nicht explizit in die Tradition des Römerbriefs stellt. Dass sie mit den Waffen des Glaubens gegen Bedrohungen desselben bzw. gegen die Feinde Gottes kämpfen, zeigen jene Verse, die das vorgeführte Kriegstreiben unter göttlichen Schutz stellen[143] und überdies die Überzeugung spiegeln, Gott auf ihrer Seite zu haben. Notwendig erscheint der Kampf deswegen, weil *Die vserwelte[n] Gottes fründ* (S. 68 [69]) getötet werden. Für diese und andere hochmütige Freveltaten werden die Gottesfeinde zurecht (ebd.: *woll verdient[]*) gestraft, wobei die Strafe eine göttliche ist.[144] Hinzu tritt der römische Herrscher *von gottes gnad* (S. 54 [55]), der ein *frommer keiser* (S. 70 [71]) ist.

Der theatral inszenierte Kampf der gegnerischen Truppen, die beide Verluste zu beklagen haben, bietet das Potenzial für Massenszenen in voller Rüstung und mit aufwendigem akustischem Gepräge (Kriegsgeschrei, Schlachtrufe, Trompeten und andere Blasinstrumente etc.).[145]

Bereits im Ersten Kappelerkrieg war es ein Ziel der reformierten Städte und vor allem Zürichs gewesen, das Söldnerwesen in der Eidgenossenschaft zu verbieten.[146] Dagegen standen die finanziellen sowie bündnis- und religionspolitischen Interessen der katholischen Orte (Uri, Schwyz, Unterwalden, Luzern, Zug, Freiburg und Solothurn).[147] Durch das 1565 von ihnen mit Papst Pius IV. geschlossene Bündnis verpflichteten sie sich dazu, bis zu 6.000 Söldner aus ihren Reihen vom Papst anwerben zu lassen. Dafür gewährte Rom finanzielle Unterstützung im Falle eines weiteren Kriegs gegen die Reformierten.[148] Insofern ist das Söldnerwesen (in fließendem Übergang dazu: die ‹Reisläuferei›)[149] als Teil der katholischen Reform

---

[142] Greco-Kaufmann 2009, S. 465. Zur je spezifischen Ausgestaltung einer *militia Christi* vgl. unten, Kap. ‹Solothurn› und ‹Bern›.
[143] *Der lieb Gott well vnns han in hütt* (S. 61 [62]).
[144] *Das ist ir woll verdiente straaff | Die Gott vonn himel hatt geschäfft* (S. 68 [69]).
[145] Dazu siehe oben S. 67. Dass gerade der Spielleiter Wilhelmi ein Augenmerk auf die musikalische und überhaupt die klangliche Ausgestaltung des ‹Apostelspiels› gelegt haben mag, erscheint aufgrund seiner mehrfachen Tätigkeit als Kantor beim Osterspiel plausibel.
[146] Vgl. Meyer 2009.
[147] Vgl. oben, Kap. ‹Einführung›.
[148] Vgl. dazu einführend Horat 2015, Bd. 1, S. 12. – Exemplarisch sei ein weiteres Bündnis genannt, das auf ähnlichen Parametern beruhte: Geschlossen wurde es 1587 von den katholischen Orten mit dem König von Spanien, der ihnen finanzielle Mittel und Truppen für mögliche Kriege zusicherte und im Gegenzug die Erlaubnis für die Anwerbung von bis 13.000 Söldnern erhielt. Vgl. ebd., S. 18.
[149] ‹Söldner› meint hierbei einen Oberbegriff; Reisläufer sind ebenfalls Söldner. Bedeutsam ist die Unterscheidung von Söldnern, die mit Billigung der Obrigkeit an Kriegen teilnehmen, und sog. Freiharsten, Söldnern also, die ‹auf eigene Faust› in den Krieg ziehen. Vgl. Czouz-Tornare 2011. Groebner 2016, S. 32, bezeichnet das Söldnerwesen als Kippfigur zwischen

zu verstehen, das mithin als Teil eines ‹gerechten Kampfes› apostrophiert wurde.[150] Dass der Solddienst in reformierten Städten nicht geduldet wurde, für das katholische Luzern jedoch ein einträgliches Geschäft mit konfessionspolitischer Relevanz darstellte, mag der inszenierten Kriegshandlung zusätzlichen Symbolgehalt verliehen haben. Herausgehoben erscheinen in der Spielhandlung die Infanteristen, die mit Schusswaffen des 16. Jahrhunderts hantieren; das Zurschaustellen und aktive Präsentieren von Waffen und Rüstungen gerät zu einem ‹lebenden Bild› städtischer Wehrfähigkeit.

Präsentiert werden im Spiel folglich Strategien der Kriegserklärung, -rüstung und -führung, die als vorbildlich dargestellt und überdies als effektives Vorgehen im Glaubenskampf semantisiert werden. Nicht erhalten haben sich jene Textpartien, die auf eine drastische Darstellung der Auswirkungen des Krieges zielen. Dass es sie gegeben hat, darauf deuten Verse in der Vorrede des Gregorius hin: Im sprachlich evozierten Bild der Mütter, die aufgrund übermäßigen Hungers ihre eigenen Kinder verzehren, wird existenzielle Not und größtes Leid aufgerufen.

Abschließend sei noch ein weiterer Aspekt erwähnt, der für die theatrale Inszenierung des Jüdischen Krieges relevant ist. Enggeführt wird die szenische Darstellung des Jüdischen Krieges nämlich mit der Endzeit, die in den Christusworten aus Mt 24 angekündigt wird:

> auditori autem estis proelia et opiniones proeliorum videte ne turbemini oportet enim haec fieri sed nondum est finis [...] | tunc tradent vos in tribulationem et occident vos et eritis odio omnibus gentibus propter nomen meum [...] | qui autem permanserit usque in finem hic salvus erit (Mt 24,6.9.13).
>
> (Ihr werdet hören von Kriegen und Kriegsgeschrei; seht zu und erschreckt nicht. Denn es muss geschehen. Aber es ist noch nicht das Ende. [...] Dann werden sie euch der Bedrängnis überantworten und euch töten. Und ihr werdet gehasst werden um meines Namens willen von allen Völkern [...] Wer aber beharrt bis ans Ende, der wird selig.)

Zerstörung und Verfolgung sind hier aufs Engste miteinander verbunden. Das bedeutet zugleich, dass der dargestellte Krieg heilsgeschichtlich eingehegt wird und ein gegenreformatorisches Gepräge erhält. Das Publikum, das mit der Luzerner Spieltradition vertraut ist, mag überdies auch die Verknüpfung zu früheren Bühnenstoffen sehen. Namentlich zeigt sich eine inhaltliche Korrespondenz zum

---

«heroische[r] Verkörperung[] nationaler Stärke und politische[m] Erfolg[]» und «unkontrollierbare[r] Gewalt, Korruption und Käuflichkeit»; beides ist mithin konfessionell markiert. Zum Söldnerwesen und zur Position Zwinglis vgl. einführend auch Groebner 2011.

[150] Die Gegenposition wird etwa in Niklaus Manuels ‹Vom Papst und seiner Priesterschaft› (1523, Druck 1524) vertreten. Hier erscheint der Papst als Kriegsherr, der mit Söldnertruppen für seine Ziele kämpft. Vgl. dazu einführend Greco-Kaufmann 2016, S. 71–77. Zu Manuel vgl. auch unten, Kap. ‹Bern›.

‹Luzerner Antichrist- und Weltgerichtsspiel›, das Zacharias Bletz 1549 zweitägig inszeniert hatte.[151] Wenngleich rund 40 Jahre zwischen den Aufführungen liegen, so ist doch durchaus denkbar, dass Bletz' Inszenierung des Antichrist als eines falschen Lehrers und Messias, welcher der «Anführer der Reformatoren»[152] ist, im kollektiven Gedächtnis verankert war.[153] Das Kommen der falschen Lehrer und Messiasse hatte Christus seinen Jüngern prophezeit (Mt 24,4f.).[154] Wenn Wilhelmi im ‹Apostelspiel› Zerstörung und Krieg inszeniert, so sind der biblische Referenztext und das Luzerner Spiel, das die Endzeit thematisiert, mitzudenken.[155]

Der Krieg zwischen Juden und Römern interessiert im Luzerner Kontext folglich in mehrfacher Hinsicht. Erstens: Im Vorführen kriegspraktischer und -taktischer Überlegungen zeigt sich eine militärische Überlegenheit, die dem Selbstverständnis einer gottgegebenen Kampfkraft sowie eines gottbegnadeten Siegs allgemein zuträglich ist. Zweitens: Das Spiel reagiert auf historische Begebenheiten, genauer: auf kriegerische konfessionelle Auseinandersetzungen, die einen spezifischen Aktualitätsbezug für das Luzerner Publikum herstellen. Es ist dies zugleich ein invektives Erzählen von den Kriegsgegnern im dramatischen Modus. Drittens: Die Implementierung einer endzeitlichen Perspektive scheint weniger in paränetischer als vielmehr in Heilszuversicht vermittelnder Absicht auf und trägt dergestalt zur Konstruktion und Stabilisierung von städtischer katholischer ‹Identität› bei. – Dass die endzeitliche Perspektive der Ereignisse medial auf verschiedenen Ebenen verhandelt wird, zeigen nicht zuletzt auch die Hofbrückenbilder, die im Luzerner Stadtbild präsent waren.[156] Innerhalb des Bilderzyklus finden sich diesbezüglich zwei Bilder: zum einen die Zerstörung Jerusalems selbst (Nr. 101), zum anderen eine Szene, die Mt 24 illustriert (Nr. 93). Das *tertium comparationis* der beiden künstlerischen und

---

[151] Zum Spiel vgl. Brandstetter 1886a, S. 383–418.

[152] Ukena-Best 2010, S. 590.

[153] Zum ersten Tag der Aufführung, d. h. zum ‹Luzerner Antichristspiel› vgl. auch Posth 2017, S. 21–29.

[154] [*E*]*t respondens Iesus dixit eis videte ne quis vos seducat multi enim venient in nomine meo dicentes ego sum Christus et multos seducent.*

[155] Auch für den Apostelteil des ‹Apostelspiels› lässt sich wenigstens eine Parallele zum ‹Antichrist› ausmachen: Wie Simon Magus bei seiner Himmelfahrt zu Tode stürzt, so stürzt auch der auffahrende Antichrist vor aller Augen hinab. Dies ist das Ende des ersten Tages, welches das ‹Antichristspiel› beschließt.

[156] Der Bilderzyklus entstand zwischen 1552 und 1580 und war typologisch angelegt. In ähnlicher Weise ging Renward Cysat in seinen Konzepten für die Kapellbrücke vor (vgl. unten mit Bezug auf Leodegar S. 127). Hier nun sollte das Alte Testament nicht auf das Neue Testament bezogen werden, sondern auf die eidgenössische Geschichte und Gegenwart. Vgl. dazu Liebenau 1881, S. 108, sowie Horat 2015, Bd. 1, S. 38. Cysat wollte die Taten des Volkes Israel auf die Eidgenossenschaft und speziell auf Luzern beziehen. Horat formuliert: «So betrachtet wären die Luzerner zum auserwählten Volk geworden, das sich unter dem Schutz Gottes gegen seine Feinde und gegen die vom rechten (katholischen) Glauben abgefallenen Reformierten durchsetzt», ebd., S. 38.

medialen Ausgestaltungen – der Malerei und des Spiels – ist auch hier in einem spezifischen städtischen Verständnis von ‹richtiger› Frömmigkeit und praktischem Lebensvollzug zu sehen. Insofern ist das Vorführen kriegerischer Handlungen doppelt an die Gegenwart angebunden und es bietet dem Luzerner Publikum die Möglichkeit, das Gesehene zu bewerten und aus dieser Bewertung Schlüsse für das eigene Handeln zu ziehen.

Inszenierung von Heiligkeit: Apostolozität im Spiel

Die Präsentation von Heiligkeit gründet im ‹Apostelspiel› zunächst in der bedeutsamen Rolle, welche die Apostel «bei der Herausbildung personaler Heiligkeit»[157] spielen. Als biblisch legitimierte Heilige, genauer: von Christus selbst eingesetzte Nachfolger, haben sie den Sendungsbefehl erhalten (Mt 28,19). Sie sind die Erwählten, die den ›wahren‹, christlichen Glauben verbreiten sollen, und sie tun dies in aller Welt. Die Apostelmartyrien sind sichtbares Zeichen ihrer Auserwähltheit (nach Mt 24,9) und des damit verbundenen religiösen Wahrheitsanspruchs.[158] Zwar sind die Martyriumsdarstellungen selbst nicht mehr Teil des kanonischen Bibeltextes, doch schließen die apokryphen Texte hier unmittelbar an und erhalten in der hagiographischen Tradition einen hohen Stellenwert. Schließlich erweist sich gerade im «Zeugnis mit Lebenshingabe [...] die Höchstform der Christusnachfolge».[159] Mit den apokryphen Apostelakten und ihren Martyriumsberichten war ein reicher Fundus vorhanden, der sich theatral aufbereiten ließ. Vor allem aber die biblische Verbürgtheit der Apostel und ihre Vorbildfunktion mögen dazu geführt haben, dass sie sich als Personal für geistliche Spiele anboten – entweder einzeln oder in der Gruppe.[160] Worin und wie genau das Spiel den Aposteln Vorbildfunktion zuspricht, wollen die folgenden Beispiele illustrieren. Festzuhalten bleibt freilich schon zu Beginn, dass es sich bei dem gewählten Personal keineswegs um marginale, «volkstümliche[]» Heilige handelt, wie es für die Luzerner Heiligenspiele von der älteren Forschung konstatiert worden ist.[161] Noch ein weiterer Aspekt ist relevant: Der hohe Anteil dialogischer Rede – sowohl der einschlägigen Bibeltextstellen wie der Apokryphen und Legendentexte – macht die apostelbezogenen Texte auch formal anschlussfähig für die Spieltext- bzw. Bühnenadaption.

---

[157] Benz 2019, S. 65.
[158] Vgl. allgemein zu den Aposteln und den damit verbundenen Konzepten der Nachfolge J. Roloff u. a. 1978, S. 430–483.
[159] Angenendt 1997, S. 35f.
[160] Zu nennen wären geistliche Spiele aus deutschem wie schweizerischen Gebiet, etwa das ‹Kaufbeurer Apostelspiel› Johannes Brummers (1592) oder das Spiel über Jakobus und Petrus von Arnold Quiting (1593), aber auch Hanns Wagners unvollendetes Drama ‹Stephanus›, das vermutlich in Akt I–IV die Apostel, nicht aber ihr Martyrium, ins Zentrum des Geschehens rückte (vgl. unten, Kap. ‹Solothurn›), oder das Spiel über die Bekehrung des Paulus von Valentin Boltz (vgl. unten, Kap. ‹Basel›).
[161] Vgl. etwa Brandstetter 1902, S. 2. Brandstetter nennt als Beispiel den heiligen Leodegar.

In Bezug auf die Fragen nach Heiligkeit im ‹Luzerner Apostelspiel› kann zunächst grundsätzlich festgehalten werden, dass die in den kanonischen Texten der Bibel ausgestellte Nähe zu Christus auch vom Spiel betont wird. In direktem Anschluss an das, was die Texte des ‹Luzerner Osterspiels› ausgestalten, lässt das ‹Apostelspiel› die (nicht mehr erhaltene) Himmelfahrt Christi folgen und zeichnet sodann die einzelnen Apostel-Viten bis zum Tod und darüber hinaus (Wunder *post mortem*) nach.[162] Der überlieferte Text bietet wie einführend erwähnt (Teil-)Szenen zu Jakobus d. Ä., Petrus, Andreas, Paulus,[163] Bartholomäus und Thomas. Gleich mehrere Szenen stellen dabei die enge Bindung an Christus heraus. Exemplarisch zeigt dies die berühmte *Quo vadis*-Szene.[164] Petrus flüchtet vor Nero aus Rom, wozu ihm seine Mitbrüder dringlich geraten haben.[165] Dabei trifft er auf den Salvator:

PETRUS.
O Jesu Criste Gottes sonn,
Dich bett ich an, warwiltu gonn

SALUATOR.
Ich gon in dstatt Rom mit geferden
Aldo wider gecrützgett zwerden

PETRUS.
Das redest du her Jesus Crist
Von minem tod zů disser frist
[27] Drum ker ich wider hin gen Rom

---

[162] Im Jahr 1616 war die Himmelfahrt Christi selbst Teil des ‹Osterspiels›; vgl. Wyss 1967, Bd. 3, S. 95–119. Für das Jahr 1584 haben sich szenisch nicht realisierte Argumenta erhalten, welche die *vffart Christi* ebenso präsentieren wie das Martyrium des Stephanus und die Himmelfahrt Mariae; vgl. ebd., S. 161–163 (*Diße Argumenta sind allso zur gedächtnuß hinderlaßen, ob mans villicht in künfftiger zytt ouch in Rymen verfaßen vnd spilen wöllte*, S. 163). Gespielt wurde die Himmelfahrt Christi wohl erstmals 1597. In einer Ergänzung zum ‹Luzerner Osterspiel› heißt es: *Ist vormalen nie gespillt*; ebd., S. 183. In jedem Fall ist die Himmelfahrt als Scharnierstelle zwischen ‹Apostelspiel› und ‹Osterspiel› anzusehen, was nicht zuletzt inhaltliche Gründe hat, scheint hier doch eine Verbindung von Lc 24,50–53 und Mt 28,18–20 gegeben zu sein. Die Bekrönungsbruderschaft (und damit Wilhelmi) unterbreitete den Vorschlag, ein Apostelspiel im Anschluss an das ‹Osterspiel› von 1597 zu geben. Der Rat willigte jedoch nicht ein, so dass die zweite Aufführung erst 1599 realisiert wurde. Eine für 1614 geplante Aufführung des (eines?) Apostelspiels im Anschluss an den Osterspieltext von 1597 nennt M. Evans 1961, S. 56. Dass Cysat eine Erweiterung des ‹Osterspiels› geplant hatte, die freilich nicht ausgeführt wurde, belegen seine Vorarbeiten zum Martyrium des Stephanus sowie zur *conversio* des Paulus; vgl. ebd., S. 185–187.

[163] Zu Paulus als ‹dreizehntem Apostel›, vgl. unten S. 83.

[164] Acta Petri. Text, Übersetzung und Kommentar zu den ‹Actus Vercellenses›, hg. von Marietheres Döhler. Berlin/Boston 2018 (Texte und Untersuchungen zur Geschichte der altchristlichen Literatur 171).

[165] Vgl. *Ist dan éuwer meinung vnd radt | Das ich sol gon von hinnen dratt | So thů ich das in Gottes namen | Gott bhüet éuch trülich alsamen* (S. 26).

‹Apostelspiel› (1585/1599)

Bis ich zů miner marter khom
Bis mir o min her gnedig dann
In aller gfar thů mir bistonn (S. 26/27).

Die Szene beginnt zunächst mit einer *adoratio Christi* und leitet dann zu der bekannten Frage über «Wohin willst du gehen?»[166] Der Salvator antwortet mit gleichfalls bekannten Worten «Ich gehe in die Stadt Rom, um dort wiederum gekreuzigt zu werden». Auffällig ist indes die markante Ergänzung *mit geferden*, die doppeldeutig zu sein scheint. Zum einen kann ‹geferde› die «Gefährdung» meinen.[167] Angezeigt ist damit die Verfolgung der Christus-Anhänger, sprich: die Gefahr, die mit der Nachfolge verbunden ist.

Zum anderen kann das Wort ‹geferde› – wenngleich seltener – die «Gefährten» meinen,[168] und folglich darauf verweisen, dass weitere Christus-Begleiter (jene, die seiner Gesellschaft angehören) mit ihm denselben Tod sterben werden. Petrus zumindest fasst die Worte Jesu in dieser Weise auf, wenn er erwidert, dass der Salvator von seinem baldigen Tod spreche. Er wolle sich dem fügen und nach Rom zurückkehren, um die *marter* zu erleiden. Seine Replik passt indes inhaltlich wie semantisch auch auf die Gefährdung. Dass die List der Verfolger implizit mitgedacht ist, erscheint immerhin denkbar. In jedem Fall lassen die begrifflichen Implikationen ein Konglomerat aus Nachfolge, Gefährdung und Tod erkennen, das charakteristisch für das im Spiel dargebotene Heiligkeitsverständnis ist. Die Nuancierung, die dem gewählten Vokabular inhärent ist, zeigt zudem, dass Flucht trotz aller gutgemeinter Ratschläge von Gleichgesinnten keine Handlungsoption für den Heiligen darstellt. Petrus kehrt im wahrsten Sinne des Wortes um und fügt sich in sein Schicksal. Seine Bitte an den Salvator (*Bis mir o min her gnedig dann | In aller gfar*

---

[166] Vgl. auch den direkten Bezug zu Io 13,36: *dicit ei Simon Petrus Domine quo vadis respondit Iesus quo ego vado non potes me modo sequi sequeris autem postea* [«Spricht Simon Petrus zu ihm: Herr, wo gehst du hin? Jesus antwortete ihm: Wo ich hingehe, kannst du mir jetzt nicht folgen; aber du wirst mir später folgen»].

[167] Der Bedeutungsindex des FWb gibt für ‹gefärde› Folgendes an: 1. ›Arglist, Tücke, Täuschung, Untreue‹; 2. ›drohendes Unheil, Bedrohung, Gefährdung‹; für die erste Bedeutung verzeichnet das FWb einen Beleg aus dem Œuvre Johannes Salats, die der zeitlichen und räumlichen Verwendung entsprechen mag: *Under disen umzügen / so mit list und gferden jngfürt / achte man / das Zwingli nit vil růw hatt mit synen anhengern*; zit. n. Jörg 1986, Bd. 1, S. 317). Ein weiterer Beleg steht in inhaltlichem Zusammenhang zur Salvator-Rede des ‹Apostelspiels›, scheint indes in ihr nicht direkt auf. Es handelt sich um eine deutsche Übertragung von Mt 26,4: *et consilium fecerunt ut Iesum dolo tenerent et occiderent* («[u]nd machten einen rât, daz si Jhêsum mit gevêrde bilden und en tôttin», Matthias von Beheim: Des Matthias von Beheim Evangelienbuch in mitteldeutscher Sprache. 1343, hg. von Reinhold Bechstein. Leipzig 1867. Nachdr. Amsterdam 1966). Es wäre inhaltlich durchaus möglich, den Beschluss der Tötung Jesu mit der *Quo vadis*-Szene engzuführen. Freilich handelt es sich bei dieser deutschen Übertragung um eine um die Mitte des 14. Jh. im ostsächsischen Raum entstandene. Der Bezug zur Innerschweiz am Ende des 16. Jh. ist damit eher unwahrscheinlich. Zum Bedeutungsspektrum im genannten Sinne vgl. ferner DWb 4, Sp. 2073–2078.

[168] Vgl. das Schweizerische Idiotikon.

thů mir bistonn) hebt abschließend die Bindung an Christus noch einmal ausdrücklich hervor. Beschworen wird der Beistand des Erlösers in existenziellen Nöten. Beschworen wird gleichsam der Beistand in Zeiten konfessioneller Spannungen. Ein anderes prägnantes Beispiel für das Umkehr-Motiv, das mit Heiligkeit verknüpft ist, bietet eine von Wilhelmi neu hinzugeschriebene Paulus-Szene, die überdies die Bindung an Christus illustriert. Wie eng Paulus mit den Aposteln verbunden ist, leitet sich bereits aus der Apostelgeschichte ab.[169] Insofern verwundert es nicht, dass Wilhelmi ihm als dem «dreizehnten Zeuge[n]»[170] besonderes Gewicht beimisst, und er tut dies – so lässt es der fragmentarische Text erahnen – vor allem in Bezug auf seine Predigt- und Wundertätigkeit, die ganz im Sinne von Act 26,17f. zu Bekehrungen führen. Paulus, der in einer spektakulären *conversio* vom Verfolger zum glühenden Anhänger Christi wird, scheint geradezu prädestiniert zu sein, Umkehr und Zeugenschaft zu präsentieren.[171] Eben dies mag ursächlich dafür sein, dass er auch als Figur[172] geistlicher Spiele beliebt ist.[173] In der hinzugefügten *Adhortatio Pauli* heißt es:

> Ir lieben brüeder gloubens groß,
> Ich wünsch üch gnaden vil[...]
> Von vnserm herren Jesu Christ,
> Der vnser trüwer hailand ist
> Nach dem ir hand dz gottlich wortt,
> Von Petro minem bruder [ghortt]
> Dz selb mit fröüden angenon,
> Da wil ich üch ermanet han
> Dz ir die götlich gnad nit ÿtel,
> Empfahend hie sonder d[...]
> Verdienstlich wa[e?]rd für ewren theil,
> Dan vff üch ist khom dz [...]
> Da wil sich nun gebüren wol,
> Dz man sich gar erzaigen soll.
> Als diener Gottes heilig frum,
> In glück vnd vnglück w[...]
> In fröud vnd leid, in aller gfar,
> In trüebsal vnd vrfolgung ga[r]
> In gůttem vnd ouch bosem lob,
> Sol vnser wandel han die pr[ob]
> Dz im glouben vor jederman
> Kein ärgernis entstand [...]
> Dan also ist der götlich wil,

---

[169] Dazu grundlegend Burchard 1970.
[170] So der Titel der Monographie Burchards 1970.
[171] Zur literarischen Modellierung der Paulinischen *conversio* vgl. E. Koch 2020a, S. 127–146.
[172] Zur Frage, ob ein Heiliger eine ‹Figur› ist, vgl. E. Koch 2020b, S. 93–98 (hier mit Bezug auf Legendenheilige).
[173] Vgl. für das Drama Emrich 1934.

> Dz w durch vnsers lebens zi[l]
> In heiliger gerechtigkeit,
> Im zdienen sÿend stet bereit
> Also grechtfertiget vff erden,
> Nach disem leben selig wer[den] (*Salvator*-Zettel).[174]

Die Rede des Paulus arbeitet mit religiös und theologisch besetzten ‹Schlagworten›: Glaube, Gnade, göttliches Wort, Verdienst und Dienst, göttlicher Wille und Rechtfertigung. Die Liste liest sich anfänglich wie ein Katalog der reformatorischen Lehre (*gloubens groß, gnaden vil, gottlich wortt*) und zeigt damit, ohne dies explizit zu machen, die Nichtigkeit der vermeintlichen Erneuerung an. Dann aber wird ein deutlicher konfessioneller Marker gesetzt: *Dz ir die götlich gnad nit ÿtel, Empfahend* [...], sondern *Verdienstlich*.

Mit Antithesen beginnt dann die Aufzählung dessen, was das «Erweisen» ausmacht, nämlich ein *heilig frum*[*er*] Lebenswandel, verstanden als ‹Gottes-Dienst› in Glück und Unglück, Freude und Leid, gutem und schlechtem Lob – gemeint sind wohl Situationen des Lobs und Tadels. Unterbrochen wird die antithetische Reihe durch die Trias von Gefahr, Betrübnis und Verfolgung. Die sprachliche wie theatrale Imagination des Leids bildet den Kern der Rede und stellt damit die ubiquitären Bedrängnisse ins Zentrum der Betrachtung. Ruft man sich die zuvor beschworene geistliche Freude in Erinnerung, mag die Rede gelesen werden als Bekenntnis zum Schmerz, der freilich in einer im Spiel präsent gehaltenen Maienfreude aufgelöst wird.[175] Mit Bezug auf die Paulusrede gilt dies in zweifacher Weise: für das Gerechtfertigt-Sein im irdischen Leben und den Erwerb der Seligkeit nach dem Tod. Die moraldidaktische Implikation des paulinischen Sprechens zielt auf ein ‹Sowohl hier als auch dort›. Nicht zuletzt eignet dem theatralen Sprechen ein selbstreferenzielles Moment, da sich auch das Spiel als ‹Gottes-Dienst› versteht. Dass sich Wilhelmi beim Verschriftlichen der Paulusrede korrigiert, um die Gemeinschaft der Gläubigen, die Christus stets dienstfertig sind, hervorzuheben, lässt sich in ebendiesem Sinne lesen. *Ir* wird zu *wir*, die religiöse Unterweisung zur inkludierenden Botschaft auf Augenhöhe. Dabei orientiert sich der Spieltext am Duktus der Paulus-Briefe.[176] Auch die Wendung von der *heilige*[*n*] *gerechtigkeit* scheint von den Paulus-Briefen inspiriert zu sein (Rm 1,17), doch wird der Glaube hier durch das Verb ‹dienen› konkretisiert. Mit Blick auf das Lebensende bedeutet dieses Heiligwerden durch *heilige*[] *gerechtigkeit*, das ewige Leben zu erlangen (Rm 6,22).

---

[174] Der von Wilhelmi ergänzte Text zeichnet sich hier durch ein Komma (an anderer Stelle alternativ durch eine Virgel) aus, das die erste Hälfte eines Verspaares markiert. Es ist damit kein Satzzeichen im engeren Sinne.
[175] Da die rahmenden Textelemente jedoch nur für das Ende des Spiels überliefert sind, kann sich dieser Konnex dem Rezipienten erst durch rekursive Lektüre erhellen.
[176] Vgl. Rm 1,12: *id est simul consolari in vobis per eam quae invicem est fidem vestram atque meam.*

84 Luzern

Hinzugefügt wird auch die Szene um Patroclus, den Mundschenk Neros.[177] Sie ist nicht nur in den ‹Paulusakten› bezeugt, sondern auch in den Motivbestand der ‹Legenda aurea› eingegangen.[178] Analog konzipiert ist die Figur des Patroclus zu jener, von der Act 20, 9–12 berichtet. Hier stürzt ein junger Mann namens Eutychus während der Predigt des Paulus drei Stockwerke tief im Schlaf aus dem Fenster. Im Kontext des ‹Apostelspiels› dient Patroclus gleich zweifach als Exempel: Zum Ersten illustriert er die fehlende Wachsamkeit (Einschlafen während der Predigt und Todessturz im Schlaf), zum Zweiten zeigt sich an ihm die göttliche Macht, die durch Paulus wirksam ist und die in der Totenerweckung augenscheinlich wird. In direkter Nachfolge Christi, der mehrfach als *medicus* in Erscheinung getreten ist, ist es Paulus durch seinen Glauben möglich, den jungen Mann vom Tod ins Leben zurückzuführen. Die Figur des Patroclus, die in den potenziellen Vorlagen ohne Stimme bleibt, erhält durch die theatrale Ausgestaltung der Szene ein deutlich größeres Gewicht. Funktionalisiert wird sie, um die Bekehrung durch das göttlich gewirkte Wunder zu demonstrieren, wobei auch Rm 6 mitgedacht sein mag: Der alte Mensch stirbt in der Sünde, danach wird der neue Mensch zum Leben erweckt. Wie die *Adhortatio Pauli* die Befreiung von der Macht der Sünde durch Glauben und Dienst proklamiert, so wird Sterben und Erweckung (als Befreiung von der Sünde) hier nun ganz konkret vorgeführt. Das theologische Wort bekommt gewissermaßen ein Gesicht.

Die große existenzielle Not des Patroclus, die durch seinen tödlichen Sturz visualisiert wird, spiegelt sich sprachlich in einer Klagerede:

> O we o we von schweren fall,
> Bin ich versuncken überall
> Da ich entschlieff in des mans leer
> Möcht ich mich nit enthalt[en]
> Da misriedt mir der gfarlich sprung
> Ach ach wie stedt min leben jungh
> [...] gar in grosser angst vnd gfar,
> Dz ich nun bald von hinnen far
> [A]ch, Ach zerbrochen ist min lib,
> Dz ich jetz todt hie ligen blib (*Salvator*-Zettel).

Die wiederholten Interjektionen (*O we o we*; *Ach ach*; *[A]ch, Ach*) präsentieren sich nicht als elliptisches Sprechen, sondern als klar strukturiertes Gefüge, das den kausalen Zusammenhang von Fall, Bedrohung und Tod organisiert. Sie evozieren damit aber auch eine emotionalisierende Wirkung, wobei der Hinweis auf das *leben jungh*

---

[177] Die Bezeichnung *punner/puncer* für Patroclus orientiert sich an lat. *pincerna*, ‹Mundschenk›.
[178] Vgl. ‹Legenda aurea›, Nr. 90, S. 1162–1203. Hier heißt der aus dem Fenster hinabstürzende Jüngling «Eutychus», ‹der Glückliche› (vgl. auch Act 20,9–12).

ein Übriges tut, um auf den beklagenswerten, mitleiderregenden Zustand hinzuweisen. Der so dargebotene Sprechtext trägt zu einer Dramatisierung und Intensivierung der Handlung bei. Zum anderen ist die Figurenrede davon geprägt, möglichst deutlich die Verfehlung zu akzentuieren. Mit *versuncken, entschlieff* und *nit enthalt* ist das Wortfeld der Unachtsamkeit abgesteckt, das die Ursache mit der angesprochenen Wirkung (*misriedt, grosser angst vnd gfar, zerbrochen, todt*) verknüpft. Analog zu den Totenerweckungen Jesu wird Paulus im Folgenden nicht um Hilfe gebeten. Er vollzieht die Erweckung nicht nur infolge der sprachlichen Bühnenpräsentation, die auf Emotionalisierung zielt (und insofern für den Rezipienten nachvollziehbar und nachfühlbar erscheint), sondern als eine Wenn-dann-Handlung, d. h., dass er das Wunder an eine Bedingung knüpft: *Hörtt an min wortt mit yfer gar, | So lös ich in von [to]des gfar* (*Salvator*-Zettel). Das Wunder vollzieht sich dann christusanalog als Sprechakt: *Ich sage dir jüngling stand vff, | In namen Jesu, demnach lauf* (*Salvator*-Zettel), wobei mögliche Gesten (etwa Handauflegen, Umfassen o. ä.) nicht genannt werden.[179] Wenn Patroclus schließlich Christus lobt und ein Glaubensbekenntnis spricht, dann wird der durch das göttlich gewirkte Wunder Bekehrte zum Zeugen der ‹Wahrheit›:

> Jesum den herren wil ich loben,
> Der sitzt im himmel hoch da oben
> Zů sines vatters rechten hand,
> Der mich erlößt von todes band.
> Vff in hoff ich zů aller zit,
> Wil an sinn glauben zwÿfflen nit
> In rechter lieb ich übergib,
> Dem herren Gott min seel vnd lib.
> Im sÿg lob ehr dz ewig blib (*Salvator*-Zettel).

Umgedeutet wird die Jugend des Patroclus, die dieser mit dem Tod vor der Zeit in Verbindung gebracht hatte, von Nero als Unwissenheit und Verführbarkeit der Jugend.[180] Außerdem sieht er sich in seiner Macht bedroht.[181] Er lässt den frischbekehrten Patroclus zwar am Leben, doch der Verlust des treuen Dieners motiviert Neros Christenverfolgung, die sich als affektgesteuerte, weil zornige Reaktion und als Entscheidung aus persönlichen Interessen darstellt. Die Nerofigur wird zum Tyrannen stilisiert.

> Bist du von dem konig nit ztrennen,
> Wil ich üch christen al verbrennen
> Vnd sunst on alle gnad mit pin,

---

[179] Vgl. etwa die Heilung des Eutychus, die ohne den christusanalogen Wortlaut auskommt, dafür aber die wunderwirkende Geste benennt: *incubuit super eum* (Act 20,10).
[180] *Ouch Patroclus min diener gůtt | verfallen ist mit jungem blůtt* (S. 24).
[181] *So hör ich Jesus würdt zerstören, | Die rÿch der welt vnd sich dan mehren | Vnd selb regieren in der welt* (*Salvator*-Zettel).

Dich vnd din gsellen richten hin.
Du tropff gang mir ab augen bhend
Dz dich alls schandlichs vnglück schend
Er wütscht vff, diser [Patroclus] flücht (Salvator-Zettel).

Die sprachlich inszenierte Unbeherrschtheit, mithin der Affekt des Zorns äußert sich in Beschimpfung und Verfluchung.[182] Die Regieanweisung unterstreicht das affektgeladene, unbeherrschte Handeln, das in einem abrupten Aufspringen augenscheinlich wird. Den Tyrannen Nero apostrophiert dann auch Luzifer, wenn er Neros Bestrafung mit den Worten *Bist du Nero der grim tiran* (Salvator-Zettel) einleitet. Ziel Wilhelmis ist anscheinend, Bekenntnis und Verfolgung stärker zu betonen, als es im Beromünsterer Text der Fall war. Predigt, Wunder und Bekehrung sind die Zutaten der Szene, die abschließend dann auch die Konsequenz falschen herrscherlichen Handelns pointiert. Hier bietet sich die Möglichkeit, Teufel und Höllenschlund in luzernischer Manier einzufügen.

Zudem ist bedeutsam, dass das so bearbeitete Spiel zwei Todesstürze bildwirksam parallelisiert. Wie Petrus Simon Magus mit Hilfe seines Gebets zu Tode stürzen lässt, so errettet Paulus den Gestürzten zum Leben. In den Repliken wird dieses Handlungsgeschehen dann auch mehrfach wiederholt und referiert die wesentlichen Bestandteile aus unterschiedlichen Perspektiven. Über Simon weiß Phaon seinem Herrn Nero zu berichten: *Der ligt dörtt wund ist genntzlich todt | Vonn fal empfienng er solche nodt* (S. 24). Über Patroclus heißt es: *Entschlieff vnnd fiel gar hoch her nider | Der ligt dortt todt, kombt des nit wider* (S. 24). Durch nahezu wörtliche Entsprechungen werden beide Szenen und Handlungen miteinander verbunden.[183] Zu bedenken ist außerdem, dass die Handlungen auf der Simultanbühne nacheinander an nebeneinander platzierten Bühnenständen spielen. Die sprachliche Parallelität wird so auch visuell hervorgehoben. Positiv- und Negativexempel stehen umso deutlicher vor Augen.

Auch für den Apostel Thomas, von dessen Martyrium zunächst die Migdonia-Treptia-Episode erhalten ist, lassen sich Akzentverschiebungen ausmachen.[184] Thematisiert wird zunächst die Verbindung von Heiligkeit und Reinheit, aber auch die freie Entscheidung, sich zu Christus zu bekennen. Theatral inszeniert wird das typische legendarische Erzählmuster des Vorwurfs an den Heiligen, Menschen, hier: Ehefrauen, mit Hilfe von Zauberei zu betören und der geltenden Religion abtrünnig

---

[182] *Ein multatsch hast du wol verdient*; *Du tropff* und *Dz dich alls schandlichs vnglück schend* (alle Zitate Salvator-Zettel).
[183] Vgl. auch *da im misriet der flug* (S. 24) u. a.
[184] Zu bedenken ist, dass Thomas ohnedies eine Sonderstellung unter den Aposteln einnimmt; er ist es, der das Auferstehungsgeschehen am ‹greifbarsten› erlebt (Io 20,27), sich daher durch eine besondere Beziehung zu Christus auszeichnet und ein Bekenntnis ablegt: *Dominus meus et Deus meus* (Io 20,28).

zu machen.[185] Fortan leben Migdonia und Treptia in Keuschheit und Jungfräulichkeit, wobei die genealogische Relevanz der Christusnachfolge mitgedacht ist. Die konvertierte Treptia bekräftigt: *Ein anndern herren hab ich funden | Mit Migdonia trüw vnnd frumb* (S. 38); an eine Rückkehr zu ihrem früheren Ehemann knüpft sie die Bedingung seiner *conversio*.[186] Wilhelmi akzentuiert ihre Handlungsmotivation neu, wenn er Textteile hinzufügt, die das wahre Sprechen der Migdonia und den unverzeihlichen *vnglouben* (S. 37) ihres, Migdonias, Mannes apostrophieren. Fortan will sie – auch dies eine Zutat Wilhelmis – *In siner ehr bliben alhie* (S. 37). Für Meldeus hingegen hebt Wilhelmi die Ehrverletzung heraus, die dieser und Charisius erlitten haben, wobei er zum Argument der ‹falschen› und ‹rechten› Götter überleitet.[187] Einmal mehr wird das Herrscherhandeln, das zum Tod eines Apostels führt, mit persönlicher Kränkung begründet. Pointiert wird Ehre gegen Ehre gestellt und sodann zur Szene des eingeforderten Götzendienstes übergeleitet. Vor die Wahl gestellt, dem Götzenbild (*idolum*) zu opfern oder zu sterben, wählt Thomas, nicht weiter verwunderlich, den Tod. Zuvor erbittet er von seinen Schächern die Möglichkeit für ein letztes Gebet. Hier nun ergänzt Wilhelmi Sprechtexte und Regieanweisungen, um die Teufels-/Dämonenaustreibung mit Hilfe des Gebets anschaulich zu machen. Der inszenierte Exorzismus visualisiert die göttliche Macht und führt nebenbei die Standhaftigkeit und Widerständigkeit gegen den ‹falschen› Glauben vor.

Der Teufel fährt aus dem Götzenbild, Thomas beugt rufend die Knie, ein Drache (*Draco*) erscheint. Der Teufel in Drachengestalt war dem Luzerner Theaterpublikum nicht unbekannt.[188] Nicht zuletzt ist der Drache die Allegorie für den Teufel schlechthin – er ist der Teufel selbst (vgl. Apc 12,9). Mit Hilfe des Drachen alludiert Wilhelmi den endzeitlichen Kampf zwischen Engel und Teufel und er verweist darüber hinaus auf den siegreichen Kampf der Märtyrer, die ihr Leben bis

---

[185] Zornig herrscht Charisius den Apostel Thomas an: *Kum har du arger galgen wÿcht | Schlach dich der tonnder vnnd dz gicht | Mir hast verzauberet min wib | Das sol dich kosten dinen lib* (S. 33).
[186] *Ich würdt auch nit mer zů in keren | Er glaube dan an Gott min herrn | Der ist genamset Jesus Christ | Aller welt hailennd zdiser frist* (S. 38).
[187] *Von vnns mannen zertrent die ehr | Das ist nit recht vnnd nimmerme | Würdt dz recht sin ein falscher Got | Gibt dir in sin den bosen radt* (S. 40).
[188] Vgl. beispielsweise die Erweiterung des ‹Osterspiels›, für die Cysat einen *Schlangtüffel* vorsieht, genauer: einen *Vierfüessige[n] gifftige[n] Wurm*, der Eva in Versuchung führt. Auch für das ‹Osterspiel› von 1616 ist die Erweiterung einer Teufelsszene vorgesehen, in welcher der Teufel *Schlang* auftritt, den den Menschen im *Paradys* mit *groß bschiß* getäuscht hat. Luzerner Osterspiel, ed. 1967, Bd. 3, S. 85–94 (Anhang 13), V. 259–264. Drachengestalten sind auch kultur- und topographiehistorisch für Luzern und Umgebung relevant, wie Cysats ‹Collectanea› bezeugen (ed. 1969, I/2, S. 560–569). Insofern kann die Inszenierung des Diabolischen regional wie überregional bezogen verstanden werden.

zum Tod nicht liebten.[189] Neben dem ausfahrenden Drachenteufel mag zudem auf die Rückkehr der ausgetriebenen Teufel an ihren angestammten Ort hingewiesen werden: die Hölle. Dass der Höllenschlund auf dem Luzerner Weinmarkt einem Drachenmaul nachgebildet war, ist dem Osterspielplan von 1583 zu entnehmen.[190]

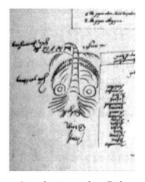

Ausschnitt aus dem Bühnenplan Renward Cysats zum ‹Osterspiel› von 1583.

Die Szenen(um)gestaltungen zeigen mithin auch, dass Wilhelmi durchaus ein eigener Gestaltungswille attestiert werden kann. Die Übernahme des bereits vorhandenen Spieltextes bedeutet eben nicht einen unreflektierten Umgang mit der Vorlage, sondern eine produktive Aneignung verfügbaren Materials für ein spezifisch städtisches Luzerner Publikum.

Auch an der Nero-Szene lassen sich ähnliche Besonderheiten zeigen, die für die Bearbeitung des Spieltextes für ein Luzerner Publikum insgesamt Geltung beanspruchen können. Es ist dies eine Szene, die von Wilhelmi erweitert wurde, um einerseits Paulus in herausgehobener Stellung zu präsentieren und andererseits die Bestrafung des ‹heidnischen› Gewaltherrschers mit Hilfe einer neu eingefügten Teufels-Szene evident zu machen. Gestärkt hat Wilhelmi durch seine Ergänzung neuer Rollentexte den adhortativen Gestus gegen weltliche Herrscher. Sichtbar wird, warum sie die Strafe ewiger Verdammnis ereilt, nämlich aufgrund aller *schand vnd laster*, die ihnen zu Lebzeiten (wenigstens vordergründig) nicht geschadet haben. So sagt Luzifer zu Nero:

> LUCIFER. *ad finem Jnfra.*
> Bist du Nero der grim tiran,
> Der so vil schand vnd laster thon
> Dz sÿdt gestanden ist die welt,
> Von keinen man ie ward gemellt
> So müessend wir nach der gebür,
> On zwÿfel billich lonen dir.
> Dan wir tüffel sind bstelt von Gott,
> Zů straffen die gottlose rott
> Vorab die keiser könig hoch,
> Fürsten vnd sůnst gros hansen noch
> Als grafen frÿherrn adels gnos,
> Die sich erhebend solcher mass.
> Dz inen niemand redett in,

---

[189] Vgl. Apc 12,11: *non dilexerunt animam suam usque ad mortem* [«haben ihr Leben nicht geliebt bis hin zum Tod»].
[190] Die Cysat'schen Pläne der zwei Spieltage sind mehrfach abgedruckt, u.a. in: Luzerner Osterspiel, ed. 1967, S. 90f.; Greco-Kaufmann 2009, Bd. 1, S. 454f.

> Was sÿ joch thůnd in falsch schin
> Das hand sy gar khein straff vff erd,
> Inen ist doch die straff beschertt
> Bj vnser tüfflen in helscher hitz
> Als dir ghörtt keiserlicher sitz.
> Den bringend her fin wol gezierdt,
> Mit fürflamung wies sich gebürt (*Salvator*-Zettel).

In Hochmut erheben sich die hierarchisch gegliederten Herrscher, und sie präsentieren sich als so mächtig, dass niemand es wagt, ihnen zu widersprechen. Als göttliche Strafinstanz sind die Teufel freilich zur Stelle, um jedem den gerechten Lohn zukommen zu lassen. Das Spiel argumentiert hier gegen weltlich inszenierte Omnipotenz und den damit einhergehenden *falsch schin*. Das göttliche Strafgericht ereilt jeden, so die Mahnung und Warnung, – auch wenn es innerweltlich nicht sichtbar ist.

Nebenbei sei bemerkt, dass ganz Ähnliches auch für kirchliche Würdenträger gilt, die sich dem weltlichen Herrscher nicht widersetzen. So beklagen zwei Geistliche, des Teufels zu sein, da sie Unrecht gebilligt, mehr noch: zu solchem geraten haben. Ein unter Astringes eingesetzter Presbyter bekennt seine Mitschuld am Tod des Apostels Bartholomäus:

> Jetz würd vnns eben die recht bůs
> Desselb ich zwar bekennen můß
> Wir thetend darzů radt vnd thatt
> Das Astringes vmbringen ladt
> Bartholomæum frum vnd grecht (S. 30).

Der Kaplan stimmt klagend zu:

> Ach Ach wie gadt es vns so schlecht.
> Da wir vns des versahend nit (S. 31).

Die Teufel, so die Regieanweisung, *farend müt zloch* (S. 31) – zu ergänzen wäre wohl ein ‹ihnen›. Die vermehrten Invektiven gegen weltliche und geistliche Würdenträger, die in den Teufelsauftritten artikuliert werden, entsprechen anscheinend dem städtischen Bedürfnis nach Reglementierung und wohl insbesondere dem Regelbedürfnis von Amtsinhabern.[191]

---

[191] Zu den ergänzten oder neu hinzugekommenen Teufels- und Bestrafungsszenen vgl. Gold 2021, S. 53–81. Die Szene kann als Reflex einer katholischen Reformbestrebung verstanden werden, die ein Vorgehen gegen Priester vorsieht, die ihr Amt nicht adäquat ausüben.

Mediale Präsenz im städtischen Raum

Abschließend sei auf einen Aspekt hingewiesen, der über das überlieferte Textmaterial hinausgeht und den gesamtstädtischen Raum einbezieht. Die zeitgenössische Wertschätzung der Apostel bezeugt mithin nämlich auch ihre Präsenz im Luzerner Stadtbild. Die dreieckigen Bilder der nicht mehr erhaltenen Hofbrücke befinden sich heute in verschiedenen Depots des Kulturgüterschutzes. Sie zeigen alle zwölf Apostel mit ihren Attributen.[192] Für das ‹Luzerner Osterspiel› ist belegt, dass die Apostel auf der Bühne durch ihre jeweiligen Attribute markiert sind: So trägt beispielsweise Petrus (ebenso wie Bartholomäus) ein Messer, Andreas ein Kreuz in X-Form, Thomas ein *spiessli*, Jakobus d. J. eine Säge und Jakobus d. Ä. eine Muschel.[193] Noch ein weiteres ist relevant: Nicht nur schöpfen «Bildprogramm und Aufführungstexte [...] aus dem gleichen Fundus der religiösen Vorstellungswelt»[194], auch sind die beteiligten städtischen Akteure – die Darsteller der Spiele und die Mäzene der Bildwerke – dieselben. Man wird daher eine breite Kenntnis des Stoffs annehmen dürfen und überdies ein Interesse daran, *zů lob vnd eeren*[195] Gottes Spiel und Mäzenatentum als Akte der Frömmigkeit und Selbstvergewisserung zu begreifen. Das bedeutet freilich auch, dass es nicht in erster Linie darum geht, nach den gegenseitigen Abhängigkeiten von Spiel und Bild zu fragen, sondern beide Ausdrucksformen als Ausweis eines gesteigerten Interesses an heilversprechenden Frömmigkeitspraktiken zu begreifen. Dabei mögen durchaus auch katholische Invektiven gegen die reformatorischen Lehren Zwinglis eine Rolle gespielt haben. Dass innerhalb Luzerns von ‹wahren› und ‹falschen› Aposteln ausgegangen wurde, belegt bereits ein früher Eintrag in Cysats ‹Collectanea›: Zunächst berichtet er, wie der Salvator-Darsteller des ‹Osterspiels› von 1528, der zugezogene Schneider Jörg Rappenstein, das *Zwinglisch gifft* aufgesogen habe und daraufhin *heimlich abschied*,

---

[192] Das Stadtarchiv Luzern verwaltet die professionellen Aufnahmen der 234 Bildtafeln. Die Bilderfolge ist online verfügbar unter https://kapellbruecke.com/hintergruende/dreiecksbilder-hofbruecke/ [31.10.2023]. Zur Frage des Zusammenhangs von theatraler Inszenierung und ikonographischer Darstellung vgl. Greco-Kaufmann 2003, S. 119–166. Sie sieht in Bezug auf einige Brückendarstellungen «Vorbilder für die bühnenpraktische Umsetzung des Spieltextes», Greco-Kaufmann 2009, Bd. 1, S. 551. Vgl. ferner Thali 2004, S. 171–203. – Der Bilderzyklus entstand, wie oben ausgeführt, zwischen den 1550er und 1580er Jahren und war folglich zum Zeitpunkt der Aufführungen des ‹Luzerner Apostelspiels› im Stadtbild präsent. Nach Horat 2015, Bd. 1, S. 84, dürfte die Verfertigung dieses «urbanen sakralen Bilderweges» als «katholische Reaktion auf den protestantischen Bildersturm und als Manifest der Gegenreformation beschlossen worden sein». Umgekehrt sieht er im ‹Osterspiel› einen Bildspender, der konkrete Anregungen zur Darstellung der biblischen Themen gegeben habe. Vgl. ebd.

[193] Vgl. Johannes Salats Aufzeichnungen zum Osterspiel von 1538/1545, zit. n. Neumann 1987, Bd. 1, S. 459–465, Nr. 2085, hier S. 460.

[194] Greco-Kaufmann 2003, S. 119.

[195] So Johannes Müller mit Bezug auf das ‹Apostelspiel›, vgl. oben.

vom Catholischen glouben abfiel [...] *und ein Zwinglischer predicant in Berner lendschafft* wurde; sein Sohn, *ouch ein sölcher leidiger Apostel*, sei dem Vater gefolgt.[196] Den reformierten ‹falschen› Aposteln sind die ‹wahren› entgegenzustellen – und dies nicht zuletzt auf der Bühne ebenso wie auf der Brückentafel.

Mit den vorgeführten Apostelviten und -martyrien schreibt sich das ‹Apostelspiel› nicht nur in die Tradition praktizierter Heiligenverehrung ein, es gibt auch eine Antwort auf die Frage nach einer adäquaten und überhaupt möglichen *imitatio Christi* bzw. *imitatio apostolorum*. Dabei kommt das Spiel nicht umhin, sich im Feld des (vermeintlichen) Paradoxons von Exzeptionellem[197] und allgemein Verbindlichem zu positionieren, wobei ersteres in den Wundern, letzteres in der Gebetshaltung manifest wird. Mit Hübner gesprochen geht es darum, «allgemeingültige Regularitäten des kulturellen Handlungswissens zu aktualisieren»,[198] was auch bedeutet, dass exorbitante und exemplarische Handlungsdarstellung nicht prinzipiell gegensätzlich sind.[199] Allgemein verbindlich sind die vorgeführte Standhaftigkeit und Leidensbereitschaft im und für den Glauben, und ebenso verbindlich führen die Apostel Frömmigkeitspraktiken (hier: das Gebet) vor, die das Heil sichern.

Ob die erwähnten Wunder (vor allem repräsentiert durch Totenerweckungen und Heilungen) von Wilhelmi grundsätzlich amplifiziert werden, um das Heilswirken Gottes durch die Apostel augenscheinlich werden zu lassen, ist aufgrund des unzureichenden Textbestandes nicht mit Sicherheit zu entscheiden. Die hinzugeschriebenen Szenen sowie Ausgestaltung bereits vorhandener Szenen, die spezifische Akzente setzt, deuten wenigstens darauf hin. Dass die Wunder dabei nicht nur *in vita*, sondern auch *post mortem* (etwa am Grab des Thomas) gewirkt werden, verweist auf ein Heiligkeitsverständnis, das von der Gegenwart des Heiligen über seinen Tod hinaus ausgeht und insofern bis in die Jetztzeit hineinreicht.

Die Bearbeitung des Apostelspieltextes für den städtischen Kontext Luzerns erweist sich als Beispiel für eine schweizerische theatrale Hagiographie, der es darum zu tun ist, das Besondere am ‹Alten› hervorzuheben. In der szenischen Vergegenwärtigung der von Christus selbst berufenen Zeugen und Nachfolger sowie der Zeit des frühen Christentums behauptet das Spiel für sich eben jenes Argument, das die Reformatoren für sich proklamiert hatten, nämlich das Anknüpfen an das Ursprüngliche. Das katholische Spiel macht sich damit die reformatorische Legitimierungsstrategie zu eigen und sucht dergestalt deren Argumentationsgrundlage zu eliminieren. Unmissverständlich macht es nämlich geltend, dass das reformatorische Argument ein Scheinargument ist und dass die römische Kirche seit jeher das biete, was als vermeintliche ‹Neuerung› apostrophiert werde. Das ‹Apostelspiel›

---

[196] Cysat: Collectanea, zit. n. Neumann 1987, Bd. 1, S. 445, Nr. 2073.
[197] Vgl. dazu Mildenberger 1978, S. 469: «Als Offenbarungszeugen haben die Apostel [...] ihre besondere, unwiederholbare Qualität».
[198] Hübner 2015, S. 48.
[199] Vgl. ebd.

argumentiert folglich anders als jene katholische Argumentation, die bekräftigt, dass «Luther eben Neues gelehrt habe»,[200] um für sich selbst den chronologischen und historischen Primat zu beanspruchen, der gleichbedeutend mit dem ‹wahren› Glauben ist.

Die theatrale Aufbereitung der apostolischen Zeit dient folglich der konfessionellen Legitimierung und (Selbst-)Bestätigung. Akzentuiert wird eine fundamental distinkte Haltung, der es vor allem darum zu tun ist, dem Publikum ein konkretes Angebot zu machen, wie *ein seligs end* (das ewige Seelenheil) zu erlangen sei. Nicht nur werden einzelne Frömmigkeitspraktiken vorgeführt und angemahnt, mithin gar als gemeinschaftliche Handlung vollzogen (vgl. das kollektive Gebet auf Knien oder die adorativ-innige Ansprache an das Kreuz), programmatisch erscheinen auch die Vorreden der Kirchenväter in ihrem Status als unverzichtbare Exegeten des dargebotenen Geschehens. Die Perspektivierung des Spiels lässt sich dabei mithin als eschatologische beschreiben, die sowohl im Apostelteil als auch im Teil um die Zerstörung Jerusalems augenfällig wird. Während die Apostel die *marter kron* (S. 42) empfangen,[201] wie es Apc 2,10 verheißen hat,[202] visualisiert die Darstellung der Zerstörung von Stadt und Tempel das Strafhandeln Gottes. Mit Hilfe von Gegenwartsbezügen wird eine weitere Verständnisebene implementiert.

Apostolische Zeugenschaft und Mission sind im Kontext Luzerns gleichsam Zeugenschaft des alten Glaubens und Mission im Sinne eines Vor-Augen-Stellens der ‹Wahrheit›. Dieses Vor-Augen-Stellen ist gleichsam Vergegenwärtigung religiösen Wissens und Selbstvergewisserung, wobei der theatrale Aspekt besonders hervorzuheben ist: Gemeint ist damit die «Vergegenwärtigung des Geschehens in der Dramaturgie der Inszenierung sowie in der Mimik, Gestik und Sprechweise der Schauspieler»[203] – nachvollziehbar soweit, wie wir sie aus den Aufzeichnungen rekonstruieren können.

Zum Aspekt der Zeugenschaft und Mission fügt sich, dass Wilhelmi die Paulus-Reden um einiges erweitert und ergänzt hat. Ist dies vielleicht als Antwort auf die reformatorische Apostrophierung des Paulus – etwa in Valentin Boltz' ‹Sant Pauls bekerung› (1546, Druck 1551 u. 1552) in Basel[204] – zu verstehen? Textuelle Angleichung und Anpassung der Vorlage an die städtische Theaterkultur haben in

---

[200] Zu dieser Argumentation vgl. Fuchs 1998, das Zitat hier S. 588.
[201] Vgl. auch den Beschluss des Fähnrichs (S. 70 [71]).
[202] *nihil horum timeas quae passurus es ecce missurus est diabolus ex vobis in carcerem ut temptemini et habebitis tribulationem diebus decem esto fidelis usque ad mortem et dabo tibi coronam vitae* [«Fürchte dich nicht vor dem, was du leiden wirst! Siehe, der Teufel wird einige von euch ins Gefängnis werfen, damit ihr versucht werdet, und ihr werdet in Bedrängnis sein zehn Tage. Sei getreu bis an den Tod, so will ich dir die Krone des Lebens geben»].
[203] Röcke 2016, S. 203.
[204] Valentin Boltz: Tragicomödia. Sant Pauls bekerung. Basel: Jakob Kündig 1551 (VD16 B 6527). Vgl. unten, Kap. ‹Basel›.

Luzern dabei nicht nur aufführungspraktische Gründe. Im Wiedererkennen einzelner Figuren, Reden und Orte offenbart sich eben jene verbürgte Geschichte des ‹wahren› Glaubens.[205]

‹Wilhelmspiel› (1596)

Mit dem zweiten Heiligenspiel, das Jakob Wilhelmi bearbeitete und inszenierte, namentlich dem ‹Wilhelmspiel›, steht bereits auf den ersten Blick nur eine Person im Fokus und nicht, wie beim ‹Apostelspiel›, eine Gruppe von Heiligen.[206] Anders als bei den Aposteln wendet sich Wilhelmi mit Wilhelm zudem einem hochmittelalterlichen Heiligen zu. Der historisch verbürgte Wilhelm stirbt um die Mitte des 12. Jahrhunderts und ist mustergültiges Beispiel für einen Heiligen, der sich durch ein Konversionserlebnis – mit der Hilfe Bernhards von Clairvaux – vom Tyrannen zum *confessor* und Eremiten wandelt. Gemeint ist also Wilhelm X. von Aquitanien. 1099 geboren regierte er von 1127 an bis zu seinem Tod im Jahr 1137 als Graf von Poitou und Herzog von Aquitanien.[207] Den historischen Kontext bildet das Papstschisma, das durch Innozenz II. und Anaklet II. (anakletianisches Schisma, ‹Gegenpapst› seit 1130) bestand. Erst der Tod Anaklets beendete 1139 das Schisma. Sein Ende wurde durch das II. Laterankonzil bestätigt. Bernhard von Clairvaux unterstützte Innozenz mit – so Werner Maleczek – «unermüdl[icher] Propagandatätigkeit».[208] Aus zwei dubiosen und kirchenrechtlich nicht einwandfreien Papstwahlen – so wiederum Maleczek – ging schließlich Innozenz als Sieger hervor. Anaklet konnte Aquitanien zunächst für sich gewinnen,[209] durch Bernhards Intervention schlug Wilhelm sich dann freilich doch auf die Seite Innozenz'. Mehr noch als das historiographisch greifbare Wissen über Wilhelm kam es Wilhelmi aber offenkundig um die hagiographischen Details an, die er dem gegenreformatorischen Legendar des Laurentius Surius entnahm.[210] Was ein Publikum im Beromünster – und

---

[205] In Hinblick auf konfessionelle Tendenzen des ‹Apostelspiels› ist damit insbesondere mit den verhandelten Motiven und Figuren ein deutlicher Akzent gesetzt. Zugleich scheinen gerade die Figuren als überkonfessionell verstehbare Elemente des Spiels auf, die einerseits einem Glaubensverständnis des städtisch-katholischen Publikums von Luzern entsprechen, die andererseits aber auch für die zu den Aufführungen angereisten Gäste akzeptabel sind.
[206] Angemerkt sei freilich, dass auch beim ‹Apostelspiel› im Letzten nicht auszumachen ist, ob es um die ‹Einzelgeschicke› der Apostel geht, oder ob sie trotz der szenischen bzw. abschnittsweisen Einzelgestaltung als Gruppe wahrgenommen werden sollen. Eberle 1929, S. 27, spricht davon, dass es sich, anders als beim «chronikmäßigen Gesamtschauspiel» der Apostel, um die «Gestaltung eines Einzelschicksals» handele.
[207] Zu Wilhelm vgl. einführend Vones-Liebenstein 1998, Sp. 142f.
[208] Maleczek 1991, Sp. 433f.
[209] Vgl. das ‹Wilhelmspiel›: *Zů Rom stelt sich ein zwytracht an/ Antreffend sbabsts Election. | Die Cardinäll kommend zů kiben/ Welchem das Babstumb solle bliben* (V. 3496–3499); *Da kombt Wilhelmus auch ins spil/ Das bringt der kilchen schadens vill* (V. 3502f.).
[210] Dazu siehe unten.

dann im Luzern – des ausgehenden 16. Jahrhunderts an diesem Heiligen interessieren konnte – oder anders gefragt: welche Details überhaupt ausgewählt wurden, um ein theatrales Tyrannen- und Heiligenleben zu präsentieren, ist im Folgenden zu beschreiben.

Luzerner Aufführungsbeleg

> Vff hütt habent m. g. h. vff bittlichs anrüeffen herr M. Jacob Wilhelmen der zÿtt schůmeisters [sic] im Hoff, vnd der vßgeschoßnen von einer eerlichen gesehlschafft von burgern bewilliget, allsdann er ein schöne comedj vnd spill von S. Wilhelmen componiert vnd gemacht, auch vorhabens bis nächste pfingsten (so sÿ die gnad von m. g. h. haben mögent) offenlich zehalten vnd zespilen, wölliches mengklichem zů einem bÿspÿl waarer bůß dienen vnd zů Gottes eere gelangen möge, so habe ein eerliche gesellschafft zesamen geschossen, daß sölliches one m. g. h. kosten zůgan möge. Sölliches spill an offnem platz zehalten, doch daß sÿ so vil möglich deß zechens vnd essens am platz müessigent, vnd allein bruchent was von nötten. Auch wöllent m. g. h. desselbigen gar kein kosten nit haben.[211]

Dies verzeichnet das Ratsprotokoll vom 12. März 1596. Es gibt Aufschluss darüber, dass der Rat Jakob Wilhelmi und einer gewissen Anzahl von Bürgern die Aufführung des ‹Wilhelmspiels› bewilligte, für die Finanzierung des Unternehmens freilich nicht aufkommen wollte. In Aussicht gestellt wird eine Aufführung *bis nächste pfingsten*, wobei der moraldidaktische Impetus derselben betont wird: Das Spiel solle *zů einem bÿspÿl waarer bůß dienen vnd zů Gottes eere gelangen*. Die *schöne comedj vnd spill von S. Wilhelmen* habe Wilhelmi *componiert vnd gemacht*. Wie schon beim ‹Apostelspiel› konnte Wilhelmi dafür auf eine Handschrift des nahegelegenen Chorherrenstifts Beromünster zurückgreifen, die er für die Luzerner Aufführung bearbeitete. Die Aufführung eines Wilhelmspiels für Beromünster ist jedoch nicht bezeugt. Auszugehen ist folglich von der Handschrift selbst, die von der gleichen Schreiberhand wie das ‹Apostelspiel› zu stammen scheint. Überdies finden sich im Wilhelmspieltext Hinweise auf Beromünster, die von der charakteristischen Hand Wilhelmis[212] für den Luzerner Kontext hinzugefügt wurden. Da Michael (*S. Michael Archangelus*) der Patron Beromünsters, nicht aber Luzerns ist, streicht Wilhelmi, wie oben bereits dargelegt, drei Verse, vermerkt *vacant* und ersetzt außerdem den Ort *Münster* durch *Lucern*.[213]

---

[211] Ratsprotokoll vom 12. März 1596, Staatsarchiv Luzern, RP 45, fol. 59ʳ; zit. nach Greco-Kaufmann, Bd. 2, S. 303f.
[212] Vgl. ausführlicher dazu unten.
[213] *Ein Engel Gotts bin ich gesant | Michael ist eüch wolbekant / Den ihr nennennt eüwern patron* (S. 1) bzw. *Als dan die ehrlich burgerschafft | Zu Münster ist mit ÿfer bhafft* (S. 3). Bei dem jeweils nach einem Verspaar gesetzten Strich ist nicht zu entscheiden, ob es sich um ein Komma oder um eine Virgel handelt. Oppikofer-Dedie 1980 vereinheitlicht zum Komma.

Für den vom ‹Wilhelmspiel› erhaltenen ersten Spieltag werden 99 Namen im Rollen- und Spielerverzeichnis aufgeführt (*Cathalogus personarum comediæ S. Wilhelmi 1 diej*, S. 252). Anders als im ‹Apostelspiel›, bei dem der Rector Wilhelmi an letzter Position genannt wird, steht er hier direkt an erster Stelle (*schůlmeister der* [sic] *stifft zu Lucern*, S. 252). Ob damit ein erstarktes Selbstbewusstsein des Spielleiters angezeigt ist, kann nicht im Letzten entschieden werden. Denkbar wäre es immerhin. Für den zweiten Spieltag existiert außerdem ein Bühnenplan von Wilhelmis Hand, der nicht nur Aufschluss über die Bühnengestaltung gibt, sondern auch Hinweise für den Fortgang der Handlung bietet.[214] Der Bühnenplan zeichnet sich durch eine klare Heilstopographie aus, die sich horizontal auf dem Luzerner Weinmarkt erstreckt. Die Raumordnung lässt sich als dreigeteilt beschreiben. Zwischen den transzendenten Orten Himmel (*Himmel*) und Hölle (*infernus*) befindet sich ein Platz des Irdischen, der ohne weitere Zwischenbauten (anders als in den Osterspiel-Plänen Cysats) auskommt.[215] Dieser Raum der Immanenz, der sich durch die einzelnen Höfe an den Seiten des Platzes erstreckt (etwa *palatium Wilhelmi* oder *Eugenius papa et curia*, aber auch *cella Wilhelmi*), ist es, der sich zu den transzendenten Koordinaten verhalten muss, wobei die Transzendenz, wie der erhaltene Spieltext verdeutlicht, in Gestalt von Teufeln und einem Engel auch im Irdischen präsent ist. Die Gefahren und Versuchungen des menschlichen Lebens, aber auch die Möglichkeit himmlischen Beistands, stehen damit im Zentrum, wobei sich das Spiel trotz aller Mahnungen und Warnungen vor Übermaß und Sünde dem visuell und auditiv Überbordenden selbst nicht enthält. Bedeutet wird damit zugleich, dass sich das vorzuführende menschliche und politische Verhalten an transzendenten (göttlichen) Gesetzen messen lassen muss.

Im Zentrum der Handlung steht Wilhelm, der zunächst als Tyrann herrscht und nach einer – im Text des ersten Spieltages nur angedeuteten – spektakulären *conversio* zum Heiligen avanciert. Ausgestaltet ist folglich das populäre Motiv des Sünderheiligen, das sich in der theatralen Inszenierung von Weltleben und Bekehrung konkretisiert. Als stoffliche Vorlage für das Spiel diente, so will es der von Wilhelmi ergänzte Spieltext glauben machen, das gegenreformatorische Legendar des Kartäusers Laurentius Surius (‹De probatis sanctorum historiis›). Das von Surius und seinen Nachfolgern in 12 Bänden vorgelegte lateinische Legendar wurde mehrfach gedruckt. Eine deutsche Übersetzung aller zwölf Bände wurde von Johannes à Via besorgt und erschien zwischen 1574 und 1580 in München. Auch

---

Den Vereinheitlichungskriterien des Heiligenspielprojekts folgend, setze ich die Virgel. Zu den Korrekturen Wilhelmis vgl. auch Tailby 2004, S. 256.

[214] Zum Bühnenplan vgl. Greco-Kaufmann 2009, Bd. 1, S. 554f.; Tailby 2004, S. 255–260; Oppikofer-Dedie 1980, S. 319–322.

[215] Vgl. auch die Hinweise bei Greco-Kaufmann 2009, Bd. 1, S. 554f.

lateinische und deutsche Teileditionen erfreuten sich großer Beliebtheit.[216] Der Text des Surius bietet die Vita Wilhelms bis zu seinem Tod und Begräbnis; beschrieben wird zunächst das sündige Leben des Tyrannen Wilhelm; es folgen seine *conversio*, Reue und Buße sowie sein Leben als Eremit.[217]

In erster Linie stellt der Verweis auf die *auctoritas* eine Wahrheitsbeteuerung dar, die für die Glaubwürdigkeit des Vorgeführten und damit auch für die Integrität des Spieltextes bürgt.[218] Zu notieren ist allerdings, dass diese Beglaubigung offenkundig nicht für Beromünster, wohl aber für die Stadt Luzern notwendig schien. Wilhelmi setzt hier einen Akzent, der die Wahrheit der Geschichte und die Wahrheit der Kirche geschickt miteinander verbindet. Er ergänzt die Rede des Fähnrichs folgendermaßen:

> Was dan dhistori blanget an
> Da sol niemand khein zwifel han.
> Dz etwas daran sỹ erdicht.
> Dan solche warhafftige gschicht.
> Ist bschriben von dem Surio
> Vnd bstetetts ouch kilchen also
> Die ist der warheit vester[219] grund
> Des gschwige ich [Jetzund][220] (V. 98–105).

---

[216] Zu Surius und seinem Werk vgl. R. Haas 2013, S. 709f., sowie Brückner 2010, Sp. 57–59; ferner Hebenstreit-Wilfert 1975; zu den Bearbeitungen und Übersetzungen Hieber 1970, S. 57–62.

[217] Surius, Laurentius: De probatis sanctorum historiis [...]. Bd. 1, Köln 1570 (VD16 S 10252), S. 924–948. Alle Zitate beziehen sich auf diesen Druck. Ein eindrückliches Beispiel ist Wilhelm dafür, wie sehr der Mensch der teuflischen Kunst verfallen sein (mit den Werkzeugen teuflischer Kunst beladen sein) kann und wie umfänglich er gegen Gott streiten kann, um dann aufgrund göttlicher Gnade als reuiger Sünder zurückgerufen zu werden, vgl. *Eccè hæc sunt instrumenta artis diabolicę, quibus onustus Comes, currebat aduersùs Deum erecto collo, et pingui ceruice armabat. Quæ tanto diligentiùs sunt nobis enumerata, quanto diuinę clementię in reuocatione peccatoris mirabiliter placuit operari* (S. 926). Die Frage, wer einen Gottlosen in einen Heiligen verwandeln kann (*prophanum mutantum in sanctum*, S. 926), leitet bei Surius zum heiligen Bernhard über. Dieser besitzt Intelligenz, Moral, Redegewandtheit, Stil und Tugend wie kein zweiter und scheut sich auch nicht, dem Tyrannen gegenüberzutreten (ebd.).

[218] Ähnliches konstatiert Ukena 1975, S. 727, für Cysat und sein ‹Heiligkreuzspiel›. Die von ihm angeführten Quellen seien eine «Anhäufung von ‹Beweismaterial›, [um] die historische Realität der Spielhandlung außer Zweifel zu stellen». Zur Frage, ob die Quellenangabe mit einer tatsächlichen Benutzung dieser genannten Quelle gleichgesetzt werden kann, vgl. die divergierenden Positionen von Tailby 2004, S. 256, und Greco-Kaufmann 2009, Bd. 1, S. 552. Oppikofer-Dedie 1980, S. 323f.; ähnlich Ukena-Best 2011, S. 421. Textedition: Renward Cysat: Spil dess heiligen crützes erfindung, in: Ukena, Elke: Die deutschen Mirakelspiele des Spätmittelalters. Studien und Texte, 2 Bde. Bern/Frankfurt a.M. 1975, Bd. 1, S. 561–771.

[219] Das Wort wurde von Oppikofer-Dedie 1980, S. 22, nicht transkribiert.

[220] Oppikofer-Dedie 1980, S. 22, ergänzt die durch Streichung unlesbare Stelle auf diese Weise. Ein *Jetzund* ist m.E. nicht zu erkennen, doch kann ich auch keine schlüssige Alternative

Erhalten hat sich vom auf zwei Tage angesetzten Spiel nur der Text des ersten Spieltags, der rund 8.200 Verse umfasst.[221] Die zweitägige Aufführung war, wie bereits beschrieben, für Luzern gängige Praxis. Strukturiert ist das fragmentarisch erhaltene ‹Wilhelmspiel› durch die Einteilung des ersten Spieltags in 4 Akte, die nicht nur durch Überschriften im Manuskript ausgewiesen (etwa *Actus secundus*), sondern auch durch die Figurenrede sprachlich markiert sind. Der Argumentumsprecher formuliert:

> So dan sprich ich der erste act /
> Mit Gottes hilff ist zůgebracht [...]
> Dis ist das ich fürnemlich tracht /
> Vs dem gespilten ersten act.
> Im andren act kombt iez an tag /
> nach der historj gwüsse sag (V. 1880f. u. 1908–1911).

Die einzelnen Akte setzen sich aus einer unterschiedlichen Anzahl von Szenen zusammen. Besonders markantes Strukturelement ist daneben der Einsatz von Musik (*Musica*, V. 210a, 1757a u. ö.). Integriert sind sowohl instrumentale Einlagen (Trommeln, Pfeifen und Trompeten; außerdem *spillütt*, V. 1781a u. ö.) als auch Gesänge. Wilhelm befiehlt z. B.:

> Es ist ietzund[222] auch min begern
> Die Cantorÿ sol nit emberen /
> Ir gsang frölich erklingen lon (V. 1752–1754).[223]

Neben Prozessionen mit Musik und Musik, die ein herrscherlich-höfisches Leben in Szene setzen, werden auch die Aufmärsche des geordneten Heeres (*kriegslüt*, *kriegsman*) mit Trommel- und Pfeifenklängen begleitet. Die Exorbitanz kämpferischer Handlungen wird durch besonders laute akustische Signale verstärkt:

> [WILHELMUS.]
> Trommeter du din posson mach
> Das die erdt durch din thon erkracht (V. 2113f.).

---

bieten; ich lese *e dz* [...]. – Im Gegensatz zum ‹Apostelspiel› fällt bei dieser handschriftlichen Ergänzung Wilhelmis auf, dass keine Virgeln oder Kommata als Reimpaarmarkierung verwendet werden. Der Haupttext des Beromünsterer Schreibers hingegen verfährt recht einheitlich.

[221] Für die Erforschung des ‹Wilhelmspiels› hat Oppikofer-Dedie 1980 einen wichtigen Grundstein gelegt, indem sie den Text des ersten Spieltags mit einigen Hinweisen zu Sprache und Schreiberhänden verfügbar gemacht hat. Zu den Rahmendaten und zum Inhalt vgl. auch Greco-Kaufmann 2009, Bd. 1, S. 551–555.

[222] Das *ietzund* ist über das ursprüngliche *demnach* geschrieben und daher als letzte Korrektur anzusehen, vorgenommen jedoch bereits vom Beromünsterer Schreiber.

[223] Die Wirkung des Gesangs wird folgendermaßen beschrieben: *Das ist ein gsang lieblich gůtt | Das solt eüch machen frischen můtt* (V. 1758f.).

Wilhelmi, der sich mehrmals als Kantor bei Osterspielaufführungen ins Luzerner Theaterleben eingebracht hatte, kannte sich in musikalischen Belangen offenkundig aus und es scheint ihm ein Anliegen gewesen zu sein, das theatrale Geschehen angemessen zu orchestrieren. Auffällig ist freilich, dass es sich hier nun einzig um die Darbietung weltlicher Musik handelt. Hinzu kommt, dass die je situativ und handlungsabhängig anders eingesetzte Musik eine je eigene Stimmung evoziert; der visuellen Komponente des Schauspiels wird eine auditive beigegeben bzw. an die Seite gestellt. Greco-Kaufmann hält fest, dass «[f]röhliche (weltliche) Gesänge, die Marschmusik der Trommler und Pfeifer sowie häufiges Trompetengeschmetter [...] die akustische Kulisse des Schauspiels [bilden]».[224] Man könnte ergänzen: Der Klang des Herrschers und seiner Macht, mithin das Repräsentative und Kriegerische, ist allenthalben präsent.

Zur Programmatik der Prologe

Das Spiel beginnt, wie für die Luzerner Spiele üblich, mit mehreren Prologen. Der Erzengel Michael benennt in der ersten Rede die inhaltlichen Leitkategorien des Spiels: die Sündhaftigkeit jedes Menschen, den Blick auf den gnädigen, mächtigen Gott sowie die notwendige Reue und Buße mit dem Ziel, *gottes fründ* (V. 11) zu werden. Betont wird ferner, dass auch der fatalste und immer wieder begangene *faal* (V. 12) nicht nur vergeben werden kann, sondern dass bußfertige Sünder im Himmel eine besondere Stellung einnehmen, sie mithin heilige Sünder in der *communio sanctorum* sind. Pointiert formuliert Michael nach Lc 15,7 und 10, die Engel freuten sich mehr über jeden bekehrten Sünder als über die immer schon Gerechten und Gottesfürchtigen. Hier klingt jenes Gerechtigkeitsprinzip an, das biblisch etwa über das Gleichnis vom verlorenen Sohn vertraut ist.[225] Dass mit dem *faal* geradezu unmissverständlich auf den Sündenfall des Menschen angespielt wird, macht deutlich, dass jeder Mensch angesprochen, mithin jeder Mensch dieses spezifischen göttlichen Gnadenakts bedürftig ist. Von Beginn an ist es damit die göttliche Gnade, die das Spiel fokussiert. Es folgt eine Beispielreihe prominenter ‹Umkehrer›: Maria Aegiptiaca, Maria Magdalena und Paulus. Dieser illustren Reihe schließt Michael den Heiligen Wilhelm an, der *ein sünder grob* (V. 32) und ein *wüttrich on alles lob* (V. 33) gewesen sei. Eben dieses Beispiel will das Spiel präsentieren, mit dem Ziel, *der seelen heil vnd nuz* (V. 79) zu bewirken. Es folgt die Rede des Schildträgers, die nochmals auf den Nutzen des Spiels abhebt. Der daraufhin auftretende Fähnrich spricht das Publikum direkt an, wobei nicht nur die Würdenträger genannt werden, sondern auch die Bürgerschaft von Luzern. Hier hat Wilhelmi, wie erwähnt, *Münster*

---

[224] Greco-Kaufmann 2009, Bd. 1, S. 553.
[225] Vgl. Lc 15,11–32.

durch *Lucern* (V. 69) ersetzt und damit das Spiel dem Aufführungsort angepasst.[226] Genannt werden freilich nicht nur die Rezipienten, sondern auch die Akteure, namentlich die *gselschafft* (V. 76, 119 u. ö.), womit wohl die Spielergemeinschaft gemeint ist, die für die Aufführung verantwortlich zeichnet.[227] Es folgen zwei prologtopische Metaphern: Das Spiel sei ein Garten, in dem viel Heilsames wachse, wobei das Kräuter- und Blumenbrechen hier im geistlichen Sinne verstanden wird als Pflücken *heilsamer leer | Zů trost der seel* (V. 88f.); das vorgeführte Leben Wilhelms sei zudem ein *spiegel* (V. 90), der *klar* die Tugenden vor Augen stelle. Es folgt die bereits zitierte Wahrheitsbeteuerung. Mit dem vierten Prologsprecher, namentlich dem Herold, wechselt einmal mehr das Objekt der Ansprache. In einem Gebet wendet sich der Herold direkt an Gott. Abschließend wird der zuvor bereits erwähnte Nutzen konkretisiert: *Wir menschen dardurch werdend gůbt | In Christi glauben, lehr vnd lieb* (V. 136f.). Eine die Partizipation des Publikums betonende Regieanweisung *Respondent omnes Amen* (V. 139a)[228] hat Wilhelmi gestrichen. Vielmehr lässt er die Rede – an die Zuschauer gerichtet (*Ad spectatores*, V. 139b) – fortfahren. Der Herold besteigt sein Pferd und beschließt seine Rede predigtartig, indem er ein Bibelwort aus Hebr 13,14 auslegt und die Perspektive des Spiels eschatologisch weitet. Der Mahnung an das Publikum (*Ir Christen*, V. 169), den Blick von allem Irdischen ab- und dem Transzendenten zuzuwenden, ist ferner die Hoffnungsbotschaft des Christuswortes aus Mt 7,7 (*Ein ieder der do sůcht der findt*, V. 172) beigefügt. Diese Suche freilich müsse mit besonderem Eifer betrieben werden – erstens mit Hilfe des göttlichen Worts und zweitens mit Hilfe von Exempla. Dies stelle sodann die Eintrittskarte in den Himmel dar. Insbesondere die Exempla schafften mehr als Worte und Lehren, da sie in ihrer Anschaulichkeit besondere Vorzüge besäßen. Es sind dies typische Argumente für das Theaterspiel, das sich dergestalt nicht nur legitimiert, sondern auch seine herausgehobene Position behauptet. Mit der nochmaligen Betonung der ‹Klarheit› geht der Herold zur Inhaltsparaphrase des Spiels über. Abschließend verweist er auf den Argumentator, der Inhalt und Auslegung präsentiere – nunmehr als Teil des ‹eigentlichen› Spiels.

Spielinhalt

Der Inhalt des erhaltenen Spieltextes stellt sich wie folgt dar: Wilhelm ist fest entschlossen, die Herrschaft über Aquitanien und das Poitou anzutreten. In vier Rittern findet er Verbündete. Die Teufel umkreisen ihn von Beginn an. Es stellt sich heraus, dass die Einsetzung Wilhelms einstimmig vom Parlament (Rat) befürwortet

---

[226] Umgekehrt taucht «Luzern» auch bereits im Beromünsterer Spieltext auf (so etwa in V. 145 u. 184). Es muss folglich «Münster» getilgt werden; die Anbindung an Luzern ist freilich in jedem Fall gegeben.
[227] Vgl. auch die *spilgsel*[n] (V. 93), die wenig später erwähnt werden.
[228] Bei Oppikofer-Dedie 1980, S. 23, fehlt das *omnes* der Handschrift.

wird, wobei die Ratsmitglieder einzelne Voraussetzungen für eine gute Herrschaft benennen – und Wilhelm scheint in ihren Augen all diese Voraussetzungen zu erfüllen. Mit Pomp und militärischen Ehren wird er ins Amt eingesetzt. Das folgende Festmahl bietet die Gelegenheit, um komische Zwischenspiele (Koch und seine Ehefrau, Mundschenk) in den Spielverlauf zu implementieren, wobei die Szenen eine komische Handlung präsentieren, die auf Normverkehrung und Vulgarismus beruht (Geschlechterverhältnis, Trunksucht, Prügelei, Schimpfwortverwendung).

Interludium

Interludien anstelle von Tragödienchören sind Teil des humanistischen Dramas.[229] Im volkssprachlichen Drama des 16. Jahrhunderts werden sie zunehmend komisch bis derb.[230] Die Spiegelung der Haupthandlung auf niederer gesellschaftlicher Ebene in einer sich durchziehenden Nebenhandlung wird vor allem im späten 16. sowie im 17. Jahrhundert beliebt.[231] Das ‹Wilhelmspiel› folgt damit einer zeitgenössisch modernen literarischen Tendenz. Für Luzern ist außerdem relevant, dass Interludien nicht der Tradition der geistlichen Spiele entstammen. Das ‹Luzerner Osterspiel› kennt zwar weltliche Szenen, etwa Maria-Magdalena-Szenen, komische Salbenkrämerszenen, wie sie in anderen Osterspielen begegnen, sucht man freilich vergebens. Im ‹Luzerner Wilhelmspiel› nun werden komische Szenen in einen geistlichen Spielkontext implementiert.[232]

Die Einsetzung Wilhelms ins Herrscheramt bietet die Gelegenheit, eine auf Repräsentation zielende Szene für das städtische Patriziat in das Spiel zu integrieren, die prunkvolle Kleidung, Musik und Festmahl vorführt. Wilhelms Befehl, der Koch solle *Ein fürstlich malzit rüsten* (V. 1298), lässt Koch, Mundschenk und die Ehefrau des Kochs auf den Plan treten.[233] Eingeführt werden erstere durch die Regieanweisung *Ad cocum et cellarium bibentes* (V. 1305a). Beide sehen in der Amtseinführung Wilhelms einen willkommenen Anlass, den Konsum ungehemmt fortsetzen zu können. Übersteigerter Alkoholgenuss führt im Folgenden zu unkontrolliertem

---

[229] Vgl. beispielsweise die Zwischenspiele in Jacob Lochers ‹Iuditium Paridis› (1502); dazu Dietl 2005, S. 243–276.

[230] Vgl. etwa die Koch-Köchin-Szene in Jos Murers ‹Hester› (1567) oder die Bauernszene in Heinrich Kielmanns ‹Tetzelocramia› (1617). In Daniel Cramers ‹Plagium› (1593) hat das scheinbar unterhaltsame Koch-Narr-Interludium im Nachgang Bedeutung für die Haupthandlung. Für einen vergleichenden Blick auf Interludien in anderen volkssprachlichen Dramen siehe für die englische Literatur u. a. Happé/Hüsken 2007.

[231] Vgl. dazu das ‹Einsiedler Meinradspiel›, unten, Kap. ‹Einsiedeln›.

[232] Tailby 2003, S. 95, formuliert, dass «die Möglichkeit [d]er Einbettung in ein Heiligenspiel als ein Zwischenspiel, das schroff abgebrochen werden kann, ohne dass dem Drama geschadet wird, in Luzern am Ende des 16. Jahrhunderts modern und geradezu avantgardistisch» ist.

[233] Vgl. unten, Kap. ‹Einsiedeln› und ‹Bern›. Zum Interludium im ‹Wilhelmspiel› vgl. Greco-Kaufmann 2020, S. 123f.

Gebaren und unflätigen Reden.[234] Komik resultiert dabei zunächst aus der Anrede der Figuren untereinander. Als der Koch seine Frau auffordert, das Mahl zuzubereiten, spricht sie ihn mit *min juncker* (V. 1367) an und macht den Bediensteten damit scherzhaft zum Adligen. Die schmeichelnde Anrede dient freilich nur dazu, gleich auf seinen Zustand der Trunkenheit hinzuweisen. Taumelnd und schwankend wie eine Gans komme er daher.[235] Die Diskrepanz der Anrede zum Tiervergleich könnte nicht größer sein. Vorbereitet wird damit ihr Wutausbruch über den *heillosen vnd fulen man*[] (V. 1370), mit dem nun nichts mehr anzufangen sei. Die Aussicht darauf, die Arbeit allein verrichten zu müssen, weckt ihren Wunsch, physische Gewalt gegen ihn auszuüben. Sie droht mit der Kelle, nach deren Zweckentfremdung ihr der Sinn steht. Durchzogen sind die Figurenreden von Flüchen und Beschimpfungen.[236] Sie kulminieren in einer Prügelei, die eine komisierte Körperlichkeit ins Zentrum rückt.[237] Augenfällig gemacht wird hier freilich auch ein hierarchisches Geschlechterverhältnis, das problematisiert wird. Die Frau formuliert:

Stadt alle sorg allein vff mir
So ich doch gar nüt hab von dir /
Dan böse wortt / der streichen vil
Kurzumb ichs nit mehr liden wil (V. 1387–1390).

Die Verkehrung der Geschlechterordnung lässt den Koch um Beistand des Mundschenks bitten: Zwei Männer sollen die Frau bezwingen. Gerahmt und durchzogen ist die komische Szene von den Trompetenstößen des Bläsers, der dazu aufruft, dem

---

[234] Der Mundschenk formuliert sein Ansinnen deutlich: *Jst dan graff Wilhelm Jngesezt | Jns Hertzogthumb so würdt genezt, | Min kelen vnd hals munter wol | O koch dich das auch fröwen soll | Hütt suffend wir vns fin blind vol* (V. 1332–1336).
[235] Die Tiervergleiche werden im Folgenden weiter gesteigert: *So du bist vol glich wie ein schwin* (V. 1382).
[236] So etwa *schütt dich der ritt* (V. 1391, 1411, 1426; *ritt* mit der Bedeutung «Fieber, Schüttelfrost»), *Du doller tropff* (V. 1374; «einfältiger Mensch, minderwertige Kreatur»), *du volle loss* (V. 1374, 1391; «Betrunkener»), *du grober knopf* (V. 1411), *Du suppenwüst vnd sudelbläz* (V. 1422; «Dreckfink» und «besudelter, unreinlicher Lappen»), *boz kriden* (V. 1414; ein gotteslästernder Fluch, der «Gottes Leiden» verballhornt. Das ‹Idiotikon› übersetzt *kride* mit ‹Kriegsgeschrei›. Zum Verbot solcher Flüche in Bern 1463 vgl. Schwerhoff 2004, S. 164. Oppikofer-Dedie überträgt den Ausdruck mit «lächerlicher Mensch», *du voller zapf* (V. 1435; «Trunkenbold»), *du Bappennapff* (V. 1436; «Breitopf») etc. Auch Sprichwörter finden hier Eingang in den Text, etwa *Slump vnd schlamp hatt einander funden* (V. 1413). Interjektionen (*O we, O we*, V. 1393) unterstreichen das affektive Geschehen. Die Übersetzungen der Wörter folgen dem Glossar, das Oppikofer-Dedie 1980, S. 335–347, zusammengestellt hat.
[237] *Sÿ schlond einander* (V. 1392a). Zu den komischen Körpern dieser Szene vgl. Tailby 2003, S. 89–95. Nicht ganz nachvollziehbar ist freilich Tailbys Vermutung, dass es sich um Komik aufgrund der Körpergröße gehandelt habe (kleine Frau schlägt großen Mann): «Möglicherweise war der Kellermeister, den ‹sie› schlägt, kleiner als sein Freund, der ‹ihr› unterlegen war» (S. 94). Dass die Frauenrollen grundsätzlich von Männern gespielt wurden, scheint diese Interpretation nicht hinreichend zu sichern.

neuen Herrscher die Ehre zu erweisen. Beim ersten Blasen beginnt die Szene, die Prügelei wird vom zweiten Blasen begleitet, das dritte Blasen schließlich beendet die Szene – die Figuren treten ab. Die komische Szene ist folglich nicht außerhalb der Haupthandlung angesiedelt, sondern in sie integriert. Markiert wird der Moment des Wechsels von Nichtherrschaft zu Herrschaft – und damit vorausgedeutet auf die verkehrte Ordnung, die mit dieser Herrschaft verbunden sein wird. Ähnlich wie der Koch, dessen Untätigkeit und Unfähigkeit auf Handlungsebene anscheinend nicht nach außen dringt,[238] so kann auch Wilhelm zunächst seine Defizienz verschleiern.

Für den Kontext des Heiligenspiels hat Greco-Kaufmann in Anschlag gebracht, dass das unflätige Gebaren und die ebenso vulgäre Sprache von Koch, Ehefrau und Mundschenk mit einer weiteren Figurengruppe assoziiert ist: mit den Teufeln. Sie akzentuiert, «that the devils behave in a similar way to the cook, his wife or the servants, [which] indiciates that the depicted comic acts are closely related to evil, to hell, damnation and eternal pain».[239]

Das Turnier als Spiel im Spiel

Der erste Akt endet mit dem Wunsch Wilhelms, nach dem Festschmaus ein Turnier zu veranstalten (*ritterspil*[], V. 1953 u. ö.). Zu Beginn des zweiten Akts konkretisiert er seinen Wunsch, indem er betont, dass niemand sich seinem Willen widersetzen dürfe:

> Sÿ [die zuvor erwähnten *rittermessigen personen*] sind als
> min vnderthon eigen /
> Des dörffend sÿ sich nit erzeigen.
> Als vnwillig, dan ich sÿ gwer /
> So einer wer, der dsach wurff feer.
> Wöllt mim willen ghorsamen nit /
> Wil je das wer, old auch im strydt.
> Der můsst es gwiss ergelten hoch /
> Irm vnwillen frag ich nit nach (V. 1944–1951).

Es wird dies ein Leitmotiv seiner Reden. Ausgerechnet sein Bruder, von dem das Spiel bislang geschwiegen hatte, beugt sich dem Willen Wilhelms nicht und verlässt stattdessen Frau, Kind und Land. – Man ahnt, dass das ein Fehler ist. – Vorbereitet wird damit nämlich bereits die vom Argumentator angekündigte *blůttschand*, die Wilhelm durch die Besitznahme seiner nur mit dem unzureichenden Schutz durch einen Diener zurückbleibenden Schwägerin begeht. Die exzessive Verletzung des

---

[238] Der *Hoffmeister* berichtet seinem Herrn: *Es ist verordnet in der kuch | Ein maalzit nach fürstlichem bruch / Von köstlichen trachten vnd spyß | Daran legt auch der koch sin flyß* (V. 1604–1607).
[239] Greco-Kaufmann 2020, S. 124.

Rechts wird dann auch ausführlich im Spiel auserzählt. Zunächst aber veranstaltet Wilhelm das blutig bis auf den Tod ausgetragene Turnier, wobei er sich nicht nur dadurch hervortut, ein brutaler Kämpfer zu sein,[240] sondern auch, den Tod anderer gleichgültig hinzunehmen, mithin ihren Tod als Schwäche zu deklarieren.[241] Das Turnier, als *ritterspil* benannt und als Signum höfischer Prachtentfaltung sowie adliger Selbstbestätigung ausgewiesen, ist ein Turnier französischer Art, ist «Zusammenprall geschlossener Reiterverbände unter Einsatz scharfer Waffen».[242] Es wird zu einem Akt der Verwundung und des Todes und bringt Wilhelms charakterliche Schwächen ans Licht. In Hinblick auf die Performanz des ‹Wilhelmspiels› bedeutet das aber auch, Kampfspiele, und damit ein weiteres Schauelement, in das Spiel zu integrieren. Die Darsteller präsentieren sich in Rüstung und sie demonstrieren einen gekonnten Umgang mit Pferden und Waffen, mithin kriegerisches Geschick. Jenseits der Handlungsebene des Spiels impliziert und historisch referenzialisiert erscheint eine katholische kriegerische Überlegenheit, welche die Darsteller des Spiels auch Jahrzehnte nach dem Zweiten Kappelerkrieg präsent halten.[243]

Dass Wilhelm vor Beginn des Turniers von *strÿdt* spricht, deutet möglicherweise darauf hin, dass er von Anfang an kein *spil* im Sinn hat, sondern den ernsthaften Kampf.[244] Im Spiel wird der Kampf zu Fuß sowie zu Pferd ausgetragen.[245] Das Turnier erfreut die Teufel, die im Treiben mitmischen und auf erfolgreichen Seelenfang hoffen. An das Turnier schließen sich jene Szenen an, die Wilhelm als von der *voluptas* beherrscht ausweisen: Er lässt Eligia, die Frau seines Bruders, gefangen nehmen und vergeht sich an ihr. Der in der Angelegenheit zu Hilfe gerufene Bernhard von Clairvaux erweist sich als Ratgeber und legt die Bestrafung Wilhelms in Gottes Hand. Anders als es das Publikum mit Bezug auf Wilhelm vorgeführt bekommt, können die umherspringenden und peinigenden Teufel Bernhard nichts anhaben, der überdies einen schützenden Engel an die Seite gestellt bekommt. Als zwei Leibwächter von den Handlangern Wilhelms belauscht und als der üblen

---

[240] [JASON.] [...] *er schladt one truren drin.* | *Vnd gibt manchem so hartte streich / Das eim alsbald die naas erbleicht* (V. 2398–2400).

[241] Satan weiß um Wilhelms unbarmherziges Vorgehen: *So man im strÿdt den lÿb verlürtt.* | *Wies dan ist herzog Wilhelms bruch / Schont niemand ist gar grob vnd ruch.* | *Da sond wir vnverdrossen sin* | *mit ganzer macht auch schlagen drin* (V. 2079–2083).

[242] Bumke 2005 (zuerst 1986), S. 342.

[243] Der Nutzen der vorgeführten Ordnung von Reitern und Fußtruppen wird in Figurenrede artikuliert: *Die ordnung ist gar recht gemacht* | *Ein jeder hab des andren acht* (V. 2184f.).

[244] Zur Wortverwendung für das Hochmittelalter und den damit verbundenen Implikationen vgl. Bumke 2005 (zuerst 1986), S. 342. Für die Schweiz vgl. das Schweizerische Idiotikon, Bd. 11, 1952, Sp. 2388: «Kampf mit den Waffen, Krieg». Verwendet wird ferner das Wort ‹scharmutz› (V. 2161).

[245] Davon zeugen einzelne Figurenreden wie Regieanweisungen (vgl. etwa *Manliche ritter soll er finden / Die im ein kampf zů fůß old roß / Halten werden in solcher maß / Wie ime das gelieben würdt*, V. 1987–1990 (Oppikofer-Dedie gibt die *ß* der Handschrift mit *ss* wieder), *Equites stond herfür*, V. 2115a, bzw. *Ad equites*, V. 2254a).

Nachrede schuldig denunziert werden, lässt Wilhelm ihnen die Zunge spalten, ein Mal auf ihre Stirn brennen und sie des Landes verweisen.[246] Es folgen zahlreiche Szenen, die um die Papstwahl Innozenz' II. kreisen und die damit verbundenen kriegerischen Auseinandersetzungen präsentieren. Wilhelm schlägt sich auf die Seite des Petrus Pierleoni (Anaklet II.) und unterstützt ihn militärisch. Der ins Amt gesetzte Innozenz setzt einen Bischof ein, dessen Macht Wilhelm nicht anerkennt; schließlich bestimme er über das Bistum:

> Die antwurtt mûs in disen tag /
> Kosten sin gůtt auch lyb vnd leben
> Oder das bistumb mir vffgeben /
> Vnd nit dem bapst, dan ich bin herr
> In minem land, mir ghörtt die ehr
> Soltt ich zůlon, das münchen pfaffen
> Im land nach irem willen schaffend
> Ehr můs es alles zstucken gon (V. 6276–6283).

Es kommt zu weiteren kriegerischen Auseinandersetzungen, bei denen wiederum die Teufel triumphieren. Einmal mehr wird der Streit um den Papst in Rom als teuflisch motiviert ausgewiesen – vor allem der *Hoffarttgeist* ist sehr zufrieden mit seinem Werk. Während Bernhard in seiner Zelle Wilhelm zur Umkehr bewegen will, flüchtet Eligia aus dem Palast. Auch der Heilige Bernhard kann Wilhelm (noch) nicht zur Umkehr bewegen.

> [WILHELM.]
> Was gadt eüch an wie ich mich haltt
> In minem land hab ich den gwaltt /
> zůthůn mit mines brůders wyb
> Was dan belangt der bäbsten kyb /
> Gib ich min stim Petro Leon
> Nüt acht ich ewern tant old ban (V. 6987–6994).

> [BERNHARDUS.]
> O herr schouwt das eüch nit misling
> Das ist ein wichtigs hoches ding /
> Den ban sond ir verachten nit
> Des brůders wyb han, ist nit sitt /
> Der kilchen widerspennig sin
> Dis als bringt eüch in helsche pyn (V. 6995–7000).

---

[246] Der Argumentumsprecher kommentiert dies folgendermaßen: *Als ir hand gsehn den augenschin / Zweyer personen, die mit pin. | In schand ir ellend hand gmertt / Das sÿ mit wortten hond vnehrtt. | Wilhelmum den Tyrannen grim / Darvon du Christ ein bispil nim. | Din oberkeit las vngeschmächt / Ob sÿ schon handlet wider recht* (V. 5545–5552).

In Wut gegen alle, die ihm widersprechen, lässt Wilhelm zwei Adlige gefangen nehmen, ihnen *gwer vnd zierden* (V. 7845a) nehmen und sie mit dem Schwert richten. Warnungen, er werde *tyrannisch sterben* (V. 7670), schlägt er in den Wind. Der Spieltag endet mit Wilhelms Genugtuung, die vermeintlichen Frevler bestraft zu haben und fortan in *stettem frid* (V. 8034) herrschen zu können.

Heiliger und Tyrann: Bernhard und Wilhelm

Bernhard: Ratgeber und Versuchter

Noch bevor Bernhard die Bühne betritt, wird er in der Figurenrede eingeführt. Der Ratsherr Aristarchus hebt die Vorzüge des *Gottes man[s]* (V. 3403) hervor und empfiehlt ihn als Ratgeber:

> Es ist der Gottes man /
> Bernhardus von gott hoch erlücht
> Der findt der sachen radt villicht /
> Den wolt ich bsůchen vmb ein radt
> Zů Clärualld er sin Cellen hatt (V. 3403–3407).

Als ratgebende Instanz – Wilhelms Bruder bezeichnet Bernhard gar als *hochgeleert* (V. 3584) – taugt der Heilige, dies ein gängiges Motiv, aufgrund seiner Erleuchtung, die er von Gott empfangen hat. Göttlicher Ratschluss ist in ihm als Mittler zwischen Gott und Mensch greifbar. Zugesprochen wird ihm folglich eine Auserwähltheit, die ihn in besonderer Weise befähigt, auch in weltlichen Angelegenheiten maßgebend zu sein. Bedeutsam ist dabei, dass Bernhard die Kompetenz zugeschrieben wird, Antworten auf gravierende politische Fragen geben zu können. Der Bruder Wilhelms geht selbst zur Zelle, wird von einem Diener empfangen und erhält *Audienz* (V. 3555) beim Heiligen. Das Gespräch findet in der Zelle[247] statt, wobei beide stehen (vgl. V. 3585a). Durch zweifache biblische Rekurrenz, einmal auf Herodes als exemplarischen Herrscher, der in ähnlicher Weise wie Wilhelm handelt und von Gott gestraft wird, und einmal mit Hilfe einer Allusion auf 1 Kor 4, zeichnet sich Bernhard als schriftgelehrt aus, und zwar in *Christliche[r] leer vnd Gottes wortt* (V. 3649).[248] Zum schriftgestützten Rat gesellt sich die misogyne Frage des Klerikers, ob die Frau die sexuelle Freveltat Wilhelms nicht provoziert habe (vgl. V. 3612f.). Als der Bruder Wilhelms dies verneint, rät Bernhard zum Warten auf göttliches Eingreifen, ferner zu eifrigem Gebet (V. 3633f.).

Bernhard zeichnet sich überdies durch Gastfreundschaft aus. Er teilt Brot und Wein, womit visuell eine eucharistische Gemeinschaft hergestellt wird, die dem Geplagten und Ratsuchenden *trost vnd lybes krafft* (V. 3664) und *frölich früsch [...] gmüt* (V. 3684) verleiht. Der gnädige Gott ist gegenwärtig und bewirkt, dass der

---

[247] Vgl. auch den Hinweis Bernhards, dass es sich um ein *gottshuss* (V. 3673) handelt.
[248] Vgl. überdies den Verweis auf Sir 28,1 in Bernhards Rede (V. 3652–3655).

Mensch *allen kummer fallen* (V. 3685) lassen kann. Das Resümee des Ratsuchenden fällt eindeutig aus: *Früntlich fürwar ist diser man | Ein diener Gottes wolgethon* (V. 3756f.). Der auf den Platz kommende Hofmeister präzisiert:

> Sin wortt ist krefftig voller trost
> Hat mich gar nach vs angst erlosst /
> Sin leben fůrt er streng vnd hartt
> Mit göttlicher leer wol bewartt /
> Von tugenten hat er gross lob
> Das soll mir sein ein gwisse prob /
> Das er vor Gott sig lieb vnd wird
> Vnd gschicht was er von Jm begertt (V. 3758–3765).

Trostspendende, kraftgebende und ermutigende Worte zeichnen den Heiligen aus; er wirkt durch das Wort. Dabei ist er ein Vorbild im Leben, das sich durch Askese und Werke auszeichnet. An Bernhards zahlreichen ethischen Qualitäten kann sich der Mensch messen. Dass seine Bitten von Gott erhört werden, deutet auf die Wundertätigkeit hin, die mit ihm verknüpft ist.

Der Mittler zwischen Gott und Mensch übernimmt überdies die Aufgabe, den Herrscher im Gespräch zur Umkehr zu bewegen. Dass Bernhard, der ansonsten an seine Zelle gebunden ist, dafür bereit ist, ‹in die Welt› zu gehen – dies nur aufgrund göttlicher Erlaubnis –,[249] verdeutlicht die Brisanz des vorliegenden *casus*. Letztlich kommt Wilhelm zur Zelle, der Heilige geht ihm ein Stück entgegen (V. 6861f.); das Gespräch findet in der Zelle statt.

Ausgestellt wird Bernhard freilich auch als Angefochtener, der sich der ihn peinigenden Teufeln erwehren muss. Bernhard ist *knüwende In sim gebet*, da tritt der *Vnküschtüfel* (V. 3997b), der ihn zuvor bereits beobachtet hatte, heran und beschimpft ihn. Durch körperliche und verbale Gewalt will er den Heiligen davon abbringen, ihm Wilhelm abspenstig zu machen. Ausgehend vom Bild der Herde (*frumme[] herdt*, V. 4002), das er aus Bernhards Rede (*ichs irrend*[250] *schäflj bring*, V. 3975) aufgreift, fokussiert er sodann den bellenden Hund, der das Wild auf der Hatz (ver-)jagt (V. 4007f.). Der Teufel nimmt folglich Worte seines Gegenübers auf – hier: die Metaphorik des guten Hirten und des Hirtenhundes – und verkehrt sie in das Bild der Hetzjagd, bei welcher der Hund seiner Aufgabe gerade nicht gerecht wird und das Wild fängt, sondern durch sein Gebell das Opfer vertreibt.[251]

---

[249] Vgl. das Gebet Bernhards: *Khum Heilger geist gib mir verstand | Wie ich den handel nem Zůhand/ [...] Sol ich dan Zů im Ziehen hin | ist wider das fürnemmen min/ Von minem Kloster vssZůgon | On vrsach gross nit geschehen khan/ Dan solches ist min vest gelübt | O heilger geist din gnad mir gib / Ouch glegenheit vnd vrsach gůtt / Das ich bekeer dess Herzogs můtt* (V. 3978f. u. 3984–3991).
[250] Oppikofer-Dedie 1980, S. 161, transkribiert *ich sirrend*.
[251] Möglich wäre, dass die teuflische Apostrophierung des Heiligen als Hund jenes Wissen um Bernhard verkehrt, dass die Mutter vor seiner Geburt von einem bellenden Hund träumt, der «auf die überragende Predigtfähigkeit des Heiligen hinweist»; Wagner 1979, Sp. 154.

Im Bild bleibend apostrophiert er den Heiligen als *Du alter hund* (V. 4014). Die Wut darüber, dass Bernhard dem *Vnküschtüfel* seine Beute vertreibt, artikuliert sich auch in dem Versuch, den Heiligen zu schlagen, was für ihn zur Posse gerät. Die Regieanweisung vermerkt in Slapstickmanier *Schlacht nach im vnd fält* (V. 4016a). Der Heilige spürt zwar den Schlag, muss aber erst einen Bruder bitten, ihm zu erläutern, dass dieser teuflischen Ursprungs ist.[252] Unbeirrt setzt Bernhard daraufhin das den Teufel erzürnende Gebet fort und erhält Beistand von einem Engel,[253] der ihm ankündigt, dass die Bekehrung Wilhelms – wenngleich nicht sofort – glücken und er, Bernhard, den Lohn (*Din kron*, V. 4047) für seine Mühen und seine Standhaftigkeit erhalten werde.

Den historischen Bernhard betreffend wurde bereits erwähnt, dass er im Zuge des Papstschismas für Innozenz II. Partei ergriff. Die Funktion der Figur ‹Bernhard› wird mit Bezug auf die Papstwahl im Spiel nun spezifisch modelliert: Er ist antireformatorisches Sprachrohr Gottes.

Die Ausgangslage ist rasch skizziert: In den die Papstwahl und die anschließende Kriegsführung thematisierenden Szenen sind die Teufel unter den Anhängern des Petrus Leonis präsent; sie umspielen die Akteure.[254] Beide Parteien sehen das Walten des Heiligen Geistes behindert.[255] Wer der Aggressor ist, nämlich die Partei des Petrus Leonis, macht der Fortgang der Handlung unmissverständlich deutlich. Die *kriegslüt* (V. 4748, 4771 u. ö.) – *gwardj* (V. 4747)[256] – ziehen vor den Lateran, um den gewählten Papst Innozenz mit Waffengewalt zu verteidigen.[257] Semantisiert wird ihr Kampf als ein wider den Teufel und die Hölle selbst geführter (*Wider helschen gwalt*, V. 4678). Die Gegner werden mit *ketzery*[,] *mit falschen listen* (beide V. 4673) sowie mit *falsch practicken* (V. 4674) assoziiert; sie sind *abtrinnig lüt*[] (V. 4675). Wenngleich das ‹Wilhelmspiel› die «Spaltung in der Kirche Gottes»[258] hier zunächst einmal mit den Worten des Surius beschreibt, nämlich als katholischen

---

[252] Dass Bernhard die Ursache der Peinigung nicht selbst ergründen kann, mag verwundern. Ist die Anfechtung durch den Teufel hier parallel zu Traumdeutungen konzipiert? Bedeuten würde dies, dass das für andere unsichtbare Geschehen durch die Deutung eines anderen quasi sichtbar und manifest gemacht wird. Auf der Bühne freilich sind die Teufel immer schon sichtbar – auch, wenn sie eigentlich unsichtbar agieren.
[253] Vgl. bereits zuvor die Regieanweisung *Voca Angelum* (V. 4021b) wohl für *voces angelorum*.
[254] Vgl. 4405a.
[255] Dem Gelehrten (*doctor beder rechten fyn*, V. 4424) erscheint das mutwillige Eintreten für Petrus Leonis als ein Handeln wider den Heiligen Geist, dessen Walten er in der Wahl Innozenz' erkennt (vgl. V. 4537f.). Umgekehrt bekräftigt die Gegenseite, Innozenz handle *wider recht* (V. 4486); man lasse *Den Heilgen geist mit siner gnadt* (V. 4484) nicht wirken.
[256] Hier muss nicht notwendig die Schweizer Garde gemeint sein; auch die Gegenpartei benennt ihre Truppe als *gwardj* (V. 4921).
[257] Wiederum wird ein geordnetes Marschieren gerüsteter Darsteller präsentiert, die unter Trommelschlägen und Pfeifentönen über den Platz ziehen.
[258] *diuisio in Ecclesia Dei*, S. 927.

und als schismatischen Teil,[259] sind die Regieanweisungen doch auch als Referenz auf den Glaubenskrieg zwischen Katholischen und Reformierten lesbar: Die Anhänger Innozenz' sind ‹Katholiken› und insofern die Rechtmäßigen und Gerechten.[260] Die Gegenpartei sieht im Aufmarschieren eine Provokation und macht gleichfalls mobil – Wilhelm und seine Truppen eilen zur Unterstützung herbei. Nach zahlreichen Boten- und Briefszenen wird nun Bernhard in seiner Rolle als Exeget des Geschehens vorgeführt. Er verkündet *der warheit grund* (V. 5976). Nach nochmaliger Begründung, warum Bernhard prädestiniert ist, eine allgemeingültige, von jedem zu befolgende Lehre kundzutun,[261] bittet Bernhard die Anwesenden in den Tempel. Der Ort legitimiert und bekräftigt die Wahrheit des Wortes. Unterstrichen wird die Bedeutsamkeit der Rede durch einen musikalisch-instrumentalen Akzent: Der Trompeter bläst auf und mahnt, gut zuzuhören.

Bernhard führt in seiner Rede an *Catholscher kilchen frumme kind* (V. 5999) zunächst das Amt des Papstes auf Christi Zusage an Petrus zurück (nach Mt 16,18). Sodann geht er auf das Hirtenamt ein, das nunmehr Innozenz bekleide, da man sowohl Gottes- als auch Nächstenliebe an seinem *werck* (V. 6016) ersehen könne. Markiert mit der genannten Wendung von einer tiefgreifenden, grundlegenden Wahrheit (vgl. V. 6021) wird Innozenz in legendarischer Manier gelobt,[262] Petrus Leonis hingegen als ein Mann geschmäht, der *Mit falscher practick wider gott* (V. 6032) agiere. An diesem Urteil, so Bernhard, sei beständig festzuhalten. Die wiederholte Wendung der *falsche[n] practick wider gott* apostrophiert die konfessionelle Stoßrichtung. Die Rede mündet in ein Gebet, das als kollektive Handlung zu denken ist und so die eigene, ‹wahre› Praktik an den Schluss setzt.[263]

Wilhelm: Unter Teufeln

Bereits die Vorreden des Spiels lassen keinen Zweifel daran aufkommen, dass es sich bei Wilhelm um einen Tyrannen (*wuttrich* V. 33; *wüetrich*, V. 189 u. ö.) handelt. Ebenso eindeutig sind die Charakteristika, die ihm zugeordnet werden: nicht nur *grob* (V. 189) und *grusam wild* (V. 246) ist er, sondern auch falsch, rast- und ruhelos.

---

[259] *Pars catholica* und *pars schismatica*; vgl. S. 927.
[260] *ex parte Catholica* (V. 5172b), *ex catholicis* (V. 5181a) und *Catholicus* (V. 5228a). – Die dergestalt konfessionell lesbare Wendung der ‹falschen Praktik› wird dann auch in der an das Publikum gerichteten Mahnung des Argumentumsprechers zum 4. Akt formuliert: *In falsche practick dich nit gib/ Bsin dich/ Es kostet sel vnd lyb* (V. 5559f.).
[261] Man wolle Bernhards Wort folgen, *Wyl wir hand gloubwürdigen schin | Den geist der wyssheit bj eüch sin/ Wir bitten ouch den selben geist | Das er sin göttlich gnad hie leist/ Was ewer ehrwürdt radt vfs best | Das wend wir halten stiff vnd vest* (V. 5958–5963).
[262] Bernhard beginnt bei der Etymologie des Namens und geht dann zu einer knappen Beschreibung der Vita über.
[263] *Die zům werben mit gebett/ Fallend vff knüw mit andacht stett* (V. 6046f.).

Der Protagonist betritt nun mit seinen Trabanten die Bühne. Erst jetzt beginnt die eigentliche Spielhandlung.[264] Noch während Wilhelm seine ersten Verse spricht, betreten die Teufel die Bühne. Es handelt sich wiederum um die Hand Wilhelmis, welche die Regieanweisung hinzufügt: *Tüffel machend ir possen* (V. 269a; hier u. ö.). Von Beginn an sind der Protagonist und seine Gefolgsleute von Teufeln umringt, und dies nicht ohne Grund: Von Kindheit an habe er, so Wilhelm, sowohl nach *kurzwÿl* (V. 267) als auch nach *hocher macht* (V. 366) gestrebt. Zudem habe er darüber nachgedacht, wie er wohlhabend und reich begütert werden könne. Die Herrschaft, die er antreten möchte und die ihm *Von erbschafft* (V. 282) zusteht, will er sich nun notfalls mit Gewalt erstreiten:

> So Jemand mir solchs wölte speren
> Schwer ich bÿ ritterlichen ehren/
> Der sol min kraft erfaren Bald
> An lÿb vnd gůtt grusamer gstaltt (V. 287–290).

Er lässt sich in dieser Angelegenheit von vier Getreuen beraten, die ihre Verschwiegenheit und ihre Unterstützung zusichern – dies freilich nur unter der Voraussetzung, dass Wilhelm sie im Gegenzug nach erfolgter Machtübernahme mit entsprechend lukrativen Posten belohnt. Angetrieben von dem Wunsch nach allgegenwärtiger *memoria*, die ein Ausdruck seiner *superbia* ist, gibt Wilhelm sein Versprechen:

> Allein dz ich in ehren gsteltt/
> Das Regiment bekhom zu hand
> Mÿn ehr vnd namen werdt bekannt/
> In aller wält das freüwte mich
> Nach ehren stell ich hizigklich (V. 398–402).

Der im Argumentum des ersten Akts als erstes und nachgerade tyrannentopisches Merkmal genannte *hochmůth stÿff* (V. 220, vgl. auch *hoffart übermůtt*, V. 231) findet hier seine Bestätigung.[265] Willhelms Eitelkeit wird unterstützt von einem gutaussehenden Äußeren (er ist *starck, schön, groß von lÿb*, V. 230).

Mit den nunmehr das Wort ergreifenden Teufeln wird die entworfene menschlich-herrscherliche Problemskizze vertieft, die auf eine grundsätzliche religiös-theologische Frage zielt, namentlich den Ursprung des Bösen. Denn, so hält der *Hoffart Tüffel* fest, er sei der Urheber des *hochmůtt[s]* und *Ehrgÿts[es]* (V. 418). Allerdings habe er *durch Zeichen* (V. 420) eine menschliche Disposition vorgefunden, die das Wirken seiner *kunst vnd list* (V. 419) begünstigt hätte. Vorgeführt wird der Mensch als ein defizitäres Wesen, dessen Schwachstellen der Teufel kennt und für seine Zwecke nutzt. Das Resultat ist ein Herz in der Gewalt des Teufels (vgl. V. 436); Wilhelm folgt der teuflischen *leer* (V. 431). Die folgenden Reden der Teufel

---

[264] In der Handschrift ist sie mit *Historia S. Wilhelmi* überschrieben.
[265] Bei *stÿff* wurde das angehängte *t* (*stÿfft*) gestrichen.

(Hoffart-Teufel, Luzifer, Unkeuschheits-Teufel, Satan sowie Geiz- bzw. Habgier-Teufel) explizieren das teuflische Tagesgeschäft, das darin besteht, den Menschen auf jede erdenkliche Art zu versuchen (vgl. *prob*, V. 446 u. ö.), wobei, wenig überraschend, der Hochmut die Wurzel aller Laster und Sünden ist. Bezeichnend ist, dass das System von Gabe und Gegengabe, das Wilhelm und seine Gefolgsleute praktizieren, auch in der teuflischen Sphäre gilt.

> [LUZIFER.]
> [...] Jeder befliße sich
> Dz sich mög mehren vnser rÿch /
> Daran gschicht mir gar über dmaß
> Ein hoher dienst vnd gfallen groß /
> Erlangend Ir durch solche prob
> In minem rÿch groß ehr vnd lob (V. 463–468).

Die im (von Geburt an) defizitären Wesen Wilhelms angedeutete Tyrannis wird auf Figurenebene als Umschlag ins Tyrannische wahrgenommen, der sich durch das Einsetzen Wilhelms ins Herrscheramt vollzieht. Nichts hatte, so scheint es den Regierungsmitgliedern, zuvor auf die charakterlichen Schwächen Wilhelms hingedeutet. Dem von allen Ratsmitgliedern (*fürstliche concilium*, V. 745) nicht nur als *rechter erb* (V. 836), sondern auch als *ritterlich man* (V. 613 u. ö.), *ritter frum* (V. 846), *ganz wolgethan* (V. 863), mit *verstand* (V. 875 u. 910), in *tugend sitten vnd geberden* (V. 892) wohlwollend bewertet beschriebenen Wilhelm wird vielmehr zugetraut, die Herrschaft seiner Eltern – *sine[] elteren tugentrÿch* (V. 584) – fortzuführen, mehr noch: dem Land zu neuer Blüte zu verhelfen. Mit der Veränderung der äußeren Umstände, sprich: der feierlich zelebrierten Machtübernahme, tritt das Innere für alle hervor. Fortan ist er *verblent* (V. 3508), wie der Bruder Wilhelms bemerkt. Die Verstellung Wilhelms konstatiert dann der Argumentumsprecher nach dem ersten Akt. Er hält fest, das Publikum habe Wilhelm als sanftmütig und zahm, ganz wie ein demütiges Lamm erlebt. In seinem Inneren brodele es aber, was mit dem vieldeutigen Adjektiv *heimlich* markiert ist: *So doch sin herz vnd arges gmüet, | In ehrgydt gros sich heimlich üebt* (V. 1886f.).[266]

Die Tyrannis als eines der zentralen Handlungselemente im Spiel, und das heißt auch: als Kategorie der Figurenzeichnung, zielt auf größtmöglichen Kontrast zum Heiligen Bernhard. Prägnant werden Szenen aneinandergereiht, die je unterschiedliche Eigenschaften des zwar legitimen, jedoch ethisch-moralisch untauglichen Herrschers fokussieren. Damit ist die Tyrannis bereits als etwas beschrieben,

---

[266] Zum Bedeutungspluralismus von *heimlich* vgl. FWb. Gemeinsam ist allen Bedeutungen, dass sie eine Einschränkung markieren, wobei für die Wilhelmfigur vor allem die Bedeutung mit Bezug auf den inneren, speziell geistig-seelischen Bereich, partiell im religiösen Sinn verstanden, angenommen werden darf.

das gewissermaßen das Innere des Herrschers betrifft, also das, was zunächst *heimlich* (V. 1887) in ihm verborgen liegt, sich dann aber Bahn bricht. Mehr als deutlich hebt der Spieltext hervor, dass eine menschlich-politische Intervention unmöglich, der Tyrann einzig durch transzendente Kräfte zu bändigen ist. Unermüdlich betonen die Figuren auf der Bühne, die engsten Verwandten wie Wilhelms Bruder, aber auch die Adligen, Räte und Dienstboten, dass sie selbst zu schwach seien und nur die göttliche Rache Abhilfe schaffen und die entartete Herrschaft beenden könne (vgl. etwa den Bruder: *Wÿe ich dan bin zur râach zů schwach*; V. 3516 u. ähnlich V. 3599). Nicht zuletzt der Heilige Bernhard, der im 3. Akt das erste Mal auftritt, bestätigt und legitimiert das Argument mit höchster Autorität:

> So ist das best, als ich vermein /
> Die sach zů übergeben Gott
> Dem besten helffer in der nott /
> Eüch [dem Bruder Wilhelms] ist nit müglich mit der hand
> Dem gwalt zů thůn ein widerstand (V. 3628–3632).

Die heilsgeschichtliche Dimension des Geschehens wird so durch die Reden menschlicher Akteure (gemeint ist: auf Handlungsebene), aber auch durch transzendentes Personal präsent gehalten. Nicht unwichtig ist in diesem Zusammenhang auch die Lehre, die der Argumentumsprecher des 4. Akts formuliert:

> Als ir hand gsehn den augenschin /
> Zweyer personen, die mit pin.
> In schand ir ellend hand gemertt /
> Das sÿ mit wortten hond vnehrtt.
> Wilhelmum den Tyrannen grim /
> Darvon du Christ ein bispil nim.
> Din oberkeit las vngeschmächt /
> Ob sÿ schon handlet wider recht (V. 5545–5552).

Weiter verkündet er warnend:

> In falsche practick dich nit gib /
> Bsin dich, es kostet sel vnd lyb.
> Wilhelmus der gestalt vnbesint /
> Würdt Gottes vnd der kilchen fyndt.
> Her Gott nit mit sinr gnaden hand /
> Sin herz berüert wer er verdambt (V. 5559–5564).

Die Gottlosigkeit des Herrschers, die sich auch in der Missachtung Gottes und der Kirche zeigt, führt unweigerlich ins Verderben. Einzig durch göttliche Intervention ist Wilhelm zu retten.

Ausweis des Tyrannen sind auch *ira* und *crudelitas*. Sie zeigen sich nicht nur in mangelndem Mitleid, sondern auch in einer ungerechten und ungerechtfertigten

Rechtsprechung. Die fehlende Gerechtigkeit (*iustitia*) wird dabei als ethisch-politischer Mangel Wilhelms beschrieben. Die Untertanen auf Handlungsebene lernen schmerzlich: *Gwalt gadt für recht* (V. 2449). Ersteres zeigt sich nach dem Turnier: Nicht der Tod des Kämpfers im Turnier macht Wilhelm in den Augen des Hofmeisters zum Tyrannen, vielmehr ist es der Umgang mit Sterben und Tod sowie ein eklatanter Mangel an Trauer.

> Trur hin trur har, ich bin der herr
> Niemand sol mich reystriren mehr /
> In miner hand han ich den gwalt
> Nit acht ich was eim jeden gfaltt /
> Vnd so jemand mir widerficht
> Der sol vmbs leben werden gricht (V. 2315–2320).

Der Herrscher, da ist sich Wilhelm nicht ohne Trotz sicher, kann tun, was ihm gefällt. Keine Restriktion kann ihn abhalten – die Macht (*gwalt*) für sich allein beanspruchend, droht er, jeden Widersacher (in Wort oder Tat) zu töten. Die seinen Abgang konkretisierende Regieanweisung unterstreicht den Zorn Wilhelms (*Wilhelmus ambulat furibundus*). Die Veränderung des herrscherlichen Charakters beschreibt der Hofmeister als plötzlich und unvorhersehbar:

> Ach wem wer doch das khon zů sin /
> Das vss dem ritterlichen man /
> Wurdt solcher wüetrich vnd Tyran (V. 2334–2336).

Dabei beurteilt er Wilhelm an seinen Worten (*Wie zů vermessen vs dem wortt | So er jez gredt*, V. 2337f.), nicht an der Tat als solcher, sprich: dass jemand im Turnier gestorben ist. Nicht an seinen Taten, sondern an seinen Worten ist der Tyrann folglich erstmals zu erkennen.

In wessen Namen Wilhelm fortan spricht, machen seine fluchbeladenen Reden deutlich, die nachgerade plakativ den Teufel sprachlich präsent halten (*Was tüffels macht ir eüch so thumb*, V. 2301; *Der tüffel vff ir kopf*, V. 2346; *Das waltt der tüffell vff den grind*, V. 2363; *Des tüffels danck eüch lonen sol*, V. 2415 etc.).

Die unbändige Streit- und Kampfeslust bestimmt im weiteren Verlauf des Spiels Wilhelms Tun. Auf Figurenebene wird sie sehr rasch als eines Herrschers unwürdig wahrgenommen:

> [ILLIDIUS.]
> Er wil werden ein wüetrich grob /
> Mit kämpfen vnd scharmuz vorab.
> Nach blůttvergiessen in vast dürst /
> So doch wir meintend das ein fürst.
> In gůtter meinung solte schonen /
> Des lebens siner vnderthonen (V. 2391–2396).

Der *wüetrich* Wilhelm wirkt nicht zum Wohl seiner Untertanen, ja er bringt sie gar ums Leben. Mit allen Mitteln geht er seinen eigenen Gelüsten und Leidenschaften nach.

Dies zeigt sich auch in Hinblick auf die *luxuria/voluptas*. Die sexuelle Verfehlung Wilhelms, die das legitime Eheverhältnis gefährdet und konterkariert, wird in der Gefangennahme und Vergewaltigung seiner Schwägerin augenfällig. Wilhelm begründet sein Tun mit dem Argument, dass dem Mächtigsten die Schönste zustehe, und diese sei nun einmal seine Schwägerin:

> Das schönste wÿb im land mir fügt
> Vnd nit mim brůder dan ich bin
> Der herr im land [...] (V. 2712–2714).

Eligias Argument, Wilhelm beschwere sich mit *sünden last* (V. 2763), entgegnet er unbekümmert und unverständig. Und er liefert die Selbstdiagnose gleich mit:

> Was tüffels solt das sin für sünd
> In minem kopf ich das nit find/
> Ich han mich dahin ganz ergeben.
> In wollust, fröud verzeren sleben (V. 2765–2768).

Fehlende Demut, Überheblichkeit und Gotteslästerung mag man dort erkennen, wo Wilhelm Christusworte aus Mt 18,20 alludiert und sie dabei ins Gegenteil verkehrt:

> Wo zwen old dry kommend zů huff.
> Vnd von mir redend lasterlich,
> Von des wybs wegen old derglich.
> Do sond jr nit lang vmbsehen,
> Solch arge wicht gefangen nen (V. 3303–3307).

Gegen die rein teuflisch ins Werk gesetzten Laster Wilhelms spricht das bereits zuvor erwähnte menschlich Defizitäre, das der Text freilich nicht weiter als solches unter die Lupe nimmt. Das Spiel arbeitet sich dergestalt an als tyrannisch ausgewiesenen Charakteristika ab und arrangiert sie in einer Kette von Ereignissen, die in ihrem unheilvollen Voranschreiten einzig darauf zielen, Ordnungsverstoß und Gefährdung des Seelenheils zu verdeutlichen.

Die *conversio* als Ausweg aus der Tyrannis

Wilhelms *conversio* wird im Spiel bereits zu Beginn thematisiert. Der Argumentator des 1. Akts erläutert, dass gerade sein Tyrannendasein Voraussetzung dafür ist, dass die *conversio* des Sünderheiligen vorgeführt werden kann. Er gibt daher eine klare Deutung für das Dargebotene vor, markiert durch *Do merckend* (V. 248): Niemand solle voreilig urteilen. Schließlich sehe man, dass Wilhelm heilig geworden sei (*In heiligkeit ist gstigen hoch*, V. 252). Es ist dies eine Spieltextergänzung Wilhelmis, die auf eine spezifische Lehre zielt, nämlich, prinzipiell mit der Möglichkeit der Besserung und der *conversio* zu rechnen. Teil des ersten Spieltags ist das Konversionserlebnis jedoch nicht. Dem den Epilog sprechenden Herold dient es – angezeigt mit dem Terminus *bekherung* (V. 8136) – als Cliffhanger für den zweiten Spieltag:

> Was S. Wilhelmus bekherung blangt /
> Dasselb bis vff morn also hangt.
> Ist lustig gar vnd trostlich seer /
> Vnd bringt eüch allen fröuden mehr.
> Dan disers so vff hütt ist gspiltt /
> Hiemit bitt ich Gotts gnaden milt (V. 8136–8141).

Auch auf Handlungsebene ist Wilhelms Bekehrung Thema: Die als göttlicher Gnadenerweis präsentierte *conversio* wird dem Heiligen Bernhard bereits vom Engel als Tatsache angekündigt, wobei er zugleich darauf verweist, dass mit einem raschen Konversionserlebnis nicht zu rechnen sei. Der Heilige – im Text des ersten Spieltags, wie gezeigt, als Kontrastfigur zu Wilhelm inszeniert – werde noch einige Mühe mit dem Herrscher haben:

> Bernharde trüwer gottes man /
> Schrecke vnd forcht leg feer hindan /
> Din bitt vnd beth das ist von Gott
> Erhörtt in siner kilchen nodt
> Jedoch můst du noch arbeit vil
> Mit dem hertzog han, ehe das zil
> Siner bekherung werdest haben (V. 4037–4043).

Bernhard kann denn auch nichts mit Worten ausrichten.[267] Wilhelm bleibt *verstockt*, wie es heißt. In der Legende des Surius bewirkt erst die Eucharistie, und das bedeutet: die direkte Begegnung mit Christus in Gestalt der konsekrierten Hostie, die *conversio* des Tyrannen. Bernhard spricht «den heiligsten Leib des Herrn in den Händen haltend» (*in manibus tenentem sacratissimum corpus Domini*, S. 929) mit brennenden Augen, brennender Miene und brennender Präsenz schreckenerregende Worte zu Wilhelm.

> homo Dei, iam se non agens vt hominem, corpus Dominicum patenę superposuit, secumque; portauit. Egrediebatur itaque; foràs ad Ducem foris manetem, vt loqueretur in idipsum, ignites oculis, ignita facie, ihnitum portans eloquium, nec supplex, sed minax ac verbis terribilibus principem terribilem est aggressus [...]. Auditis his tyrannus, sacramentorum præsentia superatus, et authoritate spiritûs sancti victus, nec audebat respondere [...] (S. 929).

---

[267] Vgl. auch die Regieanweisungen: *Wilhelmus schüt den grind ist vnwillig* (V. 6986a); mehrmals wendet er sich zum Gehen: *Surgit* (V. 7055a) und *stadt vff mit Zorn* (V. 7111a).

Wilhelm fällt zu Boden. Überwältigt denkt er über seine Schandtaten nach; in wahrer Reue (*vera*[] *pœnitentia*[], S. 930) tut er Buße.[268] Wie und mit welchen Worten das Spiel dies präsentierte, muss offenbleiben. Fest steht indes, dass die *conversio* anscheinend der einzige Weg aus der Tyrannis ist. Wilhelmi führt mit Wilhelm einen Sünderheiligen vor, der nicht sofort bereit ist, von seiner Sünde und konkret: von seinem tyrannischen Weltleben zu lassen. Der Heilige des ersten Spieltags, Bernhard, muss sich an ihm ‹abarbeiten›. Vorgeführt werden damit zwei verschiedene Heiligkeitskonzepte: Der Asket trifft auf den (späteren) Konversionsheiligen, der wiederum zum Asketen und Eremiten wird.[269]

Die Vita Wilhelms gibt die Struktur des Spiels vor: Mit der Zweiteilung des Lebens (sündig–heiligmäßig) korrespondiert die Aufteilung der Handlung auf zwei Tage. Das Publikum kann dem Prozess der Heiligwerdung folglich im wahrsten Sinne des Wortes zuschauen, wobei aufgrund von Textverlust nur die Inszenierung des Herrscherlebens vor der Bekehrung auf uns gekommen ist. Für die Vorreden gilt freilich, dass Wilhelm bereits heilig ist. Das Wissen darum wird vorausgesetzt.

Strukturbildendes Element ist ferner die Dreiteilung des Raums, die nicht nur durch die Visualisierung mit Hilfe des dem Spieltext beigegebenen Bühnenplans sichtbar wird, sondern sich auch in den Figurenreden ausdrückt. Zwischen den transzendenten Sphären Himmel (*Himmel*) und Hölle (*infernus* [!]) erstreckt sich die weltliche Sphäre. In dieser weltlichen Sphäre agieren auch transzendente Figuren, namentlich die Teufel und ein Engel. Sie machen deutlich, dass es die in der Immanenz getroffenen menschlichen Entscheidungen zu einem mehr oder weniger ethisch-moralischen Handeln sind, die im Fokus stehen. Das ‹Wilhelmspiel› präsentiert überdies die Notwendigkeit göttlicher Macht in der Welt – auch und vor allem im Politischen. Vorgeführt werden ausgedehnte Ratsszenen, die das Prinzip einer konsensualen Herrschaft vorführen und überdies den einstimmigen Beschluss demonstrieren, Wilhelm als Herrscher einzusetzen. Vorgeführt wird aber auch, dass das Urteilsvermögen der Mitglieder einzelner politischer Organe – hier des Rats (Parlaments) – immer nur ein eingeschränktes sein kann. Ohne göttliche Interventionen ist verantwortungsvolles Agieren auf der politischen Bühne (und dies sowohl in Bezug auf die weltliche wie auf die kuriale Gewalt) nicht möglich. Schon der erste Spielteil betont dabei, dass die göttliche Gerechtigkeit letztlich siegt. Dennoch bleibt die Versuchung des Menschen – auch und vor allem: des Herrschers – in der Welt. Nicht ganz aufgelöst werden kann auch die menschliche Schwäche, die in seinem Inneren (bereits von Natur aus und schöpfungsintern, also vor dem Fall?)

---

[268] Bedeutsam ist dabei auch, dass der waffengewandte Wilhelm sein irdisches kriegerisches Gerät ablegt und sich fortan nur noch mit den Waffen des Geistes rüstet (*depositis armis carnalibus, et assumptis spiritualibus telis*, S. 933); er ist ein neuer Soldat Christi (*nouus miles Christum*, S. 933).

[269] Zu den Möglichkeiten einer literarisch inszenierten Konversion vgl. Prautzsch 2021, S. 264–378; Röcke 2016, S. 203–216.

existiert. Dieser Schwäche ist nur mit einer bewussten Bekämpfung beizukommen.[270] Das will heißen: Auch der Heilige, dessen Leben ganz auf Gott ausgerichtet ist, muss sich dieser Schwäche immer wieder bewusst werden, um den teuflischen *prob[en]* entgegenzutreten bzw. ihnen widerstehen zu können. Der Tyrann Wilhelm ist schließlich Paradebeispiel für diese Schwäche.

Bei der Präsentation des Spiels sticht ins Auge, dass die ausgedehnten Prozessionsszenen, in denen Garde und Rat durch Trommeln und Pfeifen instrumental begleitet über den Platz ziehen, aber auch die ins Spiel implementierten Kriegsszenen auf Pomp, Augen- und Ohrenlust setzen. Neben der Kriegsführung für die Partei Papst Anaklets II. steht ein zweiter Krieg, nämlich der ‹Bruderkrieg›, der als unsinnig und amoralisch verurteilt wird. Ob diese bewegungsreichen und musikalisch akzentuierten Szenen die inhaltliche Redundanz, die sich durch zahlreiche Befehlsreden, Diener- und Botenreden sowie durch die damit einhergehenden Repliken einstellt, ausgleichen sollen oder ob damit nicht vielmehr einem Bedürfnis nach Selbstrepräsentation städtischer Akteure entgegengekommen werden soll, ist nicht zu entscheiden. Auch mag das eine das andere nicht ausschließen. Der Stagnation des Spiel- und Redeinhalts steht eine Dynamik der Bühnenhandlung gegenüber, die durch ein ausgeprägtes Hin- und Hergehen der (geordneten) Gruppen realisiert wird. Im Aufmarschieren, dem Präsentieren von Rüstung und Waffen sowie der musikalischen Ausgestaltung steht die Repräsentation städtisch-militärischer Potenz im Zentrum des Spielgeschehens.[271] Es ist denkbar, dass sich eine solche Machtinszenierung, welche die militärische Kraft des katholischen Vororts demonstrativ vor Augen führt, auch an reformierte Zuschauer richtet. Nicht zuletzt mag das Spiel damit aber auch – ob gewollt oder nicht – die eigene Übermäßigkeit und zur Schau gestellte politische Machtausübung kommentieren.

‹Leodegarspiel› (1606)

Politische und militärische Unternehmungen stehen auch im dritten Heiligenspiel, das Wilhelmi wahrscheinlich selbst verfasst hat, im Zentrum. Das ‹Leodegarspiel› inszeniert die Vita und Passio des Luzerner Stadtpatrons und nimmt sich damit eines im urbanen Raum bildkünstlerisch omnipräsenten Stoffes an.

Unter dem Namen ‹Leodegar› ist ein Heiliger bekannt, der um das Jahr 616 geboren wurde, aus einer fränkischen Adelsfamilie stammte und sich als Bischof von Autun und «führende[r] K[o]pf[] der frankoburg[ischen] Aristokratie [...] in heftiger Opposition zu den Zentralisierungsbestrebungen des neustr[ischer] Hausmeiers Ebroin» befand.[272] Auch seine Familie blieb von den Streitigkeiten nicht

---

[270] Möglich wäre, darin gleichsam eine Anspielung auf den im 16. Jh. in der Schweiz geführten Diskurs über Geburtsadel versus Gesinnungsadel zu sehen.
[271] Vgl. die Präsentationen militärischer Stärke im Bündner Theater, Veraguth 2023, S. 44–54.
[272] Poulin 1991, Sp. 1883.

verschont: Seine Mutter wurde in Klosterhaft genommen, sein Bruder hingerichtet. Leodegar selbst wurde durch ein Konzil abgesetzt (wohl in Mâlay, 677), geblendet, verbannt und am 2. oder 3. Oktober 678/679 in einem Forst des Artois enthauptet. So kostete ihn sein politisches Agieren letztlich das Leben. Bereits unmittelbar nach seinem Tod wurde Leodegar als Märtyrer betrachtet; nach der Ermordung Ebroins (680/681) setzte seine Verehrung ein. Die ältesten seiner Viten[273] sind die fragmentar[ische] ‹Vita I^a›, verfasst von einem anonymen Mönch aus Saint-Symphorien von Autun (vor 693) sowie die ‹Vita II› (um 684/696) des Ursinus von Ligugé, welche die Hauptquelle der späteren Biographien darstellt.

Für Luzern wurde Leodegar interessant, als im 12. Jahrhundert das Benediktinerkloster im Hof in den Besitz des Klosters Murbach im Elsass gelangte, dessen Patron eben jener Leodegar von Autun war. So wurde der Heilige auch als Patron für Luzern übernommen. Bis heute ist er als Stadtheiliger mit eigens begangenem Feiertag (2. Oktober) im kulturellen Gedächtnis verankert. Die Benediktinerabtei St. Leodegar wurde 1456 zu einem Chorherrenstift, in dem Jakob Wilhelmi seit 1571 wirkte. Durch ihn gelangte Leodegar zu Beginn des 17. Jahrhunderts dann auch auf die städtische Bühne. Wir erfahren aus einem Ratsprotokoll vom 17. Februar 1606, dass

> Vff daß anbringen herr Johann Wilhelmen schůllmeisters der stifft im Hoff, wie etliche von min herren vnd burgeren an inne gelanget, wýl ietzund ein gůtte zýtt lang sÿ kein v̈ebung einichs spils oder comedj gehan, vnnd sÿ bgertent sich nochmalen ze v̈eben vnnd ze erlustigen sonderlich ze eren vnsers lieben patronen S. Leodigarj. Wöllte er selbige histori jnn verß vnnd spill bringen vnd stellen, mit anerbiettung die vffrüstung deß platz vnnd stenden um jrem der spilsgnossen kosten zů verrichten.[274]

Renward Cysat vermerkt in seinen ‹Collectanea›:

> Lucern. A° 1616 [!] ward allhie von der burgerschafft representiert vnd an offnem platz gespillt die gottsälige histori deß lebens deß heiligen martyrers vnd bischoffs S. Leodegary, vnsers patronen, zwen tag lang, namlich den 4 vnd 5ten May jedes tags 12 stund lang mit grossem wolgefallen der oberkeit vnd mengklichs.[275]

Gespielt wurde demnach an zwei Tagen über einen Zeitraum von je zwölf Stunden. Es reisten auch Zuschauer aus anderen Städten an, die im Leodegar-Prolog eigens begrüßt werden: *Mitt heimshen gnandt die frömbde geste, | Gnedig Herren von radt*

---

[273] Bibliotheca hagiographica latina antiquae et mediae aetatis, ed. Socii Bollandiani, t. 1–2, Brüssel 1898–1901 (Subsidia Hagiographica 6). Novum Supplementum, ed. Henricus Fros, Brüssel 1986 (Subsidia Hagiographica 70) [BHL], 4850–4855.
[274] Staatsarchiv Luzern, RP 49, fol. 418^r, zit. nach Greco-Kaufmann 2009, Bd. 2, S. 361.
[275] Cysat, ed. 1969, I/2, S. 753, zit. n. Greco-Kaufmann 2009, Bd. 2, S. 372.

der Stetten (S. 6/7).[276] Dass man von einem gemischtkonfessionellen Publikum bei Luzerner Theateraufführungen ausgehen darf, belegen Briefe italienischer Gesandter, so etwa ein Brief des Gesandten Karls V., Giovanni Angelo Rizio, der auf 1549 datiert ist.[277] Rizio besuchte in jenem Jahr die Aufführung des ‹Luzerner Antichrist- und Weltgerichtsspiels›; wie bereits ausgeführt, schreibt er, es seien auch Zuschauer der «nova religione» anwesend gewesen. Konfessionell gebundene Spielinhalte können insofern in ebenso distinktiver wie persuasiver Absicht verstanden werden. Hinzu kommt, dass die Grenzen zwischen ‹alt-› und ‹neugläubigen› Gebieten ohnehin nah beieinanderlagen.

Als Bühne für das ‹Leodegarspiel› diente, wie schon beim ‹Apostel›- und beim ‹Wilhelmspiel›, der Weinmarkt Luzerns.[278] Der Text belegt, dass die Schauspieler traditionell ihre ‹Orte› beziehen (*Die spilgsellen nemmen Jr ortt, | So bshlüs ich miner reden wortt* (S. 8). Gespielt wird *Vff de[m] plan* (S. 5 u. ö.); wer an der Reihe ist, tritt aus seinem Ort heraus.

Aufbau und Inhalt

Vom Spieltext des ‹Leodegar› hat sich nur der zweite Spieltag erhalten. Der Inhalt ist rasch erzählt: Ebroinus, der sich als treuer Vasall König Theoderichs ausgibt, marschiert mit einem Heer wider die Stadt Edua (Autun), in der Leodegar als Bischof wirkt. Leodegar stellt sich freiwillig, um die Stadt und ihre Einwohner zu schützen. Er wird gefangen genommen und gemartert. Wirkungsvoll zum Einsatz kommt als Requisit der Bohrer, der ihm erst das eine, dann das andere Auge versehrt. Leodegar treu zur Seite steht sein Bruder Garinus (Warin), der im Spiel nicht nur als engster Verwandter, sondern auch als zentrale Deutungsfigur auftritt. Auch weitere Gefolgsleute Leodegars treten auf – sie werden von Ebroinus verbannt. Teuflische Zwischenszenen – der Oberteufel *Lucifer*, der *Hoffart geist, Nÿdt Tüffel, Gÿdt Tüffel* und *Fraâßtüffel* – lassen keinen Zweifel daran, dass Ebroinus ein Verführter eben dieser Teufel ist. Szenen, die sich der Mobilmachung des Heeres widmen, bieten Anlass für Prügeleien und Beschimpfungen; hier hat auch die *meretrix*, die in einige Heiligenspiele integriert ist, ihren Platz. Der auf Befehl von Ebroinus gemarterte Leodegar erhält Beistand durch mehrere Engel; schließlich treten Salvator und Gottvater selbst offen sichtbar auf. In einer weiteren Folter wird Leodegar die Zunge herausgerissen, doch durch ein göttliches Wunder ist er imstande weiterzupredigen. Schließlich wird er enthauptet. Seine Beerdigung wird als Initialzündung für die Grabstätte als eines Kultortes profiliert, wobei in den Spieltext inserierte Gebete die Wirkmacht von Heiligenkult und Fürsprachefunktion des

---

[276] Der Spieltext ist nicht ediert. Ich zitiere nach der Handschrift.
[277] Vgl. oben Anm. 66.
[278] Vgl. Greco-Kaufmann 2009, Bd. 1, S. 543.

Heiligen ausstellen, die bis in die Gegenwart gelten. Sogleich ereignen sich Heilungswunder am Grab – geheilt werden ein Lahmer und ein Blinder, nachdem sie am Grab Leodegars auf Knien gebetet haben – wobei zunächst das Almosengeben als Werk und Ausdrucksform der *caritas* vorgeführt wird.[279]

Gottvater selbst erhört, in Absprache mit dem Salvator, das Gebet. Christus bekräftigt die Wunderkraft des Ortes, nicht zuletzt mit der Intention, dem Tyrannen Ebroinus entgegenzuwirken. Das Spiel endet mit der Ermordung des Ebroinus und dem unvermittelten Tod Theoderichs, wobei die Teufel ihren Triumph auskosten.

Heiligkeitsinszenierung, *imitatio Christi* und Agitation

Mehr noch als es das ‹Apostel›- und das ‹Wilhelmspiel› tun – soweit sich verallgemeinerbare Schlüsse auf der Grundlage der Fragmente ziehen lassen – präsentiert das ‹Leodegarspiel› ein Konzept der *imitatio Christi*, das nicht nur für die Heiligkeitsinszenierung, sondern auch für die frömmigkeitspraktische Ausrichtung mit Bezug auf das Publikum relevant ist. Dabei ist nicht nur Christus auf unterschiedliche Weise präsent, auch die *imitatio* des Menschen (auf Handlungsebene: Leodegars und seiner Anhänger, auf Rezeptionsebene: des Publikums) vollzieht sich je verschieden.

Die *imitatio Christi* ist dabei auf einer ersten Ebene in der Engführung Leodegars mit Christus präsent, die sich in Folter, Tod und Grablegung konkretisiert. Inszeniert wird Leodegar als Postfiguration Christi in Gethsemane, der dem Vorbild in Tat und Wort ähnelt. Eingeführt wird in die Szene einer Christus-*imitatio* mit Leodegars Selbstinszenierung als Märtyrer. Als die Truppen des Ebroinus vor der Stadt stehen und der besorgte Wächter die *Geistlich weltlich Herren* (S. 28) vor der kriegerischen Auseinandersetzung warnt, beruhigt sie Leodegar:

> Nitt also min fründ thund gemach,
> Vff mich allein gadt dise sach,
> Darum in ÿffer gris erzündt,
> Setz ich min seel für mine fründ,
> Ja für min shäfflin hochgeliebt,
> Zü sterben bin ich nit betrübt
> Eüch all gwinnen mim Herren Gott,

---

[279] Ein Lahmer und ein Blinder, Claudus und Cerus, bitten um *Miltigkheitt* (S. 251). Chrodobertus, der in beiden fromme Christen erkennt, weist seine Frau an, Almosen zu verteilen: *Jr sind zwor arm, doch gottes fründ, | Jn eüwer Nodt, doch tröstet sind, | Der armmen Jst, dz Himmelrÿch, | Zu gott rüffend nun fürderlich, | Eüwer Seel vnd lÿb würd ernert, | Vß ellend groß vnd aller bschwerdt, | Huß frauw dz almusen gib hin, | für mich vnd dich, wie dz soll sin* (S. 252). Seine Frau teilt freigebig aus und bekräftigt zudem die Notwendigkeit fortwährender Standhaftigkeit im christlichen Glauben: *Wollan Jr sind von Christen blutt, | Doch arm brest hafft an lÿb vnd gutt, | So wÿll Jch eüch da richlich geben, | dz almusen, sag eüch darneben, | Dz Jr Jn Christi glauben vest, | Sins willenß, pfleggen vff dz best, | So folget eüch der gnaden schin* (S. 252).

> Dan das ich min heil sůchen sott,
> Darum stond ab von krieges gfecht,
> Dan ich ein diener Gottes recht,
> Mich billich für eüch all dargib (S. 28).

Als seine Anhänger für ihn kämpfen wollen, präzisiert er, welches Verhalten er in dieser Situation für angemessen hält:

> Für mich zů fechten nit nodt ist,
> Jr Geistlichen sond sin gerüst,
> Mitt Heilthum in Proceßion,
> Auch Crütz dem fynd entgegen gon,
> Darbÿ sol vnser lobgesang,
> On forcht ershallen in dem gang (S. 29).

Gerüstet mit Reliquien und einem (Vortrage-)Kreuz, die in einer Prozession mitgeführt werden, soll furchtlos der Lobgesang zur Ehre Gottes erklingen. Möglich wäre, darin einen Verweis auf den Museggumgang zu sehen, auf dem das Bildnis und die Reliquien Leodegars um die Grenzen der Stadt Luzern getragen werden. In der frömmigkeitspraktischen Übung liegt zugleich ein fundamentaler Exorzismus: *Darab sich die Tüffel entsetzent* (S. 30). Die Glaubensgegner sind Teufel und können mit ‹altkirchlichen› Heilmitteln ausgetrieben werden. Alle handelnden Figuren singen gemeinsam Psalm 68.[280] Die Szene ist sodann ganz nach der Gethsemane-Passage gestaltet. In Christusmanier (vgl. Io 18,5 u. 18,7) fragt Leodegar:

> Jr liebe fründ wen sůchend Jr,
> Das bitt ich eüch zů sagen mir
> Noch mehr frag ich wen sůchend ihr (S. 29).[281]

Mit Blick auf die Passio Leodegars variiert der Spieltext die Anrede in ein vertrautes, freundliches «ihr lieben Freunde» und stellt damit ostentativ die Unschuld und die Menschenfreundlichkeit Leodegars heraus. Wie Christus bittet er darum, die anderen unbeschadet gehen zu lassen (vgl. Io 18,8),[282] und wie Christus Petrus ermahnt, das Schwert wieder in die Scheide zu stecken,[283] so tut es Leodegar mit seinem Anhänger namens Edvinus:

> [EDVINUS.]
> Herr Leodegari diser stund,
> Bruchendt wir shwert nach vnserm bundt,

---

[280] *Exurgat Deus*; vgl. Ps 68,2: Gott steht auf; so werden seine Feinde zerstreut, und die ihn hassen, fliehen vor ihm.
[281] Auch im ‹Luzerner Osterspiel› nimmt die Szene breiten Raum ein. Dreimal fragt der Salvator die Juden: *Ir Juden, welchen sůchend ir?* Luzerner Osterspiel, ed. Wyss, Bd. 2, S. 94f. Alludiert wird zugleich auf den Tropus ‹Quem queritis›, der die Verheißung der Auferstehung präsent hält.
[282] Vgl. auch das ‹Luzerner Osterspiel›: *sůchend ir mich, so land dise hin* (Bd. 2, S. 96).
[283] Vgl. für eine textuelle Anlehnung wiederum das ‹Luzerner Osterspiel› (Bd. 2, S. 96).

> Dan vnser keiner ist der mag,
> Die vnbild liden vff den tag,
>
> [LEODEGAR.]
> Ewer shwertt steckend in die sheid,
> Das eüch dardurch nit gsheche leid,
> Kherend nun wider in die statt,
> Miner Person gshicht von Gott radt (S. 29).

Auch die Aufforderung an den Folterer, *Fründ was du thůst, das thůn nun bald* (S. 34), zitiert Christus, konkret seine Worte an Judas (Io 13,27), wobei der Verrat durch die Anrede *Fründ* deutlich herausgestellt wird.[284]

Wort und Tat, insbesondere die Opferbereitschaft, verbunden mit der Bitte, die anderen zu schonen, sowie die postulierte Gewaltfreiheit gehören zum hier aufgerufenen Konzept einer *imitatio Christi*. Was Leodegar jedoch von Christus unterscheidet, ist seine ausgestellte Furchtlosigkeit. Während die Evangelien die menschliche Natur Christi betonen und ihn in Angst und Bedrängnis vorführen, ist der Heilige demonstrativ von Heilsgewissheit durchdrungen und kennt kein Zaudern und Zagen.

Auch die Grablegung des gewaltsam getöteten Leodegar führt den Heiligen mit Christus eng. Von seinen Anhängern wird er in Tücher gewickelt und zu Grabe getragen. Die *imitatio* mündet in eine Bestätigung des Heiligenkults: Die Grabstätte wird zu einem Ort der Anrufung des Heiligen, Leodegar zu einem Fürsprecher der Gläubigen bei Gott.

> Die gleübigen, so ůbell Fÿll,
> An Libs, bresten erlangend Heill,
> Durch deß Heilligen bischoffs fürbÿtt,
> Des gib O Gott zu Jedder zÿtt,
> Dennen so dich anrüffen Drum,
> An dem Ortt durch Jesům Christum (S. 248).

Wie genau der Heilige anzurufen ist, wird dann sogleich präzisiert, indem der Spieltext die *Oratio* eines Presbiters bietet:

> O Gott Schöpffer der gleübigen,
> Ein erloser der Selbigen,
> Zu dir rüfft, vnser Hertz vnd mund,
> Dz vnß werd, din erbarmung Kundt,
> Wan wir bitend, für gleübig Seelen,
> Sÿ zur retten, vß vngefelln,
> [249] Der pin, vnd woll verdienter Straff,
> Durch din barmhertzigkheit, verschaff,

---

[284] Anders im Osterspiel von 1545: [SALVATOR.] *Nim hin das brott von miner hend | vnnd gib bald dinen sachen end!* (V. 6993f.). Es folgt die Regieanweisung *Judas stat vff, gadt an Caiphas hoff*.

> Dz sÿ erlangend, Jndulgientz,
> Jn Göttlicher, gnaden Sententz,
> Wie sÿ erwünscht, hand, vnd begertt,
> Zu Jedder Zÿtt, vff diser erdt,
> Dise bitt, du vnß gnedig Leist,
> Gott vatter, Sohn, vnd Heilliger geist,
> Px[285] Amen (S. 248f.).

Die Regieanweisung vermerkt: *Vnder dem bett kumpt der schin von Himmel vffs grab* (S. 249). Gedeutet wird der Glanz des Himmels, der auf das Grab fällt, von der für die Auslegung zuständigen Instanz, nämlich vom Presbiter:

> Nun sechend vff, Jr Lieben Frund,
> Ein Nüws Liecht vom Himmel schindt,
> V̈ber diß Ortt da gottes Radt,
> Zwiffels Ohn, will Heilligen die statt,
> Durch den gerechten, hie vergraben,
> Deß wir vnß, zu erfreüwen haben,
> Alß mit, trostlicher zuversicht
> Gott Hab dis Ortt, zum Heill gericht,
> Jn der Eher, Sant Leodegar,
> Für Mentslich, Schaden vnd gfaar (S. 249).

Daraufhin bekennen die Umstehenden:

> Jn mir find Jch, ein Solchen bscheid,
> Es Sÿ, von groser, Heilligkheitt,
> Leodegarj, den gott will,
> Hie verEherren, mitt wunder vÿll,
> Dz auch erkhen, die gottLoß weltt,
> Dz er ein fründt gottes Sÿ Zelt,
> Hie mit Jr boßheit, zschanden werd,
> Die Jm geschechen, Jst vff erdt,
> Hergeggen, Jeder frummer Christ,
> Siner fürbitt, getrostett Jst,
> Darum sollend wir, gott hin fortt,
> Eheren, anbedten, an dem Ortt (S. 250).

In einem zweiten Schritt nach der Präsentation des Heiligen als Postfiguration Christi wird er für die Gläubigen als nachahmungswürdig präsentiert, wobei der Stellenwert und die Funktion des Gebets ostentativ herausgestellt werden. Als der Henker ihm zunächst das eine und dann das andere Auge ausbohrt, betet Leodegar nach jedem Bohren zu Christus, wobei er das ‹andere› Licht fokussiert, welches das Augenlicht ersetzt. Die Sehfähigkeit wird insofern durch die Lichtmetaphorik aufgerufen und auf das ‹eigentliche› Licht hin umgelenkt.

---

[285] Das Px ist hier wohl als Christusmonogramm zu verstehen; möglich wäre auch die Bedeutung ‹Pax›.

O Jesu wares liecht der weltt,
Vff dich ist all min hoffnung gstelt,
Erlücht vnd tröst mir[286] min gemůtt,
Jnn dinen gnaden mich behütt (S. 35).

Bittet Leodegar Christus als das Licht der Welt (Io 8,12) nach der Blendung des ersten Auges um Erleuchtung und Trost, so stellt er nach der Blendung des zweiten seine Leuchtwirkung auf andere in den Mittelpunkt. Seine Seele leuchtet durch das göttliche Licht und hat damit Signalwirkung. Insofern ersetzt das göttliche Licht nicht nur sein Augenlicht; die Rede zielt auch auf das Wesentliche, nämlich die Vorbildhaftigkeit und Verehrungswürdigkeit des Heiligen.

Minn Heiland Jesu gib mir trost,
Dann mit dim blůtt hast mich erlößt,
Wÿl ich mins gsichts beraubet bin,
Schaff das din Göttlich liecht ershin,
Jnn allen krefften miner seel (S. 35).

Außerdem wird dem Mitleiden ein zentraler, heilswirksamer Wert zugemessen:

Vs mitliden ich khon binn,
Das ich in minem hertzen trag,
Vnd wer leid mitt shmertzen klag,
Jch begrüs eüch vnd das Conuent,
Gott alles ÿbel von eüch wennd (S. 61).

Dieses Mitleiden wird in einem nächsten Schritt auf den Christusnachfolger Leodegar bezogen. Dieser bestätigt: *Des grůs vnd mitt lidens vorab, | Du Gott zun eim vergeltter hab*[.] (S. 61). An die Mitleids-Thematik als Ausdruck einer Nachfolge des Heiligen knüpft auch Garinus, Leodegars Bruder an, der mitleidet und englischen Beistand erhält:

Selig sind die verfolgung lident,
Der grechtigkeit halb, darum midend
Aller Tÿrannen gunst vnd gnad,
Gar wol es vmm die Mentshen sthatt
Die also SKrütz nemmend vff sich,[287]
Dan ihren ist das Himelrÿch,
Das ist geshrÿben albereitt,
Mathai am Fünfften vndersheid (S. 58).

Augenfällig markiert durch den Beginn mit ‹Selig sind›, der die Bergpredigt (Mt 5) aufruft, kombiniert der Engel Versatzstücke der Seligpreisungen (derer, die um der Gerechtigkeit [!] willen Verfolgung leiden) mit neuen Aspekten: der Meidung von

---

[286] *Mich* zu *mir* gebessert.
[287] Mt 16,24; Mt 10,38.

Gnade und Gunst der Tyrannen sowie der Nachfolge und Nachahmung Christi im Bild des Kreuz-auf-sich-Nehmens (nach Mt 16,24). Die Formulierung aus Mt 16,24 wird damit gleichsam als Voraussetzung für die Erlangung des himmlischen Reichs ausgewiesen, das Kreuztragen (Leiden und Sterben in der Nachfolge Christi) zum Dreh- und Angelpunkt der Erlösung. In konsolatorischer Absicht (*Bis wol getröst* bzw. *Des tröst du dich*, S. 58) werden damit zwei zentrale Stellen des Neuen Testaments ineinandergeschoben. Wo genau sich die tröstende Wirkung entfalten soll, daran lässt der Engel keinen Zweifel. Er beschließt seine Rede mit den Worten: *Min inspruch* [Zuspruch] *las zů hertzen gonn* (S. 58). Das Herz steht für das Innere des Menschen, ist sein Zentrum. Das In-sich-Hineinhorchen, die innere Rede des Herzens, versteht Garinus dann auch als Quintessenz der englischen Botschaft: *Daruff wil ich noch hören mehr | Was in mir rede Gott der Heer* (S. 58). Innerlichkeit und Äußerlichkeit werden nebeneinandergestellt und hervorgehoben, dass jegliche körperliche Schändung, ja selbst der körperliche Tod dem Innern nichts anhaben kann: *Ann der seel hand sÿ nütt zůthůn* (S. 58). Induziert wird Tröstung in der Nachfolge.

Neben den beiden *imitatio*-Varianten – einmal bezogen auf Christus selbst, einmal auf Leodegar – wird drittens der göttliche Beistand für Leodegar inszeniert: Salvator und Gottvater treten als handelnde Figuren auf; sie werden nicht nur in ihrer Trösterfunktion aufgerufen, sondern auch als figurengebundene Legitimations- und Verifikationsstrategie in Bezug auf die Heiligkeit Leodegars, seine Verehrung und seine Fürsprecherqualität, die sich nicht zuletzt in den zahlreichen Wundern äußert. Gottvater sagt (mit Bezug auf die Wunderheilung am Grab Leodegars):

> Für vnß stigt vff geliebter Son,
> Jnbrünstigs gebetts, starcker thon,
> Zweier Personen, welche sind,
> Der ein krum, Lamen, der ander blind,
> Die stellend vnß mit Jffer für,
> Den verdienst vnsers dieners Thür,
> Leodegar, der früe, vnd Spatt,
> die warheitt bshirmbt vnß geheret hatt
> Hatt zwor bÿ vnß, der Martir Kron,
> Sin dechtnuß, soll auch eherlich sthon,
> Vff erden bj Menschlicher Artt,
> Werd sin Heilligkeÿtt Offenbartt,
> Durch vnser gnad mit wunder werck,
> Nemend die zwen gsundheitt vnd starck,
> An Jrem Lÿb sampt allen frummen,
> die mit andacht zur grebnuß kummen (S. 256).

Schließlich ist mit der so gearteten Heiligkeitsinszenierung auch das agitatorische Potenzial einzelner Spielszenen verbunden, die einen konfessionell gebundenen Weg zum Heil präsentieren. Immer wieder eingesetzt wird der Terminus des

‹Tyrannen› mithin, wie Klaus Kipf herausgearbeitet hat, eine einschlägige Vokabel im konfessionellen Streit.[288] Zunächst beklagt Ebroinus, der Tyrann, die Mönchskutte verunstalte (*entgeste*[], S. 13) ihn. Schließlich wolle er doch am Hof Karriere machen. In seinem früheren Entschluss, ins Kloster einzutreten, sieht er einen Akt teuflischer Einflüsterung:

> Du shnöde kutt shend dich der ritt,
> Můs ich von dinetwegen dan
> Bÿ aller welt das hinder han,
> Die Narren kappen züch ich ab,
> Mitt sampt der kutten, dan ich hab,
> Kein München fleish gehapt min tag,
> Der Tüffel diese kutten trag,
> An miner statt vnd gang in Orden
> Mir nit ich bin sin leidig worden
> Der Tüffel gab mir doch inn sinn,
> Das ich Jns Closter gangen binn (S. 13).

Als *heilose*[*s*] *flügengarn* (S. 13) halte ihn die Kutte gefangen und der ihn umschmeichelnde *Hoffart tüffel* bekräftigt nunmehr, das *narrenkleid* (S. 13) zieme sich nicht. Kurz darauf wird er vor seinen Genossen triumphieren: *Ho Ho ihr Tüffel mir ist glungen, | Der Münch ist vs der kutten gsprungen* (S. 13).[289] Sodann strengt Ebroinus eine *Geistlich Reformation* an, um Leodegar und die Seinen in ihre Schranken zu weisen:

> Nun hab ich ietzund fürgenon
> Einn Geistlich Reformation,
> Dan ich wol weis mit was vnrůw,
> Sÿ vnserm vnglück stÿfftend zů
> Zů dem das sÿ sich halttend shlecht,
> Des ersůcht man sÿ billich recht (S. 69).

Das Aufräumen mit den *shlecht*[*en*] Verhaltensweisen – hier bereits pejorativ zu verstehen – zielt auf das, was Leodegar seinem Widersacher entgegenhält, namentlich die Prozession, den Reliquienkult und die damit verbundenen Gesänge. Auch wirft Ebroinus Leodegar seine *Apostülzlerÿ* (S. 141) vor. Er spottet:

> Zum Opfer gottes, dich gibst schon,
> woltest schon han der martter Kron,
> Eÿ, Eÿ, wie schöner Martÿr Gÿst,
> grad wie die katz ein wildprätt Jst[290] (S. 141).

---

[288] Kipf 2012, S. 31–48, sowie Kipf 2021, S. 515–529.
[289] Dass die ‹Neugläubigen› ‹aus der Kutte gesprungene› Mönche sind, kann nicht nur auf Luther, sondern gleichermaßen auf Zwingli bezogen sein.
[290] Die Katze, die Wildbret isst, scheint hier ein Bild für die Rarität des Ereignisses zu sein. Eine solche Haltung wie die Leodegars findet man selten. Zur übertragenen Bedeutung von ‹Wildbret› vgl. das Schweizerische Idiotikon, Bd. 5, 1904, Sp. 886f.

Die *Geistlich Reformation* wird als tyrannischer Akt inszeniert und die *Catholishe Religion* als einzig heilswirksam ausgezeichnet.

> Nach eins ist dz vns gipt zuerstan,
> Catholishe Religion,
> Der frumme Man Leodegar,
> Sůcht Heilge mittel in der gfar,
> Heilthumb das Crütz Zeichen vor an (S. 63).

> Ein Christ sol nun verston hiemit,
> Das Heilthum, Crütz Proceßion,
> Nit nüw ist, wie mit bösem won,
> Die Sectishen sich selbs beredent,
> Den Christ Gottsdienst, wöllend abtänt
> Den Man hatt bruch vil[291] hundert Jar
> Da ietziger Sect keine war,
> Darum ein Christ sich flÿßig haltt,
> Bÿ wharer Gottes Kilchen alt (S. 64).

Der von den Reformatoren verworfene Reliquienkult, die Heiligen als Mittler und Fürsprecher sowie Prozession und Kreuzanbetung werden hier demonstrativ bestätigt. Trost spendet letztlich auch der Preis, den der Tyrann für sein Handeln zahlt: *Was Martÿr kron dtÿrannen kost, | Seel lib vnd gůtt gar one feel* (S. 8).

Bild-Text-Relationen

Oben ist bereits auf die Verbindung der Luzerner Spielaufführungen zu Heiligenbildern im öffentlichen Raum und speziell zu den Brückenbildern hingewiesen worden. Während das ‹Apostelspiel› und das ‹Wilhelmspiel› mit Bildern der Hofbrücke korrespondieren, ist für Leodegar der entsprechende Bildzyklus auf der Kapellbrücke besonders relevant, der möglicherweise nach einzelnen Szenen des Spieltextes gestaltet wurde.[292] Bereits 1586 hatte Renward Cysat damit begonnen, mehrere Konzepte für einen Bilderzyklus auf der Kapellbrücke zu entwickeln.[293] Die Gemälde entstanden größtenteils freilich erst zwischen 1614 und 1625 und damit zeitlich nach den Heiligenspiel-Aufführungen. Horat merkt an, dass es aber gerade für den Leodegarzyklus möglich sei, Text- und Bildinhalte miteinander in Beziehung zu

---

[291] Besserung aus *bruchvil*.
[292] Vgl. dazu Horat 2015, Bd. 1, S. 64. Die ältere Forschung hat einen Zusammenhang bestritten, vgl. Baechtold 1892, S. 108. Der Bilderzyklus der Kapellbrücke umfasst heute 148 Tafeln, von denen 40 Bilder dem Leodegarzyklus angehören. Vgl. ebd. S. 74. Wie die Bilder der Hofbrücke, so wurde auch dieser Zyklus durch private Stifter finanziert.
[293] Vgl. dazu Horat 2015, Bd. 1, S. 20. Dort sind auch Transkriptionen von Cysats Entwürfen zu finden, ebd., S. 134–142. 1599, im Jahr der zweiten ‹Apostelspiel›-Aufführung, stellte Cysat dem Rat seine Entwürfe vor. Der Rat stimmte diesen zu, wollte aber, anders als für die Hofbrücke, nur weltliche und keine religiösen Bilder ausgeführt sehen (vgl. das Ratsprotokoll von 1611: *allein welltliche historien*, aber: *nach dem exempel der Hoffbrugk*, zit. ebd., S. 20).

setzen, da das ‹Leodegarspiel› «in mehreren Szenen direkt auf[scheint]».[294] Als Beispiel nennt er den aus dem Kloster geflohenen Ebroinus, der Gaimerus und Diddo bittet, ihm anstelle der Mönchskutte einen Mantel zu besorgen, der den Gepflogenheiten höfischer Kleidung entspricht. Deutliche Entsprechungen sieht er auf den Bildtafeln mit den Nummern 112–114 gegeben. Dies sind die Tafeln, die das Sterben und den Tod Leodegars visualisieren. Vier Knechte sollen Leodegar auf Geheiß Graf Roberts töten. Das Bild zeigt spieltextäquivalent Folgendes:

> Servus primus, secundus und tertius knien vor Leodegar, lassen sich von dessen Unschuld überzeugen und erbitten seinen Segen, während der vierte, der böse Scherge Carnifex, in Reisläufertracht drohend über ihnen steht. Die drei Knechte verweigern den Auftrag und entfernen sich. Carnifex und Leodegar unterhalten sich ausführlich, bevor der Henker Leodegar aufrecht enthauptet. Der geköpfte Leichnam bleibt stehen. Carnifex lamentiert und versucht, Leodegar mit dem Fuss umzustossen, da holt ihn der ‹Gidt Tüffel›.[295]

Im ‹Leodegarspiel› Jakob Wilhelmis wird eine Christusähnlichkeit auf die Bühne gebracht, die sich in unschuldiger Verfolgung, Folter und gewaltsam herbeigeführtem Tod äußert. Leodegar ist Postfiguration Christi und besitzt eine herausragende Stellung als lokaler Heiliger. Dabei geht das Spiel in zwei Schritten vor: Erstens präsentiert es Leodegar christusanalog, zweitens stellt es ihn selbst als nachahmungswürdig heraus. Für das Publikum ist damit weniger verbunden, dass Verhaltensmaßstäbe sichtbar gemacht werden, die auf das eigene Leben zu beziehen sind. Vielmehr scheint es das Anliegen des Spiels zu sein, sich der konfessionellen Gemeinschaft – präsent im Heiligen selbst, in der mit ihm vorgeführten liturgischen Prägung sowie im Heiligenkult, in Reliquien und Wundern – zu vergewissern und diese zu festigen. Die vorgeführte Verehrung des Heiligen, das Mönchsleben, die Wunder sowie die höchste Legitimation durch den Salvator und Gottvater, beglaubigen das ‹Althergebrachte› und setzen zudem einen hermeneutischen Prozess über ‹richtige›, und das heißt: konfessionell gebundene Nachfolge in Gang, die sich über die ‹richtigen› Gebete und Rituale definiert. Da, so die Argumentation des Spiels, Leodegar und mehr noch Christus unhintergehbar sind, ist es die eigene Konfession ebenfalls. Hinzu tritt eine Amtsheiligkeit Leodegars, die sich darauf bezieht, dass Leodegar Bischof ist. Die mit dem Amt ausgestellte institutionelle Macht wird nicht nur bestätigt, sondern gleichsam auratisiert.

---

[294] Horat 2015, Bd. 1, S. 64.
[295] Ebd., S. 64.

Sarnen

Sarnen in der Frühen Neuzeit

Das Dorf Sarnen, heutiger Hauptort des Zentralschweizer Halbkantons Obwalden, gelangte mit den umliegenden Siedlungen im Jahr 1033 an das Heilige Römische Reich und wurde zunächst vom Lenzburger Adel regiert.[1] Nach dem Tod des letzten Lenzburger Grafen 1173 wurde das Gebiet vom Kaiser der Aufsicht der habsburgischen Reichsvögte übergeben, die ihre Güter jedoch nicht selbst bewohnten, sondern sie verwalten ließen. Der Hochadel war im gesamten eidgenössischen Raum bereits früh ausgestorben, und auch in Obwalden wurden die lange Zeit dominierenden adligen Herren von Hunwil[2] Ende des 14. Jahrhunderts von der bäuerlichen Oberschicht aus dem Land gedrängt. Diese war inzwischen zu beträchtlichem Reichtum gelangt und hatte, ganz anders als die Hunwils, keine Probleme damit, mit Bern und Habsburg zu brechen.[3] Fortan besaß die bäuerliche Oberschicht die Macht in dem ländlichen Gebiet, und auswärtigen Herren wurde der Landbesitz in Obwalden verwehrt.

Die politische Unabhängigkeit vom Heiligen Römischen Reich, die *de jure* erst 1648 vollzogen wurde, bestand für die Waldstätte um den Vierwaldstättersee (Ob- und Nidwalden gemeinsam als Unterwalden[4] sowie Uri und Schwyz) *de facto* schon sehr früh: Das Landfriedensbündnis der drei Waldstätte von 1291 gilt heute als Geburtsstunde der Schweiz, war jedoch lediglich eines in einer Reihe wiederholter Bündnisabkommen.[5] Durch die von König Heinrich VII. 1309 ausgestellten Freiheitsbriefe erlangte Unterwalden Reichsunmittelbarkeit, wurde von jeder auswärtigen Gerichtsbarkeit (außer der königlichen) befreit und konnte eigene Rats- und Gerichtsherren stellen.[6] Offiziell bestätigt wurde die Unabhängigkeit Unterwaldens ob dem Wald dann im Jahr 1415 durch Kaiser Sigismund, der Blutbann und

---

[1] Vgl. Flüe 2012, S. 15.
[2] «Die mächtigen, mit den Dynasten von Strettlingen und Ringgenberg verschwägerten Herren von Hunwil prägten die Entwicklung [Obwaldens] der 1. Hälfte des 14. Jh. Dank diplomat. Vorgehens gelang es ihnen, die noch reale Präsenz der Habsburger in den 1330er- und 40er-Jahren weiter einzudämmen, bis nur noch eine vage Lehenshoheit bestand, und die versch. Rechtsansprüche im Land unter eine einheitl. Führung zu bringen.» Garovi 2018.
[3] Vgl. ebd.
[4] Ob- und Nidwalden regelten ab 1291 wichtige Angelegenheiten gemeinsam, galten jedoch als politisch voneinander unabhängige Orte (Kantone).
[5] Vgl. auch die oben, Kap. ‹Einführung›.
[6] Vgl. Garovi 2018.

Hochgerichtsbarkeit an Landammann und Gemeinde übertrug.[7] Seit dem Ende des 15. Jahrhunderts gab es sechs Gemeinden (sog. ‹Kilchgänge›) in Obwalden, wovon Sarnen und Kerns die beiden großen, Alpnach, Giswil, Sachseln und Lungern die vier kleineren waren. Die heutige siebte Gemeinde Obwaldens, Engelberg, war bis 1798 ein unabhängiger Klosterstaat.

Neben der Anhäufung der Besitztümer war es vor allem das Söldner- und Pensionenwesen, das dem Kanton zu Einnahmen verhalf, wovon vornehmlich die bäuerliche Oberschicht profitierte. So bildete sich im 15. Jahrhundert eine Aristokratie aus Militärunternehmern und Großgrundbesitzern aus,[8] was dazu führte, dass wenige mit Adelsprivilegien ausgestattete Geschlechter die Herrschaft innehatten.[9] Die ländliche Oberschicht legte sich beispielsweise Titel und Wappen zu und hob sich durch das Tragen teurer dunkler Kleidung gezielt vom Rest der Gesellschaft ab, um den sozialen und politischen Führungsanspruch zu unterstreichen.[10]

Die Lehren der Reformation wurden in der Innerschweiz abgelehnt, insbesondere als die pensionenfeindliche Haltung Zwinglis anlässlich der beiden Zürcher Disputationsgespräche 1523 deutlich wurde. Spätestens nach der Badener Disputation im Jahr 1526, einem öffentlichen Streitgespräch zwischen Vertretern der römischen Kirche und Anhängern der Reformation, war Obwalden dezidiert altgläubig.[11] Nach dem Sieg der Katholiken im Zweiten Kappelerkrieg 1531 und dem darauffolgenden Landfrieden verfolgte der Ort Obwalden einen deutlich gegenreformatorischen Kurs; so schloss er vom 16. bis ins 18. Jahrhundert Allianzen und Bündnisse mit Spanien und Frankreich und zog in die Hugenottenkriege.[12]

Zur Zeit der Abfassung und (teilweisen) Aufführung der Heiligenspiele, die im Folgenden näher beleuchtet werden, war die Spaltung in reformatorische und gegenreformatorische Gebiete in der Eidgenossenschaft noch immer vorhanden, doch es überwogen in vielen Bereichen aus politischen Überlegungen Bestrebungen zu einem einheitlichen Auftreten. Gleichzeitig rückten wiederum andere Aspekte, die die Einigkeit der Eidgenossenschaft in Gefahr brachten, in den Vordergrund. Wie oben[13] dargelegt, verlief das vormals konfessionsgebundene Streitthema ‹Söldner- und Pensionenwesen› Anfang des 17. Jahrhunderts nicht mehr so scharf entlang der konfessionellen Grenzen wie im Jahrhundert davor, während die zunehmend prekäre Situation der Landbevölkerung und die Beziehung zwischen den städtischen Obrigkeiten und den ländlichen Untertanen zu vorherrschenden Streitthemen

---

[7] Vgl. Garovi 2018. Damit vollzog sich auch rechtlich die Trennung der beiden Halbkantone Ob- und Nidwalden.
[8] Vgl. Höchner 2014, S. 15.
[9] Vgl. Letter 2004, S. 293.
[10] Vgl. Garovi 2000, S. 111.
[11] Vgl. Garovi 2018.
[12] Vgl. ebd.
[13] Oben, Kap. ‹Einführung›, S. 12.

wurden.[14] Vor diesem historischen Hintergrund sind die Heiligenspiele zu sehen, die in Obwalden in der ersten Hälfte des 17. Jahrhunderts geschrieben und teilweise aufgeführt wurden, wobei Heiligenspiele nur einen Teil der reichen Theaterkultur des Halbkantons ausmachten.

Theater in Obwalden im 16. und frühen 17. Jahrhundert

Eines der ältesten Zeugnisse für theatrale Aktivitäten im heutigen Obwalden ist die Engelberger Osterfeier, die um 1372 aufgezeichnet wurde, jedoch vermutlich viel älter ist.[15] 1540 leitete der aus der Luzerner Theatertradition bekannte Hans Salat in Alpnach die Aufführung des Osterspiels ‹Vrstend›.[16] An der alten Fasnacht 1583 wurde zu Wißerlen auf dem Sand in der Gemeinde Kerns der ‹Weltlauf› gespielt, wobei es sich mit großer Wahrscheinlichkeit um den ‹Weltspiegel› des Baslers Valentin Boltz handelt.[17] 1590 beschloss der Rat, man solle das Stück anhören und dem Schulmeister Jakob Lüthi *etwas Danks tun*,[18] und 1591 oder 1592 wurde *denen von Alpnach 12 Kronen an ihr Spiel* gegeben.[19] 1599 schließlich fand in Kägiswil bei Sarnen eine Aufführung von Pamphilus Gengenbachs ‹Die Zehn Alter› statt.[20]

Den Auftakt des Theaterschaffens in Obwalden im 17. Jahrhundert machte das ‹Bruderklausenspiel› von Johann Zurflüe, das 1601 (höchstwahrscheinlich) auf dem Sarner Dorfplatz aufgeführt wurde und im Folgenden näher beleuchtet wird.[21] Ein weiteres Spiel wurde 1603 in Kerns aufgeführt; um welches es sich dabei handelte, ist jedoch nicht bekannt.[22] Wilhelm Dörflinger, der 1600–1630 Schulmeister in

---

[14] Vgl. Holenstein 2004, S. 6.
[15] Vgl. Eberle 1929, S. 166. Die Osterfeier der 1120 gegründete Benediktinerabtei ist lateinisch, ganz vertont, umfasst zwei Auftritte vor dem Heiligen Grab und wurde im Chor der Klosterkirche gespielt. Vgl. ebd.
[16] Vgl. Garovi 2000, S. 88. Johannes Salat hatte als Stadtschreiber Luzerns dort wahrscheinlich bereits 1531, sicher jedoch 1533 und 1538 die Osterspielaufführung geleitet und war in seinem ganzen Theaterschaffen stark von der Luzerner Osterspieltradition beeinflusst (vgl. Greco-Kaufmann 2009, S. 319–329). Es ist davon auszugehen, dass die ‹Auferstehung› in Alpnach von dieser Tradition des geistlichen Spiels geprägt war.
[17] Der Spieltext der Obwaldner Aufführung ist nicht mehr vorhanden. Da Boltz' ‹Weltspiegel› bereits 1550 in Basel auch ‹Der weltlaufft› genannt wurde (siehe Christ-Kutter u. a. 2013, S. 224), ist die Annahme, dass es sich hier um dieses Spiel handelt naheliegend; Baechtold äußert ebenfalls diese Vermutung. Vgl. Baechtold 1892, Anmerkungen, S. 60.
[18] Staatsarchiv Obwalden, Ratsprotokoll 1584–1595, S. 397.
[19] Zit. nach Baechtold 1892, Anmerkungen, S. 63. Weiteres ist zu diesem Spiel nicht bekannt.
[20] Vgl. Eberle 1929, S. 171; Küchler 1886, S. 336.
[21] Johann Zurflüe: Ein schön lústiges vnd nüwes spill. Von warhafftiger vnd wünderbarlicher hÿstorj; oder läben vnnd stärben et cetera deß rächtfrommen, andächtigen gottsäligen, wÿttberüempten et cetera Niclaúsen von der Flüe, den man nemppt Brüder Claúß Ob dem wald zů Vnderwalden jn der eÿdgenoschafft geboren. 1602. Staatsarchiv Obwalden, Sign. 02.LIT.0001.
[22] Vgl. Küchler 1886, S. 120.

Sarnen war und bei der Aufführung von Zurflües ‹Bruderklausenspiel› 1601 mitgespielt hatte, ist 1608 und 1627 ebenda als Spielleiter bezeugt, jedoch sind die Spiele nicht erhalten. 1608 wurde in Sarnen höchstwahrscheinlich ein Heiligen- oder Apostelspiel aufgeführt.[23] Sicher ist, dass das Stück von Wilhelm Dörflinger geleitet wurde, denn ihm wurde im Ratsprotokoll von der Regierung bewilligt, dass er mit dem Spiel fortfahre.[24] Für die Aufführung des Spiels von 1627 wird Dörflinger *mit Zeug zu einem Mantel und die Spielleute mit je einer Jrte* entlohnt.[25]

Ein weiteres Bruderklausenspiel wird von der Forschung bisher auf ca. 1630 datiert.[26] Es existieren jedoch keinerlei Hinweise auf eine Aufführung und der Verfassername ist nicht überliefert. Die Spielhandschrift liegt seit dem 17. Jahrhundert zusammen mit der des ‹Bruderklausenspiels› von Zurflüe im Staatsarchiv Sarnen, weshalb die beiden Spiele oft als ‹Sarner Bruderklausenspiele› bezeichnet werden.

Einer der produktivsten und vielseitigsten Obwaldner Dramatiker der ersten Hälfte des 17. Jahrhunderts war zweifellos Wolfgang Rot, der als Pfarrer in seinem Heimatdorf Alpnach von 1623 bis 1625 mit den ortsansässigen Bauern jedes Jahr ein Spiel aufführte. Im Ganzen sind acht Stücke von ihm überliefert: ein Sakramentspiel, ein Fastnachtsspiel, ein Sittenspiel, zwei Bibelstücke, ein Osterspiel, ein Totentanzspiel und ein Römerdrama.[27] Diese Zeugnisse des Theaterwesens in Obwalden bis 1630 zeigen, dass die Spieltradition in diesem relativ kleinen, ländlichen Gebiet äußerst intensiv und vielseitig war. Gegen Ende des 16. Jahrhunderts etablierte sich hier, analog zur Luzerner Spieltradition und zweifellos von ihr beeinflusst, das Heiligenspiel.[28] Während dieses zu Beginn des 17. Jahrhunderts durch die Jesuiten in Luzern immer mehr verdrängt wurde, inszenierte man in den ländlichen Gebieten weiterhin Schauspiele unterschiedlichster Art.[29] In allen überlieferten Stücken Obwaldens, auch in den Heiligenspielen, werden unter anderem aktuelle gesellschaftliche und politische Fragen verhandelt.[30]

---

[23] Baechtold 1892, Anmerkungen, S. 63 und Küchler 1895, S. 336 führen auf, welche Figuren im Stück vorkamen und von wem sie gespielt wurden: Neben biblischen Figuren und Kirchenvätern auch allegorische Figuren sowie Bruder Klaus. Das Spiel lag jedoch bereits Baechtold nicht mehr vor, und das Rollenverzeichnis, das Baechtold und Küchler anführen, ist ebenfalls verschollen, wie auch Eberle in seiner Innerschweizer Theatergeschichte anmerkt. Vgl. Eberle 1929, S. 255, Fußnote 66.
[24] Vgl. Küchler 1895, S. 336.
[25] Ebd. 1895, S. 337.
[26] Anonymes Bruderklausenspiel, Obwalden, Staatsarchiv, 02.LIT.0002.
[27] Die Spielhandschriften lagern alle in der Stiftsbibliothek in Engelberg. Für eine Liste siehe Eberle 1929, S. 272.
[28] Siehe oben, Kap. ‹Einführung› und ‹Luzern›.
[29] Vgl. Greco-Kaufmann 2009, S. 591.
[30] Dass diese auch tatsächlich vom Publikum auf die Aktualität bezogen wurden und Wirkung zeigten, lässt sich beispielsweise an der Reaktion ablesen, die die Aufführung von Rots Dreikönigsspiel in Lungern – gelegen an der Grenze zum Kanton Bern – 1654 hatte, wohin Leute aus dem Bernischen Oberhasli eingeladen worden waren: «Schon mitten in der Aufführung war einmal Gottvater aufgetreten und hatte sich beklagt über Bern, das den alten Glauben

Mit Bruder Klaus, dem Eremiten aus dem eigenen Gebiet, hatte Obwalden einen ‹Heiligen›, an dessen Leben und Wirken sich die Bevölkerung gerne in theatraler Form erinnerte. Im Folgenden werden deshalb die zwei überlieferten Bruderklausenspiele aus Obwalden untersucht.

Der historische Niklaus von Flüe und seine Rezeption

Niklaus von Flüe (1417–1487), später auch ‹Bruder Klaus› genannt, ist als politisch tätiger Bauer und Familienvater in Obwalden im 15. Jahrhundert in vielen Quellen nachgewiesen. Seine Tätigkeiten im Obwaldner Rat und Gericht sowie seine Einberufung in kriegerische Handlungen sind verbürgt,[31] ebenso seine Ehe mit Dorothea Wyss, mit der er zehn Kinder hatte.[32] Als Fünfzigjähriger verließ er Familie und Hof, um fortan als Eremit zu leben. Obwohl er dies zunächst in der Fremde tun wollte, kehrte er nach kurzer Zeit in seine Heimat zurück und ließ sich unweit seiner Familie im Flüeli Ranft nieder, wo er in einer kleinen Behausung bis zu seinem Tod lebte. Sein gottgeweihtes Leben zog viele Besucher an, die ihn um Rat baten. Da er kein Essen zu benötigen schien, wurde er schon früh wie ein Heiliger verehrt und man begann ihm Heilungskräfte zuzuschreiben. Nach seinem Tod fand die Verehrung in Form von Wallfahrten zu seinem Grab eine Fortsetzung und schon bald wurde versucht, seine Heiligsprechung zu erreichen. 1649 wurde vom Papst die Erlaubnis zur liturgischen Verehrung gegeben (*beatificatio aequipollens*[33]), was einer Seligsprechung gleichkommt. Erst 1947 erfolgte die Heiligsprechung Niklaus von Flües.[34]

Bruder Klaus war im kollektiven Gedächtnis der Eidgenossenschaft des 16. und beginnenden 17. Jahrhunderts einerseits als politisch wichtige Persönlichkeit verankert; sowohl wegen seines versöhnenden Einflusses auf die Beratungen bei Streitigkeiten zwischen den eidgenössischen Orten, als auch wegen seiner Aussagen zum Thema Solddienst. Andererseits wurde er jedoch vor allem als Heiliger verehrt. Es

---

verleugnet habe: und es war unruhig geworden unter den Zuschauern. Und nun wurde im Nachspiel auch noch behauptet, es sei purer Eigennutz gewesen, der die Neugläubigen Kirchen und Klöster berauben und sie vom alten Glauben abfallen ließ. Da hatte sich denn eine ganze Schar von Zuschauern erhoben und war mit beleidigtem Gebaren noch vor Ende des Spiels fortgelaufen». Eberle 1929, S. 178.

[31] Siehe Durrer 1981, Bd. 1, S. 8–26. Die Belege sind spärlich, jedoch wird deutlich, dass Niklaus von Flüe aktiv am politischen Leben teilnahm. Als sicher gilt auch, dass er als offiziell Einberufener in Kriegshandlungen involviert war.

[32] Vgl. ebd., S. 27–30.

[33] Gestattung der liturgischen Verehrung ohne vorhergehenden Prozess.

[34] 1669 wurde die Erlaubnis zur liturgischen Verehrung Bruder Klaus' als eines Seligen bestätigt, allerdings eingeschränkt auf die Pfarrkirche von Sachseln; 1671 wurde sie dann ausgeweitet auf alle eidgenössischen Städte und Gebiete im Bistum Konstanz. Für ausführlichere Lebensbeschreibungen mit Belegangaben vgl. Gröbli 1990 sowie die Bruderklausen-Biografie von P. Meier 2014.

kursierten zahlreiche Geschichten rund um sein Leben und Wirken, und es ist meist nicht möglich, zuverlässige Quellen von Erfundenem zu unterscheiden. Noch zu von Flües Lebzeiten schreibt der norddeutsche Kaufmann und Pilger Hans von Waltheym, der den Eremiten 1474 besucht hatte, er sei zu Bruder Klaus, dem lebenden Heiligen gefahren.[35] Bereits kurz nach seinem Tod wurden Zeugenaussagen von Verwandten und Bekannten des Eremiten im sogenannten ‹Kirchenbuch von Sachseln› festgehalten, das trotz der fehlenden unterschriftlichen Beglaubigungen als zuverlässig gilt.[36] 1591 hatte in Sarnen der erste Kanonisationsprozess zur Seligsprechung stattgefunden, der aber von Rom abschlägig beurteilt worden war.[37] Dies hielt die Bevölkerung jedoch nicht davon ab, Bruder Klaus als Heiligen zu verehren und die offizielle Kanonisation als bloße Frage der Zeit zu betrachten. Auch die Vereinnahmung seitens der Reformierten, die Niklaus von Flüe als ihr Vorbild betrachteten, hat sicherlich dazu beigetragen, dass die Verehrung des Unterwaldner Eremiten im Verlaufe des 16. Jahrhunderts noch zunahm.

Die Bruderklausenspiele: Zurflüe (1601) und Anonymus (nach 1624)

1586 wurde in Luzern anlässlich der Feier des Goldenen (borromäischen)[38] Bundes zwischen den katholischen Orten die vom Jesuiten Jakob Gretser geschriebene ‹Comoedia de vita Nicolai Underwaldii eremitae Helvetii› aufgeführt.[39] Diese gilt als erstes Spiel, das Niklaus von Flue, dieser Zeit bereits in der ganzen Schweiz wie ein Heiliger verehrt, als Hauptfigur gewidmet ist. Bereits zuvor war Bruder Klaus in Spielen als eine von weiteren Figuren aufgetreten, so beispielsweise in Boltz' ‹Der welt spiegel›, der am 11. und 12. Mai 1550 in Basel aufgeführt und noch im selben Jahr dort gedruckt wurde.[40] In dem Spiel treten zahlreiche Vertreter der Stände, Engel, Teufel, Narren sowie allegorische und historische Figuren auf, so auch Bruder Klaus.

---

[35] Vgl. Durrer 1981, Bd. 1, S. 58.
[36] Man geht davon aus, dass die Einträge tatsächlich von 1488 stammen. Vgl. Gröbli 1990, S. 32–33; Durrer 1981, Bd. 1, S. 458.
[37] Durrer 1981, Bd. 2, zeichnet auf S. 893–916 die konkreten Schritte nach, die zum Kanonisationsprozess geführt haben, transkribiert und kommentiert auf S. 917–931 das Protokoll. Das handschriftliche Protokoll zu diesem Ersten Kanonisationsprozess, das im Staatsarchiv Obwalden lagert, verfasste Renward Cysat: Cysat 1591.
[38] Nachdem 1600 auch der katholisch gebliebene Appenzell Innerrhoden und 1655 der katholische Teil von Glarus in den Bund aufgenommen worden waren, wurde dieser nach seinem Patron Karl Borromäus auch ‹Borromäischer Bund› genannt. Vgl. Bolzern 2005, sowie zu Borromäus: Delgado/Ries 2010.
[39] Jakob Gretser S.J.: Das Bruder-Klausen-Spiel vom Jahre 1586 [Comoedia de vita Nocolai Underwaldii eremitae Helvetii], hg. von Emmanuel Scherer. Sarnen 1928 (Beilage zum Jahresbericht der kantonalen Lehranstalt Sarnen 1927/28).
[40] Valentin Boltz: Der Welt Spiegel [...]. Basel: Jacob Kündig 1551 (VD16 ZV32540).

Das im Ratsprotokoll des Kantons Obwalden 1590 erwähnte ‹Bruder Klausen-Spiel› eines Schulmeisters namens Jakob Lüthi ist nicht überliefert.[41] Eberle geht davon aus, dass Lüthi das lateinische ‹Bruder Klausen-Spiel› Gretsers ins Deutsche übersetzt hat.[42] Obwohl dies nicht nachgewiesen werden kann, ist die Richtigkeit dieser Angabe naheliegend.[43]

Es kann somit davon ausgegangen werden, dass das 1601 aufgeführte ‹Bruderklausenspiel› von Johann Zurflüe das erste eigenständige deutschsprachige Stück mit Bruder Klaus als Hauptfigur ist. Das Spiel wird vom Sarner Chronisten Anton Küchler 1886 als das größte Spiel, das je in Sarnen aufgeführt wurde, bezeichnet.[44] Johann Zurflüe, der Autor des Spiels und Spielleiter der Aufführung, studierte 1583–1589 am Collegium Helveticum in Mailand und war von 1596–1603 sowie von 1613–1615 Pfarrer in Sarnen.[45] Wie Greco-Kaufmann nachgewiesen hat, war Johann Zurflüe in seiner Jugend und nach der Rückkehr aus Mailand wiederholt in Luzern und Umgebung tätig.[46] Ab 1594 amtete er als Helfer des Chorherrenstifts der Luzerner Hofkirche. Gesichert ist ebenfalls, dass er an der Generalversammlung der Bruderschaften am 31. Juli 1595 in Luzern teilnahm, anlässlich derer die nächste Luzerner Osterspielaufführung besprochen wurde, und dass er mit Jakob Wilhelmi zusammenarbeitete.[47] Es ist somit davon auszugehen, dass Zurflüe in Luzern bei Wilhelmi erste Theatererfahrungen sammelte und wohl auch diversen Spielen in Luzern selbst beiwohnte.

Zurflües eigenes zweitägiges ‹Bruderklausenspiel› wurde am 16. und 17. September 1601 von den Bürgern aus Ob- und Nidwalden aufgeführt. Anschließend schrieb Zurflüe eine Reinschrift des Textes,[48] die er 1602 der Obrigkeit übergab und die erhalten geblieben ist.

Ein zweites überliefertes Bruderklausenspiel, das im Staatsarchiv Obwalden in Sarnen lagert und im Folgenden ebenfalls näher beleuchtet wird, ist wahrscheinlich später entstanden. Über den Verfasser dieses Stücks können nur Vermutungen angestellt werden. Aufgrund der von fremder Hand hinzugefügten Notiz *Descript. p* [zwei Initialen:] *M* [oder] *W* [und] *K* [oder] *R Ao 1630. p Julius* auf dem Titelblatt von Zurflües ‹Bruderklausenspiel› vermutet Baechtold, der die Initialen als *MK* liest, dass der aus dem Obwaldner Dorf Lungern stammende Melchior Kündig, der Autor des 1635 dort aufgeführten ‹Beatenspiels›,[49] 1630 Zurflües Manuskript

---

[41] Staatsarchiv Obwalden, Ratsprotokoll 1584–1595, S. 397. Vgl. Durrer 1981, Bd. 2, S. 887.
[42] Vgl. Eberle 1929/30, S. 131f.
[43] Vgl. Huwiler 2017, S. 419.
[44] Vgl. Küchler 1895, S. 336.
[45] Vgl. Omlin 1984, S. 598; Günthart 2017.
[46] Vgl. Greco-Kaufmann 2017, S. 454–458.
[47] Vgl. ebd., S. 457. Zu Wilhelmi vgl. oben, Kap. ‹Luzern›.
[48] Es kann davon ausgegangen werden, dass es sich dabei um einen Autografen handelt. Vgl. Huwiler 2017, S. 11.
[49] Baechtold 1892, Anmerkungen, S. 114f.

eingesehen und die Notiz hinterlassen habe.[50] Das anonyme ‹Bruderklausenspiel› ist über weite Strecken mit dem ‹Bruderklausenspiel› von Zurflüe identisch, weist jedoch auch Kürzungen, Varianten und hinzugefügte Szenen auf, weshalb diese Vermutung naheliegend ist. Da Kündigs ‹Beatenspiel› nur in einer jüngeren Abschrift vorhanden ist und auch sonst keine Handschriften von Melchior Kündig vorliegen, kann jedoch kein Vergleich der Handschriften Klarheit bringen. Die zweite mögliche Lesart der Notiz auf Zurflües Spiel ist ebenfalls nicht abwegig: Hess liest die Initialen als *WR* und sieht darin Wolfgang Rot. Wolfgang Rot war zu Lebzeiten zwar vor allem bekannt unter seinem Namen ‹Marinus Rot›, doch da die Initiale als *W* oder *M* gelesen werden kann, wäre dies dennoch möglich. Jedoch sind von Rot handschriftliche Texte überliefert, und die Handschrift der Notiz stimmt nicht mit derjenigen des anonymen ‹Bruderklausenspiels› überein – dieses braucht wiederum auch nicht zwingend ein Autograf zu sein. Die Datenlage erlaubt es somit nicht, abschließende Klarheit zu schaffen, so dass dieses zweite Spiel zu Bruder Klaus auch hier weiterhin das ‹Anonyme Bruderklausenspiel› genannt wird. Als praktisch gesichert wird jedoch angenommen, dass das ‹Anonyme Bruderklausenspiel› zeitlich nach Zurflües Spiel entstanden ist, wie im Folgenden ausgeführt wird. Vom Spiel des Anonymus existieren keinerlei Aufführungszeugnisse.

Sowohl Gretser als auch die beiden Verfasser der Obwaldner Bruderklausenspiele schöpfen für die Gestaltung des Lebens und Wirkens ihrer Hauptfigur aus dem reichhaltigen vorhandenen Quellenkorpus zu Bruder Klaus. Als wichtigste Quelle nennen Gretser und Zurflüe die 1571 erstmals gedruckte Bruder Klausen-Biografie des Ulrich Wytwyler, Abt des Klosters von Einsiedeln.[51] Wytwyler seinerseits stützt sich in seiner Biografie stark auf Johannes Salats Bruderklausen-Vita, die 1537 im Druck erschien.[52] Salat wiederum verwendete die ungedruckt gebliebene Bruderklausen-Biografie von Heinrich Wölfli (Lupulus) von 1501 als wichtige

---

[50] Seine Vermutung untermauert Baechtold mit dem Hinweis auf ein Vertragskonzept, das der Handschrift des anonymen Spiels beigelegen habe (dieses Konzept ist jedoch verschollen), in dem der Name Caspar Khündig vorkomme und das von gleicher Hand wie das anonyme Spiel verfasst worden sei. Worum es bei dem Vertrag genau ging, ist nicht übermittelt. Baechtold 1892, Anmerkungen, S. 112.

[51] Ulrich Wytwyler: Warhafftige Histori und Leben des Nicolausen von der Flü [...]. Dilingen: Sebald Mayer 1571 (VD16 S 1327). Nach der Erstauflage von 1571 erfolgten 1585 in Dillingen (VD16 S 1328) und 1597 in Konstanz Neuauflagen. Zurflüe scheint die dritte Auflage benutzt zu haben, da sie als einzige die ‹Admonition› an die Eidgenossen enthält, die Zurflüe an den Schluss seines Stücks setzt: Ulrich Wytwyler: Warhafftige wunderbarliche Histori und Leben, dess rechtfrommen, andächtigen, Gottseligen, weytberhümpten Nicolausen von der Flü [...]. Konstanz: Nikolaus Kalt 1597 (VD16 S 1329); vgl. Johann Zurflüe: Das Sarner Bruderklausenspiel (1601), hg. von Heidy Greco-Kaufmann und Elke Huwiler. Zürich 2017 (Theatrum Helveticum 16), S. 407. Vgl. Durrer 1981, Bd. 2, S. 790.

[52] Johannes Salat: Rechte ware History Legend vnd leben des frommen andaechtigen lieben Saeligen Nicolausen von der Flue gebornenn Landsman ob dem Wald inn Vnderwalden inn der Eydgnoschaffte den man nennt brůder Clausen [...]. Augsburg: Heinrich Steiner 1537

Vorlage,[53] und Wölfli benutzte die Aufzeichnungen des ‹Kirchenbuchs von Sachseln›, in dem bereits ein Jahr nach von Flües Tod Zeugnisse von Zeitgenossen notiert worden waren, als Grundlage.[54] Diese Biografien transportieren somit einen ‹harten Kern› der Erzählungen rund um Bruder Klaus, fügen jedoch auch Neues hinzu, das aus mündlichem Erzählgut oder weiteren Quellen stammt oder aber zuweilen wohl auch einfach hinzugedichtet ist.

Während Gretser vor allem aus Wytwyler schöpft, sind bei den beiden Sarner Spielen darüber hinaus noch weitere Quellen ausschlaggebend für die Gestaltung des Stoffs: Zurflües Spiel übernimmt gleichermaßen aus Gretser (wohl in der Übersetzung von Lüthi) und aus dem bereits genannten ‹Weltspiegel› des Basler Protestanten Boltz.[55] Außerdem dient Zurflüe das Protokoll des ersten Kanonisationsprozesses von 1591 als Vorlage.[56] Darin sind im Hinblick auf die erhoffte Heiligsprechung des Eremiten Zeugenaussagen der angeblichen Wunder sowie Schilderungen zum Leben Niklaus von Flües aufgezeichnet. Für seine Bearbeitung des Stoffs fügt Zurflüe somit in erster Linie Texte aus unterschiedlichen Quellen zusammen und verfasst nur einen kleinen Teil des Spiels neu.[57] Diese Art des Kompilierens von textlichen Versatzstücken und der Erweiterung durch Zusätze entspricht den damaligen Gepflogenheiten. Die originäre Leistung des Sarner Pfarrers besteht in der Auswahl und der Neuzusammensetzung der verwendeten Passagen aus den Quellen, der Strukturierung des Spiels sowie der Anpassung der übernommenen Textteile an die sprachlichen, räumlichen und zeitlichen Verhältnisse Unterwaldens um 1600.

Das ‹Anonyme Bruderklausenspiel› führt diese Tradition fort und schöpft seinerseits vor allem aus Zurflües Spiel. Auch hier werden jedoch Passagen hinzugefügt, die teilweise aus weiteren Quellen stammen: Die wichtigste ist das Antikendrama

---

(VD16 S 1326). Vgl. Durrer 1981, Bd. 2, S. 668–691 gibt den Text in vollem Wortlaut wieder. Siehe zu Salats Auseinandersetzung mit Niklaus von Flüe auch Tomeï 1969.

[53] Vgl. Durrer 1981, Bd. 1, S. 522–555. Bereits zuvor war die erste Bruderklausen-Vita verfasst worden; ein Jahr nach dem Tod des Eremiten beschrieb Heinrich von Gundelfingen das Leben des Bruder Klaus. Vgl. Durrer 1981, Bd. 1, S. 418–458. Diese wurde aber erst 1591 von Renward Cysat wiederentdeckt. Wölflis ‹Vita Nicolai› wurde 1608 von Johann Joachim Eichhorn herausgegeben: Heinrich Wölfli (Lupulus): Historia F. Nicolai De Saxo, Eremitae Undervaldensis Helvetii, Hominis Angelica abstinentia, sanctitate admirabili, hg. von Johann Joachim Eichhorn. Fribourg: Etienne Philot 1808 (VD17 23:255082S). Das in der HAB Wolfenbüttel erhaltene Exemplar weist den Besitzervermerk «Huld. Zwinglius» auf.

[54] Auch Salat kannte das Kirchenbuch. Vgl. Tomeï 1969, S. 134. Durrer führt zum Text und dessen Rezeption aus, er bilde die «Hauptquelle für die mystische und asketische Seite des Einsiedlers», doch dessen politische Seite komme darin nicht zum Ausdruck. Durrer 1981, Bd. 1, S. 479.

[55] Boltz 1551.

[56] Staatsarchiv Obwalden, Cysat 1591. Vgl. auch Durrer 1981, Bd. 2, S. 917–931.

[57] Von Zurflüe selbst stammen wohl die meisten Monologe des Argumentators und des Herolds sowie die Lehren zum Bauern- und Ehestand.

‹Ein schön lustiges Spil oder Tragedi von Zerstörung der grossen und vesten königlichen Statt Troia oder Ilio› (‹Troja›) des Solothurners Georg Gotthart, das am 20. und 21. September 1598 in Solothurn von Bürgern der Stadt gespielt und 1599 in Fribourg gedruckt worden war.[58] Aus diesem Stück werden die acht Kriegsartikel übernommen, die Agamemnon seinem Heer vor dem Sturm auf Troja vorlesen lässt.[59] Beim Anonymus liest der Hauptmann diese in der achten Szene des zweiten Aktes den Kriegern, die in den Krieg ziehen, vor (fol. 67ʳ–74ʳ); unter diesen Kriegern befindet sich auch Niklaus von Flüe. Um welchen Krieg es sich handelt, wird im Spiel nicht explizit erwähnt, doch die Teilnahme Niklaus von Flües am Alten Zürichkrieg scheint gesichert, so dass dieser gemeint sein dürfte.[60]

Insgesamt sechs Szenen im ‹Anonymen Bruderklausenspiel›, in dem sonst meist recht genau der Wortlaut der Vorlagen übernommen wird, lassen sich im Wortlaut keiner der Quellen zuordnen, die der Verfasser ansonsten benutzt hat, und sind wohl Eigenschöpfungen des Verfassers, der hier vorwiegend auf überliefertes Erzählgut um Bruder Klaus zurückgegriffen und dieses in sein Spiel integriert hat: die Eingangsszene, in der drei überzeitliche Figuren aus der Zeit des Gründungssage des Eidgenossen auftreten; die Geburtsszene Niklaus', als seine Mutter den Stern leuchten sieht; die Szene, in der Niklaus in den Krieg zieht; eine Gerichtsszene, in der Niklaus von Flüe auftritt; eine Szene, in der die Mutter Gottes zu Bruder Klaus spricht; und die Szene der Stanser Tagsatzung, mit der das Spiel abbricht.

Das ‹Anonyme Bruderklausenspiel› übernimmt die von Gotthart originär geformte Kriegsartikel-Stelle aus dem ‹Troja-Spiel› praktisch wörtlich, so dass es auf jeden Fall nach 1599 entstanden sein muss. Weitere Befunde legen zudem nahe, dass das anonyme Spiel von Zurflües Spiel abhängt und somit darüber hinaus nach 1601 entstand; so folgt beispielsweise die Synopse des anonymen Spiels, die dem eigentlichen Spieltext vorangestellt ist, inhaltlich sehr genau Zurflües Spiel.[61] Ein weiteres, wichtiges Spiel in der Bruderklausenspiel-Tradition ist Johannes Mahlers ‹Bruder Klausen-Spiel› von 1624, das dieser in Zug geschrieben und dort mit der Absicht, es aufzuführen, dem Rat vorgelegt hatte.[62] Die Frage ist, ob der Verfasser des ‹Anonymen Bruderklausenspiels› das Zuger Spiel gekannt und daraus geschöpft haben könnte, wie Burgherr und Oppikofer-Dedie vermuten.[63] Das Zuger Spiel

---

[58] Georg Gotthart: Ein schön lustiges Spil oder Tragedi von Zerstörung der grossen und vesten königlichen Statt Troia oder Ilio. Fribourg: Wilhelm Maess 1599 (VD16 G 2696).
[59] Georg Gotthart: Ein schön lustiges Spil oder Tragedi von Zerstörung der grossen und vesten königlichen Statt Troia oder Ilio, hg. und komm. von Ralf Junghanns. Zürich 2016 [= 2016a], V. 4853–4989.
[60] Siehe C. Sieber 2006, S. 79–88.
[61] Das anonyme Spiel selber weicht dann jedoch von der eigenen Synopsis an einigen Stellen ab. Außerdem bleibt das Spiel ein Fragment; er bricht mitten im fünften Akt ab.
[62] Vgl. Oppikofer-Dedie 1993a, S. 42. Vgl. unten, Kap. ‹Zug›.
[63] Siehe Burgherr 1925, S. 95; Oppikofer-Dedie 1993b, S. 341.

stützt sich stark auf eine weitere wichtige Quelle zum Leben des Eremiten, die erst nach Zurflües ‹Bruderklausenspiel› entstanden war: Johann Joachim Eichhorns 1613 auf Latein und 1614 auf Deutsch erschienene Biografie Niklaus von Flües, die sehr breit rezipiert wurde.[64] Eichhorn hat gleichsam als Kurzfassung seiner Biographie auch ein Lied über Bruder Klaus verfasst, das 1613 als Flugschrift publiziert worden ist.[65]

Auffällig ist nun, dass fünf der sechs Szenen, die vom Anonymus neu geschaffen sind, auch in Mahlers ‹Bruder Klausen-Spiel› inhaltliche Entsprechungen haben und alle diese Szenen im ‹Anonymen Bruderklausenspiel› an den gleichen Stellen im Geschehensablauf positioniert sind wie bei Mahler. Bei der ersten dieser fünf Szenen, derjenigen der drei Vorväter, handelt es sich um eine Darstellung mit alter Tradition in eidgenössischen Spielen; meistens sind es Wilhelm Tell, Werner Stauffacher und Ärni aus Melchtal, die auftreten und über die alten sowie gegenwärtigen Zeiten sprechen.[66] Die restlichen vier Szenen, nämlich diejenige zum Kriegszug Niklaus von Flües, der Auftritt der Mutter Gottes, die Gerichtsszene und die Stanser Tagsatzungsszene, hat Mahler aus Eichhorns Bruderklausen-Biografie rezipiert.

Auch der anonyme Verfasser kann natürlich die Eichhorn-Biografie rezipiert haben, doch das erklärt nicht die gleiche Positionierung dieser vier Szenen im Spielgeschehen sowie die konzeptionelle Ähnlichkeit mit Mahlers Vorväterszene, die bei Eichhorn nicht vorkommt. Irgendeine Verbindung zwischen dem anonymen und dem Mahler'schen ‹Bruder Klausen-Spiel› scheint es somit gegeben zu haben. Es ist nicht naheliegend anzunehmen, dass Mahler aus dem anonymen Spiel geschöpft hat, da er, auch wenn er inhaltlich in vielem Eichhorn folgt, stilistisch ein durchwegs sehr eigenständiges Werk vorlegt, während der Anonymus fast ausschließlich – zuweilen wörtlich – aus anderen Quellen schöpft. Es ist somit trotz aller Unsicherheit relativ naheliegend, dass der anonyme Verfasser von Mahlers Spiel gehört – vielleicht sogar eine Aufführung gesehen – und sich bezüglich einiger neuer Szenen und deren Einbettung ins Spiel darauf abgestützt hat. Somit wird hier davon ausgegangen, dass das ‹Anonyme Bruderklausenspiel› nach dem Entstehungsjahr

---

[64] Johann Joachim Eichhorn: Miraculosum Helvetiae Sidus. Hoc est: Supernaturalis, Ac Stupenda Nicolai De Saxo, Anachoretae Undervaldii. Vita. Rorschach: Johannes Rösler 1613 (VD17 12:117962W); Neuauflage Konstanz 1631 (VD17 16:753669S); Eichhorn, Johann Joachim: Wundergestirn der Eydtgnoßschaft, das ist ubernatürliches Leben und h. Wandel Nicolai von Flüe, Einsidels und Landtmanns zu Underwalden im Schweytzerland, den man nennet Bruder Claus. Konstanz: Leonhard Straub 1614. Vgl. Oppikofer-Dedie 1993b, S. 346–347.

[65] Johann Joachim Eichhorn: Der geistlich Bruder Claus: Ein außbündig schönes / unnd lehrreiches Lied / von dem ubernatürlichen Beruff / Wandel und Geist Nicolai von Flü / Eynsidels und Landtmanns zu Underwalden inn der Eydgnoßschafft; Im Thon: wie man S. Franciscum von Assisio singt: Oder / Willhelm bin ich der Thelle / Von Heldes Mut und Blut [...]. Konstanz: Leonhard Straub 1613 (VD17 1:687553K).

[66] Siehe Burgherr 1925, S. 94.

von Mahlers ‹Bruder Klaus› 1624 entstanden ist. Es bleibt noch der spätere Eintrag mit der Jahreszahl 1630 auf der Spielhandschrift von Zurflüe, der indizieren könnte, dass jemand das ‹Bruderklausenspiel› von Zurflüe eingesehen und entsprechend markiert hat – möglicherweise für die Abfassung des anonymen Spiels. Solange dies jedoch nicht weiter erhärtet werden kann, wird hier das ‹Anonyme Bruderklausenspiel› somit auf ‹nach 1624› datiert.

Die Handlung der Obwaldner Bruderklausenspiele

Beide Obwaldner Spiele zeichnen das Leben des Sachsler Bürgers und Eremiten vom Kinderwunsch der Eltern und der Geburt Niklaus' bis zu dessen Tod, und in gewissen Szenen darüber hinaus, nach. Zurflües Spiel umfasst acht Akte, vom ‹Anonymen Bruderklausenspiel› liegen fünf Akte vor, wobei die Handschrift mitten im fünften Akt abbricht – vorgesehen waren ursprünglich sechs Akte.

Das ‹Anonyme Bruderklausenspiel› orientiert sich inhaltlich sehr stark an Zurflües Spiel. Dabei wollte der Verfasser offenbar zu Beginn dem Vorlagetext noch genauer folgen als er es schließlich tat: Die Handschrift beginnt mit einer Synopse der sechs vorgesehenen Szenen, die recht genau Zurflües Spiel folgen, und geht daraufhin in die erste Szene des Spiels selbst über. Das Spiel selbst weicht dann jedoch an mehreren Stellen von der Synopse ab.

In Zurflües Spiel von 1601 führt der Herold sowohl am ersten als auch am zweiten Tag in die Spielhandlung ein und schließt den Tag jeweils mit seiner Rede wieder ab. Die einzelnen Akte werden zusätzlich noch von einem Argumentator zu Beginn und am Ende kommentiert. Beide Figuren wenden sich jeweils direkt an das Publikum und geben im Wesentlichen Zusammenfassungen und Erklärungen zu den Handlungen ab. Eröffnet wird das Spiel am ersten Tag durch einen Engel, der die Zuschauenden ermahnt, die Belehrungen, die sie gleich zu sehen bekämen, nicht nur *hütt allein* (V. 37), sondern auch nach Beendigung des Spiels zu behalten und danach zu leben.

Das anonyme Spiel kommt ohne Argumentator oder Herold aus; die Zusammenfassungen am Ende jedes Aktes übernimmt hier ein Chor. Das Spiel öffnet mit einer Szene, die bei Zurflüe nicht vorhanden ist, jedoch in der Theatergeschichte der Eidgenossenschaft eine lange Tradition hatte: Eine Szene mit drei Vorvätern der Eidgenossenschaft; beim Anonymus sind es Arnold und Heinrich von Melchtal sowie Konrad von Altzellen aus der Erzählung um Wilhelm Tell.

Daraufhin treten beim Anonymus Niklaus' Eltern auf und äußern ihren Kinderwunsch; die gleiche Szene bildet bei Zurflüe die Eingangsszene nach dem Auftritt des Engels. Im ‹Anonymen Bruderklausenspiel› folgen daraufhin zwei Szenen, die bei Zuflüe nicht oder nicht an dieser Stelle vorhanden sind, als erstes die Geburt Niklaus': Henna ist in ihrem Haus, spürt die baldige Geburt und sieht einen glänzenden Stern am Himmel.

Min her vndt Gott im himelrich
Waß schönen stärnen ich dort sich
Min läben lang ich frölich sag
Kein schönren stärn ie gsächen hab [...]
Ohn vrsach nit ie gwisses nit
Gott vnß ein sölchen stärnen gibt
Wirdt vnß waß seltzams zeigen an
Waß aber ich nit wissen khan (fol. 14ᵛ–15ʳ).

Diese an die Christusgeburt erinnernde Episode ist im mündlichen Erzählgut um Bruder Klaus fest verankert und wird bereits im ‹Kirchenbuch von Sachseln› beschrieben.[67] Daraufhin erfährt das Publikum von der Geburt Niklaus', indem die Hebamme Heinrich auf dem Feld davon erzählt und ihn zu seiner Frau und seinem Sohn nach Hause schickt. Es folgt beim Anonymus als zweites eine Szene mit diversen Teufeln. Solche Teufel kommen bei Zurflüe auch vor, jedoch erst viel später im Spiel, und die Szene ist im anonymen Spiel wesentlich ausgebaut. Nach diesen zwei von Zurflüe abweichenden Szenen folgt im ‹Anonymen Bruderklausenspiel› der Auftritt des kindlichen Niklaus, der bei Zurflüe gleich auf den ausgesprochenen Kinderwunsch der Eltern folgt. Der erste Akt schließt mit diversen Lehren zu einem gottgefälligen Leben in den Bereichen Kindererziehung, Ehe und Bauernstand ab, die bei Zurflüe von Niklaus, seinen Eltern sowie einem Lehrer, beim Anonymus von zwei Erzengeln vorgetragen werden.

Die Eheschließung zwischen Niklaus von Flüe und Dorothea Wyss (im Spiel ‹Wyssling›) bildet in beiden Spielen im Wesentlichen den zweiten Akt,[68] begleitet von einer erneuten Lehre des Ehestandes, vorgetragen durch den Lehrer bei Zurflüe und den Erzengel Raphael beim Anonymus. Im anonymen Spiel folgt daraufhin die neu hinzugefügte Szene aus Gotthart ‹Troja›, verknüpft mit dem Einzug Niklaus von Flües in den Krieg.[69]

Der dritte Akt steht bei Zurflüe ganz im Zeichen der sozialpolitischen Auseinandersetzung mit der Gegenwart, indem Bauern und Adlige in Streitgesprächen auftreten und Bruder Klaus als zur Einigkeit mahnende überzeitliche Figur zu den personifizierten 13 Orten der Eidgenossenschaft zur Zeit der Aufführung 1601 spricht. Auch der anonyme Verfasser zeigt in seinem Spiel im dritten Akt den politischen Mahner Niklaus von Flüe, jedoch platziert er ihn in die historische Zeit

---

67 Vgl. Durrer 1981, Bd. 1, S. 465.
68 Niklaus von Flües Frau hieß eigentlich wohl Dorothea Wyss oder Wiss und wird zum ersten Mal bei Wytwyler Wissling genannt, bei anderen auch Wyssling. Siehe dazu Amschwand 1987, S. 318 sowie Sigrist 2005.
69 Es gibt keine urkundlichen Beweise für die Teilnahme Niklaus von Flües an einem Krieg, doch lassen «Zeugnisse darauf schliessen, dass er mehrmals bei Bauernauszügen gegen Zürich teilgenommen hat.» Oppikofer-Dedie 1993b, S. 362. Vgl. auch Durrer 1981, Bd. 1, S. 13–15 und C. Sieber 2006, S. 79–88.

zu Lebzeiten von Flües, als erst acht Kantone die Eidgenossenschaft bildeten. Daraufhin folgt beim Anonymus eine weitere Szene, die bei Zurflüe erst im achten Akt erfolgt, und die bei diesem in keinerlei Verbindung zu Niklaus von Flüe selber gestellt wird: Die Szene eines armen Bauern, der von seinem reichen Herrn gnadenlos in die Mittellosigkeit getrieben wird. Der anonyme Verfasser platziert auch diese Szene im historischen Leben Niklaus von Flües, indem er diesen in der Episode als Vermittler und Wohltäter auftreten lässt. Des Weiteren finden sich im ‹Anonymen Bruderklausenspiel› im dritten Akt Szenen, die bei Zurflüe im vierten und zu Beginn des fünften Aktes folgen: Szenen der versuchten Verführung Niklaus' durch Teufel, die Begegnung von Niklaus und seiner Tochter mit dem einäugigen Hund, seine Barmherzigkeit mit Armen, seinen wachsenden Entschluss, Eremit zu werden, die Bitte an seine Frau, ihn gehenzulassen, sowie der Auftritt dreier Männer, die Niklaus darin bekräftigen, dass sein Gedanke, Eremit zu werden, gottgefällig sei.

Der vierte Akt bei Zurflüe zeigt größtenteils das Alltagsleben Niklaus von Flües sowie seinen wachsenden Wunsch, diesem den Rücken zu kehren. Daraufhin spricht Gott aus dem Himmel und ermahnt die Menschen der Welt zur Gottesfurcht – diese Szene ist beim anonymen Verfasser, der in seinem Spiel Gott oder Jesus nie direkt auftreten lässt, nicht vorhanden.[70] Bei Zurflüe treten erst hier die Teufelsfiguren Asmodeus und Belial auf, die von Luzifer spezifisch auf die Verführung Niklaus von Flües angesetzt werden. Daraufhin folgen die oben erwähnten Szenen, die beim Anonymus bereits im dritten Akt stehen: Begegnungen mit Teufeln, Szenen der Barmherzigkeit und der Auftritt der drei Männer.

Der vierte Akt im ‹Anonymen Bruderklausenspiel› stimmt größtenteils mit Zurflües fünftem und sechstem Akt überein: Niklaus' Bruder Petrus versucht vergeblich, diesen von seinem Entschluss abzubringen und es folgen die Abschiedsszene Niklaus' von seiner Frau und seinen zehn Kindern, nachdem er sich den Pilgerrock angezogen hat, seine Reise Richtung Burgund und wieder zurück – nach Begegnungen mit einem Bauern und einem Engel, die diesen Weg als den falschen bezeichnen – sowie das Ankommen im Ranft unweit seines Heimatorts Sachseln. Als die Landsleute zunächst skeptisch reagieren auf die Kunde, der Eremit komme ohne Speis und Trank aus, soll auf Geheiß des herbeigeeilten Pfarrers Oswald der Konstanzer Bischof zur Schlichtung des Streits geholt werden.

Diese wichtige Szene, in der der Bischof von Konstanz sich bei Bruder Klaus die Bestätigung holt, dass dieser tatsächlich fastet und daraufhin für die Bevölkerung die Heiligkeit des Eremiten feststeht, bildet den Beginn des siebten Aktes bei Zurflüe und wird beim Anonymus an den Beginn des fünften Aktes gestellt. Es folgen in diesem fünften bzw. siebten Akt in beiden Spielen diverse Szenen, die das

---

[70] Vermutlich sollte diese Figur bei Zurflüe statt Gott der Salvator, also Christus, sein, da im Personenverzeichnis des vierten Aktes *Salvator* steht. Vgl. Huwiler 2017, S. 410, Anm. 2.

Leben und Wirken Niklaus' als Eremiten darstellen: Bruder Ulrich kommt zu Bruder Klaus und bezieht ebenfalls als Eremit ein kleines Haus im Ranft, er und vor allem Bruder Klaus werden immer wieder von Teufeln in verschiedenen Gestalten heimgesucht um sie zur Sünde zu verführen, Landsleute pilgern zum Eremiten oder besuchen ihn, um ihn herauszufordern, woraufhin sie bekehrt werden, und es werden Gebete von Bruder Klaus und Bruder Ulrich auf der Bühne dargestellt. Der anonyme Verfasser hat hier in seinem Spiel eine weitere Szene eingefügt, die bei Zurflüe nicht vorgeformt ist: Die Mutter Gottes tritt auf und spricht zu Bruder Klaus.

Das Ende des fünften Aktes bildet beim Anonymus wieder eine politische Szene, in der, laut der Aufzählung der an der Szene beteiligten Personen, Bruder Klaus und die acht alten Orte der Eidgenossenschaft sowie Abgesandte zweier neuer Orte der Eidgenossenschaft auftreten; diesmal handelt es sich um eine historisch genau verortbare Situation, nämlich die Tagsatzung zu Stans 1481, als die städtischen Orte Fribourg und Solothurn in die Eidgenossenschaft eintreten wollten, was jedoch das bereits fragile Stadt-Land-Verhältnis des Bundes zu gefährden drohte und schon im Vorfeld zu Streitigkeiten geführt hatte. Der historische Bruder Klaus soll an dieser Tagsatzung vermittelnd gewirkt und erreicht haben, dass die Eidgenossenschaft nicht auseinanderbrach, sondern mit einem Kompromiss die neuen Orte Fribourg und Solothurn aufnehmen konnte. Im ‹Anonymen Bruderklausenspiel› treten die acht alten sowie die bittstellenden zwei neuen Orte auf, und es wird kurz der Beginn der darauffolgenden Verhandlungen gezeigt – danach bricht die Handschrift jedoch ab, ohne dass der Auftritt von Bruder Klaus dargestellt worden wäre.[71]

Bei Zurflüe wird im achten und letzten Akt, nach der von Bruder Klaus' Leben losgelösten bereits erwähnten Szene mit dem Bauern und dem reichen Mann, ebenfalls eine weitere Begegnung Bruder Klaus' mit der Eidgenossenschaft dargestellt, jedoch hier wie bereits in Zurflües drittem Akt mit den 13 Orten der historischen Gegenwart der Aufführung von 1601, wobei Bruder Klaus als überzeitlicher Mahner auftritt, der mit der Eidgenossenschaft schließlich den Bund schwört. Ansonsten zeichnet der letzte Akt bei Zurflüe weitere Episoden aus dem Leben und der Legende des Eremiten nach, z. B. eine Szene, in der ein verlorener Brief des in Paris studierenden Sohns von Niklaus und Dorothea auf wundersame Weise seinen Weg in den Ranft findet. Als Bruder Klaus schließlich sein Sterben voraussieht, wird die letzte Salbung des Eremiten dargestellt. Es folgen daraufhin sein Sterben, das Trauern seiner Familie und Freunde, das Begräbnis unter großer Anteilnahme der Bevölkerung, anschließende Pilgerfahrten und wundersame Heilungen kranker Menschen zu und an Bruder Klaus' Grab sowie die Erscheinung des toten Bruder Klaus vor seiner Frau Dorothea. Nach dem fünften sollte laut Synopse auch im anonymen

---

[71] Die Handschrift verzeichnet daraufhin noch wenige Seiten, die bereits von gleicher Hand vornummeriert wurden, was darauf hindeutet, dass das Spiel tatsächlich nicht fertiggeschrieben und folglich auch nicht aufgeführt wurde.

Spiel noch ein sechster Akt folgen, in dem ebenfalls u. a. die Darstellung des Sterbens und Grablegens des Eremiten geplant war.

Das Leben und Wirken des Niklaus von Flüe wird in beiden Spielen umrahmt bzw. immer wieder durchbrochen durch Narren- und Prasserszenen, Auftritte von Engeln und biblischen Figuren, Einleitungen und Zusammenfassungen von Herold- und Argumentator-Figuren bzw. einem Chor sowie zahlreichen Szenen mit Teufeln. All diese Szenen sind zum Teil mit der dargestellten Lebensgeschichte des Eremiten inhaltlich verbunden, zum Teil stehen sie außerhalb des dargestellten Geschehens und kommentieren dieses für das Publikum, oft mit direkter Adressierung an dieses.

Adressierung an das Publikum

Vor seiner Begrüßungsrede am ersten Spieltag von Zurflües ‹Bruderklausenspiel› kniet der Herold nieder, spricht ein Gebet und fordert die Anwesenden dazu auf, mit ihm zu beten. Später spricht er von sich und dem Publikum als ‹wir›, wenn er über Bruder Klaus sagt: *Vnsre großvätter hand jnn bekantt | Den säligen vnd vil helgen man* (V. 301f.). Durch das kollektive Beten und die in Erinnerung gerufene verwandtschaftliche Verbindung zu Bruder Klaus wird eine Gemeinschaft zwischen dem Herold, der Spielhandlung und den Zuschauenden geschaffen.[72] Im ‹Anonymen Bruderklausenspiel› wendet sich der Chor immer wieder direkt an das Publikum und erklärt diesem, was für Lehren aus dem Gesehenen gezogen werden sollen:

> Nun hörent an Ir frauw vndt man
> Ihr Jungen vndt ihr Alten
> All dier hie sindt geliebte fründt
> wie ihr eich sollen halten (fol. 83ᵛ)

Auch im weiteren Verlauf beider Spiele sind solche Szenen, in denen das Publikum direkt einbezogen wird, nicht selten, und zwar nicht nur in den direkten Anreden durch den Herold und den Argumentator sowie in den mahnenden Einlassungen des Chors, die strukturell immer zu Beginn oder zum Abschluss eines Aktes platziert sind, sondern auch innerhalb der Spielhandlung selbst. Dadurch werden meistens Fragen des Glaubens, der Erziehung, des Lebenswandels oder der äußeren Erscheinung sowie zu deren Funktion in der zeitgenössischen Gesellschaft beim Publikum aufgeworfen. Im anonymen Spiel sind es vor allem Engel, die sich während des Spielgeschehens an das Publikum richten und ihnen diverse Lehren mitgeben. Zurflüe wählt eher weltlich-irdische Vermittler zwischen dem Spielgeschehen und dem Publikum, wie beispielsweise einen Lehrer, der vor das Publikum tritt und eine Ehelehre vorträgt, auf die noch eingegangen wird. Ebenfalls noch näher beleuchtet wird die Szene, in der sich der Bischof von Konstanz direkt an das

---

[72] Mit *großvätter* sind nicht ‹Großväter› im strengen Sinne gemeint; zwischen der Lebenszeit Niklaus von Flües und der Aufführungszeit lagen ca. 100 Jahre. Gemeint sind ‹Vorfahren›.

Die Bruderklausenspiele: Zurflüe (1601) und Anonymus (nach 1624) 145

anwesende Publikum richtet und dieses als Repräsentantinnen und Repräsentanten der Eidgenossenschaft rühmt, die einen solchen Gottesmann wie Bruder Klaus hervorgebracht hat. Auch Niklaus von Flüe selbst wendet sich zuweilen mitten im Spielgeschehen an das Publikum: Im vierten Akt bei Zurflüe und im dritten beim Anonymus, von dem die Szene praktisch kopiert wurde, gibt Nikolaus seinem Töchterchen eine Lehre mit, nachdem die beiden dem Teufel in Gestalt eines einäugigen Hundes begegnet sind. Die Anwesenden im Publikum werden direkt angesprochen damit auch ihnen (*üch hie allen*, V. 4719) die Lehre nütze, um gegen den Teufel gestärkt zu sein.

Wer genau sich unter den angesprochenen Zuschauenden befand, kann beim Anonymus nicht eruiert werden, da nicht deutlich ist, ob eine Aufführung überhaupt stattfand. Es ist gut möglich, dass der Text noch um eine Begrüßungsrede erweitert worden wäre, wenn eine Aufführung tatsächlich stattgefunden hätte, denn ein Spiel ohne jegliche einführende direkte Anrede an die Anwesenden ist in der Frühen Neuzeit nicht üblich. Bei Zurflüe begrüßt der Herold alle Anwesenden: Geistliche, Ratsherren, auswärtige, einheimische, reiche und arme Leute, *jüngfraüwen* und Kinder sowie [*e*]*rbar fraüwen* (V. 63–70). Solche Begrüßungsanreden gibt es in praktisch allen Spielen des Spätmittelalters und der Frühen Neuzeit, und ohne Zweifel waren diese als Floskeln bekannt und wurden von Spiel zu Spiel übernommen. Aus Vergleichen mit Quellen, die Zurflüe benutzt hat, wird jedoch deutlich, dass er zwar vieles den Quellen entnommen, die Aussagen aber jeweils auf die spezifische Situation der Aufführung in Sarnen im Jahr 1601 übertragen und entsprechend angepasst hat. Somit kann davon ausgegangen werden, dass bei der Aufführung tatsächlich diese breite Palette von Leuten anwesend war: Eine solche Aufführung war ein seltenes Großereignis, das Leute von außerhalb anzog[73] und praktisch die gesamte Bevölkerung des Ortes mobilisierte; in diesem Fall Ob- und Nidwalden. Zudem befanden sich Geistliche und Mitglieder der politischen Oberschicht, aber auch weniger prominente Mitbürger unter den Darstellern, und man kann davon ausgehen, dass viele Akteure dem Publikum bekannt waren. Die Darstellerliste ist bei Zurflüe überliefert und zeigt diese ganze Breite der Bevölkerungsschichten. Zurflüe beschreibt in seiner Vorrede,[74] wie die Spieler gezeigt hätten, was

---

[73] Nachweislich haben Bürger aus Luzern der Aufführung beigewohnt: in der Nacht nach dem zweiten Aufführungstag, vom 17. auf den 18. September, kam es in der Innerschweiz zu einem Erdbeben, und in diesem Zusammenhang finden sich in den Gerichtsakten von Luzern mehrere Einträge, in denen von Heimkehrern vom Sarner ‹Bruderklausenspiel› berichtet wird. Diese waren nach dem Ende des Spiels auf dem Nachhauseweg in Stans bzw. Stansstad in ein Wirtshaus eingekehrt, um da die Nacht zu verbringen. Die Heimkehrer haben wegen ungebührlichen Verhaltens Eingang in die Gerichtsakten gefunden: Sie hätten auch während des Erdbebens getrunken und gespielt, statt zu beten. Staatsarchiv Luzern 1602. Vgl. auch Schwarz-Zanetti u. a. 2006.

[74] In der in Prosa abgefassten Vorrede zum Spiel erklärt der Verfasser, was ihn dazu bewogen hat, dieses Spiel zu verfassen und den Ratsherren zu präsentieren. Vgl. dazu Huwiler 2017, S. 416–418.

in ihnen steckt, auch wenn man das kaum erwartet habe: Sie hätten maßgeblich zum Erfolg der Aufführung beigetragen, obwohl man zunächst gedacht habe, sie könnten kaum bis vier zählen und würden vor fremden Leuten den Mund nicht aufkriegen (Vorrede, V. 81–88). Diese Einschätzung korrespondiert mit dem Augenzeugenbericht des Jesuiten Petrus Frank, der erstaunt ist, dass solch ungelehrte Bauern derart gut spielten, dass sie das Publikum zu Tränen rührten.[75]

Bühnenform und Struktur

Beide Bruderklausenspiele sind für die Bühnenform der mittelalterlichen Simultanbühne konzipiert.[76] Bei Zurflüe kennen wir mit hoher Wahrscheinlichkeit den Ort der Aufführung: Er spricht im Spieltext wiederholt vom ‹Platz›, und zwar nicht nur in den Regieanweisungen, in denen relativ häufig steht, eine Figur komme *uff den platz*,[77] sondern auch in der Schlussrede des Herolds, der sich bei der Obrigkeit bedankt, dass sie *den platz hand zů gericht* (V. 11347). Damit ist wohl der Sarner Dorfplatz gemeint, denn es kann davon ausgegangen werden, dass ein solch zentrales Großereignis, in das so viele verschiedene Bevölkerungsgruppen involviert waren, und das von Politik und Geistlichkeit unterstützt wurde, auf dem wichtigsten Platz der Gemeinde stattfand. Der Dorfplatz und die umliegenden Häuser sind heute noch fast genau in der Form vorhanden, wie sie damals beim Spielgeschehen um den Platz standen. Nur der Brunnen in der Mitte des Platzes wurde erst 1604 gebaut, so dass den Darstellern 1601 noch mehr Raum zur Verfügung stand.

Im Jahr 1556 war eine Dorfkapelle am Rand des Dorfplatzes gebaut worden;[78] diese könnte gemeint sein, wenn im Spiel der Sarg mit dem toten Bruder Klaus um den Platz herum auf die Kirche zu getragen werden soll (V. 10980a). Die Regieanweisungen lassen keine konkreten Zuweisungen zu den lokalen Gebäuden zu, doch es ist anzunehmen, dass sie ins Spielgeschehen miteinbezogen wurden, z. B. wenn die Stimme Gottes von oben erklang. Für die Darstellung des Hauses von Dorotheas Eltern, wo sich eine ganze Szene abspielt, ist ein stabiler Aufbau für die Aufführung anzunehmen, so wie es aus Luzerner Spielen bekannt ist; ebenso wird

---

[75] Bayerische Staatsbibliothek, Petrus Frank 1601; vgl. auch Durrer 1981, Bd. 2, S. 59.
[76] Siehe auch Greco-Kaufmann 2017, S. 463. Velten hat kürzlich nochmals schlüssig darauf hingewiesen, dass nicht von einer strikten «Alterität einer ‹simultanen›, den heilsgeschichtlichen Inhalten und Wahrnehmungsformen angepassten Aufführungsform gegenüber der neuzeitlichen ‹sukzessiven› und auf Inszenierung, Repräsentation und Illusion ausgerichteten dramatischen Disposition» ausgehen kann. Velten 2020, S. 514. Siehe dazu auch Dietl 2015a, S. 175–176. Die Konzeption einer Bühne als mittelalterliche Simultanbühne, insbesondere zu Beginn des 17. Jahrhunderts, impliziert somit nicht a priori eine festgelegte Ästhetik der Darstellung und Rezeptionslenkung, sondern jede Aufführung muss im spezifisch historisch-lokalen Rahmen gesehen werden, wie im Folgenden anhand der Sarner Bruderklausenspiele ausgeführt wird.
[77] Z. B. Regieanweisungen in V. 395a, 1158a, 1420a, 3131a, 4775a, 5014a, etc.
[78] Vgl. Flüe 2012, S. 20. Die Dorfkapelle steht auch heute noch am selben Ort.

Die Bruderklausenspiele: Zurflüe (1601) und Anonymus (nach 1624)   147

die Hölle eine feste Installation gewesen sein.[79] Greco-Kaufmann hat bezüglich der Struktur der Spielhandlung auf die Verwandtschaft des ‹Bruderklausenspiels› von Zurflüe mit der Heiligenspieltradition aus Beromünster und Luzern hingewiesen, da auch dort immer wieder derbe, in der sozialen Realität verankerte Szenen wie Saufgelage, erotische Abenteuer, kriminelle Handlungen oder Narrenspäße die Haupthandlung unterbrechen.[80]

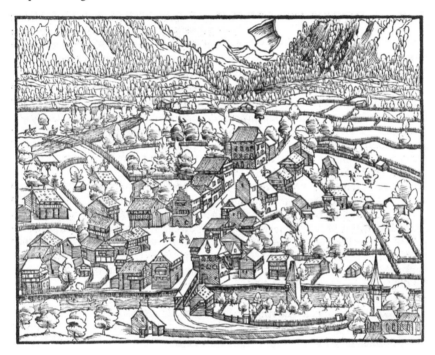

Sarnen. Holzschnitt in Johannes Stumpfs ‹Chronik der Eidgenossenschaft› (1548), VII, S. 294.[81]

Im ‹Anonymen Bruderklausenspiel› sieht dies sehr ähnlich aus, da der Verfasser seine Struktur stark an diejenige von Zurflües Spiel anlehnt. Allerdings fallen bei ihm alle Narrenszenen der allgemeinen Straffung der Handlung zum Opfer. Gleichzeitig lässt sich aber eine deutliche Ausdehnung der Teufelsszenen erkennen bzw.

---

[79] Vgl. Greco-Kaufmann 2017, S. 464f.
[80] Vgl. ebd., S. 461.
[81] Johannes Stumpf: Gemeiner loblicher Eydgnoschafft Stetten/ Landen vnd Vőlckeren Chronick wirdiger thaaten beschreybung [...]. Zürich: Christoph Froschauer d. Ä. 1548 (VD16 S 9864). Das Bild zeigt Sarnen, gesehen vom nördlichen Landenberg aus in südöstlicher Richtung gegen die Berge von Kerns und Sachseln. Der Dorfplatz, auf dem vier Menschen abgebildet sind, befindet sich etwas oberhalb der Holzbrücke, die am unteren Rand des Bildes über die Sarner Aa führt. Abbildung: © Historisches Museum Obwalden, Sarnen.

es treten insgesamt häufiger und zahlenmäßig mehr Teufel auf und es gibt auch zu den von Zurflüe übernommenen Teufelsszenen teilweise lange Hinzufügungen. Die Funktion dieser Szenen ist jedoch strukturell die gleiche wie bei Zurflüe: sie dienen zur Unterbrechung der Darstellung der Heiligenvita zur allgemeinen Belustigung, aber auch zur Abschreckung. Inhaltlich sind die Teufelsszenen sowohl bei Zurflüe als auch im anonymen Spiel vielfältig ausgestaltet, unter anderem als Kontrastfiguren zum ‹heiligen› Bruder Klaus.

Ein stark strukturierendes Element ist bei Zurflüe die Musik. Im Ganzen findet sich an 39 Stellen im Spiel die Regieanweisung *Música* oder *Música brevis / kleine músick*, zuweilen auch *Música* oder *seittenspiel*. Bei der ersten Musikeinlage ist der Ursprung der Musik im Spielgeschehen angelegt: Spielleute musizieren während der Prasserszene im ersten Akt draußen vor dem Wirtshaus, und der Wirt holt sie herein, damit seine Gäste singen und tanzen können. Als Instrumente werden Geige und Pfeife genannt. Auch als die Brautleute Niklaus von Flüe und Dorothea Wyss zur Trauung in die Kapelle gehen, werden sie von *Spillütt mitt seidtenspil* begleitet (V. 2558a). Die Vertreter der 13 Kantone, die den dritten Akt bei Zurflüe abschließen, betreten die Szene mit Trommlern und werden auch beim Abtreten wieder von Musik begleitet: *Gand d'eÿdtgnossen darvon mitt drúmedten, seittenspil et cetera* (V. 3613a). Die restlichen Musikeinlagen in Zurflües Spiel sind nicht im Spielgeschehen situiert, sondern strukturieren das Spiel zwischen den Szenen. Praktisch jeder Szenenwechsel wird durch Musik begleitet und jeder Akt wird mit Musik abgeschlossen. Es kann davon ausgegangen werden, dass die gleichen Spielleute, die im Spiel die Prasserszene und die Trauung begleiten, auch im weiteren Spielgeschehen ihren festen Platz hatten.

Im ‹Anonymen Bruderklausenspiel› finden sich ebenfalls Spielleute in der analog zu Zurflüe angelegten Prasserszene im ersten Akt. Ansonsten enthält das anonyme Spiel generell viel weniger Regieanweisungen als Zurflües Spiel, so dass nicht mit Sicherheit gesagt werden kann, ob keine Musik zwischen den Szenen vorgesehen war oder diese Musikeinlagen einfach nicht in der Handschrift vermerkt wurden. Es werden in jedem Akt mindestens an einer Stelle, meistens an zwei bis drei, Zwischenspiele eingefügt, die lediglich als *Intermedium* bezeichnet werden. Wie diese Zwischenspiele aussehen sollten, wird nicht weiter ausgeführt. Es kann somit gut sein, dass auch hier Musikeinlagen vorgesehen waren. Auf jeden Fall wird im anonymen Spiel ein Chor von Jünglingen (*Chorus juvenum*) eingefügt, der jeden Akt zum Abschluss in mehreren Strophen zusammenfasst.[82]

---

[82] Der Chor als «gesungenes Medium der Akttrennung» ist nicht selten in deutschsprachigen Spielen der Frühen Neuzeit. Der Chor im ‹Anonymen Bruderklausenspiel› scheint jedoch eine Besonderheit zu sein, da die Verse größtenteils gesprochen und nur gelegentlich gesungen werden, was jedoch laut Scheitler kaum je vorkam. Vgl. Scheitler 2015, S. 298. Eine genauere Erforschung der Funktion und historischen Einbettung dieses Chores bedarf weiterer Untersuchungen, die im Rahmen dieses Beitrags nicht geleistet werden können.

Darstellung von Heiligkeit

Die Heiligkeit von Bruder Klaus wird in den Spielen durch seinen unerschütterlichen Glauben, seine Wundertaten, seine besondere Nähe zu göttlichen Instanzen sowie seine Barmherzigkeit den Mitmenschen gegenüber dargestellt.[83]

Die Standfestigkeit zeigt sich insbesondere in den Szenen, in denen Teufelsfiguren ihn zu verführen versuchen. Die Gestaltung der Teufelsfiguren in beiden Obwaldner Bruderklausenspielen folgt keinem einheitlichen Schema innerhalb der jeweiligen Spiele, sondern zeigt eine breite Palette an Funktionen und Ausgestaltungen. Eine bereits genannte Funktion ist diejenige der Belustigung und Abschreckung, wenn die Teufel Sathan und Belzebock ins Spielgeschehen eingreifen, um sündige Leute abzuholen und in die Hölle zu führen.[84] Während diese Teufelsfiguren Szenen abschließen, die an sich relativ losgelöst vom Geschehen um Niklaus von Flüe im Spiel stehen, haben die Teufel Asmodeus und Belial, angestiftet von Luzifer, den konkreten Auftrag, Bruder Klaus zu verführen und ihn so von seinem heiligen Weg abzubringen. Die gleiche Funktion hat der Teufel, der sich mehrmals in unterschiedlicher menschlicher Gestalt Bruder Klaus und auch Bruder Ulrich nähert, um sie zu prüfen. Zurflüe schöpft bei dieser Teufelsgestaltung ausschließlich aus Gretser. Eine weitere, von den anderen unabhängige Teufelsfigur ist der einäugige Hund, der Niklaus und seiner Tochter auf einem Spaziergang erscheint; er ist eine damals in der lokalen Sagenwelt verankerte Gestalt, deren Begegnung mit Niklaus von Flüe in den Akten des Kanonisationsprozesses von 1591 kurz geschildert wird, was bei Zurflüe zu einer Szene ausgearbeitet wird.[85] Im anonymen Spiel wurde sowohl die Anzahl der Teufelsfiguren als auch ihre Präsenz ausgebaut: bereits in der dritten Szene des ersten Akts treten Luzifer, Belzebub, Sathan, Astarot und Belial auf und bekräftigen in einer relativ langen Dialogszene den allgemeinen Wunsch, die Menschheit zu verführen. Im Verlaufe des Spiels haben die Teufel mehr Szenen als bei Zurflüe und sie kommentieren das Geschehen, indem sie der Menschheit – und dem Publikum – allgemein einen Spiegel vorhalten. Im fünften Akt verspotten die Teufel den betenden Bruder Klaus, der daraufhin in einer langen Rede Gott um Hilfe vor der Verführung durch den Teufel anfleht – eine Szene, die in dieser Länge und Intensität bei Zurflüe nicht vorgeformt ist:

> Drum bitt ich dich min herr undt Gott
> Lass mich nit khon dem thüffell Zspott
> Biss du min hilff undt starcke handt

---

[83] Für die historische Herleitung dieser Aspekte der Heiligenverehrung vgl. Angenendt 2013.
[84] Solche Teufelsszenen lassen sich bereits in den ältesten erhaltenen mittelalterlichen Osterspielen nachweisen, zum ersten Mal im ‹Innsbrucker Osterspiel› aus der Mitte des 14. Jh., vgl. Schulze 2012, S. 62–63.
[85] Die Szene zeigt, dass die Aktualisierung des Stoffs für das Publikum nicht nur konfessionell geprägt ist, sondern auch eine spezifisch lokale Komponente aufweist, indem hier der Aberglaube der Region mit einbezogen wird. Vgl. Huwiler 2017, S. 431.

Dass ich mög brächen alle bandt
Des thüffels [...] (fol. 199ᵛ).

Bei allen unterschiedlichen Konzeptionen und Traditionslinien der Teufelsfiguren bleibt ihnen jedoch eine gemeinsame Funktion, nämlich diejenige der Kontrastierung ihrer selbst mit der Heiligkeit des Protagonisten. Bruder Klaus widersteht allen Verführungskünsten ohne jeglichen Ausdruck von Zweifel. Er bleibt dabei jedoch nicht immer statisch und unberührt, sondern wird mehr als einmal von den Teufeln physisch attackiert. Dies lässt sich dadurch erklären, dass solche Episoden, in denen Bruder Klaus physisch geplagt mit unkontrollierten Bewegungen vorgefunden wurde, tatsächlich bereits aus sehr früher Quelle belegt sind.[86] Für die Bevölkerung waren solche Episoden ein klares Zeichen dafür, dass Bruder Klaus von Teufeln heimgesucht wurde, was in allen Bruderklausenspielen entsprechend plastisch umgesetzt wird.

Die Hinwendung Niklaus von Flües zu Gott durch das Leben als Eremit und insbesondere das 20jährige Fasten sind wichtige Voraussetzungen für die Wundertätigkeiten, welche die Heiligkeit Bruder Klaus' konsolidieren sollen. Gleichzeitig sind dies jedoch auch die umstrittensten Aspekte in der Rezeption Niklaus von Flües, insbesondere zur Zeit der Aufführung resp. Abfassung der Obwaldner Bruderklausenspiele. Ein Lebenswandel wie derjenige von Niklaus von Flüe wurde in der Frühen Neuzeit keineswegs vorbehaltlos akzeptiert, wie auch die Szenen in den Bruderklausenspielen rund um das Eremitentum und das Fastenwunder zeigen. Zur Zeit der Aufführung des ‹Bruderklausenspiels› von Zurflüe waren im Zuge des Tridentinischen Konzils Bestrebungen im Gange, das Eremitentum abzuschaffen,[87] wobei diverse Vorkommnisse bezeugen, dass es auch zu dieser Zeit und lange darüber hinaus noch Eremiten gab.[88] Obwohl das Eremitentum Bruder Klaus' zu Beginn des 17. Jahrhunderts durch dessen damals anerkanntes religiöses Wirken an sich nicht kritisiert wurde, muss dessen Darstellung in den beiden Obwaldner ‹Bruderklausenspielen› dennoch auch vor diesem Hintergrund betrachtet werden. Die Reaktion des Bruders von Niklaus von Flüe bringt zum Ausdruck, wie darüber allgemein gedacht wurde: Wenn jemand sich dem Eremitentum zuwandte, war er entweder

---

[86] So im ‹Kirchenbuch von Sachseln› von 1488, transkr. in Durrer 1981, Bd. 1, S. 459–480.
[87] Dies zeigt exemplarisch der Fall des Horwer Waldbruders Peter Cunert auf, vgl. S. Jäggi 2005. Im Ratsprotokoll des Kantons Luzern wird als Grund dafür angegeben, dass durch solche Leute aus Betrug und Versuchung des Teufels böse Dinge geschehen seien, aus denen mehr Ärgernis als Gutes und Erbauung entstanden seien. Vgl. ebd., S. 174. Bei der bischöflichen Visitation von 1597 in der Innerschweiz wurde festgehalten, dass das Leben als sogenannte Waldbrüder verboten werden solle, da diese Männer zuhause bei Frau und Kindern den Hof verwalten oder, sofern ledig, als Laienbrüder in die Klöster gehen sollten. Vgl. Bölsterli 1873, S. 55.
[88] Vgl. S. Jäggi 2005, S. 175. Ab dem 17. Jh. gab es dann auch wieder vermehrt Bemühungen, den Eremitenstand wiederherzustellen. Vgl. P. Meier 2014, S. 428–434.

besonders fromm oder aber töricht. Hier wird auch die Besorgnis des Bruders um das Ansehen der Familie ausgedrückt; Niklaus solle doch bedenken, welche Schande er seiner Familie und dem ganzen Land bringe.[89]

Auch Bruder Klaus' später als Fastenwunder bezeichneter Ablehnung der Nahrungsaufnahme, die von Zeitgenossen immer wieder als Beleg für seine Heiligkeit angeführt wurde, stand man zu Beginn sehr skeptisch gegenüber. Die in beiden Spielen vorkommende Szene, in der Landsleute exemplarisch als Verteidiger und Ankläger auftreten, ist mentalitätsgeschichtlich als Wiedergabe dieser Skepsis gegenüber einem solchen Fastenwunder einzuordnen. Einen anderen Aspekt des Fastens spricht in Zurflües Spiel der Jäger Pamphilus an, der mit seinen Jägergesellen und den Dienern Bruder Klaus nach dessen Rückkehr aus dem Burgund im Gestrüpp findet: Niklaus von Flüe gefährde dadurch die Gesundheit und riskiere den Tod, der dann als Selbstmord gelten müsse, wodurch er von Gott nicht mehr erhört werden könne. Selbstmord war in der religiös geprägten Lebenswelt des 16. und 17. Jahrhunderts nicht nur eine Sünde, sondern eine dreifache Todsünde.[90] Die Sorge um Niklaus' Gesundheit und Seelenheil scheint auch in den Aussagen seines Bruders Peter auf.[91]

Dass Bruder Klaus' Fasten ein Wunder war, wurde nicht sofort geglaubt, wie Quellen immer wieder belegen. Der Chronist Matthias von Kemnat, der um 1475 in seiner Chronik zu Friedrich I. kurz auf Bruder Klaus eingeht, erfasst die Vorbehalte kurz und bündig mit der Aussage, wenn Bruder Klaus tatsächlich in vielen Jahren nichts gegessen habe, so müsse er ein lebendiger Heiliger oder aber ein Teufel sein, etwas dazwischen gebe es nicht.[92] Erst als der Bischof von Konstanz das

---

[89] Dass das Eremitentum bereits zu Lebzeiten des Niklaus von Flüe nicht angesehen war, bezeugt die älteste Bruderklausen-Biografie von Heinrich Gundelfingen, der schreibt, der entsprechende Entschluss Niklaus' sei darauf zurückzuführen, die Wiederherstellung des Eremitenstandes zu erreichen, der seit Anthonius und Paulus gänzlich unterdrückt worden sei. Gundelfingen führt außerdem an, dieser «Niedergang des Eremitentums sei der [U]ntätigkeit der übrigen Einsiedler geschuldet.» Zit. n. Durrer 1981, Bd. 1, S. 426. Ebenso wie am Ende des 16. Jh. spielte vor allem die Gefährdung des Gemeinwohls durch «falsche», unehrenhafte und betrügerische Eremiten eine entscheidende Rolle beim schlechten Ruf des Eremitentums. Das Phänomen eines verheirateten Eremiten war darüber hinaus zwar «nicht ungewöhnlich», doch «in der Regel ein Problemfall.» P. Meier 2014, S. 394. Die Überzeugung, dass einzelne Eremiten durch dieses Leben eine besondere Frömmigkeit und Gottesfurcht an den Tag legten, was Bruder Klaus exemplarisch aufzeigte, wurde jedoch auch bei aller Skepsis nicht erschüttert.

[90] Thomas von Aquin hatte im 13. Jh. die drei Argumentationen gegen den Selbstmord, die zur Beurteilung desselben als dreifache Todsünde führten, formuliert. Vgl. Lind 1999, S. 28f. Erst im 16. Jh. wurde diese Ansicht im Zuge der Reformation modifiziert. Die altgläubig gebliebenen Gebiete hielten jedoch an ihrer Einschätzung des Phänomens fest, und eine gesamtgesellschaftliche Modifizierung begann erst im Zeitalter der Aufklärung.

[91] Vgl. Huwiler 2017, S. 433f.

[92] Vgl. Durrer 1981, Bd. 2, S. 1013.

Fastenwunder bestätigt, wird es von der Bevölkerung anerkannt.[93] Doch auch nach dem Tod Bruder Klaus' gab es diesbezüglich immer wieder kritische Stimmen: So schreibt Heinrich Wölfli in seiner ‹Bruderklausenvita› von 1501:

> Trotzdem fehlt es nicht an Vermutungen, dass er zuweilen durch einen Raben vom Himmel Speise erhalten und dass er das vielleicht nur, um Aufsehen zu vermeiden, den Fragern nicht zugestehen wollte.[94]

Die Bruderklausenspiele können teilweise als Antwort auf diese kritischen Stimmen, vor allem jedoch als Bemühung für eine Anerkennung der Heiligkeit des Obwaldner Landsmanns gesehen werden: Die theatrale Darstellung seines frommen Lebens und seiner Wundertaten sollte durch die Re-Inszenierung der Wunder und deren Anerkennung durch den auftretenden Bischof einen Beitrag zum Prozess der Aushandlung der Heiligkeit Bruder Klaus' leisten, der 1601 bzw. nach 1624 immer noch in vollem Gange war.

Der erste Kanonisationsprozess von 1591 hatte, wie oben erwähnt, ohne Resultat geendet,[95] doch die Obwaldner führten ihre diesbezüglichen Bemühungen fort. So wurde 1600 unter der Leitung des Sachsler Pfarrers Jakob Sigerist, der seit der Annahme dieses Amtes 1586 die Bruderklausen-Wallfahrt gefördert hatte, das Grab des Eremiten geöffnet, wobei sich sogleich Gerüchte zu übersinnlichen Ereignissen um die Graböffnung rankten. Sigerist, der 1603 zum Abt des Klosters Engelberg gewählt wurde, spielte selber in Zurflües ‹Bruderklausenspiel› den Bischof von Konstanz, der das Fastenwunder konsolidiert.[96] Die Aufführung von 1601 ist ein Beispiel für eine Praxis, in der die Alltagsfrömmigkeit der Bevölkerung und die dogmatische Religiosität der geistliche Elite bewusst eine Gemeinsamkeit konstituierten, um den lokalen Eremiten zu ehren, aber auch um den Prozess der Heiligsprechung Bruder Klaus' voranzutreiben: Obwohl von der offiziellen katholischen Kirche noch nicht als solcher anerkannt, zelebrierten die lokalen Behörden, Geistlichen sowie Bürgerinnen und Bürger demonstrativ den Heiligen Bruder Klaus.[97] So fanden zahlreiche von den lokalen kirchlichen oder auch weltlichen Obrigkeiten

---

[93] Eine offizielle Anerkennung von kirchlicher Seite erfolgt jedoch nicht (vgl. P. Meier 2014, S. 234), und auch später finden sich immer wieder Berichte, die von Skepsis seitens der Theologen zeugen. So ist im Staatsarchiv Luzern eine Akte von 1482 hinterlegt, in der der Landammann und die Landsleute zu Unterwalden ihre Landsleute in Luzern darum bitten, sie darin zu unterstützen, fremde Theologen von Bruder Klaus fernzuhalten, da diese versuchten, den Eremiten auf die Probe zu stellen. Siehe Durrer 1981, Bd. 1, S. 203.

[94] Zit. n. Durrer 1981, Bd. 1, S. 545. Hier wird die Geschichte Bruder Klaus' wohl mit derjenigen des Einsiedlers Paulus von Theben vermischt, den angeblich ein Rabe mit Nahrung versorgt haben soll. Die Erwähnung des Raben erinnert auch an die Legende des Märtyrers Meinrad, der wie Bruder Klaus fastete, und der in Gesellschaft zweier Raben lebte. Vgl. unten, Kap. ‹Einsiedeln›.

[95] Vgl. Durrer 1981, Bd. 2, S. 991.
[96] Vgl. Huwiler 2017, S. 423.
[97] Vgl. dazu auch Huwiler 2018.

einberufene Prozessionen zum Grabmal von Bruder Klaus in Sachseln statt, wodurch sich die Gemeinschaft unter den besonderen Schutz ihres Lokalheiligen stellte.[98] Die erste Prozession nach dem Tod des Eremiten wurde denn auch in das Spiel übertragen; die gemeinsam zelebrierte Grablegung, die später in zahlreichen Prozessionen nach Sachseln wiederholt wurde, welche den Zuschauenden aus ihrer Lebenswelt bekannt waren. Da das anonyme Spiel vor dem Tod Bruder Klaus' abbricht, ist diese Szene nur bei Zurflüe vorhanden. Nach dem Tod des Eremiten wird dieser im Spiel in einen Theatersarg gelegt und in einer Prozession über den ganzen Platz der Aufführung getragen, vermutlich auf die Kapelle zu, die leicht außerhalb des Dorfplatzes stand.[99]

> Komptt der priester, B. Ůlrich sampt B. Clausen frůndtschafft mitt brünnenden kertzen, legentt jnn in thodtenbaům tragentt jn vmb den platz der kirchen zů, mitt kläglichen gesangen. Jn dem man Brůder Claůsen zůr grebnůs dreitt, vnnd man jnn vergrabt; kommentt ettliche presthafftige personen vff den platz Wend zum B. Clausen grab: Wärdentt g'sůnd (V. 10980a).

Die inszenierte Grablegung verweist auf die beschriebenen, lokal üblichen Prozessionen und Wallfahrten. Es ist nicht belegt, jedoch auch nicht auszuschließen, dass sogar die Zuschauenden bei dieser Prozession auf dem Sarner Dorfplatz beteiligt waren, da sich die Kapelle nicht direkt am Platz selbst, sondern leicht versetzt zum Rand befand. Um die nachfolgenden Szenen der wunderbaren Heilung der Gebrechlichen mitverfolgen zu können, müssen sich die Zuschauenden zumindest ein wenig in diese Richtung verschoben haben. Durch die vollzogene Prozession um den Platz herum wird somit der Raum der Aufführung gleichsam geheiligt, denn in einer Prozession ist das Umkreisen eines Gebietes gleichzusetzen mit einer Inbesitznahme durch den Schutzpatron, wodurch der Raum geheiligt und gesegnet wird.[100]

Auch die Anerkennung des Fastenwunders ist eine Szene, die durch die performative Wiederholung der die Heiligkeit konsolidierenden Geste als bewusster Akt der Demonstration dieser Heiligkeit gewertet werden kann. Nachdem der Bischof miterlebt hat, wie Bruder Klaus nach der genötigten Aufnahme von Brot und Wein vor lauter Qualen zusammenbricht, ist er davon überzeugt, dass dieser tatsächlich keine Nahrung braucht, und segnet den Eremiten. Danach wendet er sich an die Zuschauenden und preist die Eidgenossenschaft dafür, einen solchen Gottesmann hervorgebracht zu haben, dessen Existenz alleine schon beweise, dass Christus in der Eucharistie tatsächlich anwesend sei, selbst wenn es keine anderen Beweise gäbe – ein deutlicher Verweis auf den Abendmahlstreit und die Richtigkeit der katholischen Lehre in diesem:[101]

---

[98] Vgl. Sidler 2017, S. 265.
[99] Vgl. Huwiler 2017, S. 422.
[100] Vgl. Greco-Kaufmann 2009, S. 147.
[101] Die Tatsache, dass mit dem allen bekannten Pfarrer von Sachseln tatsächlich ein lokaler Geistlicher diese Worte im Spiel spricht, hat sicherlich zur ‹Wahrhaftigkeit› dieser Aussagen über das Spiel hinaus beigetragen.

eÿdgnoschafft, eÿdgnoschafft; fürwar
Niclaús ist dir ein zügnús klar
Daß in dem helgen sacramentt
Söll Christúß selber sin erkentt
Wan schon die heilig gschrifft nitt wär […]
Kein miracklen nitt erzeltendt
Daß Christús Gott mitt seel und lib
Jm helgen sacramentt z'gägen sig
So wär dir doch zúr zügnús gnůg
Din Niclaús der einsidler klůg (V. 7856–7869).

Während diese Stelle eine der konkreten Anspielungen auf den wahren katholischen gegenüber dem reformierten Glauben im Spiel darstellt, ist dies gleichzeitig auch eine eindringliche Aufforderung, die Heiligkeit des Sachsler Eremiten anzuerkennen, da ein Leben ohne Speis und Trank alleine schon eine Heiligkeit zeige, weil nur Gott ein solches Leben erhalten könne. Diese offizielle Anerkennung ließ jedoch auf sich warten: Erst 1625 wurde das Verfahren wiederaufgenommen.[102]

Auch die für eine Anerkennung von Heiligkeit zentrale tätige Liebe zu den Mitmenschen in der Nachfolge Christi[103] wird in beiden Bruderklausenspielen durch zahlreiche Episoden dargestellt, in denen der Eremit seinen Mitmenschen hilft und Barmherzigkeit zeigt. Die Wichtigkeit dieses Aspekts zeigt sich beispielsweise in der Szene eines armen Bauern, der von seinem reichen Herrn gnadenlos in die Mittellosigkeit getrieben wird. Die Szene ist eine zu der Zeit sehr bekannte, von Bruder Klaus unabhängige Szene aus Boltz' ‹Weltspiegel›,[104] die Zurflüe praktisch vollständig übernimmt, wohingegen der anonyme Verfasser sie leicht abändert und dazu verwendet, eine auf diese Geschichte folgende Gerichtsszene darzustellen, in der Niklaus selbst als Schlichter und Kämpfer für den armen Bauern auftritt. Die Gerichtsszene im ‹Anonymen Bruderklausenspiel› stützt sich auf eine im Erzählgut um Niklaus von Flüe bekannte Episode: von Flüe soll während seiner Tätigkeit am Gericht beobachtet haben, wie den Richtern, die bewusst ein ungerechtes Urteil sprechen, Flammen aus den Mündern stiegen, woraufhin er sich aus dieser Tätigkeit zurückgezogen habe.[105] Während Zurflüe diese Richter-Vision nur kurz erwähnt,[106] stellt der Anonymus, der mehr als Zurflüe den historischen Bruder Klaus (und nicht den Überzeitlichen) betont, die Richterszene dar, indem er den mittellos gewordenen Bauern aus der Rychmann-Szene vor das Gericht treten lässt, wo Niklaus für ihn eintritt und Barmherzigkeit und Gerechtigkeit fordert. Da diese von

---

[102] Vgl. Durrer 1981, Bd. 2, S. 992.
[103] Vgl. Angenendt 2013, S. 35.
[104] Valentin Boltz: Der Weltspiegel, hg. von Friederike Christ-Kutter, Klaus Jaeger und Hellmut Thomke. Zürich 2013 (Schweizer Texte, N. F. 37), V. 3220–3548.
[105] Die Episode findet sich beispielsweise bei Salat, abgedruckt in Durrer 1921, Bd. 2, S. 677, sowie bei Eichhorn 1614, S. 18.
[106] Zurflüe, ed. 2017, V. 3897.

Gericht nicht gegeben werden, wendet sich Niklaus von Flüe vom weltlichen Gericht ab und lebt seine Barmherzigkeit fortan als Eremit. Die Szene betont Niklaus von Flües Abkehr von allem Weltlichen und seine Hinwendung zum gottesgefälligen Eremitenleben. Dies kann damit erklärt werden, dass zur historischen Zeit der Abfassung des ‹Anonymen Bruderklausenspiels› die Bestrebungen um die Heiligsprechung des Bruders Klaus erneut konkret geworden waren und die heilige Lebensweise des zuvor weltlichen Mannes wohl deswegen besonders betont werden musste.

Noch deutlicher lässt sich dies an der Kriegsepisode erkennen, die in den drei Innerschweizer Bruderklausenspielen – Zurflües Spiel von 1601, das anonyme Spiel von nach 1624 und Mahlers Zuger Spiel von 1624 – ganz unterschiedlich dargestellt bzw. nicht dargestellt wird: Während Zurflüe Niklaus von Flüe nicht als Soldaten darstellt und den Krieg nicht erwähnt, gibt Mahler dem gesamten kriegerischen Konflikt zwischen den eidgenössischen Orten relativ viel Raum und lässt Niklaus von Flüe selber in den Krieg ziehen.[107] Beim Anonymus zieht Niklaus ebenfalls in den Krieg,[108] doch in der Gesamtheit des Stücks nimmt dieser keinen so großen Raum ein wie bei Mahler. Der anonyme Verfasser stellt jedoch eine neue, ganz konkrete Kriegsszene dar, welche die Soldaten kurz vor Beginn des Kriegsgeschehens zeigt: Nachdem der Hauptmann die Kriegsartikel, die das Verhalten der Kämpfenden während des Kriegs regeln sollen, vorgelesen hat, erheben alle gemeinsam die Hand zum Schwur. Daraufhin spricht Niklaus von Flüe und ermahnt die Männer, dass ein solcher Schwur nicht leichtfertig zu leisten sei und man sich an ihn halten solle (fol. 72^v), und die Soldaten geloben daraufhin, sich an die Kriegsartikel zu halten. Die Kriegsartikel-Szene im ‹Anonymen Bruderklausenspiel› muss für den Verfasser eine besondere Bedeutung gehabt haben, da sie wie erwähnt in keiner einzigen Bruder Klaus betreffenden Vorlage vorkommt und der Verfasser die von Gotthart ‹Troja› übernommenen Kriegsartikel hier neu mit der Lebensgeschichte Niklaus von Flües verknüpft. Dabei passt er die Szene sorgfältig an die eidgenössischen Verhältnisse an, indem hier Mono- statt Polytheismus herrscht, statt (nur) von Tempeln auch von Kirchen die Rede ist und vor allem auch Heilige erwähnt werden, die bei Gotthart keine Rolle spielen. So steht bei Gotthart:

> Von Göttern her auß sHimmels Thron /
> Derhalb jhr trewlich werden schweren /
> Wie billich ist / dieselben zehren /
> Sie in kein Weyß noch Weg nit schmehen (V. 4856–4859).[109]

---

[107] Vgl. unten, Kap. ‹Zug›.
[108] Der Chor, der die Szene anschließend zusammenfasst, sagt: *Niclaus ist zogen in den krieg* (fol. 84^r).
[109] Gotthart, ed. 2016, S. 193.

Beim Anonymus steht an dieser Stelle:

> Von Gott herab uß s' himels thron
> Derhalb ihr thrüwlich werdent schweren
> Wie billich ist denselben zehren
> Ihn undt die helgen gar nit schmächen (fol. 69ʳ).

Die ‹Heiligen› ersetzen hier keinen Begriff der Vorlage zum Zweck des Transfers des Inhalts in die zeitgenössische und lokale Kultur, sondern sie werden bewusst hinzugefügt: Der Kulturtransfer von der griechischen Kriegswelt soll für das zeitgenössische Publikum nicht nur zur christlichen Religion, sondern spezifisch zur katholischen Konfession gemacht werden.

Die Kriegsartikel sind eine Aufzählung von Rechten und Pflichten, vor allem aber Unterlassungen, an die ein Kriegsheer sich zu halten hat. Solche Artikel sind auch in der Eidgenossenschaft seit dem Ende des Mittelalters verschriftlicht[110] und werden vor Kriegszügen laut vorgelesen. Der wichtigste Gedanke für die Kriegsartikel ist, dass auch im Kriegsdienst Recht und Unrecht zu gelten haben,[111] und die wichtigste Komponente ist neben dem Verbot des Plünderns das Gebot zum Schutz der Klöster, Kapellen, Kirchen sowie Frauen und Mädchen. Da im ‹Anonymen Bruderklausenspiel›, im Gegensatz zu Mahlers Zuger Spiel, die Kriegsepisode, in der Niklaus von Flüe als Retter des Klosters St. Katharinental auftritt,[112] nicht direkt dargestellt wird, dient die Aufnahme der Kriegsartikel-Szene von Gotthart in das ‹Anonyme Bruderklausenspiel› sicherlich der Bekräftigung des Stellenwerts von Bruder Klaus in Bezug auf das Ermahnen der Eidgenossen, die Bedürftigen zu beschützen. Da die weltliche Seite des Bruder Klaus durch die breit rezipierte Eichhorn-Biografie von 1614, in der Niklaus von Flüe im Krieg dargestellt wird, erst nach Zurflües ‹Bruderklausenspiel› von 1601 Eingang in die kollektive Wahrnehmung des Eremiten gefunden hatte, kann diese Kriegsartikel-Episode im ‹Anonymen Bruderklausenspiel› als Versuch gewertet werden, den Soldaten Niklaus von Flüe zwar nicht zu leugnen, jedoch seine Funktion im Krieg zu deuten als eine, die vor allem sein Mitgefühl für die Bedürftigen und seine Barmherzigkeit für die Wehrlosen betont.

Schließlich wird in beiden Spielen auch Bruder Klaus' direkter Bezug zu göttlichen Instanzen dargestellt. So erscheint ihm in beiden Sarner Spielen ein Engel, der ihm den rechten Weg weist, als er seine Einsiedelei eigentlich im Burgund ausüben will. Im anonymen Spiel wird darüber hinaus eine direkte Verbindung Niklaus von Flües zur Mutter Gottes dargestellt. Diese Marienszene ist eine der Szenen, zu der das Mahler'sche ‹Bruder Klausen-Spiel› aus Zug den Verfasser des anonymen Spiels inspiriert haben könnte: Bei Mahler finden sich mehrere Begegnungen

---

[110] Zum ersten Mal im ‹Sempacher Brief› von 1393, vgl. Hegi 1970, S. 3.
[111] Vgl. Hegi 1970, S. 1.
[112] Vgl. unten, Kap. ‹Zug›.

der Mutter Gottes mit Bruder Klaus im Spielablauf. So eilt ihm beispielsweise Maria zu Hilfe, als die Teufel ihn in seiner Zelle physisch attackieren. Sie verjagt die Teufel und spricht zu Bruder Klaus:

> Mein trüwer diener liebeß khindt
> Sich zu wie wichen muß der Find
> Nun schow mich an ergetz dein schmärtz
> Weil du mich liebst uß gantzem härtz
> Jch wil dir bystan tag und nacht
> Hab nun der bößen Geist khein acht
> Vill schräckhen zwar die wirstu han
> Nüt aber müends dir gwunen an
> Want du fort farest in dem streyt
> Der doch nur wärt ein kleine zyt
> So wirst empfan so große Cron
> Der glych khein härtz zu sin mag khon (V. 4485–4496).[113]

Im anonymen Spiel wird Bruder Klaus ebenfalls vom Teufel heimgesucht, der allerdings in einer von Zurflüe kopierten Szene als Kaufmann verkleidet zu Pferd im Ranft erscheint. Nachdem Bruder Klaus den Teufel selbst weggejagt hat, dankt er Gott sowie der Jungfrau Maria, woraufhin diese ihm erscheint und spricht:

> Nicolae min lieber fründt
> Erschröck nit, dir vill gûts verkündt
> Dan wilen du mich allzit bätten
> Daß ich von dir nit sölle trätten
> Zû dir ich ietzundt khommen bin
> mit ich dir hälff dich tröste fin [...]
> Dan ich dich niemal will verlan
> sunder dir hälffen vndt bistan
> Damit du mögest vberwinden
> Den bößen sündt der Adams khünden [...]
> Du aber strit nur dapfferlich
> Du vberwinst ihn sicherlich
> Vndt wirst durch sin tentation
> Erlangen zletst din himlisch Cron (fol. 243ᵛ–244ʳ).

Eine Ähnlichkeit der einzelnen Motive (Erschrecken, Krone,[114] fortwährender Kampf) ist vorhanden, so dass die Hypothese, der Verfasser des anonymen Stücks habe diese Szene nach dem Hören oder Sehen des Mahler'schen Stücks in sein

---

[113] Johannes Mahler: Bruder Klausen-Spiel (um 1624), hg. von Christiane Oppikofer-Dedie. Aarau 1993, S. 228.
[114] Die Krone verweist auf die Märtyrerkrone, die als ikonographisches Heiligenattribut bis ins späte Mittelalter hinein bekannt war.

eigenes Spiel integriert, möglich erscheint.[115] Auf jeden Fall aber ist das Einfügen dieser Szene eine Bestätigung der Heiligkeit des Eremiten. Die direkte Verbindung mit der Mutter Gottes stellt eine Steigerung zum Zurflüe'schen ‹Bruderklausenspiel› dar und betont die gottgewollte Heiligkeit des Einsiedlers.

Dass die Präsenz und Demonstration des Heiligen in den Obwaldner Bruderklausenspielen zentral ist, ist nicht verwunderlich angesichts der historischen Bemühungen für die Heiligsprechung des lokalen Eremiten, aber auch der allgemeinen Wichtigkeit der Verehrung Bruder Klaus' in der Innerschweiz, die unter anderem durch das öffentliche Schauspiel gemeinsam zelebriert werden konnte. Die Heiligkeit bildete jedoch nur einen Aspekt der posthumen Verehrung von Niklaus von Flüe in der Eidgenossenschaft.

Konfessionell geprägte Darstellung und Rezeption

In der Rezeption der Figur des Bruders Klaus im 16. Jahrhundert ist eine dualistische Entwicklung zu erkennen: Die reformierten Orte betonten den politischen Niklaus von Flüe, die katholischen den Hl. Bruder Klaus.[116] Wegen seiner Aussagen gegen das Söldnertum[117] und seines bescheidenen Lebenswandels wurde Niklaus von Flüe sowohl durch Huldrych Zwingli als auch durch dessen Nachfolger Heinrich Bullinger als im Grunde reformiert Gesinnter gesehen. Die durch die Pensionen zu beträchtlichem Wohlstand gelangten altgläubigen Gebiete hingegen wollten von Flües Kritik am Söldnerwesen verständlicherweise nicht hervorheben.[118] Von beiden Seiten unbestritten war im 16. Jahrhundert die Überzeugung, dass Niklaus von Flüe zu Lebzeiten für die Eidgenossenschaft ein wichtiger Berater in Fragen der politischen Einheit gewesen war, was weiter unten noch aufgegriffen wird. Dennoch lässt die Rezeptionsgeschichte erkennen, dass die katholische Seite den gesamten politischen Bruder Klaus in der zweiten Hälfte des 16. Jahrhunderts größtenteils ausklammert. Dass Niklaus von Flüe davor gewarnt hatte, sich mit fremden Kräften zu verbünden und die Wichtigkeit der Einigkeit zwischen den eidgenössi-

---

[115] Für weitere Hinweise, die diese Hypothese stützen, vgl. unten, Kap. ‹Zug›.
[116] Vgl. Gloor 2017, S. 14 und Steiner 2016, S. 323. Dass dies in Bezug auf die Reformierten differenzierter gesehen werden muss, hat Gloor dargelegt: Gloor 2017.
[117] Ein Teil der Ratschläge, die Bruder Klaus der eidgenössischen Bevölkerung mitgegeben hat, bezieht sich laut praktisch allen Chroniken zum Leben Niklaus von Flües auf das Sold- und Pensionenwesen. So schreibt der Berner Valerius Anshelm 1529, Klaus von Flüe habe *ernstlich und trefflich [...] ermant, dass d'Eidgnossen søltid der frømden hern und ihres gelts müessig gon*, sich also von den Geldern fremder Herren fernhalten sollten. Valerius Anshelm: Die Berner-Chronik, hg. vom Historischen Verein des Kantons Bern, 6 Bände. Bern 1884–1901, Bd. 1, S. 89.
[118] So sei es beim ‹Bruder Klausen-Spiel› von Gretser «bewusste Absicht» gewesen, «den politischen Bruder Klaus vollständig bei Seite zu lassen». Scherer 1928, S. 124.

schen Orten betont hatte, ließ sich nicht mit dem Abschluss des Goldenen Bündnisses der katholischen Orte 1586 und dem anschließenden Bündnis der katholischen Orte (außer Solothurn) mit Spanien 1587 vereinbaren.[119]

Zurflües ‹Bruderklausenspiel› nimmt 1601 auch aus katholischer Perspektive wieder die politische Seite Niklaus von Flües auf und thematisiert das Söldnerwesen, die Konfessionalisierung und die politische (Un-)Einigkeit der Eidgenossenschaft. Diese Verschiebung der Perspektive auf das Söldnertum wird bei Zurflüe dahingehend ausgestaltet, dass mit der Kritik am Söldnertum vor allem die Prunksucht, das Einschleppen von fremden, ausschweifenden Sitten (z. B. im Kleidungsstil) und die Geldgier verbunden werden. Dies setzt sich im anonymen Spiel mit der Gesellschaftskritik der drei alten Eidgenossen fort.

Zurflües Spiel weist Anspielungen auf die Konfessionalisierung auf, die deutlich machen, dass die katholische Konfession als die wahre zu gelten habe. In der Vorrede zum Spiel sagt Zurflüe, das Spiel solle unter anderem dazu führen, dass viele Menschen im wahren allgemeinen heiligen *christenlichen, alten, vngezwiffelten* Glauben gestärkt würden (Vorrede, V. 32f.). Eine weitere konfessionelle Anspielung findet sich in der bereits besprochenen Szene, als der Bischof von Konstanz das Fastenwunder anerkennt. Auch Bruder Klaus bestätigt die Gültigkeit der katholischen Lehre: Er erkennt die Hierarchie kirchlicher Würdenträger an, will seine Sünden beichten und Ablass erhalten (V. 7208–7210). Eine der diesbezüglich explizitesten und auffälligsten Aussagen ist ein Hinweis von Luzifer im vierten Akt, als dieser aufzählt, wen er schon alles vom richtigen Weg abgebracht und in die Hölle befördert habe: Er nennt Martin Luther als einen der *pfaffen*, die er verführt habe:

> Do müß sin aber künst vnnd list
> Wo einer Gott ergäben ist
> Daß man jnn gar möge bringen
> Von Gotts, vnnd zů minen dingen [...]
> Es sigent leÿen, pfaffen nůnnen
> Martin Lůther, hab ich so gwůnnen
> Mengen verloffnen pfaffen mehr (V. 4205–4215).

Der Abfall vom römischen Glauben ist somit Teufelswerk und wird hier deutlich so deklariert. Dass der gleiche Teufel, der in der Spielhandlung Bruder Klaus in Versuchung bringen wird, auch schon Martin Luther in die Hölle befördert hat, ist ein Anachronismus, der für die Zuschauenden von 1601 jedoch sicherlich nicht als ‹Fehler› wahrgenommen wurde: Der Hinweis dürfte sie in ihrem Glauben gestärkt haben, der historisch vorreformatorische Bruder Klaus sei nun auch als Heiliger auf ihrer Seite als Verfechter des Katholizismus und Kämpfer gegen die Reformation.

---

[119] Vgl. Burgherr 1925, S. 71–73 und Durrer 1981, Bd. 2, S. 871.

In beiden Sarner Bruderklausenspielen wird eine deutlich konfessionell geprägte Ehelehre propagiert. Bei Zurflüe gibt ein Lehrer sowohl im ersten als auch im zweiten Akt eine Lehre des Ehestandes. Er prangert dabei die protestantische Ehelehre an, die die Ehe nicht mehr als Sakrament sieht, wobei er allgemein von den Ketzern spricht:

> Wie mancher vnder ketzren spricht:
> Dan ehestand, wie vil ander ding
> Wird aúch von jnen ghaltten ring.
> Was', woll ettlich dörffent sagen
> Den menschen heig jnn Gott nitt gäben
> Sig aúch dúrch Gottes ordnúng nitt
> Wib vnnd man zú samen pflicht
> Vnnd wär also läb verbúnden
> Der stäck in vilerlej sünden
> Dan es sig gar kein vnderscheid
> Zwüschen der ehe vnnd vnküschheitt (V. 1083–1093).

Dass die Ehe sehr wohl ein heiliges Sakrament sei, hätten die Katholiken erkannt:

> Drúm ist die ehe sin grosses gůtt
> So man die selb rächt brúchen thůdt
> Ein heilig wirdig sacrament
> Catholschen christen wol erkantt (V. 1150–1153).

Die Reformation hatte der Ehe den Status des Sakraments abgesprochen und neue Ehegerichte eingeführt,[120] wohingegen in den katholischen Gebieten das kanonische Eherecht bestehen blieb und die Ehe ihren Status als Sakrament behielt. Im Konzil von Trient war außerdem festgelegt worden, dass eine Ehe öffentlich und von einem Geistlichen geschlossen werden musste,[121] worauf der Priester bei der Eheschließung von Niklaus und Dorothea rekurriert, als er feststellt, dass dem leider oft nicht nachgekommen werde:

> Jr rächter sinn der g'falt mir wol
> Dan darbin sin ein priester sol
> Domitt d'sach wärd wol vßgericht
> S'wider spil leider offt geschicht
> Jn wincklen vnnd finsteren schlüpffen
> Will man ein ehe dúren drücken
> Darbin aúch anders niemandt ist
> Dan leider vil des tüffels list (V. 2366–2373).

---

[120] Vgl. Head-König 2013.
[121] Vgl. ebd.

Im ‹Anonymen Bruderklausenspiel› wird diese Ehelehre teilweise fast wörtlich, aber auf jeden Fall inhaltlich identisch durch den Erzengel Michael dem Publikum vorgetragen (fol. 30^r–32^v).
Die konfessionellen Anspielungen sind somit eindeutig vorhanden und wurden zweifellos als solche erkannt. Sie sind jedoch auf das ganze Spiel gesehen nicht dominant. Abgesehen davon, dass das im Zuge des zweiten Kappeler Landfriedens 1531 beschlossene Schmähverbot[122] den Spielleitern sowieso nicht erlaubt hätte, scharfe Kritik an den Reformierten zu üben, wird deutlich, dass es Zurflüe vor allem ein Anliegen war, die eidgenössischen Orte zur Einigkeit aufzurufen. Dasselbe gilt für den Anonymus, der zudem vor allem den politischen Versöhnungsgestus Niklaus von Flües betonen wollte, indem er diesen im Gegensatz zu Zurflüe mit dem Auftreten des Eremiten beim Stanser Verkommnis direkt in Szene setzte.

Niklaus von Flüe als Vermittler beim Stanser Verkommnis

Die Tagsatzung, bei der jeweils alle eidgenössischen Orte zusammentrafen, um Angelegenheiten zu regeln, die alle Orte (Kantone) betrafen, fand jeweils an verschiedenen Orten der Eidgenossenschaft statt.[123] In der zweiten Hälfte des 15. Jahrhunderts schwelten diverse Konflikte zwischen den städtischen und den ländlich geprägten Orten des Bündnisses. Als die Städte Fribourg und Solothurn die Aufnahme in die Eidgenossenschaft beantragten, befürchteten die ländlichen Orte eine weitere Stärkung der Städte und wollten der Aufnahme nicht ohne weiteres zustimmen. Die mehrtägige Tagsatzung, an der die Aufnahme diskutiert wurde, fand im Dezember 1481 in Stans statt, nicht unweit von Bruder Klaus' Eremitenklause im Ranft bei Sachseln. Es drohte eine Eskalation, da man sich nicht einigen konnte. Der Luzerner Chronist Diepold Schilling war bei dieser Tagsatzung anwesend und schildert in der ‹Luzerner Chronik›, wie die verfahrende Situation dadurch gelöst wurde, dass der Stanser Pfarrer zu Bruder Klaus in den Ranft ging und dessen Rat am nächsten Tag in der Tagsatzung überbrachte.[124] Es ist nicht überliefert, woraus die Botschaft des Einsiedlers bestand, doch einige man sich an diesem Tag auf die Aufnahme von Fribourg und Solothurn unter gewissen Bedingungen, die weder die ländlichen noch die städtischen Orte bevorteilen sollten.
Spätere Chroniken, die Niklaus von Flüe erwähnen, übernehmen diese Episode der vermittelten Intervention des Eremiten in Stans jedoch nicht auf diese Art. In

---

[122] Aufgrund des beschlossenen Prinzips, dass jeder Ort seine eigene Konfession bestimmen könne, wurde festgehalten, dass die jeweils andere Konfession nicht öffentlich geschmäht werden dürfe, und «wer die Überzeugungen der Andersgläubigen in den Dreck zog, konnte hart bestraft werden». Maissen 2009, S. 20.
[123] Vgl. oben, Kap. ‹Einführung›. Zum historischen Hintergrund der Tagsatzung zu Stans vgl. Walder 1994.
[124] Diepold Schilling: (Luzerner) Chronik, 1507–1513. ZHB Luzern, Korporation Luzern, S 32 fol, fol. 126 (255).

Salats Bruderklausen-Biografie wird beschrieben, dass Bruder Klaus oft vermittelnd gewirkt habe *inn schwären ernsthafften sachen*, in die die Eidgenossenschaft verstrickt gewesen sei, unter anderem bei Fragen rund um die Erweiterung der Eidgenossenschaft.[125] Damit wird natürlich auf die Tagsatzung von 1481 verwiesen, doch nennt Salat diese nicht namentlich, sondern bleibt allgemein. Wytwylers Biografie des Eremiten stützt sich auf Salat und bleibt ebenfalls sehr allgemein, wenn sie beschreibt, wie *die löblich Eydgnoschaft bei schweren, großen und ernsthaften Sachen rath bey diesem ihrem trewen lieben landtsman* gesucht und von ihm erhalten habe.[126]

In der zweiten Hälfte des 16. Jahrhunderts wird Bruder Klaus vor allem als überzeitlicher Einiger der Eidgenossenschaft in Bezug auf das zeitgenössische Geschehen inszeniert: In Valentin Boltz' ‹Weltspiegel› von 1555 tritt er als Vermittler zwischen den Orten auf, die zur Zeit der Aufführung die Eidgenossenschaft bildeten, und schwört mit ihnen den gemeinsamen Eid, der seit Beginn der Reformation nicht mehr gemeinsam geschworen worden war. Der strittige Punkt zwischen den reformierten und katholischen Orten war dabei der Wortlaut des Bundesschwurs: Während der Bund immer auf Gott und alle Heiligen geschworen worden war, wollten die Reformierten nur noch auf Gott schwören.[127] Boltz ändert daher die Formulierung dahingehend, dass auf den Gott aller Heiligen geschworen wird: *Das helff vns der Gott aller helgen.*[128]

Auch in Zurflües ‹Bruderklausenspiel›, das hier den ‹Weltspiegel› als Vorlage nutzte, tritt Bruder Klaus als Mahner und Ratgeber vor die Eidgenossenschaft, wie sie sich zu Beginn des 17. Jahrhunderts präsentiert. 1601 war das Fehlen einer gesamteidgenössischen Erneuerung des Bundesschwurs noch immer ein sehr präsentes Problem, zumal die katholischen Orte mit dem Goldenen Bund 1586 ein enges Bündnis eingegangen waren, das sie insbesondere von den protestantischen Orten trennte.[129] Bei Zurflüe finden sich zwei solche Szenen: Während im dritten Akt die Gesandten ihre Lage schildern sowie die Zerstrittenheit der Orte beklagen und sich Bruder Klaus' Mahnung zur Einigkeit zu Herzen nehmen wollen, wird im achten und letzten Akt zur Bekräftigung der gewünschten Einigung gemeinsam der Bund geschworen. Bruder Klaus sagt den Schwur vor, und wie bei Boltz wird gemeinsam auf dem Schauplatz der Eid geleistet, der hier folgendermaßen lautet:

> Alles, was vns ist vorgeseidt
> Wend wir haltten bim gschwornen eÿdt
> Vnnd niemand lan trennen noch spalten
> Aúch thůn wir púndtsbrieff inhalten
> Darbÿ wir bstendig bliben wellen
> Das helff vns Gott, vnnd alle helgen (V. 10346–10351).

---

[125] Zit. n. Durrer 1981, Bd. 2, S. 685.
[126] Zit. n. ebd., S. 778. Vgl. auch Walder 1994, S. 114.
[127] Vgl. dazu Bächtold 2009.
[128] Boltz, ed. 2013, V. 5392. Vgl. dazu unten, Kap. ‹Basel›.
[129] Vgl. Dommann 1943, S. 176.

Die Bruderklausenspiele: Zurflüe (1601) und Anonymus (nach 1624)   163

Zurflüe ändert Boltz' Zeile *Das helff vns der Gott aller helgen*[130] bewusst um in «Darin helfe uns Gott, und alle Heiligen», womit er die vorreformatorische oder katholische Schwurformel wieder in Kraft setzt. Beide Szenen bei Zurflüe sind ansonsten praktisch wortwörtliche Übernahmen aus den entsprechenden Szenen im ersten und sechsten Akt des Boltz'schen Spiels, mit nur wenigen Abweichungen, die v. a. mit der lokalen sprachlich-dialektalen Ausformung sowie mit der jeweiligen Vormachtstellung Basels bzw. Obwaldens innerhalb des Geschehens zusammenhängen.

Erst Eichhorn beschreibt 1613 wieder die Vermittlung Niklaus von Flües an der historischen Stanser Tagsatzung von 1481. Allerdings beschreibt er, in Unkenntnis des Berichts von Schilling,[131] nicht die Überbringung der Botschaft des Eremiten durch einen Boten, sondern stellt fälschlicherweise Niklaus von Flües persönliches Erscheinen an der Tagsatzung dar.[132]

Im ‹Anonymen Bruderklausenspiel› findet sich je eine spezifische Szene von Niklaus von Flüe mit den Abgesandten der Kantone zu Beginn des dritten Akts und am Ende des fünften Akts. Die Begegnungen werden hier jedoch im Gegensatz zur Darstellung bei Zurflüe nicht als überzeitlich, sondern als real im Verlauf von Niklaus von Flües Leben stattfindend inszeniert. Die Abgesandten der acht Kantone der Eidgenossenschaft treten beim Anonymus auf und fragen Niklaus von Flüe, der zu dem Zeitpunkt noch kein Eremit geworden ist, um Rat. Die Wortmeldungen der Abgesandten stimmen in der Szene im dritten Akt im ‹Anonymen Bruderklausenspiel› größtenteils mit denen bei Zurflüe im dritten Akt (und somit mit denen bei Boltz im ersten Akt) überein; es werden jedoch richtigerweise im anonymen Spiel lediglich die Wortmeldungen der acht alten Kantone übernommen und diejenigen der anderen fünf, die erst 1481 und später dazustießen, weggelassen. Hier wird noch nicht konkret auf die Stanser Tagsatzung Bezug genommen. Im fünften Akt jedoch findet sich beim Anonymus eine neue Szene, in der eine konkrete Tagsatzung dargestellt werden soll, an der auch Niklaus von Flüe teilnimmt (ab fol. 281ʳ). Auch hier sind einige Zeilen von Zurflüe übernommen, nämlich die Zeilen, die der Abgesandte aus Fribourg dort im dritten Akt spricht, und die im ‹Anonymen Bruderklausenspiel› in seinem dritten Akt natürlich weggelassen werden, da Fribourg nicht zu den acht alten Orten gehörte, sondern erst während der neu im fünften Akt dargestellten Stanser Tagsatzung um Aufnahme bat. Die restlichen Zeilen dieser Szene im fünften Akt des ‹Anonymen Bruderklausenspiels› sind jedoch neu bzw. in keinem früher überlieferten Text zu Bruder Klaus auf diese Weise vorgeformt.

Die Tagsatzungs-Szene findet sich auch in Mahlers Zuger ‹Bruder Klausen-Spiel›, was die bereits ausgeführte Hypothese, dass der Anonymus Mahlers Text

---

[130] Boltz, ed. 2013, V. 5392.
[131] Vgl. Durrer 1981, Bd. 2, S. 982.
[132] Genau genommen beschrieb dies bereits 1577 Johannes Schnyder in seiner ‹Chronica annalium›, doch diese war zu der Zeit kaum bekannt. Vgl. Durrer 1981, Bd. 2, S. 806.

kannte, zu untermauern scheint. Im ‹Anonymen Bruderklausenspiel› bricht die Szene mitten in den Verhandlungen ab und so kommt es hier nicht zu einem Schwur.[133] Zweifellos sollte Bruder Klaus jedoch als Vermittler in Szene treten, da er zu Beginn der Szene bei den auftretenden Personen genannt wird.

Die bereits erwähnte Tendenz in der katholisch geprägten Bruder Klaus-Rezeption, ab dem Beginn des 17. Jahrhunderts die politische Seite wieder stärker zu betonen, zeigt sich exemplarisch an der Inszenierung des Stanser Verkommnisses, das gerade in der Zeit der politischen Uneinigkeit der Eidgenossenschaft als Musterbeispiel für einen gelungenen Kompromiss gerne in Erinnerung gerufen wurde. Bruder Klaus, der sowohl von reformierter als auch von katholischer Seite hoch verehrte Eremit, verkörperte wie kein anderer diese Einigkeit.

---

[133] Bei Mahler hingegen wird der Schwur genau wie bei Zurflüe auf Gott und alle Heiligen geschworen. Vgl. Mahler, ed. 1993, V. 5458.

Einsiedeln

Adam Heer, Abt des Klosters Einsiedeln,[1] vermerkt in seinem Tagebuch zum Jahr 1576:

> Vff sant Mariä magdalene fest tag der am sontag war vnd darůff den montag ward zů Einsydlen Im goteshůß[2] in der herren garten sant Meinrats vnsers heyligen anfengers vnd patronen ganz leben vnd marter důrch den wirdigen Conventh vnd waldlüth gespylet vnd důrch den kůnstrichen meyster felix büchser bildhaůwer zů Einsydlen (mit hilff hern dechens der Im die heylig geschrifft darům gezeigt) gestelt, welches gar wol vnd | ordenlich on allen feël abgangen, In bysyn gar vil erlicher von fremden vnd heymschen großes vnd niders stands geystlicher vnd weltlicher personen, von stetten vnd lendernn, alda verhandlet ward, das sich menklicher synes stands noch wol zů versehen hat vnd hie by sin leben wol kont anrichten zů beßeren (S. 109f.).[3]

Dieses wichtige Zeugnis einer Aufführung des ‹Einsiedler Meinradspiels›, die, wie unten zu zeigen sein wird, offensichtlich nicht die einzige war, vermag anzudeuten, welcher Stellenwert dem Drama und speziell dem Märtyrerspiel in einem Kloster und bedeutenden Pilgerzentrum zukam, das zunächst stark unter der Reformation gelitten hatte, um dann zu einem der Zentren der katholischen Schweiz zu werden. Verfasst von dem in Einsiedeln tätigen Altarschnitzer Felix Büchser aus Rappertswil[4] mit Unterstützung des Einsiedler Dekans Ulrich Wytwyler,[5] der für die rechte Bibelauslegung im nichtbiblischen Legendendrama sorgen sollte, aufgeführt von Mitgliedern des Konvents und Bewohnern der Waldstätte im Herrengarten des

---

[1] Für ihre große Hilfe und außerordentliche Gastfreundschaft bei meinem Besuch im Stiftsarchiv Einsiedeln zur Zeit der Engelweihfeier 2019 danke ich ganz besonders Herrn Stiftsarchivar Pater Dr. Gregor Jäggi und dem Restaurator Herrn Beat Frei.

[2] Zur wiederholten Bezeichnung des ummauerten Klostergeländes als *gotzhaus* in den Dokumenten zur Geschichte des Klosters Einsiedeln vgl. Sennhauser 1993, S. 110.

[3] Acta Abbatis Adami, Einsiedeln, KAE 20 A.EB.4.1. Auf beiden Seiten weist eine jüngere Annotation in der Marginalie auf die Stelle hin, S. 109: *S. Meinrad gespielt im Herren-Garten*; S. 110: *S. Meinrad's Spiel*. Vgl. auch den normalisierten Abdruck der Stelle in: Felix Büchser: Ein geistliches Spiel von S. Meinrads Leben und Sterben aus der einzigen Einsiedler Handschrift hg. von Gall Morel. Stuttgart 1863, S. 122.

[4] Zu Felix Büchser (1540–1578) vgl. Marti-Weissenbach 2003. Die Vermutung Gall Morels, Büchser habe «nur das äußere der ausführung, scenerie und der gleichen besorgt», beruht auf einer Missdeutung des für Dramatisierungen epischer Texte durchaus üblichen Begriffs *gestelt*. Büchser, ed. 1863, S. 122. Etwas überzeugender ist Eberles Vermutung, Büchser sei insbesondere für die Verwendung von Bildmustern in Bühnenbild und Text verantwortlich, die den Holzschnitten des Blockbuchs entnommen sind. Eberle 1929, S. 146.

[5] Professbuch: Äbte, Nr. 38: Ulrich Wittwiler [Wytwyler].

Klosters vor einem gemischten überregionalen Publikum, will das Spiel die Vita des *heyligen anfengers vnd patronen* des Klosters und damit eine Kernfigur für die klösterliche Identität in Einsiedeln als Exempel und Anleitung zu einer ‹Besserung› der Lebensweise von Laien und Geistlichen präsentieren.

Geschichte des Klosters Einsiedeln

Die Kirche des im Jahr 934 an der Stelle der ehemaligen Cella und zugleich des Sterbeorts des Hl. Meinrad eingerichteten Klosters Einsiedeln[6] soll, wie ab dem 12. Jahrhundert auch durch Nachträge in älteren Handschriften zur Klostergeschichte[7] bezeugt ist, von Christus und den Engeln selbst geweiht worden sein. Angeblich habe Papst Leo VIII. die himmlische Weihe bestätigt; die ‹Engelweihbulle› ist aber nur durch zwei Transsumpte des Konstanzer Bischofs und Einsiedler Abts Heinrich III. aus dem Jahr 1382 erhalten.[8] Die Verbreitung der Erzählung über die himmlische Weihe bewirkte, dass das Kloster im 12. Jahrhundert zu einem Ziel von Wallfahrten wurde und prosperierte. Aus der gleichen Zeit sind auch lateinische geistliche Spiele aus dem Kloster überliefert.[9] Das Wallfahrtswesen erfuhr noch einmal einen Aufschwung im Kontext der großen Engelweihfeier 1466, bei der auch das heutige Gnadenbild, eine wohl um 1440 in Ulm angefertigten Madonna, erstmals präsentiert wurde.[10] Die große Feier, zu deren Anlass auch verschiedene Einblattdrucke angefertigt wurden,[11] war ein vergeblicher Versuch, den Niedergang des Klosters zu stoppen.[12] Während 1356 noch elf Konventualen gezählt wurden, waren es 1419 nur noch fünf und 1480, als Konrad III. von Hohenrechberg Abt wurde, nur noch drei.[13] Grund hierfür war sicherlich auch, dass Einsiedeln als Stift seit dem 13. Jahrhundert nur adelige Mitglieder aufnahm.

---

[6] Holzherr 2006, S. 14. Zur Gründung des Klosters und zu den Gründungserzählungen vgl. auch Dietl 2021b. Siehe auch die Annalen des Klosters: Annales Heremi, hg. von Georg H. Pertz, in: MGH Scriptores 3. Hannover 1839, S. 138–144.
[7] Tischler 2005, S. 51.
[8] Ebd., S. 54. Zur Person Heinrichs III. vgl. Professbuch: Äbte, Nr. 24: Heinrich III. Zur Frage der Echtheit oder Fälschung der ‹Engelweihbulle› bzw. der Transsumpte vgl. G. Jäggi [2023].
[9] Eberle 1929, S. 144f.; Häne 1930, S. 1; ‹Einsiedler Nikolausspiel›, Einsiedeln, Stiftsbibliothek, cod. 34, fol. 2ᵛ–3ʳ; vgl. Linke 1980, Sp. 425f.; ‹Einsiedler Osterspiel›, Einsiedeln, Stiftsbibliothek, cod. 300, S. 93f.; vgl. Hennig 1980, Sp. 326f.; ‹Einsiedler Prophetenspiel›, Einsiedeln, Stiftbibliothek, cod. 366, S. 53f.; vgl. Linke 1980, Sp. 217–329; ‹Einsiedler Weihnachtsspiel›, Einsiedeln, Stiftsbibliothek, cod. 366, S. 53; vgl. Linke 1980, Sp. 329f.
[10] Holzherr 2006, S. 29; Häne 1930, S. 2. Zu früheren Einsiedler Gnadenbildern ab dem 12. Jh. vgl. Birchler 1993, S. 11f.
[11] Abgebildet in: Böck 1089, S. 62f. Birchler 1993, S. 12, nimmt außerdem an, das ‹Meinrad-Blockbuch› sei zu diesem Termin entstanden. Es dürfte allerdings älter sein.
[12] Häne 1930, S. 2.
[13] Holzherr 2006, S. 31. Vgl. die Übersicht über den Personalstand des Stiftes Einsiedeln in Ringholz 1904, Beilage XVIII, S. 704–708.

Zahlreiche Konflikte prägten die Amtszeit von Abt Konrad. Schwierig waren auch die Beziehungen zu Bischof Hugo von Konstanz. Durch Unterstützung der Eidgenossen gelang es, Papst Julius II. im Dezember 1512 dazu zu bewegen, das Stift (erneut) von der Gerichtsbarkeit und der Abgabenpflicht gegenüber Konstanz loszusprechen.[14] Am 2. Januar 1513 bestätigte Julius II. auch den Engelweihablass.[15] Damit war ein enges Verhältnis zwischen Einsiedeln und dem päpstlichen Stuhl gestiftet.[16] Der Widerspruch zwischen der öffentlichen Bedeutung des päpstlich unterstützten Wallfahrtsorts und seiner u. a. durch sinkende Konventualenzahlen, Missernten, wiederholte Brandkatastrophen (zuletzt 1509) und Streitigkeiten geschwächten wirtschaftlichen Lage provozierte ab 1510 und vermehrt nach der Reformation polemische ‹Berichte› über Betrügereien und religiöses Fehlverhalten im Kontext der Engelweihfeste.[17]

Der mittlerweile 73jährige, zudem an einer chronischen Krankheit leidende Abt übergab 1513 die Amtsgeschäfte an den einzigen verbliebenen Konventualen, Diebold von Geroldseck, als Pfleger.[18] Dieser ließ die Kirche und die durch den Brand 1509 beschädigten Klostergebäude weitgehend wiederaufbauen[19] und blieb standhaft gegenüber erneuten Ansprüchen des Konstanzer Bischofs, welche Papst Leo X. 1518 durch eine unbefristete Exemptionsbulle[20] endgültig abwies.

Bereits am 14. April 1516 hatte Diebold dem damaligen Pfarrherrn von Glarus, Huldrych Zwingli, die Leutpriesterstelle in Einsiedeln übertragen.[21] Dieser wechselte 1518 ans Zürcher Großmünster, hielt aber über seinen Nachfolger Leo Jud und direkt über Diebold von Geroldseck Kontakt nach Einsiedeln.[22] Zur Engelweihe im Jahr 1522 lud ihn Diebold als Gastprediger ein. Nach der Feier wurden die Sündenablass versprechende Tafel vor der Gnadenkapelle sowie verschiedene Bilder und Reliquien entfernt[23] und im Laufe des Jahres 1523 fasste die Reformation in Einsiedelns Pfarreien im Kanton Zürich (Burg, Brütten, Männedorf, Meilen, Schwerzenbach, Stäfa und Weiningen) Fuß.[24] Zugleich wuchsen die Konflikte mit

---

14 Exemptionsbulle, abgedruckt in: Ringholz 1904, Beilage XV, S. 697–699.
15 Professbuch: Äbte, Nr. 34: Konrad von Hohenrechberg; Ringholz 1904, S. 554f.
16 Ringholz 1904, S. 556.
17 Ebd., S. 565 nennt in diesem Kontext auf die Jahre 1505–1514 datierte Berichte über falsche Priester und betrügerische Pilger in Einsiedeln in dem ‹Liber Vagatorum› (1510), in Valerius Anshelms ‹Berner Chronik› (1529–1546) und in der ‹Zimmerischen Chronik› (Mitte 16. Jh.).
18 Ringholz 1904, S. 579f., mit Abbildung des Schreibens Abt Konrads.
19 Ebd., S. 583.
20 Abgedruckt ebd., Beilage XVII, S. 702–704.
21 Ebd., S. 586.
22 Ebd., S. 600.
23 Ebd., S. 617.
24 Professbuch: Äbte, Nr. 35: Ludwig II. Blarer von Wartensee. Holzherrr 2006, S. 33 betont Unterschiede zwischen den Pfarreien: Meilen wehrte sich lange gegen die Reformation.

den Eidgenossen in Schwyz, welche die Schirmvogtschaft über Einsiedeln innehatten und die neue Lehre entschieden bekämpften.[25] 1525 legte Diebold sein Amt nieder und zog nach Zürich.[26] Abt Konrad übernahm als das einzige Konventsmitglied wieder die Amtsgeschäfte, bis im Juli 1526 Ludwig Blarer aus St. Gallen als neuer Abt von Einsieden installiert wurde.[27] Er nahm 1535 wieder die ersten Novizen auf – aus bürgerlicher Abkunft. Zugleich sicherte er die Wallfahrt; die Eidgenossenschaft erneuerte schließlich 1539 den 1466 ausgestellten Geleitbrief für Pilger zur Engelweihfeier.[28]

Ludwigs Nachfolger Abt Joachim Eichhorn (1544–1569)[29] stellte das Kloster komplett neu auf. Er führte zahlreiche Reformen durch und stärkte v. a. das Predigtamt und den Gottesdienst sowie den geistlichen Gesang; für die Engelweihe erließ er 1544 und erneut 1550 eine neue Ordnung.[30] Eichhorn gab verschiedene Bauten auf dem Klostergelände in Auftrag und ließ u. a. im Herrengarten eine neue Magdalenenkapelle errichten.[31] Er befreite das Stift von finanziellen Schulden und von der Vormundschaft der Schwyzer. Nun stieg die Zahl der Konventualen bis zum Jahr 1569 auf 14 Priester an.[32] Zum Reformwerk Eichhorns gehörte auch die Verbesserung der Ausbildung der Mönche; sie werden zum Theologiestudium nach Dillingen, Salzburg, Mailand und Luzern geschickt.[33] Zugleich förderte er den Ausbau von Skriptorium und Bibliothek sowie das Theater. 1559 ist erstmals wieder eine Aufführung in Einsiedeln bezeugt.[34] Eichhorn bat in diesem Jahr die Stadt Luzern darum, die *waldlüth*, d. h. die Bewohner der Waldstatt Einsiedeln,[35] zu unterstützen: *zu dem spil, das sy uf Suntag Misericordia zu vollfüren gesinnt sindt, einen Thrummeter zu schicken*.[36] Über den Inhalt des Stücks ist nichts bekannt.

Nach Eichhorns Tod 1569 wurde Adam Heer zu seinem Nachfolger gewählt. Dieser setzte sich besonders für das Wallfahrtswesen ein[37] und förderte offensichtlich weiterhin das Theater. Die Dokumente aus seiner Zeit und davor sind leider nicht vollständig erhalten, da 1577 erneut große Teile des Dorfes, der Sakristei, der Turm- und Kirchendächer und des Konventsgebäudes, in das auch die Bibliothek

---

[25] Ringholz 1904, S. 634.
[26] Holzherr 2006, S. 33.
[27] Ebd., S. 34.
[28] Professbuch: Äbte, Nr. 35: Ludwig II. Blarer.
[29] Zur Person vgl. Hug 2004.
[30] Professbuch: Äbte, Nr. 36: Joachim Eichhorn.
[31] Holzherr 2006, S. 35; Sennhauser 1993, S. 106.
[32] Holzherr 2006, S. 35.
[33] Professbuch: Äbte, Nr. 36: Joachim Eichhorn; Häne 1930, p. 4.
[34] Professbuch: Äbte, Nr. 36: Joachim Eichhorn.
[35] Vgl. Meyerhans 2005.
[36] Häne 1930, p. 4.
[37] Professbuch: Äbte, Nr. 37: Adam Heer.

integriert war,[38] niederbrannten. Adam Heer beklagt in seinem Tagebuch den Verlust unzähliger Bücher, sowohl Handschriften als auch Drucke.[39] Überlebt haben u. a. eben dieses Tagebuch und die Handschrift des 1576 in Einsiedeln aufgeführten ‹Meinradspiels›.[40]

‹Meinradspiel› (1576)

Die Vorlage: Meinradlegenden

Die Anfänge der Meinradlegende[41] darf man wohl bei Aufzeichnungen eines Reichenauer Mönchs im 9. Jahrhundert suchen.[42] Die Benediktinerabtei Reichenau stellte zu dieser Zeit ein Zentrum der Hagiographie dar[43] und ab dem 10. Jahrhundert lässt sich auf der Reichenau eine Verehrung Meinrads nachweisen,[44] noch bevor er 1039 kanonisiert wurde.[45] Die älteste Meinradsvita ist nicht erhalten; bei der ‹Passio Sancti Meginradi heremitae› im ‹Passionarium novum›, Cod. Sang. 577 der Stiftsbibliothek St. Gallen (9./10. Jahrhundert) dürfte es sich um eine Abschrift dieses verlorenen Textes handeln.[46] Diese Legende endet mit der Bestattung des Heiligen auf der Reichenau. Diese ‹Ältere Vita› wurde 1496 erstmals auf Latein gedruckt, verantwortet von Sebastian Brant[47] und ergänzt durch die ‹Engelweihbulle› Papst Leos VIII. von 964, zwei Ablassbestätigungen von Pius II. von 1464 und ein Fürbittgebet an Meinrad. Auf Deutsch ging die ‹Ältere Vita› ab dem 14. Jahrhundert in alemannische Handschriften der ‹Vitaspatrum› ein.[48]

Im 14. Jahrhundert entstand auch eine erweiterte Fassung der Legende, die lange Zeit fälschlich dem Dominikaner Georg von Gengenbach zugeschrieben worden ist, die ‹Vita sancti Meginradi martyris›.[49] Sie wurde noch im gleichen Jahrhundert ins Deutsche übertragen und ging nun ihrerseits in verschiedene alemannische

---

[38] Sennhauser 1993, S. 72.
[39] Acta Abbatis Adami, S. 196. Vgl. Sennhauser 1993, S. 109.
[40] Einsiedeln, Stiftsbibliothek, Cod. 1228.
[41] Zu den verschiedenen Fassungen der Legende vgl. Günthart 2001.
[42] Günthart 2007, S. 161; Klein 1987, Sp. 319; Ringholz 1904, S. 30.
[43] G. Jäggi 2000, S. 50.
[44] Günthart 2007, S. 161.
[45] Ringholz 1904, S. 30.
[46] Vita sancti Meginradi martyris (dt.), eingefügt in das Legendar des Marquard Biberli, UB Basel, cod. G² II 58, fol. 220ʳ–239ᵛ. Edition: Vita S. Meginrati, hg. und übers. von Leo Helbling, in: Studien und Mitteilungen zur Geschichte des Benediktinerordens und seiner Zweige 111 (2000), S. 10–24.
[47] Passio S. Meginradi. Mit Beigaben von Sebastian Brant. Basel: Michael Furter, 1496 (GW M29714), München, BSB, Ink. P-27. Vgl. dazu Günthart 2007, S. 162.
[48] Günthart 2007, S. 161f.; Williams 1996, S. 103*; Klein 1987, Sp. 319.
[49] Klein 1987, Sp. 320.

Handschriften der ‹Vitaspatrum›[50] ein, außerdem in ‹Der Heiligen Leben› und in andere Legendare.[51] Ab dem 15. Jahrhundert liegt sie auch selbstständig überliefert vor.[52] Sie bildet auch die Grundlage für das wohl um 1450/60 bei Lienhard Isenhut in Basel gedruckte ‹Meinrad-Blockbuch›.[53] Dieses bietet keinen zusammenhängenden Text sondern Bildunterschriften, ebenso wie die um 1494/95 bei Hans Meyer in Nürnberg gedruckte Inkunabel.[54] Die ausformulierte deutsche ‹Jüngere Vita› wurde um 1480/81 bei Richel in Basel gedruckt[55] und, vielleicht verantwortet von Sebastian Brant, um 1502/03 bei Michael Furter in Basel.[56] Diese Ausgabe druckte um 1544 Johann Spiegel in Luzern nach.[57] Sie wiederum bildet die Grundlage einer um 1570, d. h. vermutlich zur Zeit Abt Adams, vielleicht noch zur Zeit Abt Joachims, in Einsiedeln angefertigten Abschrift.[58] Die mit 35 Federzeichnungen, welche die Holzschnitte des Drucks modernisierend wiedergeben, kunstvoll illustrierte Handschrift liegt auch in einer 1879 von Gall Morel angefertigten Abschrift vor.[59]

Die Grundlage des ‹Meinradspiels› aber bildete eine neuere Fassung der Legende, welche der Dekan und spätere Abt von Einsiedeln Ulrich Wytwyler 1567 bei Stefan Graf in Freiburg veröffentlichte.[60] Im Vorwort des Bands gibt Wytwyler nicht nur an, dass Abt Joachim die Arbeit in Auftrag gegeben habe und dass Egidius Tschudi, Landammann von Glarus, ihm bei der Sammlung des Materials behilflich

---

[50] Williams 1996, S. 103*.
[51] Klein 1987, Sp. 320.
[52] Für ein Verzeichnis der Handschriften der ‹Jüngeren Vita› vgl. Dietl 2021b, S. 214–216.
[53] Dis ist der erst aneuang, als unser lieben frowen cappell zuo den Einsidlen von Sant Meinrat selbst buwen wart [...]. Einsiedeln, KAE A.DB.5. Vgl. auch: Die Legende von Sankt Meinrad und von dem Anfange der Hofstatt zu den Einsiedeln vor vierhundert Jahren in Holztafeln geschnitten. Faksimile, hg. von Gall Morel. Einsiedeln u. a. 1861; Das Blockbuch von St. Meinrad und seinen Mördern und vom Ursprung von Einsiedeln, hg. von Leo Helbling. Faksimile. Einsiedeln 1961.
[54] Das ist die wallfart zu den Einsiedeln vnd die Legent Sant Mainrat, Nürnberg: Hans Meyer [um 1494/95] (GW M17588).
[55] Passio S. Meinradi. Basel: Bernhard Richel [um 1481/82] (GW M29722).
[56] Von sant meinrat ein hübsch lesen was ellend vnd armut er erlitten hat. Vsz der latinischen hystorien gezogen. Basel: Michael Furter 1503 (VD16 ZV 18884, Copinger II 3966). Vgl. Günthart 2007, S. 162.
[57] Von Sant Meinrat ein hübsch lieplich lesen/ was ellend vnd armut er erlitten hat. Vß der latinisch hystorien gezogen. Luzern: Johann Spiegel [um 1544] (VD16 P 885).
[58] Von Sant Meinrat ein hübsch lieplich lesen/ was ellend vnd armut er erlitten hat. Vß der latinisch hystorien gezogen, Einsiedeln, KAE A.DB.8.
[59] Einsiedeln, KAE A.DB.8a.
[60] Ulrich Wyttwyler: Sanct Meynrhats Läben. Eine grundtliche und warhafftige beschrybung vonn Sanct Meynrhats Läben/ des heiligen Einsydels/ auch von der heiligen Walstat unser lieben frowen/ der Müter Gottes Marie zu den Einsydlen da S. Meynrhat gewonet und ermürt worden. Freiburg: Stephan Graf 1567 (VD16 W 4714). Im Folgenden wird das Exemplar Einsiedeln, KAE A.DB.5b verwendet und nach dessen (nachträglicher) Paginierung zitiert.

gewesen sei (S. 7), sondern er rechtfertigt v. a. die Wertschätzung von Heiligenlegenden durch die katholische Kirche und das Wallfahrtswesen gegen aktuelle Vorwürfe, die Legenden als erdichtete *lugenden* (S. 7) tadeln, und die dem Wallfahrtswesen eine Verbindung zur Idolatrie unterstellen. Mit Verweisen auf zahlreiche Bibelstellen und auf Beispiele aus der Empirie stellt er fest, dass die Legenden vielen *zu Seel vnnd lybs wolfart gedienet* hätten (S. 3), indem sie sie *im stiffen waren glouben befestiget/ in ståter hoffnung gesterckt/ in der liebe Gottes inbrunstig/ vnd ze bekerung auch besserung jres lebens gefürt* (S. 3) hätten. Sich an Exempeln frommer Personen aus der Vergangenheit zu orientieren, habe bereits Christus den Aposteln empfohlen (Mt 5,12) (4). Die Orientierung an christlichen Heiligen, die *nach dem neuwen Euangelischen gnadenrichen gesatz gwandlet* (S. 4), sei umso wertvoller. Von ihnen könne man ein Leben im Sinne des Evangeliums lernen, das v. a. auch die Bedeutung der Werke als *wirckung* des Glaubens betone (S. 6). Das Andenken an die Gerechten nach Eccl 44,10–15 diene v. a. auch dem Lobe Gottes, da damit *sine unvßsprechliche gnaden vnd wunderwerck/ so er in seinen Heiligen bewissen/ geoffenbaret werdent* (S. 6). Wenn die Legenden zur Memoria der Heiligen nicht in dem gleichen *hochtrabenden* (S. 7) Stil wie die heidnischen Werke, sondern in einfachem Stil verfasst seien, so weise dies gerade auf ihren tieferen Sinn hin, *wie auch Paulus meldet/ wir sind narren worden vmb Christi willen/ Dann wir sind nit in fleischlicher wißheit/ welche ist ein thorheit by Gott/ sonder in der gnaden Gottes gewandelt* (S. 7).

Auch das Wallfahrtswesen könne sich auf biblische Vorlagen stützen, denn in der Heiligen Schrift werde deutlich, dass es Orte gebe, wie z. B. den Tempel in Jerusalem, an dem Gott seine Gnad *durch sich oder sine Heiligen* (S. 9) deutlicher offenbare als an anderen. Es gebe keinen Grund, dieses Gnadenangebot Gottes nicht anzunehmen und diese Orte zu seinem Lob und *vmb bettts/ andacht/ buß vnd libs kestigung willen/ vnd mit rechtem waren affect* zu besuchen (S. 12), so wie Christus den Ölberg für das Gebet aufgesucht habe. Die Meinung, man bete an diesen Orten Bilder an, sei irrig:

> Man spricht zu vnser lieben Frowen zu Einsydlen/ Nit zu vnser frowen Bild gen Einsydlen/ dan man nit dem Bild/ sonder Marie zu Ehren/ die Walstatt besucht/ Man rüfft auch nit das Bild an vmb furbit/ trost vnd hilff/ gegen Gott zuerwerben/ sonder Mariam die mutter Gottes (S. 11).

Ebenso irrig sei die Meinung, der alleinige Besuch der Wallfahrtsorte könne Sündenablass erwirken, denn der werde nur den Bußfertigen gewährt (S. 14). Die Heilige Schrift belege klar, dass *Gott solliche verspötter/ verachter/ entvnehrer Heiliger walstetten vnd gebett Hüser gestrafft habe* (S. 14). So seien die Juden, die sein Volk waren, aus seiner Gnade gefallen, und davor solle sich das Christentum hüten (S. 15).

Der Band, der mit dieser klaren Stellungnahme gegen protestantische Kritik an der Heiligenverehrung und am Wallfahrtswesen, v. a. an der Wallfahrt zum Engelweihfest, einsetzt, enthält neben der Vita Meinrads, der Gründungserzählung des Klosters (die deutlich von der in der ‹Jüngeren Vita› abweicht), der Engelweihe und ihrer Bestätigung auch eine Sammlung von Wunderzeichen, die belegen, dass es sich bei der Gnadenkapelle um einen Ort akkumulierter göttlicher Gnade handelt. Da Wytwyler dem Einsiedler Maler und Kunstschnitzer Felix Büchser für das Verfassen des ‹Meinradspiels› beratend zur Seite gestellt wurde, ist davon auszugehen, dass das Spiel die gleiche Intention verfolgt wie diese Neufassung der Legende.

Damit war offensichtlich der Bedarf an neuen Publikationen über den Ahnherrn des Klosters noch nicht gedeckt. 1576/77 beauftragte Abt Adam den Konventualen Joachim Müller, der 1569–1576 in Dillingen studiert hatte,[61] mit einer Korrektur und Ergänzung von Wytwylers Vita, die nun auch weitere Heiligenviten integriert. Sie erschien 1577.[62] Ulrich Wytwyler brachte seinerseits 1587, dann schon als Abt von Einsiedeln, eine nochmals überarbeitete Fassung, die wiederum stärker auf die spätmittelalterliche Vita zurückgreift, heraus.[63]

Vita und Passio: Die Handlung des ‹Einsiedler Meinradspiels›

Das ‹Einsiedler Meinradspiel› präsentiert, über zwei Tage Spielzeit verteilt, das Leben des Heiligen Meinrad ab seinem fünften Lebensjahr bis zu seiner Ermordung, der Hinrichtung seiner Mörder und zur Höllenfahrt des Antagonisten Uli Bösbub, dessen Geschichte parallel zu der Meinrads geführt wird.[64] Die Gründung des Klosters und die Engelweihe sind ausgespart. Das Spiel scheint sich als dramatisierte Legende zu verstehen. In diesem Sinne orientiert sich Zweiteilung[65] der Aufführung, wie auch die Spieleinführungen der einzelnen Tage klarstellen, an den zwei klassischen Formen einer Heiligenlegende: der Vita (1. Tag) und der Passio (2. Tag). Auf einzelne Szenen des Spiels wird unten detailliert eingegangen; hier ein inhaltlicher Überblick:[66]

Nach einer mehrfachen Spieleröffnung betritt Graf Berthold von Sülgen die Bühne. Er berät sich mit seiner Frau und seinem Rat, welche Erziehung für den

---

[61] Professbuch, 3: Professen unter Abt Adam Heer, Nr. 36: P. Joachim Müller.
[62] Joachim Müller: Von dem Leben vnnd Sterben des heiligen Einsidels vnd Marterers Meinradi. Auch von der heiligen Walstatt vnnd Capell vnser lieben Frawen der Müter Gottes Marie zů den Einsydlen. Mit angehencktem Leben vnnd Lyden des heiligen Hauptmans Mauritij vnd seiner Gesellen. Des heiligen Künigs Sigismundi. Des heiligen neunjärigen knaben Justi. Des heiligen Einsidels Geroldi. Vnnd des heiligen Bischoffs Wolffgangi. Alles von newem inn Truck geben. [s. l.]: [s. n.] 1577 (VD16 W 4715), Einsiedeln, Stiftsarchiv, KAE A.FB.1.4 (2).
[63] Ulrich Wytwyler: Warhafftige vnd gründliche Histori/ vom Leben vnnd Sterben deß H. Einsidels vnd Martyrers S. Meinradt/ Auch von dem Anfang/ Auffgang/ Herkommen vnd Gnaden der H. Wallstatt vnd Capell vnser lieben Frawen [...]. Fribourg: Abraham Gemperlin 1587 (VD16 W 4716), Einsiedeln, Stiftsarchiv, KAE A.FB.1 (11).
[64] Häne 1930, S. 15 spricht von einem «Vorläufer des barocken Parallelspieles».
[65] Vgl. Häne 1930, S. 11: Ein «Streben nach einer gewissen Großartigkeit» und das Vorbild Luzerns seien für die letztlich unnötige Zweiteilung verantwortlich.
[66] Für eine ausführlichere Inhaltsangabe vgl. Häne 1930, S. 5–11.

auffällig frommen Sohn Meinrad angemessen sei. Nach dem Entschluss, dem Sohn eine klösterliche Ausbildung angedeihen zu lassen, begleitet er seinen Sohn auf die Reichenau. Während sich die Teufel über Meinrads frommen Lebenswandel beklagen und beschließen, ihn in Versuchung zu führen,[67] tritt der Hoffnungsträger der Teufel auf: der Antiheld Uli Bösbub, der nicht nur selbst einen korrupten Lebenswandel führt, sondern versucht, möglichst viele zu einem solchen zu überreden.

Nachdem Meinrads Ausbildung abgeschlossen ist, wird er als Lehrer an die Zella in Oberbollingen geschickt. Mit einem jungen Bruder aus Oberbollingen besucht er den Berg Etzel und ist beeindruckt vom Finsteren Wald.[68] Als eine fromme Witwe in Altendorf ihm ihre Unterstützung zusagt, beschließt er endgültig, hier ein Einsiedlerleben zu führen. Vergeblich versuchen die Teufel, ihn von diesem Beschluss abzuhalten. Meinrad baut sich selbst eine Hütte im Wald. Die Teufel belagern ihn hier, aber er kann sie mit dem Kreuzeszeichen vertreiben. Bald darauf kommen die ersten Pilger sowie Brüder aus Oberbollingen zu ihm. Er schickt sie fischen, um in der Zwischenzeit nach einem neuen Ort für seine Einsiedelei zu suchen, der weiter in den Wald zurückgezogen ist. Die Äbtissin von Zürich sagt ihm Unterstützung zu und sendet ihm Zimmerleute für die neue Klause. Damit endet der erste Spieltag.

Meinrad macht sich mit einem Bruder zu seiner neuen Einsiedelei auf. Unterwegs sehen sie ein Nest mit jungen Raben und nehmen es mit. In der Zwischenzeit bricht Uli Bösbub den Marktstand eines Händlerehepaars auf und stiehlt das Geld daraus. Als Ulis Frau den Diebstahl tadelt, steigert er seine üble Tat und brennt den Marktstand der Händler ab, in dem sie während einer kurzen Abwesenheit auch ihr kleines Kind zurückgelassen hatten. Die Eltern finden es erstickt vor.

Während die Teufel weiterhin versuchen Meinrad zu plagen, er aber standhaft bleibt, woraufhin sie seine Ermordung durch Räuber planen, wird die neue Einsiedelei fertiggestellt. In ihr attackieren die Teufel Meinrad massiv und schleudern ihn umher, bis ein Engel sie vertreibt. Bald darauf erscheint ein wundersamer Knabe in Meinrads Einsiedelei, um bei ihm zu beichten.

Während sich die beiden Ganoven Richard und Peter im Wald treffen und einen Raubüberfall auf Meinrad planen, bereitet ein Engel den Einsiedler darauf vor, dass sein Martyrium naht. Meinrad begrüßt Richard und Peter und teilt mit ihnen Brot und Wein, bevor sie ihn erschlagen. Erst hinterher stellen sie fest, dass in der Einsiedelei keine Schätze zu holen sind. Als sich die Kerzen in der Klause von allein entzünden, sich der Duft der Heiligkeit entfaltet und die Raben Meinrads sie zu attackieren beginnen, erkennen sie, dass sie Unrecht getan haben. Allein die Teufel triumphieren. Die Räuber fliehen nach Zürich, verfolgt von den Raben. Ein Zimmermann, der ihre Flucht beobachtet, findet den Erschlagenen. Während

---

[67] Zur Rolle der Teufel im ‹Meinradspiel› vgl. Gold 2022.
[68] Zu den verschiedenen Darstellungen von Meinrads *conversio* zum Einsiedlerleben in den narrativen Texten und bei Büchser vgl. Dietl 2021d.

Meinrad bestattet wird, verfolgt der Zimmermann die Mörder und findet sie in Zürich im Wirtshaus seines Bruders. Dieser hält sie fest, bis der Zimmermann den Richter informiert hat, der die Festnahme der beiden anordnet. Während sie im Turm sitzen und der Rat über das Strafmaß berät, richtet das Spiel einen kritischen Blick auf das Leben der Schergen. Schließlich wird das Urteil verlesen: Tod durch Schleifen, Rädern und Verbrennung. Das Urteil wird, als sich die Täter zwar verzweifelt, aber reuelos zeigen, rasch vollstreckt und ihre Asche wird in den See geschüttet.

Uli Bösbub stiehlt mittlerweile einem Bauern Pferd und Besitz und flieht vor dessen Verfolgung in dasselbe Wirtshaus. Als er dort beim Falschspiel ertappt wird, ersticht er seinen Tadler und flieht, womit er das Lob der Teufel erwirbt. Ein Waldbruder mahnt ihn vergebens zur Umkehr, da kommt der Tod und streckt Uli nieder. Jubelnd vierteilen ihn die Teufel und holen ihn in die Hölle, während der Tod das Publikum ermahnt, immer mit ihm zu rechnen. Ein Epilog beendet das Spiel.

An die Narren um Christi Willen: Publikumsadressen

Ho stylla stylla, Ir nurren und narren (1,1).[69] Mit diesen jenseits der Fastnachtzeit[70] zunächst irritierenden Worten spricht zu Beginn des Spiels der erste Narr das Publikum an, das es von geistlichen Spielen wie dem ‹Luzerner Osterspiel› gewohnt ist, von einem Herold oder durch den *Silete*-Ruf der Engel um Ruhe gebeten zu werden.[71] Die Anrede des Publikums als Narren durch den Narren erhält vor dem Hintergrund des Vorworts Wytwylers zur Meinradlegende Bedeutung: Die Zuschauenden sind Mitglieder der christlichen Gemeinde, die *sind narren worden vmb Christi willen* (1 Kor 4,10).[72] Wie die Heiligen, die sie verehren, stehen sie in der Gnade Gottes stehen und werden von der Welt als Narren verspottet. Wer sich nicht vom so verstandenen Narren angesprochen fühlen will, dem droht dieser mit Strafe, denn was hier vorgetragen werde, das seien *groß wichtig ernstlich sachen | Davon menger vil nutz mag schaffen* (2,3f.). Auch dieses Argument, dass Heiligenlegenden zuvörderst für die Rezipienten nützlich seien, platziert Wytwyler in seinem Vorwort an prominenter Stelle.

---

[69] Wo nicht gesondert angegeben, folgen die Zitate der Edition: Ein geistliches Spiel von S. Meinrads Leben und Sterben aus der einzigen Einsiedler Handschrift hg. von Gall Morel. Stuttgart 1863. Die fehlende Versnummerierung wird ersetzt durch Seitenzahl und Verszahl auf der entsprechenden Seite.

[70] Narrenprologe kennen u. a. das dezidiert als ‹Fastnachtspiel› bezeichnete ‹Dreikönigsspiel› Hanns Wagners aus Solothurn und die zur Fastnachtzeit aufgeführte ‹Hester› Jos Murers sowie die von dieser abhängige ‹Berner Hester›, vgl. Dietl [2024/25].

[71] Vgl. Das Luzerner Osterspiel, hg. von Heinz Wyss. Bern 1967, Bd. 1, V. 1f. (Schildknappe) und 2a (Engel). Häne 1930, S. 38 sieht in den vom Narren gesprochenen Anfangsworten des ‹Einsiedler Meinradspiels› ein Zitat des Augsburger Drucks von Wickrams ‹Zehn Altern›.

[72] Wytwyler 1567, S. 6.

Nicht weniger irritierend als die erste Publikumsadresse ist die zweite: *Hochwirdig First in Gott und herr* (2,7), setzt der Prologsprecher oder Herold ein, doch kein weltlicher Fürst ist damit gemeint, denn er fährt fort:

> Von Gottes gnaden hat sy die ehr,
> Dem gend wir vor vß allen pryß
> Vnd lobend ihnn mit höchstem fliß,
> Durch den sol sy vff erden
> Recht, wie ein Fürst geehret werden,
> Im huß deß herren nach gebür
> Deß geistlichen standts ein Cron vnd Zier,
> Das hymlisch heer, wend wir auch loben
> Durch ihr fürpit hand wir vil gaaben,
> Demnach mayn ich in einer summ
> Al geistlich Lüth, die hie sind nhun (2,8–18).

Angesprochen wird hier zunächst Maria, Fürstin im Hause des Herrn und Schutzpatronin des Klosters, bevor nach ihr die himmlischen Scharen angesprochen werden, dann alle Geistlichen, später auch die *weltlich Oberkheit* (2,20) und der *gmeine Mann* (2,25) genannt, bevor das gesamte Publikum als *üch* (2,28) bzw. *ihr* (2,31) zusammengefasst wird. Die Anrede an Maria korrespondiert wiederum mit Wytwylers Vorwort in seiner Fassung der Meinradlegende: Maria wird dort als Ziel der Wallfahrt benannt, wobei durch das Gnadenbild hindurch die Mutter Gottes selbst gemeint ist, der in der Engelweiherzählung eine prominente Rolle zukommt; schließlich ist die himmlisch eingesegnete Gnadenkapelle, die an der Stelle von Meinrads Klause steht, nicht dem Hl. Meinrad geweiht, sondern ihr. Damit geht sie auch die nun folgende dramatisierte Meinradlegende in besonderer Weise an. Die Annahme liegt nahe, dass das Gnadenbild, das traditionell auch bei Engelweihfeiern aus der Gnadenkapelle herausgeholt und präsentiert wird, bei diesem Auftakt des Spiels gezeigt wurde, um die Anwesenheit der Himmelsfürstin als höchster Zuschauerin zu repräsentieren. Für das Publikum aber würde dies bedeuten, dass die Aufführung in einen zeremoniellen Kontext gestellt würde, der der Engelweihfeier angenähert ist. – Die Narren als Spiegelbild des intendierten, standhaft zum wahren Glauben haltenden und den Spott der ‹Weltweisen› ertragenden Publikums, sind ein Leitmotiv der Spieleinführungen der beiden Tage (1,1–2,6; 6,9–14; 61,14–31).

Erst die nächste Publikumsadresse durch den Argumentator oder Schildbub hat die erwartete Form: *Hochwurdig, gnedig, günstig herren* | [...] *die frauwen als die mannen,* | *Ja geistlich, weltlich* (3,14 u. 17f.). Dieser dritte Teil der Spieleröffnung richtet sich nun dezidiert an ein *vns*, für das Gottes Gnade erbeten wird (3,19), wenn *Vnser heiliger Patron* (3,25) im Folgenden präsentiert wird. Die Gemeinschaft zwischen Darstellern und Zuschauern wird dabei ebenso betont wie die gemeinsame Verbundenheit gegenüber Meinrad, dem Patron Einsiedelns. Die schwäbische Herkunftsregion Meinrads dagegen wird als unbekannt angenommen (4,2).

Durch die drei unterschiedlichen Publikumsadressen zur Spieleröffnung am ersten Tag ist damit unmissverständlich eine Gemeinschaft von Gläubigen konstruiert, die gemeinsam des Heiligen gedenken, der den Kern der Einsiedler Identität ausmacht, und die sich mit einer wahrnehmbaren Spitze gegen Kritiker aus dem protestantischen Lager zur Heiligenverehrung, zur ‹Narrheit um Christi willen› und zur Engelweih-Wallfahrtsstätte bekennen. Die ‹Narrheit› der Heiligenverehrung und des Wallfahrtswesens verteidigt schließlich der Epilog des zweiten Tags vehement. David fordere am Ende des Psalters dazu auf: *Den Herren sond wir* [später korrigiert zu *ihr*, fol. 100[r]] *loben schon | In synen heiligen wolgethan* (120,18f.). Gemeint ist Ps 150,1, den Dietenberger nach der Septuaginta (*Laudate Dominum in sanctis eius*)[73] übersetzt mit: *Lobet den Herrn in seinen heyligen*,[74] während die Zürcher Bibel den Hebräern folgt (*laudate Deum in sancto eius*)[75] folgt und übersetzt: *Lobend den Herren in seinem heiligthům*.[76] Schon in Psalm 67 stehe, so der Epilogsprecher, *Das Gott der Herr sy wunderbar | In sinen heiligen gantz vnd gar* (120,22f.). Dies entspricht Dietenbergers Übersetzung von Ps 67,36: *Gott ist wundersam inn seinen heyligen*[77] nach der Septuaginta: *mirabilis Deus in sanctis suis*.[78] Die Zürcher Bibel dagegen übersetzt nach den Hebräern, *terribilis Deus de sanctuario suo*[79] als: *Gott ist wundersam an seinem Heyligthům*.[80] Mit Zitaten aus der katholischen Bibel betont der Epilog, was Wytwyler bereits in seinem Vorwort zur *Meinradlegende* betont hat, dass die Heiligenverehrung in der Bibel verankert und ein erforderlicher Teil des Lobs Gottes sei. Der Epilog verweist auch auf die Wunder, die sich aus Gnade Gottes *Alhie an disem heiligen Orth* (120,28) ereigneten, was Einsiedeln als Gnadenort auszeichne:

Ein helles Liecht im Schwytzerlandt
Vnd ouch im gantzen Rych bekhandt
Dartzu vil andere Nation
Bsucht flissig disen helgen schon (120,30–33).

---

[73] Hieronymus: Biblia sacra vulgata. Lat.-dt., hg. von Andreas Beriger u. a. Berlin/Boston 2018, Bd. III, S. 766.

[74] Johann Dietenberger: Biblia/ beider Allt unnd Newen Testamenten/ fleissig/ treülich vnd Christlich/ nach alter/ inn Christlicher kirchen gehabter Translation […]. Mainz: Peter Jordan, Peter Quentel 1534 (VD16 B 2693), fol. CCLXXVIII[v].

[75] Hieronymus, ed. 2018, Bd. III, S. 767.

[76] Zürcher Bibel: Die gantze Bibel/ der vrsprünglichen Ebraischenn vnnd Griechischenn warheyt nach/ auffs aller treüwlichest verteütschet. Zürich: Christoph Froschauer 1530 (VD16 B 2689) 1530, S. 303.

[77] Dietenberger 1534, fol. CCLXIIII[r].

[78] Hieronymus, ed. 2018, Bd. III, S. 344.

[79] Ebd., S. 345.

[80] Zürcher Bibel 1530, S. 285 (Ps 68).

Die Wallfahrt erscheint als logische Folge der Heiligkeit des Orts, und auch das Schwabenland lobe Meinrad, der *Der ander Joseph* (120,38) genannt werden könne, denn er, der jetzt in der Eidgenossenschaft *wohnt* (121,5), sei ein *thrüwer Bruder* (121,2), zu dem die Schwaben kommen sollten, *Das Korn der gnaden kouff by ihm* (121,3). Den Pilgern teilt Meinrad die Gnade Gottes aus – man darf wohl ergänzen: in einer Zeit, in der diese rar geworden ist. Gott, so betont der Epilog, habe den Menschen, die Meinrad aufsuchen, um ihre *seligkheit vnd heil* (121,8) zu mehren, *Diß loblich waldtstatt hie bereith* (121,13), wo Meinrad *Fur vnns vnnd iederman* (121,15) jederzeit die göttliche Gnade ausgieße. Mit einem Gebetsschluss *Gott helff vnns allen ins hymmelrich. Amen* (121,19) endet das Spiel, das für eine Gemeinde der Gläubigen, ja, wohl der Einsiedeln-Pilger, entworfen ist, die durch dieses Spiel nicht nur an Meinrads Leben erinnert und an eine Nachahmung seiner Tugend ermahnt, sondern auch der von ihm an diesem Ort vermittelten Gnade teilhaftig werden soll.

Die direkten Publikumsadressen, die im ‹Meinradspiel› auf die Prologe und Epiloge der beiden Spieltage begrenzt sind, dienen nicht nur der Definition des Publikums und der Verteidigung von Legende und Wallfahrt; im Epilog des ersten Tags und den Prologen von Herold und Schildknappe am zweiten Tag wird vielmehr auch der konkrete Lehrinhalt des Spiels vermittelt – nach Maßgabe des generellen Ziels von Legendendichtung, wie es Wytwyler im Vorwort der Meinradlegende beschreibt: Meinrad stelle ein *schön Exempel* (60,18) dar, dass die Jugend Vater und Mutter ehren solle (60,20). Zudem sei er ein *spiegel pur geistlicher Zucht* (60,26) und des Gehorsams (60,28), d. h. die Lehre richtet sich an Laien und an Konventualen. Jeder möge sich durch das Spiel aufgefordert fühlen, sich vom Bösen abzuwenden (60,35), dem Eigenwillen, den Versuchungen des Teufels und des Fleisches zu widerstreben (60,36 u. 38; 61,1) und sein Leben mit Tugend zu zieren (60,37). Das Himmelreich sei schließlich nur durch Kreuz und Leid (62,23–26) und durch gute Werke (63,36) zu erreichen, während der Gottlose, der in Übermut lebe (63,28f.) und Beichte und Buße ablehne (63,33), dem Teufel verfallen sei. Die Anspielung auf Ulis Namensvetter Zwingli, der angeblich im Sterben die Beichte ablehnte, ist offensichtlich.

Die Mahnung zur Buße und die Warnung vor der Hölle formuliert eindrücklich auch der personifizierte Tod, der sich am Ende des zweiten Spieltags, unmittelbar vor dem eigentlichen Epilog, direkt ans Publikum wendet. Sein langer Monolog (117,19–119,15) wirkt wie ein Fremdkörper im ‹Meinradspiel›, zumal er, wie Häne aufgezeigt hat,[81] zum Teil wörtlich aus einem anderen Drama übernommen ist: aus Jörg Wickrams Colmarer Fastnachtspiel ‹Die zehn Alter der Welt› von 1531,[82] einer Überarbeitung von Pamphilus Gengenbachs gleichnamiger Moralität,

---

[81] Häne 1930, S. 36–39.
[82] Jörg Wickram: Die Zehen alter der welt. [Straßburg: Frölich] 1531 (VD16 G 1230).

die 1515 in Basel uraufgeführt worden war.[83] Die Änderungen gegenüber Wickrams Text (Diiij^r–v^r) sind bemerkenswert. Angesichts der Höllenfahrt Ulis spricht der Tod im ‹Meinradspiel› mit den Worten, die der Tod bei Wickram an den Hundertjährigen richtet, *zu ieder Man* (117,18a), er solle die Ungewissheit des eigenen Todeszeitpunkts stets vor Augen haben und sich rechtzeitig zu Gott zu bekehren. Während bei Wickram der Sterbende fürchtet, seine Reue komme zu spät (Diiij^r), erklärt der Tod hier dezidiert: *Kein spate rüw die hilfft nit meh* (118,20). Dies darf als eine klare Spitze gegen protestantische Formulierungen des Jedermann-Themas verstanden werden.[84] Anders als z. B. in Johannes Kolroß' reformiertem Jedermann-Drama ‹Eyn schön spil Von Fünfferley betrachtnussen den menschen zůr Bůss reytzende› (Basel 1532), in welchem der Tod den bereits durch seinen Pfeilschuss am Boden liegenden Jüngling begnadigt, weil dieser verspricht, Buße zu tun,[85] genügt dem ‹katholischen› Tod hier die Absicht der Reue nicht. Er möchte gute Werke sehen: *Allein wirt dir da zu hilff khon | Die gutten werckh, so du hast than* (118,28f.). Erst nach diesem die konfessionelle Ausrichtung verdeutlichenden Einschub folgt nun der Einsiedler Tod (der wie Kolross' Tod mit Pfeil und Bogen droht)[86] fast wörtlich der Wickram'schen Vorlage (Diiij^v–v^r):

> Denn ich ganz niemand übersich
> Er sy groß, klein, arm oder rich,
> Deß glichen Bapst, Keiser, Fürsten Herren
> Mögend sich minen gar nit erwehren,
> Da hilfft kein gewalt, da hilfft kein gunst
> Da hilfft kein wyßheit noch kein Kunst,
> Da hilfft kein richthumb noch kein schatz
> Da hilfft kein laachen noch kein gschwatzt.
> Da hilfft kein frombkheit noch kein thugent
> Es muß alles dran, alter vnd jugent,
> Es sie glich Frauw oder man
> Mit mir müend ir ein Vortantz han (118,36–119,9).[87]

---

[83] J.-D. Müller 2017, Sp. 520, betont, dass Wickrams Fassung mit 19 Auflagen weit erfolgreicher war als der sieben Mal aufgelegte Druck von Gengenbach.

[84] Zur zeitgenössischen katholischen Kritik und dem protestantischen Lob am ‹Hecastus› des Macropedius (1539), der eine Umkehr und Rettung des Jedermann/Hecastus im letzten Moment und ohne Werke vorführt, vgl. Dammer/Jeßing 2007, S. 25–29.

[85] Johannes Kolroß: Ein schön spil von Fünfferley betrachtnussen den menschen zůr Bůss reytzende. Basel: Thomas Wolff 1532 (VD16 K 1967), Bij^r.

[86] Zum Motiv des bogenschießenden Todes vgl. Häne 1930, S. 38.

[87] Vgl. Kolroß 1532, Bij^v, der ebenfalls Wickram rezipiert: *Mit mynem bogen schüß ich ztod | All menschen, do ist nur kein gnod! | Vff erd keyn mensch ich lāben lass, | [...] Ich schon des Babsts/ noch Keyßers nit, | Darzů des Küngs/ es hilfft keyn bitt. | Kunst/ schōne/ stercke/ gůt noch gwalt | Sich ich nit an/ sy jung old alt, | Sy müssend alle mit mir gon, | Ich würd kein menschen lāben lon.*

Allein der letzte Satz dieser durch Parallelismen und Anaphern hervorgehobenen Passage ist von Büchser neu formuliert. Mit dem Schlüsselbegriff *Vortantz* verweist er augenfälliger, als es die alle Stände umfassende Reihe der vom Tod Geholten ohnehin schon tut, auf den Text-Bild-Typ der Totentänze, wie sie u. a. in Bern und Basel noch präsent waren. Auch Kolroß greift in seinem Basler Jedermann-Drama dieses Motiv auf. Der Totentanz als allgemeiner Tod flankiert den außerordentlichen Tod des Heiligen und unterstreicht die Gültigkeit der Aussagen des ‹Meinradspiels› für *alle* Zuschauer.

Lehrmodell der Vita: Meinrad als Lehrer

So wie Prolog- und Epilogsprecher sowie Tod direkt zum Publikum sprechen, um den Lehrinhalt des Stücks zu vermitteln, nimmt auch Meinrad auf der Handlungsebene eine lehrhaft vermittelnde Rolle ein. Protestantische Märtyrerdramen der Zeit räumen der lehrhaften Predigt ihrer Protagonisten einen großen Raum ein.[88] Darauf scheint das ‹Meinradspiel› zu antworten, wenn im vierten Akt des ersten Tags ein Bote aus Oberbollingen den Prälaten der Reichenau um die Entsendung eines Lehrers bittet. Er bittet gezielt *Vmb einen glehrten Ordens Man | Wol g'übt der gschrifft vnd aller thugent* (36,5–6). Exegese und Tugend bilden für ihn eine Einheit. Der passende Lehrer sollte v. a. auch so sprechen können, dass die *geistliche[] jugendt* (36,7) ihn verstehe und es ihm gelinge, sie zu einem heiligenmäßigen Lebenswandel anzuhalten (36,10). Mit anderen Worten, er verspricht sich von einem charismatischen Lehrer eine Reform des Klosterlebens in Oberbollingen. In diesem Sinne fasst auch der Reichenauer Prälat die Bitte zusammen: Es gehe *Vmb einen glehrten Ordens man | der geistlicher zucht wol vor Khönn stahn* (37,11f.), drum möge Meinrad nach Oberbollingen gehen, *Das ihr sy lehrend das Göttlich worth, | Gotzforcht, vnd Closterzucht daby* (37,26f.). Diese Dreiheit von Wort, Gottesfurcht und Klosterzucht steht im Gegensatz zu der reinen Betonung des Worts im protestantischen Drama. Dementsprechend tritt Meinrad im Folgenden auch nicht als Prediger, sondern als Lehrer im Leben auf. Seine Predigt- und Lehrtätigkeit wird hinter die Bühne verlegt (39,18a).[89] Sichtbar ist dagegen, wie er seine Berufung erkennt. Wie *die helgen Vätter gut* (44,1) – gemeint sind die Wüstenväter, die er später auch benennt: Paulus, Makarius, Anthonius (44,21) –, die es *den helgen Aposteln machten glich* (44,6), will er die Welt verlassen und Christus nachfolgen. In der Bergeinsamkeit möchte er Gott schauen (44,29–38). Erst beim Abschied erteilt er den Brüdern in Oberbollingen und mit ihnen der zuschauenden Gemeinde in Einsiedeln eine Lehre:

---

[88] Vgl. Dietl u. a. [2025].
[89] Häne 1930, S. 19, erklärt die Auslassung der Schulszenen der Legende allein mit «spieltechnischen Rücksichten».

> Gloubend alle zyt in Gott
> Das ander ist ouch sin gebott,
> das ÿch die lieb zusamen halt
> Wider D' sünd, vnd allen Tuffels gwaldt,
> Sind nüechter, wacker alle stundt
> Damit so dann der Brückham Kundt,
> Das ÿwerr Amplen brunnend schon
> Mit ihm zur Hochzit mögend gahn,
> Ee das die thür wird bschlossen
> Vnd ihr da vssen werden glossen (49,8–17).

Mit dem christlichen Hauptgebot (Mt 22,37f.; Mk 29–31; Lk 10,27) und der Mahnung zur ständigen Bereitschaft im Bild des Gleichnisses von den zehn Jungfrauen (Mt 25,1–13) hat Meinrad den Kern seiner Lehre zusammengefasst. Er braucht keine langen Predigten. Auch wenn später Pilger zu ihm kommen, sind seine Anweisungen an sie kurz und prägnant: Zuerst teilt er ihnen die Eucharistie aus und erteilt ihnen Gottes Segen, bevor er sie anweist:

> Demnach verrichtend ÿwer bätt,
> Wie Christus selber gheissen hat,
> Thut vnß zum bätten wysen
> Darneben S'fasten höchlich prysen,
> Auch neben disen dingen
> Thut gwalttig durch die wolckhen thringen
> So man den armen richlich theilt
> Versüehnet Gott in jener welt
> Tilget vß all vnser sünd
> Vnd macht vns wyder Gottes fründ,
> Thund ihr nuhn das von gantzem herzen
> Nympt er von ÿch Kummer vnd schmertzen (53,6–17).

Der Empfang von Sakrament und Segen sowie häufiges Gebet (v. a. das ‹Vaterunser›), Fasten und Almosen bilden eine – deutlich katholische – Einheit des gottgefälligen Lebens. Hinzu kommen wiederholte Fischfangszenen, die handlungstechnisch in der Regel dazu dienen, Meinrad die Möglichkeit der Begegnung mit der Wildnis und Einsamkeit zu geben, im Spiel wie in der Legende aber auch symbolisch aufgeladen sind. Sie dienen dazu, die Brüder zur Apostelnachfolge anzuhalten, damit auch sie ‹Menschenfischer› werden (Mt 4,19; Mk 1,17; Lk 5,10).[90]

Hier und in allen Szenen, in denen Meinrad als Lehrer auftritt, wird deutlich, dass seine eigentliche Lehre in einem Leben besteht, das bibelkonform ist und den Vorbildern der Heiligen folgt, so wie sein Leben wiederum ein Vorbild für andere sein soll. Die Bibelexegese, die der Bote aus Oberbollingen als zentrale Aufgabe des neuen Lehrers genannt hat, ist genau dieses Leben und sind genau die Werke wie Predigt, Fasten und Almosen. Daher kann es in der Perspektive Büchsers und wohl v. a. Wytwylers keine Schriftauslegung ohne Werke, d. h. kein Bibelverständnis *sola scriptura* geben, und daher ist die Heiligenvita die ideale Form der Predigt.

---

[90] Vgl. auch Gold 2022, S. 140.

Lehrmodell der Moralität: Uli Bösbub als Negativexempel

Zunächst als *ein Intermedium oder Mittelspil* und als Ersatz für den dritten Akt bezeichnet (28,18a), schließlich aber zu einem zweiten Handlungsstrang ausgebaut, ist die Geschichte des Uli Bösbub, den bereits sein Name als negatives Gegenbild Meinrads charakterisiert. Diese Figur ist gegenüber der Legende neu. Oskar Eberle sieht sie durch Wickrams ‹Knabenspiegel› angeregt;[91] Häne verweist zunächst darauf, dass die Figur des bösen Buben und auch die Gegenüberstellung von positivem und negativem Exempel älter und weit verbreitet sind.[92] Dann aber geht er ausführlich auf Parallelen zwischen der Uli-Handlung und sowohl Wickrams dramatisiertem ‹Knabenspiegel› (1554)[93] als auch Rassers ‹Kinderzucht› (1574) ein[94] und stellt ebenfalls Einflüsse der beiden Dramen auf die Meinrad-Handlung fest, speziell auf die Beratung der Eltern Meinrads im ersten Akt des ersten Tags und auf die Szene der Hinrichtung der Mörder am zweiten Tag.[95] Häne sieht in diesen Parallelen einen Ausdruck des «pädagogisch sittliche[n] Charakter[s]» des ‹Meinradspiels›.[96] Neben der Heiligenvita ist das ‹Meinradspiel› auch eine Moralität, kopiert aber Wickram und Rasser nicht exakt.

Gerade auch im Vergleich mit den genannten Spielen fällt auf, dass Uli Meinrad nie begegnet. Das Interludium scheint zunächst völlig vom Haupttext des Spiels getrennt zu sein, so wie Interludien anderer Spiele der Zeit.[97] In einem zeitlich und räumlich unbestimmten Raum versucht der ungezogene Knabe Uli zuerst vergeblich den braven Knaben Friedrich zum Schulschwänzen, zu Ungehorsam und Verlogenheit gegenüber den Eltern, zu Wein und Glücksspiel zu überreden. Ulis Mutter beschimpft ihren Sohn, jagt ihn weg und klagt, er sei *Verwendt, verhetzt in* [korr.: *verrucht, zu,* fol. 28ᵛ] *allem Bösen* (31,27), während doch Meinrad schon immer vorbildlich gewesen sei:

> Schauw zu, wie was deß Grafen sohn
> Vernünfftig in der Jugent schon,
> Demüetig, fromm, in allen sachen

---

[91] Eberle 1929, S. 146.
[92] Häne 1930, S. 23f.
[93] Jörg Wickram: Der Jungen Knaben Spiegell. Ein schönes Kürtzweilichs Spyl von Zweyen Jungen knaben / Einer so wol gezogen vnd aber von einem bösen verlotterten jungen verfürt / Allen Jungen knaben ein güte warnung sich vor üppiger Böser geselschafft zü hütten. Straßburg: Jakob Frölich 1554 (VD16 W 2382).
[94] Johann Rasser: Ein Schön Christlich new Spil von Kinderzucht mit figuren gezieret, und wie die Kinder die wol erzogen, zu grossen Ehren und Ehrlichen stande Kommen So dargegen andere die ubel erzogen, vilmalen verderben, und eines schandtlichen todts sterben: Zu Ensisheim in Ober Elsass, durch junge Knaben [...] auff den 9. und 10. tag Augstmonats, Anno 1573 gespilet. Straßburg: Thiebolt Berger 1574 (VD16 R 344). Vgl. Häne 1930, S. 25–27.
[95] Häne 1930, S. 28f.; vgl. Eberle 1929, S. 146.
[96] Häne 1930, S. 29.
[97] Vgl. Greco-Kaufmann 2020.

> Den Eltern[98] sich thet ghorsam machen,
> Sin lust vnd freüd was hie vff erden
> Das am ihm möchte erfüllet werden,
> Gottes will, vor allen dingen
> Vnd sine Eltern lieb möcht gwunnen,
> Das widerspil, so thun ich sagen
> Von mym Son [...] (31,17–26).

Mit der Aufforderung *Schauw* (31,17) richtet sich Ulis Mutter an den Zuschauer, der das doppelte Exempel (*widerspil*, 31,25) betrachten soll, wobei sie über Meinrads Verhalten *hier vff erden* (31,21) in der Vergangenheit spricht. Sie scheint wie der Zuschauer des Spiels auf die historisch verbürgte Vita Meinrads zurückzuschauen und nicht auf einen Knaben, der parallel zu Uli aufwüchse. Steht sie aber auf der Zeitebene der Zuschauer, kann die Formulierung, Uli sei *verhetzt zu allem Bösen* (31,27), eine doppelte Bedeutung haben; er ist vielleicht nicht nur das Opfer teuflischer Verführung, sondern auch der Verführung durch die neue Lehre, die nach Darstellung des Spiels mit einem Verfall der Tugend einhergeht.

Nach der Klage der Mutter und d. h. nachdem dem Publikum erklärt ist, was die Funktion dieser Figur ist, wird Uli als erfolgreicher Verführer vorgeführt: Es gelingt ihm, einen anderen Knaben zum Glücksspiel zu überreden und ihm durch Falschspiel Geld aus der Tasche zu ziehen. Als sich die Knaben im Streit trennen, tritt der Narr, der neben der Rolle in den Prologen durchgängig die Rolle der Kommentierung der Uli-Handlung besitzt,[99] auf. Er warnt Uli vor der Hölle und wendet sich zum Publikum mit der rhetorischen Frage: *Was wirdt erst vßß dem vogel werden* (35,28). Damit ist klargestellt, dass es sich nicht um ein einmaliges Interludium handelt, sondern dass die ‹Vita› Ulis parallel zu der Meinrad-Handlung weitergeführt werden soll.

Die Bedeutung Ulis als *widerspyl* des positiven Exempels (31,25 u. 63,27) hebt schließlich der Schildkappe im Vorwort zum zweiten Tag hervor;[100] in der Handlung wird die Gegenbildlichkeit jetzt deutlicher – in Szenen, die nicht an Wickram oder Rasser angelehnt sind: Während Meinrads Zelle, in der er später von Raubmördern getötet werden wird, erbaut wird (65,20a), bestiehlt in Akt II des zweiten Tags Uli zunächst ein Krämerehepaar, und als Ulis Frau ihn dafür in ähnlich deutlichen Worten wie am ersten Tag seine Mutter tadelt, steckt er zum Trotz die zur Errichtung eines Messestands bereits zusammengetragenen Warenkörbe der Krämer samt deren Kind und Hund in Brand – unmittelbar bevor die Teufel Meinrad in seiner neu erbauten Klause attackieren und dabei den gleichen schwarzen Qualm entfachen, der sicht- und riechbar eine Verbindungslinie zwischen den Opfern Ulis und Meinrad zieht. Der Narr kommentiert: *Gester* (69,8) habe Uli einen Knaben beim

---

[98] In der Handschrift korrigiert zu: *Dem vatter* (fol. 28ʳ).
[99] Vgl. Häne 1930, S. 27, der betont, dass diese Narrenrolle von Wickram übernommen ist.
[100] Vgl. ebd., S. 25.

Würfelspiel betrogen, *Stälen vnd mürden hat er ietz glehrt* (69,11). Die Zeitangaben beziehen sich offensichtlich auf die beiden Spieltage, denn auf der Handlungsebene ist zwischen der Schulzeit Ulis bis zu seinem Eheleben deutlich mehr Zeit verstrichen. Damit wird er als zeitlose Figur des Bösen im Menschen erkennbar und korrespondiert mit dem teuflischen Bösen.

Nach der Hinrichtung der Mörder Meinrads betrügt Uli einen arglosen Bauern, der vom Markt zurückkommt – man mag hier zunächst an die Messe denken, auf die sich das Krämerehepaar vorbereitet hatte – und entweicht mit dessen Pferd und Besitz in *das Wiertzhauß* (106,2a), d. h. jenes, in dem die Mörder Meinrads gefasst worden sind. Damit hat Uli den Sprung von der Gegenwart der Zuschauer über die Zeitlosigkeit bis in die Zeit kurz nach Meinrads Tod geschafft – und beweist damit, dass er ein zeitenübergreifendes Phänomen ist. Nachdem er im Wirtshaus beim Falschspiel ertappt worden ist, den Tadler getötet hat und geflohen ist,[101] wird er von einem *Waldtbruoder* (109,11a) – einem der späteren Einsiedler in Einsiedeln, einem der Konventualen Einsiedelns, oder der Figur aus Wickrams/Gengenbachs Spiel von den ‹Zehn Altern› – an seine Fehler erinnert und zur Buße ermahnt, zeigt sich starrsinnig und liefert damit den Teufeln einen Grund, ihn nach seinem alsbaldigen Tod buchstäblich zu zerlegen und in der Hölle zu quälen. Der Tanz der Teufel um den Leichnam (*Wir wend biß dar den reyen springen*, 116,2) und die grausige Zerteilung des Leichnams Ulis (116,8f.) durch die Teufel,[102] um ihn anschließend zu *süden, rösten vnnd brathen* (117,5), setzt klar auf eine Didaktik der Abschreckung. Zugleich ist diese Szene aber auch als Querverweis auf zeithistorische Ereignisse zu verstehen.[103] Huldrych Zwingli wurde, nachdem er am 11. Oktober 1531 in der Schlacht bei Kappel gefallen war, am Tag darauf als Ketzer verurteilt, geviertelt und verbrannt.[104] Johannes Salat berichtet in seiner 1535 verfassten Chronik der Reformation[105] erstmals davon, dass Zwingli noch lebend aufgefunden und zur Beichte aufgefordert worden sei; als er diese ablehnte, habe man ihn getötet und erst anschließend festgestellt, dass dies Zwingli sei (fol. 435^v). Salat sieht es als besondere Gnade Gottes, dass Zwingli zwischen so vielen Ehrenleuten sterben durfte, *sust wár nit wunders gesyn / es werend me tüfel gesyn by sim end / dann kriegslüt jm felld warend* (fol. 436^r). Der Tote sei ausgestellt und geschmäht (fol. 436^r) und schließlich durch Viertailung und Verbrennung als Ketzer bestraft worden (fol. 438^r).

---

[101] Zu Ähnlichkeiten dieser Szene mit Wickrams ‹Knabenspiegel› siehe Hähne 1930, S. 27.
[102] Vgl. Dietl 2021c, S. 188f.
[103] Ich danke Heidy Greco-Kaufmann für diesen Hinweis.
[104] Sprüngli berichtet dies noch im gleichen Jahr. Bernhard Sprüngli: Beschreibung der Kappelerkriege. Auf Grund des 1532 verfaßten Originals hg. von Leo Weisz. Zürich 1932 (Quellen und Studien zur Geschichte der helvetischen Kirche 2), S. 31; zahlreiche weitere Chroniken und Lieder aus der Zeit thematisieren Zwinglis Tod, vgl. Heinrich Bullinger: Reformationsgeschichte, hg. von Johann J. Hottinger und Hans H. Vögeli. Frauenfeld 1838–1840, § 445, S. 167; Fuhrer 2019, S. 30–44; Greco-Kaufmann 2009, S. 309–311.
[105] Johannes Salat: Reformationschronik 1517–1534, hg. von Ruth Jörg. Bern 1986 (Quellen zur Schweizer Geschichte, N. F., I,VIII/1–3), Bd. II, S. 769–773. Vgl. Fuhrer 2019, S. 42.

Egal, ob im 9. Jahrhundert oder in der Gegenwart: Die ‹Ulriche›, alle Feinde Gottes, die Bekehrungsversuchen und Aufforderungen zur Beichte widerstreben, sind den Teufeln preisgegeben, wie Wytwyler auch im Vorwort seiner Meinradlegende schreibt.

Souveräne Ruhe des Heiligen in der Passio, tobende Agitation der Teufel

Das Böse, dem Meinrad begegnet, sind zum einen die Teufel, zum anderen (gleichsam als Konkretion das zeitübergreifenden menschlich Bösen) die Mörder des Heiligen. Während die Figur Ulis dazu dient, die Exemplarizität und Lehrhaftigkeit der Vita Meinrads zu betonen, dienen diese Gegnerfiguren dazu, die Heiligkeit Meinrads in der Passio zu unterstreichen.[106]

Teufelsszenen, wie sie bereits aus dem geistlichen Spiel des Spätmittelalters vertraut sind, durchziehen das ganze Stück. Ihre Häufigkeit ist gegenüber der narrativen Legende deutlich gesteigert. Neu ist zunächst die Teufelsszene im zweiten Akt des ersten Tags. Rafael Häne hat bemerkenswerte Parallelen bis hin zu wörtlichen Übernahmen zwischen dieser Szene und der Klage der Teufel nach ihrem Sturz in Jakob Rueffs ‹Adam und Eva› (1550) entdeckt.[107] Gegenstand der Wut der Teufel ist freilich ein anderer: Während sie im Schöpfungsspiel sehen müssen, wie das Menschengeschlecht den Platz der gestürzten Himmelsschar einnimmt, und erkennen, dass sie ewig verdammt sind, richtet sich ihr Zorn hier auf ein einziges Kind, das Teil des göttlichen Heilsplans ist. Damit ist die Ausgangssituation der Teufel hier deutlich ähnlicher den Teufelsszenen in Weihnachtsspielen. Luzifer klagt bei seinem ersten Auftritt:[108]

> Gott hat ihm vsserkhoren
> Ein Kind, von einem Graffen erboren,
> Das solt mit Gott ehwig leben
> Dem sönd ihr alzyt widerstreben,
> Vnnd ihm sin fürsatz znüten machen
> Mit bschiß vnd trug in allen sachen (25,22–27).

---

[106] Eberle 1929, S. 146, hält die Teufel für Reste der «alte[n] germanische[n] Spielüberlieferungen»; Häne 1930, S. 39, meint, die Teufel dienten allein der Abwechslung und bedienten den Zeitgeschmack. Gold 2022 sieht dagegen die Teufel als Mittel zur Inszenierung der Heiligkeit Meinrads.

[107] Häne 1930, S. 40–44.

[108] Besonders eindrucksvoll ist die Teufelsszene im ‹Hessischen Weihnachtsspiel›, ediert in: Das Drama des Mittelalters, hg. von Richard Froning, Teil III. Stuttgart 1964, S. 902–939. Hier klagt Luzifer bei seinem ersten Auftritt: *Nu swiget unnd lost uch sagen | (das kan ich nicht verbergin): | eyn kint hie geboren ist, | (mich dincket, es heiß Crist, | des obersten gotes sone!) | das wirt uns grossen schaden thun! | ich forthe, es werde sich rechen | vnd werde uns die helle zubrechen | und werde unß die sele nemen: | das mußen wir unß ummer schemen!* (V. 724–733).

Der von Gott Auserwählte, der in den Kreis der Heiligen aufgenommen und dort ewig bei und mit Gott leben wird, stellt für Luzifer ein ähnliches Ärgernis dar wie der Messias selbst, denn er vermittelt Heil und bekehrt die Menschen von der Sünde zum gottgefälligen Leben. Gegen den göttlichen Heilsplan, mittels Meinrad die Gläubigen – wie etwa die Gemeinde der in Meinrads Namen versammelten Zuschauer – zum Heil zu führen, aktiviert er die Hölle und ist dabei innerlich völlig aufgewühlt: *Darumb min hertz jetzund für war | Tobt, vnd ist vnsinnig gantz vnnd gar* (25,14f.). Satan sagt sofort zu, Gottes Pläne zu untergraben, indem er die Menschen das Böse lehre, so dass niemand *Vor Gott grecht, fromb, vnd ohne sünd* (26,16) sei und alle beim Jüngsten Gericht den Teufeln anheimfallen. Er *stost an die Höllen* (26,21a), um die anderen herauszutrommeln, und schnell füllt sich die Bühne mit insgesamt sieben Teufeln, die unter Einsatz der sieben Todsünden zum Plan der Verhinderung des Heils beitragen wollen und schließlich lärmend wieder abziehen. Beeltzibockh fordert sie auf: *louffend mit mir in minem namen, | Vnd brüelend dartzuo wie die leüwen* (28,16f.).

Lärm, Aufgeregtheit, rasende Bewegungen, bald auch Schwefelqualm und Gestank werden zu einem Erkennungsmotiv des Bösen. Auch die zweite Teufelsszene ist neu gegenüber der Legende: Während diese die Begegnung Meinrads mit der frommen Witwe, die dem Einsiedler Hilfe zusagt, sehr kurz abhandelt (D^r), baut das Drama die Szene um die Witwe als Helferfigur breit aus. In Akt VI des ersten Tags kehren Meinrad, der bereits insgeheim beschlossen und Gott zugesagt hat, dass er als Einsiedler leben möchte, und seine Begleiter bei der frommen Witwe ein. Diese spürt seinen Entschluss zu einem *geistlich*[] *leben* (45,24), lockt das Geständnis seines Beschlusses aus ihm heraus – und zieht damit geradezu die Teufel an. Als die Witwe und ihre Gäste das Tischgebet sprechen und Brot und Wein teilen, *Lauffend vier Tüffel vß der Hell mit eynem Hoggen, wend das Huß vmbzerren* (47,1a). Während sie das Haus umzustürzen versuchen, formuliert Tentator seine Hassrede gegen die *schwartze Gluggerin* (47,3), die da etwas ausbrüten könnte und deren Nest daher zerstört werden solle (47,5), sowie gegen den *Münch als guotten* (47,5). Dieser solle mit ihm fechten müssen. Deshalb fordert er Satan auf, einen Furz ins Haus zu lassen, um es mit Höllengestank zu füllen (47,12f.). Satan tut es, Berith entflammt den Furz, um den Gestank zu verstärken (47,19f.), und nach verrichteten Dingen beginnen die Teufel zu tanzen (47,21a). Gestank, Qualm, Lärm und Tanz der Teufel stehen in einem scharfen Kontrast zu dem fast unbewegten Bild der heiligen Figuren im Haus. Dabei bleiben die Aktionen der Teufel nicht unentdeckt; Meinrad erhebt sich ruhig und bemerkt: *Pfuch, pfuch der Tüffel sin Dück nit lath* (48,5), empfiehlt aber allen, nicht darauf zu reagieren: *Doch niemand sich soll kheren dran* (48,9). Mit diesem Ausdruck souveräner Ruhe interpretiert er jeden Aktivismus der Teufel als Ausdruck ihrer unheiligen Verzweiflung.[109]

---

[109] Gold 2022, S. 147 spricht von Meinrad als dem «Teufelsbezwinger [...], dessen Strategie in Nichtbeachtung liegt».

Kaum hat sich Meinrad in Akt VII eine Zelle auf dem Etzel errichtet und beginnt dort zu beten – auch das eine Hinzufügung gegenüber der Legende –, zieht er durch das Gebet erneut die Teufel an: *so Kommend 3. Tüfel, lauffend vmb die Zell, ihne zu uersuchen: schryende, als ob sy einen hetten gmürt, werffend denselbigen für die Zell* (52,0a). Tentator, der den Sterbenden simuliert, ruft Meinrad lauthals um Hilfe an, doch als dieser das Kreuz schlägt, *flüchend die Tüfel hindan* (52,10a). Diese rätselhafte Szene vermag auf Meinrads Ermordung vorauszuweisen, sie karikiert aber v. a. die Besuche der Pilger, die in der folgenden Szene zu Meinrad kommen und um Meinrads Segen und Unterweisung bitten. Die ruhigen Bewegungen, demütigen Gesten und stillen Gebete (53,17a) der Pilger stehen in einem harten Kontrast zum Laufen und Schreien der Teufel, die dem Kreuzeszeichen nicht standhalten können.

Das Bild wiederholt und verschärft sich in den nächsten Teufelsszenen, die sämtlich im Finsteren Wald stattfinden und auf einer Erwähnung vermehrter Teufelsangriffe auf Meinrad in der Legende beruhen (E^{r–v}): Im dritten Akt des zweiten Tages, unmittelbar nach Ulis Tötung des Krämerkinds, äußert Satan seinen unbändigen Zorn (69,16f.) gegenüber dem frommen Mönch, dessen Seele sie zwar nicht haben könnten, dessen Körper sie aber quälen wollen. Sie planen, zu Meinrads Ermordung zwei *luren* anzustiften (70,2).[110] In Freude über ihren Plan fordert Satan die Teufel auf:

> Sind frölich vnd thund mit mir singen,
> Schryen, blären ein ieder thuo
> Ich fach es an glich wie ein Kuo (70,13–15).

Sie tanzen einen Reigen, schleichen dann um die Zelle (70,15a), um dann rasch wieder in die Hölle zu laufen (70,17; 71,5 u. 8a), sich selbst einzuschwärzen und schwarzen Rauch zu entfachen (70,22). Als kurz darauf Meinrad im Gebet allein um die Schonung der Seele bittet, körperliche Leiden bis hin zum Tod erdulde er für Gott bereitwillig (73,31–35), lockt er mit diesen Worten erneut die Teufel an. *Beerith zündt schwäbel vnnd Bulffer an, schryend all durch einander, werffend S: Meinraden hoch über sich, land ihnn wider nider fallen* (74,8a) – bis ein Engel sie vertreibt, worauf hin sie *all mit wildem geschrey flüchen* (75,4a). Wo der Holzschnitt der Wytwyler'schen Legende (E^v) und das Blockbuch (23) die Teufel mit Knüppeln zeigen, werfen sie ihn bei Büchser hoch in die Luft.[111] Meinrad wird damit dem von ihm selbst genannten Vorbild des Wüstenvaters Anthonius angenähert, dessen Peinigung durch die Teufel in der Frühen Neuzeit sowohl durch die ‹Legenda Aurea›[112]

---

[110] Häne 1930, S. 39 übersieht diesen Plan der Teufel und meint, der Mord sei nicht auf teuflische Einflüsterung zurückzuführen.
[111] Zur Arbeit mit Puppen im Spiel vgl. Dietl 2021c, S. 182–189.
[112] Vgl. Jacobus de Voragine: Legenda aurea. Goldene Legende, hg. und übers. von Bruno W. Häuptli, 2 Bde. Freiburg u. a. 2014 (Fontes Christiani, Sonderband), Nr. 21, Bd. I, S. 366–377, hier 366–369.

als auch durch bildliche Darstellungen präsent ist.[113] Das laute Toben der Teufel weicht schlagartig einer Ruhe, als *ein schöner glantz* (74,8a) die Ankunft des Engels ankündigt, der Meinrad tröstet und ihm, da ihn Gott *ritterlich* (74,22) gesehen habe, zusagt, dass die Teufel ihn nicht mehr quälen werden und dass die Märtyrerkrone ihm schon bereitet sei: *Biß vest vnnd stätt an Gott allzyt | Ein Cron die drumb gemachet lyt* (75,17f.). Der christliche Ritter zeichnet sich durch Beständigkeit aus, gerade nicht durch Aktivität, wie sie die Teufel an den Tag legen.

Dass die Teufel nun an den Heiligen nicht mehr herankommen, wird sehr deutlich, als sie bei seinem Tod noch einmal lachend auf die Bühne kommen, aber sich ihre ganze Aufmerksamkeit jetzt auf die Mörder richtet, deren Seelen sie sich sichern möchten (82,15a–83,26a). Nicht die Mörder aber, bei deren Hinrichtung schwarzer Qualm an die Hölle gemahnt,[114] sondern Uli bildet im Ende Meinrads Kontrastfigur, der nach Aussage Plutos *Den München [...] ouch bezalen sol, | Den wir nit khondtent überwinden* (117,8f.). Die Unnahbarkeit und Unversehrbarkeit des heiligen Körpers steht der Verfügbarkeit des unheiligen Körpers Ulis gegenüber, den die Teufel am Ende mit Pech und Harz (114, 27) übergießen, bis Schwefeldämpfe aufsteigen (114,18), zerlegen (115,19–116,10) und *mit grossem geschrey* (117,18a) in die Hölle führen. Das Drohszenario aus Lärm, Qualm und Agitation, das Meinrads heilige Standhaftigkeit und Ruhe selbst bei tätlichem Angriff nicht verrücken kann, wird in der Uli-Handlung eindrucksvoll in Aktion umgesetzt. So wird nachträglich noch einmal die Widerstandskraft des Heiligen illustriert.

Gottergebene Gewissheit des Heiligen, Unverständnis der Mörder

Die Heiligkeit Meinrads beruht nicht nur auf seiner «ritterlichen» Standhaftigkeit im passiven Kampf gegen das Böse, sondern auch auf der Glaubensgewissheit und Gottergebenheit, die sein Handeln bestimmen. Dies zeigt sich besonders deutlich in der Passio des zweiten Tags. Bei der Bauabnahme der Einsiedelei im Finsteren Wald erklärt Meinrad gegenüber der Äbtissin aus Zürich (der zweiten, ebenfalls schwarz gekleideten Helferfigur neben der Witwe): *Gott hat mich brüefft zu einem gast, | Zuo sinem heilgen Abendtmal* (71,24f.). Er will sich wie Petrus (73,11) und Paulus (73,21), die ohne Gott nichts vermochten, aber mit seiner Hilfe *frölich in die marter noth* (73,20) gingen, gänzlich Gott hingeben, um das ewige Leben und ewigen Trost an Gottes Thron (71,29) zu erwerben. Das Thema des Martyriums steht damit bereits zu der Zeit im Raum, als die Teufel gerade den Plan schmieden, Meinrad durch Räuber töten zu lassen, diese selbst aber den Beschluss zum Raubüberfall noch nicht gefasst haben. Nach dem handgreiflichen Angriff der Teufel

---

[113] Hieronymus Bosch, ‹Die Versuchung des Heiligen Antonius› (um 1500), Museu Nacional de Arte Antiga, Lissabon, Inv. 1498; Martin Schongauer, ‹Die Peinigung des Hl. Antonius›, Kupferstich (um 1470–1475), Colmar, Musée Unter Linden.
[114] Zum Symbolwert des Qualms vgl. Dietl 2012c, S. 184.

und der Verkündung der Märtyrerkrone durch den Engel (75,18) besteht für Meinrad kein Zweifel mehr am Ausgang seines Rückzugs in den Finsteren Wald. Kaum sind Richard und Peter übereingekommen, dass sie ihn überfallen wollen, kommt zunächst ein wundersamer frommer Knabe zu Meinrad, um bei ihm zu beichten und um Meinrad darin zu versichern, dass Gott ihn zu den Heiligen zähle (76,12) – in Wytwylers Legende ist dieser Knabe relativ klar als Christuserscheinung zu erkennen (Eij^r).[115] Während Meinrad betet – in der Legende ist es während der Messe (Diij^r) – kommt daraufhin der Engel zu ihm, präsentiert das Kreuz (79,1a) und bereitet Meinrad auf das nahe Martyrium vor:

> Du sott Gott willig ghorsam sin,
> Vff disen tag durch ihnn zu lyden
> Den thodt, vnd denn als zytlichs myden,
> Vnd ietz empfahn die Marter Cron (79,3–6).

Jetzt gelte es, standhaft zu sein und sich ritterlich zu beweisen, um die Aufnahme in den Himmel zu erwerben:

> Gott wil hie wartten dinem end
> Das er dich führe an das end,
> Wies dir vor lang verheissen ist
> So du ein stätter Ritter blibst (79,18–21).

Die Geste des Engels mit dem Kreuz[116] erinnert an bildliche Darstellungen der Ölbergszene (Lk 22,40–43). Dementsprechend reagiert auch Meinrad, indem er die Worte Christi in Gethsemane (Mt 26,39–44; Mk 14,35–39) nachempfindet:

> O Gott biß by mir in der zyt
> Min geist vnd fleisch hat grossen stryt,
> Doch wil ichs alles v̈berwinden
> Wann ich bystand by dir mag finden,
> Dir wil ichs v̈bergeben z'mol
> Din göttlicher wyll geschehen sol (79,22–27).

Mit dem Abschluss dieser Worte legt er sich wie Christus während des Ölberggebets in den Evangelien (Mt 26,39; Mk 14,35) oder auch im ‹Luzerner Osterspiel› (V. 7298a) kreuzweise auf den Boden (79,27a), bevor die Mörder die Szene betreten. In vollem Wissen, dass sie ihn ermorden werden, begrüßt er sie freundlich:

> Gott willkhumm sind ihr lieben fründ
> Mit mir diß essen vnd trinckhen sönd.
> Demnach sond ihr auch richten vß
> Waß Gott verhengt, vor minem huß,

---

[115] Vgl. Häne 1930, S. 18f.
[116] Vgl. Dietl 2021c, S. 192–195.

> Willig ich mich ergeben wil
> Thund mit mir, wohin Gott das Zil
> Erstreckt, vnnd v̈ch ist glegen
> In v̈wern henden, staht ietz min leben (80,1–8).

Er reicht ihnen Brot und Wein und zitiert damit die Abendmahlszene samt der Aufforderung an Judas, das alsbald zu verrichten, was er vorhabe (Joh 13,27), da es Gottes Heilsplan entspreche. Die Verwendung eines Kelchs bei diesem letzten Mahl mit den Mördern ist im Spiel nicht ausdrücklich erwähnt; die Holzschnitte der Wytwyler'schen Legende (Diij^v, iiij^r, iiij^v) und des Blockbuchs (25, 26, 27) legen dies allerdings nahe. In der Gewissheit, durch diesen unschuldig erlittenen Tod die Märtyrerkrone zu erlangen, nimmt Meinrad in seinen letzten Momenten eine bemerkenswerte Christusförmigkeit an.[117] Von den Mördern befragt, woher er sein Vorherwissen nehme, erklärt er: *Gott macht mich dessen selber Khundt | Das ich müeß sterben diser stund* (80,13f.).

Das auf Gott gegründete Vorherwissen prallt hier auf ein völliges Unverständnis der Räuber, deren Plan, ihn zum Herausgeben seiner Schätze zu zwingen, an der Vorhersage des Todes Meinrads, mit dem sie ihn erst bedrohen wollten, scheitern muss. Im Moment der Tötung und danach bei der Durchsuchung der Zelle müssen sie erkennen, dass ihre Annahme, der Überfall lohne sich, auf einer völligen Fehleinschätzung beruhte. So hat Richard vorab das Leben des Einsiedlers kritisch gesehen:

> Gwüß wirts ein bschiß vnd trug bedüthen,
> Das ich vermein g'schäch nuhr darumb
> Das er vil gelt vnd gut bekhumm,
> Von Bilgerslüth vff diser fart
> Waß sy an ihrem halß erspart,
> Das bringendts ihm an dises Orth (77,34–78,5).

Richard artikuliert hier die Kritik am Pilgerwesen, die vorreformatorisch zum Teil schon vorhanden war, mit der Reformation aber laut wurde. Damit ist Meinrad kein Opfer eines zufälligen Raubüberfalls, sondern ein Opfer des reformierten Unverständnisses für katholische Frömmigkeit. Die Erkenntnis ihrer Unterlegenheit gegenüber der von Gott vermittelten Weisheit Meinrads schlägt bei Peter und Richard in emotional ausgeführte Gewalt um. Sie eskaliert endgültig, als Meinrad darum bittet, dass sie ihm eine Kerze anzünden sollten, *Das ich verscheid, wie ouch ein Christ* (81,8). Dieser provokante Hinweis auf die katholische *Ars moriendi* lässt Richard ihm den Schädel zertrümmern, *das ihm das hirn vßlaufft* (81,9a).

Die späte Erkenntnis, bei ihrer Negativeinschätzung katholischer Frömmigkeitspraxis falsch gelegen zu sein, setzt rasch ein, als die beiden Mörder nicht nur feststellen, dass in der Zelle keine Schätze vorhanden sind, sondern sie v.a. auch

---

[117] Vgl. Gold 2022, S. 139f.

Zeugen eines Wunders werden: Die Kerze in der Kapelle zündet sich von selbst an (81,19a). Zudem verströmt der Geruch der Heiligkeit (81,28) und die Raben Meinrads greifen sie an (82,12). Von diesen offensichtlichen Zeichen überzeugt, bezeichnen nun auch die Mörder Meinrad als *helgen gottes man* (81,21) und erkennen, dass sie die Sünde Kains wiederholt haben; das Blut des Erschlagenen werde im Himmel Klage gegen sie führen (81,22, Gen 4,10). Die *Conscientz*, v. a. im protestantischen Drama der Zeit eine deutlich negative, da zur Verzweiflung verführende Gestalt, beginnt an ihnen zu nagen (82,7)[118] und verursacht, zusammen mit den Raben Meinrads, einen Fluchtdrang. In der Tat fehlt den Mördern, wie ihrem Vorbild Judas, der Glaube an die Gnade Gottes. Ein Priester mahnt später die Verhafteten mehrfach zu Reue und Buße (95,25); sie sollten Gott anrufen und *wie Christenlüth* sterben (98,15). Sie aber sehen nur auf den körperlichen Tod und meinen, nachdem ihre Bitte um Begnadigung durchs Gericht, da sie doch ohne Folter geständig gewesen seien (89,21), verhallt ist, sei es zu spät für eine Umkehr (96,6). Sie sehen nicht, dass ihr Seelenheil auf dem Spiel steht, und der Henkersknecht konstatiert: *Sy sind verstockt* (98,16). Dieser insbesondere in Ketzerprozessen zentrale Begriff fällt unmittelbar vor ihrer Hinrichtung durch Schleifen, Rädern und Verbrennen, die auf der Bühne vorgeführt wird und nicht nur eine Ketzerverbrennung zitiert, sondern auch den schwarzen Qualm der Hölle wiederaufgreift.

Präsenz des Heiligen nach dem Tode: Meinrads Raben

Zu den Wundern, die sich unmittelbar nach dem Tode Meinrads ereignen, gehört auch die bereits erwähnte Verfolgung der Mörder durch Meinrads Raben. Peter stellt sie als Bedrängnis in eine Reihe mit dem plötzlich auftretenden nagenden Gewissen:

> Die Conscientz thut mich sehr nagen,
> Mich dunckt es sig vmb vns ein treng
> Mir ist für war die welt schier z' eng,
> Flux vff ich blib nit lenger do
> Khomm gschwind, vnd louff mit macht daruon,
> Die Rappen ihnn ouch rechen wend
> Das Dich D'frantzosen in Vogel schend (82,7–13).

Als lästige Verfolger verflucht Peter die Raben. In der narrativen Legende verlassen die Raben Peter und Richard nicht mehr, bis die Mörder hingerichtet sind (Fiij'). In den Holzschnitten von Wytwylers Legende oder auch im Blockbuch ist das so umgesetzt. Im Spieltext beobachtet zwar der Zimmermann, der die Fliehenden im Wald sieht, dass *d'rappen es ouch rëchen wend* (84,9), dann aber werden die Raben

---

[118] Vgl. Spanily 2010, S. 227–290.

nicht mehr erwähnt, vielleicht aus inszenatorischen Gründen.[119] Allerdings fällt auf, dass die beiden Verbrecher wiederholt als *vögel* bezeichnet werden (u. a. 92,12). Nachdem die *vögel* gesungen haben (90,27), wird das Geständnis öffentlich vorgetragen, das mit dem Nachsatz endet:

> Noch einß hand sy verjechen auch,
> Die Rappen heigind ihren herren grochen
> Vß den Lüfften har vff sy gestochen,
> Das alles hie zum zeichen staht
> Ihr grosse sünd vnnd myssethat (93,23–27).

Die Präsenz der sich rächenden Vögel, ob sichtbar oder nur verbal erinnert, ist damit als Zeichen der Sünde zu verstehen, welche die beiden (wie das Gewissen) verfolgt und die sie nicht ablegen können, da sie sich auch weigern, Buße zu tun.

Dass es sich bei den Raben allerdings nicht nur um treue Haustiere handelt, sondern dass sie ihrerseits Bedeutung tragen, wird nicht zuletzt aus ihrer Vorgeschichte offenkundig. Bei Meinrads Umzug von der Einsiedelei auf dem Etzel in den Finstern Wald sieht der Bruder, der ihn begleitet, wie in älteren Fassungen der Legende (bei Wytwyler ist die Szene gestrichen) ein Nest mit zwei jungen Raben.[120] In der ältesten Handschrift der erweiterten deutschen Meinradlegende[121] heißt es an dieser Stelle:

> [...] vnd do der brůder hinder sich lůgte do gesach er ain rappen nest vf ainem bom ligend vnd in dem nest zwey jung rappen do liez der brůder S. Mainrat für sich gän vnd er nam die jungen rappen in sinen mantel vnd gieng S. Mainrat nach vnd kertent in den vinster walt (fol. 225ʳ).

Das ‹Meinradspiel› baut diese rätselhafte Szene zu einem kurzen Dialog zwischen Meinrad und dem nur hier so genannten *Rappenbruoder* (64,4a) aus:

> *Geht mit dem Bruder hin, findend vnderwegen ein Rappennest, sind jung Rappen drin, spricht der* BRUDER.
>
> Schauwend lieber Herr, vnnd bruder min
> Was mag das für ein nest hie sin,
> Ich mein es sigend junge Rappen
> Wenn ihr die wend, nymm ichs in d Kappen
> Vnnd tragen sy mit vns dahin
> Sy möchtend ÿwer Kurtzwil sin.

---

[119] Vgl. Dietl 2021c, S. 189–192.
[120] Etter 1984, S. 19.
[121] Basel, UB, G² II 58, dat. 1382.

S: MEINRADT.
Brings har, sy gfallen mir gar wol
Min zyt mitt ihnn vertriben soll.

BRUDER.
Wol gut, so wend wir wytter dran
Vnd sorg zu disen Rappen han (65,10a–20).

Die Szene ist nach wie vor rätselhaft; deutlicher aber als in der narrativen Legende wird hier, dass es keineswegs nebensächlich ist, dass es sich bei den jungen Vögeln um Raben handelt, die dem Benediktinermönch in der Einsamkeit Gesellschaft leisten sollen. Auch der Ordensgründer Benedikt hatte, wie Gregor der Große in der ‹Vita Benedicti›, II, VIII,3 erzählt, einen Raben als Begleiter in der Einsamkeit, den der Heilige fütterte.[122] Als Florentinus versuchte, Benedikt mit vergiftetem Brot zu töten, erkannte Benedikt dies und bat seinen Raben, das giftige Brot aus der Reichweite von Menschen zu bringen, was dieser entgegen seinem natürlichen Widerstreben tut. Die Gehorsamkeit des Raben gegenüber Benedikt vergleicht Gregor mit der jener Raben, die Jahwe in 1 Könige 17,4–6 sendet, um Elija in der Wildnis zu ernähren: *in corvi oboedientia Heliam* [...] *video* (II, VIII,8). Die Parallele beweise, dass Benedikt zu den großen Propheten zu rechnen sei.[123] Benedikts Rabe aber zeigt nicht nur Gehorsam und Wertschätzung gegenüber dem Propheten, sondern er ist auch bereit, gemeinsam mit dem Heiligen das Böse zu bekämpfen. In diesem Sinne ist er als Vogel Benedikts Sinnbild einer Stärke, die dem heiligen Einsiedler zukommt.

Die Raben in ihrem schwarzen Federkleid, welche der Rabenbruder in seinen schwarzen Mantel hüllt, um sie in die Einsiedelei mitzuführen, spiegeln zugleich das schwarze Habit der Benediktiner, Ausdruck der Demut. Wie Meinrad in jungem Alter aus der Heimat ins Benediktinerkloster geführt wurde, werden sie als Küken in die Einsamkeit des Finsteren Walds geführt, um dort dem Eremiten die monastische Gemeinschaft zu ersetzen, auf die er im Dienste Gottes verzichtet. Die Vögel sind damit nicht nur Ausdruck des Benediktinischen und des Heiligen, sondern sie sind auch ein Abbild Meinrads und seines Beschlusses, den doppelten Rückzug zu Gott zu vollziehen, den ihm die «schwarze Glucke» (47,3) geholfen hat ‹auszubrüten›, und worin ihn die schwarz gewandete Äbtissin aus Zürich unterstützt hat. Wenn die schwarzen Vögel nach Meinrads Tod seine Mörder verfolgen, fällt sein Schatten permanent auf Peter und Richard, bis diese hingerichtet sind. Mein-

---

[122] Gregor der Große: Vita Benedicti. Das Leben und die Wunder des verehrungswürdigen Abtes Benedikt, hg. von Adalbert de Vogüé, übers. v. Gisela Vollmann-Profe. Stuttgart 2015, S. 48.
[123] Vgl. dazu Puzicha 2012, S. 199, wonach der Rabe auch an den ungehorsamen Raben Noahs in Gen 8,7f. erinnern und die Besonderheit des Gehorsams von Benedikts Raben verdeutlichen könnte.

rads Wirken und Präsenz in der Welt auch nach seinem Tod – welches das katholische Heiligenverständnis klar von einem lutherischen unterscheidet und in reformierten Augen eine reine Provokation darstellt – findet damit letztlich in ihnen einen sichtbaren Ausdruck. In dieser Bedeutung waren die Raben während der Aufführung nicht nur als Requisiten präsent, sondern auch als Wappentiere Einsiedelns, die zumindest auf dem Gewand des Herolds sichtbar waren, der, wie Abt Adam in seinem Tagebuch berichtet, *unser wappen trůg* (S. 120).[124]

Der Heilige an seinem Ort: Bühnenort, Bühnenform, Darsteller

Die Aufführung am Magdalenentag (d. h. am 22. und 23. Juli) 1576 fand laut Notiz Abt Adams im Herrengarten des Klosters statt.[125] Dass sie nicht am Meinradstag (21. Januar) und auch nicht vor der nach dem Brand von 1465 in die Klosterkirche integrierten Gnadenkapelle[126] oder der freistehenden Meinradkapelle auf dem Etzel stattfand, dürfte zunächst pragmatische Gründe gehabt haben. Ort und Zeit der Aufführung haben aber auch Signalfunktion. Der Herrengarten steht für eine Verhandlung von ureigenen Gegenständen des Klosters und für die Unterstützung der Aufführung durch die Klosterleitung. Im Herrengarten hatte Abt Joachim die Magdalenenkapelle neu errichten lassen.[127] Bei einer Aufführung am Gedenktag eben dieser vorbildlichen Büßerheiligen und Einsiedlerin[128] vermag die sichtbare Präsenz der geweihten Kapelle an ein Leben in Buße und Betrachtung Gottes zu mahnen. Dies entspricht der Notiz Abt Adams, wonach die Aufführung des ‹Meinradspiels› insbesondere auf moralische Besserung zielte, *das sich menklicher synes stands noch wol zů versehen hat vnd hie by sin leben wol kont anrichten zů beßeren* (S. 109–110).[129] Abt Adam notiert in den ‹Acta› auch, wer an der Aufführung, die rund 100 Darsteller erfordert, mitgewirkt hat:

> Von vnserm Conventh warend, her dechen, der war der Abbt vß der Richenaůw welcher den Jungen sant meinratth in das Closter annam got zů dienen, diser Jůng war Johanes schindeli von büren, kam aůch in das gotzhůß. Der schilt knab, so unser wappen trůg war Johannes Súter von Lúzern ward nachgentz des Convents, ward geheyssen Adelrich. Súpprior [Pater Georg Steub] war sant meynrats fründ eyner der In gern sach in das kloster gan, Her Meinrath vogler priester war die greffin sant meynraths můter, Vnser stathalter zů pfeffikon her Hans Heyder war der elter sant meynrat welcher vm all sachen red vnd anthwůrt gab (S. 110).

---

[124] Acta Abbatis Adami; auch in: Büchser, ed. 1863, S. 122.
[125] Siehe oben, S. 165.
[126] Holzherr 2006, S. 29; Sennhauser 1993, S. 94.
[127] Ebd., S. 35.
[128] Vgl. Jacobus de Voragine, ed. 2014, Nr. 96, Bd. II, S. 1234–1259; zu ihrem dreißigjährigen Rückzug in *asperrimam eremum* ebd. S. 1246.
[129] Acta Abbatis Adami; auch in: Büchser, ed. 1863, S. 122.

Die zentralen Rollen wurden offensichtlich sehr sorgfältig an Persönlichkeiten, die in besonderem Maße dem Kloster verbunden waren oder näher an das Kloster gebunden werden sollten, vergeben. Adam stellt das Spiel im Fall von Schindeli und Suter geradezu als Eintrittstor in die klösterliche Gemeinschaft dar, zumal es vermittelt, wie der Vorvater des Klosters schrittweise zunächst in das klösterliche, dann das Einsiedlerleben und schließlich in die Heiligkeit hineinfindet. Das, was die Rolle des erwachsenen Meinrads laut Abt Adam ausmacht, die Ratgeber- und Lehrerrolle, ist im Text sehr reduziert; die Gewichtung mag freilich an Adams Wahrnehmung liegen. Erstaunlich ist aber die Nennung eines Freundes Meinrads, der sich über seinen Klostereintritt freute. Im Text sind keine Freunde Meinrads vor seinem Eintritt ins Kloster genannt. Entweder ist hier der Prior oder einer der Mönche der Reichenau gemeint, die Meinrad freudig aufnehmen, oder der zweite Ratgeber des Grafen, der Meinrad mit dem Propheten Daniel und dem Hl. Nikolaus vergleicht und zu einer klösterlichen Erziehung rät (12,5–13,11), oder der überlieferte Text weicht vom aufgeführten ab.

Für die Aufführung wurde zweifelsohne eine Simultanbühne verwendet, ähnlich den Aufführungen geistlicher Spiele auf dem Luzerner Weinmarkt.[130] Auf eine solche Bühnenform weist bereits die Regieanweisung zu Beginn des ersten Akts des ersten Tags hin: *Ietzt trit der Herr Graff: S. Meinradts Vatter vß siner Scena in publicum cum devota gravitate* (6,14a): Die dem Grafen zugehörige *Scena* ist offensichtlich der Bühnenstand, welcher das Haus des Grafen darstellt. Er verfügte über einen Vorhang, durch den man auf- und abtreten konnte, wie aus einer gestrichenen Regieanweisung auf fol. 14ʳ hervorgeht: *Drängt jetzt der knab wider hinder die teppig, Als ob er abgetreten*. Der Wechsel zur nächsten Szene (Reichenau) erfolgt zu Pferde; während des Ritts findet ein Dialog statt und eingeschoben ist auch ein Monolog der Gräfin am Bühnenstand des Grafenhauses. Dies widerspricht, wie Häne nachvollziehbar argumentiert,[131] einer Verwandlungsbühne. Häne zählt für den ersten Tag acht Bühnenstände (Meinrads Elternhaus, Kloster Reichenau, Kloster Oberbollingen, Meinrads Zelle auf dem Etzel, Finsterer Wald mit der Sihl, Uli Bösbubs Elternhaus, Haus der Witwe in Altendorff, Hölle), am zweiten zehn (Meinrads Zelle auf dem Etzel, Meinrads Zelle im Finsteren Wald, Stand der Mörder im Wald, Haus des Zimmermanns in Wollerau, Wirtshaus in Zürich, Haus des Richters in Zürich, Henkerhütte in Zürich, Gefängnisturm in Zürich, Ulis Stand, Hölle).[132] Zu diesen könnten noch an beiden Tagen der Zürichsee und vielleicht das Zürcher Fraumünster (dessen Äbtissin an beiden Tagen auftritt) und am zweiten Tag die Richtstätte in Zürich und der Himmel, aus dem der Engel und eventuell auch der

---

[130] Eberle 1929, S. 146; Häne 1930, S. 51; Gold 2022, S. 153.
[131] Häne 1930, S. 51. Mit einer Drehbühne wäre dies noch machbar, wenn die Reiter auf der nicht gedrehten Vorderbühne bleiben, aber eine Drehbühne würde man eher bei einer Innenraumaufführung erwarten.
[132] Ebd., S. 52f.

wundersame Knabe auftritt, hinzugefügt werden. Als Ort des Prologs und Epilogs, vielleicht auch als Himmel oder als Fraumünster kommt die Magdalenenkapelle in Frage. Die hohe Zahl an Spielständen, von denen nur manche an beiden Tagen benötigt werden, liefert sicherlich auch einen Grund für die Aufteilung der Aufführung auf zwei Tage, da Bühnenstände verändert oder neu gebaut werden mussten.

Ein markanter Bühnenstand, der an beiden Tagen zum Einsatz kommt, ist die Hölle. Zu Beginn von Akt II des ersten Tags vermerkt die Regieanweisung: *Nach dem laufft Lutzifer der Tüffel uß der Hell* (24,15c); wenig später heißt es: *Sathan stost an die Höllen, so Kommend sy all her uß* (26,21a). Man kann nur vermuten, dass als Hölle, an die man pochen und aus der man herauskommen kann, ein Höllenschlund verwendet wurde,[133] wie er im geistlichen Spiel üblich war und auf den 1583 von Renward Cysat angefertigten Bühnenplänen für den ersten und den zweiten Tag des ‹Luzerner Osterspiels› eingezeichnet ist.[134] Neben dem Höllenschlund vermerkt Cysat auf dem Plan für den ersten Tag: *Lucifer vnd 6 Tüffel*, am zweiten Tag: *Lucifer vnd die 8 Tüffel*. Es mag ein Zufall sein, dass auch im ‹Einsiedler Meinradspiel› am ersten Tag zunächst Luzifer auftritt und dann sechs weitere Teufel. Am zweiten Tag treten im ‹Einsiedler Meinradspiel› neben Luzifer neun Teufel auf, wobei eine Korrektur in den Sprecherangaben auf fol. 72^v suggerieren könnte, dass *Mammon* und *Dämon* dieselbe Figur bezeichnet (82,15a); dann wären es auch hier acht Teufel. Sollten sich das Einsiedler und das Luzerner Spiel in der Zahl der Teufel gegenseitig beeinflusst haben, dann darf das Einsiedler Teufelsspiel samt Höllenschlund wohl als intertextueller Verweis auf das ‹Luzerner Osterspiel› verstanden werden. Damit wären die heilsgeschichtliche Bedeutung von Meinrads Kampf gegen die Teufel und die heilsvermittelnde Funktion des Heiligen besonders betont.

Musik, Gesang, Lärm: Strukturierende und charakterisierende Töne

«Der Anteil der Musik ist stark, man ließ sich sogar Spielleute aus Luzern kommen»,[135] erklärt Oskar Eberle. Er bezieht sich dabei auf einen von Baechtold referierten Brief des Vogts und Rats der Waldstadt Einsiedeln an Schultheiß und Rat der Stadt Luzern vom 15. Juli 1576, in welchem für ein zweitägiges Spiel am folgenden Sonntag Trompeter gesucht würden. Der Vogt bittet darum, den Bläser Alexius und seine Mitbläser nach Einsiedeln zu entsenden.[136] Häne geht ausführlicher auf die Musik im ‹Einsiedler Meinradspiel› ein und weist ihr drei Funktionen zu: (1) die Bezeichnung von Abschnitts- oder Aktgrenzen, i. d. R. zusammenfallend

---

[133] Häne 1930, S. 58f.; Gold 2022, S. 153.
[134] Luzerner Osterspiel, ed. 1967, S. 90f.
[135] Eberle 1929, S. 146.
[136] Baechtold 1892, Anmerkungen, S. 105. Das angeblich im Staatsarchiv Luzern aufbewahrte Dokument konnte ich nicht nachweisen. Vgl. Häne 1930, S. 73.

mit Ortswechseln, dabei verkünde Musik den Anfang der Handlung am neuen Bühnenstand;[137] (2) Sprechpausen auszufüllen; (3) «an gewissen Stellen eine zarte Stimmung hervorzurufen».[138] Er geht davon aus, dass häufiger Musik gespielt wurde als in den Regieanweisungen steht,[139] was durchaus plausibel ist. Verantwortlich macht er dafür eine Nachlässigkeit des Schreibers, vor allem im Text zum zweiten Tag, wo er nur noch zweimal Musik erwähnt und auch die Akte nicht mehr durch entsprechende Überschriften kennzeichnet, nur noch durch Zahlen am Rand.[140] Allerdings wäre dann ein späterer Benutzer der Handschrift ebenso nachlässig, weil er nur am ersten Tag noch weitere Hinweise zur Musik nachträgt. Mit der Möglichkeit einer unterschiedlichen musikalischen Gestaltung der beiden Tage ist durchaus auch zu rechnen.

Die Aktmarkierung durch Musik ist am ersten Spieltag offensichtlich; hinzu kommen von erster Hand[141] nur einzelne Markierungen besonders wichtiger, für den Handlungsverlauf entscheidender, Szenen durch Musik. Die Musikstücke sind zwar nicht notiert, aber die Wahl der Instrumente ist aufschlussreich: Trompeten oder ähnliche Blasinstrumente markieren wichtige Einschnitte der Vita Meinrads; beim ersten Auftritt des Protagonisten sind die *pfiffen* oder *trometen* mit Trommeln (*drummen*) kombiniert (vor Akt I: 6,9f.); Trommeln allein markieren den ersten Auftritt des Antagonisten Uli (28,18a). *Trummeten* sind zudem zwischen Akt III und IV, vor der Erscheinung des Boten aus Oberbollingen, zu hören (35,28a); sie erklingen vor Akt IX, in welchem Meinrad die Brüder, die bei ihm auf dem Etzel verweilen wollten, nach Hause schickt und seinen Entschluss zur Einsamkeit klar artikuliert (57,6a), und als Einleitung des Epilogs zum ersten Tag (59,16a). Gepaart mit Gesang erklingen die Blechbläser innerhalb von Akt V, fast als musikalische Korrektur der Aktgrenze, um nach einem Zeitsprung den entscheidenden Ausflug Meinrads von Oberbollingen über den See zum Etzel einzuleiten (39,18a). Ein Gesang ist in der Handschrift zunächst nur hier erwähnt. Vielleicht soll das Lied die ausgesparte Zeit Meinrads als Klosterlehrer ersetzen oder es will am Ende des Lehrerdaseins Meinrads den entscheidenden Umbruch zum Einsiedler markieren. Es könnte sowohl aus der Ordnung des Hochfests für den Heiligen Meinrad am 21. Januar übernommen sein als auch aus der Ordnung zum Fest der Heiligen Maria Magdalena. Es würde damit Meinrads Entschluss zum Einsiedlerleben mit Magdalenas Entschluss, sich in die Wüste zurückzuziehen, parallel setzen.[142]

---

[137] Häne 1930, S. 72.
[138] Ebd.
[139] Ebd., S. 72f.
[140] Ebd., S. 72.
[141] In der Edition werden Hinweise auf Musik von einer zweiten, späteren Hand (vgl. Häne 1930, S. 72) gleichbehandelt wie die der ersten Hand. Ich betrachte hier zunächst nur die Einträge der ersten Hand. Zu den Abweichungen gegenüber der Edition vgl. unten.
[142] Zu Meinradliedern des 12.–17. Jh. vgl. A. Benziger 1910, S. 35f. Zu denken wäre hier wohl an die Einsiedler deutsche Fassung des Hymnus ‹Dilecte Martyr›, in der Meinrad nach dem

Generell mit *Instrument* bezeichnet werden Musikeinlagen an Aktanfängen, die für keinen inhaltlichen Umbruch stehen, allenfalls für einen räumlichen wie die Ankunft in Oberbollingen zu Beginn von Akt V (38,20a) oder der Aufbruch zum Fischen in der Sihl zu Beginn von Akt VIII des ersten Tags (55,9a). Noch genereller *Musik* erwähnt der Schreiber der Handschrift dann, wenn Teufelsszenen oder Begegnungen mit Gott folgen: am ersten Tag zu Beginn des Teufelsspiels in Akt II (24,15a); zu Beginn von Akt VII (48,22a), unmittelbar vor Meinrads intensivem Gebet, in dem er sich gänzlich in Gottes Hand gibt; innerhalb desselben Akts vor dem ersten Anschlag der Teufel auf ihn in der Zelle auf dem Etzel (52,0a); innerhalb von Akt VIII als Einleitung von Meinrads Gebet, in welchem er die radikale Weltabkehr im Finsteren Wald gelobt (56,0a); am zweiten Tag als Einleitung des Uli-Spiels in Akt II, in welchem sich der Mörder Uli als Abbild der Teufel zeigt und in welchem die Verbrennung des unschuldigen Krämerkinds auf die Tötung Meinrads vorausweist (65,20a); schließlich zu Beginn von Akt V, in welchem der wundersame Knabe kurz vor Meinrads Tod den Heiligen aufsucht (75,22a). *Musik* scheint demnach etwas zu bezeichnen, was sich sowohl vom hymnischen Gesang als auch von der ‹normalen› Instrumentalmusik wie Pfeifen, Trompeten, Trommeln unterscheidet, da entweder ‹himmlische› oder ‹dämonische› Töne angeschlagen werden.

Diese zu Beginn von Akten oder Szenen erwähnte Musik dient nicht nur der Strukturierung des Dramas, sondern auch der Charakterisierung von Szenen und den in ihnen auftretenden Figuren. Auch jenseits der Struktureinheiten des Spiels ist mit einer charakterisierenden Verwendung von Ton zu rechnen. Dies betrifft insbesondere die Auftritte der Teufel: Laut jammert Luzifer zu Beginn seines ersten Auftritts: *O wee Jammer* (24,16), ebenso Satan: *O mordio, mordio jamer, angst vnd wee* (25,30). Am Ende seiner Klagerede stößt er laut an die Hölle (26, 21a), nur um den lauten Jammer der anderen Teufel zu provozieren. Laut und unharmonisch sind der Auftritt und der sicher von irgendeiner Art von Musik, Lärm oder Geschrei unterlegte Tanz der Teufel um das Haus der frommen Witwe zu denken (47,1b–25); *schryende* (52,0a) erscheinen die Teufel auch vor Meinrads Zelle auf dem Etzel. Laut klagt Satan *Wee über wee* (69,15) in Akt III des zweiten Tages, bevor er die Teufel auffordert, *Schryen, blären ein jeder thuo* (70,14) und die Teufel einen sicher nicht lautlosen gesprungenen Reigen tanzen (70,15a), der ihre Vorfreude auf das Vernichtungswerk zum Ausdruck bringt. Schreiend erscheinen die Teufel bald wieder, um Meinrad in der Luft herumzuwerfen (74,8a), und als der Engel des Herrn sie vertreibt, fliehen sie *mit wildem geschrey* (75,4a). Das Schreien, Jammern und das Tanzen bleiben bis zum Schluss, wenn in der Zerlegung Ulis die teuflische Zerstörungslust ihren freien Lauf nimmt, ein Charakteristikum der Hölle.

Vorbild des Hl. Georg besungen wird, oder ggf. an eine Vorform der ‹Kleinen Tagzeiten› auf Meinrad, die 1603 im Kloster aufgezeichnet wurden.

Auch die Uli-Handlung ist immer wieder durch Lautstärke und zornigen Ton markiert: Ulis Mutter herrscht ihn *mit zornigen wortten* (30,15a) an und als er trotzig reagiert, *Butz biß mich nit* (31,1), wirft sie einen Stecken nach ihm und flucht: *Y, fahr hin, das dich botz marti schend* (31,11). Auch im folgenden Würfelspiel fallen auf beiden Seiten in dichter Reihe Beschimpfungen und Flüche wie *Du Luhr, ich wuß dir über d hut* (34,23) oder *Mürd dich der Tüffel inn der hell* (35,3). Dieser Tonfall wiederholt sich in den folgenden Uli-Szenen und gipfelt schließlich in Ulis Beschimpfung des ihn warnenden Waldbruders: *Zungendröscher ich will dir S'mul bald stillen, | Wilt du dann hüt min Haalß herr sin* (114,13f.), was Ulis letzte Worte sind, bevor ihn der Tod niederstreckt und die Teufel um ihn tanzen (114,21a) und sich freuen, dass, sie, *Wie er vff erden lebt mit schallen* (115,12), ihn nun aus Schmerzen in der Hölle schreien lassen (115,21) und dazu den *reyen springen* (116,2) können. Die lautstarken Uli-Szenen finden so ihre Belohnung und ihr Gegenstück im Lärm der Hölle.

Der Tonqualität der Teufels- und Uli-Szenen steht auch die der Henkerszene sehr nahe, wenn in Akt VIII des zweiten Tags Henker, Henkersknecht, Henkersbub und Hure einander beschimpfen und sich gegenseitig Trunkenheit vorwerfen. Auch hier wird in der Regieanweisung ausdrücklich erwähnt, dass der Henker *zornig* ist (91,15a), und es fallen Ausdrücke wie *In dir ich glaub der Tüffel stěckh* (91,19), *Der Luontzen solt du den Klocker singen* (91,21) oder *Du huor, das dich Gott blag vnd schend* (99,19). Sehr bald wird aber deutlich, dass nicht Übermut und Gottvergessenheit, sondern die Unerträglichkeit der Situation und der Henkersaufgabe sie alle in die Trunkenheit treiben. So bekennt die Hure: *Die fläsch es thrüwlich lyden muß | Wil mines leids wol wider kommen zu* (97,12f.), und nach der Verbrennung der Verurteilten, die Stück für Stück beschrieben wird, ruft der Henker nach mehr Wein: *Nuhn suffend gewalttig es ist am end | Verbrunnen sind schon Kopff vnd dhend* (100,17f.), bevor er den Richter fragt, ob sie alles richtiggemacht hätten (100,23f.). Damit ist die Nähe zu den Höllenszenen zwar sichtbar, die Differenz aber deutlich, da die Henker nicht aus Freude an der Qual anderer agieren, sondern einen Dienst an der weltlichen Gerechtigkeit üben, den sie selbst nur mit Wein ertragen können. Für die gerecht Hingerichteten aber sind das Feuer und die trunkene Lautstärke der Henker ein Vorgeschmack auf das Feuer und den Lärm der Hölle. Dem stehen die Stille der Einsiedelei und die harmonischen Töne der geistlichen Lieder oder der das Göttliche ankündenden *Musik* gegenüber.

Ein einmaliges Ereignis? Indizien der Handschrift

Wie bereits erwähnt, hat eine spätere Hand an mehreren Stellen in der Handschrift – im Teil des ersten Tages – Hinweise auf Musik nachgetragen. Häne vermerkt dazu, dass «nicht ersichtlich ist, ob das Ergänzungen oder Verbesserungen sein sollen».[143] Gall Morel hat diese Nachträge unmarkiert in seine Edition aufgenommen. Die Ergänzungen bei der Musik bedeuten, dass an drei zusätzlichen Stellen Trompeten zum Einsatz kommen, zweimal innerhalb von Akt I: vor dem Gebet des Knaben Meinrad, bevor er seine Bereitschaft erklärt, ins Kloster zu gehen (16,3a), und bei der Ankunft auf der Reichenau (20,25a). Ein neuer Blechbläsereinsatz findet sich auch zu Beginn der Uli-Handlung in Akt III, wo die erste Hand vorgesehen hatte: *Hoffrecht mit den Trummen*. Die zweite Hand vermerkt am Rand: *Trometen* (28,18a), was wohl eher als Korrektur denn als Ergänzung zu verstehen ist. Die neuen Bläsereinsätze entsprechen nicht der Logik der Musikverteilung der ersten Hand; sie scheinen hier eher generell wichtige Stellen zu markieren, ohne eine weitere Charakterisierung der jeweiligen Szene.

An einer Stelle im selben Akt wird zusätzlich ein *Instrument* genannt (19,29a): Vor der Klage der Gräfin über den Verlust ihres Sohnes. Einmal korrigiert die zweite Hand *Trummeten* zu *Instrument*: bei der Ankunft auf dem Etzel zu Beginn von Akt VI (42,6a) und einmal, zu Beginn von Akt VII, vor Meinrads Gebet, bemerkt sie neben *Musica* in der Marginalie *Vel instrumentum* (48,22a). Fällt die Erklärung dieser Änderungen schwer, so sind die Ergänzungen von Gesängen leichter nachzuvollziehen: innerhalb von Akt I, unmittelbar bevor der Graf mit seinem Sohn in Richtung Reichenau losreitet (18,1a), und innerhalb von Akt VI, als Zusatz zum Tischgebet im Hause der frommen Witwe (47,1a). Diese Lieder weisen (wie das bereits von erster Hand erwähnte) auf Umbrüche in Meinrads Leben hin: auf den Beginn seines geistlichen Lebens und auf den Beginn seiner Peinigung durch die Teufel. Der Einsatz vorhandener geistlicher Lieder ist hier sehr gut denkbar.

Der Nachtrag von Hinweisen auf Musik ist in einer nur noch als Lesetext gebrauchten Handschrift kaum sinnvoll. Er dürfte eher auf eine spätere Aufführung hinweisen. Spuren einer wohl aufführungsbedingten Überarbeitung finden sich auch im Text selbst, allerdings von der Hand des Hauptschreibers. Sollte er das Spiel für eine zweite Aufführung überarbeitet haben, hat er offensichtlich die musikalische Gestaltung jemand anderes überlassen, wie das für neuere Regiebücher üblich ist.[144]

Nicht alle Korrekturen in der Handschrift sind allerdings spätere Überarbeitungen. Vielmehr scheint die Mehrheit der Verbesserungen bereits während des Schreibprozesses eingetragen worden zu sein. Dies sind zum einen einfache Korrekturen von Verschreibungen, versehentlich doppelt geschriebenen Wörtern oder von Augensprüngen; wiederholt hat der Schreiber aber auch korrigierend in seine Vorlage – vermutlich das von Büchser verfasste Konzept – eingegriffen.

---

[143] Häne 1930, S. 49.
[144] Zur historischen Entwicklung von Regiebüchern vgl. Schneider 2021.

Die Korrektur von Einzelwörtern oder Einzelversen dient hier oft der Glättung von Reim und Metrum (z. B. fol. 8ᵛ: *Sol ich iuwers gantzer ghorsam leysten* korrigiert zu *Sol ich in gantzer ghorsam leisten*, 10,19; fol. 12ᵛ: *Vnd wirt der lib zu staub vnd ruoß*, ist korrigiert zu *Der lib nuhr staub vnd erden ist*, 15,11). Mit der Glättung des Reims kann aber auch eine Akzentverschiebung einhergehen wie z. B. fol. 2ᵛ: *in raimen fein fürgetragen* korrigiert zu *ietz z' verstan geben* (3,5). Eine metrisch nicht wirksame Verschiebung der Akzente liegt in Korrekturen vor wie fol. 3ʳ: *Meinrads gantzes leben* korrigiert zu *heiliges leben* (3,22) oder fol. 67ᵛ die Empfehlung Meinrads, für eigene Sünden *leid vnd schmertzen* zu empfinden, korrigiert zu *rüw vnd schmertzen* (76,26).

Größere Korrekturen, die offensichtlich während des Schreibprozesses durchgeführt wurden, bedeuten in der Regel auch eine inhaltliche Veränderung der Vorlage bzw. des Konzepts. So scheint die zweitägige Struktur des Spiels nicht von Anfang an klar gewesen zu sein. Auf fol. 1ᵛ nämlich überschreibt der letzte Vers der Eingangsrede des ersten Narren die Überschrift *Prologus oder Heroldt* (2,6a), was vermuten lässt, dass das letzte Verspaar *Zwen tag wirt man bringen zuo | Drumb schwygend styl, vnd hand ietz ruo* (2,5f.) vom Schreiber erst hinzugefügt worden ist, nachdem er schon die folgende Überschrift – aber offensichtlich nicht mehr, denn der Rest der Seite (ca. sieben Zeilen) ist freigelassen – geschrieben hatte. Im Epilog des ersten Tags ist der Anfang einer Schlussformulierung gestrichen: *Dis alles hand Jhr* (fol. 55ʳ, nach 61,3). Unter dem gestrichenen Vers setzt der Schreiber neu an und betont jetzt, dass das Spiel noch nicht vorbei ist: *Zum theil hand ir's hüt gsen vnnd ghört* (61,4). Die hierauf folgenden Verse weisen auf den zweiten Spieltag hin (61,5–13).

Gelegentlich scheint dem Schreiber erst beim Abschreiben aufgefallen zu sein, dass an manchen Stellen noch Regieanweisungen nötig sind. So streicht er zweimal auf fol. 8ᵛ einzelne Verse, um unter ihnen eine Regieanweisung zu schreiben und dann die gestrichenen Verse zu wiederholen.

Eine bemerkenswerte Korrektur einer Regieanweisung im Schreibprozess findet sich auf fol. 68ʳ: Nach dem Abschied Meinrads vom wundersamen frommen Knaben (76,30) hieß die Regieanweisung ursprünglich: *Gaht der Knab wider heim, begegnend Jm vnderwegen die zwen, so ietz vorhabens S: Meinraden zu mürden vnd martern, fragend den knaben, welches der recht weg Jn fin*. Mitten im Wort *finstern* bricht der Schreiber ab und kreuzt die Regieanweisung sorgfältig aus, um dann neu anzusetzen: *Der knab reiset ~~widet~~ wider heim. Dazwüschen komen vnderwegen zûsamen, die zwen, so willens S: Meinraden vmbs leben zubringen: Spricht Richart zuo dem andern wie volgt* (76,30a). Der mit himmlischem Wissen versehene Knabe soll offensichtlich doch nicht den Mördern den Weg zu Meinrad weisen. Als eine eindeutige Christuserscheinung könnte er, indem er den Mördern diese Auskunft erteilt, den göttlichen Plan des Martyriums Meinrads verdeutlichen. Der Knabe bleibt aber eine schillernde Gestalt. Ebenso auffällig ist die Ersetzung der Formulierung *mürden vnd martern* durch das viel neutralere *vmbs leben bringen*. Damit wird die Eindeutigkeit einer Interpretation von Meinrads Tod als Martyrium zurückgenommen. In der so korrigierten Fassung begegnet den Mördern kurz später *ein Knab* (78,18a), den sie nach dem Weg in den Finsteren Wald fragen. Es bleibt der Regie überlassen, sich für die Identität mit *diesem* Knaben zu entscheiden.

Die Streichung von Regieanweisungen kann auch den Grund für Texterweiterungen legen. In Akt I des ersten Tags nimmt sich Meinrad vor, sich von seiner Mutter und seinen Geschwistern zu verabschieden. Hierauf folgte ursprünglich auf fol. 14ʳ eine Regieanweisung: *Drängt jetzt der knab wider hinder die teppig, Als ob er abgetreten*. Unmittelbar unter ihr steht eine zweite, sie korrigierende Regieanweisung aus der Hand des Schreibers: *Der Knab but der Mutter vnd den Geschwüsterten die hand vnnd spricht* (17,10a). Diese ermöglicht die folgende Abschiedsszene, die nach dem ersten Plan wohl ins Off verlegt werden sollte.

Auch innerhalb von Repliken scheint der Schreiber Erweiterungen vorgenommen zu haben. Auf fol. 13ᵛ–14ʳ korrigiert er das ursprünglich vorgesehene Verspaar: *Deß ewigen richs, dahin thüe streben,* | *Damit ich kunn gar ruhig leben* dahingehend, dass er den zweiten Vers streicht und ersetzt durch: *Damit das kleid, so mir ist geben* (16,26f.). Dieser neue Vers verlangt eine weitere Ausführung zu diesem Kleid:

> Im tauff, der vnschuld möge bhaltten
> So laß ich Gott min herren waltten,
> Mine weg vnd steg wöll er bewahren
> Damit ich mög all zyt beharren
> In siner botten gerechtigkeit (16,28–32).

In der ursprünglichen Formulierung muss der Satz geheißen haben: *Damit ich kunn gar ruhig leben* | *In siner botten gerechtigkeit*. Das heißt, dass das Bild des Taufkleids als Ausdruck der am besten im geistlichen Leben zu bewahrenden Unschuld und der Christusnachfolge (Gal 3,27) durch den Schreiber neu hinzugefügt worden ist.

Ob schließlich bei der Verschiebung und Verlängerung der Trostworte der Magd beim Wegreiten Meinrads eine Fehlerkorrektur oder eine Ergänzung vorliegt, ist kaum zu entscheiden: Auf fol. 26ᵛ stehen zunächst unmittelbar nach dem Abschied Meinrads (19,29) die ersten sieben Verse der Aufforderung der Magd an die Gräfin, wieder ins Haus zu kommen und bei den anderen Kindern Trost zu finden (20,10–16). Die Rede bricht vor der Vollendung des Reimpaars ab, ist gestrichen und nach der Replik der Gräfin in voller Länge wiedergegeben.

All diese Korrekturen weisen nicht auf eine zweite Aufführung des ‹Meinradspiels› hin; sie gewähren eher einen Einblick in die Zusammenarbeit zwischen Büchser und Wytwyler, die mehrfache Korrekturen am Konzept bedingte. Anders verhält es sich mit Korrekturen, die sichtbar später eingefügt sind, in den Marginalien oder auf einem später eingebundenen Extrablatt.

Wohl einem späteren Korrekturdurchgang, keiner Überarbeitung geschuldet ist der Nachtrag eines fehlenden Verses auf fol. 61ᵛ: Die Klage des Krämers über den Tod des Sohnes *Min freüd vnd muth ist mir genom* (68,15) bildet eine Waise.

Der Schreiber hat in der linken Marginalie den fehlenden Vers nachgetragen: [Vn]nd schier [...]etzuo vmbs [le]ben kom. Beim späteren Binden des Spiels ist der Buchblock so beschnitten worden, dass diese Ergänzung nicht mehr leserlich ist. Daraufhin hat eine jüngere Hand (eventuell dieselbe, von der die Musikeinträge stammen) den Vers am rechten Rand nachgetragen: *Dorum bin ich erst schier vms leben kommen* (68,16). Um den Reim zu reparieren, hat eben diese Hand auch das letzte Wort des Verses darüber von *kom* korrigiert und sprachlich aktualisiert zu *kommen*.

Von Schreiberhand später in einen an sich schlüssigen Text eingefügt sind zwei Ergänzungen im Epilog des ersten und im Epilog des zweiten Tags. Die erste besteht aus vier Versen, die auf fol. 55ʳ nach *Ende des ersten Tags* (61,13a) auf der restlichen leeren Seite nachgetragen sind. Ein Einfügungszeichen zeigt an, wo sie eingefügt werden sollten. Es handelt sich um die von Morel in den Text übernommenen Verse 60,36–61,1. Sie betonen die dritte Lehre des ersten Tags: das Ablegen des Eigenwillens und die Überwindung von Welt und Fleisch, um mit Gottes Gnade den Teufel zu fesseln.

Die zweite dieser Änderungen ist ein Nachtrag auf einem kleinen Blatt, das vor fol. 100 in die Handschrift eingebunden ist (fol. 99). Dieses ist einseitig beschriftet und so eingebunden, dass die beschriebene Seite als fol. 99ᵛ der zu ergänzenden Seite fol. 100ʳ gegenüberliegt. Auf fol. 100ʳ ist eine Einfügungsmarkierung gesetzt. Demnach soll die Formulierung

> D'histori von S: Meinradts leben,
> Die wir vor ab vnnd wolbedacht
> Dem lieben Gott zu ehren gmacht (120,3 u. 12f.).

zunächst erweitert werden zu:

> D'histori von S: Meinradts leben,
> *Wie er von hochem greflichem stammen*
> *Geborn, vnd an diß orth sy kommen,*
> *Gottes dienst sich fast beflissen*
> *Wie er sin Marter blut vergossen,*
> *Jn aller gedult vnd liebe zwar*
> *Vor Gott vnd der Welt offenbar,*
> Hand wir vor ab vnnd wolbedacht
> Dem lieben Gott zu ehren gmacht (120,3–5 u. 8–13).

Unten auf dem Zusatzzettel ist, wiederum mit Einfügungsmarkierung versehen, noch das Verspaar *Dartzu in aller ghorsam bliben* | *Auch allzit willig arm darneben* (120,6f.) ergänzt. Offensichtlich bestand ein nachträgliches Interesse, Meinrads hochadelige Abstammung, v.a. aber sein Martyrium, das *Vor Gott vnd der Welt offenbar* ist, und schließlich auch sein asketisches Leben zu betonen. Diese beiden nachträglichen Ziele, die zum Teil der Überarbeitung beim Schreiben zuwiderlaufen, scheinen derselben Idee zu folgen.

Vielleicht steht im Kontext dieser späteren Änderung auch die oben bereits erwähnte Korrektur der Sprecherangabe nach Meinrads Tod fol. 72ᵛ von *Demon* zu *Mammon* (82,15a). Mammon, der in diese Szene sonst nicht aufgetaucht wäre, steht für die (neben dem Unglauben) größte Sünde der Mörder: ihre Geldgier. In der Fassung des ‹Luzerner Osterspiels› von 1597 ist die Teufelsszene nach V. 10229 erweitert. Dabei wird hier auch Mammon neu eingefügt. Dies könnte auf eine gemeinsame Tendenz der katholischen Spiele hinweisen, das Armutsideal, die Askese und die Distanz von der Welt im späteren 16. Jahrhundert stärker zu betonen.[145]

Einen möglichen Datierungshinweis für die ergänzende Überarbeitung des ‹Meinradspiels› könnte die Änderung eines einzelnen Wortes im Epilog geben: Auf fol. 100ᵛ wird von der Hand des Schreibers nachträglich das Lob auf das Land Schwyz getilgt: Aus *O schwytzer landt du Vester Bundt* wird *O Eidtgnoßschafft du Vester Bundt* (121,4). Eine Abkehr Einsiedelns von Schwyz und eine stärkere Zuwendung zu der Eidgenossenschaft fand im Kontext des Konflikts Abt Adams mit den Schwyzer Schirmherren des Klosters statt. Der Konflikt, der sich in den frühen 1570er Jahren anbahnte, eskalierte 1579; am 11. Juli 1580 wurde Abt Adam wegen des Vorwurfs mangelnder klösterlicher Zucht vorläufig des Amts enthoben und 1585 schließlich zum Rücktritt bewegt.[146] Eine Gelegenheit für die Aufführung eines so korrigierten ‹Meinradspiels›, welches die klösterliche Zucht besonders betont, aber sich beim Lob von Schwyz zurückhält, könnte im Interesse von Adams Nachfolger Ulrich Wytwyler gelegen haben, vielleicht zur großen Engelweihe 1586, kurz bevor er eine neue Fassung seiner Meinradlegende herausgab.[147]

Sollte es unter Abt Ulrich tatsächlich zu einer Wiederaufführung des ‹Meinradspiels› gekommen sein, wäre die Lücke zum berühmten Einsiedler Wallfahrtstheater des 17. Jahrhunderts[148] ein Stück weit geschlossen.

---

[145] Sollte in diesem Zusammenhang auch die etwas rätselhafte Streichung der Replik des Grafen mit der Anweisung an seinen Hofmeister fol. 15ʳ erfolgt sein, weil die Sorge um Weltliches nicht mehr betont werden sollte? Diese Korrektur ist die einzige, die Morel nicht übernimmt, aber notiert (18,2–11).
[146] Professbuch: Äbte, Nr. 37: Adam Heer.
[147] Wytwyler 1587.
[148] Vgl. Braun 2005a, S. 526 und 2005b, S. 526f.

Solothurn

Als eine der «theaterfreudigsten Städte der Schweiz» bewertet Norbert King die Stadt Solothurn mit Blick auf das 16. Jahrhundert.[1] Verbunden wird die Zeit intensiver Theateraktivität (oder eher der intensiven Bezeugung von Aufführung) insbesondere mit zwei Namen: Johannes Aal und Hanns Wagner. Beide reagieren mit ihren Werken deutlich auf die Reformation, die geradezu als Stimulus für die Theaterkunst in Solothurn gewirkt zu haben scheint und damit auch auf die Produktion von Heiligenspielen.

Die Reformation in Solothurn

Die Reichsstadt Solothurn trat 1481 der Eidgenossenschaft bei. Vertraglich wurden dabei sowohl die Aufgabe Solothurns als Schiedsort innerhalb des Bundes als auch die Verpflichtung zur militärischen Unterstützung Berns (‹Burgrecht›) vereinbart. Beides sollte für die Haltung Solothurns während der Reformation prägend werden. Die Stadt bemühte sich lange um eine ausgleichende Position[2] und ermahnte auch Zürich, welches 1524 in Solothurn für den neuen Glauben warb, die Folgen einer möglichen Glaubensspaltung für die Eidgenossenschaft zu bedenken.[3] Obgleich sie beim alten Glauben blieb, gewährte die Stadt den Reformierten Freiräume und ließ reformierte Prediger in der Stadt zu.[4] Das erste Glaubensmandat, das der Solothurner Rat am 3. Januar 1525 erließ, orientierte sich weitgehend an Bern. Es wendet sich gegen Missbräuche in der Kirche wie den Ablasshandel, hält aber am Heiligenkult fest und behält sich Maßnahmen gegen Bilderstürme vor und gewährt die Freiheit des Bekenntnisses.[5] Der Rat verbot zwar die Schmähung der Andersgläubigen; konfessionelle Konflikte konnten damit in der Stadt aber nicht verhindert werden.[6]

Nach der Annahme der Reformation in Bern und Basel und nach dem Ersten Kappelerkrieg 1529 erhielten die Reformierten in Solothurn durch die Predigttätigkeit Berchtold Hallers deutlichen Zulauf.[7] Nach einem Umsturzversuch der

---

[1] King 1976, S. 47.
[2] Vgl. Haefliger 1943, S. 14.
[3] Vgl. ebd.
[4] Vgl. Rüedy 2001, S. 79.
[5] Vgl. ebd., S. 76; Angst 1983, S. 10; Haefliger 1943, S. 30f. Zum Mandat von 1528, das weiterhin verbietet, einen anderen wegen seines Glaubens anzufeinden, vgl. Studer 1973, S. 59f.
[6] Vgl. Angst 1983, S. 11.
[7] Vgl. Holt 2022, S. 236; Rüedi 2001, S. 80; Haefliger 1943, S. 45–56.

Schifferzunft[8] sicherte der Rat den Reformierten per Vertrag vom 5. Dezember 1529 das Recht zu, die Barfüßerkirche zu nutzen und den Sonntagsgottesdienst auch in St. Ursus, dem katholischen Zentrum der Stadt, abzuhalten.[9] Zudem sagte er für den 11. November 1530 eine öffentliche Disputation zu: über das Messopfer, die Mittlerrolle der Kirche und der Heiligen, das Purgatorium, die Bedeutung von Sakramenten, Riten, Werken der Frömmigkeit, den Status von Bildern sowie die Transsubstantiation.[10] Die Disputation wurde aber aus Sicherheitsgründen kurzfristig um knapp ein Jahr verschoben;[11] gleichzeitig verbot der Rat die Schmähung anderer aus religiösen Gründen.[12] Damit wurden die konfessionellen Spannungen in Solothurn nur verstärkt – auch zwischen den Täufern, die in Solothurn erstarkten, und den Reformierten.[13] Insbesondere in den von Solothurn abhängigen ländlichen Gemeinden gewannen die Reformierten zunehmend Rückhalt.[14]

Als sich 1531 die Konflikte der fünf innerschweizerischen Orte Luzern, Uri, Schwyz, Unterwalten und Zug mit den reformierten Orten Zürich und Bern deutlich zuspitzten, bemühten sich v. a. die Schiedsorte Solothurn und Fribourg um den Frieden in der Eidgenossenschaft.[15] Dennoch brach am 11. Oktober 1531 der Zweite Kappelerkrieg aus und Bern forderte mit Verweis auf das Burgrecht Solothurns Unterstützung ein, die es leisten musste.[16]

Nach dem Sieg der Katholiken musste Solothurn Stellung beziehen. Statt einer Reparationszahlung wies die Stadt 1532 ihren reformierten Prädikanten aus[17] und öffnete die Barfüßerkirche wieder für den katholischen Gottesdienst.[18] Den Reformierten der Stadt war aber der Gottesdienstbesuch in den reformierten Landgemeinden erlaubt.[19] Am 30. Oktober 1533 kam es daraufhin zu einem bewaffneten Aufstand der Reformierten. Er stieß auf entschiedene Gegenwehr der Katholiken; ein regelrechter Bürgerkrieg konnte nicht zuletzt durch den Schultheiß Niklaus von Wengi und durch die Vermittlung Berns verhindert werden.[20] Ergebnis des niedergeschlagenen Aufstands war eine entschiedene Politik der Rekatholisierung in

---

[8] Vgl. Amiet/Sigrist 1976, S. 19.
[9] Vgl. Angst 1983, S. 8; A. Haffner, ed. 1849, S. 70.
[10] Vgl. Rüedy 2001, S. 80; Haefliger 1943, S. 60 u. 64f.; Anton Haffner: Chronica, hg. von Franz Xaver Zepfel. Solothurn 1849, S. 69–70.
[11] Vgl. Rüedy 2001, S. 81; Angst 1983, S. 24; Amiet/Sigrist 1976, S. 26f.; Haefliger 1943, S. 70f.; A. Haffner, ed. 1849, S. 70.
[12] Vgl. Haefliger 1943, S. 72.
[13] Vgl. Amiet/Sigrist 1976, S. 28.
[14] Vgl. Angst 1983, S. 15–18; Amiet/Sigrist 1976, S. 20; Haefliger 1944, S. 14f.
[15] Vgl. Haefliger 1944, S. 29.
[16] Vgl. Angst, S. 7; Amiet/Sigrist 1976, S. 32f.; Haefliger 1944, S. 34.
[17] Vgl. Rüedy 2001, S. 81; Amiet/Sigrist 1976, S. 36; Haefliger 1944, S. 38–40.
[18] Vgl. Haefliger 1944, S. 44.
[19] Vgl. Rüedy 2001, S. 81; A. Haffner, ed. 1849, S. 71.
[20] Vgl. Holt 2022, S. 236f.; Amiet/Sigrist 1976, S. 39–41; Haefliger 1944, S. 57 u. 67–81.

Solothurn; im Jahr 1534 wurden auch in den Landesgemeinden die protestantischen Prädikanten entlassen; die Reformierten zogen sich nach Bucheggberg zurück.[21] Als einer der zentralen Gründe für die «gescheiterte» Reformation[22] in Solothurn wird von der Forschung i. d. R. Zwinglis Kritik am Söldner- und Pensionenwesen benannt, denn dieses war nicht nur ein wichtiger ökonomischer,[23] sondern auch ein sozialer Faktor in Solothurn; zahlreiche Ratsmitglieder waren Söldner- bzw. Reisläuferführer.[24] Die französische Krone als wichtiger Auftraggeber von schweizerischen Söldnern verlegte 1530 die Ambassade, die 1522 nach der Unterzeichnung des ‹immerwährenden Friedens› zwischen Frankreich und der Schweiz (außer Zürich) eingerichtet worden war, aus dem reformierten Bern nach Solothurn.[25] Der Ambassadeur dürfte auch Einfluss auf die Entscheidungen in der Stadt genommen haben.[26] Symbolischer Ausdruck hierfür ist die Tatsache, dass die Stadt ihm eine Residenz in einem Flügel des Barfüßerklosters zuwies, dessen Kirche das Zentrum der Reformierten bildete.[27] Erst nach der Vertreibung der Reformierten in der Stadt und der Wiederansiedlung der Franziskaner in Solothurn bezogen die Ambassadeure endgültig diese Residenz.[28]

Die Nähe Solothurns zu Frankreich zeigte sich insbesondere in den 1560er-Jahren, als der Papst die spanische Machtpolitik unterstützte und diesbezüglich 1565 mit den Fünf Orten ein Bündnis schloss; Solothurn und Fribourg hielten sich mit Blick auf die französischen Interessen von diesem Bündnis fern.[29] Stattdessen unterstützte Solothurn Frankreich in den Hugenottenkriegen. Gemeinsam mit Frankreich schloss Solothurn auch am 8. Mai 1579 einen Vertrag mit Bern zum Schutze Genfs gegen Savoyen. Gleichzeitig anerkannte Solothurn die Waadt als bernisches Untertanengebiet an.[30] Damit war erneut die Einheit in der Eidgenossenschaft gefährdet. Als 1580 Herzog Karl-Emanuel von Savoyen gegen Genf zog und die Fünf Orte ihm Hilfe leisteten, sah sich Solothurn zwischen zweierlei Bündnispflichten gefangen. Die Lage spitzte sich bis 1582 zu; ein Bürgerkrieg zwischen Bern und den Fünf Orten konnte im letzten Moment verhindert werden.[31]

---

[21] Vgl. Holt 2022, S. 237; Rüedy 2001, S. 82; Amiet/Sigrist 1976, S. 45; Studer 1973, S. 69; Haefliger 1944, S. 81f.; Haffner, ed. 1849, S. 71.
[22] Vgl. Zünd 1999, S. 87; Angst 1983, S. 9; zu den verschiedenen Gründen ebd., S. 9–28.
[23] Vgl. Zünd 1999, S. 74.
[24] Vgl. Holt 2022, S. 237; Holenstein 2009, S. 73; B. Koch 1996, S. 175; Angst 1983, S. 9. Eine Unterscheidung zwischen den Begriffen ‹Söldner› und ‹Reisläufer› ist erst ab der Mitte des 18. Jh. üblich, vgl. Czouz-Tornare 2011.
[25] Vgl. Dafflon 2014, S. 20–22; Zünd 1999, S. 80; Amiet/Sigrist 1976, S. 24f.
[26] Vgl. Holt 2022, S. 237; Junghanns 2016, S. 26–32; Dafflon 2014, S. 31; B. Koch 1996, S. 153; Angst 1983, S. 25f.; Amiet/Sigrist 1976, S. 25.
[27] Vgl. Zünd 1999, S. 80; Amiet/Sigrist 1976, S. 25.
[28] Vgl. Dafflon 2014, S. 23; Amiet/Sigrist 1976, S. 58.
[29] Amiet/Sigrist 1976, S. 66f.
[30] Ebd., S. 72.
[31] Ebd., S. 72–74.

Solothurner Theatertradition

Aus Solothurns früher Spieltradition ist wenig bezeugt; Franz Haffner erwähnt im Jahr 1453 die Aufführung eines (nicht überlieferten) Heiligenspiels anlässlich des Besuchs Philipps von Burgund in Solothurn:

> Das Leben vnd Marter der H. Alexandrinischen Jungfrawen Catharinæ wurde allhie durch ein offentlich schaw-Spiel gantz ziehrlich vorgestellt/ darbey sich vil Volcks auß der Nachbarschafft eingefunden.[32]

Im 16. Jahrhundert mehren sich dann die Aufführungsbelege: Eine Stadtrechnung von 1502 bezeugt die Aufführung eines ‹Ursenspiels›, dessen Text nicht überliefert ist.[33] 1513 ist von einem Spiel Hans Heinrichs *zůnn barfůssnn* die Rede,[34] 1517 von einem nicht weiter bezeichneten von *knaben* aufgeführten Spiel[35] und 1521 erneut von einem ‹Ursenspiel›.[36] 1539 wurde das überlieferte ‹Ältere St. Ursenspiel› aufgeführt.[37] – Dass das Ursenstift am 1. Dezember desselben Jahres seinem Schulmeister und den Schülern verbot, ohne Zustimmung der Kapitelherren einen Knabenbischof zu wählen,[38] dürfte darauf hinweisen, dass dieses weit verbreitete theatrale Brauchtum, das in das Umfeld des Advents und des Weihnachts- und Dreikönigsfests gehört,[39] an der Schule gepflegt wurde, mit oder vermutlich ohne Spieltext.

Erst nach 1540 sind ausdrücklich andere Spielthemen als die Vita des Stadtpatrons bezeugt: 1543 führte Hanns Wagner, der in diesem Jahr als Schulmeister zu St. Ursen eingestellt worden war, einen ‹Verlorenen Sohn› auf: entweder den lateinischen ‹Acolastus› des Wilhelm Gnaphaeus oder dessen deutsche Übersetzung, bewerkstelligt von Georg Binder;[40] 1549 bewerkstelligte Wagner die Aufführung des ‹Johannes des Täufers› seines Onkels Johannes Aal.[41] Im gleichen Jahr führte er Jakob Rueffs ‹Hiob› auf.[42] Auf Wagners Spielplan von 1550 stand ein Spiel von den

---

[32] Franz Haffner: Kleiner Solothurnischer Schaw-Platz/ Historischer Welt-Geschichten, 2 Teile. Solothurn: Michael Wehrlin 1666 (VD17 1:084828T), Teil II, S. 155. Vgl. King 1976, S. 47; Baechtold 1892, S. 219.
[33] Seckelmeisterrechnungen 1502, S. 123, 124 u. 126, zit. n. E. Kully 1982, S. 15 u. 23; vgl. Junghanns 2016, S. 33.
[34] Seckelmeisterrechnungen 1513, S. 160, zit. n. E. Kully 1982, S. 23. Junghanns 2016, S. 33 geht davon aus, dass es sich auch hierbei um ein Spiel über den Hl. Ursus handelt.
[35] Seckelmeisterrechnungen 1517, S. 120, zit. n. E. Kully 1982, S. 24.
[36] Seckelmeisterrechnungen 1521, S. 137, zit. ebd.; vgl. Junghanns 2016, S. 33.
[37] Seckelmeisterrechnungen 1539, S. 146 u. 186, zit. ebd.; vgl. Junghanns 2016, S. 33.
[38] R. Kully 1981, S. 41.
[39] Vgl. Generell zu Knabenbischöfen vgl. Knedlik 2017. Zu entsprechenden Bräuchen in Fribourg zu Epiphanias vgl. King 1988, S. 100–102.
[40] F. Haffner 1666, Teil II, S. 228; vgl. Junghanns 2016, S. 34; R. Kully 1981, S. 59.
[41] F. Haffner 1666, Teil II, S. 235; vgl. Junghanns 2016, S. 34f.; R. Kully 1981, S. 94 u. 98.
[42] F. Haffner 1666, Teil II, S. 235; vgl. Junghanns 2016, S. 34; R. Kully 1981, S. 99; Seckelmeisterrechnungen 1549, o. S., zit. n. R. Kully 1981, S. 98.

‹Sieben Altern› (wohl von Pamphilus Gengenbach);[43] 1555 führte er ein weiteres ungenanntes Spiel auf.[44] Im Jahr 1560, zwei Jahre nach der Entlassung Hanns Wagners aus dem Schuldienst,[45] während bereits das Amtsentsetzungsverfahren gegen seinen Nachfolger Georg Rorer aus Olten lief,[46] ist eine Aufführung des ‹Acolastus› des Wilhelm Gnaphaeus auf Latein und des ‹Verlorenen Sohns› Binders auf Deutsch durch Hanns Wagner bezeugt, wohl eher mit Bürgern als mit Schülern aus dem Stift.[47] Vielleicht führte er noch im gleichen Jahr einen ‹Hecastus› (Macropedius?) auf.[48] Scheinbar im Zusammenhang mit seiner Wiederbewerbung als Schulmeister zu St. Ursus präsentierte Hanns Wagner 1561 mit Mitgliedern des St. Ursenstifts und des Magistrats sein erstes eigenes Stück: ein Dreikönigsspiel, welches er im Epilog ausdrücklich als «Fasnachtspiel» (V. 497) bezeichnet – wegen seiner Kürze, aber auch, weil es weniger die Heiligen drei Könige als den Tyrannen Herodes in den Blick nimmt.[49]

Noch im gleichen Jahr, nach seiner Wiederanstellung, brachte Wagner seinen ‹Aristotimus tyrannus› und 1563 einen ‹Joseph› auf die Bühne.[50] 1566 folgte ein unbenanntes Spiel.[51] Vielleicht bereits 1575, in jedem Fall 1581 wurde Hanns Wagners ‹St. Mauritius und St. Ursus› aufgeführt;[52] im gleichen Jahr war auch eine Aufführung von Georg Gotthardts ‹Kampf zwischen den Römern und denen von Alba› zumindest geplant, musste aber offensichtlich wegen Überlastung aller Beteiligten aufgeschoben werden.[53] Im Jahr 1584 kam dieses Stück definitiv zur Aufführung.[54] Im gleichen Jahr entstand Wagners ‹Actus Quintus Stephanis›. Ob dieses Spiel jemals vollständig existierte und aufgeführt wurde, ist ungewiss.[55]

---

[43] Vgl. Junghanns 2016, S. 34; King 1976, S. 47.
[44] Vgl. R. Kully 1981, S. 139.
[45] Vgl. ebd., S. 158.
[46] Vgl. ebd., S. 159–173.
[47] Vgl. ebd., S. 173; King 1976, S. 47; Baechtold 1892, S. 61; Fiala 1875, S. 48. Junghanns 2016, S. 34 spricht allerdings von einer Aufführung «durch eine Schule».
[48] Vgl. Junghanns 2016, S. 34; R. Kully 1981, S. 173; King 1976, S. 47; Baechtold 1892, S. 61; Fiala 1875, S. 48.
[49] Vgl. Junghanns 2016, S. 35f.; R. Kully 1981, S. 174; King 1976, S. 52; Hanns Wagner alias ‹Ioannes Carpentarius›: Sämtliche Werke, hg. und erl. von Rolf Max Kully, 2 Bde. Bern/Frankfurt a. M. 1982, Bd. II, S. 67. Das Spiel wird aus diesem Grund unten nicht näher behandelt. Vgl. dazu Dietl [2024].
[50] Vgl. King 1976, S. 47; Baechtold 1892, S. 61.
[51] Vgl. R. Kully 1981, S. 191.
[52] Vgl. Junghanns 2016, S. 35; R. Kully 1981, S. 242–253.
[53] Vgl. Junghanns 2016, S. 41 u. 94; R. Kully 1981, S. 239.
[54] Vgl. Junghanns 2016, S. 35; R. Kully 1981, S. 265. Vgl. Gotthart, Georg: Histori vom Kampf zwischen den Römern und denen von Alba, in: Georg Gotthart, Sämtliche Werke, hg. und komm. von Ralf Junghanns. Zürich 2016 (Schweizer Texte N. F. 46), S. 259–378.
[55] Wagner, ed. 1982, Bd. II, S. 178–219.

Nachdem sich Hanns Wagner 1585 aus der Schule zurückgezogen hatte,[56] brachte 1586 der deutsche Schulmeister Paul Kolb ein Spiel über Abraham auf die Bühne;[57] 1591 ist die Aufführung eines nicht benannten Spiels eines lateinischen Schulmeisters bezeugt,[58] dann 1592 die eines ‹Zehnjungfrauenspiels› von Ulrich Sickinger[59] und 1593 die eines nicht benannten Spiels des Schulmeisters Eichholzer.[60] Im gleichen Jahr wollte Daniel von Büren in der Osternacht ein von ihm selbst verfasstes Osterspiel aufführen; die Aufführung wurde aber nur zu einem anderen Termin genehmigt.[61] 1596 ist erneut eine Aufführung von Johannes Aals ‹Johannes› bezeugt,[62] neben einer ‹Susanna›[63] und einem ‹Verlorenen Sohn›.[64] Den Abschluss der Solothurner Aufführungsbelege aus dem 16. Jahrhundert bilden eine Aufführung von Georg Gottharts ‹Zerstörung von Troja› 1598[65] sowie eine erneute Aufführung von Sickingers ‹Zehn Jungfrauen›.[66] Zu Beginn des 17. Jahrhunderts sei noch die Aufführung von Gottharts ‹Tobias› im Jahr 1617 erwähnt, deren Genehmigung bereits 1608 beantragt worden war.[67]

Auch in der Umgebung Solothurns sind Aufführungen bezeugt: 1575 ein ‹Bigandus›, eine Variante des ‹Verlorenen Sohns›, in Olten;[68] 1598 ein unbenanntes Schulspiel in Balsthal[69] und 1602 Daniel von Bürens ‹Osterspiel› in Granchen, aufgeführt am Weißen Sonntag.[70]

Bei den in Solothurn «auf öffentlichem Platz»[71] aufgeführten Spielen handelt es sich zum Teil um zweitägige Bürgeraufführungen, zum Teil um Schulspiele, bewerkstelligt durch die Schulmeister am St. Ursenstift;[72] zum Teil handelt es sich

---

[56] Vgl. R. Kully 1981, S. 269.
[57] F. Haffner 1666, Teil II, S. 262. Vgl. Junghanns 2016, S. 34f.; R. Kully 1981, S. 272 u. 274.
[58] Vgl. Baechtold 1892, S. 61.
[59] Vgl. Junghanns 2016, S. 34; Baechtold 1892, S. 61; Fiala 1875, S. 48.
[60] Vgl. Junghanns 2016, S. 34; Baechtold 1892, S. 61.
[61] Vgl. Junghanns 2016, S. 34; Wösch 1910, S. 63; Fiala 1875, S. 47.
[62] Vgl. Balling 2021, S. 169; Junghanns 2016, S. 34.
[63] Vgl. Junghanns 2016, S. 33. Er zählt die ‹Susanna› in den «Bereich der Märtyrerspiele», was jedoch sehr ungewöhnlich wäre. Üblich ist die Darstellung des alttestamentlichen Susanna-Stoffs.
[64] Vgl. ebd., S. 34; King 1976, S. 47; Baechtold 1892, S. 61.
[65] Vgl. Junghanns 2016, S. 35 und S. 49–61; King 1976, S. 47; Baechtold 1892, S. 61.
[66] Vgl. Junghanns 2016, S. 34.
[67] Vgl. ebd., S. 61–90 u. 94f.; King 1976, S. 47; Baechtold 1892, S. 61.
[68] Vgl. Wösch 1910, S. 62.
[69] Vgl. ebd., S. 62f.
[70] Vgl. ebd., S. 63.
[71] King 1976, S. 47.
[72] Die Schule zu St. Ursus wurde ab der Einrichtung einer städtischen deutschsprachigen Schule 1520 auch ‹Lateinschule› genannt, bis 1541 eine städtische Lateinschule eingerichtet wurde. Vgl. Amiet/Sigrist 1976, S. 104; Wösch 1910, S. 10f. 1546 wurde zusätzlich im wiederhergestellten Franziskanerkloster eine Schule eingerichtet, die v. a. für Ordensnovizen gedacht war, aber auch für die Stadtbevölkerung geöffnet war, vgl. ebd., S. 21. In Olten wurde

aber auch um Spiele von Magistratspersonen. Bibelspiele, allegorische Dramen, Historiendarstellungen und Heiligenspiel stehen nebeneinander.[73] Ort der Aufführung war in der Regel der Platz vor St. Ursus, der Kronenplatz.[74] Auffallend ist die konfessionelle Offenheit der Solothurner Bühne: Es werden keineswegs nur katholische Stücke der ‹eigenen› Dichter (Aal, Wagner, Gotthart, Eichholzer, Daniel von Büren) gespielt, sondern auch Werke reformierter oder heterodoxer Dichter wie Georg Binder, Jakob Rueff und Wilhelm Gnaphaeus. Dies ist umso erstaunlicher, weil die Heiligenspiele sich sehr deutlich konfessionell positionieren. Dies gilt in besonderer Weise für die Spiele über den Stadtpatron, welche in der Solothurner Theatertradition dominierend sind.

Der Hl. Ursus als Stadtpatron Solothurns

Die Bedeutung des Hl. Ursus für Solothurn geht aus der frühneuzeitlichen Chronistik deutlich hervor. So datiert etwa der Stadtschreiber Franz Haffner[75] die Widmung seines 1666 in den Druck gegebenen ‹Solothurnischen Schaw-Platzes› an den Stadtrat abhängig von folgenden zentralen Daten der Stadt:

> Geben in Solothurn/ dem eylfften Orth hochlöblicher Eydtgnoßschafft/ als man zahlt von dem Vrsprung/ da Salothor ein Celtischer Fürst den ersten Grund zu dieser Helvetischen Frey-Statt gelegt 3793. Von der Zeit/ da sie zum erstenmal an das Reich teutscher Nation kommen 745. so danne in den Eydtgnossischen ewigen Bundt auffgenommen worden 185. Von dem sighafften Marterkampff der heyligen 66 (sechs mal eylff) Thebæer vnder dem H. Vrso 1378. Von der ersten Erfindung jhrer 17. H. H. Leiberen durch die Königin Bertha 736. Von Erhebung 36. anderer Leiberen auß diser H. Gesellschaft 192. Von der letsten Erfindung S. Vrsi Haupts vnd Leibs vnder dem Chor-Altar 148. Von Anfang der löblichen Collegiat-Stifft S. Vrsi allhie zu Solothurn vnder der Königin Werthrada 930. Von der Stifft- vnd Auffrichtung deß Münsters dasebst durch die Königin Bertha 736.[76]

Fast alle zentralen Daten der Stadtgeschichte sind damit auf den Hl. Ursus und seinen Kult bezogen; Anton Haffner, der Großonkel Franz Haffners, Kanzlist der Stadt Solothurn, beginnt seine wohl 1587 vollendete[77] ‹Chronica› nach einem kurzen Hinweis auf das Alter der Stadt sogar mit der Erzählung von dem auf das Jahr

---

zudem 1541 eine Schule eingerichtet, in der auch die Anfänge der lateinischen Sprache unterrichtet wurden (ebd., S. 22f.), und 1553 ist erstmals eine Schule in Balsthal belegt (ebd., S. 24f.).

[73] Junghanns 2016, S. 33f. listet die Spiele nach Textsorten auf.
[74] Vgl. Biermann 1980, S. 242–244.
[75] Zu Franz Haffner vgl. Marti-Weissenbach 2013.
[76] F. Haffner 1666, Teil I,)(iiij^r.
[77] Datierung nach der Handschrift, Solothurn, Zentralbibliothek, Cod. S I 49, fol. V5; vgl. Gutzwiller 2020. Im Reprint wird das Vorwort auf 1577 datiert. Fiala 1879 verzichtet auf eine Datierung und setzt das Datum des Reprints (1849) an.

287 datierten Martyrium des Hl. Ursus und des Hl. Victor.[78] Beide waren Mitglieder der von St. Mauritius angeführten Thebäischen Legion, welche wegen ihres christlichen Bekenntnisses unter Konkaiser Maximian in Agaunum, dem heutigen St. Maurice im Wallis, fast vollständig hingerichtet worden ist, mit Ausnahme kleinerer Einheiten, die entkommen konnten und dann anderenorts das Martyrium gefunden haben – so wie Ursus und Victor in Solothurn. Sie werden in der ‹Passio Acaunensium martyrum› des Eucherius von Lyon aus dem Jahr 455 erstmals erwähnt.[79] Eine erste *passio* des Hl. Victor ist aus dem 7. Jahrhundert überliefert; sie erwähnt die Translatio der Gebeine Victors von Solothurn nach Genf um 500,[80] auf die auch die sog. ‹Fredegar-Chronik› referiert.[81] Der Kult des Hl. Ursus in Solothurn dürfte, wie archäologische Befunde nahelegen, ebenfalls im 5. Jahrhundert eingesetzt haben.[82]

Ein St. Ursus-Kloster ist 870 erstmals erwähnt.[83] Für dieses wurde wohl um 900 die St. Galler ‹Passio beatissimorum martyrum Victoris et Ursi› verfasst,[84] die das Martyrium der beiden Heiligen und ihrer Begleiter unter Hyrtacus, dem Statthalter der Provinz, auserzählt. Die Schlusspassage der Legende, in welcher die hingerichteten Märtyrer mit ihren Häuptern in der Hand aus der Aare steigen und endlich sterben, dürfte, wie Widmer annimmt, aus der Züricher Legende von Felix und Regula übernommen worden sein.[85] Das Ende der ‹Passio beatissimorum martyrum› zeigt zudem einen Einfluss der Genfer Tradition: Die Legende endet mit der Translatio der Gebeine Victors nach Genf.[86]

Die auf Solothurn und auf Ursus konzentrierte Tradition setzt im 11. Jahrhundert ein. Um 1019 kündigt Abt Berno von Reichenau in einem Brief an Bischof Heinrich von Lausanne die Translatio der Gebeine des Hl. Ursus in eine neue Kirche in Solothurn an und bittet daher um eine Abschrift der Legende.[87] Ab dem 11. Jahrhundert tauchen Ursus-Reliquien in verschiedenen Kirchen in der Schweiz und in Süddeutschland auf.[88] Das bedeutet, dass der Kult jetzt überregionale Strahl-

---

[78] A. Haffner, ed. 1849, S. 6f.
[79] Eucherius of Lyon: Passio Arcaunensium martyrum, hg. von Beat Näf. Zürich 2015, §14. Vgl. Widmer 2013.
[80] Vgl. ebd.; Widmer 1990, S. 41f.
[81] Fredegarii et aliorum Chronica. Vitae sanctorum, hg. von Bruno Krusch. München 1888 (MGH Scriptorum Rerum Merovingicarum 2), IV, cap. 22, S. 129; vgl. Freddi 2014, S. 37; Widmer 1990, S. 42f.
[82] Freddi 2014, S. 36.
[83] Vgl. Widmer 2013; Freddi 2014, S. 38.
[84] St. Gallen, Stiftsbibliothek, Cod. Sang. 569 (‹Viten frühchristlicher Päpste und Märtyrer›), S. 224–239, ed. in: Widmer 1990, S. 75–80.
[85] Widmer 1990, S. 46–47f.
[86] Vgl. Kullys Kommentar in: Wagner, ed. 1982, Bd. II, S. 151f.
[87] Widmer 1990, S. 53. Die Kirche selbst ist erstmals 1182 erwähnt, ebd., S. 55.
[88] Ebd., S. 53.

kraft entfaltete. Abt Heinrich von Frienisberg erwähnt 1251 erstmals eine Gründung der St. Ursus-Kirche durch eine Königin namens Bertha.[89] Noch ist unklar, um welche Bertha es sich dabei handelt.

Im Jahr 1469 berichtet der Stadtschreiber von Solothurn, Hans vom Staal, von einem neuen Reliquienfund: Demnach wurden die Gebeine von 36 Begleitern des Hl. Ursus in Solothurn gefunden.[90] Angeblich fand man genau zu dieser Zeit auch, wie Hans von Waltheym berichtet, in «alten Chroniken» Belege dafür, dass Königin Bertha von Burgund bereits Reliquien von 17 Mitgliedern der Thebäischen Legion in Solothurn gefunden und daraufhin die St. Ursenkirche gestiftet habe.[91] Am 20. Juni 1473 leitete Bern eine Bitte Solothurns an den Bischof von Lausanne, den späteren Papst Julius II., weiter, beim Papst eine Untersuchung und Anerkennung der Reliquien zu bewirken.[92] Angeblich wurde die Authentizität der Reliquien ebenso wie die Stiftung der St. Ursenkirche durch Bertha bereits am 21. Juli 1473 durch eine päpstliche Bulle bestätigt.[93]

Dies regte die weitere Legendenbildung an, die jetzt stets mit der Gründungslegende verbunden ist. Die Unsicherheit, ob mit Bertha wirklich Bertha von Burgund gemeint ist, die ab dem 15. Jahrhundert in Solothurn als Stifterin gefeiert wurde, wird im 16. Jahrhundert noch einmal neu befeuert durch die Erwähnung der regen Stiftungstätigkeit Berthradas, der Mutter Karls des Großen, in der Schweiz durch Beatus Rhenanus.[94] Vor einer Verwechselung der beiden warnt u. a. Hanns Wagner in einer Anmerkung, die er 1545 in eine Abschrift der Urkunde Heinrichs von Frienisberg einträgt.[95] Franz Haffners Lösung, eine erste Stiftung durch Berthrada 737[96] und eine zweite durch Bertha 931 anzunehmen, setzt sich letztlich durch.[97]

Am 5. April 1519 – Franz Haffner spricht von 1518[98] –, kam bei Umbauarbeiten der St. Ursenkirche in Solothurn ein Sarkophag unter dem Hochaltar zum Vorschein. Ein Silberplättchen aus dem 10. Jahrhundert identifizierte das Skelett mit

---

[89] Freddi 2014, S. 39; Widmer 1990, S. 53.
[90] Widmer 1990, S. 57.
[91] Die Pilgerfahrt des Hans von Waltheym im Jahre 1474, hg. von Friedrich Emil Welti. Bern 1925, S. 60; Freddi 2014, S. 47.
[92] Freddi 2014, S. 46.
[93] Staatsarchiv Solothurn, Urkundensammlung, Urkunde vom 20.7.1473, zitiert nach: Freddi 2014, S. 39 und Widmer 1990, S. 61. Der angeblich diese Bulle ausstellende Papst Alexander VI. war aber zu dieser Zeit noch lange nicht Papst.
[94] Beatus Rhenanus: Rerum Germanicarum libri tres (1531), hg. u. übers. von Felix Mundt. Tübingen 2008 (Frühe Neuzeit 127), III,5.29, S. 324, Z. 27f. Vgl. Freddi 2014, S. 39; Widmer 1990, S. 53.
[95] Zentralbibliothek Solothurn, S 729, fol. 72^v–73^v, zit. n. Freddi 2014, S. 39.
[96] F. Haffner 1666, Teil I, S. 221. Haefliger 1943, S. 9, nennt die Jahreszahl 742.
[97] Vgl. Freddi 2014, S. 40.
[98] F. Haffner 1666, Teil II, S. 206.

abgetrenntem Schädel in diesem Sarkophag als St. Ursus.[99] Laut Haffner waren es zwei Skelette, von denen das zweite mit einem schwer leserlichen Pergamentzettel als Victor identifiziert wurde.[100] Die Reliquien des Stadtpatrons wurden von nun an sichtbar im Hochaltar verwahrt.

Hier soll sich 1530 ein Zeichen ereignet haben: Als sich die Reformierten im Februar 1530 zu unbedachter Rede hinreißen: *sie wöllen St. Ursen alls heiss machen, dass er muosse schwitzen,*[101] und damit auf die Predigttätigkeit Hallers anspielten, ereignete sich, wie Valerius Anshelm in der ‹Berner Chronik› berichtet, am darauffolgenden Tag (am 8. Februar 1530) ein Wunder:

> der heilig s. Urs schwizte; dan im fronaltar uf siner decki helle tropfen gesprengt lagend, uss gesprengtem wîhwasser, îs oder salz geschmolzen, wie ichs selbs gesehen hab.[102]

Parallel zur Predigt Berchtold Hallers in der Barfüßerkirche wurden am 9. Februar die Glocken der St. Ursenkirche geläutet und die Chorherren, ein Großteil des Stadtrats und der Zünfte sowie die katholischen Gemeinde zogen in feierlicher Prozession zum St. Ursenmünster, wo das Hochamt zelebriert wurde, um Ursus für dieses Zeichen zu danken.[103] Das Schweißwunder des Hl. Ursus wird noch ein Jahr später in einem Rechtsstreit wegen Verleumdung, der am 6. Februar 1531 in Zürich vor Gericht kommt, erwähnt. Allerdings sollen sich jetzt nicht mehr Tropfen gebildet haben, sondern *das tuoch, darin er gelegen oder umgeben gsin, ganz und gar nass, also dass der schweiss durch das tuoch usshin getrungen sye.*[104] Die Erzählung war also bekannt, wenngleich Haefliger konstatiert, dass sie «keine dauerhafte Wirkung»[105] gehabt habe.

Das Schweißwunder ist freilich bei Weitem nicht das einzige Wunder, das dem Hl. Ursus im Laufe der spätmittelalterlichen und frühneuzeitlichen Weiterentwicklung der Legende zugeschrieben wurde. So berichtet u. a. Anton Haffner in seiner Chronik von 1587 von einem Schutzwunder:[106] Während der Belagerung Solothurns durch Erzherzog Leopold I. von Österreich 1318 sollen Ursus und die

---

[99] Vgl. Angst, S. 26; Haefliger 1943, S. 12.
[100] Haffner 1666, Teil II, S. 206.
[101] Haefliger 1943, S. 56 (ohne direkte Quellenangabe); übernommen in: Angst 1983, S. 26. Vgl. Amiet/Sigrist 1976, S. 21.
[102] Valerius Anshelm, Die Berner-Chronik des Valerius Anshelm, hg. vom Historischen Verein des Kantons Bern, Bd. 6. Bern 1901, S. 22, Z. 19–21. Vgl. Angst 1983, S. 26; Haefliger 1943, S. 56f.
[103] Haefliger 1943, S. 57.
[104] Actensammlung zur Schweizerischen Reformationsgeschichte in den Jahren 1521–1532 im Anschluss an die gleichzeitigen eidgenössischen Abschiede bearb. und hg. von Johann Strickler, Bd. 3. Zürich 1880, Nr. 125 (5.2.1531), S. 49f.
[105] Haefliger 1943, S. 58.
[106] A. Haffner, ed. 1849, S. 17–20.

Thebäische Legion nachts an der Stadtmauer erschienen sein und Leopold zum Rückzug bewegt haben.[107] Ähnliche Berichte mehren sich nach der Reformation.

‹Älteres St. Ursenspiel› (1539)

Im Jahre 1539, d. h. als Ausläufer der 1533 mit Nachdruck einsetzenden Rekatholisierung Solothurns, wurde laut Notiz auf fol. 1ʳ einer heute in der Solothurner Zentralbibliothek aufbewahrten Handschrift (ZBS S 58) von einer *Ersame[n] burgerschafft in der loblichen statt Solothurn*[108] ein anonymes Ursenspiel aufgeführt. Kurz nach der Wiederentdeckung der Handschrift 1880 hat Jakob Amiet den berühmten Solothurner Dramatiker Johannes Aal, Prediger am St. Ursenstift,[109] als Autor des Stücks identifiziert.[110] Diese Zuschreibung ist in der Folgezeit häufig diskutiert worden und lässt sich nicht beweisen.[111] Johannes Aal war zwar zu dieser Zeit Prediger in Solothurn, daher könnte er für die Aufführung verantwortlich gewesen sein und eventuell in den Text des ab 1502 wiederholt bezeugten traditionellen ‹Ursenspiels› eingegriffen haben. Sein 1543 verfasstes Gedicht über den Hl. Ursus setzt aber andere Akzente als das Spiel.[112]

Inhaltlich setzt das Spiel ein, als das von Maximian (Konkaiser Diocletians) geführte Heer, dem die Mauritius unterstellte Thebäische Legion angehört, den St. Bernhard Pass (V. 71) überquert und Octodur erreicht hat. Maximian setzt ein Fest an, um den römischen Göttern für ihr Geleit zu danken, und fordert das Heer zum Opfer auf. Die Thebäer weichen nach Agaunum aus. Als ihre Abwesenheit entdeckt wird, lässt Maximian sie aufspüren, um sie zum Opfer zu zwingen. Bald wird dem Mitkaiser berichtet, dass 5.000 Thebäer erschlagen, aber Ursus und Victor mit 66 Gesellen nach Solothurn entwichen seien. Maximian entsendet einen Boten zu Hyrtacus, dem Statthalter von Solothurn. Dieser lässt die flüchtigen Christen, die erfolgreich in Solothurn den christlichen Glauben predigen, gefangen nehmen. Mehrere Versuche, sie zum Abschwören ihres Glaubens zu bewegen, scheitern: Im Religionsgespräch sind sie nicht zu bezwingen. Als sie mit Prügeln gefügig gemacht werden sollen, befreit sie ein Engel; als sie verbrannt werden sollen, löscht ein Unwetter das Feuer. Gestützt auf ein Votum seines Rats, befiehlt Hyrtacus, zunächst die Ranghöchsten unter ihnen zu enthaupten (Ursus, Victor, Exuperius, Candidus, Vitalis und Florentinus), und da dies die anderen nicht bekehrt, auch die restlichen Thebäer. Als dem Kaiser davon berichtet wird, zeigt er sich hoch erfreut. Im Epilog erst erfährt man von dem Wunder, dass die Toten, die in die Aare geworfen worden

---

[107] F. Haffner 1666, Teil II, S. 129f.; Widmer 1990, S. 57.
[108] Zitate nach der Edition: Das ältere St. Ursenspiel, hg. und komm. von Elisabeth Kully, in: Jahrbuch für Solothurnische Geschichte 55 (1982), S. 5–107.
[109] Zu seiner Biographie vgl. Kully 2011.
[110] Solothurn, ZA, Protokolle des Historischen Vereins 1880–1883, zit. n. E. Kully 1982, S. 14.
[111] Vgl. E. Kully 1982, S. 14–25; Biermann 1980, S. 208f.; Biermann 1977, S. 59f.
[112] Johannes Aal: St. Ursengedicht, hg. von Kully, in: R. Kully 1981, S. 60f.

waren, diese mit dem Haupt in den Händen wieder verlassen und noch eine Stunde lang gebetet haben, bis sie gestorben sind. Der Epilog berichtet weiter von der Auffindung der Reliquien durch Bertha, der Stiftung des Münsters und der Wundertätigkeit der Reliquien sowie vom Schutz des Hl. Ursus für seine Stadt.

Bibelzitate als Mittel der Heiligung

Es ist wohl kein Zufall, dass der Patron einer Stadt, für welche der Kriegssold und die Pensionen insbesondere des französischen Königs ein bedeutender wirtschaftlicher Faktor darstellten und die zum Teil auch wegen Zwinglis Kritik am Reisläufertum gegen die Reformation Stellung bezog, ein Soldaten- oder besser ein Söldnerheiliger ist. Im ‹Älteren Ursenspiel› wird genau dieser Punkt starkgemacht. Bereits im Prolog werden die Thebäer als Berufssoldaten eingeführt. Sie werden vom römischen Kaiser, der Tyrann, dem *Nach Christen blůtt [...] dürstet seer* (V. 20), angeworben, um in Gallien eingesetzt zu werden, gegen *Ein folck das fiell von Römeren ab | Verachtet jren gwalt vnd stab* (V. 35f.). Bevor sie sich aber in den Dienst der Römer gestellt haben, hat es die Thebäer zum christlichen Glauben hingezogen; vom Bischof von Jerusalem sind sie bekehrt und getauft worden und sind danach nach Rom gezogen, um sich vom Papst weiter im Glauben unterweisen zu lassen. *Er lernt sÿ Christen nit berůben* (V. 62).

Das Motiv der Stärkung und Einweisung der Soldaten durch den Papst wird im Spiel an zentralen Stellen wiederholt. Als das pagane Opferfest ansteht und die Thebäer gegenüber Mauritius ihre Festigkeit im Glauben und ihren Willen zum Martyrium bestätigt haben, erinnert Mauritius an die Worte des Papstes, dass sie nie gegen Christen kämpfen sollten, und sollte der Kaiser sie dazu nötigen wollen, sollten sie lieber selbst den Tod empfangen (V. 271f.). Die von Mauritius zitierte Rede des Papstes richtet sich ausdrücklich an *Marici min kindt/ Vrse min sun* (V. 276), die damit als Stellvertreter der *edelen Ritter* (V. 278) hervorgehoben werden. Sie sollen wie Daniel in der Löwengrube (V. 281) oder wie die drei Jünglinge im Feuerofen (V. 285) von Gott geschützt werden, wenn sie Christi Passion schließlich als *heilsam bispil* (V. 297) nachahmen. Als Soldaten, die ungerechten Befehlen widerstehen, werden sie Christus nachfolgen im Leid, denn *Es můß erlitten sin vff erden | Wellend wir achter selig werden* (V. 306f.).

Den Schlüssel zur Verbindung von Christusnachfolge im Leid als heilbringendem Werk und im Söldnerdienst liefert schließlich Ursus, als er mit seinen Gesellen in Solothurn festgenommen wird und ihnen vorgeworfen wird, desertiert zu haben (V. 756):

> Gen Rom gab vns der Bapst den segen
> Der Ritterschafft hieß er vns bflegen
> Doch das wir wider Christum nit stritten
> Der fromen Blůtt vergiessen mitten (V. 770–773).

Den Vorwurf der Fahnenflucht wehren sie mit Hinweis auf ihren Berufseid ab, der in ähnlicher Weise für zeitgenössische Reisläufer gilt, deren Einsatz in Soldverträgen festgelegt war, die also nicht beliebig eingesetzt werden konnten und die zurückberufen werden durften, wenn die Schweiz in Gefahr war.[113] Ihre Ehre und ihr Selbstverständnis als ‹Ritter› beruht gerade auf dem Christentum, als *milites Christi*, die mit physischen und allegorischen Waffen für die gerechte Sache kämpfen.[114] Deshalb ist ein Einsatz gegen Glaubensbrüder für sie undenkbar. In dieser Situation ziehen sie den Kampf allein mit allegorischen Waffen, d. h. die duldende Christusnachfolge, vor:

> Wir wend wie Christus dultig sin
> Vnd legen alle Waffen hin
> Die wir bishar an vns hand treitt
> Vnd volgen was vns Paulus seitt
> Es sónd die Christlichen Ritter
> Gewapnet Sin für als vngwitter
> Der bósen Geisteren in den lüfften
> Die dmenschen vnderstan zuergifften
> Harum den kempfferen recht gebürtt
> Das jre lende sÿent gürtt
> Mit breittem gürtel der Warheit
> Das Bantzer der gerechtigkeitt
> Sol schirmen vnseren lib eins theils
> Der isenhůt des ewgigen heils
> Versicheret vnsere hóbtter woll
> Vor allen dingen man han soll
> Des helgen glůben starcken schilt [...]
> Das schwert des Geists ist Gottes wortt
> Sol schniden scharpff an jedem Ortt
> Das sónd wir trüwlich fassen zHanden
> So werden vnsere fÿend sschanden
> Wer nun wil Sin ein Christen Man
> Der můß die Waffen legen An
> Vnd fechten in der dultikeit
> Das er erlang die sáligkeit (V. 789–819).

In den Marginalien der Handschrift wird auf *Ephe .6.* und *Luce .21.* verwiesen: Dargeboten wird hier eine Deutung des im Epheserbrief des Paulus (Eph 6,13–17) beschriebenen *miles Christianus* und der Ankündigung der Verfolgung der Apostel Lk 21,12f. als Vorbild für den Kampf der Thebäer, die physisch und metaphorisch für die Sache Christi kämpfen und für sein Wort Zeugnis ablegen und im Martyrium den Kampf gegen Satan antreten, um die Seligkeit zu erlangen. Mit diesem

---

[113] Vgl. Hitz 2015, S. 42f.
[114] Zu Bernhards von Clairvaux Idee der doppelten, nämlich spirituellen und physischen, Ritterschaft vgl. G. Evans 2000, S. 169f.; Fleckenstein 1980.

Verständnis christlicher Truppen ist nicht nur jede Kritik am Reisläuferwesen unterbunden; diese Deutung der *militia Christi* beinhaltet auch den Kampf gegen Irrlehren, auf deren militärischer Seite christliche Ritter nie kämpfen dürften – wie etwa im Zweiten Kappelerkrieg.

Tanz als intertextuelle Referenz

Bemerkenswert ist im ‹Älteren St. Ursenspiel› insbesondere die Darstellung des Martyriums des Hl. Mauritius und der 5.000 Mitglieder seiner Legion. Dieses wird nicht direkt dargestellt, obgleich Mauritius zuvor deutlich als Protagonist des Spiels aufgebaut ist (mit Ursus an zweiter Stelle). Nach einem kurzen Bericht des Hauptmanns, dass man zuerst jedem zehnten Christen das Haupt abgeschlagen habe, das aber keinen abgeschreckt, sondern alle eher zum Martyrium motiviert habe, woraufhin sie fast alle erschlagen worden seien, außer Ursus und Victor mit 66 Mitstreitern, die entkamen (V. 550), ist Mauritius spurlos verschwunden.

An die Stelle der Tötung der 5.000 tritt eine Tanzszene in Octodurum: Maximian ordnet, kaum dass er die Vernichtung der Christen in Agaunum befohlen hat, an: *Mit danczen mógen ir hoffieren | Jm seittenn spil frÿ iubilieren* (V. 504f.). Dieser Tanz scheint Teil des paganen Opferrituals zu sein und ist allein dadurch als ‹falscher› Anbetungstanz negativ gezeichnet.[115] Der Hofmeister bestimmt sofort den Narren zum Vortänzer (V. 507) und markiert damit den Tanz als ‹närrisch› und wider die göttliche Ordnung. Der Narr nimmt die Würde des Vortanzes sofort an und bricht in seiner Replik auffällig Metrum und Reim des Spieltexts:

> Ja Warlich ich wil han den vordancz
> So wirt mir ein hübscheß schepeli
> Das fröwt mich baß den mengen man sin wib
> Mit danczen bin ich licham gschwind
> Dertt stott ein frow im gelben sturcz
> Die latt zů jettlichem dritt ein scheÿß
> Sÿ kan treffenlich vil kramantzen
> Darum so můß ich mit jren springen (V. 514–521).

Der Narr sucht als Tanzpartnerin gezielt eine durch ihren gelben Schleier als Prostituierte gekennzeichnete[116] Frau, um mit ihr einen dezidiert unhöfischen, ja, unflätigen Tanz zu beginnen. Das verstärkende Adverb *licham* (V. 517) gibt dem rasch begonnenen Tanz, an den sich sogleich auch ein anderer Tänzer mit einer weiteren Dame anschließt und zu dem der Platzmeister dann insgesamt auffordert (V. 534f.), einen üblen Beigeschmack, der sich unmittelbar danach, ab V. 536, bewahrheitet, wenn die Nachricht von der Tötung der Legion eintrifft.

---

[115] Vgl. Zimmermann 2007, S. 337–345.
[116] Vgl. E. Kully 1982, S. 46; Kislinger 2002, Sp. 268.

Die negative Zeichnung von Tänzen im geistlichen Spiel hat eine lange Tradition. Als deutlichste Vergleichsfolie für einen unangemessen erotischen Tanz am Hofe eines paganen Tyrannen vor dem Hintergrund der Tötung eines Heiligen bietet sich der Tanz Salomes an, der zur Tötung Johannes des Täufers führt, welchen Johannes Aal 1549 in Solothurn auf die Bühne bringen sollte. Eine Assoziation zwischen Mauritius und Johannes könnte den auf Mauritius nachfolgenden Märtyrer Ursus noch weiter erhöhen.

Christusnachfolge in Wort und Gewand

Ursus folgt in seinem Tod deutlich Christus nach und nicht Johannes. Als der Engel ihm und seinen Gesellen den nahen Märtyrertod und die baldige Seligkeit verheißt, spricht Ursus das erste Kreuzeswort Christi (Lk 23,34): *Die vns stellent vff vnser leben | O her thû jnen ir sünd vergeben* (V. 1195f.). Noch einmal vor Hyrtacus vorgeladen und bedroht, spricht er bereits vorausblickend auf den Tod das letzte Kreuzeswort (Lk 23,46): *Die seel entpffellent wir vnserem Gott | Der himel vnd erd erschaffen hatt* (V. 1345f.). Nachdem Ursus und seine Begleiter so bereits verbal die Passion Christi nachvollzogen haben, bestätigt Hyrtacus unwissend sichtbar die Christus-Nachfolge: Im Todesurteil gegen Ursus und seine Gefährten, welches er nun verlesen lässt, wird ein Schandkleid erwähnt, das den Verurteilten angelegt werden soll:

> Vnd züchent jnen jr harnisch vß
> Bekleÿdent jnen jre lib
> Mit langen kleideren wie die wib
> Jnen zů schand vnd zů spott
> Das Sÿ veracht hend vnseren Gott (V. 1370–1374).

Das Schandkleid[117] der verurteilten Ketzer, die *vnseren Gott* (V. 1374) verachten – auffällig ist hier die Verwendung des Singulars –, ist hier dezidiert mit der Kleidung von Frauen verglichen. Damit werden die Christen nicht nur als Narren und Ketzer markiert, sondern die *milites Christi* auch ihrer Männlichkeit beraubt und so in ihrer ‹Hilflosigkeit› der Lächerlichkeit preisgegeben. Die Aufforderung an die Folterknechte, die Gefangenen neu einzukleiden, ist zugleich eine gesprochene Regieanweisung. Wenn die in die langen Gewänder gekleideten Heiligen wieder auftreten, sprechen sie kein Wort mehr, bis sie enthauptet werden. Darauf weist der Folterknecht Pultro ausdrücklich hin:

Die knecht bringent den harnisch dem vogt vnd sprich[t] PULTRO

> Das ist der harnisch von den lütten
> die So früsch woltend sin mit stritten
> Jm Christen glûben woltens verharen

---

[117] Vgl. Schild 2002, Sp. 1439.

> Mich dunck[t] sÿ sÿent wol halber naren
> Man bringt sÿ bald jr werdent sechen
> Vor forcht kann keiner ein wortt aus jechen (V. 1605–1610).

Das Schweigen der Verurteilten erlaubt es, unter den weißen Gewändern kleinere Knaben zu verbergen, denen das Gewand über das Haupt reicht, und den öffentlich abzuschlagenden Holzkopf auf das Kleid aufzusetzen. Das Schweigen aber betont auch die Nachfolge Christi, der von Herodes wegen seines Schweigens für einen Narren gehalten und deshalb in ein weißes Spottkleid gekleidet wird (Lk 23,11). Das ‹Ältere St. Ursenspiel› belässt es nicht hierbei, sondern lässt den Knecht Poltro auch Hyrtacus die Harnische überreichen, welche die Reisläufer-Heiligen bis zu dieser Szene getragen haben. Der Landvogt verschenkt die Harnische an die Henker:

> Bultro vnd ander mine knecht
> Ob üch der harnisch were recht
> So sond jr in mit üch heim tragen (V. 1611–1613).

Mit dieser Geste verstärkt Hyrtacus die Christusnachfolge der Heiligen: So wie in Joh 19,23f. Christi Kleider unter den Folterknechten verteilt und um den Mantel gewürfelt wird, um wiederum Ps 22,19 zu erfüllen, so wird *der harnisch* (V. 1612) der Thebäer, auffällig im Singular formuliert, an die Henker vergeben.

Ursus hat zuvor noch einmal die Heilswirksamkeit der Leiden Christi betont und seine Begleiter aufgefordert, sich in die Reihe der Apostel einzureihen, die Christi *exempel gfolgent hand | Kein Marter hat Sÿ mögen wenden* (V. 1444f.). Eine durch die Anapher und Parallelismus hervorgehobene Reihe von Martyrium-Arten, angelehnt an Hebr 11,36f., aber erweitert durch die tatsächlichen Todesarten der Apostel, hat die Gesellen auf den Tod vorbereitet (V. 1439–1464) und der nun folgenden Hinrichtungsszene Sinn verliehen. Als ‹Apostel› legen die Thebäer hier Zeugnis ab.

Ein Zitat aus der Gegenwart

Dass Ursus nicht nur ein historischer Heiliger der frühchristlichen Zeit ist, sondern in direktem Bezug zur Gegenwart in Solothurn steht, macht das ‹Ältere St. Ursenspiel› kurz vor der versuchten Feuer-Hinrichtung der Thebäer deutlich. Als die Gefangenen vor Hyrtacus geführt werden, spricht einer der Henkersknechte (*furier*, V. 1130a) spöttisch zu Ursus:

> Du bist So blau ich mein dich frür
> Kum mit mir zů eim gůtten für
> Do ist So licham warm vnd heiß
> Jch hoff dir wird vß gan der schweiß (V. 1130–1134).

Diese scheinbar allein der vorgesehenen Hinrichtungsart geschuldeten Spottworte müssen nur neun Jahre nach dem weithin bekannten Schweißwunder des Hl. Ursus[118] die Erinnerung an die Spottworte der Reformierten wachrufen.[119] Der Henker erscheint hier als fehlgeleiteter Vertreter der anderen Konfession, deren Vertreibung aus der Stadt bald darauf erfolgte und somit den Spott zu einem Ausdruck der Machtlosigkeit werden lässt. Damit ist (erneut) ein deutliches Zeichen gesetzt, auf welche Seite sich das Publikum stellen sollte.

Integration des Publikums

>Edlen/ vesten/ frommen/ wÿsen/
>Mit was eeren ichs sol brÿsen/
>Geistlich/ weltlich/ jung vnd altt
>Sÿ eüch entbotten manigfalt
>Jr sÿent von stetten oder landt
>Frömbd heimisch bekant old vnbekant (V. 1–6).

Ein – für die schweizerischen Heiligenspiele typisches – ausdrücklich breites Publikum, zusammengesetzt aus Stadt- und Landbevölkerung, aus Solothurnern und Fremden, spricht der Herold mit dem Prolog des ‹Älteren St. Ursenspiels› an. Das Spiel, das hier vorgeführt werde, diene

>[...] Allein zů lob gott vnserem herren
>Maria der vil reinen zů eeren
>Sant Vrsen/ vnd sin gsellen allen (V. 9–11).

Auf das protestantische Motto *Soli Deo gloria* folgt sogleich eine Ausweitung auf Maria und den Hl. Ursus, schließlich auf alle Heiligen. An der Wahrheit der hier Dargestellten Geschichte des Hl. Ursus wird kein Zweifel zugelassen, da man sie *clarlich gschiben findt* (V. 14). Die Authentizität der Legende unterstreicht der Prolog durch die exakte Datierung des Geschehens ins Jahr 288 (V. 17f.), ihre Relevanz durch die Kontextualisierung innerhalb der Christenverfolgung des Diocletian, die alle betraf, die sich zu Christus bekannten:

>Verschont ward weder frowen noch man
>Jung vnd alt es můst als dran
>Wer den namen Christe Bekant
>Der ward gestrofft mit thodt zehant (V. 29–32).

---

[118] Vgl. oben, S. 214.
[119] In Wagners Spiel sind diese Worte dahingehend verschoben, dass sie unmittelbar vor dem Feuer gesprochen werden. Damit ist die situative Erklärung des Spotts stärker im Vordergrund; das Zitat des Schweißwunders dürfte aber auch 1581 noch erkannt worden sein.

Mit der zweimaligen Betonung des ‹Namens Christi› (V. 25, V. 31) greift der Prolog noch einmal ein protestantisches Schlüsselwort auf und stellt klar, dass alle von dem hier Dargestellten betroffen sind. So weist er auch ausdrücklich auf die verschiedenen Mitglieder der Thebäischen Legion hin, die dem Gemetzel in Octodurum entweichen konnten: So gelangten Gereon nach Köln (V. 110), Cassius und Florentinus nach Bonn (V. 111f.), andere nach Hallau (V. 113), *Sant felix kam selb dritt daruon | Zürich jn ward der martter kron* (V. 115f.), Aventor und Octavius kamen nach Turin (V. 117f.) – und Ursus mit Victor und 66 Gesellen nach Solothurn (V. 120–124). Diese Reihe suggeriert eine Steigerung, mahnt aber auch sehr deutlich die Züricher Nachbarn an ihr Thebäisches Erbe. Die Geschichte ist also eine, die alle angeht, wenn auch durch den ausgewählten Ausschnitt die Solothurner in besonderer Weise.

Wie sehr gerade die Geschichte des Ursus die Solothurner betrifft, wird durch die Rolle deutlich, die ‹dem Volk› im Stück zugewiesen wird. Dieses tritt erstmals auf, nachdem sich die Handlung vom Wallis nach Solothurn verlagert hat, nämlich wenn Ursus *zům volck* redet (V. 699a). Er öffnet der Bevölkerung die Augen für ihre *abgóttery* (V. 719), wenn sie die paganen Götter anbeten, die doch in den klassischen (Schul-)Schriften als übel lebende Menschen dargestellt werden (V. 707) und deshalb auch in der Hölle schmoren (V. 715f.). Er verweist auf die Schöpfung, die Dreifaltigkeit Gottes und die Erlösung durch den Sohn, dessen Blut alle durch Adams Fall verursachte Sünde wegwäscht, *So wir Recht glůben vnd sind thůfft | würckent ein Bůßfertig leben* (V. 745f.). Glaube, Reue und das Umsetzen der Reue in einem bußfertigen Leben gehören eindeutig zusammen. Damit vermittelt Ursus seinen Zuhörern und zugleich dem Publikum des Spiels eine katholische Auffassung von Rechtfertigung, welche nicht in einem *sola fide* verharrt, sondern den Beweis des Glaubens in der Tat fordert.

Die durch die Worte des Ursus Bekehrten treten nach der Verkündigung des Martyriums durch den Engel auf:

Hie kumpt ein schar volcks zů Hirtaco vnd spricht einer von der gmeind

>Hirtace hôr was wir verjechen
>Die zeichen die du ouch hast gesehen
>Die zeigent an vnd wisent freÿ
>Wie gewaltig der Christen Gott seÿ (V. 1196a–1200).

Das *volck*, das hier schon als *gmeind* bezeichnet wird, weist auf genau das hin, was jeder, ob Hyrtacus oder das Publikum, gesehen hat: die sichtbaren Zeichen der Macht Gottes. Gleichsam aus der Gruppe der Zuschauer heraus erinnert hier der Vertreter der Bevölkerung an biblisch bezeugte Wundertaten Gottes, die beweisen, dass auf der Seite der Seinigen steht: die Ägyptischen Plagen, den Auszug aus Ägypten, die Rettung Daniels aus der Löwengrube, die Unterstützung Josuas. Mit diesen typologischen Bezügen, die freilich einem paganen Gegner nichts sagen können, begründet das ‹Volk› seinen Glauben (V. 1205–1229) und isoliert damit Hyrtacus und seinen Rat auf der Bühne. Die Isolation derer, die meinen, am Ende zu triumphieren, da sie schließlich vom Kaiser gelobt werden, bleibt am Schluss bestehen. Sie sehen nicht, wie unergründlich und verwinkelt die Wege Gottes sind (Röm 11,33, V. 1551–1553).

Nur das Publikum kennt das weitere Geschehen, welches am Ende der Herold kurz zusammenfasst: das Gebet der Enthaupten am Ufer der Aare, *Do jetzan stadt am selben Ortt | ein kapell in Sant Petters Eer* (V. 1870f.), die Auffindung ihrer Gebeine durch Königin Bertha (V. 1884f.), die Wunderzeichen am Grab der Heiligen (V. 1893f.), die Erhebung der Gebeine (V. 1895f.), der Bau des Münsters, das durch den Zeigegestus *dises münster* (V. 1900) als in unmittelbarer Sicht des Publikums bezeichnet wird, ebenso wie das dazugehörige *diese gstifft* (S. 1903).

> Do selbst vil zeichen gschechen sind
> An wÿb / man / alten vnd kind
> die zeichen kan man nit vernütten
> Es leben noch vil fromer lütten
> Die harum ware kuntschafft gend
> Die Solichs kõrtt vnd gsechen hend
> Darab sich nieman wunderen Soll
> Der ding die helge gschrifft ist voll (V. 1907–1914).

Das Publikum, das vom *volck* im Spiel letztlich nicht zu trennen ist, das bereits im Spiel seine Gegenposition zu Hyrtacus zum Ausdruck gebracht hat und das allein verstehen kann, dass Erfolg im Leben nicht mit dem Heil im Jenseits korrespondieren muss, da es die Bibel kennt (sowohl die alttestamentlichen Präfigurationen als auch die Aussagen des Paulus) und daher jeden verlachen kann, der so etwas annimmt, wird hier nun Schritt für Schritt in die Gegenwart geholt. Die Geschichte des Orts, an dem es sich befindet, wird referiert und dabei noch einmal auf das Vorwissen des Publikums referiert. Der Ort, an dem die Reliquien des Hl. Ursus sichtbar präsentiert sind, und der seinerseits im Blickfeld des Publikums steht, dient als Zeugnis für die Wahrheit des Gesagten. Noch mehr, die Zeugenschaft des Publikums selbst wird aufgerufen, wenn es nun um die vom Hl. Ursus gewirkten Wunder geht: Es leben im Kreise dieser Stadt, um nicht zu sagen im Kreise der Zuschauer, noch Menschen, welche die Wunder bezeugen können. Damit ist jeder Zweifel, den Protestanten an Wundern äußern könnten, ebenso blind wie die Wut des Hyrtacus gegen die Heiligen. Da Wunder auch in der Bibel bezeugt sind, bedeutet ein Zweifel am Wunder einen Zweifel an der Bibel und daher einen mangelnden christlichen Glauben. Schließlich verbürge das Christuswort (Joh 14,12) *Wer warlich glŭbt vnd hofft in mich | Wirt Solche zeichen thŭn wie ich* (V. 1933f.), dass es von Menschen gewirkte Wunder gibt und dass diese ein Ausdruck besonderen Glaubens sind. *Daruß wir ein ler sõnd enpfan | Das dhelgen nit zuerachten sind* (V. 1936f.). Hieraus zieht der Herold, der sich durch das *wir* in die Gruppe derer, zu denen er spricht, integriert, die klare Lehre für die gesamte Zuhörerschaft: *Dorum sónd wir Sÿ in eren han | Nach Christo Jhesu rúffen An* (V. 1941f.). Diese deutliche, wider die reformierte Ablehnung der Heiligen, aber auch gegen das lutherische Verständnis von Heiligen als reinen Vorbildern gerichtete Botschaft ist durch das gesamte Spiel vermittelt worden und wird nun in den Worten des Herolds verdichtet, der zu dem Publikum spricht, dem bereits zuvor die Rolle des *volcks* zugefallen war. Nur an zweiter Stelle nennt der Herold diese Vorbildfunktion der Heiligen im Ertragen von Leid (V. 1951).

O Solothurn erken dinen Namen (V. 1955), setzt der Herold neu ein, um jetzt an den Lokalpatriotismus seiner Zuschauer zu appellieren und um so noch einmal für den Heiligenkult zu votieren: Der *schatz* (V. 1960) der Lokalheiligen soll als besondere Gnade Gottes für Solothurn erkannt werden, denn die Fürbitte der Heiligen hat die Stadt und ihre Bewohner häufig geschützt: in Teuerungen, Pandemien, Kriegen, Flutkatastrophen (V. 1965f.). Mit zwei Stichworten, die wiederum auf das Vorwissen der schweizerischen und v. a. der solothurnischen Zuschauer referieren, unterstreicht er dieses Argument: *dorneck* (V. 1968) und *brůder holtz* (V. 1969). In der Schlacht bei Dorneck am 22. Juli 1499 gelang letztlich die Loslösung vom Reich; im Gefecht am Bruderholz bei Basel am 20. März 1499 konnten sich die Solothurner gegen eine überragende Übermacht ihrer Gegner durchsetzen.[120] Eine solche Gunst Gottes zu verspielen, indem man sich vom Heiligenkult abwendet, wäre ungeschickt für die Stadt und für die Eidgenossenschaft, von welcher Gott seinen Zorn abwenden und ihr Frieden schenken möge (V. 1999f.) – wenn jeder einzelne sich denn nur an den Thebäern ein Beispiel nehmen und lieber den Tod akzeptieren würde, *Dan lossen dich vom helgen glůb[en fieren] | Den Dine elteren hand g[ehalten]* (V. 1986f.).

Durch den Epilog wird das ‹Ältere St. Ursenspiel› sehr deutlich zu einem Kampfstück gegen den Protestantismus, der durch die Abkehr vom Heiligenkult und auch durch die Kritik am Söldner- und Pensionenwesen seine Ignoranz gegenüber der Heiligen Schrift und gerade auch seine Unkenntnis der von Protestanten häufig zitierten Lehre des Paulus erkennen lässt. Durch die Handlung, durch die Konstellation Mauritius–Ursus, durch die Worte des Ursus, durch typologische Strukturen bis hin zu einer in der Verteilung der Kleider sichtbaren Christusnachfolge wird die Heiligkeit der Thebäer deutlich, und die lange Tradition des Ursuskults in Solothurn bestätigt seine Richtigkeit, die insbesondere dem Publikum, das bereits als Teil der handelnden Figuren aufgetreten ist, das aber auch das Münster St. Ursus im Blick hat, bestens bekannt ist.

---

[120] Vgl. E. Kully 1982, S. 102.

Wagners ‹St. Mauritius und St. Ursus› (1581)

Das ‹Ältere St. Ursenspiel› erfuhr bereits 1575,[121] insbesondere aber 1581[122] eine beachtliche Ausweitung durch Hanns Wagner. Dieser war laut Visitationsbericht des päpstlichen Legaten Bonhomini ein «erasmisch gesinnter»[123] Schulmeister der Lateinschule und Organist am St. Ursenstift und Neffe des vermeintlichen Verfassers des Spiels von 1539, des Stiftspredigers Johannes Aal.[124] Wagner war wie Aal vor der Reformation aus Bremgarten gewichen und hatte sich nach einem Studium in Freiburg i. Br. in Solothurn niedergelassen. Aal vermachte Wagner seine Bibliothek; die erhaltene Handschrift des ‹Älteren St. Ursenspiels› gehörte allerdings nicht zu diesen Beständen; daher sind Zweifel an der Autorschaft Aals durchaus angebracht.[125] In jedem Fall war Wagner das ältere Spiel bekannt.

Die Dokumentation zur Aufführung von Wagners ‹St. Mauritius und St. Ursus› ist weitaus dichter als die der anderen Spiele aus Solothurn.[126] Anton Haffners ‹Chronica› widmet der Aufführung des Spiels am 27. und 28. August 1581 ein eigenes Kapitel – vielleicht auch, weil er selbst an ihr beteiligt war. Er übernahm die Rolle des tyrannischen Statthalters Hyrtacus. Haffner betont v. a. die Kosten, welche der Rat bereit war für diese Aufführung zu stemmen: *mit großen Kosten [...], daß schier ungläubig ist.*[127] Er zählt zudem die hochgestellten Darsteller, die an der Aufführung beteiligt waren, auf. Unter ihnen befinden sich auch der Stadtschreiber Hans Jacob vom Staal und eine bemerkenswerte Zahl an *Hauptlüt* von Reisläufereinheiten, welche in der eigenen Montur auftraten.[128] Haffner zeigt sich auch beeindruckt von der großen Zahl der Besucher: *allein uß der Statt Bern ob den hundert Ingeßßnen Burgern alhie geweßen* und von der kurzen Probenzeit, die *nit länger dan zechen wochen* in Anspruch nahm, was die hohe Motivation der Darsteller unterstreicht.[129]

Haffner erwähnt nicht, in welchem Kontext die Aufführung stattfand. Im Jahr 1581 jährte sich der Beitritt Solothurns zur Eidgenossenschaft das 100. Mal. Es liegt daher nahe anzunehmen, dass die Aufführung Teil der Jubiläumsfeierlichkeiten war.[130] Die Tatsache, dass ein mit zahlreichen Korrekturen überzogener Autograph mit dem Text des zweiten Spieltags bereits aus dem Jahr 1575[131] und daneben Autographen in

---

[121] Solothurn, Zentralbibliothek, S I 81. Vgl. Wagner, ed. 1982, Bd. II, S. 148f.
[122] Hanns Wagner: Solothurner St. Mauritius- und St. Ursenspiel, hg. von Heinrich Biermann. Bern/Stuttgart 1980 (Schweizer Texte N. F. 5); im Folgenden zitiert nach der Ausgabe: Wagner, ed. 1982, Bd. I.
[123] Amiet/Sigrist 1976, S. 123.
[124] Zur Biographie von Wagner vgl. R. Kully 1981, S. 11–33; ders. 1982, S. 109–116; ders. 2017; zu Aal vgl. Ukena-Best 2008a, S. 25.
[125] Vgl. E. Kully 1982, S. 22.
[126] Vgl. R. Kully 1981, S. 242–253.
[127] A. Haffner, ed. 1849, S. 84.
[128] Ebd., S. 84f.
[129] Ebd., S. 85. Dies verdeutlicht freilich auch, dass es sich um Laiendarsteller handelte.
[130] Vgl. R. Kully 1982a, S. 122.
[131] Solothurn, Zentralbibliothek, S I 81. Vgl. Wagner, ed. 1982, Bd. I, S. 148f.

Reinschrift von den beiden Spieltagen 1581 existieren,[132] hat Kully dahingehend interpretiert, dass die Aufführung vielleicht anlässlich des 100-jährigen Jubiläums der Reliquienauffindung im Jahre 1573 geplant war,[133] dann aber auf das andere Jubiläum verschoben wurde, für welches das Spiel noch einmal überarbeitet werden musste. Die Korrekturen sind tiefgreifend: Ganze Szenen sind ergänzt oder ersetzt, Musik ist eingefügt, ganze Seiten sind herausgeschnitten oder nachgetragen, ähnlich wie in der für mehrere Aufführung genutzten Handschrift des ‹Luzerner Apostelspiels›.[134] Zudem ist auch die ‹endgültige› Fassung des ‹Ursenspiels› in Handschrift S I 120 nicht frei von Korrekturen. Es wäre gut möglich, dass das Stück 1575 oder bereits 1573 aufgeführt und danach für den Zweck des eidgenössischen Jubiläums noch einmal grundlegend abgewandelt worden ist.

Die Anregung dazu, das Stück im Jahr 1581 aufzuführen, könnte, wie Kully nachvollziehbar argumentiert, auf den Stadtschreiber Hans Jakob vom Staal zurückgehen, der dem Schultheiß und dem Rat der Stadt am 19. Juli 1581 eine von ihm selbst ausgearbeitete Spielordnung des Stücks vorlegte.[135] Nur zwei Monate zuvor war Hans Jakob vom Staal auf Vermittlung von Schultheiß Heid vom Freiburger Jesuiten Petrus Canisius besucht worden, der in Erfüllung eines Gelübdes zur Verehrung der Ursus-Reliquien nach Solothurn gekommen war. Auf Betreiben Hans Jakobs vom Staal beauftragte der Solothurner Rat Canisius, die Legende des Hl. Mauritius und des Hl. Ursus neu zu schreiben.[136] Genauso offen war der Rat für das ‹Mauritius- und Ursenspiel›. Schon zwei Tage nach Vorlage des Antrags genehmigte der Rat die Aufführung und schärfte den Darstellern ein, sich größte Mühe zu geben, zumal man ein sehr großes Publikum erwartete.[137]

Ort der Aufführung war fraglos der Platz vor St. Ursus. Auf S. 1 der (von neuerer Hand paginierten) Handschrift S I 81 beschreibt Wagner den Einzug der Spieler (*Ordo Vmbzugs*) auf die Simultanbühne und nennt verschiedene Spielorte: Der Kaiser und der Adel nehmen *vor der Zelt*, der Bischof *vor dem Brunnen* ihre Position ein, Mauritius, Victor, Ursus und die anderen Thebäer *für stockers hus vnd Frohlicherin hus*. Diese beiden Bürgerhäuser hat Biermann als die Häuser Hauptgasse 65 und 67 auf dem von der Hauptgasse begrenzten Kronenplatz vor St. Ursus nachweisen können.[138] Damit ist mit dem *Brunnen* wohl der Brunnen vor St. Ursus gemeint.[139]

---

[132] Solothurn, Zentralbibliothek, S I 120. Vgl. Wagner, ed. 1982, Bd. I, S. 146f.; Solothurn, Zentralbibliothek, S I 101. Vgl. Wagner, ed. 1982, Bd. I, S. 4–6. Diese Handschriften sind von moderner Hand paginiert, nicht foliiert.
[133] R. Kully 1982a, S. 124.
[134] Vgl. oben, Kap. ‹Luzern›; Luzerner Apostelspiel, Erstedition und Kommentar, hg. von Julia Gold. Berlin/Basel [2024].
[135] R. Kully 1982a, S. 126.
[136] Amiet/Sigrist 1976, S. 127.
[137] R. Kully 1982a, S. 126.
[138] Biermann 1980, S. 242f.
[139] Ebd. Zur Diskussion möglicher anderer Aufführungsorte in Solothurn vgl. Junghanns 2016, S. 99f. Für 1591 ist die Errichtung einer Tribüne vor dem Gasthaus Krone bezeugt: *Soll dem*

Inhaltlich schließt sich das Doppelspiel sehr eng an das ‹Ältere St. Ursenspiel› an. Bemerkenswert sind aber die Erweiterungen der einzelnen Szenen und auch die neue musikalische Gestaltung des Stücks. Nur wenige zentrale Punkte können hier herausgegriffen werden. So ist das Opferfest in Octodurum deutlich erweitert und am Ende von einem Herold entschuldigt als ein Vergleich zwischen paganen Riten und dem christlichen Glauben und als ein Spiegel des gottlosen Lebens all derer, die sich von Gott entfernt haben (M: V. 1568–1629). Dem Tanz wird deutlich die Obszönität genommen, vielmehr wird er zunächst ausdrücklich als Anbetungskampf um die Jupiter- und Marsstatue gestaltet (M: V. 1377b–e). Bald wird dieser Götzendienst vom Narren abgebrochen (M: V. 1384–1396) und in einen Schwerttanz überführt (M: V. 1397–1466). Tanzpartnerin des Narren ist nicht eine Prostituierte, sondern eine ‹Mörin› (M: V. 1382c). Ihre schwarze Hautfarbe verweist im Zerrspiegel auf den Hl. Mauritius und auf das parallele Geschehen in Agaunum. Obgleich es auch hier nicht dargestellt ist, wird das Martyrium des ersten Protagonisten und der 5.000 Soldaten zwischen den Zeilen präsentiert – so, dass auch der Narr schließlich zu Jupiter beten und um einen *miltern Herren* [...] | *Der nit so grüselich [so] streng vnd kÿbig seÿ* (M: V. 1558f.), bitten kann. Das Thema der Tyrannei ist damit deutlicher hervorgehoben als 1539, während sich Assoziationen mit dem Tanz der Salome und damit mit dem Tod des Johannes nicht mehr unmittelbar aufdrängen. Diese Beobachtung könnte Kullys Behauptung stützen, das Spiel sei kein konfessionelles Spiel, da es den «Höhepunkt einer Säkularfeier» bilde.[140] Die Änderungen, die Wagener v. a. im zweiten Teil seines Dramas gegenüber dem ‹Älteren St. Ursenspiel› durchführt, sprechen aber eine andere Sprache, ganz abgesehen von der gegenüber dem Spiel von 1539 noch einmal deutlich betonten Rechtfertigung des Reisläufertums als *militia Christi*.

Die Fahne der Heiligen: weißes Kreuz auf rotem Grund

Bereits im ‹Älteren St. Ursenspiel› wird im Schreiben des Maximian an Hyrtacus, den Statthalter von Solothurn, als Erkennungszeichen der Thebäer ein *wiß Crütz* (ÄU: V. 650) genannt; dieses Erkennungszeichen nennt dann auch Hyrtacus seinen Soldaten: *Vnd fürtt an im ein Crütz ist wiß* (ÄU: V. 680). Die beiden Verse übernimmt Wagner (U: V. 257: *Ein wÿßes Crütz fürn sÿ zům Zeichen*; U: V. 303: *Jr zeichen ist ein Crütz ist wÿß*). Wagner erwähnt das weiße Kreuz bzw. die von Constantius (der hier Candidus ersetzt) geführte Kreuzstandarte wiederholt.

---

werckmeyster angezeigt werden, das er einmahlen dem latinischen Schulmeysler uff nechst kommendt Son- oder S. Ursentag, so er sin gemacht Spil mit sinen jungen knaben üeben würdt, ein brüge vor der krönen mache, vnnd sol verkündt werden, das niemandt kein laden daselbst neme, so das spil uss ist, vnd sollendt die wächter nach vollendung des spils angetzt die laden wieder in wärchhof thuen. 1591 Sept. 24. Fiala 1875, S. 48.

[140] R. Kully 1982b, S. 391.

Als die als *soldner* bezeichneten Soldaten des Hyrtacus die Thebäer zum ersten Mal gefangen nehmen, ergreift der erste *soldner* die Standarte und sagt zu Constantius:

> Du wirdst mir ietzt din Fennli lân/
> Jch kan vil bas darmit vmbgân.
> Du thůst dich eben d'drunder sprüßen /
> Als ob du wôltst in d'hosen schÿßen (U: V. 757–760).

Im ‹Älteren St. Ursenspiel› ist von der Standarte bzw. einem Festklammern des Constantius an ihr keine Rede. In der Reinschrift des Aufführungstextes für 1581 (S I 120) trägt Wagner am unteren Seitenrand von S. 34 die Reden eines fünften und sechsten Soldaten nach. Sie reagieren am Ende der Szene auf die Worte des Constantius, dass Gott ihnen ihren Grimm und ihr Fluchen, Lästern und Schelten vergeben möge (U: V. 765–767) – eine Variante des Kreuzesworts Lk 23,24 –, während der Wille Gottes an den sanftmütigen Thebäern geschehe (U: V. 768f.) – eine Variante der Worte Christi am Ölberg, Lk 22,42. Die Entscheidung, diese die Heiligkeit der Thebäer bestätigenden Verse nicht unbeantwortet stehen zu lassen und noch zwei weitere Soldaten zu Wort kommen zu lassen, obgleich in der Szenenüberschrift auf S. 31 nur *Vier Sôldner* (U: V. 687b) genannt sind, fällt auf. In der Personenliste auf S. 2 sind der fünfte und sechste Söldner in einer zweiten Spalte, mit korrigierter Nummerierung mit der gleichen Tinte nachgetragen. Beide Darsteller (der aus einer Ratsherrenfamilie stammende Wernli Brunner[141] und der Goldschmied Peter Pfeiffer) gehören zu den wenigen Darstellern, die am ersten und am zweiten Spieltag Rollen übernahmen.[142] Vielleicht drängten sie darauf, auch am zweiten Tag beteiligt zu werden, oder Wagner sah durch den Einsatz der beiden vorhandenen Darsteller die Möglichkeit, in der genannten Szene einen besonderen Akzent zu setzen. Er lässt den fünften Soldaten (aus dem Versmaß fallend und damit mit besonderer Betonung) zu Constantius sagen: *Du poß/ du wirdst ietzund min eigner gfangner sin. | Din fennli sol für hin sin in dem dienste min* (U: V. 771f.). Offensichtlich nimmt er dem zweiten Soldaten sowohl den Gefangenen als auch die Standarte ab, als Reaktion auf die von Constantius gesprochenen freien Christus-Zitate.

Die für die Thebäische Legion charakteristische Fahne mit durchgehendem weißen Kreuz auf rotem Grund ist bei der Schlacht bei Laupen 1339 als Wappen der Berner bezeugt, wohl als Gegenstück zur Georgsfahne mit rotem Kreuz auf weißem Grund, welche die Habsburger führten,[143] oder vielleicht als Zitat des savoyischen Mauritiuskreuzes.[144] Im 16. Jahrhundert wurde die Fahne allmählich für gemeinsame Kämpfe schweizerische Truppen aus verschiedenen Orten üblich und ab

---

[141] R. Kully 1982b, S. 396.
[142] Ebd., S. 393–395.
[143] Kopp 2020; Marchal 1991, S. 7 (mit einem Verweis einer Darstellung der Schlacht bei Laupen in Diebold Schillings *Spiezer Chronik* von 1485) u. 16.
[144] Marchal 1991, S. 14.

Mitte des Jahrhunderts ist in diesem Zusammenhang vom «eidgenössisches Kreuz» die Rede,[145] so etwa in Valentin Boltz' ‹Weltspiegel› von 1550, wo das Schweizerkreuz vom Schwyzer Wappen abgeleitet wird (V. 1341–1344).[146] Ein gemeinsames Wappen der Schweizer Kantone gab es zu dieser Zeit allerdings noch nicht;[147] es handelt sich allein um ein Kriegszeichen für einen gemeinsamen Söldnereinsatz. Genau als solches interessiert es auch hier: Wenn um die bei gemeinsamen Söldnereinsätzen verwendete Standarte geradezu ein Gerangel entsteht, in wessen Hand sie am besten geführt werde, scheint sich hier eine Diskussion um den militärischen Führungsanspruch in der Schweiz abzuzeichnen. Das Zeichen, das für den gemeinsamen kriegerischen Einsatz stehen sollte, wird hier in einem aggressiven Akt den ursprünglichen Trägern entrissen, um einen Keil zwischen die Reisläufer oder Söldner der beiden konfessionellen Lager zu treiben, und zwar genau in dem Moment, als die Heiligkeit der Patrone Solothurns augenfällig wird.

Ein neuer Katechismus: Mariologie und Sakramentenlehre

Weit ausgestaltet gegenüber dem ‹Älteren St. Ursenspiel› ist auch die Szene der Bekehrung der Solothurner Bevölkerung: Auf die aus dem alten Spiel übernommene Predigt des Hl. Ursus, in welcher er auf der Grundlage der Philosophie, der Bibel und der antiken Literatur gegen den paganen Götterglauben und für den christlichen Monotheismus argumentiert (ÄU: V. 700–751; U: V. 364–506), schließt sich hier auf Bitte eines Alten aus der Bevölkerung eine ausführliche Erläuterung des Katechismus durch Victor an. *Victor legt die 12 artickel ús/ des Christenlichen gloubens* (U: V. 516a), heißt es in der Regieanweisung in S I 120, S. 25.[148] Diese ‹Artikel› folgen den Aussagen des ‹Großen Glaubensbekenntnisses›. Scheinbar schließt sich Wagner hier einem geläufigen Zug protestantischer Dramen an, die allerdings in Belehrungsszenen das ‹Apostolische Glaubensbekenntnis› vorziehen.[149] Geschickt lässt Victor in die Erläuterungen der grundsätzlichen Glaubenssätze, die *stond wol eim Christen an* (U: V. 519), ein paar Sätze einfließen, die im ‹Credo› nicht vorhanden sind. So erweitert er die Aussage *Et incarnatus est de Spiritu Sancto ex Maria Virgine, et homo factus est* zu:

---

[145] Kopp 2020; Marchal 1991, S. 36.
[146] Valentin Boltz: Der Weltspiegel, hg. von Friederike Christ Kutter u. a. Zürich 2013 (Schweizer Texte N. F. 37); vgl. Marchal 1991, S. 37.
[147] Kopp 2020.
[148] in der S I 81 wird nur der Sprecher ‹Victor› benannt, S. 22.
[149] Vgl. z. B. zwei lutherische Heiligendramen aus Erfurt und Leipzig aus der zweiten Hälfte des 16. Jh.: Daniel Walther: Eyne Christliche vnd jnn heiliger Schrifft gegründte Historia/ von der entheuptung Johannis Baptistæ/ in ein Tragediam gestalt [...]. Erfurt: Georg Baumann d. Ä., 1559 (VD16 W 949), Akt V, Szene 2; Balthasar Thamm: Dorothea. Tragicocomoedia, hg. und komm. von Julia Gold. Wiesbaden 2019 (Frühneuzeitliche Märtyrerdramen 2), V. 1179–1191.

[...] d'menscheit angenommen
Zůr Gottheit / von einr Maget zart /
María gnennt / von edler art
Die on Manns sâmen hat gebôren,
(Doch d'Jungfrowschafft keins wegs verlôren)
Vom heilgen Geist ihn hat empfangen (U: V. 544–549).

Die Betonung von Marias edler Abstammung aus dem Hause David und ihrer Jungfräulichkeit vor *und nach* der Geburt ist als eine Referenz auf die scholastische mariologische Tradition zu verstehen.[150] Die genannten Punkte wurden durch das Konzil von Trient 1566 im ‹Catechismus Romanus› (I/2, 5) festgehalten.[151] Auf ähnliche Weise erweitert Victor auch den Satz *Et iterum venturus est cum gloria, judicare vivos et mortuos* zu einer sich über zehn Verse erstreckenden Beschreibung des Jüngsten Gerichts und einer Androhung, dass die Genossen Luzifers ewig in der Hölle leiden werden: *Da z'bliben Lucifers gesellen. | Da wird sin eewig angst vnd nôt* (U: V. 572f.). Auch diese Passage folgt dem ‹Catechismus Romanus› (I/2, 9). Schließlich erweitert Victor noch den Satz *Confiteor unum baptisma in remissionem peccatorum* zu:

[...] Die ouch den heilgen Touff bekennt /
Gibt den zů ábwáschung der Sünnden
Durch rüw / vnd glouben iren kinnden (U: V. 592–594).

Damit unterstreicht Victor den sakramentalen Charakter der Taufe, die zur Visualisierung der Abwaschung der Sünden Wasser einsetzt, wie dies im ‹Catechismus Romanus› (II, 4) ausdrücklich festgehalten wird, und der notwendigerweise ein Glaubensbekenntnis und ein Sündenbekenntnis vorausgehen muss (II, 9). Daher spricht er der Solothurner Bevölkerung zunächst das Sündenbekenntnis vor:

Sprecchend mir nach die offne schuld /
Das ir erwerbind Gottes huld.

Offne schuld. Confiteor

Jch armer Sünder / mich bekenn
Dem herren Gott / sin heiligen
Das ich min tag vil gsündet han [...] (U: V. 617–621).

---

[150] Vgl. die ähnliche mariologische Ergänzung des Glaubensbekenntnisses in einem katholischen Drama aus Münstereifel (1609): Hilger Gartzwiller: Chrysantus und Daria, hg. von Karolin Freund. Wiesbaden 2019 (Frühneuzeitliche Märtyrerdramen 6), V. 600.

[151] Römischer Catechismus Welcher auß beuelch Bäpstlicher Haylikeit / Pii des fünfften / nach hieuor gegebner Ordnung des hailigen jungst zů Trientt gehaltnen Concilij [...] im Truck außgangen ist, übers. von Otto of Augsburg. Dillingen: Sebald Mayer 1568 (VD 16 K 2059).

Nach diesem Ausdrücklich auch vor den Heiligen abgegebenen Sündenbekenntnis spendet Victor den Solothurnern zunächst das Sakrament der Beichte und erbittet für sie Gottes Absolution (U: V. 629–633), bevor er sie mit dem *Wichwadel* (U: V. 634c) besprengt und im Namen des Vaters, des Sohnes und des Heiligen Geistes (in einer gereimten Taufformel) tauft. Gegenüber der Fassung in S I 81 streicht Wagner allein die weitere Erläuterung zum Weihwasserwedel: *aspergillo. wie | im anfang der Kilchen ouch beschåhen.* Damit wird dieser katholische Taufakt als authentisch verteidigt.

Das nach der Taufe ausgesandte *volck* lässt nicht locker, sondern will jetzt noch im rechten Beten unterrichtet werden, und so betet Victor ihm das ‹Vaterunser› und das ‹Ave Maria› (U: V. 680–683) vor, d. h. die katholischen Hauptgebete. Damit ist die Unterweisung der Bürgerschaft ebenso wie des Theaterpublikums abgeschlossen. Das mit dem Weihwasserwedel vielleicht auch über das (bi-konfessionelle) Publikum gesprenkelte Wasser macht das Sakrament der Taufe und die hier postulierte neue Einigkeit im ‹rechten Glauben› spürbar. Damit wird aber auch das Publikum zum Objekt des tyrannischen Rasens gegen das Christentum und wird nolens volens auf die Seite der Heiligen gezogen.

Die Wunderkraft der Heiligen – vorhergesagt und vorgeführt

Wer durch das Wort, durch philosophische, theologische und gelehrte Argumente nicht überzeugt werden kann, für den bietet der Text andere, in der katholischen Tradition besonders beliebte, Formen der Persuasion an: sicht-, hör- und spürbare Wunder. Bereits im ‹Älteren St. Ursenspiel› werden die Thebäer nach der Wunderkraft ihres Gottes befragt. Ursus zählt dort die Wunder, welche Christus nach Zeugnis des Neuen Testaments gewirkt hat, auf (ÄU: V. 949–961), um nun seinerseits durch den Exorzismus gegenüber der Merkurstatue die Wunderkraft Gottes zu beweisen (U: V. 962–982). In Wagners Fassung zählt der Fähnrich Constantius ausführlich die Wunder Christi auf (U: V. 1064–1128), unter die er nicht nur die Teufelsaustreibung zählt, sondern insbesondere auch das Jüngste Gericht. Den Gipfel seiner Darstellung bildet die Aussage, dass Christus seine wunderwirkende Kraft auch an seine Jünger delegiert hat:

  Jch gschwÿg/ das er den Jungern sin
  Sólch krafft ouch hat gegoßen ín.
  Dass wo Sant Pauls schweißtüchli bloß
  Die bseßnen b'růrtend/ wurdend s' lóß (U: V. 1129–1132).

Die Heiligen können nicht nur Gott um Wunder bitten, sondern kraft der ihnen von Gott übertragenen Macht können sie auch selbst Wunder wirken. Selbst auf Berührungsreliquien der Apostel überträgt sich die göttliche Wirkmacht. Diese Aussage hat Wagner in der älteren Handschrift S I 81 erst nachträglich eingefügt, mit einem Quellenhinweis zur *Sudaria Pauli* (S. 45). Dies zeigt, dass er an dieser Stelle gearbeitet hat, um ein schlagsicheres Argument zu liefern. Ja, selbst der Schatten des Petrus, so erklärt Constantius weiter, habe Heilwunder vollbracht (U: V. 1134f.). Die ihnen von Gott zuströmende Wundermacht schützt die Apostel auch vor dem Tod: Gift, wilde Tiere, siedendes Öl und Feuer können vielen von ihnen nichts anhaben, und – diesen Satz fügt Wagner in S I 81 nachträglich ein (S. 46)[152] – *Etlich so man s'enthouptet hat/ | Trůgend die hőupter selbs von statt* (U: V. 1141f.). Diese Wundermacht der Apostel, so erklärt Constantius, setze sich heute noch in der der Heiligen fort:

> Noch hüttigs tags/ zeigt er grőß wunnder
> Durch sine heiligen/ besunnder
> Die vesten glouben an ihn hannd (U: V. 1147–1149).

In Handschrift S I 81 korrigiert Wagner in V. 1148 die Formulierung *Am sinen heiligen* zu *Durch sine heiligen* (S. 46). Er macht damit deutlich, dass die Heiligen nicht nur Objekte, sondern Werkzeuge der Wundertätigkeit Gottes sind. Diese Aussage bestätigt sich in der folgenden Handlung, wenn ein Blitz die Peiniger der Thebäer niederstreckt (U: V. 1258a), und später, wenn ein Unwetter das Feuer, das sie verzehren sollte, löscht und wenn sie, nachdem sie enthauptet worden sind, mit ihren Häuptern in der Hand der Aare entsteigen. Dass das Delegieren göttlicher Macht an die Heiligen und v. a. an jene, die fest im Glauben (*constantes*) sind, «noch heute» erfolgt, leuchtet auf der Handlungsebene unmittelbar ein. Damit ist aber zugleich eine Aussage für die Zeit der Aufführung getroffen. Die wunderwirkende Macht der Heiligen in der Gegenwart des Publikums wird hier sichtbar demonstriert – und damit kritisiert das Stück sehr deutlich den aktuellen Zweifel v. a. der reformierten Mitglieder des Publikums am Heiligenkult.

Ein besonderes augenfälliges Beispiel der aktiv von den Heiligen vermittelten Macht Gottes stellt die Austreibung des Dämons aus der Merkurstatue dar, welche im ‹Älteren St. Ursenspiel›, wie erwähnt, unmittelbar auf die Aufzählung der Wunder Gottes folgt und von Ursus ausgeführt wird; bei Wagner ist dem Exorzismus, den hier Victor ausübt, cinc eigene Szene gewidmet, vielleicht als Reaktion auf Hans von Rütes ‹Gedeon› in Bern (1540), der die Zerstörung der Baal-Statue durch Gedeon – sinnbildlich für den reformierten Bildersturm – zum Zentrum des ersten Spieltags macht.[153] In der konfessionellen Auseinandersetzung mit dem Nachbarort kommt dieser Szene besondere Bedeutung zu. Hyrtacus lässt die Heiligen zum Merkurbild schleppen,[154] zum Entsetzen der Bevölkerung, die annimmt, *der Tüfel hab sie b'seßen* (U: V. 1358). Wie wahr diese Aussage ist, zeigt die folgende Handlung.

---

[152] Kully bezeichnet in seiner Edition die beiden Verse als fehlend.
[153] Vgl. unten, Kap. ‹Bern›.
[154] In S I 81 wird es ausdrücklich als *eidulon* bezeichnet und dazu erklärt, dass die Gallier Merkur *sub Tutatis nomine* verehrten und die Merkurpriester *Druidæ* nannten, S. 55.

Im Anschluss an seine Weigerung, den Götzen anzubeten, beschwört Victor den Götzen. In S I 120 bezeichnet ihn die Regieanweisung als *den Götzen Mercurium* (U: V. 1408a), in S I 81 ist *des Juppiters bild* nachträglich durchgestrichen und ergänzt: *oder Mercurÿ bild*, zusammen mit einem lateinischen Kommentar zur Irrigkeit der Götzenanbetung (S. 57). Auf der nächsten Seite (die Wagner offensichtlich selbst deutlich überarbeitet hat, denn sie ist an eine abgeschnittene Seite, die ebenfalls Wagners Handschrift aufweist, angeklebt) ist neben den Beginn des Exorzismus und über den Klebefalz hinweg in Wagners Schreibtinte eine Säule mit schlichtem Wulst als Sockel, ohne Kapitel und mit einer aufgesetzten Statue gezeichnet.

Zwei antike Säulen, die vom antiken Merkur- bzw. Hermesheiligtum bei Solothurn stammten und von denen die Götterbilder (Mars und Merkur) entfernt worden waren, wurden Anfang des 17. Jahrhunderts am Eingang zum St. Ursus-Friedhof, d. h. westlich des Hauptportals der Kirche,[155] auf neue Sockel gestellt. Stadtansichten des 17. Jahrhunderts zeigen sie auch dort;[156] heute stehen sie an der Katzenstiege auf der anderen Seite des ehemaligen Friedhofes. Denkbar wäre es, dass die Säulen nicht erst zwischen 1608 und 1612 aufgestellt worden sind, sondern in der Zeit nur neue Sockel erhielten.[157] In der ohnehin eher groben Stadtansicht Solothurns von Hans Asper (1546), gedruckt in Johannes Stumpfs ‹Chronik der Eidgenossenschaft› von 1548,[158] sowie in der Ansicht in Sebastian Münsters

---

[155] Lateinische Inschrift einer Steintafel aus dem frühen 17. Jh. (1608 oder 1612?), angebracht an der Katzenstiege in Solothurn: *Geminas hasce columnas, paganismi tempore, in vicino colle Hermetis (qui etiamnum, vernacula lingua Hermetis buhle appellatur) Martis et Hermetis gentilium deorum eidolis suppositas, patrumque nostrorum memoria, (cum Princeps Pacis Martem suppressit et Verbum carofactum, Iovis verbum compescuit,) subversis diabolicis simulachris expiatas, et hûc translatas, ut posteri, talis beneficii erga Deum essent memores, S. P. Q. Salod. novis, (in locum longa seculorum serie collapsarum) substructis basibus, pro Marte D. D. Sabaot et pro nato Maiea, filio Mariae, voto meliore D. D.* Übers. nach Hochstrasser 1998, S. 117: «Diese beiden Säulen, die zur Heidenzeit auf der nahen Anhöhe des Hermes (die noch heute in der einheimischen Sprache Hermesbühl heisst), die Bilder der heidnischen Götter Mars und Hermes trugen und zur Zeit unserer Vorfahren (als der Fürst des Friedens Mars bezwang und das fleischgewordene Wort das Wort Jupiters verstummen machte), nachdem man die Teufelsbilder gestürzt hatte, entsühnt und hierher überführt wurden, haben Rat und Volk von Solothurn, damit die Nachwelt für diese Wohltat Gott Dankbarkeit bewahre, mit neuen Sockeln (anstelle der im Laufe vieler Jahrhunderte zerfallenen) versehen lassen und anstatt Mars, Gott dem Herrn der Heerscharen, anstatt dem Sohn der Maia, dem Sohne Mariens zu besserem Dienst geweiht». Vgl. auch Blank 1997.
[156] Vgl. Strübin/Zürcher 2017, S. 34; Blank/Hochstrasser.
[157] Strübin/Zürcher 2017, S. 47 gehen davon aus, dass die Säulen erst zwischen 1608 und 1612 errichtet worden seien; Blank/Hochstrasser datieren den Stadtprospekt von Georg Sickinger auf der Grundlage dieser Annahme auf die Zeit um 1610, also direkt nach der vermuteten Errichtung der Säulen, S. 133.
[158] Johannes Stumpf: *Gemeiner loblicher Eydgnoschafft Stetten/ Landen vnd Völckeren Chronick widiger thaaten beschreybung [...]*. Zürich: Christoph Froschauer d. Ä. 1548 (VD16 S 9864), Buch VII, fol. 223ᵛ.

234   Solothurn

‹Cosmographia› von 1550[159] sind die Säulen zwar nicht oder zumindest nicht klar zu erkennen;[160] Stumpf verweist aber auf zahlreiche Funde von antiken Inschriftensteinen, die u. a. in der St. Ursenkirche eingebaut seien (VII, 224ᵛ). Bei seiner Darstellung des Martyriums von Ursus und Victor verweist er ausdrücklich darauf, dass *Die vrsach diser marterung was/ daß die außerwelten Gottes freünd/ Vrsus/ Victor vnd jre gesellen/ auff gebott Hirtati/ nit woltend vereeren den Abgott Mercurium/ der domals zů Solothurn ein Schirmgott vnd Patron des vnglöubigen völcks was* (VII, 224ʳ). Eine eindeutige Verbindung zwischen den beiden Säulen aus dem Hermesheiligtum und dem Martyrium von Ursus und Victor schließlich ziehen zwei Reliefs an der Fassade von St. Ursus aus dem 18. Jahrhundert.[161] Eine solche Verbindung könnte nicht zuletzt durch eine Aufführungstradition verstärkt worden sein, welche die Hermessäule(n) aktiv in das Spiel integrierte.

Unabhängig davon aber, ob die sichtbare Säulen Wagner inspirierten oder ob seine Aufführung die Aufstellung der Säulen mit anregte, bleibt festzuhalten, dass der Verfasser sich offensichtlich mit Blick auf die Stadtgeschichte noch während der Arbeit an S I 81 dazu entschieden hat, nicht den in Mauritiushandlung genannten Jupiter,[162] sondern den in Solothurn verbürgten Merkur aktiv ins Spiel zu integrieren; im ‹Älteren St. Ursenspiel› bleibt der Abgott unbenannt. Sollte für den Tanz um die Götzensäulen in der Mauritiushandlung am Vortag und die hier genannte Szene dieselbe Szenerie – die tatsächlich vorhandenen Säulen oder aber künstliche aufgestellte Säulen – verwendet worden sein, reflektiert die Szene bereits optisch die des Vortags: den Götzenkult, dessen Verweigerung unmittelbar mit dem Märtyrertod der Heiligen beantwortet wird. Die Gefahrensituation, in der sich Victor befindet, ist damit überdeutlich, und umso strahlender ist sein Triumph über den Götzen auf der Säule, aus dem er den Teufel austreibt.

Der formgerechte Exorzismus ist fast wörtlich aus dem älteren Spiel übernommen und auch die Klage des Dämons, der sich mit seinem Plan, in einer anderen Stadt die Leute zu betrügen, die noch nichts von ihm wissen, tröstet. Neu gegenüber dem ‹Älteren St. Ursenspiel› ist die Aussage, dass er *die Wellt noch lange zÿt*

---

[159] Sebastian Münster: Cosmographiae universalis lib. VI. in quibus iuxta certioris fidei scriptores [...] describitur, Omnium habitabilis Orbis partium situs propriaeque dotes [...]. Basel: s. n. 1572 (VD16 M 6719), Bd. III, S. 473.

[160] Vgl. dazu P.J. Weber 2007, S. 116. Er betont, dass die frühen Stadtansichten insbesondere der Orientierung in der Stadt dienten. Hierfür wären die Säulen in jedem Fall nicht nötig gewesen. Auch auf dem deutlich jüngeren Kupferstich von Matthäus Merian sind die Säulen nicht zu erkennen: Topographia Helvetiæ Confoederatæ. Cum Iconismis Provinciarum generalibus, nec non Urbium, Pagorum, Castellorum, Fortalitiorum, etc. sepcialibus, æri incises. Frankfurt: Matthaeus Merian Erben 1655 (VD17 23:301563G), vor S. 39. Zu dieser Zeit standen sie mit Sicherheit vor der St. Ursenkirche.

[161] Blank 1997, S. 186.

[162] Hinweise auf einen ehemaligen Jupitertempel in Solothurn sind bei Ausgrabungen auf dem Friedhof bei St. Stephanus gefunden worden, vgl. Sennhauser 1990, S. 138.

betriegen (U: V. 1427) werde, und sein jubelndes Lachen (U: V. 1428), mit dem er auf der *brügi* (der Bühne oder vielleicht doch eher der Zuschauertribüne) (U: V. 1420c) umherläuft. Damit ist fraglos ein Hinweis auf die Gegenwart des lachend bedrohten Publikums gegeben – und damit liegt es nahe, in der anderen, ahnungslosen Stadt einen der reformierten Nachbarorte zu sehen, der nicht durch die Wunder vermittelnde Kraft der Heiligen geschützt ist.

Das Eintreten Christi für den Heiligenkult und ‹seine› Messe

Deutlicher wird der Bezug zu den reformierten Nachbarorten in den Worten Christi, welchen Wagner anders als das ‹Ältere St. Ursenspiel› selbst auftreten und die Heiligkeit seines Favoriten bezeugen lässt: Auf die Rettung vor dem Feuertod und die Prophezeiung des baldigen Empfangs der Märtyrerkrone durch den Engel Gottes (ÄU: V. 1165–1186; U: V. 1655–1666) reagiert Ursus bei Wagner nicht nur mit einem Lob Gottes und der Bitte um Stärke im Martyrium sowie um Gnade für die Peiniger (ÄU: V. 1187–1196; U: V. 1667–1690), sondern auch mit einer Bitte für die von den Thebäern Bekehrten und v. a. für die Stadt Solothurn:

> Laß Solothurn der Statt / vnd Lannd
> Din heilgen namen werden bkannt.
> Din Geist / frid / gnad sennd diserm ôrt /
> Ze thůn allzÿt nach dinem wôrt.
> Jn recchtem waarem glouben z'bstân /
> Kein zÿt vom Gottsdienst ab ze lân (U: V. 1695–1700).

Auf diese doch deutlich gegen ‹falschen› Glauben und ‹ungültigen› Gottesdienst gerichtete Bitte erscheint Christus. In der älteren Handschrift S I 81 erscheint er «ihm» (S. 71); in der jüngeren Fassung S I 120 heißt es: *Christus erschÿnt ihm in den wolcken* (U: V. 1708a–b). Der Christus-Darsteller dürfte also auf einer mit Wolken verzierten erhöhten, evtl. am Münster angebrachten Bühne erschienen sein – sichtbar für alle, wodurch seine Worte besonderes Gewicht erhalten.

Nach einer Bestätigung, dass die Märtyrer ins Himmelreich eingehen werden, verspricht Christus, Ursus zu einem Heiligen in katholischem Sinne zu erheben:

> Din trüw fürpitt will ich erhôren /
> Ja dinen namen, Vrse, meeren.
> Wer in dim namen etwas bgârt
> Dem sol es allzÿt werden gwârt.
> Ein Tempel wird ir gbuwen z'eeren:
> Darinn ich ir gbätt will erhôren /
> Die mich ansůchend durch din namen [...]
> Sid du min trüwer diener bist /
> Wird Solothurn durch dich han frist:
> Vom Fÿnd wird d'Statt beschirmet zwaar
> Ob glÿch frômbd / heimsch sich lâgert dar.

> Dir wird diß Statt vergâbet werden
> So din g'bein wird erhebt vff erden:
> Hernach zů gantzer frÿheit kommen /
> So sÿ in bündtnus wird genommen.
> Min stâtes opfer sol nit hôren /
> Ob glÿch nüw secten sich entbôren:
> Myn schôner roosgart sol rein blÿben /
> Die distlen / dôrn vmb sich vertrÿben (U: V. 1715–1736).

Christus höchstpersönlich bestätigt hier die Mittlerfunktion des Heiligen, da er die Bitten derer erhören will, die im Namen des Ursus und in der dem Hl. Ursus geweihten Kirche zu ihm beten. Um Ursus' Willen will Christus auch die Stadt beschützen, d. h. Gott bestätigt hier die Funktion der Stadtpatronen. Die Geschichte beweist auch, dass diese Zusage Gottes eingetroffen ist: Die Belagerung Solothurns (U: V. 1728) im Jahr 1318 wurde ja angeblich mit Ursus' Hilfe abgewehrt. Bestätigt haben sich auch die weiteren Ereignisse, welche Christus hier prophezeit: Die Erhebung der Gebeine – ein katholischer Ritus, der hier göttlich bestätigt wird (U: V. 1730), die Befreiung Solothurns von der Abhängigkeit vom Reich bis 1427 (U: V. 1731), der Eintritt Solothurns in die Eidgenossenschaft 1481 (U: V. 1732) und die Bewahrung der katholischen Messe (U: V. 1733) und der ‹Rechtgläubigkeit› des mit marianischen Untertönen gefärbten «Rosengartens» Solothurn. Die Reformation, hier mit empörerischen «Sekten» gleichgesetzt (U: V. 1734), lasse zwar ihre Disteln in den Nachbarorten wachsen (U: V. 1736), Solothurn aber bleibt ein von Gott geliebter *hortus conclusus*.

Eine so deutliche, der höchsten Autorität in den Mund gelegte, Stellungnahme für den Katholizismus, den Heiligenkult und das Messopfer und gegen die Reformation an zentraler Stelle im Drama, verbunden aber mit einem Lob der Eidgenossenschaft als Teil der göttlichen Verheißung für die ‹Gottesfreunde›, ist im Rahmen einer Jubiläumsfeier mit Besuchern aus den Nachbarorten höchst bemerkenswert. Solothurn beansprucht hier, den richtigen, gottgewollten Weg gefunden zu haben, der für die gesamte Eidgenossenschaft Gültigkeit haben sollte.

Polyphonie als musikalische Aussage

Sowohl im ‹Älteren St. Ursenspiel› als auch in der älteren Handschrift S I 81 von Wagners Spiel fehlen Angaben zur Musik. Die beiden Handschriften S I 101 und 120 aber wird – neben einigen eher generellen Verweisen auf *Tubicines* und *Trummeter* (M: V. 206a, 271a, 353b, 375a, 377b u. ö.) – sehr konkret auf Musik Bezug genommen. So trägt er in S I 101 am Ende von Akt I in etwas hellerer Tinte nach: *Musica. | Vias tuas domine demonstra. quinque. Gombert* (M: V. 411c–d). Am Ende von Akt II trägt er nach: *Musica. | Domine deus exercituum. quattuor Clemens* (M: V. 824b–c). Während am Ende von Akt III nur ein Platzhalter für Musik steht: *Mvsica. | si opus sit* (M: V. 1297e), sind für das Anbetungslied ‹Dich Juppiter› in Akt

IV, Szene 4 sogar die Noten der Tenor-Stimme, die allein vorsingen soll, verzeichnet (M: V. 1397e–i). Noten sind auch für die Discant-Stimme des Loblieds auf Jupiter in Akt IV, Szene 5, das ausdrücklich mehrstimmig gesungen werden soll (M: V. 1470a–c), und für das Lied auf Mars in derselben Szene notiert. Für diese Lieder werden keine Komponisten genannt, wohl aber für das Chorlied am Ende des Akts: Hier soll ‹Gaudent in cælis› von Jakob Arcadelt fünfstimmig gesungen werden (M: V. 1629b). Entsprechendes gilt für das ‹Ursenspiel›: Am Ende des ersten Akts findet sich ein Hinweis auf Claudin de Sermisys vierstimmige Motette ‹Præparate corda uestra Deo› (U: V. 363a). Am Ende von Akt II sieht Wagner ‹Qui seminant in lachrymis›, wohl von Nicolas Gombert, vor (U: V. 1172b), nach Akt III ‹Domine exaltetur manus tua›, vermutlich nach Arcadelt (U: V. 1456b). Am Ende von Akt IV verzeichnet Wagner zwei Optionen: ‹Anima nostra›, fünfstimmig, von Gombert, oder aber ‹O Christi Miles› von Hagenwyler (U: V. 1962l u. s).[163] Ob die beiden Liedangaben am Ende von Akt V, ‹Impetum inimicorum›, vierstimmig, und ‹O Martyr Vrse egregie›, fünfstimmig (U: V. 2622f–g), als Alternativen oder aufeinanderfolgend zu verstehen sind, ist nicht deutlich.

Insgesamt weist die musikalische Gestaltung das Drama Wagners eindeutig als ein gegenreformatorisches Drama aus.[164] Wagner setzt polyphone Musik ein, wie sie vom Konzil von Trient empfohlen ist. Dabei greift er zu den Werken prominenter Komponisten,[165] deren konfessionelle Ausrichtung nicht in Frage steht: Er benutzt Werke des Flamen Jaques Arcadelt (1507–1568), der in den 1530er-Jahren Mitglied der privaten Musikkapelle Alessandros de' Medici in Florenz, später wohl Mitglied, vielleicht *magister capellae* der Capella Giulia des Petersdoms in Rom war; ab 1554 war er am Hof des späteren Königs Karls IX. von Frankreich und gleichzeitig im Dienst von Charles de Guise, des Kardinals von Lothringen tätig.[166] Wagner verwendet auch die im 16. Jahrhundert mehrfach gedruckten fünfstimmigen Motetten des Flamen Nicolas Gombert (um 1495–1560), der 1519–1556 Sänger in der Hofkapelle Kaiser Karls V. war.[167] Eines der Lieder stammt vom flämischen Komponisten Jacob Clemens (1510/15–ca. 1555), der wohl u. a. in den Diensten Philippes III. de Croy, Herzog von Aarschot, und Karls V. stand.[168] Schließlich setzt er in sein Drama auch eine Motette Claudins de Sermisy (1490–1562) ein. Dieser war Komponist und Sänger in der königlichen Kapelle in Frankreich, wo er 1533 bis 1553 als «soubs-m[aitr]e de la Chapelle» geführt wird.[169] Mit diesen kunstvollen musikalischen Akzenten setzt sich Wagner klar vom schlichten protestantischen Kirchenlied

---

[163] Vgl. Officia propria diœcesis basileensis. St. Pelagiberg 2019, S. 96f.
[164] Für wertvolle Hinweise zu diesem Kapitel bedanke ich mich sehr herzlich bei Karina Fischer, Gießen.
[165] Vgl. dazu auch Biermann 1980, S. 222f.
[166] Vgl. Schmidt-Beste 2016.
[167] Vgl. Zyvietz 2002.
[168] Vgl. Rasch/Schmidt-Beste 2021.
[169] Cazaux, zit. nach: Colin/Dobbins 2006.

ab, aber auch von der mittelalterlichen gregorianischen Tradition. Die Musikgestaltung seines ‹Festspiels› ist aufwändig und feiert den alten Glauben in neuem Glanz.

Wagners ‹Actus Quintus Stephanis› (1584)

Von einem weiteren Heiligen- oder Bibelspiel, welches Wagner entworfen hat, ist nur eine unvollständige kleinformatige Handschrift erhalten, wiederum als Autograph des Verfassers, überschrieben mit dem Titel ‹Actvs Qvintvs. Stephanis› (fol. 2r).[170] Die Handschrift ist zunächst als rubrizierte Reinschrift angelegt; bereits auf fol. 2v aber setzen die Korrekturen und Glossierungen Wagners ein; der Konzept- und Fragmentcharakter verstärkt sich zunehmend. Nach fol. 7 ist ein Blatt herausgeschnitten; der am Rand noch lesbare Text scheint sich weitgehend mit dem Text auf den nächsten Blatt zu decken.[171] Massive Streichungen und Korrekturen sind u. a. auf fol. 14r und 16r zu sehen. Fol. 16v enthält nur drei Verse; danach sind zwei Blatt freigelassen; auf fol. 19r setzt der Text mit einer nicht nummerierten Szene wieder ein, jetzt mit gehäuften Korrekturen. Auch die auf fol. 22v beginnende Szene ist nicht nummeriert und für die Rollennennung ist eine Lücke gelassen. Ab hier ist die Schrift zudem deutlich unsorgfältiger und die Rubrizierung fällt fast vollständig weg. Am Ende von fol. 32r bricht der Text mitten im Dialog ab; fol. 32v–33v sind leer.

Der Inhalt der insgesamt sieben unvollständigen Szenen elaboriert die Handlung in Apg 6,1–7,52: Als Reaktion auf die Klagen der frühchristlichen Gemeinde über die mangelnde Versorgung der Witwen initiieren die Apostel die Wahl von sieben Diakonen durch die Gemeinde. Ihre Einsetzung wird ausführlich als Zeremonie in deutscher und lateinischer Sprache dargestellt. Anschließend verteilen die Diakone ihre Aufgaben; Stephanus soll die Priester unterweisen. Bald beginnt er, zunächst *ad plebem* (V. 143b) zu predigen. Er beklagt die mangelnde Frömmigkeit und Tugend der Pharisäer, Schriftgelehrten, Richter und Prälaten (V. 159f.), welche das Wort Gottes nicht lehren wollten und sich nur um ihr eigenes Wohl und nicht um das der Gemeinde kümmerten. Er mahnt an das Gericht Gottes und fordert alle auf, bei Christus Zuflucht zu suchen. Während einer der gläubigen Priester Stephanus lobt, beklagen sich die Pharisäer über ihn und stellen ihn zur Rede. Offen wirft er ihn ihrem Missbrauch vor. Schließlich wird er vor den Hohen Rat zitiert. Seine ausführliche Rechtfertigungsrede, welche die Geschichte des Volkes Israel von Abraham über Jakob, Moses, die Babylonische Gefangenschaft, Josua, Salomon, David bis hin zu Jesajas Verkündigung des Messias erzählt, gipfelt in der Aussage, dass die Propheten Gottes schon immer verfolgt worden seien. Hier bricht der Text ab, unmittelbar vor der Verurteilung und Steinigung des Stephanus nach Apg 7,54–60.

---

[170] Zentralbibliothek Solothurn S 253; Wagner, ed. 1982, Bd. II, S. 175–219.
[171] Vgl. R. Kullys Anmerkung in: Wagner, ed. 1982, Bd. II, S. 194.

Wenngleich man davon ausgehen kann, dass die Steinigung des Stephanus, welche ihn schließlich heiligt, noch dargestellt werden sollte, gibt das Spiel in seinem Zuschnitt vielerlei Rätsel auf. Das bisherige Konzept folgt – mit Ausnahme der ausführlichen Darstellung der Diakonsweihe – sehr eng der biblischen Vorlage. Kully zweifelt daher daran, dass in den ersten vier Akten eine legendarische Vita des Hl. Stephanus zu erwarten sei.[172] An der Vita des Patrons der ältesten Kirche in der Stadt[173] könnte zwar durchaus Interesse bestanden haben, aber der sehr rhetorisch-predigthafte Stil des Stücks steht in der Tat quer zu einer Darstellung nach der ‹Fabulosa vita S. Stephani›.[174] Die von Kully vorgeschlagene Alternative, ein Apostelspiel,[175] ist aber ebenso unwahrscheinlich, da die Martyrien der Apostel, wie sie z. B. das ‹Luzerner Apostelspiel› inszeniert,[176] erst nach dem Martyrium des Stephanus erfolgen. Protestantische Stephanusspiele der Zeit, etwa von Michael Sachs (1564)[177] und Melchior Neukirch (1591),[178] setzen etwas früher in der Handlung ein: bei den Predigten und Wunderheilungen des Petrus und Johannes (Apg 2 bzw. 3) und der Geschichte von Hananias und Saphira sowie der Verfolgung der Apostel durch die Hohenpriester (Apg 5). In diesen Stücken findet aber die Wahl des Stephanus zum Diakon im ersten oder zweiten Akt statt –, gegen die biblische Erzählfolge, um den Protagonisten früher einzuführen. Ob und ggf. welche Lösung Wagner für das Problem der sehr späten Einführung des Protagonisten fand, ist auf der Grundlage der Überlieferung nicht zu sagen. Was sich abzeichnet, ist jedenfalls eine mit biblischen und liturgischen Elementen (welche die konfessionelle Ausrichtung verdeutlichen) gestützte Darstellung ‹rechter›, heiligenmäßiger Geistlichkeit im Kontrast zu einer Geistlichkeit, die aufgrund ihres Amts- und Machtmissbrauches scharf kritisiert wird.

Aals ‹Johannes› (1549)

Kein Heiligenspiel im Sinne einer theatralen Präsentation von Christusnachfolge, sondern ein Bibelspiel um den dennoch als Heiligen verehrten Vorboten Christi[179] stellt der bereits mehrfach erwähnte, von Hanns Wagner selbst am 21. und 22. Juli

---

[172] Wagner, ed. 1982, Bd. II, S. 179.
[173] Vgl. Meisterhans 1884–1887.
[174] Fabulosa vita S. Stephani protomartyris, hg. von Bibliotheca Casinenis. Monte Cassino 1873–1894.
[175] Wagner, ed. 1982, Bd. II, S. 179.
[176] Vgl. oben, Kapitel ‹Luzern›.
[177] Vgl. Michael Sachs: Stephanus. Tragedia von Stephano dem heiligen marterer, hg. und komm. von Karolin Freund. Wiesbaden 2019 (Frühneuzeitliche Märtyrerdramen 3).
[178] Vgl. Melchior Neukirch: Stephanus. Ein schöne geistliche Tragedia von dem ersten Merterer, hg. und komm. von Verena Linseis. Wiesbaden 2019 (Frühneuzeitliche Märtyrerdramen 4).
[179] Toepfer 2013, S. 166 spricht in der Tat von einer «Märtyrertragödie». Wegen seiner Sonderstellung ist das Spiel hier in der Darstellung aus der Chronologie der Spiele aus Solothurn herausgenommen und nicht zwischen das ‹Ältere Ursenspiel› und Wagners Spiele eingeschoben worden.

1549 inszenierte und in seinem ‹Actus Quintus Stephanis› (V. 259) kurz anzitierte ‹Johannes› von Wagners Onkel Johannes Aal, Propst in Solothurn, dar. Es ist eines der wenigen Spiele aus der katholischen Schweiz, welche schon früh die Aufmerksamkeit der Forschung genossen haben,[180] vielleicht auch, weil es – ungewöhnlich für die schweizerischen Heiligendramen – kurz nach der Aufführung im Druck erschienen ist – bei Apiarius in Bern.[181]

Die Handlung des Stücks verteilt sich, wie bei den meisten schweizerischen Heiligenspielen, auf zwei Aufführungstage, jeweils strukturiert in vier Akte. Nach einer Spieleröffnung durch Narr, Herold und Calliopius – die drei Figuren verdeutlichen die Zwischenstellung des Spiels zwischen schweizerischer; volkssprachlich-frühneuzeitlicher und humanistischer Tradition[182] – wird am ersten Spieltag gezeigt, wie Johannes durch Gabriel den göttlichen Auftrag zur Verkündung der Ankunft Christi erhält und wie er seine Predigttätigkeit aufnimmt und sowohl Kritik auf sich zieht als auch Jünger gewinnt. Noch im ersten Akt des ersten Tages tauft er Christus – und auch einige Pharisäer. Bischof Annas ruft mehrfach den Rat der Pharisäer und Schriftgelehrten ein, insbesondere nachdem Johannes offen die illegale Ehe und die Hofhaltung des Herodes kritisiert. Während Annas Herodes informiert, bereitet Christus Johannes aufs Martyrium vor. Herodes geht am eigenen Hof hart gegen Kritik vor; gegenüber Johannes aber, vor dem sich Herodias fürchtet, zeigt er nach einem Gespräch Milde und sieht von der Todesstrafe ab, inhaftiert ihn aber – und bereitet mittlerweile sein Geburtstagsfest vor.

Am zweiten Tag erfährt Herodias von der Gefangenschaft des Johannes und plant mit ihrer Tochter Salome, wie sie ihn zu Tode bringen kann. Mittlerweile verhört Herodes Johannes vor dem Hofrat. Die Räte erkennen keine Schuld bei ihm und auch Herodes ist von Johannes angetan, auch wenn er sich keinesfalls von seiner Frau trennen will. Herodias bemerkt, dass Herodes Johannes schätzt und dass sie ihn durch Schmeichelei nicht auf ihre Johannes gegenüber feindliche Seite ziehen kann, daher ersinnt sie eine neue List. Mittlerweile berichten die Jünger des Johannes ihrem Meister vom Wunderwirken Christi. Jetzt endlich, in Akt III des zweiten Tags, beginnt das Geburtstagsfest des Herodes. Zum Unterhaltungsprogramm gehören ein Fechtkampf und der Tanz der Salome, für welchen Herodes ihr einen Wunsch freistellt. Widerwillig erfüllt er ihr diesen Wunsch und lässt Johannes enthaupten. Herodias verspottet das Haupt. Das Spiel endet mit der Bestattung des Körpers des Johannes durch seine Jünger, die sich nun Christus anschließen.

---

[180] Baechtold 1892, S. 339–341; Michael 1984a, S. 192–195.
[181] Johannes Aal: Tragoedia Joannis des Heiligen vorlöuffers vnd Töuffers Christi Jesu warhaffe Histori / von anfang sines låbens / biß inn das end siner enthouptung. Vß den vier Euangelisten in spils wiß zůsammen gsetzt / vnd gspilt durch ein Eersame Burgerschafft zů Solothurn vff den 21. Julij Anno 1549. Bern: Mathias Apiarius 1549 (VD16 A5, VD16 A6); Johannes Aal: Tragoedia Johannis des Täufers, hg. von Ernst Meyer. Halle 1929 (Neudrucke dt. Literaturwerke des 16. und 17. Jahrhunderts 263–267).
[182] Vgl. Balling 2021, S. 139; Michael 1984a, S. 194.

Thomas Balling hat in seiner ausführlichen Analyse des ‹Johannes› Aals[183] die extensive Verwendung biblischer Referenzen[184] und die Einflüsse der ‹Antiquitates› des Flavius Josephus, des ‹Acolastus› Georg Binders und der ‹Ectrachelistis› Jakob Schöppers auf den ‹Johannes› untersucht.[185] Im Folgenden werden insbesondere die Elemente des Stücks hervorgehoben, welche auf die konfessionelle Situation in Solothurn reagieren.

Pilger und Reisläufer oder das Publikum des Spiels

Zu Beginn der Handlung auf der Erde (nach der Sendung Gabriels durch Gott Vater im Himmel) treten drei *Bilgere* (V. 358b) auf, die es in die Wüste zu einem Mann zieht.

> Zů dem all dise welt loufft hin
> Der sol so wunderbarlich sin
> Deßglich man nit vff erdrich findt
> Man spricht er sie Gottes fründ.
> Als volck zů jm hat sinen louff.
> Er prediget streng/ die bůß/ den touff (V. 365–370).

Die auch im ‹Ursenspiel› verwendete Bezeichnung «Gottesfreund» macht aus dem Eremiten in der Wüste, der die Sakramente der Buße und der Taufe predigt, einen Heiligen und als solchen ein Ziel der Pilgerfahrt der vielen, die ihn sehen möchten. In nur wenigen Versen verdichten sich hier ein katholisches Heiligenverständnis und eine frömmigkeitspraktische Reflexion: Das Spiel, zu dem viele kommen, um den Heiligen zu sehen und seine Predigten zu hören, spiegelt hier die Wallfahrt der Pilger zu Johannes. Seine Heiligkeit erfahren die Pilger unmittelbar, denn sie beobachten, wie Gabriel die Nachricht Gottes an Johannes überbringt und dieser seine Sendung als *vorgánger* des Messias akzeptiert (V. 405). Durch die Wallfahrt als Ausdruck der Frömmigkeit werden auch die Pilger bzw. Zuschauer, die nun Johannes direkt anspricht, geheiligt: *Wend jr all sin waar Gottes fründ* (V. 411).[186]

Nicht nur zivile Pilger kommen zum Einsiedler, dessen Bühnenstand als *hol* (V. 446a) bezeichnet ist, wie das Schweizer Publikum sie von den Bruderklausenspielen kennt,[187] sondern auch *kriegßknecht* (V. 446b), um den Mann zu sehen, der aufgrund seiner Askese auf *gantz englische wyß* lebe (V. 462). Schließlich kommt noch eine ganze Schar *publicanen allerlei volcks* (V. 467b) zusammen, um *Gottes heiligen fründt* (V. 469) zu suchen und *sin heilige leer* (V. 471) zu hören. Gemeinsam rufen sie ihn an: *Joannes du vil heilger man* (V. 483), um von ihm die *heilgen leer*

---

[183] Balling 2021, S. 129–181.
[184] Vgl. hierzu auch Toepfer 2013, S. 168.
[185] Balling 2021, S. 132–143.
[186] Vgl. ebd., S. 156 u. 178 zu Aspekten der Heiligkeit und der Werkbetonung.
[187] Vgl. oben, Kap. ‹Sarnen und Obwalden›.

(V. 498) zu hören, *Die durch dich redet Gott der Herr* (V. 499). Seine Lehre und sein Vorbild werden ausdrücklich als heilsvermittelnd verstanden: *Mach vns all dinem bispil glich | Das wir erlangint ß'himmelrich* (V. 504f.). Genau diese Heilsvermittlung scheint auch für das Spiel vorgesehen zu sein, das einem sich im Pilgermodus nähernden Publikum die Lehre Gottes und das Beispiel des Heiligen vor Augen führt.

Unter den Berufsständen, die dem Hl. Johannes ihre Sünden bekennen, fällt insbesondere die Gruppe der Reisläufer auf. Sie bekennen offen, allein für Geld zu töten, jede Moral außer Acht zu lassen und sich auch nicht mit dem Sold zu begnügen, sondern wild zu plündern (V. 1181–1243). Johannes ermahnt sie: *Wend jr frumm vffrecht kriegßlüt sin/ | So sûchend nit den schnóden gwin* (V. 1283f.). Er ermahnt sie, sämtliche Kriegsverbrechen zu vermeiden und nicht ohne Befehl zu töten, für den Schutz der Armen und Hilfsbedürftigen einzustehen und auch tyrannischem Befehl nicht zu gehorchen (V. 1332). Mit dieser Anweisung, die im Stück nur wenige der Kriegsknechte annehmen, nimmt Aal eine kritische Stellung zum aktuellen Streit um die Reisläuferei ein. Nicht grundsätzlich verurteilt er das Kriegshandwerk, wohl aber jenes, das die Moral dem Geld unterstellt. Er öffnet aber das Spiel und die in ihm verkündete Botschaft ausdrücklich auch für eine Reisläufergesellschaft wie die Solothurns.

Heilsvermittlung in der Taufe

Im Streitgespräch mit den Pharisäern verdeutlicht Johannes, dass seine Lehre, die er in seiner Lebensform und in seinem Wort vertritt, nicht auf eine blinde Werkgerechtigkeit zielt: *Der gschrifften sind dPropheten voll | Das kein werck on das hertz nüt soll* (V. 628f.). Das bedeutet aber auch, dass eine Rechtfertigung ohne Werke (*sola fide*) in seinen Augen ebenso ausgeschlossen ist wie eine ohne den Glauben und die Gottesliebe (V. 631). Er betont auch, dass er nicht etwa eine neue Lehre predige, die von der Heiligen Schrift abweiche, sondern: *Ich leer deß gsatzes rechten bruch/ | Daruon Propheten habend gsagt* (V. 621f.). Damit erteilt er auch dem Grundsatz *sola scriptura* eine deutliche Absage. Zwei Bedingungen nennt Johannes stattdessen für das Seelenheil: die Buße und die Taufe (V. 417f.). Diese beiden Sakramente werden durch das ganze Stück hindurch hervorgehoben. Die Taufe rechtfertigt er ausdrücklich aus der Schrift:

> So ist der touff bedüt vor lang
> Deß bûchs der schöpffung im anfang/
> Es stat ouch im Ezechiel
> Redt Gott zum volck von Israel/
> Ich wird vber ûch allesampt vßgießen
> Ein rein/ pur/ luter /wasser fliessen
> Mit wölchem jr gereiniget werdent
> Von allen masen diser erden
> Von allerlei abgöttery

> Von allen sünden wie die sy.
> Ein nüw hertz vnd ein nüwen geist
> Wird ich üch gån/ diß wort Gott leist (V. 650–661).

Johannes lässt keinen Zweifel daran, dass die Taufe ein von Gott eingesetztes Sakrament ist, welches die Sünde abwäscht, und dass die Sakramentenlehre keine ‹papistische› Neuigkeit gegenüber der Schrift ist, sondern die von Gott inspirierte ‹rechte› Auslegung der Schrift.[188] Später bittet Christus selbst den Vater für die Gemeinschaft aller Getauften,

> Das sy im touff werd wider gboren/
> Deß heilgen geists krafft nem an sich/
> Dieß' wasser erlanget hat durch mich (V. 1799–1801).

Dass neben der Taufe, welche auf Christi Fürsprache hin im Wasser die Kraft des Heiligen Geistes vermittelt, auch die Buße ein heilsnotwendiges Sakrament ist, bestätigen sogar die Bekehrten unter den Pharisäern: *Du leerst vnd sagst den rechten grund/ | Das keiner on bůß z'himel kund* (V. 698f.). Gerade sie sprechen als erste Gruppe ein förmliches Sündenbekenntnis (V. 702–712) und bitten Johannes um Absolution und weitere Unterweisung. Zu dieser gehört u. a. der Hinweis auf die Werke der Barmherzigkeit, denn *Almůsen macht zů Gott den weg | Vnd schafft das jm versagt wirt nüt* (V. 763f.)

Vorgezogene Christusnachfolge und Askese

Nicht nur durch wiederholte unmittelbare Begegnungen zwischen Christus und Johannes, durch die wiederholte Unterstellung anderer, Johannes sei der Messias, und durch die Diskussion zwischen seinen Jüngern und den Jüngern Christi, wem zu folgen sei, wird Johannes deutlich in die Nähe Christi gerückt, sondern insbesondere durch die Darstellung seiner Passion.[189] Während in den Evangelien seine Gefangennahme nicht näher beschrieben ist, gestaltet Aal diese analog zur Ölbergszene: Johannes verkündet seinen Jüngern vorab, dass Herodes ihn bald gefangen nehme (V. 3683), bevor er die Soldaten sieht (V. 3684). Seine Jünger fliehen, während er sich bereitwillig fesseln lässt und abgeführt wird – am Abend des ersten Spieltags. Die Spielpause zitiert die Nacht zwischen der Gefangennahme Christi und den Verhören vor den Hohepriestern, Herodes und Pilatus.

Der Herold des nächsten Tages erklärt, welcher Herodes hier im Spiel gemeint ist, und beschreibt Herodes Antipas, der Johannes enthaupten ließ (V. 3799), als den Herodes, der Christus *Verspottet inn eim wyssen kleid* (V. 3886), d. h. im Narrengewand. Mit dem Bild des verspotteten Narren wird Johannes im Folgenden zweimal

---

[188] Vgl. auch Balling 2021, S. 156 zu V. 1776–1781.
[189] Vgl. Toepfer 2013, S. 172.

konfrontiert.[190] Im Kerker bekommt er Besuch vom Narren. Dieser will testen, ob die Askese des Johannes der Not oder einer ‹Narrheit› entsprungen sei:

> Het er villicht fleisch vnd wyn ghan /
> Er hette dwaldspyß lassen stan /
> Drumb / zweierley bring ich im z'essen /
> Ist er nit gar mit narren bsessen /
> So wirt er nen das braten hůn (V. 4397–4401).

Johannes dankt dem Narren für seine Gabe, Gott werde es ihm lohnen (V. 4430), er wählt aber zum Entsetzen des Narren nicht das Huhn und den Wein, sondern das Gras und die Wurzeln, welche der Narr als Alternative anbietet und voller Verachtung noch auf den Boden schüttet. Höhnisch bietet er an, Johannes dazu einen Krug Wasser zu bringen, den er *wie ein ků* (V. 4426) saufen möge, bis der Henker komme. Johannes nimmt nicht nur die Schmähungen des Narren gelassen hin, sondern rechtfertigt auch die Askese als heilswirksames Werk der Frömmigkeit:

> Das himmelrych ist dem abgschlagen /
> Der allzyt treit ein vollen magen.
> Wer aber sinem lyb thůt gewalt
> Der selb wol Gott dem Herren gfalt (V. 4455–4458).

Vom Narren wegen seiner Absage an körperliche Genüsse als Tor verlacht, erwartet Johannes sein Martyrium. Als endlich nach dem verführerischen Tanz der Salome[191] die Scharfrichter kommen, um Johannes hinzurichten, und er sich bereitwillig *Vmb Christi willen der warheit* (V. 6531) in den Tod gibt, begründet er es damit, dass

> Der für vns alle / ouch für mich /
> In bittern tod wirt geben sich.
> Bin sin vorlǒuffer gesin vff erden /
> Jetz wil ichs in der vorhell werden (V. 6533–6536).

An die Stelle der Christusnachfolge der üblichen Heiligen tritt hier ausdrücklich ein Vorausgehen, das auf das Modell Christi bezogen ist. So lässt er sich auch von den Henkern, die ihn in der Finsternis des Kerkers erst nicht sehen, um ihn dann am Haar herauszuziehen, als *saw im stall* (V. 6647), die den Metzger wittere, schmähen. Jetzt spotten sie über ihn, der schweige *als ein stumm* (V. 6656) – so wie Christus vor Herodes. Dorninger hat darauf hingewiesen, dass das Schweigen auch bühnentechnische Gründe hat. Sie geht davon aus, dass zur Enthauptung eine Puppe

---

[190] Zur Narrenfigur bei Aal vgl. Toepfer 2015.
[191] Vgl. Dietl 2015b, S. 176.

verwendet wurde;[192] wahrscheinlicher ist der Einsatz eines Holzkopfes.[193] Auch dieser zwingt zum Schweigen, das aber hier zusätzlich eine typologische Bedeutung besitzt.

Agnus Dei und Reliquie

Einen extremen Fall der vorgezogenen Christusnachfolge stellt schließlich das abgeschlagene Haupt des Johannes selbst dar. Salome will ihrer Mutter als *schowessen* (V. 6675) überbringen. Der Henker entgegnet:

> Ja haissend sey nur frólich singen/
> Will sy gern so fresse dise tracht
> Die ich jr warm hab grüst vnd gmacht.
> Jch wólt mir deren wünschen nit/
> Fleisch row fressen/ ist nit mein sitt (V. 6677–6681).

Die kannibalische Anspielung betont den typologischen Bezug zwischen dem Tod des Johannes und dem Opfertod Christi. Das Haupt des Johannes beim Gastmahl des Herodes spiegelt das *agnus Dei* beim Letzten Abendmahl wider, welches tatsächlich Fleisch und Blut Christi ist. Die Analogie wird noch übersteigert, wenn Salome ihrer Mutter das Haupt mit den Worten reicht: *ich bring dir/ | Dins findts kopff/ der früsch noch blůtet* (V. 6690f.), woraufhin Herodias, Johannes schmähend, ihr Messer in das Haupt sticht (V. 6725a).[194] Typologie und die Lehre von der Realpräsenz Christi im Abendmahl verbinden sich hier zu einem eindrücklichen Bild, das letztlich nur vor einem katholischen Bedeutungshintergrund erträglich ist. Zugleich bestätigt sich die Handlung im Zustand der Reliquie.

Nach ihrem Stich ins Haupt erklärt die rasende Herodias, sie werde das Haupt verbrennen und dann in vergifteter Erde vergraben, um jede Wiederkehr des Johannes zu verhindern (V. 6729–6731). Zum Abschluss des Spiels erzählt Calliopius[195] die Geschichte der Reliquien des Hl. Johannes nach Eusebius und Cyprian (V. 6879–6955): Die Jünger begruben den Leib in Samaria. Dort geschahen Zeichen und Wunder, von denen auch Hieronymus berichtet. Daraufhin wurde das Grab zerstört. Das separat bestattete Haupt wurde schließlich von Eremiten gefunden und nach Jerusalem transferiert. Unter Theodosius wurde es nach Konstantinopel und unter Pippin ins Frankenreich gebracht; schließlich wurde in Amiens eine Kathedrale für das Haupt errichtet. Das noch immer unverweste Haupt des Johannes, welches zahlreiche eidgenössische Pilger gesehen haben, weist noch immer die Stichwunde auf und bestätigt damit die Wahrheit der dargestellten Geschichte.

---

[192] Dorninger 2008, S. 172; vgl. Balling 2021, S. 170f.
[193] Einen Hinweis darauf liefert die letztlich sonst unmotivierte Erwähnung der hünenhaften Größe des Johannes kurz vor der Enthauptung, V. 6550. Vgl. auch oben zum vermutlichen Einsatz von Holzköpfen in Wagners ‹Ursenspiel›.
[194] Balling 2021, S. 178 verweist auf das ‹Luzerner Osterspiel›, V. 5520a; Dietl 2015b, S. 178f.
[195] Nur in VD16 A6 vorhanden.

Zugleich belegt die Reliquie, *Wie Gott der sinen heilgen acht | Vnd jre lyb vnd bein bhůte* (V. 6952f.), durch die er selbst wirkte. Damit betont der ‹humanistische› Epilog die Mittlerfunktion der Heiligen und die Richtigkeit von Reliquienkult und Wallfahrt. Das macht das Spiel vom Vorboten Christi zu einer klaren Verteidigung katholischer Positionen. Vor der Fassade der St. Ursenkirche aufgeführt, verteidigt dieser Epilog auch die Verehrung der Stadtpatrone, die ähnlich wie Johannes enthauptet wurden und deren Reliquien hier verehrt wurden.

Zug

Zug in der Frühen Neuzeit

Die heutige Stadt Zug wurde wahrscheinlich im 13. Jahrhundert von den Grafen von Kyburg errichtet und im Jahre 1273 von Rudolf von Habsburg gekauft, woraufhin Zug und die im Umland liegenden Siedlungen zum Amt Zug zusammengelegt wurden. Dieses Gebiet kam 1352 zum bereits bestehenden Eidgenössischen Bund zwischen den Orten Uri, Schwyz, Unterwalden, Luzern und Zürich dazu.[1] Habsburg richtete jedoch weiterhin Ansprüche an die Stadt, welche erst erloschen, als König Sigismund ihr 1415 die Reichsfreiheit übertrug.[2] Etwa um 1500 erreichten die Stadt und das herumliegende Amt Zug die Ausdehnung, die der heutigen Kanton Zug besitzt.[3]

In der Frühen Neuzeit bestand der Kanton aus vier Zentren, in deren Gemeindeversammlungen alle gesellschaftspolitischen Entscheide gefällt wurden: das städtischen Zentrum Zug und drei ländliche Gebiete. Dies führte dazu, dass vom 15. bis zum 18. Jahrhundert zahlreiche Konflikte zwischen den vier Zentren ausgetragen wurden,[4] da die Kompetenzen und Machtverhältnisse, insbesondere zwischen den ländlichen Gebieten und dem städtischen Zug, immer wieder neu hinterfragt und ausgehandelt werden mussten.[5] Die politischen Konflikte zwischen den vier Machtzentren konnten 1604 durch den sog. ‹Libellenvertrag› teilweise beigelegt werden, da hier die Machtverhältnisse zwischen der Stadt und den ländlichen Gebieten schriftlich geregelt wurden. Doch die Animositäten zwischen Stadt und Land blieben bestehen; so musste bereits 1608 erneut eine Schlichtung durch die anderen Innerschweizer Kantone den Frieden in einer Landschreiber-Ernennung wiederherstellen.[6]

---

[1] Vgl. Würgler 2012. Nachdem im selben Jahr auch Glarus und ein Jahr später Bern zum Bund gekommen waren, bildeten diese acht Orte bis 1513 die sogenannten Acht Alten Orte. Allerdings ist der Anschluss Zugs an die eidgenössischen Orte 1352 differenziert zu betrachten, da er nicht ganz freiwillig geschah. Eigentlich kann der Kanton Zug erst seit 1415 als souveräner Ort bezeichnet werden, und erst im Stanser Verkommnis 1481 wurde Zug als einer der Acht Alten Orte gleichwertig mit den anderen gesehen, weshalb am ehesten zutrifft, dass der heutige Kanton Zug zwischen 1415 und 1481 sukzessive eidgenössisch wurde. Vgl. T. Glauser 2002, S. 115.
[2] Vgl. Büsser 2018, S. 94.
[3] Vgl. Hoppe u. a. 2019.
[4] Vgl. ebd.
[5] Vgl. Büsser 2018, S. 97.
[6] Vgl. Gruber 1968, S. 83–86.

Zug bekannte sich in der Reformationszeit zum alten Glauben. Bereits nach der Zürcher Disputation von 1523 tagten die Zuger zusammen mit Luzern, Uri, Schwyz und Unterwalden in Beckenried und bekannten sich zur alten Religion.[7] 1586 bildete Zug zusammen mit Uri, Schwyz, Unterwalden, Fribourg, Solothurn und Luzern den Goldenen Bund, der die katholische Konfession in der Eidgenossenschaft erhalten sollte.[8] 1595 wurde in Zug mit dem Kapuzinerkloster die erste städtische Ordensniederlassung gegründet.[9] Einer der Gründe, warum Zug sich schon früh vehement gegen Zwinglis Reformbestrebungen stellte, war der Solddienst, der in Zug fester Bestandteil des Lebens war, zumal die bekannte und einflussreiche Zuger Familie Zurlauben eine der wichtigsten Familien für das Soldunternehmen in der Innerschweiz der Frühen Neuzeit war, die besonders zu Beginn des 17. Jahrhunderts große Profite damit machte.[10] Interessanterweise war auch beim Zuger Söldnerwesen ein Gegensatz zwischen Stadt und Land zu erkennen: in den Mailänder Kriegen beispielsweise kämpfte die Stadt Zug für die Franzosen, während die ländlichen Gemeinden die Gegenpartei unterstützten.[11]

Theater in Zug im 16. und frühen 17. Jahrhundert

Das erste nachweislich in Zug gespielte Schauspiel ist ein Heilig-Kreuz-Spiel des Solothurner Geistlichen und Orgelspielers Johann Wilhelm Stapfer, das 1598 in Zug aufgeführt wurde.[12] Stapfer war zwar Organist in Solothurn und starb dort 1616, doch Ende des 16. Jahrhunderts weilte er offenbar in Zug, wie der Vorrede seines Spiels zu entnehmen ist.[13] Weitere Spiele sind von ihm nicht bekannt. Die einzigen drei weiteren Zuger Spiele aus der Zeit bis 1630 stammen alle von Johannes Mahler und sind Heiligenspiele: das ‹Spiel von St. Stanislaus›,[14] das ‹Spiel von St. Oswald›[15] und das ‹Bruder Klausen-Spiel›.[16] Während Stapfer an die Bürgerspiele Luzerns anknüpft, sind Mahlers Spiele daneben auch dem jesuitischen Drama verpflichtet.[17]

---

[7] Vgl. Gruber 1968, S. 74.
[8] Vgl. Bolzern 2005.
[9] Vgl. Burghherr 1925, S. 64.
[10] Vgl. Greyerz u. a. 2018, S. 9f.
[11] Vgl. Gruber 1968, S. 94.
[12] Eine Zusammenfassung des Spiels findet sich bei Baechtold 1887, S. 386–392.
[13] Vgl. Baechtold 1887, Anmerkungen, S. 109.
[14] Stiftsbibliothek Einsiedeln, Msc. 1050 (949). Edition: Johannes Mahler: Spiel von St. Stanislaus, hg. von Hellmut Thomke und Christiane Oppikofer-Dedie. Zürich 2003 (Schweizer Texte N. F. 18).
[15] Stadtbibliothek Zug, T Msc 382. Edition: Johannes Mahler: Spiel von St. Oswald, hg. von Wolfgang F. Michael und Hans-Gert Roloff. Bern u. a. 1990.
[16] Privatbesitz Familienarchiv Wirz, Sarnen [= KS]. Edition: Johannes Mahler: Bruder Klausen-Spiel (um 1624), hg. von Christiane Oppikofer-Dedie. Aarau 1993.
[17] Vgl. Thomke 2003, S. 178.

Es ist nicht belegt, wo die Stücke Mahlers, die aufgeführt wurden, gespielt wurden. Obwohl unter dem Einfluss des Humanismus die Simultanbühne nach und nach von der Sukzessionsbühne abgelöst wurde, hatte erstere, wie bereits oben deutlich geworden ist, in der Eidgenossenschaft noch bis weit ins 17. Jahrhundert Bestand. Zudem fand im 16. Jahrhundert eine Vermischung verschiedener überlieferter Bühnenformen statt, unter anderem auch aus praktischen Gründen wegen der jeweils unterschiedlichen zur Verfügung stehenden Aufführungsorte und deren Kapazitäten.[18] Von anderen (v. a. späteren) frühneuzeitlichen Zuger Spielen wissen wir, dass sie normalerweise auf dem Kolinplatz aufgeführt wurden,[19] den es heute noch gibt und auf dem 1514 der Kolinbrunnen (damals Lindenbrunnen) errichtet und 1543/44 das ebenfalls immer noch bestehende Gasthaus Ochsen von der Zuger Unternehmerfamilie Kolin erbaut wurde. Dieser Platz sieht dem bekannten, als Aufführungsort verwendeten Weinmarkt in Luzern sehr ähnlich.[20] Das Gasthaus Ochsen steht im Osten des Platzes, so wie das Haus zur Sonne auf dem Luzerner Weinmarkt, wo traditionellerweise der Himmel angesiedelt war. Wie am Weinmarkt befand sich auch auf dem Kolinplatz ein Pranger auf der gegenüberliegenden Seite (beim Zollhaus). Es gibt jedoch keine konkreten Hinweise darauf, wie genau der Kolinplatz als Aufführungsort genutzt wurde.

Johannes Mahler

Der aus damaligen Zuger Stadtvogtei Cham[21] stammende Johannes Mahler ist als Priester und Organist in Zug dokumentiert. Da die Ratsprotokolle aus jener Zeit verschollen sind, gibt es nur wenige gesicherte Eckpunkte zu seinem frühen Leben. So ist kein Geburtsdatum bekannt. Thomke vermutet, dass er um 1590 geboren wurde und in den 20er-Jahren des 17. Jahrhunderts nach Zug kam.[22] Im Schülerverzeichnis des Luzerner Jesuitenkollegiums von 1574–1669 ist ein Joannes Mahler aus Zug verzeichnet für den Rhetorikkurs 1605 und für den Grammatikkurs 1606; den Abschluss als Geistlicher machte er 1614.[23] Es ist davon auszugehen, dass dies der spätere Dramatiker ist, da die Daten genau passen und aus den Spielen deutlich wird, dass Mahler die jesuitische Theatertradition sehr genau kannte. Die Jesuiten waren im 16. Jahrhundert nach Luzern geholt worden mit dem Ziel, die notwendig gewordenen Reformen in der katholischen Kirche auch in der Innerschweiz voranzutreiben, und sie führten Schauspiele auf, um für ihre Schule zu werben.[24] Öffentliche Theateraufführungen der Jesuitenschüler waren ein willkommenes Instrument, um

---

[18] Vgl. dazu Huwiler 2015, S. 14f.
[19] Vgl. Burgherr 1925, S. 140; Wieser 2010, S. 184.
[20] Vgl. oben, Kap. ‹Luzern›; Greco-Kaufmann 2009, S. 453 und S. 528.
[21] Die heutige Stadt Cham gehörte zu der Zeit als Vogtei zur Stadt Zug.
[22] Thomke 2003, S. 177.
[23] F. Glauser 1976, S. 143.
[24] Vgl. Greco-Kaufmann 2009, S. 559.

unter anderem auch der breiten Bevölkerung die jesuitische Morallehre nahezubringen. Dabei bevorzugten die Jesuiten zu der Zeit, als Mahler in Luzern war, das Heiligenspiel. Damit hatten sie bereits 1586 mit der ‹Comoedia de vita Nicolai Unterwaldii› des in Luzern ansässigen Jesuiten Jakob Gretser begonnen.[25] Die späteren Heiligenspiele der Jesuiten stammten dann zum größten Teil nicht von in Luzern ansässigen Jesuiten, sondern aus anderen Jesuitenschulen wie Dillingen, München oder Augsburg.[26] Der Austausch der Theaterstücke unter den Zentren der Jesuitenschulen blieb auch später sehr rege. Johannes Mahler wird, ausgehend von der Annahme, dass er ab Ende des 16. Jahrhunderts in der Jesuitenschule war, Jesuitenspiele beispielsweise über die Heiligen Leodegar, Mauritius, Jost und Bernhard miterlebt haben.[27] Nach der Priesterweihe 1614 taucht Mahler namentlich wieder 1618 in Zug auf. Wo er in der Zwischenzeit weilte, ist nicht bekannt, doch die Annahme, dass er auch in dieser Zeit und bis zu seinem Tod 1634 Stücke in Luzern gesehen hat, ist naheliegend. So könnte er durchaus auch die Aufführung der Jesuiten-Stücke zu Beatus 1615, zu Fridolin 1618 sowie zu Oswald 1621 gesehen haben.[28] Daneben hat er mit einer gewissen Wahrscheinlichkeit auch Oster- und Passionsspiele oder Spiele des Spielleiters Wilhelmi auf dem Weinmarkt gesehen, d. h. von Bürgern aufgeführte deutschsprachige Stücke in der Theatertradition der alten Bekrönungsbruderschaft.[29] Von den Oster- und Passionsspielen beeinflusst war beispielsweise Mahlers Bühneneinteilung, von allen Weinmarktspielen die rahmenden Szenen mit dem Argumentator sowie Szenen mit Engeln und Teufeln, und die vor allem in Mahlers ‹Oswaldspiel› vorhandenen Kriegsszenen waren vermutlich von Wilhelmis Spielen inspiriert. Mahlers Heiligenspiele legen somit nahe, dass er diverse Theatertraditionen zusammenbringen wollte.[30]

Johannes Mahler amtete nach der Luzerner Schulzeit in Zug als Geistlicher, doch seine genaue Tätigkeit ist nicht deutlich: Zwar taucht sein Name in der Literatur wiederholt im Jahre 1620 im Zusammenhang mit dem Amt des Kaplans auf der Schwarzmurerpfründe auf,[31] jedoch wurde die Schwarzmurerpfründe laut Ratsprotokoll 1620 Jakob Wulfli verliehen, welcher diese noch 1624 bekleidete.[32]

---

[25] Jakob Gretser S. J.: Das Bruder-Klausen-Spiel vom Jahre 1586 [Comoedia de vita Nocolai Underwaldii eremitae Helvetii], hg. von Emmanuel Scherer. Sarnen 1928 (Beilage zum Jahresbericht der kantonalen Lehranstalt Sarnen 1927/28).
[26] Vgl. Greco-Kaufmann 2009, S. 573.
[27] Vgl. für eine Liste der Aufführungen Greco-Kaufmann 2009, S. 604. Neben Johannes Mahler war, zeitlich nur ein wenig später, auch der aus der Obwaldner Gemeinde Alpnach stammende Dramatiker Wolfgang Rot ein Luzerner Jesuitenschüler, der seine dramatische Bildung aus der Jesuitenschule in die Innerschweiz brachte. Vgl. F. Glauser 1976, S. 173.
[28] Vgl. Eberle 1929, S. 72f.
[29] Vgl. oben, Kap. ‹Luzern›.
[30] Vgl. auch Wieser 2010, S. 185f.
[31] Vgl. Oppikofer-Dedie 1993a, S. 39.
[32] Vgl. Bürgerarchiv Zug, Ratsprotokolle vom 4.7.1620 und 7.9.1624.

Da er in den Ratsprotokollen seit 1627 als Inhaber einer Pfründe erwähnt wird (wenn auch nicht deutlich ist, welche), hat er also sicherlich als Geistlicher in Zug geamtet.[33] Ebenso wird er bereits 1618 in Zug als Organist erwähnt und erhielt 1627, zusammen mit dem Schulmeister, die Aufsicht über die Lateinschule.[34] Dies gelang ihm, obwohl er bereits 1624 ermahnt worden war, da er offenbar mit einigen Herren der Obrigkeit und deren Amtsführung nicht einverstanden gewesen war und diese während der Predigt kritisiert hatte.[35] Auch später geriet Mahler wieder in Schwierigkeiten, machte Schulden und musste schließlich wegen Verfehlungen 1629 Zug verlassen; was dies genau für Verfehlungen waren, lässt sich nicht mehr nachweisen.[36] Nach und nach wurden ihm alle Ämter weggenommen, und schließlich vergab man seine Pfründe anderweitig. Johannes Mahler wurde daraufhin in Bremgarten im Freiamt mit dem Amt des Seelsorgers betraut, wo er schließlich 1634 starb.

Das ‹Spiel von St. Stansilaus› von 1620 ist das früheste Stück von Mahler und das einzige, für das eine öffentliche Aufführung in der Stadt Zug belegt ist. Das ‹Bruder Klausen-Spiel› entstand um 1624, und das ‹Spiel von St. Oswald› ist spätestens 1629 anzusetzen. Letzteres ist als einziges seiner Spiele als Autograf überliefert.

Bühnenform und Struktur bei Mahler

Wie erwähnt, ist nicht belegt, ob alle Spiele Mahlers aufgeführt wurden, und wenn doch, wo genau in der Stadt Zug sich der Aufführungsort befand. Der Eröffnungsredner im ‹Bruder Klaus› spricht davon, dass der Autor des Stücks vom Rat dazu aufgefordert worden sei, dieses aufzuführen auf dem *offen platz* (V. 33) – wohl wie üblich auf dem Kolinplatz in Zug. Als Bühnenform kann im Prinzip eine Simultanbühne angenommen werden.[37] Burgherr skizziert, wie er sich den Platz für die Aufführungen der Mahler'schen Stücke als Simultanbühne vorstellt, nämlich ähnlich wie diejenige für die Luzerner Heiligenspiele, mit einer *brügi*,[38] teilweise umgeben von ‹Höfen›, in welche die Darsteller abtreten konnten.[39] Der Kolinsplatz bietet sich für Aufführungen mit Simultanbühne an. Allerdings könnte die oben erwähnte Durchmischung und gegenseitige Beeinflussung von Bühnenformen auch

---

[33] Vgl. Wieser 2010, S. 178, Anm. 6. Vgl. Bürgerarchiv Zug, Ratsprotokolle vom 1.5. und 16.5.1627, 16.1.1628 und 25.8.1629.
[34] Vgl. Thomke 2003, S. 177.
[35] Vgl. Burgherr 1925, S. 13.
[36] Vgl. Thomke 2003, S. 177.
[37] Vgl. Oppikofer-Dedie 1993b, S. 330.
[38] Der Begriff *brügi* kann, wie oben bereits ausgeführt, sowohl für eine Zuschauertribüne als auch für eine den Spielern vorbehaltene Holzkonstruktion stehen. Vgl. Greco-Kaufmann 2009, S. 445f.
[39] Vgl. Burgherr 1925, S. 140f.

zu Beginn des 17. Jahrhunderts in Zug zum Ausdruck gekommen sein: Michael sieht im ‹St. Oswald› keine konsequente Durchführung des Simultanprinzips und zeigt auf, wie Mahler dieses durch neue Elemente der Sukzessionsbühne auflockert.[40] Die Regieanweisungen im ‹Spiel von St. Stanislaus› sprechen wiederholt davon, dass die Darsteller weggehen und von irgendwoher auf die Bühne kommen: *Calo geth hinweg* (V. 1169a), *Bischoff und seine herrn gehn hinweg* (V. 1585a), oder *Khumbt der Heilig Bischoff* (V. 1713a). Eine *brügi* wird im ‹Stanislaus› ausdrücklich erwähnt: *Khumbt alles herfür uff die brüge | dem spectacul zů zů sehen* (V. 2037a). Es handelt sich dabei um eine Szene, in der die Spieler im Schauspiel als Zuschauende agieren; das *spectacul* ist also ein Spiel im Spiel: ein Toter soll zum Leben erweckt werden in einem Streitfall, und alle Beteiligten begeben sich zum Grab. Als der Tote tatsächlich aufersteht, wird er laut Regieanweisung *uß dem grab* gezogen *mit der hand* (V. 2049a). Es ist möglich, dass das Grab, analog zu den Bühnengräbern der Schauspiele auf dem Luzerner Weinmarkt, die auf der ‹Brunnenbrügi› installiert waren, sich auch in Zug auf einer *brügi* über dem Brunnen auf dem Kolinplatz befand, und dass der Auferweckte durch eine Lücke im Bretterboden aus dem Grab kam und auch wieder dort verschwand, als er sich nach seiner klärenden Aussage freiwillig wieder zu den Toten begibt.[41] Ansonsten sind Regieanweisungen beim ‹Stanislaus›, die auf die Bühnenform hinweisen würden, sehr spärlich.

Beim ‹Oswald› finden sich mehr solche Hinweise: Es gibt einen Himmel und eine Hölle[42] und es wird wiederholt von *hof, ort* oder *ständ* gesprochen.[43] Die ‹Höfe›, ‹Orte› oder ‹Stände› können recht unterschiedlicher Gestalt sein, angepasst an die Möglichkeiten des Aufführungsortes in den einzelnen Akten. Der Hl. Oswald hat einen eigenen *hof:* Auch diverse andere Personen haben ihren *stand* oder *hof,* wobei die Begriffe auswechselbar verwendet werden; so machen sich die Könige aus Britannien, Schottland und Pikten in ihren ‹Höfen› bereit für ihren Gang zu Oswald, dem sie sich unterwerfen wollen: *gondt ein jeder in sin hof: rüstendt sich* (V. 4114a), oder ein Bettler läuft von seinem Standort zu demjenigen Oswalds in der Szene, in der die Barmherzigkeit Oswalds den Armen gegenüber gezeigt wird: *hie laufft ein bettler aus dem anderen standt, lůgt was in dem sig undt faart nach Oswaldi hooff: keert widerum zů sinem anderen gsindt* (V. 3856a). Im ‹Oswald› gab es auch eine Bretterkonstruktion über dem Brunnen, hinter welcher die Hölle platziert war: Als Christus der Bevölkerung als Strafe für ihre Ausschweifungen die Pest schickt, tanzt der *Doodt* den Totentanz *mitt der seegissen auf demm Brunnen* und *klopft mitt demm fůß,* woraufhin sich Löcher in den Brettern auftun und der Tod einige Sünder in die Hölle begleitet (V. 8465a–8485a).

---

[40] Vgl. Michael 1984b, S. 558–560.
[41] Vgl. Greco-Kaufmann 2009, S. 460.
[42] *der himmel tůtt sich auf* (V. 5404a); *fliendt all in dhell* (V. 4692a).
[43] Diese Bezeichnungen für die diversen Abteilungen des Platzes der Aufführung finden sich auch bei den großen Luzerner Weinmarktspielen, vgl. Greco-Kaufmann 2009, S. 443.

Im ‹Bruder Klaus› gibt es zwar zahlreiche Regieanweisungen, doch beziehen sich diese fast ausschließlich auf die Handlung und auf das, was außerhalb der Verszeilen noch gesagt werden soll,[44] jedoch kaum auf die konkrete räumliche Aufführungssituation. Es ist dennoch davon auszugehen, dass bei allen drei Spielen Mahlers die übliche Simultanbühne mit einer *brügi* und festen Standorten angedacht waren. Der Kolinplatz mit seiner Ausrichtung nach Osten für den Himmel (Fassade Gasthaus Ochsen) und Westen für die Hölle (Zollhaus mit dem Pranger) sowie dem Brunnen in der Mitte eignete sich, wie erwähnt, hervorragend für eine solche – dem Bühnenaufbau der Luzerner Weinmarktspiele nachempfundene – Simultanbühne.

In allen Spielen Mahlers kommen nicht näher bezeichnete Musikeinlagen am Schluss von Akten vor, gelegentlich auch als Einlagen zwischen einzelnen Szenen. Deutlicher beschrieben sind die Choreinlagen, die er möglicherweise selbst mit den Darstellern eingeübt hat, denn Mahler war nicht nur Organist, sondern auch Schulmeister und übte in dieser Funktion mit den Schülern geistliche Gesänge ein.[45] Dabei werden liturgische Gesänge eingesetzt, beispielsweise bei der Weihung der Kapelle im ‹Bruder Klaus›: *Weil der Bischoff mit dem Hl. öl die Crütz anstrycht singt man GLORIA PATRI* (V. 3784a).[46]

‹Spiel von St. Stanislaus› (1620)

Der aus einer adligen Familie stammende historische Stanislaus wurde um 1030 im polnischen Szczepanów geboren und 1072 zum Bischof von Krakau ernannt, nachdem er dort seit 1063 als Kleriker geamtet hatte. Offenbar geriet er im Jahr 1079 in eine Auseinandersetzung mit dem damaligen polnischen König Boleslaus II. Dieser muss darüber so erzürnt gewesen sein, dass er das Todesurteil über Stanislaus verhängte. Später musste der König fliehen und seine Herrschaft abgeben. Die erste Niederschrift dieser Ereignisse findet sich zu Beginn des 12. Jahrhunderts in der Chronik von Gallus Anonymus, verfasst aufgrund von mündlichen zeitgenössischen Berichten.[47] Kurz darauf folgte die Darstellung der Ereignisse in der Chronik des Wincenty Kadłubek, der sich als Bischof von Krakau als Nachfolger Stanislaus' sah und diesen in seiner polnischen Chronik verherrlicht.[48] Zwei Viten des Hl. Stanislaus, eine *Vita maior* und eine kürzere *Vita minor*, wurden im 13. Jahrhundert vom polnischen Dichter und Dominikaner Vincentius von Kielcz verfasst, vielleicht im Zusammenhang mit, aber wohl beide nach der Kanonisation des Bischofs durch

---

[44] Siehe zur Besonderheit dieser Regieanweisungen Oppikofer-Dedie 1993b, S. 357f.
[45] Vgl. Burgherr 1925, S. 148.
[46] Die gründliche Erforschung der Musikeinlagen in den Mahler'schen Spielen würde den Rahmen der vorliegenden Untersuchung sprengen und bleibt somit zukünftiger Forschung vorbehalten.
[47] Vgl. Szarota 1979, S. 272.
[48] Die Chronik der Polen des Magisters Vincentius, hg. von Eduard Mühle. Darmstadt 2014 (Freiherr-vom-Stein-Gedächtnisausgabe 48). Vgl. Szarota 1979, S. 272.

Innozenz IV. in Assisi 1253.[49] Der polnische Historiker Johannes Długosz (Longinus) erweiterte diese Biografie; Auszüge daraus wurden 1469 und 1520 veröffentlicht.[50] Die Darstellung von Stanislaus' Leben in der Legendensammlung des deutschen Kartäusermönchs und Hagiografen Laurentius Surius, auf die Johannes Mahler sich bezieht,[51] stützt sich auf diese Darstellungen von Longinus.

Die Legende um Stanislaus teilt sich in zwei Teile: Der erste beschreibt einen Landkauf des Bischofs von einem Mann namens Petrus. Der Kauf mündet allerdings in einen Rechtsstreit, als Petrus plötzlich verstirbt. Um die Rechtmäßigkeit seines Besitzes zu beweisen, erweckt Stanislaus Petrus zum Leben. Der zweite Teil der Legende handelt von der Exkommunikation König Boleslaus' durch den Bischof Stanislaus aufgrund von dessen unmoralischem Lebenswandel sowie vom darauffolgenden Racheakt des Königs. Dieser lässt Stanislaus von seinen Gefolgsleuten erschlagen und zerstückeln. Der König wird daraufhin mit einem Bann belegt und muss fliehen. Teile der Legende lassen sich historisch verorten.[52] Stanislaus wurde bereits kurz nach seinem Tod als Märtyrer und Heiliger verehrt und gilt bis heute als einer der wichtigsten Nationalheiligen Polens.

Das ‹Spiel von St. Stanislaus› ist in einer einzigen späteren Abschrift überliefert, die in Einsiedeln angelegt wurde und dort in der Klosterbibliothek lagert. Die Handschrift stammt von einem nicht identifizierbaren *E. A.* (V. 4402a) und muss zwischen 1635 und 1658 entstanden sein, da sie im Personenverzeichnis vermerkt, dass der Darsteller *H. Joan Jacob Wyssenbach. Jetzund hie Cantzler* (VII) sei. Weissenbach war von 1635 bis 1658 Kanzler in Einsiedeln, d. h. er stand der Schreibstube des Stifts vor und ließ den Spieltext somit kopieren.

Wie alle drei Spiele Mahlers liegt der ‹Stanislaus› ediert vor. Das Spiel wird in einer auf das Personenverzeichnis folgenden Notiz dem *Geistlichen Hoch und Wollgelehrten Herrn, Herrn Johanne Mahler Priestern und Organisten der Loblichen gmeiner Eydtgnoschafft Statt Zug* zugeschrieben und wurde im *Hornung* [Februar] *Anno 1620* (XI) aufgeführt. Der Kopist vermerkt daraufhin, dass der Verfasser Mahler [n]*achmalen wolwürdigen Pfarherrn Loblicher Statt Bremgarten* (XI) gewesen sei. Auch hat der Kopist hinter alle Namen der Spieler im Personenverzeichnis, die zum Zeitpunkt der Fertigstellung der Abschrift bereits gestorben waren, ein Kreuz gesetzt. Unter den Darstellern befanden sich Männer aus den bekanntesten Familien der

---

[49] Vita sancti Stanislai episcopi Cracoviensis (Vita minor), hg. von Wojciech Kętrzyński, in: Monomenta Poloniae historica 4, hg. von der Akademie der Wissenschaften in Krakau, Lwów 1884, S. 283–318; Vinzenz von Kielce, Vita maior Stanislai episcopi Cracoviensis, hg. von Wojciech Kętrzyński, ebd., S. 319–483. Zur Diskussion der Datierung der *vita minor* vgl. Kuzmová 2010, S. 19.
[50] Vgl. Burgherr 1925, S. 81.
[51] Laurentius Surius: De Probatis Sanctorvm Historiis. 3: Complectens Sanctos Mensium Maii Et Iunii. Köln 1579 (VD16 S 10260), S. 143–156. Mahler nennt die Quelle in V. 58.
[52] Vgl. Szarota 1979, S. 272–280.

‹Spiel von St. Stanislaus› (1620)   255

Stadt Zug, beispielsweise die Familien Wickart und Zurlauben, sowie viele Kunsthandwerker.[53] Stanislaus wurde vom Arzt Paul Wickart[54] verkörpert, Boleslaus vom Stadtschreiber Jakob Knopflin und die Königin vom Maler Oswald Frickart.

Aufgeführt wurde das Spiel vor einer breiten Bevölkerungsschicht: Der Prologsprecher spricht nach einem kurzen Gebet, das er zusammen mit allen Anwesenden zu sprechen scheint, diese direkt an: *eüch vil ehrwürdig herr Decan | Sampt einer gantzen Priesterschafft* (V. 12–13); diese ‹ganze Priesterschaft› könnte ein Hinweis darauf sein, dass das Vierwaldstätter Kapitel eingeladen und anwesend war.[55] Ebenso war die *Hochloblich Burgerschafft* (V. 19) in ihrer ganzen Vielfalt anwesend: *Frömbd, heimbsch, jung, alt, auss beidem gschlecht* (V. 21). Der Prologsprecher spricht den *gmeinen man* (V. 96) an, er möge *sein stillschweigen han* (V. 97) und sich jeweils bis zum Ende eines Aktes gedulden.

Warum Mahler ausgerechnet diesen Stoff für sein Heiligenspiel auswählte, kann nur vermutet werden. In der damaligen Eidgenossenschaft gab es keine nennenswerte Stanislaus-Verehrung. Im deutschsprachigen Gebiet sind von vor 1620 nur zwei Stanislaus-Stücke bekannt, beide aus dem Umfeld der Jesuiten: eines wurde 1611 in Augsburg und eines 1615 in Köln gespielt.[56] Das 1611 in Augsburg gespielte Stück ‹Der hl. Stanislaus von Krakau› wurde damals zu Ehren des Besuchs eines polnischen Bischofs gegeben.[57] Da die Familie Wickart, die wie erwähnt an der Produktion von Mahlers Stück beteiligt war, Kontakte zu Augsburg hatte,[58] ist es möglich, dass die Idee zu einem solchen Stück von diesen Beziehungen herrührte. Zudem weilte Mahler 1611 in der Jesuitenschule in Luzern, und die Beziehungen zu den anderen Jesuitenschulen im süddeutschen Raum waren sehr rege, so dass durchaus denkbar wäre, dass er dort zumindest etwas über den Inhalt des Stücks vernahm. Der Stoff bietet neben der Vorbildlichkeit des heiligen Bischofs und Märtyrers Stanislaus auch das Negativexempel König Boleslaus', in dem Mahler (ganz im Sinne der katholischen Reformbewegung) Unzucht und Lasterhaftigkeit in Form von Fastnachtstreiben anprangern und bekämpfen konnte.[59]

Ein weiterer Grund für die Wahl dieses Stoffes könnte darin gelegen haben, dass er dazu geeignet war, um, wie im Tridentinischen Konzil gefordert, die Vorherrschaft des Papstes und der Bischöfe gegenüber einer fehlgeleiteten weltlichen

---

[53] Vgl. Thomke 2003, S. 178.
[54] Vermutlich handelte es sich dabei um den späteren Stadtarzt Paul Wickart.
[55] Das Vierwaldstätter Kapitel ist eine Vereinigung der Gemeindeseelsorger der vier Waldstätte Uri, Schwyz, Unterwalden und Luzern. Vgl. Greco-Kaufmann 2009, S. 281, Anm. 28.
[56] In Polen hingegen führten die Jesuiten bereits seit 1574 Stanislaus-Dramen auf. Vgl. Szarota 1979, S. 281.
[57] Vgl. J. Müller 1930, Bd. 2, S. 58. Siehe auch den Hinweis zur Aufführung dieses Stücks bei Szarota 1979, S. 282, Anm. 43.
[58] Vgl. Thomke 2003, S. 181.
[59] Vgl. ebd., S. 180; siehe auch Burgherr 1925, S. 96.

Herrschaft zu propagieren.[60] Obwohl der Stoff in der Eidgenossenschaft nicht verbreitet war, ist er allgemein in der Literatur des 17. Jahrhunderts sehr beliebt in Gebieten mit einer starken gegenreformatorischen Strömung. Dies könnte ein besonderes Interesse an diesem Stoff auch in Zug erklären.[61]

Thomke sieht schließlich einen weiteren Grund für die Wahl dieses Stoffes in der Tatsache, dass Stanislaus der Legende nach in einer Michaels-Kirche ermordet worden war und St. Michael einer der Patrone der Stadt Zug war. Bei Surius wird Stanislaus nach seiner Ermordung in der St. Michaelskirche beigesetzt. Kurz darauf erscheint er einer Frau und bittet sie dafür zu sorgen, dass seine Gebeine stattdessen in der Domkirche begraben werden, was daraufhin geschieht. Dieser letzte Teil fehlt in Mahlers Stück. Stattdessen tritt hier St. Michael tatsächlich als Figur auf und nimmt Stanislaus am Schluss, geleitet von der Schar der Engel, in den Himmel auf, was bei Surius so nicht vorgeformt ist.

Mahler bildet in seinem ‹St. Stanislaus› nicht das ganze Leben des polnischen Nationalheiligen ab, sondern konzentriert sich auf die wesentlichen Ereignisse aus der Legende und schmückt sie mit eigenen Aussagen aus. Das Stück umfasst vier Akte, die ihrerseits in eine jeweils unterschiedliche Anzahl von Szenen unterteilt sind. Die Einteilung ist inhaltlich begründet. Dies folgt eher den Gepflogenheiten des Jesuitendramas als denen der zeitgenössischen volkstümlichen Spiele.

Handlung

Der Prologsprecher spricht zuerst ein Gebet und begrüßt die Anwesenden von nah und fern. Er zitiert lateinische Verse von Horaz, warnt vor der Fastnacht sowie vor sündigem Tun und kündet die nun folgende Geschichte des polnischen Bischofs Stanislaus an,

> der gstrafft seins Künigs übermůth,
> Sein unkeüsch leben sünd und schand,
> die er trib in dem gantzen landt (V. 63–65).

Dies solle allen Sündern als warnendes Beispiel dienen.

Der erste Akt bietet die Exposition: Stanislaus ist gerade Bischof geworden und nimmt sich vor, die Armen zu beschützen und die Fastnacht zu verbannen. Teufel treten auf, beklagen dies, und der Teufel Protheus verspricht daraufhin, dies zu verhindern, indem er den König Boleslaus *zhand* (V. 454) nehmen werde. Nachdem Protheus Boleslaus zum Ehebruch angestachelt hat, stellt der Bischof den König zur Rede, worauf dieser sein Gefolge besticht, um für ihn Rache zu üben. Nun werden die Bauersleute Leÿsa, Doori und Offrio eingeführt, die sich über die Freuden der Fastnacht unterhalten und beklagen, dass der Bischof diese abschaffen will.

---

[60] Vgl. Szarota 1979, S. 280f.
[61] Vgl. ebd., S. 280.

Im zweiten Akt wird deutlich, dass die Gefolgsleute Boleslaus' gespalten sind: der Großkanzler, Boleslaus' Bruder, beklagt die Schandtaten seines Bruders, und auch der Sohn des Königs, Miesconus, gibt zu, dass sein Vater verwerflich handle, als Ladislaus, der Sohn des Großkanzlers, ihn darauf anspricht. Er kann aber nichts dagegen tun und freut sich insgeheim, dass sein Vater ihn den anderen Kindern vorzieht. Als Stanislaus klar wird, dass die königskritischen Gefolgsleute ihm zwar beipflichten, jedoch nichts ausrichten können, erklärt sich der Bischof bereit, die *marter kron* (V. 1489) zu empfangen, und eröffnet dem König, dass er ihn exkommunizieren werde, falls er nicht von seinen Schandtaten ablasse. Auf die Frage des erbosten Königs an seine treuen Gefolgsleute, was man gegen den Bischof tun könne, erzählt ihm der Hauptmann von seinem verstorbenen Vetter Petrus, von dem der Bischof ohne schriftliche Kauf-Akte Land gekauft habe, woraufhin Boleslaus den Bischof des Landraubs bezichtigt. Nach einer erheiternden *faßnachtposeen* (V. 1917) mit Dorfleuten folgt die Anhörung, in der Stanislaus mit einem Gebet den toten Petrus aus seinem Grab holt, woraufhin dieser zu Stanislaus' Gunsten aussagt und vor der Strafe Gottes warnt. Der König und die Seinen flehen nun um Gottes Gnade, und Boleslaus bekehrt sich zu Gott und bittet seine Frau um Verzeihung. Zum Schluss des zweiten Akts kündet sich ein Krieg zwischen Polen und Russland an.

Im dritten Akt tritt der russische Herzog gegen den polnischen zweiten Prinzen zum Zweikampf an, da der Krieg der Heere keinen Sieger hervorgebracht hat, und wird von diesem erschlagen; nun gehört Russland dem polnischen König. Dieser hat inzwischen wieder begonnen zu klagen, da der Bischof weiterhin von ihm verlangt, seiner Freu treu zu sein. Schließlich beschließt er, diese in ein Kloster zu sperren. Erneut warnt Stanislaus den König vor der Strafe Gottes wegen seiner Schandtaten und auch der Großkanzler stimmt nun in die Warnung mit ein.

Im vierten Akt nimmt der erzürnte König die Gefolgsleute, die dem Großkanzler Recht geben, fest und will sie hängen, woraufhin der Bischof erscheint. Als einige von Boleslaus' Anhängern Stanislaus töten wollen, erscheint ein Schutzengel, erschlägt sie und fordert die anderen auf, den König seine Schandtat selbst ausführen zu lassen, woraufhin dieser seinen Säbel nimmt und den Bischof ersticht. Einige aus dem Gefolge fliehen, die anderen, die bis zum Schluss zum König gehalten hatten, bereuen dies jetzt und schwören, Boleslaus aus dem Reich zu verbannen, woraufhin dieser mit seinem Sohn flieht. Der Großkanzler soll fortan König sein und seine Vereidigung findet sogleich statt. Die Königin erzählt ihrem Gefolge, der tote Bischof sei ihr erschienen und lässt diesen in der St. Michaelskirche bestatten. Ein Bauer tritt auf, rekapituliert die unglaublichen Ereignisse und beschließt, zur Fastnacht zu gehen. In der letzten Szene des Stücks tritt Sankt Michael auf, begrüßt den Bischof und seine Begleiter im Himmelreich und verspricht, dass Boleslaus und seine Gehilfen grausam leiden und sterben werden. Der Teufel Saturnal erschlägt den geflohenen König schließlich und hält daraufhin eine Rede, dass dies der Lohn sei, wenn man der Fastnacht fröne. Auch der Epilog ermahnt das Publikum nochmals dazu, auf die Fastnacht zu verzichten.

Darstellung der Heiligkeit

In Mahlers ‹St. Stanislaus› wird – wie in der Legende angelegt – der tugendhafte Bischof Stanislaus dem moralisch verdorbenen König Boleslaus gegenübergestellt. Der tugendhafte Bischof widersetzt sich dem moralisch fehlbaren Monarchen, obwohl damit das Verhältnis zwischen weltlicher und geistlicher Macht, das von gegenseitiger Abhängigkeit geprägt ist, gefährdet wird.[62] Auch in der Ausführung seines Amtes zeigt sich der Bischof als tugendhaft: Er befiehlt seinem Gefolge, sich der Armen anzunehmen und die Witwen und Waisen zu beschützen, sowie die Fastnacht zu verbannen.

Stanislaus verkörpert somit einerseits (im Leben) die vollkommene Tugend, die jeder Gläubige an den Tag legen sollte, insbesondere aber ein Amtsträger der Kirche, und andererseits (im Sterben) einen standhaften Märtyrer und Zeugen Christi. Ein Wunder, das der Bischof bereits im Leben wirkt, betont seine Heiligkeit: die Wiedererweckung des Petrus. Dramaturgisch verbindet Mahler diese Episode mit dem restlichen Geschehen, indem er Boleslaus die Anfechtung der Rechtmäßigkeit des Landkaufs durch den Bischof überhaupt erst einfädeln lässt, um den Bischof anschließend zu diskreditieren und so den lästigen Kritiker seines Lebenswandels loszuwerden. Durch das Wunder der Wiedererweckung des Hauptzeugen Petrus wird zugleich die Rechtmäßigkeit des Kaufs bezeugt und die Heiligkeit Stanislaus' bekräftigt. Als Stanislaus verkündet, dass er Petrus vom Tode erwecken wolle, spottet der König zunächst: *He he bist du so heilger man | der göttlich wunder würckhen khan?* (V. 1786f.).

Stanislaus wird im Stück, seinem Amt entsprechend, bereits von Beginn an *ihr heiligkeitt* genannt (V. 176). Diese Heiligkeit bestätigt er durch seinen Lebenswandel. Als er in der ersten Szene des ersten Akts Gott bittet, dieser möge ihm dabei helfen, das schwere Bischofsamt auszuführen, erscheint ein Engel auf der Bühne, der ihm bereits an dieser Stelle seine schwere Zukunft mit dem gewaltsamen Tod voraussagt, gleichzeitig aber auch die Glorie, die ihn im Himmel erwarten werde:

> Drum wüsse was dir künfftig ist
> Der hellisch drack mit gwald und list
> Wird dir anstellen krieg und nod
> Auch endtlich ein grausammen todt (V. 196–199).

Stanislaus gibt daraufhin an für den Märtyrertod bereit zu sein: *Ich opffer Dir mein seel und leyb* (V. 210).

---

[62] Vgl. dazu Wünsch 2000.

Wie in praktisch allen Heiligenspielen werden dem Heiligen als Kontrastfiguren die Teufel gegenübergestellt. Beim ‹St. Stanislaus› sind es die personifizierten Todsünden Hoffart, Hass, Unkeuschheit (Asmodeus) und Völlerei sowie der Fastnachtsteufel Saturnal und der Fleisch- bzw. Listteufel Protheus. Durch ihre Zoten, Raufereien und Eifersüchteleien tragen sie zur allgemeinen Erheiterung bei und dienen zugleich als Gegenkräfte zum Bischof Stanislaus, dessen Bemühungen um die Bekehrung von Boleslaus sie immer wieder zunichtemachen. Der Teufel Protheus tritt in mehreren Szenen physisch neben Boleslaus und überzeugt ihn davon, dass diesem durch Stanislaus Unrecht getan werde und er sich rächen müsse. Allgemein führen die Teufel auch dem Publikum die eigenen Laster vor Augen und fungieren als Verführer der Menschheit, die durch die Kräfte des Heiligen gerettet werden muss.

Dem Hl. Stanislaus werden im Spiel als Hilfe gegen die Teufel himmlische Figuren zur Seite gestellt. Während die Teufel in jedem der fünf Akte einen prominenten Auftritt haben, treten die himmlischen Mächte erst im dritten Akt auf: die fünfte Szene des dritten Akts stellt einen dialogischen Chorgesang zwischen dem Chor des Geistes der Königin *Reginae Umbra* und zwei anderen himmlischen Geistern sowie dem Chor der Unterwelt *Orcus* mit Saturnal, Protheus und *allen hellischen Geistern* (V. 2853a) dar. Diese Choreinlage ist eher eine allgemeine Klage über den Zustand der Welt als eine direkt mit der Spielhandlung verwobene Szene. Sowohl im jesuitischen Theater als auch in den volkstümlichen Theateraufführungen auf den Luzerner Marktplätzen sind Chöre belegt. Oft wurden sie als eine Art Zwischenspiele zwischen die einzelnen Handlungsakte eingefügt und tauchen deshalb in den Spieltexten nicht immer auf.

Verkörperungen der Todsünden kommen bereits im bekannten ‹Antichrist- und Weltgerichtsspiel› vor, das 1549 in Luzern aufgeführt wurde und eine große Wirkung hatte,[63] oder in dem Zacharias Bletz zugeschriebenen ‹Der Narrenfresser› (um 1550); hier verkörpern Narren die Todsünden.[64] Auch in Renward Cysats 1593 in Luzern aufgeführtem ‹Convivii Process› treten mannigfache Sünden als allegorische Figuren auf, die als essenzielle Akteure die Handlung ausmachen und vorantreiben.[65] Als solche treten auch die Teufel in Mahlers ‹St. Stanislaus› auf, wenn sie beispielsweise Boleslaus zuflüstern, wie schädlich Stanislaus für ihn sei, und ihn wiederholt dazu anstacheln, gegen den Bischof vorzugehen. Aber auch die himmlischen Kräfte greifen direkt in das Handlungsgeschehen ein: So erschlägt der Schutzengel im vierten Akt jeden, der sich dem Bischof nähern und Hand an ihn legen will, und ruft ihnen zu, wenn schon, dann sollen sie die befohlene Tötung den König selbst machen lassen – was prompt geschieht.

---

[63] Vgl. Greco-Kaufmann 2009, S. 350.
[64] Vgl. Greco-Kaufmann 2001, S. 76.
[65] Vgl. ebd., S. 60–61.

Fastnacht

Eines der Hauptthemen des ‹Stanislaus-Spiels› ist die Fastnacht, die laut Bischof Stanislaus viel Schaden anrichte, weshalb er versucht sie abzuschaffen. Der Protagonist kritisiert das in der Innerschweiz zum Aufführungszeitpunkt immer noch beliebte Fastnachtstreiben, worunter man damals neben ausuferndem Fleisch- und Weinkonsum auch Musik oder Tanz verstand.[66] Während in den reformierten Gebieten der Eidgenossenschaft die Fastnacht bereits in der ersten Hälfte des 16. Jahrhunderts im Prinzip abgeschafft worden war, hatte diese in den katholischen Gebieten Bestand. Die Obrigkeit bemühte sich zwar auch hier seit Längerem, das wilde Fastnachtstreiben in geordnete Bahnen zu lenken, doch der beim Volk sehr beliebte Brauch war sehr schwer zu verbannen – selbst in den reformierten Gebieten kam es nicht zu einem gänzlichen Erliegen fastnächtlicher Bräuche, und in den katholischen Gebieten hatten es die Obrigkeiten in der Hinsicht noch viel schwerer. Um das Treiben wenigstens in geordnete und überschaubare Bahnen zu lenken, erlaubte die Obrigkeit theatrale Aktivitäten, die sie überwachte.[67] Auf diese Weise versuchte die Obrigkeit, größere Exzesse zu verhindern. Gerade die unter ihrer Ägide aufgeführten Fastnachtsspiele waren bei der Bevölkerung sehr beliebt und wurden ausgiebig dazu genutzt, um moralische Lehren gegen Exzesse zu vermitteln.

Das Zuger ‹Stanislaus-Spiel› bemüht sich denn auch darum, beide Perspektiven zu vereinen: Es wartet mit belustigenden, fastnachtsspielähnlichen Szenen auf, die in der Stanislaus-Legende nicht vorgeformt sind, und warnt gleichzeitig eindringlich vor solchem Treiben. So ist es trotz der rigorosen Ablehnung des Fastnachtstreibens, das im ‹St. Stanislaus› zum Ausdruck kommt, nicht verwunderlich, dass der Prologus nach dem Argumentum explizit erwähnt, es werde im Folgenden auch *zů ergetzung* ein *kurtzweilig faßnacht spyl fürkhon* (V. 106f.). Damit ist der Handlungsstrang im Spiel gemeint, in dem sich in possenhaften Szenen die Dorf- und Bauersleute gegenseitig derbe Streiche spielen. Gleichzeitig betont er aber, dass die Fasnacht eine heikle Zeit sei: *zur faßnacht frist* | *[...] all boßheit meister ist* (V. 50f.). Es wird außerdem deutlich auf die Essenz des Gezeigten hingewiesen, nämlich dass *dfaßnacht oder unbůßfarht* | *von Gott gestrafet wird so hart* (V. 4382f.) – allerdings sei das Darbieten eines Spiels, in dem Nützliches mit Angenehmem verbunden werde, gemäß «dem Poeten» eine gute Sache. Mit diesem Hinweis auf Horaz wird den Zuschauenden mitgegeben, dass sie sich diese *kurtzweil* (V. 4388) zu Herzen nehmen und von allen Sünden absehen sollten. Die Fasnacht als Zeit der Unkeuschheit und der Maßlosigkeit wird somit verurteilt, ein lustiges Fastnachtsspiel jedoch

---

[66] Vgl. Greco-Kaufmann 2017, S. 459.
[67] Vgl. Greco-Kaufmann 2009, S. 220.

nicht – auch Mahler wusste, was dem Publikum gefiel, und er musste den Zuschauenden auch Belustigung bieten, allein um sie für sich zu gewinnen und sie dazu anhalten zu können, die dargestellte Sittenzucht auch selber einzuhalten.[68]

Söldnertum

Im ‹Stanislaus› finden sich Hinweise auf politische und soziale Missstände, die jeweils in hohem Maße auf die Gegenwart zum Aufführungszeitpunkt bezogen werden konnten oder gar mussten. Diese Tendenz findet sich in sehr vielen eidgenössischen Spielen des 16. und beginnenden 17. Jahrhunderts: meist beklagen überzeitliche Figuren wie die drei alten Eidgenossen, Tell oder auch Bruder Klaus den Sittenverfall der Eidgenossenschaft, zu dem auch das Söldnertum gezählt wird. Burgherr fasst diese Tendenz treffend zusammen:

> Es ist immer die gleiche Klage: Die freien Schweizer sind um Geld Fürstenknechte geworden, die Führer sind gekauft, ihnen steht das Interesse ihres Brotherrn höher als das des Landes, und so geht die Freiheit gänzlich verloren. Und die soziale Folge: das Geld regiert, der Arme wird geschunden, der ehemalige Söldner arbeitet nicht mehr, alles ergibt sich dem Laster.[69]

Im ‹Stanislaus› finden sich diese Klagen über das Söldnertum und die Untreue der Eidgenossen sehr ausgeprägt: Die ganze Kriegsszene zwischen den Russen und den Polen ist eine Satire auf das Söldner- und Pensionenwesen. Der Herold der Russen bringt die Kriegserklärung des russischen Herzogs zum polnischen König und stimmt dabei eine Klage über die Macht des Geldes an, das Menschen dazu bringe, Freiheit und Gerechtigkeit zu verkaufen: *Die grechtigkeit wird nit mehr gacht | ein jeder seinen seckell tracht* (V. 2158f.). Durch diese Geldgier würden die Leute eines Heeres getrennt und statt Treue zum Vaterland regiere der Wunsch nach Reichtum:

> Meineÿd hin oder hër ist gleÿch
> wan ich nur möchte werden reich:
> Darauß ervolgent faction
> von grossen herren pension;
> Durch daß wird svatterlandt verkhaufft
> dannoch ein jeder darnach laufft (V. 2160–2165).

Konkret beklagt er daraufhin, dass bei den Russen bereits so viele Adlige durch das Geld der Polen zu Verrätern geworden seien, dass der russische Herzog sich dazu gezwungen gesehen habe, gegen Polen in den Krieg zu ziehen, damit Russland überhaupt weiterbestehen könne und nicht noch mehr regimentsfähige Adlige an die Polen verliere. Die Kriegshandlung selbst wird daraufhin nur ganz kurz beschrieben,

---

[68] Vgl. Thomke 2003, S. 178.
[69] Burgherr 1925, S. 104.

hauptsächlich um darzustellen, dass Boleslaus durch diesen Krieg wieder seinen alten Lastern verfallen sei: *Im krieg der teüfel zornig schar | den Küng felt inß alt wesen gar* (V. 2290f.). In der Stanislaus-Legende des Surius, die Mahler als Vorlage benutzte, wird dem Feldzug des polnischen Königs nach Kiew vergleichsweise viel mehr Raum gegeben und die sündigen Taten des Königs während des Feldzugs werden ausführlich beschrieben.[70] Mahler hingegen benutzt die kriegerische Auseinandersetzung vor allem dazu, das Söldnerwesen zu kritisieren. Der Sieg Polens über die Russen wird bei Mahler durch einen Zweikampf zweier Vertreter der Länder für die Polen entschieden, da der Feldzug selbst keinen Sieger hervorgebracht hat. Daraufhin setzt Mahler in Szene, wie der polnische König einige russische Verräter, die er zuvor selbst bestochen hatte und die deshalb nun eigentlich ihm zugetan sind, hinrichten lässt und nur diejenigen begnadigt, die treu zu ihrem russischen Herrn, also Boleslaus' Feind, gehalten hatten. Die Verräter der eigenen Nation werden somit im Spiel auf diese Weise aufs Deutlichste als solche vorgeführt, da sogar der ‹Anti-Held› Boleslaus, seinerseits ein Bestecher, weiß, dass Königstreue wertvoller ist als Geld. Diese satirische Szene führt den Zuschauenden in Zug ein wichtiges Anliegen Mahlers vor: die Einigkeit der Nation zu bewahren und sich nicht durch das Geld fremder Herrscher blenden zu lassen; den Fürsten solle man nicht trauen und hingegen Einigkeit untereinander demonstrieren.[71]

‹Bruder Klausen-Spiel› (1624)

Das zweite uns bekannte Spiel von Mahler ist dem oben bereits behandelten[72] Obwaldner Eremiten und Heiligen Niklaus von Flüe (1417–1487), genannt Bruder Klaus, gewidmet. Vom ‹Bruder Klausen-Spiel› Johannes Mahlers finden sich keine Aufführungszeugnisse; allerdings belegt eine Aussage im Gemeinde-Protokoll von 31. August 1624, dass der Autor das Stück dem Rat vorgelegt hatte mit der expliziten Absicht, es aufzuführen:

> Herr Hanß Mahler begärdt daz mine Gnädigen Herren Jhnen gfallen lassendt daz ehr uff nächste glägenheit die histori deß helgen bruoder Claußen möge agieren und ihns wërkh Richten. Wardt erkhandt ohne miner Herren Costen usserth der bëngi, so sëlle ehr fordt fharren und etwaß Rëchts machen.[73]

Da der Autor einige Jahre später mit dem ‹St. Oswaldspiel› noch ein weiteres Spiel verfasste und es Indizien gibt, dass der Verfasser des ‹Anonymen Bruderklausenspiels› aus Sarnen Mahlers ‹Bruder Klausen-Spiel› gesehen haben könnte,[74] ist es tatsächlich möglich, dass das Spiel noch 1624 aufgeführt wurde, was jedoch mangels Beweisen Spekulation bleiben muss.

---

[70] Surius 1579, S. 150f.
[71] Vgl. Burgherr 1925, S. 100.
[72] Siehe oben, Kap. ‹Sarnen›.
[73] Bürgerarchiv Zug, Gemeinde-Protokoll 1624–1627, fol. 15r.
[74] Vgl. oben, Kap. ‹Sarnen›, S. 139.

Während sich die Sarner Bruderklausenspiele teilweise stark auf zwei frühere Spiele zum Eremiten stützen,[75] ist Mahlers Stück relativ eigenständig gestaltet. Er bezieht sich in seiner Darstellung des Geschehens nach eigenen Angaben auf die ‹Schweizer Chronik› von Johannes Stumpf[76] sowie auf die 1613 auf Lateinisch und 1614 auf Deutsch veröffentlichte Lebensgeschichte Niklaus von Flües von Johann Joachim Eichhorn (V. 51), die einen großen Einfluss auf die weitere Bruder Klaus-Rezeption hatte.[77] Allerdings sind insbesondere die Teufelsszenen und die legendenhaften Anteile in Mahlers Stück bereits sowohl beim lateinischen ‹Bruder Klausen-Spiel› des Jesuiten Jakob Gretser von 1582 als auch beim deutschsprachigem Spiel des Pfarrers Johann Zurflüe von 1601 vorgeformt. Die Ausgestaltung dieser Szenen bei Mahler ist jedoch nicht zu vergleichen mit derjenigen bei Zurflüe, der teilweise ganze Abschnitte wörtlich von Gretser übernimmt – Mahler geht in seiner Bearbeitung dieser Ereignisse, die auch in zahlreichen älteren Quellen zu Niklaus von Flües Leben erwähnt werden, sehr viel eigenständiger vor. Allerdings erinnert, wie Oppikofer-Dedie festhält, Akt- und Szeneneinteilung bei Mahler stark an Gretsers Dramenaufbau,[78] was naheliegend ist, da Mahler ein Jesuitenschüler gewesen und seine Dramaturgie davon beeinflusst ist. Mahler beschränkt sich wie Gretser auf fünf Akte und auf die Darstellung des Wesentlichen, während Zurflüe in acht Akten die ganze Lebensgeschichte Niklaus von Flües von seiner Geburt bis zu seinem Tod und darüber hinaus auffächert. Was sie jedoch ins Zentrum stellen, darin unterscheiden sich Gretser und Mahler grundsätzlich: während Gretser ausschließlich den ‹heiligen› Bruder Klaus darstellt, streicht Mahler den politischen Anteil in Niklaus von Flües Leben stark heraus. Auch Zurflüe hebt bereits stärker als Gretser diesen politischen Anteil hervor,[79] doch Mahler geht hierin noch einen Schritt weiter, indem er von Flüe konkret beim Ausüben politischer Handlungen zeigt, während sich bei Zurflüe die politische Dimension viel mehr auf den überzeitlichen Bruder Klaus, der das zeitgenössische Publikum zur politischen Einigkeit aufruft, beschränkt.[80]

---

[75] Vgl. oben, Kap. ‹Sarnen›.
[76] Vgl. dazu Oppikofer-Dedie 1993b, S. 347–349.
[77] Johann Joachim Eichhorn: Wundergestirn der Eydtgnoßschaft. Das ist Übernatürliches Leben und h. wandel/ Nicolai von Flüe/ Einsidels und Landtmanns zu Underwalden im Schweytzerland: den man nennet Bruder Claus. Konstanz: Leonhard Straub 1614. Vgl. dazu Durrer: «Die Tätigkeit Johann Joachim Eichhorns bedeutet einen Markstein in der Bruderklausen-Biographie [...]. Seine Bücher erhalten autoritären Charakter und bleiben die unverrückbare Grundlage aller späteren Publikationen.» Durrer 1981, Bd. 2, S. 968. Vgl. oben, Kap. ‹Sarnen›, S. 139.
[78] Vgl. Oppikofer-Dedie 1993b, S. 338.
[79] Vgl. Huwiler 2017, S. 439–442. Oppikofer-Dedies Einschätzung, «die politische Seite» Niklaus von Flües werde bei Zurflüe «wie bei Gretser verschwiegen», muss somit dezidiert widersprochen werden. Oppikofer-Dedie 1993b, S. 339.
[80] Vgl. auch hierzu oben, Kap. ‹Sarnen›.

Das ‹Bruder Klausen-Spiel› von Mahler ist in vier späteren Abschriften überliefert, wovon drei vollständig erhalten sind. Die älteste Kopie, Handschrift KS,[81] wurde von Wolfgang Müller im Jahr 1663 erstellt und ist die der Edition von Oppikofer-Dedie primär zugrunde liegende, da diese dem ursprünglichen Text am nächsten zu kommen scheint.[82] Das Spiel ist in fünf ungefähr gleich lange Akte eingeteilt, die alle eine unterschiedliche Anzahl von Szenen enthalten.

Handlung

Der erste Akt stellt die ersten Zweifel Niklaus von Flües an seinem weltlichen Leben dar und steht politisch im Zeichen des historischen Zürichkriegs.[83] Dieser kriegerische Konflikt von 1440–1450 zwischen Zürich und den restlichen (damals) sieben Orten der Eidgenossenschaft wird in Form von zwei Tagsatzungen dargestellt, wobei am Ende mit Hilfe eines Schiedsrichters eine Einigung erzielt wird[84] und die Abgesandten der Kantone sich darauf einigen, weiterhin einen Bund zu bilden und keine Bündnisse mit den Habsburgern mehr einzugehen. Niklaus von Flüe, Ehemann und zu dem Zeitpunkt achtfacher Vater, tritt nach der Darstellung der ersten Tagsatzung zum ersten Mal auf und spricht in seinen ersten Worten die Sehnsucht nach einem rein gottgeweihten Leben aus. Er lehnt einen Posten in der Lokalpolitik ab, muss sich jedoch dafür für eine Tätigkeit beim Gericht aufstellen lassen.[85] Die Szenen werden umrahmt von Auftritten diverser Teufels- und Engelsfiguren, der drei ‹historischen› Figuren Täll (Wilhelm Tell), Stouffacher (Werner Stauffacher) und Erne (Ärni aus Melchtal) sowie von Possenreißern.

---

[81] Johannes Mahler: Eigentliche Historische Beschreibung deß Läbens deß Frommen Gottseligen Andechtigen Einsidel und Eidtgnoßen Niclaus von der Flüe [...] Zug Anno 1663 Jarß, Sarnen, Privatbesitz Familienarchiv Wirz [= KS].

[82] Mahler, ed. 1993. Siehe zu den verschiedenen Kopien Oppikofer-Dedie 1993a, S. 13–21.

[83] Dabei handelt es sich um einen Erbschaftsstreit mit komplizierten Hintergründen, auch ‹Toggenburger Erbschaftskrieg› genannt: Ein kriegerischer Konflikt zwischen der Reichsstadt Zürich und den restlichen sieben Orten der Eidgenossenschaft zwischen 1440 und 1450. Im Titel der überlieferten Handschrift wird explizit der siebenjährige Zürcher Krieg erwähnt: Mahler, ed. 1993, S. 55. Oppikofer-Dedie vermutet wohl zu Recht, dass die realen historischen Ereignisse dem damaligen Publikum bekannt gewesen sein dürften. Vgl. Oppikofer-Dedie 1993b, S. 359, Anm. 122.

[84] Mahler kannte die historischen Ereignisse offensichtlich sehr gut, musste sie aber der dramatischen Form wegen ein wenig anpassen. So fanden die Friedensverhandlungen, die hier an einer einzigen Tagsatzung stattfinden, in Wirklichkeit an mehreren Zusammenkünften statt. Siehe dazu Oppikofer-Dedie 1993b, S. 359–365. Mahler bezieht den Alten Zürichkrieg ins Spiel mit ein, indem er die Orte an einer Tagsatzung beratschlagen lässt, was im kriegerischen Konflikt zu tun sei. Daraufhin wird Niklaus von Flüe in den Krieg eingezogen (V. 556a) und sagt zu seiner Frau: *Wolan min Ehefraw ich will dran | Mein weehr und waffen leggen an* (V. 631–632). Im Krieg selber tritt er dann vor allem als Mahner auf und bittet die anderen Männer, den Feind möglichst zu schonen (V. 755–774).

[85] Dass Niklaus von Flüe im Gericht wirkte, ist belegt, vgl. Durrer 1981, Bd. 2, S. 1009–1012.

Im zweiten Akt wird der Krieg mit dem Zug der Eidgenossen auf das Kloster St. Katharinental während der Eroberung des Thurgaus 1460 dargestellt, als der in den Krieg einberufene Niklaus von Flüe der Legende nach die anderen Soldaten daran hinderte, das Kloster anzugreifen.[86] Daraufhin findet sich eine Gerichtsszene, in der die versuchte Schlichtung von Flües in einem unfairen Rechtsstreit zwischen einem armen Bauern und einem reichen Mann misslingt und Bruder Klaus sieht, dass Flammen aus den Mündern der Richter lodern. Diese Ohnmacht ist für Niklaus ein weiterer Grund, sich von der Welt abzuwenden, und er bittet daraufhin seine Frau Dorothea, ihn gehen zu lassen, woraufhin die Abschiedsszene folgt – die Kinder verstehen nicht, was der Vater vorhat, und die Eheleute fallen in Ohnmacht.

Der dritte Akt stellt Bruder Klaus' Ankunft in seiner Bleibe im Flüeli Ranft nahe seiner Familie dar, nachdem er zuerst ins Ausland hat auswandern wollen. Es wird gezeigt, wie Nachbarn zu ihm kommen und ihn um Rat fragen und wie Teufel ihn überfallen, woraufhin Maria ihm erstmals direkt erscheint und die Angreifer vertreibt; dies kommt im Verlaufe des Spiels noch mehrere Male vor. In weiteren Szenen verhandeln ausländische Politiker über die Eidgenossenschaft, und in Anbetracht eines drohenden Konflikts mit den Habsburgern und den Franzosen beschließen die Eidgenossen, in politischen Fragen den Rat Bruder Klaus' einzuholen.

Im vierten Akt erscheint der Bischof von Konstanz bei Bruder Klaus, um sich davon zu überzeugen, dass dieser tatsächlich fastet. Als Bruder Klaus beim erzwungenen Essen in Ohnmacht fällt, ist der Bischof davon überzeugt und preist die Eidgenossenschaft, die einen solchen Gottesmann zum Ratgeber hat, woraufhin die Zelle Bruder Klaus' geweiht wird. König Ludwig ist inzwischen höchst erfreut, dass die Eidgenossen Karl den Kühnen geschlagen haben. Er beschließt, sie zu Verbündeten zu machen und sie um den Solddienst bei ihm zu bitten.

Im fünften Akt freuen sich die Teufel darüber, dass in der Eidgenossenschaft nach den Burgunderkriegen und wegen der Spannungen zwischen Stadt und Land Streit herrscht. An der deshalb von Bruder Klaus einberufenen Tagsatzung wird der Eintritt Solothurns und Fribourgs in die Eidgenossenschaft verhandelt. Bruder Klaus ermahnt die Eidgenossenschaft zu Frieden, und die beiden bittstellenden Orte werden aufgenommen. Klaus sieht schließlich seinen Tod voraus, lässt sich die letzte Ölung geben, spricht noch einmal mit seiner Frau und lässt sich dann von Maria und dem Schutzengel in den Tod begleiten. Die Engel, die Seele, der Tod,

---

[86] Während Zurflüe Niklaus von Flüe nicht als Soldaten darstellt und den Krieg nicht erwähnt, gibt Mahler dem gesamten kriegerischen Konflikt zwischen den eidgenössischen Orten relativ viel Raum. Er übernimmt dabei die Darstellung von Eichhorn, der zum ersten Mal darstellt, wie Niklaus von Flüe im Krieg die Eidgenossen daran hindert, das Kloster Katharinental in Brand zu stecken. Im Jahr 1460 hatte eine Freischar aus Luzern und Unterwalden einen Kriegszug gegen den Thurgau ausgeführt, wobei in Diessenhofen das Kloster Katharinental niedergebrannt werden sollte, was Niklaus von Flüe der Legende nach verhindert haben soll – eine Episode, die seitdem fest im kollektiven Gedächtnis der Bruder Klausen-Rezeption verankert ist.

drei Politiker, Dorothea und Bruder Ulrich preisen noch einmal das Leben und Wirken von Bruder Klaus. In der letzten Szene ermahnen Tell, Ärni und Stauffacher abermals die Eidgenossenschaft, nach Bruder Klaus' Lehre zu leben, und das Spiel wird mit einem gemeinsamen Gebet abgeschlossen.

Der katholische Bruder Klaus

Bruder Klaus war, wie oben ausgeführt,[87] 1624 noch nicht einmal seliggesprochen, wurde aber von der Bevölkerung als Heiliger verehrt. Wie die Sarner Spiele kann auch Mahlers Darstellung des heiligen Lebens Niklaus von Flües unter anderem als Versuch gewertet werden, dessen Heiligkeit öffentlich zu demonstrieren. Alle Elemente des Lebens des Eremiten, die an sich bereits katholisch anmuten, werden bei Mahler dargestellt: das Fasten, der unbedingte Gehorsam den hohen Vertretern der kirchlichen Lehre gegenüber, die Betonung der Eucharistie und der Messe sowie natürlich die Heiligkeit des Eremiten. Besonders die immer wieder beschützend eingreifende Mutter Gottes ist ein Element, das die dezidiert katholische Lehre in den Handlungsverlauf integriert.

In den theatralen Darstellungen von Bruder Klaus' Leben ist eine gewisse Steigerung der Verbindung zwischen dem Eremiten und der himmlischen Welt zu erkennen: In der allgemein bekannten Legende, auf die sich sowohl Gretser 1586 also auch Zurflüe 1601 stützen, spricht bei der Szene, als der Eremit aus dem Burgunderland in die Schweiz zurückkehrt, eine Stimme aus einer Wolke zu ihm. Gretser macht daraus einen Engel. Bei Zurflüe findet sich beides: der Engel und die göttliche Stimme aus dem Himmel,[88] wobei Bruder Klaus den Engel vorwiegend in seinen Träumen sieht. Bei Mahler, der die Stimme aus der Wolke zwar auch übernimmt (V. 2120a), erscheint ebenfalls ein Schutzengel, der direkt mit Bruder Klaus in Verbindung tritt; doch darüber hinaus lässt Mahler auch die Mutter Gottes mehrmals in das Geschehen eingreifen, als Bruder Klaus beispielsweise von den Teufeln bedrängt wird und Maria um Hilfe bittet; auch sie spricht direkt zu ihm. Dass Bruder Klaus eine direkte Verbindung zur Mutter Gottes gehabt habe, wird in der Bruder Klausen-Rezeption erstmals bei Eichhorn dargestellt. Durch diese ausgeprägte Verbindung zu den himmlischen Mächten, insbesondere zur in katholischen Gebieten besonders verehrten Mutter Gottes, wird Mahlers Bruder Klaus noch mehr als bei Gretser und Zurflüe als von Gott auserwählt dargestellt, womit die herausragende Stellung Bruder Klaus' bereits zu seinen Lebzeiten (und damit auch die Legitimation seiner Heiligkeit) unterstrichen wird. Diese direkte Verbindung Bruder Klaus' zur Mutter Gottes ist eine deutliche Betonung des katholischen Glaubens (gegenüber der reformierten Überzeugung), dass Heilige oder besonders

---

[87] Vgl. oben, Kap. ‹Sarnen›.
[88] Die Stimme ist diejenige des *Salvators* Jesus Christus bzw. *gottvaters*; vgl. dazu Huwiler 2017, S. 410, Anm. 2.

fromme, als Vorbild geltende Menschen – Letzteres war Bruder Klaus auch bei den Reformierten – eine direkte Verbindung zu Gott haben und dadurch als Vermittler zwischen den Menschen und Gott dienen. So ist es denn auch die direkte Fürbitte des Heiligen, durch die bei Mahler das eidgenössische Heer bei Grandson die Schlacht gegen Karl den Kühnen gewinnt (V. 4610a).

Die überirdische Seite von Niklaus von Flües Leben wird betont, indem seine Visionen im Spiel erwähnt und teilweise dargestellt werden, so beispielsweise die Vision der Flammen, die aus den Mündern der Richter lodern: Als Niklaus beim Gericht einer Szene beiwohnt, in der die Richter sich ganz offensichtlich unfairerweise auf die Seite eines reichen Mannes schlagen, der einen armen Bauern übervorteilt hat, spricht er seinen Verdacht auf Bestechung aus:

> Drum ëhr dem armen unrächt thut
> Daß red ich uß der gwüsne myn
> Jhr möchtend wol bestochen syn (V. 1960–1963).

Als die Richter sich unwissend stellen, warnt Niklaus: *Got üwer Härtz erkhänen khan* (V. 1966), woraufhin laut Regieanweisung die Flammen folgen: *Hie sicht B. Clauß den {3} Richteren füwrflamen zum Mund {auß} gan* (V. 1966a). Die Darstellung dieser Vision, die im mündlichen Erzählgut zu Bruder Klaus zu der Zeit schon längst bekannt ist, ist eine der wenigen Episoden der Bruder Klaus-Rezeption, die nicht bei Eichhorn vorgeformt ist. Rudimentär wird die Szene in Hans Salats Bruder Klausen-Biografie von 1537 erzählt.[89] Mahler schmückt sie jedoch aus und bettet sie in die bekannte Gerichtsszene über den reichen Mann und den armen Bauern ein, die auch in anderen Bruder Klaus-Spielen vorkommt, dort jedoch losgelöst vom Leben von Flües als eigenständige Episode.[90]

Außer der Vision der Flammen aus den Mündern der Richter bezieht Mahler auch die Vision des Turms mit ein, die Bruder Klaus laut legendenhaften Erzählungen bereits als Jugendlicher genau an dem Ort, wo er später als Einsiedler lebte, hat aufragen sehen; die Szene wird im Spiel von Bruder Ulrich erzählt, der nach Bruder Klausens Tod die nicht auf der Bühne gezeigte Kindheits- und Jugendgeschichte Niklaus von Flües zusammenfasst:

> Sächszehen Järig gsach ehr bald
> Ein hochen thurm gar wunder gstalt
> Stan an dem orth drin ëhr glëbt hat
> Da jetzund ouch sein Cellen stath (V. 5921–5924).

Zahlreiche weitere wundersame Vorkommnisse aus Bruder Klaus' Leben werden im Spiel entweder gezeigt oder in Regieanweisungen zusammengefasst und also stumm dargestellt, wie der verlorengeglaubte Brief, der auf wundersame Weise zu Bruder

---

[89] Abgedruckt in Durrer 1981, Bd. 2, S. 677.
[90] Vgl. oben, Kap. ‹Sarnen›, S. 155.

Klaus gelangt, die Heilung eines Fußes oder die Abwendung der Pest. Da der Nachweis des Vollbringens von Wundern für die Heiligsprechung essenziell und die Heiligsprechung Bruder Klaus' noch in vollem Gange war, ist es nicht verwunderlich, dass Mahler diese Seite des Eremiten betont.

Der wahre katholische Glaube

Es ist in der Forschung zu Mahler unbestritten, dass dieser ein Verfechter der katholischen Reform war, die reformatorische Abspaltung jedoch als zu bekämpfendes Übel sah, was im ‹Bruder Klaus› deutlich zu erkennen ist.

Bereits bei der Begrüßung des Publikums fordert der Prologsprecher im ‹Bruder Klaus› die Anwesenden auf, im Spiel zu erkennen, ob und wie weit die jetzige Welt von der Lehre des Eremiten entfernt sei:

> So ist disers spils Componist [...]
> Antriben daß er spare nit
> Zu fueren uff den offen platz
> Jn Bruder Clauß den thüren schatz
> Damit doch säch die jetzige wält
> Wie wyt von siner leehr sy fält
> Ob dReformation vilicht
> Auß solcher leehr wurd angericht (V. 28–38).

Mehrmals ist in Mahlers Spiel vom ‹wahren alten Glauben› die Rede.[91] Besonders auffällig ist dies in der Rede Bruder Klaus' an der entscheidenden Tagsatzung zu Stans, in der Mahler den Eremiten persönlich auftreten lässt. Diese Szene wird historisch zwar erstmals in der Chronik Johannes Schnyders 1577 erwähnt,[92] doch diese wurde zur damaligen Zeit wenig beachtet; erst als Eichhorn sie in seiner Chronik verschriftlichte, wurde sie ein fester Bestandteil der Bruder Klausen-Rezeption.[93] In der ältesten Kopie KS[94] des Mahler'schen ‹Bruder Klausen-Spiels› fordert Bruder Klaus die Abgesandten der Orte an dieser Stelle auf, die beiden bittstellenden Orte Fribourg und Solothurn in den Bund aufzunehmen, worauf eine Lücke im Text folgt. In einer jüngeren Kopie KZ des Stücks (von Oppikofer-Dedie auf die zweite Hälfte des 18. Jahrhunderts datiert)[95] folgt hier ein praktisch gänzlich von Eichhorn abgeschriebener Text, in dem Niklaus die Abgesandten der Kantone, quasi historisch vorausschauend, dazu ermahnt, im Glauben beständig zu sein:

---

[91] Z.B. in V. 4130, 4145 oder 5416.
[92] Vgl. Durrer 1981, Bd. 2, S. 806.
[93] Vgl. Oppikofer 1993b, S. 346–347. Fortan wurde bis ins 20. Jh. hinein fest daran geglaubt, Bruder Klaus sei persönlich bei der für das eidgenössische Weiterbestehen zentralen Tagsatzung dabei gewesen. Vgl. ebd., S. 347.
[94] Mahler 1663.
[95] Vgl. Oppikofer-Dedie 1993a, S. 14.

> Endtlich seind beständig in dem glauben und Religion der alten, dan es wird sich nach meinem todt ein grosse Auffruhr und zweytracht erheben in der Christenheit, und allsdan hüetet liebe khind, daz Jhr durch Neüwerung und Listigkeit nit betrogen werden, haltend Eüch zusamen, und bleibend in dem Weg und Fuessstapfen unser frommen vorElteren, behaltet und bestäthiget, was sy unß gelehrt haben, alß dan mag üch weder anstos noch sturm wind, und ungwitter nit schaden, die doch starckh uns nachgan werden.[96]

Oppikofer-Dedie hat herausgearbeitet, dass die Handschrift KZ auf eine ältere, nicht erhaltene Fassung zurückgehen muss, die zeitlich in etwa gleich weit wie die Handschrift KS vom Original entfernt ist. Was im Original an dieser Stelle stand, muss Spekulation bleiben. Da sich Mahler jedoch an vielen Stellen auf Eichhorn stützt, ist nicht ausgeschlossen, dass er auch hier dessen Vorlage in Reime gesetzt hat und dabei auf den neuen Glauben einging. Auf jeden Fall antworten die Abgesandten der Orte auch in KS dementsprechend, wenn der Gesandte aus Luzern gelobt, man wolle [d]*em alten glouben gäben schutz / Got und den priesteren ghorsam sin* (V. 5371f.), und derjenige aus Schwyz verspricht, [d]*ie leehr von der Religion [...] / Sol nimer khon uß mynem sinn* (V. 5394–5396).

Eine zukunftsgerichtete Warnung vor der Glaubensspaltung findet sich auch zu Beginn des vierten Aktes, als ein Berner Eidgenosse einen Brief von Bruder Klaus erhält und daraus referiert: *Solt dan ein Nüwer gloub entstan* (V. 3989), woraufhin der Berner bekräftigt, dass die Eidgenossenschaft bei dem wahren Glauben bleiben soll: *Ein khirch ein Houpt ein gloub nur ist* (V. 4001). Bruder Klaus' Glauben gelte es nachzustreben, und die Worte des Berners sind eindeutig:

> Wie Bruder Clauß so gloub ich glych
> Die Heilig Mäß Gotßdienst Eehr ich
> Die 7 Helgen sacrament
> Der Helgen fürpit by genämbt
> Der seelen füwr zereinigen
> Drum sönd wir all unß einigen (V. 4003–4008).

Die Episode des Briefes an die Berner kommt sonst in keinem Bruder Klausen-Spiel vor, und der Originalbrief enthält naturgemäß keinen Hinweis auf einen neuen Glauben.[97] Hier dichtet Mahler somit hinzu und bezieht mit den Hinweisen auf die Sakramente und die Fürbitte der Heiligen ausdrücklich Stellung für den alten und gegen den reformatorischen Glauben – besonders auffällig ist dabei, dass der Eidgenosse ein Berner ist. Wie oben bereits ausgeführt, hatten die Reformierten im Verlauf des 16. Jahrhunderts Bruder Klaus' Gesinnung als eigentlich reformierte gedeutet.[98] Die ausführliche Betonung bei Mahler, dass die genannten katholischen

---

[96] Mahler, ed. 1993, S. 262f. Vgl. Eichhorn 1614, S. 72.
[97] Der Originalbrief, nicht direkt von Bruder Klaus geschrieben, sondern wohl diktiert, wurde 1482 verfasst. Vgl. Durrer 1981, Bd. 1, S. 209–212.
[98] Vgl. oben, Kap. ‹Sarnen›; vgl. Huwiler 2017, S. 441.

Glaubensinhalte diejenigen von Bruder Klaus seien, darf sicherlich auch als Hinweis an die reformierten Gebiete zu verstehen sein, dass eine solche Vereinnahmung nicht legitim sei.

Fremde Herren und schändliche Sitten

Wiederholt wird im ‹Bruder Klaus› der Zustand der Eidgenossenschaft beklagt: Zum einen allgemein, weil die Menschen faul geworden seien und jeder nur noch für sich schaue, und spezifisch, weil das Geld den Eidgenossen wichtiger geworden sei als die Freiheit und man sich fürs Geld an fremde Herren verkaufe – eine deutliche Kritik am Söldnerwesen.

Die Mahnung Bruder Klaus' an die Eidgenossen, sich nicht auf fremde Herren einzulassen, hatte Zurflüe für das Sarner ‹Bruderklausenspiel› vom Basler Valentin Boltz[99] übernommen, wobei Bruder Klaus bei Zurflüe als überzeitliche Figur auftritt, die explizit den Bogen in die Gegenwart der Aufführungssituation 1601 schlägt und die aktuelle Gesellschaft anspricht.[100] Mahler hingegen will dem Publikum die Gefahr, die von den fremden Herrschern ausgeht, vor Augen halten, indem er die geschichtlichen Ereignisse zur Zeit von Niklaus von Flües Leben darstellt wie kein anderes Spiel über Bruder Klaus davor. Die außenpolitischen Verhältnisse zu von Flües Lebzeiten zeigten für Mahler offenbar genau das, was er an den zum (zumindest intendierten) Aufführungszeitpunkt 1624 herrschenden Verhältnissen kritisieren will: neben der Sittenlosigkeit auch die Abhängigkeit der Eidgenossen von fremden Fürsten und Reichtum.[101] Mahler kritisiert auf diese Weise auch ausdrücklich das Soldbündnis mit Frankreich, das 1624 immer noch ein wichtiger Bestandteil der Zuger Wirtschaft darstellte.[102]

Die expliziten Verweise auf die Gegenwart übernehmen bei Mahlers ‹Bruder Klaus› vor allem Tell, Stauffacher und Ärni aus Melchtal. So beklagt Stauffacher gleich zu Beginn die neumodischen Bekleidungs- und Baugewohnheiten, den Egoismus sowie die Faulheit der Zeitgenossen:

> Sist noch dasselbig land fürwahr
> Wieß gsin ist vor 300 Jar
> Waß aber sind für lüth jetz drin
> Daß wil gar nit in mynen sin [...]
> Dan lug ich ihre khleidig an
> So manets mich weiß nit woran [...]
> Die Hüßer sind nit mehr wie vor [...]

---

[99] Valentin Boltz: Der Weltspiegel, hg. von Friederike Christ Kutter u. a. Zürich 2013 (Schweizer Texte N. F. 37). Vgl. dazu Huwiler 2017, S. 439f.
[100] Vgl. oben, Kap. ‹Sarnen›.
[101] Vgl. Oppikofer-Dedie 1993b, S. 410.
[102] Diese Kritik könnte dazu geführt haben, dass das Spiel vielleicht nicht aufgeführt werden durfte, was die fehlenden Aufführungszeugnisse erklären würde.

Ein jeder macht sein sach allein,
Vor zeiten war schier alleß gmein,
Handarbeit säch man nit mehr an,
Faullentzen will jetz wyb und Man (V. 233–250).

Diese Sittenkritik zieht sich durch das ganze Spiel; so tritt in der dritten Szene des dritten Akts, scheinbar unvermittelt, mitten im dramatischen Geschehen um Bruder Klausens Rückkehr in den Ranft, Stauffacher nochmal auf, um diese vorzubringen; in der Regieanweisung heißt es dazu: *Harzwüschet klagt Stouffacher der jetzigen wält liechtfertigkheit abermal* (V. 2828a), und zu Beginn des vierten Akts tritt ein *Alt Eidtgnoß* auf, der mit Verweis auf antike historische Ereignisse darlegt, was Faulenzerei und Müßiggang für diverse Weltreiche bedeutet hätten und dass auch die Schweiz sich dessen gerade schuldig mache (V. 4013–4098). Ansonsten wird die Kritik am Sittenzerfall jedoch oft auch dramaturgisch in einzelne Szenen eingebettet: So ist die Gewissenlosigkeit der durch Geld geblendeten Menschen beim Gericht einer der Auslöser für die Abkehr Niklaus von Flües von der Welt: nach einem ganz offensichtlich ungerechten Schiedsspruch will er nichts mehr zu tun haben mit dieser Welt:

O bhüet mich Got vor solcher wält
O Jesuß Got waß thund die Mann,
Waß für ein urdel hör ich dan (V. 1972–1974).

Der Possenreißer Waghals verkörpert den faulen Söldner und die drei von Bruder Klaus schließlich bekehrten Männer stellen die Laster der Hurerei, des Betrugs und des Hochmuts dar. Auch die Teufel zeichnen immer wieder ein drastisches Bild des Sittenverfalls bei den Menschen, beispielsweise wenn der *Politisch Teüffel* prahlt, wie er die Eidgenossenschaft *[d]urch falsch politisch Hofligkheit* (V. 5050) gewonnen habe, so dass jetzt *[k]ein rächte trüw* (V. 5052) mehr zu finden sei, sondern nur noch *[g]ut worth faltsch härtz* (V. 5053).

‹Spiel von St. Oswald› (vor 1629)

Das ‹Spiel von St. Oswald› ist das einzige von Johannes Mahlers drei bekannten Spielen, das als Autograf überliefert ist. Mit 9.603 Versen ist es zudem das umfangsreichste seiner Spiele.

Oswald wurde um 604 als Sohn des heidnischen Ethelfried in Northumbria geboren. Dieser fiel im Kampf gegen die Briten, als Oswald noch ein Kind war, so dass die restliche Familie fliehen musste. Oswald und seine Brüder wurden in Schottland von Mönchen erzogen und christlich getauft. Als das Volk von Northumbria den inzwischen erwachsenen Oswald um Hilfe gegen die Briten bat, kehrte dieser zurück. Die Legende berichtet, dass er Gott vor einem selbst errichteten hölzernen Kreuz um Hilfe bat, woraufhin die Briten von einem zahlenmäßig unterlegenen christlichen Heer besiegt wurden. Im Jahr 634 wurde Oswald König von Northumbria und setzte sich fortan für die Ausbreitung des Christentums ein. Er heiratete die Tochter des Westsachsenkönigs und bekam mit ihr einen Sohn, Aedilwald. Unter Oswald war zum ersten Mal ganz England vereint und die Christianisierung schritt voran. Bei der Schlacht von Maserfield am 5. August 642 zwischen Oswald und dem König Penda von Mercia fiel Oswald. Sein Leichnam wurde anschließend zerstückelt und zur Schau gestellt.[103] Da das Königreich Mercia als das letzte pagane angelsächsische Königreich galt, wurde Oswald daraufhin als Märtyrer verehrt. Der Oswaldkult verbreitete sich bald auch in Kontinentaleuropa; in der Schweiz weisen die ältesten Urkunden zurück ins 11. Jahrhundert und vom 12. bis 14. Jahrhundert werden 13 Oswald geweihte Kirchen und Kapellen verzeichnet.[104] Reliquien wurden auf diverse Schweizer Klöster verteilt. Im Kanton Zug wird 1584 eine Oswald-Kapelle in Baar erwähnt und 1478 begann Johann Eberhart den Bau der Kirche St. Oswald, die es heute noch gibt. Eberhart war 1468 zum Stadtpfarrer von Zug ernannt worden und hatte einen maßgeblichen Einfluss auf den Oswaldkult in Zug.[105] Vom 16. bis ins 18. Jahrhundert war der St. Oswaldtag das wichtigste Fest in Zug,[106] und der Heilige fungiert bis heute als Lokalheiliger und Schutzpatron der Stadt und des Kantons Zug.

Die erste Lebensgeschichte Oswalds wird vom angelsächsischen Benediktiner und Geschichtsschreiber Beda Venerabilis in seiner ‹Kirchengeschichte des englischen Volkes› von 731 erzählt.[107] Erwähnt werden dabei neben der wohltätigen und missionierenden Tätigkeit Oswalds vor allem zwei Aspekte: Dass die Erde, auf der der fromme Mann gestorben sei, heilende Wirkung gehabt habe und dass seine zerstückelten Gebeine als Reliquien an viele verschiedene Orte getragen worden seien, wo sich daraufhin Wunder ereigneten. In der Legende wird fortan neben diesen Wundern vor allem der Kampf Oswalds um eine Christianisierung des angelsächsischen Reichs beschrieben, während in literarischer Überformung König Oswald zum Protagonisten eines Brautwerbungsepos wurde, der eine pagane Prinzessin von jenseits des Meeres entführt, das Heer ihres Vaters besiegt und danach alle zum Christentum bekehrt.[108]

Ein jesuitisches Oswald-Stück wurde 1621 in Luzern aufgeführt. Die Perioche ist erhalten und zeigt den Weg Oswalds von seiner christlichen Erziehung zum König, der seinem Königreich das Christentum bringt und durch Schlachten auch andere angelsächsische Königreiche christianisieren will.[109] Er wird als barmherziger

---

[103] Vgl. Kohl 1993.
[104] Vgl. Burgherr 1925, S. 84. Siehe auch Kalinke 2005, S. 4f.
[105] Vgl. Wieser 2010, S. 179.
[106] Vgl. ebd.
[107] Beda Venerabilis: Kirchengeschichte des englischen Volkes, übers. von Günter Spitzbart. Darmstadt ²1997.
[108] Vgl. Schröder 1962. Zur Rolle von Oswalds Raben im Brautwerbungsepos vgl. Dietl 2022.
[109] Abgedruckt in Szarota 1983, S. 95–102.

Helfer der Armen dargestellt, der am Schluss von König Penda angefallen und brutal ermordet wird. Es ist sehr wahrscheinlich, dass Mahler die Aufführung dieses Spiels in Luzern sah oder zumindest ausführlich von ihr hörte. Dass die Luzerner Jesuiten mit diesem Spiel auch Zuger Bürger und Bürgerinnen ansprechen wollten und diese womöglich explizit zur Aufführung eingeladen worden waren, wird nahegelegt durch die Tatsache, dass die Perioche die in Zug aufbewahrten Reliquien von St. Oswald ausdrücklich erwähnt.[110]

Der Handschrift des Spiels fehlt eine Titelseite oder ein Vorwort; sie beginnt mit dem Anfang des ersten Aktes. Dass die Hand mit größter Wahrscheinlichkeit von Johannes Mahler selber ist, belegen Handschriftenvergleiche.[111] Die Handschrift wurde 1860 vom Zuger Pfarrhelfer und Historiker Paul Anton Wickart entdeckt, galt danach jedoch als verschollen. Wickart datierte den Text auf 1630.[112] Erst 1980 fand der Zuger Historiker Eugen Gruber den vollständigen Text im Pfarrarchiv Zug wieder.[113]

Das Spiel wird in der neueren Forschung auf spätestens 1629 datiert, weil die Abschrift sicherlich vor dem Wegzug Mahlers aus Zug im Herbst 1629 vorgenommen wurde. Es gibt keine Hinweise auf eine Aufführung des Stücks. Mahler selber gibt im Epilog seines Stücks Bedas Venerabilis ‹Kirchengeschichte des englischen Volkes› als Quelle an (V. 9592). Er schmückt die relativ trockene Schilderung Bedas jedoch stark aus und fügt dramatische Wendungen hinzu. Während Mahler beim ‹Bruder Klaus› noch versucht hatte, die Gegebenheiten so historisch adäquat wie möglich auf die Bühne zu bringen, muss er diese Akkuratheit beim ‹St. Oswald› zugunsten der Verknüpfung der Geschichte Oswalds mit der Stadt Zug an einigen Stellen aufgeben, worauf weiter unten noch näher eingegangen wird.

Handlung

Das ‹St. Oswaldspiel› besteht aus zehn Akten, die je zu fünf Akten auf zwei Tage verteilt sind. Mahler stellt darin die ganze Lebensgeschichte des Heiligen von dessen Geburt, bzw. sogar noch früher vom Leben der Eltern, bis zu dessen Tod und darüber hinaus dar. Es ist somit bei weitem das ausführlichste der drei Heiligenspiele von Mahler.

Im Prolog des ersten Aktes tritt Christus auf und ruft die *mentschen kindt* (V. 1) auf Erden dazu auf, die christliche Lehre ernst zu nehmen. Er lässt dem Papst mitteilen, dass dieser den Engländern Oswald als Glaubenslehrer schicken soll. In den weiteren Szenen wird die Situation in England dargestellt: Das bereits christlich

---

[110] Szarota 1983, S. 97. Zu den Reliquien vgl. Wieser 2010, S. 179.
[111] Vgl. Michael 1990, S. 395.
[112] Vgl. Oppikofer-Dedie 1993a, S. 41.
[113] Das Manuskript befindet sich heute im Staatsarchiv Zug.

gewordene Schottland wurde unterworfen, doch der englische König Edelfrid befürchtet den Neid seines Schwagers Eduin, veranstaltet ein Opferfest zu Ehren Mars' und zieht in den Krieg, wo er stirbt. Seine Söhne werden daraufhin zur Erziehung und zum eigenen Schutz nach Schottland geschickt. Die personifizierte Abgötterei klagt, dass sie durch das Christentum entmachtet werde und Luzifer fordert die Teufel auf, aktiv zu werden. Im zweiten Akt wird der neue Herrscher über England Edwin von Bischof Paulinus bekehrt, woraufhin Mars für Rache sorgt und König Penda von Mercia Edwin besiegen lässt. Inzwischen lernen die drei Kinder von Edelfrid (Eanfrid, Oswald und Oswin) in Schottland den christlichen Glauben kennen. Im dritten Akt wird der nach England zurückgekehrte Eanfrid vom Feldherrn Cendulla getötet, woraufhin auch Oswald und Oswin zurückkehren und Oswald Cendulla besiegt. Oswald wird nun zum christlichen König gekrönt und es wird ein neuer Bischof, Aidan, nach England geschickt. Der vierte Akt zeigt Bekehrungen zum Christentum, die Einrichtung des bischöflichen Wohnsitzes, die Pläne zum Errichten von Schulen sowie die Klagen der Höllenbewohner über diese Entwicklungen. Außerdem will Oswald eine Heidenprinzessin heiraten, die bekehrt werden soll. Den Beginn des fünften Aktes bildet die Hochzeitsmesse zwischen Oswald und der inzwischen bekehrten Tochter von Cynigilsus. Die drei Könige von Britannien, Schottland und dem Piktenland unterwerfen sich Oswald und es entsteht ein geeintes Britisches Reich. Als Oswald die Ostermesse feiert, begehren die Teufel wieder auf und wollen ihn zu Tode bringen. Dazwischen zeigen diverse Szenen die Barmherzigkeit und Wohltätigkeit König Oswalds.

Der zweite Spieltag beginnt mit der Beratung der Teufel mit Alecto, Mars und Idolum, woraufhin diese Penda einflüstern, Oswald zu überfallen. Aufgrund von Vorahnungen entschließt sich Oswald, den Märtyrertod zu sterben und sein Gut Bischof Aidan zu übertragen, woraufhin er durch den Angriff von Pendas Heer tatsächlich den Märtyrertod stirbt. Penda lässt den Leichnam Oswalds zerstückeln und die Körperteile an einen Baum hängen, was die Teufel bejubeln. Oswalds Seele steigt unterdessen in den Himmel auf, wo die Heiligen für ihn beten. Der zweite Akt eröffnet mit der Krönung Oswalds im Himmel. Seine zerstückelten Leichenteile sind inzwischen zu Reliquien geworden und werden verteilt, worauf Wunderheilungen im Zusammenhang mit den Reliquien oder mit Wasser, das mit diesen in Berührung gekommen ist, geschehen. Oswin tötet Penda und übernimmt die Herrschaft. Oswalds Haupt und seine Hände werden ebenfalls als Reliquien zum Bischof Aidan gebracht. Im vierten Akt werden weitere Wunderheilungen gezeigt. Nachdem die Teufel jedoch wieder Besitz von England genommen zu haben scheinen, bringt Christus aus Wut die Pest über England. Oswald bittet um Gnade, woraufhin Christus nachgibt und die Pest wieder enden lässt. Im fünften und letzten Akt wird die Heiligsprechung Oswalds in Rom dargestellt. Luzifer sendet Sekta nach England, welche dort die Abkehr vom Papst und die Rechtfertigung durch den Glauben allein propagiert. Sekta kündigt an, nach der Reformation Englands in die Eidgenossenschaft gehen zu wollen, woraufhin Bischöfe dem Papst von dieser

Gefährdung berichten. Als Sekta nach Zug kommt, wird sie von der Stadt vertrieben. Weil England ihn inzwischen verschmäht, wendet sich der Hl. Oswald Zug zu. Die Stadt nimmt ihn als Stadtpatron auf und baut ihm eine Kirche.

Heilige Mission

Gleich zu Beginn des Spiels wird deutlich, dass Oswald bereits zu Lebzeiten eine von Christus erwählte Mittlerfigur für das Christentum ist: Christus tritt auf und beschließt, das pagane England solle bekehrt werden, indem Oswald dessen König werde:

> Ihr ungetaufte heiden all
> Ach merendt auch der Christen zal,
> Dan ich auch für eüch glidten hab!
> Drumm stöndt von falschen götzen ab!
> Ich will eüch senden leütt undt leer,
> Ein jeder sich dorab bekeer!
> Insunderheitt du Engellandt
> Reiss doch auß din sünd undt schandt!
> Oswaldum wirst zü herren neen,
> Allein folg iren leeren fein,
> So wirst ein kind dess himmels sein! (V. 23–33)

Mahler folgt im Spiel der bekannten Lebensgeschichte Oswalds bei Beda, in der beschrieben wird, wie die Königskinder nach ihrer Flucht im Exil getauft werden.[114] Er setzt dies in Szene, indem er Oswald und seine Brüder ihre Zweifel an dem neuen Glauben diskutieren lässt. Sie holen sich Hilfe vom Bischof, der ihnen die christliche Religion erklärt, woraufhin die Taufe der Brüder auf der Bühne feierlich in Szene gesetzt wird (V. 1338–1345). Als Oswald später zum König gekrönt wird, wird dies ebenfalls auf der Bühne inszeniert: Oswald soll die Krone und das Reich nach *Christen brauch* (V. 2200) empfangen. Während der Krönungszeremonie ertönt im Spiel die Stimme Gottes, der Oswald seiner Gnade versichert und ihn zusammen mit dem *künigs ring* auch das *heilig ööl von [Gottes] troon* empfangen lässt (V. 2238–2240). So wird deutlich, dass die christliche Missionierung seines noch heidnischen Untertanengebiets als Hauptauftrag König Oswalds während seiner Königsherrschaft auf Erden gelten soll.

Oswald macht sich sogleich an das Werk, indem er eine Kirche erbauen und diese feierlich einweihen lässt. Vor versammelten Untertanen verkündet der Bischof das Christentum und jene werden bekehrt: Das *folk* soll laut Regieanweisung *niken mit dem kopf undt mitt den henden klopfen* und am Schluss seine Ergriffenheit zeigen: *Alleß folk weinendt klopft an die hertz* (V. 3228a und 3264a). Diverse Kirchenleute

---

[114] Beda, ed. 1997, S. 209.

kommen Oswald zu Hilfe, um den christlichen Glauben im ganzen Land und darüber hinaus zu verbreiten und die Herrscher der angrenzenden Länder zu taufen. Auch König Cynigilsus und seine Tochter werden getauft, bevor Oswald und die Tochter christlich vom Bischof verheiratet werden:

> Ich bstette dises sacrament,
> Gleich wie ich fůge beider hendt.
> Gott segne eüch undt geb eüch gnodt,
> Das ihr wol haltend eüwen stodt.
> Nun wachsendt, mehrendt eüch zů gleich,
> Erfüllendt auch das erderich (V. 3797–3802).

Neben der missionierenden Tätigkeit zeigt sich die Heiligkeit Oswalds in seinem Leben außerdem durch seine Barmherzigkeit und seine besondere Verbindung zu Gott im Kampf gegen die Feinde, doch legt Mahler den Fokus in seinem Spiel vor allem auf den Märtyrertod sowie die Wunder, die nach Oswalds Tod durch die von ihm berührten Gegenstände oder durch Reliquien vollbracht werden und auf die Darstellung der Heiligsprechung durch den Papst, an der Mahler das Publikum sozusagen teilnehmen lässt.

Die Reliquien des Märtyrers

Der Märtyrertod wird in der ersten Szene des zweiten Spieltags konkret angekündigt, als Oswald Vorahnungen hat und nach dem Einfall von Penda und dessen Truppen in sein Land endgültig weiß, was ihm bevorsteht:

> Her Jesu Christe, mentsch undt gott,
> Sich an der heiden trutz undt spott,
> Wie mich der blůdt hundt überfalt
> Je doch weill es dir also gfalt
> Die martyrkron zů geben mir,
> Dess ich von hertzen danke dir (V. 5059–5064).

Die darauffolgende Todesszene wird durch Mahler publikumswirksam inszeniert, indem Oswald und seine Krieger vor der Schlacht ihr Schicksal in Gottes Hände geben – *Jesu nimm unser seelen an!* –, wobei laut Regieanweisung alle schreien (V. 5186 und 5186a). Die Kampfszene mit Oswalds Tod wird in der Regieanweisung dann folgendermaßen wiedergegeben:

> *Mann streyttett. lerma lerma. Oswald falt: die übrige werdend verjagt undt 10. zů toot gschlagen.* OSWALDT *im fal schreytt*
>
> Erbarme dich der seelen, her,
> Die streittendt um din nam undt ehr.
>
> *Penda kriegsvolk soll, in demm Oswaldt falt, schreyenn, undt das sein folk treiben bis hin weg* (V. 5202a–5204a).

Während das *folk* abzieht, bekräftigt Penda, dass sein Zorn noch nicht verraucht sei und es folgt die Zerstückelungsszene. Diese wird dramaturgisch umgesetzt, indem die Teufel auftauchen und mit Rauch die Sicht auf der Bühne vernebeln, damit eine Puppe an die Stelle des Schauspielers gelegt werden kann: *machen ein gross rauchwerch, domitt Oswaldi blindt leib an die statt glegt werdt* (V. 5208a).[115]

Die Zerstückelung wird dann auf der Bühne breit ausgewalzt; Penda befiehlt Meister Lipp, dem Körper Kopf, Arme, Hände und Füße abzuschlagen und sie an einen Pfahl zu hängen, während der Rest auf der Stelle vergraben werden solle. Mit der Axt macht dieser sich ans Werk und kommentiert es dabei genüsslich. Dass diese Episode mit dem einzelnen Abtrennen aller Körperteile von der Puppe und dem Aufhängen der Teile an den Pfahl tatsächlich so in Szene gesetzt werden sollte – und nicht nur mündlich durch den Kommentar Meister Lipps erzählt –, wird dadurch bekräftigt, dass Mahler im Manuskript eine Zeichnung des Pfahls mit Vorrichtungen für die diversen Körperteile sowie dem Kopf Oswalds an einer solchen Vorrichtung hängend hinterlassen hat. Die Zerstückelung wird dabei im Spiel als klares Zeichen der Schändung gesehen, wie der Prolog zu dieser Szene zeigt:

> [Penda] Liess imm abschlahendt füss undt hendt,
> Die arm, das haupt, das er in schendt,
> Er dads aufhenken an ein pfol (V. 5557–5559).

Der Zerstückelung und Schändung des Körpers auf der einen Seite steht die darauffolgende Verehrung der einzelnen Körperteile als Reliquien auf der anderen Seite gegenüber. Diese Gegenüberstellung spiegelt die Diskussion vieler Religionen wider, welche Konsequenzen die (Un-)Versehrtheit des Körpers für das Leben nach dem Tod hat. Angenendt stellt diesbezüglich den intakten und unverwesten Körper dem geteilten Körper gegenüber und bettet diese Konzepte in die Geschichte der Heiligen- und Reliquienverehrung im Christentum ein: während die Unversehrtheit des Körpers lange Zeit essenziell gewesen sei und sogar die Intaktheit der zerstückelten Körper von Märtyrern nach ihrem Tod wunderbarerweise wiederhergestellt worden sei,[116] habe sich seit dem frühen Mittelalter die Praxis der Abtrennung von Gliedmaßen nach dem Tod der Heiligen durchgesetzt.[117] Mahler zeigt in seinem Spiel beides gleichermaßen: Einerseits inszeniert er durch die ausführliche Zerstückelungsepisode publikumswirksam die Brutalität des Heidenkönigs und demonstriert nachdrücklich das körperliche Martyrium des Heiligen. Andererseits bildet er durch die darauffolgende Verteilung der Körperteile als Reliquien und die Darstellung der mit den Reliquien zusammenhängenden Wunder eine in der Frühen Neuzeit bereits sehr verbreitete (Frömmigkeits-) Praxis ab.

---

[115] *blindt* wird hier im Sinne von «nur den Schein, nicht das Wesen einer Sache habend» verwendet, d.h. «Oswalds scheinbarer Körper», also eine Puppe, wird hingelegt.
[116] So z. B. bei Bischof Floridus von Perugia geschehen, dessen abgeschlagenes Haupt sich nach 40 Tagen wieder mit dem Körper vereinigt habe. Siehe Angenendt 1994, S. 152.
[117] Angenendt 1994, S. 149–155.

Laut Beda wurden die Gebeine des durch Penda getöteten Oswald im Kloster Bardney in Lindsey beigesetzt. Der abgeschlagene Kopf, die Hände und Arme, die an Pfählen aufgehängt worden waren, wurden ein Jahr später von Oswiu, dem Bruder und Nachfolger Oswalds, geholt und das Haupt in der Kirche in Lindisfarne und die Arme mit den Händen in der Stadt Bamburgh beigesetzt.[118] Beda verweist auf Reliquien wie Teile des Kreuzes, das Oswald vor einer Schlacht errichtet hatte,[119] oder mit dem Kreuz oder dem Körper Oswalds in Berührung gekommene(s) Wasser bzw. Erde und beschreibt die heilende Kraft dieser Reliquien.[120] Zudem berichtet er, wie der Bischof zu Oswalds Lebzeiten dessen Barmherzigkeit den Armen gegenüber, denen Oswald eigenhändig Almosen gab, bewundert und daraufhin über dessen rechte Hand gesagt hatte: *Niemals soll diese Hand altern.*[121] Daraufhin sei diese beim Tod abgehackte rechte Hand tatsächlich nicht verwest und werde noch immer in der Kirche von Bamburgh aufbewahrt.[122] Die restlichen abgetrennten und an andere Orte getragenen Körperteile jedoch sind nach Beda offenbar verwest.

Es fällt auf, dass Angenendt diese Stelle bei Beda in seiner Abhandlung zur (Un-)Versehrtheit der Körper von Heiligen nicht erwähnt, während er andere Stellen bei Beda heranzieht, um zu zeigen, wie wichtig der intakt gebliebene und unverweste Körper gerade bei Märtyrern noch bis ins 11. Jahrhundert gewesen sei. Erst ab dann sei «die Abtrennung von Gliedmaßen [...] selbstverständlich» geworden und habe «[b]esonders das Haupt [...] eine Art Ehrenstellung» erhalten.[123] Die Legende um Oswald zeigt jedoch, dass bereits im 7. Jahrhundert eine Translatio verschiedener Körperteile in diverse Aufbewahrungsstätten durchaus üblich war.

Mahler nimmt die Geschichte der Segnung der barmherzigen Hand durch den Bischof auf (V. 4588–4589) und erwähnt auch die Translatio der abgetrennten Körperteile Oswalds durch Oswiu: nachdem Oswiu Penda besiegt hat, äußert er die Bitte, die aufgehängten Körperteile seines Bruders nun endlich gebührend zu bestatten, mit Ausnahme der einen unverwesten Hand (V. 6533–6537); er lässt diese Körperteile vom Pfahl nehmen und nimmt sie in Gewahrsam, wobei er die Hand ausstellen lässt, so dass jedermann sie anschauen kann. Später lässt Oswius Tochter Offrida den restlichen Leib Oswalds exhumieren und schenkt ihn dem Kloster Beardanan. Das Wasser, mit dem die Gebeine im Kloster gewaschen werden, besitzt fortan Wunderkräfte. In mehreren Szenen wird daraufhin vorgeführt, wie Oswalds Reliquien, mit Reliquien in Berührung gekommene(s) Wasser oder Erde sowie selbst der Pfahl, an dem die einzelnen Körperteile hingen, zu Wunderheilungen führen.

---

[118] Beda, ed. 1997, S. 241–243.
[119] Ebd., S. 211.
[120] Siehe z. B. ebd., S. 245.
[121] Ebd., S. 223.
[122] Ebd., S. 225.
[123] Angenendt 1994, S. 153.

Mahler behandelt mit dem Reliquienkult im ‹Oswaldspiel› ein zu Beginn des 17. Jahrhunderts wichtiges Thema der gegenreformatorischen Kräfte: Reliquien von Heiligen hatten genau wie Heiligenbilder zum Gegenstand der Abhandlungen in der letzten Sitzung des Tridentinischen Konzils im Dezember 1563 gehört.[124] In reformierten Gebieten der Schweiz war die Verehrung von Heiligenreliquien genauso wie von Heiligenbildern verboten worden, wohingegen im Konzil festgehalten worden war, dass Reliquien und Bilder von Heiligen in Kirchen weiterhin verehrt werden sollten. Daraufhin kam es zu einer Erstarkung der Inszenierung des Heiligen- und Reliquienkults in katholischen Gebieten.[125]

In Zug befanden sich mehrere Reliquien des Hl. Oswald. Priester Eberhart, der die St. Oswald Kirche hatte erbauen lassen und dessen Tagebuch erhalten ist, ließ 1481 einen Gesandten ein mit Oswalds Blut getränktes Tuch nach Zug bringen und erhielt aus diversen Schweizer Klöstern weitere Reliquien.[126] Mahler stellt durch die Inszenierung der Wunderheilungen im Zusammenhang mit den Reliquien Oswalds diesen wichtigen Teil des Heiligenkults ins Zentrum seines Spiels und knüpft an die Erfahrungswelt der Zeitgenossen an, indem er den Übergang vom Leben zum Sterben resp. vom lebendigen Körper zur Reliquie ihres Lokalheiligen in Szene setzt.[127]

Die Heiligsprechung Oswalds

Mahler inszeniert die Heiligsprechung Oswalds und lässt so das Publikum an diesem feierlichen Akt teilhaben. Kanonisationen, also förmliche Heiligsprechungen durch den Papst selbst, gibt es erst seit dem Ende des 10. Jahrhunderts;[128] Oswald jedoch war bereits zuvor zum Heiligen geworden und brauchte nicht mehr vom Papst heiliggesprochen zu werden – Beda nennt ihn bereits in seiner ‹Kirchengeschichte› zu Beginn des 8. Jahrhunderts einen Heiligen. Für das Spiel ist dies jedoch nicht relevant, denn die Szene bietet Mahler Gelegenheit, die Heiligkeit des Protagonisten zusammen mit dem Publikum zu feiern, die Wichtigkeit des Papstes hervorzuheben und vor allem, den Akt der Heiligsprechung gegen die protestantische Kritik am Heiligenkult zu verteidigen. Am Schluss der Szene rufen *All* nach dem *Amen*, das die Zeremonie abschließt: *Gott werdt gelobt in ewikeitt, | S. Oswald sy in unsrem gleyt!* (V. 8972f.) und es wird ein ‹Tedeum›, begleitet von Musik und *schütz trummetten*, gesungen (V. 8973a).

---

[124] Vgl. Gerken 2020, S. 265. Für das lateinische Dekret mit deutscher Übersetzung siehe Dekrete der ökumenischen Konzilien, hg. von Josef Wohlmuth, Bd. 3. Paderborn u. a. 2002 (Konzilien der Neuzeit), S. 774–776.
[125] Vgl. Gerken 2020, S. 265.
[126] Vgl. Burgherr, S. 85. Zu den zahlreichen Oswald-Reliquien vgl. auch Wieser 2010, S. 179.
[127] Vgl. Wieser 2010, S. 182.
[128] Vgl. ebd., S. 183.

Der gesamte zweite Teil, das heißt der zweite Tag der Aufführung, spielt sich nach Oswalds gewaltsamem Tod ab. Seine Aufnahme in den Himmel, die Grundlage für die Heiligkeit, wird im zweiten Akt dieses zweiten Tages verherrlichend dargestellt und als Ritual vorgeführt: Christus bittet Oswald zu sich und übergibt ihm den Stab der Seligkeit:

> Nunn setze dich zů mir allher,
> Ich will erfüllen din beger.
> Nimm hin den stab der seelikeitt,
> Regier mitt mir in dewikeitt (V. 5611–5614).

Daraufhin setzen Petrus und Paulus Oswald eine Krone auf, Paulus legt ihm einen weißen Mantel an und Christus beschwört die himmlischen Kräfte, woraufhin *ein starker tonner und schutz geschechendt* (V. 5638a). Die Schar der Engel singt und Christus verkündet, dass die Reliquien Oswalds große Wunder bewirken werden.

Die Kanonisation Oswalds auf Erden wird dann in der ersten Szene des letzten Aktes ebenso feierlich in Szene gesetzt. Die Wundertaten wurden in der Zwischenzeit im Spiel dargestellt, und die Zeugen dieser Wunder sowie des gewaltsamen Märtyrertodes des Bischofs bitten den Papst nun um die Heiligsprechung Oswalds. Der Papst betont die Wichtigkeit der Kanonisation und fordert die Zeugen auf, die Richtigkeit der von ihnen vorgetragenen Ereignisse zu beschwören:

> Ihr wüssend wol, wie unser gwalt
> Inn sölchen dingen hatt ein gstalt.
> Was die canonisation
> Betreffen tůtt, das wüst ihr schon,
> Wie erstlich das den gschehen ist
> Mitt eins helgen låbens frist,
> Erkleeren soll undt über diss,
> Do mitt nitt gfunden werdt ein bschiss,
> Beym eidt soll mans bekreftigen,
> So kan mans weitter zhanden nen.
> Wann ihr dan dessen zfriden sindt
> Undt folgend als ghorsamme kindt,
> So lobendt das ann meinen stab,
> Das, was mann hie erzellett hab,
> Die worheitt sig ohn faltschery,
> So kann ich den eüch helfen fry (V. 8902–8917).

Als die Zeugen ihre Aussagen schließlich noch verschriftlichen und *siglendt* (V. 8925a), kann die Heiligsprechung erfolgen.

Im Zuge der reformatorischen Kritik am Heiligenkult war es in der zweiten Hälfte des 16. Jahrhunderts zu Bestrebungen auf katholischer Seite gekommen, diesen Kult in geregelte Bahnen zu lenken. So hatte Papst Gregorius VIII. 1583 das ‹Martyrologium Romanum›, ein Verzeichnis aller Heiligen und Seligen der römischen Kirche, in Auftrag gegeben, das durch Papst Sixtus V. 1586 zum ‹Martyrologium universale› erweitert wurde. Außerdem hatte Papst Sixtus V. 1588 die Ritenkongretation gegründet, die unter anderem Normen für die Durchführung von Heiligsprechungsprozessen aufstellte. Durch die Gründung dieser Institution gelang es dem Papst, das alleinige Recht auf Heiligsprechungen, das eigentlich schon seit 1234 galt, endgültig durchzusetzen.[129] Mit der Inszenierung einer solchen Heiligsprechung inklusive historisch verbürgter Richtigkeit des Verfahrens durch Verschriftlichung und Versiegelung der Zeugenaussagen im Spiel betont Mahler die Seriosität des Prozesses der Heiligsprechung und verteidigt diesen gegen reformatorische Kritik.[130]

Reformation im Gewand des Teufels

Im ‹St. Oswald› wird die Polemik gegen die Neugläubigen noch schärfer artikuliert als im ‹Bruder Klaus›. Dies zeigt sich besonders im letzten Akt, der in keiner Weise ein in der Oswald-Legende vorkommendes Ereignis darstellt, sondern vollkommen Mahlers eigene Kreation ist. Entgegen seiner Tendenz im ‹Bruder Klaus›, wo er versucht, die historischen Ereignisse möglichst akkurat darzustellen, wird Mahler im ‹Oswald› vollkommen anachronistisch, als er nach der Inszenierung der Heiligsprechung Oswalds und vor dessen Aufnahme als Zuger Schutzpatron anlässlich des Baus der St. Oswald-Kirche von 1478–1485 durch den (selbst als Figur auftretenden) Priester Eberhart die Reformation in Form eines Teufels auftreten lässt. Luzifer klagt, dass kein Teufel Oswald besiegen könne, woraufhin der neue Teufel Sekta auftaucht und sich als die *hesslich kätzery* vorstellt (V. 9076). Luzifer erkennt sofort das Potential dieses Teufels:

> Wir lobendt dich o ketzery / Du můst die hell erhalten,
> Mitt diner argen falschery / můst du den glauben spalten!
> (V. 9108f.)

Sekta kündigt daraufhin an, den Papst abzuschaffen und sich nach England aufzumachen, um dort den neuen Glauben zu bringen, der dem König erlauben werde, seine Schwester zu heiraten.[131] Er predigt den Abfall vom Zölibat, wettert gegen den Papst und meint, Taufe und Glaube allein würden nun reichen, um selig zu werden:

> Der mentsch soll nur den tauff empfon
> Undt glauben, wie auch Christus leert,
> Das der, do glaubt undt dauffett werdt,

---

[129] Vgl. Beinert 2002, S. 677.
[130] Siehe dazu auch Angenendt 1994, S. 251–252.
[131] Ein deutlicher, wenn auch pointiert übertriebener Hinweis auf den englischen König Heinrich VIII., der sich mit dem ‹Act of Supremacy› von der römischen Kirche losgesagt hatte, um seine Geliebte Anne Boleyn heiraten zu können – zuvor hatte der Papst ihm die Annullierung der Ehe mit Katharina von Aragon verweigert. Siehe zu Heinrich VIII. und der Reformation in England Weiler 2014.

Der werde selig. Secht ihr dan,
Wie schandtlich mann eüch hatt getan? [...]
Der Bapst halt eüch für sclafen doch (V. 9185–9193).

Unschwer sind im Teufel Sekta die reformatorischen Kräfte zu erkennen, die in der Gegenwart der intendierten Aufführung auch in der Eidgenossenschaft zu einer Spaltung in zwei Konfessionen geführt hatten. Der Hl. Oswald wird nach dem Wirken Sektas in England nicht mehr verehrt und ein Bischof klagt dem Papst, das [c]*atholisch folk* (V. 9249) sei in Gefahr, da die Sekte im Land überhandgenommen habe. Obwohl die englische Reformation keine konfessionelle Kirche im engeren Sinne hervorbrachte,[132] waren zentrale antikatholischen Elemente der evangelisch-reformierten Konfession wie Absage an den Papst und die Heiligen umgesetzt worden, so dass Oswald in seinem Heimatland nicht mehr als Heiliger verehrt wurde. Sekta begibt sich daraufhin in die Stadt Zug, um auch diese vom neuen Glauben zu überzeugen:

> Dorumen nendt die worheitt an,
> Als dann wendt ihr den himell han!
> Das weist gar wol das Engellandt
> Undt andre, die sich geben handt
> Inn die wor reformation,
> Dammitt man wirdt inn himmel koon.
> O Zug, nimm an mitt dankbarkeitt,
> Die dir wendt gen die selikeitt (V. 9350–9357).

Zug wehrt sich jedoch standhaft und verweist dabei unter anderem auf die Heiligen und deren Wundertaten:

> Verflůchtes dier, du ketzery,
> Nun pak dich fort, du heüchlery!
> Du solt nitt schmoken in mein landt,
> Ich sůche sunst baldt mehr beystandt!
> Ich will ehe lassen gůtt undt blůtt,
> Ehe mann mich von gott scheiden tůtt,
> Wann so fil tausig helger leütt
> Von Christi zeitt an bis auf heütt,
> Auch was ich glaub, geglaubett han,
> Inn aller welt zů meer undt landt
> So fil der wunderzeichen ton,
> Meinst du das ich erst sölt darvon? (V. 9380–9391)

---

[132] Vgl. dazu Collinson 1982, S. 637.

Abtrünnige vom wahren Glauben, wahlweise als Ketzer, Häretiker oder Sektierer bezeichnet, wurden insbesondere seit dem Mittelalter als Vertreter des Teufels gesehen, gegen die, sofern sie für ihren Fehlglauben warben, scharf vorzugehen war.[133] Während in Zwinglis Lehre (anders als in Luthers Lehre) dem Teufel keine derartige Macht mehr zugeschrieben wurde[134] und zudem in der reformierten Kirche die Buße den Status als Sakrament verlor, kann man die plastische Darstellung der Teufel und der Bestrafung von ‹Ketzern› in der Hölle als einen gegenreformatorischen Zug des Spiels werten.[135] Freilich kennt auch das reformierte Schauspiel Höllendarstellungen.[136] Die explizite Darstellung einer Teufelsfigur namens Sekta in Mahlers ‹St. Oswald›, in der diese nach eigenen Worten die *wor reformation* (V. 9354) verbreiten will, ist aber durchaus ein Beispiel dieser Intensivierung von Teufelsdarstellungen auf katholischer Seite[137] und eine deutliche Verurteilung der reformatorischen Lehre. Der Begriff der ‹lutherischen Sekte› war bereits kurz nach der Einführung von dessen Lehren geprägt worden,[138] und für die gegenreformatorische Propaganda im Schauspiel eignete sich das Bild der Reformation im Gewand des Teufels hervorragend.

Mahler zeigt im ‹St. Oswald› exemplarisch auf, was geschieht, wenn man sich weigert, sich dem (reformatorischen) Sektenteufel anzuschließen und stattdessen die Hilfe der Heiligen annimmt: Die Teufel des Spiels machen sich auf, die Stadt Zug zu vernichten durch Pest, Feuer, Ehebruch, Hurerei, Neid, Diebstahl, Völlerei, Krieg und Müßiggang, woraufhin der Hl. Oswald sich der Stadt annimmt, die sich so *ritterhaft* gehalten habe (V. 9457); er wird ihr Schutzpatron und rettet sie vor den teuflischen Mächten:

> Dorumm will ich mein patronatt
> In ihr so wor Catholisch statt
> Hinsetzen undt ihr schutzher sin (V. 9462–9464).

---

[133] Vgl. Patschovsky 1999, Sp. 1934.
[134] Vgl. Pfister 1975, S. 334.
[135] Vgl. Grübel 1991, S. 48, 70 u. 96.
[136] So holen z. B. in Hans von Rütes Berner ‹Fasznachspil› von 1531 die Teufel sowohl die ‹Heiden› als auch die ‹Papisten› in die Hölle, in der ‹Berner Trilogie› holen sie den zu strengen Zinsherrn sowie die Prasser und Säufer, während Franziskaner und Jesuit als Gesandte des Teufels auftreten. Eine Bedrohung der Eidgenossenschaft durch Teufel kennt Johann Hallers ‹Glückwünschung› (Bern, 1584), eine Bedrohung der Seele der Jedermann-Figur die ‹Berner Trilogie› vgl. unten, Kap. ‹Bern›.
[137] Auch im jesuitischen Theater im Zuge gegenreformatorischer Bestrebungen spielte der Teufel als Protagonist des Bösen eine zentrale Rolle (vgl. Grübel 1991, S. 97), und die Heiligenspiele Mahlers sind sicherlich davon beeinflusst. Jedoch finden sich, wie der vorliegenden Band zeigt, in praktisch allen Heiligenspielen Teufel verschiedenster Ausprägungen.
[138] Vgl. Sallaberger 1997, S. 258.

Mahler bekräftigt damit nochmals deutlich den Wahrheitsanspruch des alten Glaubens und setzt außerdem der Stadt Zug und ihrem Schutzpatron ein Denkmal. In diesem Sinn reiht sich Mahlers ‹Spiel von St. Oswald› in die eidgenössischen Heiligenspiele ein, in denen ein lokaler Schutzpatron verehrt wird, wie die Bruderklausenspiele in Obwalden, das ‹Leodegarspiel› in Luzern oder das ‹Ursenspiel› in Solothurn.

Bern

Die Reformation in Bern

Bern zählte zu Beginn des 16. Jahrhunderts rund 5.000 Einwohner,[1] hinzukam eine Landbevölkerung von rund 70.000.[2] Damit war Bern aufgrund seines ausgedehnten Umlands der größte der Schweizer Stadt-Staaten. Zwinglis Wunsch, eine starke Gesamtschweizer Opposition gegen den Papst und das Habsburgerreich aufzubauen, sorgte dafür, dass Bern schon bald in den Mittelpunkt seiner Reformationsbemühungen rückte, denn Zürich war politisch isoliert, während Bern mit seinen Beziehungen zu Frankreich einen wichtigen Bündnispartner hatte.[3] Schon lange bevor sich Bern offiziell zur reformatorischen Lehre bekannte, begannen die neuen Vorstellungen Fuß zu fassen und verschiedene Reformationsmandate wurden erlassen. Von besonderer Bedeutung war die 1523 gegebene Weisung, dass Pfarrer nur noch predigen sollten, was biblisch gestützt sei.[4] Andere Satzungen, Regeln, Zeremonien und Rituale, die in der katholischen Kirche gebräuchlich waren, wie etwa die mancherorts kritisierten Wallfahrten, Beichten und andere Bußübungen wurden zu diesem Zeitpunkt aber noch ausdrücklich in ihrem Zweck bestätigt. Den Predigern wurde vorgeschrieben «sich nicht weiter von den Kanzeln gegenseitig zu schmähen und einander vorzuwerfen, das Evangelium und Gottes Wort nicht recht zu predigen».[5] So bestand zunächst eine Art Glaubensfreiheit. 1525 wurde der Ablasshandel verboten[6] und die Teilnahme an Prozessionen und Kreuzgängen der Bevölkerung anheimgestellt, allerdings noch immer mit dem ausdrücklichen Verweis, dass *niemand dem andern sölichs weren oder sagen, dass es unrecht sye.*[7] Trotz des Zürcher

---

[1] Vgl. Bächtiger 1979, S. 1.
[2] «By 1515, Bern had become the largest and most powerful city-state in the Swiss confederacy. With roughly 5,000 inhabitants, the town itself was of a moderate size, but it controlled an area that stretched north from the alpine Upper Simme valley (*Obersimmental*) to Brugg in the present canton of Aargau and whose total population numbered near 70,000». Ehrstine 2002, S. 42; vgl. Bächtiger 1979, S. 3; Bender 1970, S. 139; Esch 1994, S. 177; Locher 1980, S. 384; Pfrunder 1989, S. 26.
[3] Vgl. Holenstein 2016, S. 25f.; Rogger 2016, S. 86; Wagner 1979, S. 31.
[4] Gámiz-Brunner 2017, S. 42.
[5] H. Schmidt 2006, S. 17.
[6] Diese Wendung zeigt deutlich, wie stark Bern vom neuen Glauben affiziert wurde, denn noch am Ende des 15. Jh. erfreuten sich Ablässe in Bern «besonderer Beliebtheit. Es entsprach bernischer Frömmigkeit und Kirchentreue, dass man selbst den umstrittenen Jubelablass des Papstes für das Jahr 1500 als Gnadengeschenk entgegennahm». Bächtiger 1979, S. 5.
[7] Gámiz-Brunner 2017, S. 43.

Einflusses verhielt sich Bern in der Reformationsfrage unentschlossen[8] und strebte keine radikale Abkehr vom Katholizismus an,[9] so dass die Berner Reformatoren Berchtold Haller (1492–1536) und Sebastian Meyer (1465–1545) keinen leichten Stand in der Stadt hatten. Ab 1526 bestand innerhalb des Großen Rates eine mehrheitliche Befürwortung der Reformation,[10] doch stemmte sich der Kleine Rat noch weitere zwei Jahre gegen die offizielle Einführung des neuen Glaubens,[11] er «wollte die Reformation verhindern und bei einem Reformkatholizismus bleiben»,[12] wohl auch um eine Spaltung der Eidgenossenschaft zu vermeiden.[13]

Nach der offiziellen Einführung der Reformation am 28. Januar 1528[14] wurde Bern zum Brennpunkt des reformatorischen Geschehens: Noch im selben Jahr ließen die Berner Räte eine Disputatio ausrufen, zu der neben Huldrych Zwingli viele weitere Reformatoren erschienen, darunter etwa Johannes Oekolampad, Martin Bucer und Wolfgang Capito. Der im Juni 1528 getroffene Abschluss des ‹Christlichen Burgrechts› mit Zürich, eine gegenseitige Versicherung, sich beizustehen, sollte eine der beiden Städte aufgrund ihres Glaubens angegriffen werden, untermauerte nun auch die Bereitschaft der Berner, militärisch für die Reformation einzutreten. Nicht alle Teile des Berner Stadtstaates zeigten sich davon begeistert. Vor allem «im Oberland hatte man ungehalten auf die Instruktion reagiert, ab sofort auf *mess, bilder, jarzyt und derglichen vergeblich ceremonien* zu verzichten».[15] Teilweise musste die Reformationsbewegung gewaltsam durchgesetzt werden. Zunächst wurde der Aargau auf diese Weise ‹missioniert›, das französischsprachige Waadtland setzte sich noch bis 1536 gegen den neuen Glauben zur Wehr,[16] das Laufental blieb katholisch.

---

[8] Vgl. Dellsperger 1980, S. 30.
[9] Ebd., S. 34.
[10] Zur Verwaltung Berns vgl. «An der Spitze des Gemeinwesens stand der Schultheiss; er wurde jeweils für drei Jahre, seit 1507 für zwei Jahre vom Grossen Rat der Zweihundert (CC) gewählt. Der Kleine Rat, ebenfalls vom Grossen Rat erkoren, zählte 27 Mitglieder. Die ‹oberste Gewalt› lag nominell in den Händen des Grossen Rates, der die Gesamtbürgerschaft repräsentierte. Das Stadtgebiet war in vier Quartiere eingeteilt, welche von vier Vennern verwaltet wurden». Bächtiger 1979, S. 1.
[11] Während in den Großen Rat prinzipiell jeder Einwohner Berns, der das Burgrecht besaß und das 14. Lebensjahr vollendet hatte, gewählt werden konnte, saßen im Kleinen Rat die ‹alten Familien›, etwa Adlige und einflussreiche städtische Familien, vgl. Bächtiger 1979, S. 1f. Diese Familien waren tendenziell konservativer und traditionsbewusster. Ab dem Ende des 15. Jh. drängten aber auch immer mehr neue Familien in den Kleinen Rat «vorwiegend aus handwerklichen oder aber aus bäuerlichen Kreisen; sie lösten eine Reihe alter Geschlechter ab». Bächtiger 1979, S. 3.
[12] H. Schmidt 2006, S. 18 u. 21. Vgl. Ehrstine 2002, S. 46f; Holenstein 2006, S. 164.
[13] Vgl. E. Müller 1972, S. 21.
[14] Vgl. Bächtiger 1979, S. 7.
[15] Gámiz-Brunner 2017, S. 89; vgl. bes. Dellsperger 1980, S. 43–48; Holenstein 2006, S. 164.
[16] Vgl. Bächtiger 1979, S. 8.

Dem militärischen Vorgehen zum Trotz war es vor allem dem Einfluss Berns zu verdanken, dass der Erste Kappelerkrieg 1529 mit einem versöhnlichen Kompromiss beendet wurde, nach dem jede Gemeinde individuell ihren Glauben wählen durfte. Zwingli hatte sich eine gewaltsame Erhebung des Landvolks gegen die katholische Macht erhofft, die Räte der Stadt Bern aber waren darauf bedacht, den Streit nicht an allzu vielen Fronten aufbrechen zu lassen.[17] Bern war aktuell noch in Konflikte mit Savoyen und Genf verwickelt. Mit dem Tod Zwinglis im Zweiten Kappelerkrieg scheiterte seine Vision von einer gesamtreformatorischen Eidgenossenschaft. Die schweizerische Reformation geriet insgesamt in Gefahr, denn die Niederlage wurde vielfach als eine Art Gottesgericht verstanden.[18] Dennoch ist es noch einmal der Einfluss Berns, der wesentlich für die Schweizer Reformation werden sollte, denn es gelang den Bernern durch die Unterstützung der Reformatoren Farel und Calvin, Genf auf ihre Seite zu ziehen.

Ab der Mitte des 16. Jahrhunderts war Bern zudem durch die Bekämpfung der Täuferbewegung,[19] einem radikalen linken Flügel der Reformation, geprägt. Sie hatte nach dem Tod Zwinglis viel Zulauf erfahren. Der 1532 verfasste ‹Berner Synodus› kann in diesem Zusammenhang als ein weiteres Beispiel für die bernischen Harmonisierungsbestrebungen gelten, denn der Text «trat gegenüber der römisch-katholischen Kirche wie den Täufern moderat auf».[20] Eine wirkliche Stabilität wurde jedoch nicht erreicht. Schließlich sah sich der Berner Rat gezwungen, härter durchzugreifen und es kam zu mehreren Exekutionen von Mitgliedern der Täuferbewegung. Da die Hinrichtungen jedoch eine eher kontraproduktive Wirkung zeitigten, da sie die Hingerichteten in den Augen ihrer Anhänger zu Märtyrern machten,[21] änderte der Berner Rat ein weiteres Mal seine Strategie und erließ 1585 ein Täufermandat, in dem festgelegt wurde, dass die Teilnahme an der Täuferbewegung ‹nur› noch mit Verbannung oder Galeerenstrafe zu ahnden sei.

Nicht nur die Angehörigen der Täuferbewegung wurden verfolgt und streng befragt – ab 1580 wurde das Waadtland zum Zentrum der neuaufkeimenden Hexenverfolgung.[22] Beide Entwicklungen sind wichtig für Darstellungen des Märtyrerwesens, denn auch wenn mit Täufern und ‹Hexen› eher Angehörige unliebsamer Randgruppen betroffen waren, konnten so doch märtyrerähnliche Schicksale aus eigener Anschauung mitverfolgt werden.

---

[17] Vgl. Im Hof 1979, S. 98f.
[18] Vgl. Stuber 2006, S. 182.
[19] Vgl. insgesamt E. Müller 1972. Bereits 1528 hatte der Rat proklamiert, *die sect der widertöufern in iren stetten und landen niendert ze gedulden*. Steck/Tobler 1923, Nr. 896; zit. n. Dellsperger 1980, S. 40.
[20] Stuber 2006, S. 182.
[21] Vgl. Furner 2006, S. 257; Grochowina 2020, S. 161.
[22] Vgl. Kamber 2006, S. 254 u. 256.

Berner Theatertradition

Am Vorabend der Reformation nahm das Theater in Bern eine wichtige Schlüsselstellung in der Forcierung der neuen Glaubensinhalte ein. Zu Beginn des 16. Jahrhunderts war die Zähringerstadt noch durch die üblichen vorreformatorischen Spielformen geprägt. Insbesondere Fastnachtsspiele erfreuten sich großer Beliebtheit: Für die Jahre 1514–1516 sind verschiedene solcher Spiele belegt, die durch die Obrigkeit mitfinanziert wurden.[23] Die im Zuge der Reformation zunehmende fastnachtsfeindliche Haltung führte allerdings dazu, dass der Leutpriester Berchtold Haller 1523 ein Verbot der Fastnachtsspiele und -feiern forderte.[24] Es war vielleicht ein Glück für die Reformation, dass sich dieses Verbot nicht durchsetzen ließ.

Über die Inhalte der frühen Fastnachtsspiele ist wenig bekannt, doch scheinen sie einen deutlich moraldidaktischen Charakter besessen zu haben.[25] 1521 beschwerte sich Kardinal Matthäus Schiner über ein Aschermittwochsspiel, in dem der Kaiser und er selbst in Puppenform verlacht worden waren.[26] Hier handelte es sich sicher noch nicht um klare reformatorische Tendenzen, es mag aber immerhin sein, dass diese Stücke bereits die Richtung wiesen für die nun entstehende progressive Theaterwelt, die in der Folge Papst und Kirche vehement anprangerte. Vorreiter dieser Bewegung war der Autor, Maler und Politiker Niklaus Manuel.[27]

Niklaus Manuels Fastnachtspiele als reformatorische Streitschriften

Niklaus Manuel (1484–1536), der als wahrer Renaissance-Mensch bezeichnet werden kann, war Bildhauer und Glasmaler,[28] Reisläufer, Politiker und Reformator,[29] und nicht zuletzt der Autor mehrerer bedeutender theatraler Werke. Zinsli bezeichnet ihn als «Begründer des reformatorischen Kampfspiels»:[30] 1523 brachte er zur

---

[23] «Von der Obrigkeit mitfinanzierte fastnächtliche ‹Spiele› sind auch für die Jahre 1514–1516 belegt. 1514 und 1515 wurden die *gesellen*, so *das spil an der crützgassen hatten*, mit je zwanzig Pfund entlohnt. 1515 erhielten zudem noch *knaben* fünf Pfund, ebenfalls für ein Spiel an der Kreuzgasse. 1516 wurde *denen, so das spill in der vßnacht machten*, ein Betrag von fünf Kronen ausgezahlt». Gámiz-Brunner 2017, S. 56; vgl. Fluri 1909, S. 134; vgl. E. Stadler 2018, S. 488. Ob es vor dem 16. Jh. bereits Fastnachtsspiele gab, ist ungewiss. Thomke bemerkt allgemein zur Eidgenossenschaft: «Texte sind jedenfalls nicht überliefert, und wo von spielerischen Formen fastnächtlichen Treibens die Rede ist, sind meistens Umzüge, das Auftreten von Vermummten oder Schwert- und Moriskentänze gemeint. In der Fastnacht ging es nicht weniger ungebunden zu als anderswo, aber Spiele in der Art der Nürnberger Fastnachtspiele haben sich nicht entwickelt». Thomke 2010, S. 91.
[24] Gámiz-Brunner 2017, S. 75.
[25] Ebd., S. 57.
[26] Ebd.
[27] Niklaus Manuel: Werke und Briefe, hg. von Paul Zinsli und Thomas Hengartner. Bern 1998.
[28] Vgl. Barton 2016.
[29] Zur politischen Karriere Manuels vgl. Im Hof 1979. Zur Biographie Manuels vor allem Wagner 1979, sowie: Holenstein 2016; Hugelshofer 1979, Lavater 1980a.
[30] Zinsli 1980, S. 115.

Fastnacht das Spiel ‹Vom Papst und seiner Priesterschaft› zur Aufführung[31] (am 15. Februar 1523), in dem der Papst durchweg als dekadent und korrupt dargestellt wird; *ein wolff und nit ein hirt* (Zeile 19027) sei er, *der war antichrist* (Zeile 1029)».[32] Antagonist des Papstes ist der neugläubige Prediger Doctor Lüpold Schüchnitt, der am Evangelium festhält.

Einen ähnlichen Grundtenor zeigt das nur eine Woche später aufgeführte Spiel ‹Von Papsts und Christi Gegensatz›.[33] Interessant ist, dass Manuel beide Male die theatrale Form nutzt, um gerade die Inszenierungsstrategien der römischen Kirche anzuprangern. Während er in ‹Vom Papst und seiner Priesterschaft› das ausgelassene Schwelgen an der päpstlichen Tafel mittels einer Simultanbühne einer Totenaufbahrung gegenüberstellt, wird den Zuschauern in ‹Von Papsts und Christi Gegensatz› der pomphafte Luxus eines päpstlichen Zuges im Vergleich zur demütigen Bescheidenheit Christi beim Einzug in Jerusalem vor Augen geführt. Natürlich ist es nicht nur der Luxus der katholischen Geistlichen, den Manuel kritisiert, sondern auch die Methoden, mit denen sie dazu gelangten: Im 1525 vollendeten Stück ‹Der Ablasskrämer›, in dem Manuel die betrügerischen Machenschaften des Mönches Rychardus Hinderlist schildert, wird die Kirche einmal mehr moralisch gebrandmarkt.[34]

Kirchenkritik ist zwar innerhalb von Fastnachtspielen nicht ungewöhnlich und kann auch als das übliche Spiel mit den Verkehrungen von Herrschaftsverhältnissen und Gesellschaftsstrukturen angesehen werden, doch sind Manuels Spiele besonders polemische Vertreter ihrer Art, die bereits vor der offiziellen Einführung der Reformation in Bern eine klare Stellung beziehen und der Kritik am Papst, dem Ablasshandel und der katholischen Geistlichkeit die eindeutig positiv konnotierte neue Lehre, und insbesondere die Besinnung auf das Evangelium als Grundlage des Glaubens dezidiert gegenüberstellt. Die Aufführung der beiden ersten Stücke war ein außerordentlicher Erfolg.[35] Dass Manuel nach der Aufführung dieser provokativen Dramen einen politischen Aufstieg erlebte,[36] zeigt zudem, wie groß die Rückendeckung seitens des Rates war.[37]

---

[31] Das Stück wird auch als ‹Die Totenfresser› bezeichnet, da es vermutlich durch den 1521 entstandenen reformatorischen gleichnamigen Dialog des Basler Dramatikers Pamphilius Gengenbach (um 1480–1524/1525) angeregt wurde. Vgl. Greco-Kaufmann 2012c, S. 75f.; Greco-Kaufmann 2016, S. 72f; Holstein 1886, S. 171; Thomke 2010, S. 93; Zinsli 1979, S. 81.

[32] Gámiz-Brunner 2017, S. 77.

[33] Beide Spiele erschienen 1524 im Druck, vgl. Holstein 1886, S. 171.

[34] Zum ‹Ablasskrämer› vgl. Ehrstine 2002, S. 107–113; Michael 1984a, S. 37f.; t selbst Zwingli eine Abschrift von diesem Stück. Metz 2013, S. 262; es wurde allerdings weder nachweislich aufgeführt noch gedruckt. Vgl. Greco-Kaufmann 2016, S. 76.

[35] Stadler 2018, S. 493. Im Rückblick auf die Ereignisse jener Jahre stellt der Berner Chronist Valerius Anshelm (1475–1547) fest: *Es ist ouch in dem evangelischen handel kum ein büchle so dik [...] getrukt und so wit gebracht worden, als diser spilen* [Von Papst und Christi gegensatz – d.V.], zit. n. Greco-Kaufmann 2016, S. 72; vgl. Zinsli 1979, S. 75. Davon zeugen auch die zahlreichen Druckauflagen, die Manuels Fastnachtsspiele erhielten, vgl. Ehrstine 2002, S. 10f.

[36] Gámiz-Brunner 2017, S. 78.

[37] Vgl. Dietl 2021a, S. 114; Gámiz-Brunner 2017, S. 78f.

Kurz vor Manuels Tod wurde in Bern ein weiteres Fastnachtspiel aufgeführt, das ihm teilweise ebenfalls zugeschrieben wird: ‹Elsli Tragdenknaben›.[38] Das Stück ist weniger politisch-kirchenkritisch motiviert, doch ist die starke Fokussierung auf die Heilige Schrift auch hier ein eindeutig evangelisches Element.[39]

Hans von Rütes Anti-Heiligendramen

Der Solothurner Hans von Rüte (um 1500–1558)[40] war aufgrund der Reformation nach Bern gezogen[41] und seine Glaubenseinstellung spiegelt sich deutlich in seinen Stücken wider.[42] Er stellt sich wohl selbst in die Nachfolge Manuels[43] und nennt sein erstes Werk von 1531 ‹Ein Fasznachtspil den vrsprung/ haltung/ vnd das End beyder / Heydnischer / vnd Båpstlicher Abgötterey allenklich verglychende›.[44] Indem er den katholischen Glauben mit der heidnischen *Abgötterey* engführt, bezieht er eine klare Position gegen die Heiligenverehrung. Nicht nur wird die Anrufung der Heiligen im Krankheitsfall als reine Quacksalberei dargestellt; das Spiel führt vielmehr explizit vor, wie es zur Einführung des Heiligenkults in der Kirche kam. Der Papst erzählt, ihm sei eine Frau im Traum erschienen – ihrer Kleidung und Erscheinung nach ist sie klar als die Hure Babylon aus Offb 17,4 zu erkennen (V. 168–172) – und hat ihm den Heiligenkult empfohlen. Ihr Argument bringt der Teufel auf den Punkt:

> Die menschen hand yetzt Gotts vergessen
> Vnd meinent er sye jnen zů wytt gsessen
> Jnen zů hilff vnd ztrost zekommen

---

[38] Das Stück ist in der Literaturgeschichte im Laufe der Zeiten sehr unterschiedlich eingeschätzt und ebenso oft Niklaus Manuel zugeschrieben wie abgesprochen worden: «Sprachlich, in der Namengebung, in geringem Maße auch inhaltlich steht es in der Nachfolge Manuels, aber dass es von ihm stammt, ist äußerst unwahrscheinlich. Weit eher ist an Hans von Rüte zu denken, der nach Manuels Tod im Jahr 1530 während mehrerer Jahrzehnte das Theaterleben in Bern beherrschte», Thomke 2010, S. 95. Hengartner und Zinsli haben den Text in ihre Neuausgabe der Werke Manuels aufgenommen. Manuel, ed. 1998, S. 522–584. Sie gehen ausführlich auf das Problem der Autorschaft ein. Ebd. S. 526–532. Zum Stück vgl. auch Gámiz-Brunner 2013, S. 125–128.

[39] Zur Bekehrung durch die Heilige Schrift wie überhaupt zur Handlung des Stücks vgl. E. Stadler 2018, S. 539–557; Thomke 2010, S. 96.

[40] Zu Rütes ‹Faßnachtspiel› und ‹Gedeon› vgl. Dietl 2021a; Fisher 1975.

[41] E. Stadler 2018, S. 336.

[42] Hans von Rüte: Sämtliche Dramen, hg. von Friederike Christ-Kutter, Klaus Jaeger und Hellmut Thomke, Bd. 1. Bern u. a. 2000 (Schweizer Texte N. F. 14).

[43] Dietl spricht von einer «Hommage an den 1530 verstorbenen Niklaus Manuel». Dietl 2021a, S. 118; Holstein von einer «große[n] Abhängigkeit von Niklaus Manuel». Holstein 1886, S. 175.

[44] Zur konfessionellen Polemik dieses Spiels und der konkreten Wallfahrt, gegen die es sich zu wenden scheint, vgl. Gámiz-Brunner 2013, S. 129–135.

Vnd hand andre hilff angnommen
Namlich zum ersten Sonn vnd Mon
Vnd ander sternen/ die am himmel ston
Darnach etlicher menschen vff erden (V. 217–223).

Gottvergessenheit und die Verzweiflung an Gottes Gnade lässt die Menschen sich an Planeten und an Menschen wenden statt an Gott selbst, der ihnen *zů wytt gsessen* (V. 218) ist. Mit anderen Worten: Die Meinung, es bedürfe eines Mittlers zwischen Mensch und Gott, ist Ausdruck tiefster Sünde. – Später im Text begründet der ‹papistische› Theologe Eusebius, wie es zur Vorstellung der Gottesferne und der Notwendigkeit von Mittlern komme: Gott sei durch die vielen Anfragen der Menschen schlichtweg überlastet und habe daher seinerseits die Heiligen eingesetzt:

Dann domit gott ein rüwiger gott möchte sin
Vnd nit hören müßt yeglichs anligende pin
So hat er den heylgen/ die menschen empfolen
Die mögen jr bätten/ vnd nohen lauffen baß dolen
Dann jr sind vil/ hat yegcklicher ein ampt (V. 1188–1192).

Die sehr menschliche Darstellung Gottes entblößt diese sogleich als irrig. Die Handlung zeigt sehr deutlich, dass es auch dem Papst und Eusebius keineswegs darum geht, den Menschen die Gnade Gottes zu sichern, sondern sich selbst zu bereichern – sowohl durch den Heiligenkult als auch durch die damit verbundene Bilderverehrung, das Wallfahrts- und das Ablasswesen. Einem Versuch des Eusebius, die Bilder als reine Unterstützung der Andacht zu rechtfertigen, widerspricht schließlich der fromme Christ Gottlieb mit Verweis darauf, dass die gängige Frömmigkeitspraxis durchaus einem Bilderkult entspreche:

Wiewol jr sprechend / man bät bilder nit an
Vnd henckt man aber groß gůt dran
Man setzt jhn grosse hüser/ vnd gwycht altar
Vnd treit jnen ryche opffer dar
Man darff vier hundert myl zů eim götzen louffen
Hiet man nüt druff/ so möchte man brot drumm kouffen
Ists nit ein narry zůeeren mit andacht
Das ein mensch vß stein old holtz hat gmacht (V. 2219–2226).

Ein solcher Götzenkult aber widerspreche dem biblischen Bilderverbot. Am Ende des Disputs steht fest: Paganer Glaube und katholische Heiligen- und Bilderverehrung sind in gleicher Weise verächtlich. Die Teufel holen daher sowohl die paganen Priester als auch den Papst und Eusebius in die Hölle.

In seinen späteren Bibeldramen orientiert sich Rüte nicht mehr am Fastnachtspiel, sondern am humanistischen Theater. Er streckt aber seine Aufführungen über zwei Aufführungstage – analog zu den Aufführungen geistlicher Spiele in Luzern.

Nach wie vor vertritt Rüte in seinen Bibeldramen eine deutlich polemische antipapistische Haltung.[45] Inhaltlich sind seine Stücke am Alten Testament orientiert, so schuf Rüte etwa einen ‹Joseph›, ‹Gedeon›, ‹Noe› und ‹Goliath›. Rüte hat wenig Interesse daran, die alttestamentlichen Figuren zu einer Art von protestantischen Ersatzheiligen zu machen. Der Vorbildcharakter seiner Figuren ist ihm nur insofern wichtig, als die Zuschauer daraus Richtlinien für ihr eigenes Handeln ableiten sollen, nicht aber, um die dargestellten Personen in irgendeiner Form zu erhöhen. Daher stehen auch nicht die jüdisch-christlichen ‹Helden› wie Gedeon oder David im Vordergrund der Handlungen, sondern die Laster ihrer Gegner und das strafende Eingreifen Gottes.

Bemerkenswert ist insbesondere die ‹Histori wie der Herr durch Gedeons hand sin volck von siner sinden gwalt wunderbarlich erlößet hab beschriben in der Rychtern buoch am vj. vnd vij. capiteln› (1540). Die Treue zur Heiligen Schrift ist bereits im Titel exponiert. Inhaltlich geht es um die Befreiung des Volkes Gottes *durch Gott*, für die Gedeon nur ein Werkzeug darstellt. Am ersten Tag werden die Unterdrückung des Volkes Israel durch die Midianiter und die Zerschlagung der Götzenbilder durch Gedeon vor Augen gestellt. Am zweiten Tag führt Gedeon dann die israelitische Armee erfolgreich in die Schlacht und in die Freiheit. Die Kriegsthematik, die auch für die katholischen Heiligenspiele zentral ist, steht auch hier im Vordergrund; deutlich ist auch hier der Kontext des Zweiten Kappelerkriegs zu erkennen.

Vom Engel des Herrn und von Gott selbst aufgefordert, er möge die *Abgöttery vßrüten gar* (V. 672), einen Kult, der im Lande nun *wol drühundert jar* (V. 688) gepflegt worden sei, stürzt Gedeon das Götzenbild Baals, nicht ohne eine Trutzrede, welche die Falschheit der Bilderverehrung betont:

> Du götz / du block / ich sag dyr nüt /
> Du Baal / den disers bild düt /
> Bistů ein Gott / ein ding / ein wäsen /
> Wie dyne pfaffen von dir läsen /
> ist doch etwas / erzöug dich hie /
> Wer du doch syest / was / vnd wie
> Bist etwas anders dann ein block
> Ein blosser nam / ein stumm / ein stock
> So rich dich / straff mich / gryff mich an (V. 909–917).

Die Anrede *Du götz* könnte einen Exorzismus wie im ‹Älteren Ursenspiel› (1539) aus Solothurn erwarten lassen; Gedeon treibt aber keinen Dämon aus; seine Zerschlagung der Baalsstatue ist gerade kein Wunder, sondern der Beweis der Nichtigkeit und Hohlheit der Götzenbilder.

---

[45] Gámiz-Brunner 2017, S. 88. Rütes Orientierung am humanistischen Theater einerseits, an der Tradition der Fastnachtspiele andererseits, führte zu einem sehr spezifischen Stil, den Ehrstine als eine «Berner Symbiose aus Theokratie und Theater» bezeichnet. Ehrstine 2006, S. 221; vgl. Gámiz-Brunner 2017, S. 93.

Als ‹Vollendung› der Dramen Rütes gilt sein ‹Osterspiel›, das 1552 im ehemaligen Franziskanerkloster aufgeführt wurde.[46] Rüte war dabei bemüht, eine starke Verbindung zwischen dem Geschehen auf der Bühne und dem Publikum zu schaffen und ließ reformierte Gemeindelieder von Schauspielern und Zuschauern gemeinsam singen.

Theater-Verbote?

Die Tatsache, dass sowohl die Spiele Manuels als auch Rütes unter Beteiligung hochangesehener Bürger[47] am prominenten Ort (und Gerichtssitz) der Kreuzgasse[48] zur Aufführung kamen, zeigt, wie wichtig diese Spiele für die Berner Stadtgesellschaft waren. Auch nach Einführung der Reformation waren sie offenkundig ein bedeutender Faktor, die neue Lehre zu verbreiten und zu festigen. Das Theater als «Instrument der konfessionellen Auseinandersetzung»[49] wurde zunächst auch auf protestantischer Seite wertgeschätzt. Alles in allem zeigt sich, dass in Bern das Theater auch dann noch lebendig blieb, als sich andere reformierte Städte davon abkehrten. Zwar wurden andere theatrale Formen, wie die Auftritte von Spielleuten, Gauklern oder Glückshafenbetreibern, 1592 verboten, Dramenaufführungen blieben aber eben bei Bewilligung durch den Stadtrat weiterhin erlaubt.[50]

Zunächst sind es vor allem aber nicht-geistliche Schauspiele, die in der zweiten Hälfte des 16. Jahrhunderts in Bern fassbar sind. Dabei ist hauptsächlich an Umzüge und Festbelustigungen zu denken. Gut dokumentiert sind etwa der Besuch des Herzogs von Longueville (1562) und die Festlichkeiten im Rahmen der Bündniserneuerungen zwischen Bern und Solothurn (1577).[51] Sicher wurden hier bisweilen auch szenische Spiele aufgeführt, die aber nicht greifbar sind. Eine Ausnahme bildet Johann Hallers 1584 aufgeführte ‹Glückwünschung› im Rahmen der

---

[46] Vgl. hierzu Gámiz-Brunner 2013, S. 138f.
[47] Vgl. «Im Gegensatz zu Nürnberg und Sterzing war das Theaterspiel [...] in den eidgenössischen Städten eine Angelegenheit der stadtbürgerlichen Oberschicht. [...] Die Spieler in der Eidgenossenschaft waren junge Burger, sicher auch solche aus patrizischen Geschlechtern, wie man unter anderem aus später bezeugten Spielerverzeichnissen zurückschließen darf». Thomke 2010, S. 88f; vgl. Ehrstine 2002, S. 36; Metz 2013, S. 230.
[48] «Mit Kreuzgasse bezeichnete man damals die Mitte der ausserordentlich breiten ‹Märitgasse›, wo das grosse Marktkreuz stand und wo heute Kram- und Gerechtigkeitsgasse aufeinander stossen. Es war dies der Hauptplatz des damaligen Bern. Hier fand nämlich nicht nur der Markt statt, sondern wurden auch die Soldaten versammelt und öffentliche Gerichtsverhandlungen abgehalten, an denen der Richter auf einem erhöhten Richterstuhle sass, das Volk den Ring bildete und auch ein Schandpfahl nicht fehlte». E. Stadler 2018, S. 488f; vgl. bes. Pfrunder 1989, S. 160–167; Ehrstine 2002, S. 37f; Thomke 2010, S. 93; Zinsli 1979, S. 81.
[49] Metz 2013, S. 224.
[50] E. Stadler 1982, S. 88. Kurz vor den Aufführungsverboten, am 17. August 1591, ist in Bern noch die Aufführung einer ‹Enthauptung des Johannes› belegt. Dabei handelt es sich vermutlich um die Fassung des Hans Sachs, vgl. Balling 2021, S. 211f.
[51] Gámiz-Brunner 2017, S. 94–110.

Bündniserneuerungen mit Zürich. Im Grunde handelt es sich dabei um ein Teufelsspiel, in dem Lucifer die Eidgenossenschaft bedroht, aber von den Engeln Michael und Uriel aufgehalten wird. Vom Beginn des 17. Jahrhunderts sind zwei weitere politisch motivierte Stücke erhalten: das ‹Spil von dem eydgenossischen pundt› und ‹Der Ursprung der Eidgenossenschaft›.[52] Für die Frage nach der Darstellung von Heiligkeit sind diese Stücke allerdings nicht ergiebig.

‹Berner Trilogie› (nach 1601)

Für die Frage nach einer Darstellung und Inszenierung von Heiligkeit in Bern bietet sich letztlich nur ein Text für die nähere Betrachtung an: die sogenannte ‹Berner Trilogie›.[53] Genau genommen handelt es sich dabei um einen Verbund dreier aufeinanderfolgender Dramen, die in einer einzigen Handschrift überliefert sind, bei der es sich vermutlich um das Gebrauchsexemplar des Autors oder Spielleiters für die Aufführung handelt. Das Titelblatt spricht von *Drü Christliche Spÿl oder Comedien*, dem sogenannten ‹Bekehrten Sünder› oder ‹Peccator Conversus›, dem ‹Miles Christianus› (hier: ‹Miles Christianus I›) und dem ‹Martyr Christianus›, der dann aber später als ‹Miles Christianus, die Annder Comedj› bezeichnet wird (hier: ‹Miles Christianus II›).

Das Berner Schultheater und der Verfasser der ‹Berner Trilogie›

Unklar ist, von wem und unter welchen Bedingungen die ‹Berner Trilogie› verfasst wurde. Dass es sich um tatsächlich gespielte Dramen handelt, davon zeugt die Vorrede im ‹Miles Christianus I›:

> Ihr wüßend noch wol wie das wir
> Vor drÿ monaten ohn gefär /
> Ein geÿstlich spil gehallten hand
> Vonn dem beckerten Sünder gnaampt (II,23–26).

Auch eine Auffführungszeit wird hier genannt, verkündet doch gleich darauf der Herold: *Das wir zů diser osterzÿtt | Ein narrenspil wellinndt anfhan* (II,16f.).

Wenn der ‹Miles Christianus I› an Ostern aufgeführt wurde, ein Vierteljahr nach dem ersten Stück, dessen Aufführung damit wohl in die Weihnachtszeit fiele, wäre es denkbar, dass auch der ‹Miles Christianus II› zeitnah umgesetzt wurde, etwa an Pfingsten oder dem Johannistag.[54] Doch muss dies Spekulation bleiben, da weitere Belege fehlen.

---

[52] Vgl. Gámiz-Brunner 2017, S. 94–110.
[53] Vgl. Berner Trilogie. Erstausgabe und Kommentar, hg. von Björn Reich. Basel/Berlin [2024].
[54] Vgl. E. Stadler 2018, S. 713; E. Stadler 1982, S. 93. Wie Stadler 2018, S. 714 bemerkt, sind die einzelnen Teile der ‹Berner Trilogie› mit 1776, 1912 und 2089 Versen relativ kurz und konnten durchaus in dem knappen Zeitraum zwischen den Festtagen eingeübt werden.

In der Forschung wird die ‹Berner Trilogie› meist dem Schultheater zugerechnet, doch fehlen konkrete Beweise auch hier. Immerhin galten an der Hohen Schule zu Bern dramatische Aufführungen als wichtiger Teil der Ausbildungspraxis. Die Hohe Schule war 1528 als Bildungsanstalt für evangelische Geistliche (und zur Umschulung konvertierter Priester) gegründet worden.[55] Sie nahm ab 1534 ihren Platz im Konventstrakt des ehemaligen Franziskanerklosters ein.[56] Seit der Mitte des 16. Jahrhunderts ist sie als allgemeiner Aufführungsort belegt – auch Hans von Rütes ‹Osterspiel› fand dort statt, während die früheren Bibeldramen Rütes noch an der Kreuzgasse zur Aufführung kamen.[57] Verschiedene Verfasser sind für den Text erwogen worden: der Pfarrer und Lehrer Andreas Schreiber, Kaspar Myricaeus († 1653), Anton Schmalz oder Michael Stettler. Keine dieser Thesen ließ sich bisher erhärten, ja es bleibt insgesamt zweifelhaft, ob die ‹Berner Trilogie› das Werk eines Lehrers war. Dafür spricht sicher die humanistische Ausrichtung des Stückes, dagegen die Tatsache, dass der Verfasser nirgends seine Gelehrsamkeit betont und bei seinen zahlreichen Vorlagen ausschließlich auf volkssprachliche Texte zurückgreift.[58] Ob die ‹Trilogie› überhaupt in Bern entstand und aufgeführt wurde, muss letztlich ebenfalls unklar bleiben, doch spricht dafür, dass der anonyme Verfasser zahlreiche bernische Sprachformeln und Dialektausdrücke verwendet und damit zumindest selbst hier zu verorten ist.[59]

---

[55] Vgl. Bächtiger 1979, S. 7; Braun-Bucher 2006, S. 274f.; Engler 2006, S. 273.
[56] Vgl. v. a. Im Hof 1980, sowie Braun-Bucher 2006, S. 274; Gámiz-Brunner 2017, S. 112.
[57] Vgl. Gámiz-Brunner 2017, S. 93; Ramseyer 2001, S. 15.
[58] Andreas Schreiber etwa hat für sein ‹Auferstehungsspiel› auf lateinische Vorlagen zurückgegriffen und dabei auch den Übersetzungsakt pädagogisch ausgewertet (*Dann in dem die jungen knaben solche Comoedias mit einandren lernen verteütschen / verstahn / recitiren und agiren / üben sie die spraach und behalten viel schöner Phrases und Sprüche, ohne zwang, ohne verdruß, mit freud und mit Lust*», zit. n. E. Stadler 1982, S. 102. Es ist unwahrscheinlich, dass er an anderer Stelle auf rein deutsche Texte zurückgegriffen haben soll.
[59] Stadler fasst zusammen: «Der Name des Autors der Berner Trilogie liess sich bis heute nicht ermitteln. Nach unserer Ansicht kommen dafür Berner mehr oder weniger in Frage. Sicher ist der Text dem deutschschweizerischen Sprachraum zuzuschreiben, wie zahlreiche Sonderausdrücke erweisen. Dazu kommen aber auch typisch bernische Redewendungen wie zum Beispiel ‹niemand kein schlötterlin [herabhängender Rotz] anhännken› (mit üblem Namen bedenken) oder Ausdrücke wie ebenfalls des Narren ‹dolen› (dulden), ‹fräfen› (dreist, frech), ‹hällsig› (Halsriemen), der Abgötterei ‹stämpeny› (unwahres Gerede, dummes Geschwätz), des Beelzebubs ‹lur› (Schlaukopf, Schelm, Spitzbube), des Helluo ‹mihel› (Humpen, Pokal), des Geizes ‹gyttüfel› (Geizteufel), sowie, um nur noch ein weiteres Beispiel zu nennen, das für Bern typische Schluss-r bei besitzanzeigenden Adjektiven auch im Nominativ und Akkusativ». E. Stadler 1982, S. 97f.

Inhaltsübersicht

Bei den Stücken der ‹Berner Trilogie› handelt es sich um das, was Kindermann und Stadler als ‹Moralitäten› bezeichnen, um eine «Darstellung des Kampfes guter und böser Mächte um die Seele des Menschen».[60] Alle drei Teile basieren wesentlich auf zwei Vorlagen des Neustädter Reformators Friedrich Dedekind: ‹Der christliche Ritter› (1576) und ‹Papista Conversus›.[61] Auf andere Vorlagen greift er ebenfalls zurück, allerdings in geringerem Maße: Die Traumhandlung zu Beginn des ‹Bekehrten Sünders› folgt Hans Sachs' Dialogrede ‹Der todt ein end aller irrdischen ding› (1554),[62] die erste Narrenszene im ‹Miles Christianus II› übernimmt Verse aus dem ‹Narrenschiff› Sebastian Brants[63] und das Zwischenspiel ‹Vom armen Bauern und reichen Zinsherrn› entstammt zu großen Teilen dem ‹Weltspiegel› von Valentin Boltz,[64] wobei der Name der Figur Ulli Rächenzahn aus (Pseudo-?)Niklaus Manuels ‹Elsli Tragdenknaben› stammt.[65]

Das erste Drama der ‹Trilogie› – ‹Der bekehrte Sünder› – setzt mit einer Traumsequenz ein: Ein Sünder träumt, dass der Tod zu ihm kommt, um ihn abzuholen. Er ruft daraufhin verschiedene ‹Eigenschaften› um Hilfe an, etwa die Jugend,

---

[60] E. Stadler 2018, S. 170, Kindermann 1957.
[61] Friedrich Dedekind: Der Christliche Ritter/ aus dem 6. Capitel der Epistel S. Pauli zu den Ephesern. Uelzen: Michael Kröner 1576 (VD16 ZV 4317); weitere Auflagen: Wittenberg 1580 (VD16 ZV 4319), Uelzen 1590 (VD16 ZV 4320); Friedrich Dedekind: Papista Conversus. Ein Newe Christlich Spiel von einem Papisten/ der sich zu der rechten warheit bekeret vnd darüber in Gefengniß vnd gefahr des lebens kompt [...]. Hamburg: Heinrich Binder u. Hans Stern 1596 (VD16 D 409). Doll fügt seiner großangelegten Dedekind-Biographie eine Art Aufsatz bei, in welchem er auf die ‹Berner Trilogie› eingeht (Doll 2018b), der Text ist jedoch mit Vorsicht zu genießen, da er zahlreiche Leseungenauigkeiten enthält.
[62] Hans Sachs: Der Todt ein Endt/ aller Yrdischen ding. Nürnberg: Georg Merckel 1554 (VD16 S 560 und S 561); weitere Auflage Nürnberg 1555 (VD16 S 562). Dass der Berner Bearbeiter diese Traumsequenz an den Anfang seiner Trilogie stellt, mag als eine Reminiszenz an Niklaus Manuel verstanden werden, dessen Bekehrung zum neuen Glauben und Beginn seines literarischen Schaffens mit dem Gedicht ‹Der Traum› (1522) in Verbindung gebracht wurde. Vgl. Lavater 1980a, S. 303; Locher 1980, S. 385–387.
[63] Sebastian Brant: Das Narrenschiff. Nach der Erstausgabe (Basel 1494) mit den Zusätzen der Ausgaben von 1495 und 1499 sowie den Holzschnitten der deutschen Originalausgaben hg. von Manfred Lemmer. Tübingen ³1986.
[64] Valentin Boltz: Der Weltspiegel, hg. von Friederike Christ Kutter u. a. Zürich 2013 (Schweizer Texte N. F. 37). Diese Passage aus dem ‹Weltspiegel› wurde auch in katholischen Bruderklausenspielen weiterverwendet, vgl. oben, Kap. ›Sarnen‹ und ‹Zug›.
[65] Vgl. Manuel, ed. 1998, S. 522–584. Desweiteren ist der Name ‹Sältenrich› natürlich ein sprechender Name und kann sowohl als ‹selten reich› als auch als sældenrîch (von mhd. sælde, ‹Glück›, also reich an Glück) gedeutet werden. Der Name erinnert außerdem an die Figur des Fritz Sältenler aus dem 1548 gedruckten ‹Weinspiel› Rudolf Manuels (des Sohnes Nikolaus Manuels). Rudolf Manuel: Ein holdsæligs Faßnachtspil/ darinn der edel wyn von der Trunckenen rott beklagt [...]. Gespilt vonn jungen Burgern Zürich. Zürich: Rudolf Wyssenbach 1548 (VD16 M 685).

die Schönheit, die Gesundheit, die Stärke, aber auch die Wollust, den Reichtum oder den Adel – doch alle versichern ihm nach und nach, dass sie gegen den Tod nichts auszurichten vermögen. Als der Tod erneut zum Sünder tritt, um ihn mitzunehmen, erwacht dieser aus seinem Traum. In der folgenden existentiellen Krise des Sünders tritt der heilige Paulus zu ihm und sichert ihm in langen predigtartigen Monologen seinen Beistand zu. Bevor er aber die christliche Lehre weiter ausbreiten kann, kommt Moses (als Vertreter des alten Bundes) dazu. Paulus überlässt ihm die erste Unterweisung. Moses befragt den Sünder ausführlich nach seiner Vergangenheit. Dieser muss bekennen, dass er Gott zwar geliebt, allerdings nicht immer nach seinen Geboten gehandelt habe. Moses kann ihm daher am Ende keine Hoffnung zusprechen, da er gegen das göttliche Gesetz verstoßen habe, und daher nach dem Buchstaben dieses Gesetzes verdammt sei. In einer kurzen Zwischenszene tritt der Teufel Beelzebub auf und beklagt sich über den *helld vonn Nazareth* (I,867), der seinem Reich großen Schaden antue, äußert aber auch seine Zuversicht, dass ihm der Sünder nicht entgehen solle. Mit diesen etwas hoffnungslosen Aussichten für den Protagonisten endet der zweite Akt. Im dritten Akt wird eine neue, für das Stück sehr wichtige Figur eingeführt: die Conscientz. Das Gewissen des Sünders klagt ihn an, er habe durch sein schlechtes Tun in der Vergangenheit sein Seelenheil verwirkt, schließlich tritt aber erneut Paulus auf den Plan und unterrichtet den Sünder in der christlichen Gnadenlehre. Die Szenen sind lang und ausführlich, immer wieder zweifeln der Sünder oder die Conscientz an der Unbedingtheit von Christi Vergebung. Schließlich aber bekennt sich der Sünder zu Christus und verspricht, dem Bösen nicht mehr nachzufolgen (I,1390). Daraufhin kommen sein Bruder und Schwager dazu, um mit ihm seine Bekehrung zum Glauben zu feiern. Im letzten Teil des ‹Bekehrten Sünders› treten schließlich Glaube, Liebe und Hoffnung zum Sünder, um fürderhin bei ihm zu bleiben und seine Zugehörigkeit zu Christus zu festigen.

Das zweite Stück, ‹Miles Christianus I›, beginnt mit einer Ratsszene der Teufel. Beelzebub hat erfahren, dass sich der sicher geglaubte Sünder zu Christus bekehrt hat, und beruft seine Unterteufel ein, um einen Plan zu schmieden, um ihn wieder zurück in sein Netz zu locken. Die Teufel beschließen, ihn von Unglauben, Ungeduld und Verzweiflung versuchen zu lassen. Der erste Akt wird mit einem kurzen Zwischenspiel, einer Narrenszene, abgeschlossen. Der zweite Akt beginnt mit einem Monolog des Paulus, der nach dem Sünder, der nun bereits als Ritter apostrophiert wird, sehen will. Dem Ritter geht es gut, allerdings warnt ihn Paulus davor, sich allzu sicher zu fühlen, und kündigt aufgrund eigener Erfahrungen (II,562) die Angriffe des Teufels an. Wer in der Nachfolge Christi stehe, müsse in diesem Leben viel leiden, das öffentliche Bekenntnis zu Christus sei für den Glaubenden jedoch unerlässlich. Dem daraufhin verzagten Ritter verspricht Paulus seine Hilfe, ebenso wie er ihn des Beistands Gottes versichert. Schließlich kleidet er ihn im Anklang an Eph 6,10–20 in die ‹geistige Waffenrüstung Gottes›. Damit wird er nun auch seinem Namen ‹Ritter› gerecht und es wird in der Folge um die Glaubenskämpfe des Protagonisten gehen, allerdings nicht im gleichen Sinne wie in den katholischen Darstellungen von Soldatenheiligen.[66] Vorher sichern ihm aber auch der Bruder und der Schwager, der Glaube, sowie einige andere Tugenden (Beständigkeit, Großmütigkeit u. a.), ihre Unterstützung zu. Im dritten Akt wird nun der Ritter vom Unglauben heimgesucht und erneut in Zweifel gestürzt. Nachdem dieser Angriff mühevoll abgewehrt ist, tritt die Wollust hinzu und erinnert ihn an seine früheren Ausschweifungen. In einer weiteren Szene wird das ganze durch die beiden ehemaligen Saufkumpane des Ritters – Helluo und Lurco – konkretisiert, die ihn zum gemeinsamen Zechgelage abholen wollen, jedoch abgewiesen werden. Nach dieser Szene wird die Auseinandersetzung mit Wollust, Ungeduld und Verzweiflung fortgesetzt. Als alle Versuche, den Ritter wieder vom Glauben abzubringen, scheitern, greifen die Teufel selbst ins Geschehen ein und attackieren ihn. Der Ritter wehrt sich jedoch mit Unterstützung seiner Freunde, und schlägt die Teufel nach einem Handgemenge in die Flucht. Damit endet das zweite Stück.

Beim dritten Teil der ‹Trilogie›, dem ‹Miles Christianus II›, wechselt die Vorlage; der Verfasser verwendet ab hier Dedekinds ‹Papista conversus›. Dennoch wird die Handlung des letzten Stückes unmittelbar fortgesetzt: Satan, der nun plötzlich als Oberteufel agiert, leckt seine Wunden nach dem verlorenen Kampf und beschließt, dem Ritter die Sicherheit und Vermessenheit auf den Hals hetzen. Tatsächlich scheint sich der Ritter in der Folgeszene recht unbedarft seines Erfolges zu freuen, wird aber von Paulus sogleich darauf hingewiesen, dass die Anfechtungen der Welt noch nicht ausgestanden seien und dass es gelte, im Glauben stets wachsam zu bleiben. Nachdem der Ritter auf diese Weise auch die Versuchungen der Sicherheit und Vermessenheit abgewehrt hat, folgt eine weitere Narrenszene und schließlich ein kleines Zwischenspiel, in dem es um das Laster der Habgier geht: Der arme Bauer Hans Sältenreich kann aufgrund von Missernten die Pachtzinsen bei seinem Zinsherrn Vastrapp nicht begleichen. Auch die Vermittlungsversuche durch seine Frau Greet scheitern, und der Zinsherr will an Hans ein Exempel statuieren und schickt ihm den Weibel auf den Hals, der ihn abführen und einsperren soll. Der reiche Bauer Ulli Rächenzahn hört die Klage der armen Familie und löst Hans beim Weibel aus. In der Zwischenzeit werfen die Bediensteten – der Reit- und der Hausknecht – dem Vastrapp seine Habgier vor. Als sie dieser daraufhin entlässt und bekennt, er wolle eher vom Blitz getroffen werden als irgendeinem seiner Pächter etwas nachzulassen, geschieht genau dies. Vastrapp stirbt und wird von den Teufeln geholt. Dabei wird eigens betont, dass auf diese Weise die im Gesamtstück auftretenden Teufel nicht ganz leer ausgehen. Im Gegensatz zu manchen anderen Spielen der Zeit ist also das Interludium nicht gänzlich vom Haupttext getrennt bzw. wird zumindest nachträglich an diesen angeschlossen.[67] Es folgt

---

[66] Vgl. oben, Kap. ‹Solothurn›.
[67] Vgl. E. Stadler 2018, S. 712, E. Stadler 1982, S. 89.

eine weitere Zwischenszene, in der sich die beiden aus dem ‹Miles Christianus I› bekannten Säufer Helluo und Lurco über die Länge des Stücks beklagen. Sie beschließen, stattdessen ins Wirtshaus zu gehen. Als Helluo meint, er würde lieber von den Teufeln geholt, als sich einen Trunk zu versagen, werden auch diese beiden bei lebendigem Leib in die Hölle gebracht. Es folgen längere Predigtmonologe des Paulus und eines Engels und eine weitere Narrenszene. Erst danach wird die Handlung des Stückes vorangetrieben. Der Mönch Franciscus und der Jesuit Simon treten, als Abgesandte des Teufels (III,902), auf den Plan. Sie haben von der Bekehrung des Ritters zum neuen Glauben gehört und befragen ihn dazu. Der Ritter bekennt sich vehement zur Heiligen Schrift und lehnt katholische Bräuche, wie etwa die Verehrung der Heiligen oder das Wallfahren, strikt ab. Daraufhin drohen die beiden, ihn beim Papst zu verklagen (III,1079). Während sie zumindest zum Bischof eilen, um ihre Klage vorzubringen, bleibt der Ritter wieder einmal verzagt zurück. Paulus und Constantia sprechen ihm jedoch erneut Mut zu. Der Bischof beruft in der Zwischenzeit seinen Rat ein. Der Ritter, der sich vor diesem Rat verantworten muss, bekennt sich nun freimütig zur Lehre Luthers und Zwinglis. Daraufhin wird verfügt, dass der Ritter ins Gefängnis geworfen werde. Am nächsten Morgen solle das Todesurteil vollstreckt werden, um an ihm ein Exempel zu statuieren. Die Szene wechselt erneut. Der Knecht Matthias, der Nachbar des Ritters, und seine Söhne haben von der Verhaftung erfahren und finden sich zum gemeinsamen Gebet zusammen. Daraufhin sendet Gott einen Engel, der den Ritter aus dem Gefängnis befreit und ihn nach Hause geleitet. Mit der Freude des Ritters, seiner Familie und Nachbarn über die wundersame Befreiung endet das Stück.

Auseinandersetzung mit dem Katholizismus in der ‹Berner Trilogie› I: der Einfluss Friedrich Dedekinds

Gerade weil der Schweizer Anonymus seine Vorlagen recht getreu wiedergibt, sind die Stellen, an denen er von ihnen abweicht und klare Bearbeitungstendenzen erkennen lässt, umso aufschlussreicher, auch gerade was seine Stellung zum neuen und alten Glauben angeht. In der Hauptsache folgt er den Vorlagen Friedrich Dedekinds. Der Lüneburger Pastor war 1549 vor allem durch seinen ‹Grobianus› bekannt geworden.[68] 1576 veröffentlichte er seinen ‹Christlichen Ritter› und 1596 seinen ‹Papista Conversus›, die beide mehrere Druckauflagen erlebten.[69] Der Bearbeiter übernimmt oft mehrere hundert zusammenhängende Verse, bemüht sich aber

---

[68] Vgl. E. Stadler 2018, S. 712. Zur Biographie Dedekinds vgl. Doll 2018a.
[69] Vgl. Kruse 2018, S. 414–419. Beide zusammen wurden 1596 in Uelzen gedruckt; vermutlich hat der Berner diese Ausgabe gekannt und benutzt. Die Uelzener Dedekind-Drucke bilden den Terminus *post quem* für die ‹Berner Trilogie›. Damit ist die These Joseph Mones und Emil Wellers, die ‹Berner Trilogie› sei zwischen 1550 und 1570 entstanden, hinfällig. Vgl. E. Stadler 1982, S. 88. Wahrscheinlich ist eine Datierung nicht allzu lange nach diesem

durchaus um Eigenständigkeit, «ändert zum Teil die Szenenfolge und fügt ganz neue Teile ein, um das Ganze wirksamer zu gestalten».[70] Vor allem aber bemüht er sich, die beiden Vorlagenstücke, die bei Dedekind noch ganz unabhängig voneinander sind, zu einer Einheit zu formen, indem er den Protagonisten der beiden Stücke in eins gesetzt hat. Die Amalgamierung der verschiedenen Vorlagen verläuft nicht immer bruchlos, die Charakterisierung der Hauptfigur wirkt bisweilen uneinheitlich. Das betrifft auch die Auseinandersetzung mit dem Katholizismus. Sie ist am Angang noch weniger stark ausgeprägt: Im ersten Stück bekehrt sich der Protagonist und wird vom Sünder ganz allgemein zum Christen. Einige Elemente lassen aber auch hier die reformatorische Prägung erkennen, u. a. etwa die Unterweisung in der Bibellektüre durch den heiligen Paulus,[71] doch findet zunächst noch keine explizite Auseinandersetzung mit dem Katholizismus statt. Die Sünden, die der Protagonist begangen hat, formieren einen topischen Katalog, die Bekehrung durch Paulus folgt einem klassischen Muster.[72] Zunächst wird der Sünder von Mose über das Gesetz belehrt, denn nur durch «Verkündigung und Anlage [des Gesetzes] erkennt der ohne sie ahnungslose Mensch seine Sünde».[73] Auffällig ist, dass auch Mose als Vertreter des alten Bundes nicht negativ gezeichnet wird: Er wird ausdrücklich von Paulus zum Sünder geschickt, um sein Gewissen aufzuwecken. Damit vollbringt er eine reformatorische Funktion, denn «nur das angefochtene Gewissen, das war Luthers Weg, ergreift gegen das Gesetz das Evangelium».[74] Dass Mose als Vertreter einer Zeit *sub lege* einer strikten Normativität verhaftet bleibt und sich Erlösung jenseits von Regelerfüllung nicht vorstellen kann, wird weder von Dedekind noch vom Bearbeiter für irgendwelche Seitenhiebe gegen die Regelverhaftetheit des Katholizismus genutzt. Mose vertritt keine negative, lediglich eine unvollkommene Position, so wie ja auch das Alte Testament als durchaus notwendig verstanden wird, wenn es auch erst im Licht der Gnade Christi gelesen werden soll.

Es ist vor allem der ‹Miles Christianus II›, in dem es um die explizite Auseinandersetzung mit der alten Kirche geht. Das ist im Wesentlichen den Vorlagen geschuldet: Der Stoff des ‹Christlichen Ritters›, der als Vorlage für die ersten beiden Teile der ‹Berner Trilogie› dient, war schon vor Dedekind ein beliebter Stoff innerhalb der Reformationsbewegung;[75] er gehört letztlich, wie ja auch die Jedermanns-Thematik zu Beginn des ‹Bekehrten Sünders› zur Hecastus-Tradition.[76] Die Anfechtungen des Protagonisten sind hier eher allegorischer Natur (sieht man von

---

Druck; «Basilius Hidber vermutete, dass diese Berner Trilogie nach dem Regensburger Religionsgespräch von 1601 entstand». E. Stadler 2018, S. 711; vgl. Hidber 1858, S. 98.
[70] E. Stadler 1982, S. 89.
[71] Das Buchgeschenk in III,1343 meint doch wohl die Gabe der Heiligen Schrift an den Ritter.
[72] Vgl. Huggler 1979, S. 100.
[73] Washof 2007, S. 96; vgl. C. Schmidt 2018, S. 35.
[74] Locher 1967, S. 473.
[75] Vgl. Holstein 1886, S. 164.
[76] Vgl. Dammer/Jeßing 2007, S. 2–11.

kleineren Auftritten wie etwa den beiden Zechern Helluo und Lurco im ‹Miles Christianus I› ab).[77] Dedekinds ‹Papista Conversus› und folglich auch der ‹Miles Christianus II› schildert aber nun die wesentlich konkretere Auseinandersetzung mit einer weltgeistlichen Obrigkeit, die durch die Angehörigen der katholischen Amtskirche vertreten wird. Hier zeigt sich auch, wie planvoll der Berner Anonymus bei der Konzeption seines Werkes vorgegangen ist. Zu Beginn des ‹Miles Christianus II› wird der Ritter erneut von den Lastern in Versuchung geführt. Neben der Sicherheit und Vermessenheit ist es nun vor allem die Habgier, die es auf den Protagonisten abgesehen hat. Diese kann geradezu als das zentrale Laster des letzten Stücks bezeichnet werden, dient doch auch das eingeschobene Zwischenspiel ‹Vom armen Bauern und reichen Zinsherrn› dazu, dem Zuschauer vor Augen zu führen, dass die Habgier auf direktem Weg in die Hölle führt. Damit ist aber nicht einfach irgendein Laster herausgegriffen, sondern geschickt der Bogen zur nun folgenden Auseinandersetzung mit der katholischen Geistlichkeit geschlagen, denn aus protestantischer Sicht ist es vornehmlich die Habgier, die zuständig für die falsche Glaubensauslegung der Katholiken ist: Deshalb werden vor allem Ablasshandel, falsches Almosengeben u. ä. angeprangert, immer wieder der reiche Pomp der Kirchenvertreter gegenüber der Armut Christi zum Anlass für die Kritik genommen. «Der treibende Motor hinter allen katholischen Geistlichen ist das Geld»[78] – zumindest in der kritischen Sicht der Protestanten.

Statt unmittelbar von den Teufeln auszugehen, wird im ‹Miles Christianus II› die Bedrohungsinstanz nun durch die katholische Geistlichkeit vertreten. Zuerst wird der Ritter mit dem Jesuiten Simon und dem Mönch Franciscus konfrontiert. Als er auf seine Bekehrung durch den Heiligen Paulus verweist, versuchen die beiden, ihm die Glaubensübungen nahezubringen. Dabei wird die Heiligkeit des Paulus auch von ihnen natürlich nicht in Frage gestellt, sondern lediglich – durchaus konform mit den üblichen katholischen Argumenten – darauf verwiesen, dass Paulus eben nicht leicht zu verstehen sei und der Auslegung durch die Fachleute bedürfe (*Ja! Paulus ist ein heylger man / | Man můs inn aber rächt verstan*, III,991f.). Der Glaube allein, so wird von ihnen dezidiert verkündet, würde für die Erlangung der Huld Gottes nicht ausreichen (*Der gloub thůtts warlich nitt allein*, III,1001), es bedürfe auch der guten Werke und sonstigen Glaubensübungen:

> Vnnd wöllt ir dann erlanngen huld
> Vor Gott / so bsallt vor ÿwere schulld
> Für alle sünd vnnd missethat
> Die ir biß har beganngen habtt:

---

[77] Helluo und Lurco sind indessen auch ‹Typus›-Figuren, die auf die antike römische Komödie zurückgehen. Das ist indessen kein Beleg für die Bildung des Schweizer Anonymus, da er beide Figuren einfach seiner Vorlage entnimmt. Zu Helluo und Lurco vgl. allgemein Reich 2023.

[78] Pfrunder 1989, S. 233.

> Ir müßend/ so es ÿe sÿn kann/
> All tag zů siben killchen gan/
> Vnnd dienen Gott glÿch tag vnnd nacht
> Die mäsß anhören mitt andacht/
> Rüffen die Můtter Gottes an
> Die ůch vß nötten hällffen kan/
> ehren/ anbätten inn gemeÿn
> All heÿlgen die imm himmel sÿn/
> So sind ouch wir zů aller zÿtt
> Für ůch zů bitten stätts bereÿtt (III,1015–1028).

Der Ritter hingegen argumentiert mit dem Verweis auf die Heilige Schrift (*wo seitts die gschrifftt*, III,1035). Vor den bischöflichen Rat zitiert, bleibt er selbstredend auch hier seinem Glauben treu. Dabei wird er noch einmal dezidiert nach seinem Glauben an die Fürbitte der Heiligen gefragt:

> Globstu ouch das die heÿlgen all/
> So d'oben sind inns himmels saal
> Vnnd mitt Maria der jungfrouwen
> Die das anngsicht Gotts anschouwen/
> Für vnns ir fürbitt legind ÿn
> Vnnd darumb anzerüffen sÿn? (III,1505–1510)

Der Ritter entgegnet hierauf:

> Obs für vnns bittind weÿß ich nichtt/
> Das aber mich Gotts wortt bericht/
> Ich söll allein Gott rüffen an
> Die ehr er keinem anndren gan.
> [122ᵛ] Der menttschen die verstorben sind
> Anrüfftt/ der ist inn irrthumb blind/
> Die todtten heÿlgen/ gloub ich frÿ
> Anruffen/ sig abgötterÿ (III,1511–1519).

Dem katholischen Konzept von Heiligkeit bzw. Heiligenverehrung ist damit eine klare Absage erteilt. Der Schweizer Bearbeiter folgt dabei seiner Vorlage, dem ‹Papista Conversus›, zwar beinahe wörtlich, verstärkt aber die antikatholischen Tendenzen. Das geschieht schon durch den Zusammenschluss der beiden Vorlagen: Nachdem im ‹Miles Christianus I› die Versuchung des Ritters von Lastern wie der Wollust oder dem Unglauben ausgingen, die im Dienste der Teufel wirkten, und sich im ‹Miles Christinus II› auch Sicherheit, Vermessenheit und der Geiz als unwirksame Verführungsmittel erwiesen haben, wird das *pfaffengsindtt* als eine Steigerung dieser Versuchungen und quasi als letztes Mittel des Teufels inszeniert,[79] wobei

---

[79] Auch die Tatsache, dass der Schweizer, ebenso wie Dedekind, Beelzebub (und zu Beginn des ‹Miles Christianus II› Sathan) als den obersten Anführer der Teufel anführt, ist als Signum des Protestantismus zu deuten. Beide sind biblisch belegt. In den katholischen Stücken der

die katholische Geistlichkeit schon vom Herold zu Beginn des Stückes mehrfach als Werkzeug des Teufels bezeichnet wird (*Der Satan mitt sÿm pfaffengsindtt*, III,19; *Zween pfaffen vonn dem tüffel gsanndtt*, III,47). Die katholischen Geistlichen können sogar als eine Art Steigerung angesehen werden, da der Teufel sie erst einsetzt, nachdem die Laster und sonstigen Anfechtungen bereits versagt haben. Gerade in der Auseinandersetzung mit diesen ‹Männern Gottes› darf sich der wahre (protestantische) Christ nicht in Sicherheit wiegen. Immer wieder findet der Schweizer Bearbeiter klare Worte: Dass die Heiligenverehrung als *abgötterÿ* (III,1519) bezeichnet wird, ist seine eigene Zutat, und wo Dedekind die katholischen Geistlichen als diejenigen, *Die mitt dem gottsdienst hand zů schaffen* (III,56) bezeichnet, hat der Bearbeiter das Wort Gottesdienst zwar zunächst übernommen, dann aber mehrfach durchgestrichen und durch *götzendienst* ersetzt.

Die scharfe Verurteilung des ‹Heiligenwesens› mag auch mit der Stadtgeschichte zusammenhängen: Zu Beginn des 16. Jahrhunderts hatte in Bern der sogenannte Jetzerhandel für Aufsehen erregt, bei dem im Dominikanerkonvent ein Marienbild manipuliert worden war.[80] In einem öffentlichen Prozess waren einige der Verantwortlichen in der Kreuzgasse zum Tod auf dem Scheiterhaufen verurteilt worden.[81] Das Missbehagen gegen diese Form der Verehrung von Bildern (und das Wissen um ihre Manipulierbarkeit) dürfte die Berner nachhaltig geprägt haben.

Während die Abgrenzung vom Katholizismus dem Verfasser ein deutliches Anliegen war, ist ihm die Formulierung und Darstellung der protestantischen Theologie weniger wichtig. Zumindest bleibt er hier den Allgemeinplätzen verhaftet (Fokussierung auf die Schrift, Seligkeit allein durch den Glauben etc.). Die Vorlage Dedekinds ist klar lutherisch geprägt. Im ‹Papista Conversus› tritt Luther sogar selbst als Lehrerfigur in Erscheinung. Dadurch, dass der Bearbeiter die Lutherfigur durch Paulus ersetzt hat, entsteht zunächst der Eindruck einer gewissen Abkehr von der Person Luthers, doch dürfte die Ursache dafür eher dramaturgische als theologische Gründe haben, da auf diese Weise eine engere Verzahnung des ‹Miles Christianus I und II› erreicht wird. Auch im Schweizer Spiel bekennt sich der Ritter mehrfach zum ‹lutherischen Glauben›. Allerdings hat der Bearbeiter einmal Luther durch Zwingli ersetzt, nämlich bei der Frage des Bischofs: *Hallttstu deß Zwinnglis leer für rächt?* (III,1530). Eine theologische Ausdifferenzierung findet aber nirgends statt. Beide Namen tauchen in der Regel in der Rede der Vertreter des Katholizismus auf und werden von ihnen quasi synonym verwendet (*Das hatt Zwinngli vnnd Luther gmachtt*, III,957).

Zeit wird meist Luzifer (dessen Name aber biblisch nicht belegt ist) als Oberster der Teufel angeführt. Vgl. Arndt 1904, S. 27; Grübel 1991, S. 146; Rudwin 1915, S. 81f.

[80] Vgl. Dietl 2021a, S. 113; Gámiz-Brunner 2017, S. 45–54.
[81] Vgl. Pfrunder 1989, S. 166.

Die Frage des Bischofs: *Sag mir bistu ein lutrisch man?* (III,1564), auf die der Ritter antwortet: *Ich bin vff Luthern nitt getoufftt /* | *Christus mÿn herr hatt mich erkoufftt* (III,1566f.), greift im Übrigen eine anscheinend bekannte Berner Anekdote auf, die auf die Abgrenzung von der katholischen Position abzielt.[82]

Die etwas unklare Positionierung des Schweizers zwischen Luther- und Zwinglitum mag der allgemeinen Berner Grundtendenz entsprechen. Zwingli hatte keinen leichten Stand in der Aare-Stadt und in seinem Verhältnis zu einigen der Berner Reformatoren – wie etwa Niklaus Manuel – war «eine gewisse Distanz» spürbar.[83] Vor allem die Militärpolitik Zwinglis, die letztlich ja auch zum desaströsen Zweiten Kappelerkrieg führte, wurde von den Bernern abgelehnt.[84] Auch Jahre nach seinem Tod war das Verhältnis der Berner zu Zwingli und seiner Theologie gespalten.[85]

Bei der Frage, ob bei der ‹Berner Trilogie› eher eine lutherische oder zwinglianische Ausrichtung zu konstatieren ist, wird man zuletzt vielleicht den Einsatz der Musik innerhalb der drei Stücke nicht ganz außer Acht lassen dürfen. Immerhin hatte die zwinglianische Reformation das geistliche Lied weitgehend abgelehnt (zumindest innerhalb der Gottesdienste, wo es als Ablenkung vom Wort betrachtet wurde),[86] und wenn der Engel bei seinem Auftritt im ‹Miles Christianus II› seine Rede mit den Worten beginnt: *Vomm himmel hoch da kumb ich här* (III,844), so ist dies als klares Luther'sches Liedzitat zu erkennen.[87] Auch sonst finden sich zahlreiche (instrumentale?) Zwischenspiele, die im Text mit dem Vermerk *Mvsica* markiert sind und die meist der Überbrückung von Zeitsprüngen dienen.[88] Als Abgrenzung vom Zwinglianismus wird man dies allerdings kaum werten wollen, zumal die Berner Theatertradition (wie überhaupt das dortige Kulturleben) stark durch den Einsatz von Musik geprägt war.[89] So hatte z. B. auch Hans von Rüte Kompositionen lokaler Musiker in seine Dramen eingebunden.[90]

Insgesamt wird man also keine eindeutige Zuordnung der Texte zur lutherischen oder zwinglianischen Position vornehmen können. Die Calvin'sche Theologie spielt insgesamt überhaupt keine Rolle – was bei der eher abwehrenden Haltung der Berner gegenüber dem Genfer Reformator (trotz aller politischen Bündnisse) auch nicht verwunderlich ist.[91] Theologisch gesehen ist die Glaubenslehre in der

---

[82] Bei Lavater heißt es: «In diesem Sinne ist die Antwort jenes Berners zu verstehen, der auf die Frage eines Luzerners, *ob er noch gůt lutersch sye*, entgegnet, *dass er nit lutersch, sondern ein gůter Christ sye*. Lavater 1980b, S. 65.
[83] Ebd., S. 79; vgl. Bender 1970, S. 148; Locher 1980, S. 394f.
[84] Vgl. Lavater 1980b, S. 89f.
[85] Vgl. ebd.
[86] Vgl. Capitani 2006, S. 331.
[87] Ob man aus diesen Worten auf einen Auftritt des Engels von einem Himmelsgerüst herab schließen kann, wie E. Stadler vermutet scheint mir eher zweifelhaft. E. Stadler 1982, S. 97.
[88] Vgl. E. Stadler 1982, S. 97. Einmal findet sich auch die Angabe *seyttenspil*.
[89] Ehrstine 2002, S. 63.
[90] Vgl. Ehrstine 2002, S. 14; vgl. Capitani 2006, S. 334.
[91] Vgl. Mühling 2017, S. 213f.

‹Berner Trilogie› ohnehin sehr allgemein gehalten. Die Umkehr des Sünders zu Gott ist in mehrere Schritte untergliedert: 1) Die Angst vor dem drohenden Tod führt zur Hinwendung zu Gott ganz allgemein. 2) Die Lehre vom göttlichen Gesetz durch Mose führt zur Erkenntnis der eigenen Sündhaftigkeit und Schuld. 3) Die Lehre vom Opfertod Christi führt zum Wissen über die gnadenhafte Errettung durch die Sühne des Gottessohns durch Paulus. Die vermittelte Theologie ist, entsprechend der zentralen Lehrfigur des Textes, weitgehend paulinisch. Daneben werden allgemeine christliche Lehrinhalte genannt und z. T. vermittelt – wie etwa die zehn Gebote – und auch nicht-biblische, aber wichtige christlichen Dogmen, wie etwa die Trinitätslehre, erwähnt. Auffällig ist, dass die Gnadenlehre Christi zwar ausführlich hergeleitet wird, dass der Verfasser aber bei spezielleren Lehrinhalten (wie etwa der Trinitätslehre) nicht allzu sehr ins Detail geht. Es geht um die Vermittlung von praktischem Heils-, nicht von theologischem Gelehrtenwissen.

Protestantische Heiligkeitskonzepte: Die ‹Berner Trilogie› als Heiligendrama

Du bist ein vnngelertter leÿ/ | Vnnd leerest vnns was heÿlig seÿ (III,1521f.), kritisiert der Canonicus den Ritter während des bischöflichen Rates. Tatsächlich vertritt der Text, auch wenn sich der Verfasser sehr deutlich gegen die katholische Verehrung von Heiligen ausspricht, durchaus Konzepte von Heiligkeit. Das Beiwort *heÿlig* wird in der ‹Berner Trilogie› mehrfach verwendet: Es charakterisiert vor allem die Bibel (*heÿliger Sschrifft* in der Überschrift des ‹Bekehrten Sünders›) bzw. das Wort Gottes (*Das heÿlig hochthüwr Gottes wortt*, III,808), aber auch die Tugend wird mit diesem Attribut versehen (*heÿlig Thugentt*, I,315), ebenso wie die Engel (*die heÿligen engel all*, I,1461). Ja, auch die Heiligen selbst sind durchaus Gegenstand der protestantischen Lehre; freilich sollen sie nicht angerufen werden. Sie dienen, zusammen mit Erzvätern, Propheten und Aposteln, als Vorbilder, denen es nachzueifern gilt:

> Gedänncktinn ẅwerem sinn daran
> Was alle heÿligen hannd gethan/
> D'erzvätter vnnd d'propheten all
> Dartzů der zwölff apostlen zal.
> Wie ouch die thüwren martÿrer gůtt
> Nitt hand gespartt ir eigen blůtt (II,1737–1742).

Schlecht ist es natürlich, sich selbst für heilig zu halten, wie die Vermessenheit es dem Ritter einreden will (*Das man ẅch mög für heÿlig prÿsen*, III,277).

Vor allem Paulus wird mehrfach als ‹heiliger› Mann bezeichnet (II,64). Dass er als die zentrale Lehrerfigur auftritt, ist nicht ungewöhnlich. Auch in anderen Dramen der Zeit erscheint er als «bürgerlich moralisierender Hauslehrer».[92] Diesen Sta-

---

[92] Emrich 1934, S. 50.

tus verdankt er seiner besonderen Stellung innerhalb der Reformation: Die protestantische Rechtfertigungslehre, nach der man allein durch den Glauben (und nicht durch die Werke) zur Seligkeit gelangt, hat Luther wesentlich der paulinischen Theologie entnommen.[93] Innerhalb des Textes zeigt sich die Heiligkeit des Paulus in dieser Lehrerrolle. Das lange und vernunftgeleitete Argumentieren und Lehren hat nichts mit dem sinnlosen Disputieren zu tun, wie es vor allem der Jesuit Simon immer wieder anstrebt, sondern gründet zu jeder Zeit auf der Heiligen Schrift. Dass Paulus stets und in allen Situationen sein Gottvertrauen beweist und so für den Protagonisten zu einem Sicherheitsanker wird, sorgt dafür, dass die Figur eine große Ruhe ausstrahlt, die zumindest teilweise in scharfem Kontrast zu den Teufeln im ‹Miles Christianus I› steht, wobei der Text jedoch insgesamt ein recht gesittetes Bild der Teufel präsentiert. Sie formieren eine durchaus homogene Gesellschaft, die über weite Strecken des Textes eher komisch als bedrohlich wirkt, zumal der Bearbeiter die gotteslästerlichen Reden, die die Teufel bei Dedekind bisweilen führen, deutlich entschärft hat.[94] Am Ende des ‹Miles Christianus I›, als es zum finalen Kampf zwischen bekehrtem Sünder und der Rotte der Teufel kommt, zeichnet sich ihr Verhalten dann allerdings wie in so vielen zeitgenössischen Stücken durch Unordnung, Lärm, Geschrei und wildes Umherlaufen aus.[95] Die sonst eher spärlichen Regieanweisungen werden hier überaus explizit. Als Behemot und Beelzebub verwundet werden, wird ihr lautes Gebrüll hervorgehoben (*da er verwundtt schrÿtt er grusam*, II,1824 bzw. *vnnd brület schützlich*, II,1826), das sich dann bei der Flucht der Teufel wiederholt (*Da louffend sÿ mitt großem Mordtgschreÿ inn die hellen*, II,1836). Auch später zeichnen sich die Teufel durch großes Geschrei aus, etwa als sie den reichen Zinsherrn in die Hölle schleifen (*Da schleÿpffend sÿ inn inn dhell mitt grossem gschreÿ*, III,742). Nicht nur die Teufel lärmen ungestüm (*Da louffennd die tüffel vngestümb vß der hell*, III,793), sondern auch die Laster ganz zu Beginn des Stückes (*jetz louffend mitt vngstüme hinÿn für dz bett die laster*, I,334). Unruhe ist das Merkmal der Gottesferne, wie sich ja auch der träumende Sünder zu Beginn des ‹Bekehrten Sünders› unruhig auf seinem Bett hin und her wälzt. Dem steht die Ruhe des Heiligen gegenüber, wie sie etwa durch Paulus repräsentiert wird. Ablesbar bleibt dies am Glaubensprozess des Protagonisten, der ihn von der Verzagtheit gegenüber Tod und Gewissen (im ‹Bekehrten Sünder›) über den aktiven Glaubenskampf (im ‹Miles Christianus I›) bis hin zur demütigen Ruhe in Gott (im ‹Miles Christianus II›) führt.

---

[93] Vgl. Gottschick 1897, S. 460; Härle 2006.
[94] Konsequent hat der Schweizer alle gotteslästerlichen Reden und Christus-Beleidigungen seitens der Teufel getilgt. Bei Dedekind machen sie aus ihrem Unmut gegenüber dem Gottessohn keinen Hehl und finden durchaus derbe Worte für ihn. So tituliert Beelzebub Christus bei Dedekind etwa als *Der lose Mann von Nazareth*, was der Berner in *Der grosse helld vonn Nazareth* bezeichnet (I,867). Es ist möglich, dass diese Entschärfung der Berner Theatertradition geschuldet ist. Vgl. E. Stadler 2018, S. 867.
[95] Vgl. Greco-Kaufmann 2015c, S. 128.

Vor allem der ‹Miles Christianus II› folgt in seinem Aufbau jener Form der Heiligenviten, in deren Zentrum die Bedrohung des Heiligen und seines Glaubens sowie seine Bereitschaft zum Martyrium steht: Der wahre Christ muss sich vor einem Tribunal verantworten, bleibt standhaft im Glauben und durchläuft daraufhin das Martyrium. Dieses Grundmuster, das bereits in der Geschichte des Stephanus, wie sie in Apg 6,8–7,60 berichtet wird, vorgeprägt ist, bildet das narrative Schema des ‹Miles Christianus II› und so rückt der Ritter ebenfalls in die Position eines solchen Märtyrerheiligen.

Der ganze Schluss der Handlung – die Anhörung vor dem bischöflichen Rat, die Kerkerhaft, die drohende Hinrichtung – ist schon von Dedekind nach Apg 12,6–17 gestaltet. Dass bei Dedekind der Protagonist den Eigennamen Simon trägt, verweist überdeutlich auf Petrus als Vorlagenfigur. In der ‹Berner Trilogie› bleibt der Ritter hingegen namenlos.[96] Das hat mehrere Effekte: Erstens erinnert die nächtliche Befreiung aus dem Kerker so zusätzlich an die Befreiung des Paulus (Apg 16,25–34) und nähert somit das Leben des Ritters und das seines Lehrers einander an, zweitens wahrt die Figur durch ihre Anonymität stärker ihren Jedermann-Status, der ihr seit dem Eingangstraum im ‹Bekehrten Sünder› eignet. Dazu tragen durchaus auch die wechselnden Charakterisierungen des Protagonisten bei (die freilich zum Teil auch dem Umgang mit den verschiedenen Vorlagen geschuldet ist). Dass er vor seiner Bekehrung mal als angesehener, wenngleich weltlich gesinnter Bürger, mal als verluderter Spieler (in den Szenen mit Helluo und Lurco) und mal als durchaus frommer katholischer Christ (so sagt etwa der Jesuit Simon verwundert über den Ritter: *Der pflag doch ein gůtt christ zů sÿn*, III,934) in Erscheinung tritt, führt zwar nicht zu einer konsistenten Figurenzeichnung, erhöht aber das identifikatorische Potential für die Zuschauenden mit dem Protagonisten des Stücks.

Nicht das exzeptionelle Leiden eines einzelnen Individuums soll hier dargestellt werden, sondern die Christusnachfolge eines anonymen Jedermann mit inneren und äußeren Anfechtungen, gleichsam als Martyrium im Leben, welches einen ‹rechten› Christen auszeichnet. Die konkrete Gefährdung des Ritters durch das Todesurteil tritt demgegenüber geradezu zurück. Auffällig ist, wie wenig Interesse der Verfasser an einer Ausgestaltung der Gefängnisszene hat: Kaum begegnet man als Zuschauer dem Ritter in seinem Kerker, schon wird er auch vom Engel befreit. Kein Wort verliert der Ritter über seine Not und Angst, auch nicht darüber, dass er sie mit Gottes Hilfe zu überwinden gedenke; während er sich zuvor in allen möglichen Szenen als verzagt und ängstlich erwies, erfährt man hier gar nichts mehr über sein Innenleben. Dass sich die Heiligkeit des Lebens nicht im Martyrium, auch nicht in einem ‹Märtyrertum im Leben› zentriert, zeigt sich daran, dass die Figur des Ritters in dem Moment, als sie ins Gefängnis geworfen wird, nicht mehr

---

[96] Nur an einer einzigen Stelle überträgt der Schweizer den Namen aus seiner Vorlage (III,1144), was wohl als Versehen zu werten ist, da er sonst die Namensnennung vermeidet.

im Mittelpunkt der Handlung steht. Hier wechselt der Text nämlich plötzlich hinüber und schildert nicht die Anfechtung und Not des Ritters, sondern fokussiert sich auf seine Familienmitglieder und Nachbarn. Der Bruch wirkt im ‹Miles Christianus II› noch schroffer als in seiner Vorlage, da hier bisher – sieht man vom Auftritt seines Schwagers im ‹Bekehrten Sünder› ab – noch keine Rede von irgendeiner Familie, geschweige denn von Frau und Kindern, war. Nun ist der Protagonist plötzlich reichlich mit ihnen gesegnet: eine Frau, ein halbes Dutzend Kinder, ein treuer Knecht und die befreundeten Nachbarn kommen zu ihrem Auftritt. Es mag zwar ein wenig befremdlich wirken, wenn der Protagonist ins Gefängnis gebracht wird und plötzlich eine Großfamilie für ihn betet, die bereits zum protestantischen Christentum gefunden hat, während er selbst in den ersten beiden Stücken noch nie von der Gnade Christi gehört hat. Dennoch sorgt der Perspektivenwechsel, weg vom Ritter hin zur christlich-familiären Gemeinschaft, dafür, dass nun nicht mehr der Einzelne im Fokus steht. Wie sieht diese christliche Gemeinschaft aus? Schon die Teufel und die katholische Geistlichkeit bilden untereinander eine durchaus funktionierende, bisweilen sogar vorbildlich agierende Gesellschaft, in der Teufel und Unterteufel bzw. Bischof und Amtsträger einander respektvoll behandeln und Ratschläge austauschen.[97] Die christliche Glaubensgemeinschaft kann daher nur insofern ein Gegenbild zu diesen Gruppen bilden, als sie in anderen Werten wurzelt. Auffällig ist zudem der starke Hang der christlichen Gemeinschaft zur *compassio* und zum Mitgefühl untereinander – Weinen und Klagen sind die emotionalen Äußerungen, die mehrfach zum Ausdruck kommen, während bei den Teufeln und Geistlichen vornehmlich Zorn und Entrüstung vorherrschen. Wie bereits das Zwischenspiel ‹Vom armen Bauern und reichen Zinsherrn› im ‹Miles Christianus II› zeigt, ist es die soziale Verantwortung und eben das Mitgefühl gegenüber anderen, was die guten Menschen auszeichnet (im Zwischenspiel etwa Ulli Rächenzahn oder den Weybel), während die bösen durch einen Mangel an denselben gekennzeichnet sind. Um Teil der christlichen Gemeinde zu werden, soll der Zuschauer dieselbe soziale Verantwortlichkeit entwickeln und natürlich – als Grundlage dessen – sich selbst erkennen. Darauf zielen denn auch die oftmals didaktisch geprägten Reden der Herolde und vor allem diejenigen des Narren, der hier nicht den ausgelassenen Spaßmacher repräsentiert, sondern als didaktischer Wahrheitssprecher fungiert, der

---

[97] «Schon der Kirchenvater Ambrosius sprach von einem wohlgeordneten Reich, welches Satan und sein Anhang bildeten», Grübel 1991, S. 150. Das gilt auch hier: Die Teufel etwa «arbeiten alle für eine gemeinsame Sache und leben und handeln in großer Harmonie», Rudwin 1915, S. 93. Das entspricht durchaus der üblichen Darstellung: «Die Teufel haben eine konstitutionelle Regierungsform. Freie Diskussion ist das Privilegium selbst der niedrigsten unter den niedrigen Teufel. Jeder Untertan darf seine Meinung über die höllische Politik frei aussprechen und sogar den Herrscher selbst kritisieren. […] Die Gleichheit und Einstimmigkeit unter den Teufeln ist so stark, daß jedes Mitglied der höllischen Gesellschaft zu jeder Zeit für seine ‹compeers› sprechen […] und eine Ansprache an sie halten darf», Rudwin 1915, S. 82f. Für die katholischen Geistlichen gilt in der ‹Berner Trilogie› im Prinzip dasselbe.

dem Publikum den Spiegel seiner eigenen Sündennarrheit vorhält. Dabei greift der Berner auf das ‹Narrenschiff› zurück, trifft indessen auch hier eine signifikante Auswahl. Er greift von den vielen Narren, die im ‹Narrenschiff› vorgestellt werden, *siben gschlächtt der narren* (III,389) heraus. Seine Auswahl konzentriert sich, seinem didaktischen Programm gemäß, auf Verstöße gegen die Sittlichkeit und Erziehung, stammen etwa aus den ‹Narrenschiff›-Kapiteln ‹Von rechter Kinderlehre› oder ‹Gutem Rat nicht folgen›.[98] Gut ins Programm des Gesamtstückes passen z. B. die Verse:

> Ein narr ist der so nitt der gschrifftt
> Will glouben die das heÿl antrifft /
> Vnnd meÿnet das er läben söll
> Alls wenn kein tod sÿg oder hell (III,381–384).

Der Bearbeiter übernimmt sie – mit kleineren Änderungen – dem ‹Narrenschiff›-Kapitel ‹Verachtung der Heiligen Schrift›. Das wenig später folgende Kapitel ‹Von Vermessenheit gegen Gott› (NSf 14) hat er hingegen ausgespart, vielleicht wegen der Eingangsverse, die bei Brant wie folgt lauten:

> Wer spricht, daß Gott barmherzig sei
> Allein, und nicht gerecht dabei,
> Der hat Vernunft wie Gäns' und Säu' (NSf 14,1–3).

Während die Kritik an der Verachtung der Heiligen Schrift gut in das protestantische Programm des Textes passt, bargen die Eingangsverse dieses Kapitels die Gefahr, dass sie mit der Fokussierung auf das Primat der Gerechtigkeit über die Barmherzigkeit aus dem Zusammenhang gerissen als Beispiel für ein Verständnis von Werkgerechtigkeit hätten verstanden werden können. Die Auswahl des Bearbeiters ist also durchaus wohl durchdacht. Der Narr betont, dass er innerhalb eines geistlichen Spiels eigentlich nichts verloren habe:

> Wie ich ghörtt das man inn dem spil
> Kein narren nienen dolen will /
> Darumb das es gar geÿstlich sÿg
> Vnnd sich darÿn nitt schicke frÿ (II,472–475).[99]

---

[98] Die Kapitel ‹Von alten Narren› (NSf 5) oder ‹Von Buhlschaft› (NSf 13) hat der Bearbeiter hingegen übersprungen. Das könnte einmal mehr auf eine Aufführung als Schuldrama hindeuten, wenn hier tendenziell eher Verhältnisse von Eltern und Kindern angeprangert und Themen, die für Kinder noch keine große Rolle spielen, ausgespart werden. Allerdings zitiert der Verfasser den Beginn des Brant-Kapitels *Von bosen sytten* (NSf 9), wo es allgemein um unsittliches Betragen geht.

[99] Auch in den Spielen Niklaus Manuels kommt der Narr nicht vor. Heinz Wyss bemerkt dazu: «Der Narr hat seinen Platz in allen Spielen, in denen es um die moralpädagogische Wirkung, um die sittliche Besserung jedes einzelnen Zuschauers geht. Bei Manuel aber steht nicht der ethische Sinngehalt im Vordergrund. Ihm geht es nicht um die einzelmenschliche Verhaltensweise, sondern um die Wahrheit des Glaubens. Nicht die sittliche Ertüchtigung und die beschauliche religiöse Unterweisung sind sein Ziel. Ihn bewegt das allgemeine Geschehen

Dennoch erfüllt er eine weitere wichtige Funktion der Einheitsstiftung der Zuschauenden untereinander und dient damit ebenfalls, wenn man so will, ihrer Heiligung zur christlichen Gemeinde.

Neben diesen allgemeinen ethischen Werten zeigt sich am Ende des ‹Miles Christianus II›, dass es vor allem das Gottvertrauen ist, das den ‹Heiligen› auszeichnet. Das gilt eben nicht nur für Einzelfiguren wie den heiligen Paulus, sondern für die christliche Gemeinschaft als solche. Dieses Gottesvertrauen zeigt sich maßgeblich im Gebet. Schon vorher wird in der ‹Berner Trilogie› gebetet, wobei in der Regel nicht nur der Beginn des Gebets durch das Hinknien der betenden Personen erkennbar ist (etwa: *Da fallt er vff die knüw vnnd bättet allso*, I,1315; *Da fallt er vff die knüw vnnd bättet allso*, II,1132), sondern auch das Ende des Gebets klar markiert wird (*Staht vff*, II,1142). Hier am Ende spielt nun das Gebet eine ganz besondere Rolle. Auch die Befreiung des Petrus in Apg 12,6–17 erfolgt ja durch die Kraft des Gebets. Friedrich Dedekind, der seinem ‹Papista Conversus› eine Prosa-Vorrede vorangestellt hat, führt explizit aus:

> Die gantze historia von des lieben Petri gestrengem gefengniß / vnd erledigung / gibt vns ein starck gezeugniß / wie ein gewaltig vnd krefftig ding es sey / vmb ein Christlich / andechtig vnnd eifereig Gebett (vi^v).

Auch im ‹Miles Christianus II› wird deutlich hervorgehoben, dass die Hausgemeinschaft für den Ritter betet, was sich erneut an den Regieanweisungen ablesen lässt: *Knüwend mitt einandren nider vnd bättend allso* (III,1754) bzw. *Stahnd wider vff* (III,1784). Es ist möglich, dass das Publikum in dieses Gebet involviert war – dies hätte jedenfalls den Schulterschluss der christlichen Zuschauergemeinde mit der christlichen Gemeinde innerhalb des Stücks verstärkt – allerdings finden sich im Text keine expliziten Aufforderungen am Gebet teilzunehmen, sodass die Involvierung des Publikums Spekulation bleiben muss.

Man könnte in der hohen Bedeutung der christlichen Gemeinschaft den Einfluss Zwinglis auf die Konzeption des Textes vermuten. Immerhin sah Zwingli in der christlichen Gemeinde das Zentrum des christlichen Lebens und gestand ihr

---

der Zeit. Vom Geiste des neuen Glaubens erfüllt, bekämpft er die klerikalen Missstände. Dazu hat der Narr nichts zu sagen. Die reformatorischen Anliegen sind zu ernst, um sie einem Narren in den Mund zu legen. Auch für einen burlesken Narren ist kein Platz. In seinem heiligen Zorn lässt Manuel alles unnötige Beiwerk weg und schafft seine kraftvollen Spiele in knapper Holzschnittmanier», Wyss 1959, S. 151f.; zit. n. E. Stadler 2018, S. 502. Vielleicht erfolgt die Rechtfertigung, weil der Narr als katholische Figur wahrgenommen werden konnte; immerhin verurteilte Luther Narrenhandlungen recht streng. Vgl. Neumann 1987, S. 900. Allerdings beschäftige Bern im 16. Jh. noch einen eigenen Stadtnarren – *cuonzentriber Guotschenkel* – der als Teilnehmer bei der Züricher Disputation von 1523 gelistet ist. Vgl. Gámiz-Brunner 2017, S. 66 sowie allgemein Greco-Kaufmann 2012c, S. 73f.

weitreichende – auch politische – Befugnisse zu.[100] Allerdings übernimmt der Berner seine Grundidee von Dedekind, der in der Vorrede seines ‹Papista Conversus› mit Bezug auf Apg 12 explizit betont, dass die Macht der christlichen Gemeinschaft im Gebet bestehe und nicht in einer Auflehnung gegenüber der Obrigkeit gipfeln dürfe:

> Was thun den nun die hochbetrûbten / dieweil Petrus also im gefengniß gehalten wirt: sie machen warlich kein Verbûndtniß mit einander widder den König Herodem / Sie richten nicht ein auffruhr oder rumor an / sie brechen nicht das gefengniß auff mit gewalt / denn damit hetten sie die sach nicht besser gemacht / sondern sie wenden sich zum Gebett / vnd beten ohn auffhören für ihn zu Gott (v^v).

Der Berner scheint Dedekind in dieser Ansicht zu folgen.

Die ‹Berner Trilogie› nimmt starke Bezüge auf das Märtyrerdrama. Dass der ‹Miles Christianus II› auf dem Titelblatt der Handschrift auch als ‹Martyr Christianus› bezeichnet wird, zeigt, dass im Leiden für den rechten (reformatorischen) Glauben die Märtyrervita zumindest anzitiert wird. Der Begriff fällt indessen im Text nirgends, spielt auch in der norddeutschen Vorlage des Textes keine Rolle. Im Gegenteil wird zumindest in den ersten beiden Stücken und insbesondere im ‹Miles Christianus I› immer wieder von Paulus betont, dass jeder Christ sich mit dem Teufel (und mit den Lastern) auseinanderzusetzen zu habe. Das gehöre eben zur Versuchung, wobei Gott niemanden über seine Kräfte damit quäle. Der Teufelskampf ist letztlich ja nichts anderes als eine Psychomachia, mit der sich alle Rezipienten des Stücks identifizieren können und sollen. Insofern ist es nur folgerichtig, dass der Schreiber der Handschrift den Titel des dritten Teils, der ganz zu Beginn noch als ‹Martyr Christianus› geführt wird, korrigiert und in ‹Miles Christianus, Die Annder Comedj› geändert hat, denn das Konzept der Märtyrerheiligkeit wird insofern ein Stück weit zurückgenommen, als am Ende die Heiligkeit der christlichen Gemeinschaft vorgeführt wird: Sie lebt im Einklang mit dem Willen Gottes, den sie (statt den Rat nur untereinander zu suchen) im Gebet erfragt. Der Protagonist des Textes, dessen Befreiungswunder weniger wichtig zu sein scheint als die Wiederzusammenführung der christlichen Familie, geht zuletzt als der Jedermann, der er ja von Beginn an ist, in der Gemeinschaft auf – ebenso wie vielleicht auch der Zuschauer und die Zuschauerin.

---

[100] Zum weitreichenden Gemeindeprinzip Zwinglis vgl. Bender 1970, S. 142f. Die Gemeinde als Grundprinzip der Kilch ist bei Zwingli die Keimzelle des christlichen Glaubens mit weitreichenden politischen Folgen, sieht er doch etwa die (durch die Kirchenleitung legitimierte) Gemeinde berechtigt, Obrigkeiten abzusetzen und selbst als politisches Zentrum zu fungieren.

Basel

Dass im reformierten Basel durchaus auch ein Heiliger im Zentrum von Theateraufführungen stehen konnte, beweist Valentin Boltz, der dort am 6. Juni 1546 die *conversio* des Heiligen Paulus zur Aufführung brachte. Es handelt sich dabei um ein Bibeldrama, das auf den ersten Blick wenig mit der auf das Mittelalter rekurrierenden Tradition der geistlichen Spiele gemein hat. Die strenge Trennung zwischen den theatralen Genres der Frühen Neuzeit, wie sie noch Walter F. Michael kannte,[1] lässt sich – das haben die aktuelle Forschung[2] und die obigen Ausführungen gezeigt – nicht aufrechterhalten. Zu deutlich sind die Interferenzen zwischen den verschiedenen Spielarten. Dies gilt insbesondere für Orte, an denen zahlreiche Spieltraditionen zusammenfließen und nach der Einführung der Reformation das Theater zwar verändert, aber ohne zeitliche Lücke weiterexistiert, wie dies in Basel der Fall ist.

Die Reformation in Basel

Als junges Mitglied der Eidgenossenschaft, der die Reichsstadt Basel erst 1501 beigetreten war, zögerte Basel die Entscheidung über einen Anschluss an die reformierten Kantone besonders lange heraus.[3] Bereits um 1518 waren die ersten Schriften Luthers in Basel gedruckt worden.[4] Insbesondere die Zünfte nahmen den reformatorischen Gedanken an.[5] Nach und nach entzog die Stadt dem Fürstbischof Herrschaftsrechte in der Stadt.[6] Als schließlich zwei Tage vor Weihnachten 1528 die deutliche Mehrheit der Zünfte die Abschaffung der heiligen Messe forderte und der Rat nach längeren Verhandlungen verfügte, dass bis zu einem entscheidenden Religionsgespräch an Pfingsten 1529 nur noch in drei Kirchen die Messe gefeiert werden dürfe, beide Seiten aber mit dem Kompromiss nicht einverstanden waren,[7] heizte sich die Situation in der Stadt auf – bis zum Ende der Fastnacht 1529. In der Darstellung des Stadtchronisten Peter Ryff zögerte der Rat die Antwort auf die erneut eingereichte Petition der Protestanten tagelang hinaus.[8] So kam es am 9. Februar

---

[1] Michael 1984.
[2] Vgl. u. a. Huwiler 2012, S. 24.
[3] Vgl. Guggisberg 1984, S. 21–25.
[4] Vgl. ebd., S. 21; Plath 1974, S. 18.
[5] Pfeiffer 2016, S. 31.
[6] Berner 1999, S. 64.
[7] Aufzeichnungen eines Basler Karthäusers aus der Reformationszeit. 1522–1532, in: Basler Chroniken, Bd. I, hg. von Wilhelm Vischer und Alfred Stern. Leipzig 1872, S. 429–490, hier S. 446f.; vgl. Fudge 1997, S. 277.
[8] Ryff, Fridolin: Chronik des Fridolin Ryff 1514–1541, mit der Fortsetzung des Peter Ryff 1543–1585, in: Basler Chroniken, Bd. I, hg. von Wilhelm Vischer und Alfred Stern. Leipzig 1872, S. 1–189, hier S. 80–86.

1529 zum bewaffneten Aufstand der Protestanten. Sie zogen zunächst vor das Rathaus, dann *zogen sie uff das hochstifft und sturmeten und zerschlugen alle bild mit groszer ungestymmickeit und mit lesterigen spottworten*.[9] Dies berichtet ein Basler Kartäuser mit Grauen; Knaben hätten das große Kruzifix des Münsters auf den Kornmarkt geschleppt, es geschmäht und das Lied ‹O du armer Judas› gesungen.[10] Das Bild der Zerstörung vergleicht er mit einer Walstatt nach einer großen Schlacht.[11] Auch Ryff zeichnet ein Bild der Verwüstung, wobei es ihm aber wichtig ist zu betonen, dass eine Plünderung des Kirchenschatzes ausgeblieben sei, da man nur zerstören und nicht sich bereichern wollte, und dass das zerschlagene Holz den Armen als Brennholz gegeben worden sei.[12] Man geht heute davon aus, dass der Bildersturm in Basel deutlich ungeordneter vonstattenging als der frühere Bildersturm in Bern.[13] Luther, seinerseits ein Gegner der Bilderstürme, reagierte entsetzt auf die Berichte aus Basel.[14]

Einschneidend waren v. a. auch die unmittelbaren Resultate der sturmhaft eingeführten Reformation. Es flohen nicht nur der Bürgermeister, einige Ratsmitglieder[15] und der Bischof (der von da an in Pruntrut residierte) aus der Stadt, während die Klöster und die Lateinschule aufgelöst wurden, sondern es wurde auch die Universität offiziell geschlossen;[16] die traditionellen Beziehungen zu Italien wurden eingefroren.[17] Deshalb gilt die Einführung der Reformation in Basel 1529 gemeinhin als ein abrupter Abbruch der frühen ‹Blütezeit› des Humanismus,[18] die insbesondere durch die Anwesenheit von Erasmus von Rotterdam geprägt war, der sich 1517–1521 durchgängig in Basel aufgehalten hatte, danach noch sporadisch bis 1529, wo er den Bildersturm selbst miterlebte.[19]

Die Organisation des Neuanfangs in der Stadt lag in der Hand des Theologieprofessors und Predigers Johannes Oekolampad, eines Freundes des Erasmus, der bereits seit 1522 in engem Briefkontakt mit Zwingli stand.[20] Er wurde bald nach dem Bildersturm zum Hauptpastor des Münsters (Antistes) und zum Superintendenten von Basel ernannt.[21] Bereits am 14. Februar 1529 trat Basel dem Bund der Reformierten Kantone bei; am 1. April 1529 wurde die Reformationsordnung verabschiedet, am 21. Januar 1534 die ‹Erste Basler Konfession›. Geregelt waren darin

---

[9] Aufzeichnungen, ed. 1872, S. 447,28–30.
[10] Ebd., S. 447,33f.; Burkart 2000, S. 128. Zum Lied vgl. Taylor 1920.
[11] Aufzeichnungen, ed. 1872, S. 447,39f.
[12] Ryff, ed. 1872, S. 86–88.
[13] Fudge 1997, S. 277.
[14] Wirth 2000, S. 35.
[15] Aufzeichnungen, ed. 1872, S. 448,10–13.
[16] Pfeiffer 2016, S. 33, verweist auf inoffizielle Lehrveranstaltungen, die weiter stattfanden.
[17] Plath 1974, S. 19.
[18] Guggisberg 1984, S. 197.
[19] Vgl. Pfeiffer 2016, S. 23.
[20] Guggisberg 2003, S. 25.
[21] Vgl. Fudge 1997, S. 280; Pfeiffer 2016, S. 32.

nicht nur der Gottesdienst und die Kirchenverwaltung sowie die Einrichtung eines Ehegerichts, sondern auch die Neueinrichtung von Schule und Universität.[22] Letztere wurde im November 1532 als Lehrinstitut des evangelischen ‹Staates› wiedereröffnet. Dies führte auch zum Höhepunkt der Basler Buchdruckerkunst,[23] der nicht zuletzt auch eine gute Spiel- bzw. Dramenüberlieferung zu verdanken ist.

Die Weichen für die neue kulturelle Entwicklung dürfte auch Oekolampad gestellt haben. Nach dem gescheiterten Versuch einer Einigung mit Luther im Marburger Religionsgespräch 1529 versuchte er zumindest den Konflikt an anderen Fronten zu mindern. Vergeblich protestierte er gegen die Hinrichtungen und die Vertreibung von Anabaptisten in Basel 1530–1531; gleichzeitig begann er Gespräche mit Waldensern und französischen Protestanten.[24] Für seine Ansätze zu religiöser Toleranz erfuhr er einige Kritik, ebenso wie für seine Idee der Etablierung von Laienpredigern mit einer moralischen Belehrungs- und Überwachungsfunktion.[25] Ein solches Amt wurde nicht eingerichtet; das religiöse Theater konnte aber Teile der ihm von Oekolampad zugedachten Funktion übernehmen.

Nach Oekolampads Tod 1531 übernahm Oswald Myconius die Professur und das Amt des Antistes in Basel. Wie Oekolampad macht er sich für die moralische Erziehungsaufgabe der Kirche stark. In der Widmungsvorrede zu seinem ‹Markuskommentar› von 1538 erklärt er, man dürfe es nicht verpassen, die Jugend früh genug zu erziehen – auf der Grundlage von Gottes Wort, wobei ‹papistische› Auslegungen der Bibel abzuwehren seien.[26] Was den Umgang mit anderen protestantischen Konfessionen angeht, so sprach er sich angesichts zunehmender Rekatholisierungstendenzen nach der Niederlage der schweizerischen Protestanten bei Kappel und insbesondere nach der Niederlage der deutschen Protestanten im Schmalkaldischen Krieg politisch und theologisch für den Dialog mit lutherischen Protestanten aus, pflegte einen engen Kontakt mit Bucer in Straßburg und geriet dadurch zeitweise in einen scharfen Konflikt mit Bullinger, dem Nachfolger Zwinglis in Zürich.[27] Heinrich wertet Myconius' Bemühungen als die Wegbereitung «zu einer weitergehenden Lutheranisierung der Basler Kirche – ein Weg, auf dem sein Nachfolger Simon Sulzer später entschlossen weiter voranschritt».[28] Gerade weil er selbst Kritik erfuhr, war Myconius, wie unten noch zu zeigen sein wird, vorsichtig gegenüber neu einzustellenden Predigern in Basel.

---

[22] Vgl. Plath 1974, S. 19f.
[23] Vgl. ebd., S. 21.
[24] Vgl. Fudge 1997, S. 281.
[25] Vgl. ebd., S. 278–280; Guggisberg 2003, S. 26.
[26] Myconius, Oswald: In evangelium Marci [...]. Basel: [o. D.], 1538 (VD16 G830), a3ʳ–4ʳ. Vgl. Henrich 2017, S. 467f., Nr. 489.
[27] Vgl. Bietenholz 2003, S. 475; Henrich 2017, S. 32–56.
[28] Henrich 2017, S. 45.

In den 1540er-Jahren nahm in Basel der Zustrom von Glaubensflüchtlingen aus dem Ausland, vornehmlich aus Frankreich, Italien und den Niederlanden zu.[29] Während des Augsburger Interims ab 1548 kamen deutsche,[30] in den 1550er-Jahren, zur Zeit der Herrschaft von Mary Tudor, britische Refugianten hinzu.[31] Der italienischen Protestant Celio Secondo Curione aus Italien und der Savoyarde Sebastian Castellio wurden in den 1540er- und 1550er-Jahren führende Vertreter der Forderung nach religiöser Toleranz an der Universität Basel. Zu erwähnen ist Castellios Schrift ‹De haereticis an sint persequendi› (1554). Gegen massive Kritik v. a. aus Genf setzte er seine Linie durch. Basel wurde dadurch 1553/54 zu einer Hochburg anticalvinistischer Propaganda.[32] Zu Calvins Gegnern in Basel zählte in den 1550er-Jahren dabei neben den Humanisten um Curione und Castellio und die Unterstützer des Antistes Sulzer, der neben seinem Kirchenamt und der Professur an der Universität Basel 1556 (mit Billigung des Rates) das Amt des Generalsuperintendenten in der Markgrafschaft Baden übernahm, das ihn dazu verpflichtete, im badischen Oberland die lutherische Reformation durchzuführen.[33]

Die Zeit der Antisten Myconius und Sulzer sieht Guggisberg als die zweite ‹Blütezeit› des Humanismus in Basel an.[34] Diese ende nach dem Tod Sulzers 1585, da sein Nachfolger Johann Jacob Grynaeus die *Basilea reformata* wiederherstellte.[35]

Theatertradition in Basel

Basel kann zur Reformationszeit bereits auf eine lange Tradition geistlicher und weltlicher Spiele zurückschauen. Schon in den 1420er- und 1430er-Jahren sind geistliche Spiele, v. a. im Weihnachtsumkreis,[36] bezeugt. Für diese Art Spiele zeichnete 1519 der Lehrer Martin Vonviller aus Bremgarten verantwortlich, der in diesem Jahr nicht nur ein Dreikönigspiel, sondern auch ein Totentanzspiel inszenierte.[37] Ab 1503 sind auch Fastnachtspielaufführungen in Basel bezeugt[38] und ab 1515 speziell Aufführungen der Spiele Pamphilus Gengenbachs.[39] Die beiden Traditionen

---

[29] Vgl. Guggisberg 1984, S. 204.
[30] Vgl. Henrich 2017, S. 52.
[31] Vgl. Guggisberg 1984, S. 204.
[32] Vgl. ebd., S. 205.
[33] Vgl. ebd., S. 108f.
[34] Ebd., S. 197.
[35] Ebd., S. 198.
[36] Neumann 1987, Nr. 43–47; vgl. Mohr 1916, S. 112. Zum ‹Basler Teufelsspiel› vgl. Backes 2020, S. 463, Anm. 14.
[37] Neumann 1987, Nr. 48, 49; vgl. Mohr 1916, S. 101.
[38] Mohr 1916, S. 100 und 100a, nennt Erwähnungen von Fastnachtspielen in den Jahren 1503, 1504 und 1511.
[39] Mohr 1916, S. 100f. nennt ‹Die x Alter der Welt› 1515, ‹Nollhart› 1517 und ‹Gouchmat› zwischen 1520 und 1524.

versiegten nach 1529.[40] Neben dem lateinischen Schulspiel – um 1522 kam Plautus' ‹Curiculio› zur Aufführung[41] – prägen ab 1530 v. a. protestantische Bibeldramen und Moralitäten das Bild. An erster Stelle sind hier die Spiele von Sixt Birck zu nennen, daneben die von Kolroß und Bullinger.[42] Wie eng Bircks Spiele mit Oekolampads Idee einer *Res publica christiana* und den aktuellen politischen und theologischen Diskussionen in Basel korrespondieren, hat Judith Pfeiffer eindrücklich gezeigt.[43] Entsprechendes ließe sich für Kolroß, der Oekolampads Lehre von Buße und Erziehung dramatisch umsetzt, demonstrieren.[44] Mit der Aufführung der vermutlich unter Mitwirkung von Kolroß verfassten ‹Tragedi wider die Abgötterey› am 9. März 1535 (d. h. in der Fastenzeit)[45] findet erstmals eine dezidierte Kritik am Heiligenkult der römischen Kirche ihren Weg auf die Basler Bühnen.[46] Obgleich Valentin Boltz zur Zeit dieser Aufführung noch nicht in Basel war, scheint seine ‹Sant Pauls bekerung› im Jahr 1546 geradezu die Konsequenz aus der hier dargestellten Austreibung falscher Heiliger aufzuzeigen.

Das Jahr 1546 – noch vor Ausbruch des Schmalkaldischen Kriegs – ist nach einer Überlieferungspause seit 1535[47] ein überaus reiches Theater(halb)jahr: Neben dem ‹Paulus› kamen die ‹Samaritaner› (wohl von Petrus Papeus), ein ‹Abraham›, die ‹Susanna› Sixt Bircks[48] sowie der ‹Zachaeus› Heinrich Pantaleons zur Aufführung. Boltz wagte sich damit als einziger an das Thema der (neutestamentlichen) Heiligen heran. In seinem ‹Weltspiegel›, den er am 11. und 12. Mai 1550 aufführte, ließ er sogar einen in der Schweiz als ‹heilig› Verehrten auftreten: Bruder Klaus.[49] Seine beiden Spiele blieben bis zum Ende der Basler Spieltradition 1602 die einzigen, die

---

[40] Mohr 1916, S. 101a, zitiert aus dem ‹Urfehdenbuch› III,213 den Bericht über ein angebliches Osterspiel der Rebleute, das aber eher ein Fastnachtspiel gewesen sei.
[41] Vgl. ebd., S. 101.
[42] Mohr 1916, S. 101f. erwähnt folgende Aufführungen: 1530: Birck: ‹Ezechias et Zarobabel›; 1532: Kolroß: ‹Fünfferlei betrachtnuss›; Birck: ‹Susanna›; 1533: Bullinger: ‹Lucretia und Brutus›, Birck: ‹Judith›, ‹Susanna› und ‹Josephus›. Zu Bullinger vgl. Huwiler 2012, S. 27. Vgl. Pfeiffer 2016, S. 33 und 37f.
[43] Pfeiffer 2017, S. 54–136.
[44] Vgl. Dietl 2018.
[45] Mohr 1916, S. 102, hält dies noch für die Fastnachtzeit; Aschermittwoch fiel 1535 aber auf den 10. Februar, vgl. Osterrechner.
[46] Welches Spiel am 15. Mai des gleichen Jahres von Basler Bürgern aufgeführt worden ist, ist nicht belegt. Vgl. Mohr 1916, S. 102.
[47] In diese Zeit könnten die im Vorwort der Edition von Pantaleus' ‹Zachaeus› erwähnten Aufführungen Pantaleons mit Studenten und Schülern stattgefunden haben. Felix Platter: Tagebuch. Lebensbeschreibung 1536–1567, hg. von Valentin Lötscher. Basel 1976 (Basler Chroniken 10), S. 83 erwähnt davon die ‹Hippocrisis› des Gnaphäus. Ohne Datum und Organisator erwähnt er S. 84f. auch eine ‹Auferstendnus Christi› und einen ‹Hamanus› (wohl den Naogeorgs) sowie die ‹Aulularia› des Plautus und den ‹Phormio›.
[48] Vgl. Gast, ed. 1945, S. 53. Es handelt sich dabei wohl um die von Ulrich Coccius bewerkstelligte Aufführung, die Platter, ed. 1976, S. 83 erwähnt.
[49] Vgl. unten; Mohr 1916, S. 53. Vgl. auch oben, Kap. ‹Sarnen›.

Heilige thematisieren,[50] waren aber immerhin so erfolgreich, dass beide Spiele zwei Druckauflagen erfuhren.[51] ‹Der welt spiegel› wurde auch 1555 erneut aufgeführt.[52] Bei dem von Benzinger erwähnten nicht überlieferten ‹Konzil des Papstes› von Valentin Boltz handelt es sich vielleicht um eine Bearbeitung des ‹Paulus› für eine mögliche Neuaufführung.[53]

Wagt man es, aus den über einhundert bis zu den 1620er-Jahren in Basel erschienenen Spieldrucken auf weitere Aufführungen in der Stadt zu schließen, ändert sich das Bild nicht entscheidend. Ein einziges weiteres Heiligendrama im weitesten Sinne ist in Basel gedruckt worden: der ‹Christus Triumphans› des John Foxe. Das wohl in Basel im Exil entstandene Drama[54] erschien 1556 bei Johann Oporinus.[55] Das Stück insinuiert klar eine Theaterbühne, und Howard Norland sieht durchaus die Möglichkeit, dass es an der Universität Basel aufgeführt worden sei, wenngleich keinerlei Belege dafür existieren.[56] Dargestellt ist die Heilsgeschichte seit dem Sündenfall und die Geschichte der Christenheit als eine Abfolge verschiedener Wellen religiöser Verfolgungen, gipfelnd im Auftreten des Antichrist (Akt IV und V). Nicht *ein* Heiliger steht im Fokus des gigantischen Werks, sondern die Kirche als Gemeinschaft der Heiligen, vertreten durch die Märtyrer verschiedener Epochen.

---

[50] Bezeugt sind: 1553 eine allerdings wegen des Tods des Autors nicht aufgeführte Komödie von Felix Plattners Vater; 1565 ‹Urteil Salomos› des Schulmeisters Bernhard von Clairefontaine, ein ‹Opfer Abrahams› und ein ‹Goliath›, 1566 ein ‹Hecastus› (vielleicht von Macropedius) ein ‹Helisaeus›, 1569 ein ‹filius perditus› (vielleicht von Gnaphaeus), 1569 eine ‹Susanna› (wohl Birck) und Plautus' ‹Aululariaʼ, 1570 erneut die ‹Susanna›, 1571 der ‹König Saul› von Matthäus Holtzwart, 1572 ‹Asteriae›, 1578 Frischlins ‹Hildegardis›, 1579 ein ‹Josef›, aufgeführt durch den Schulmeister Vinzenz Prall, 1580 Senecas ‹Thyestes› und Rudolph Klaubers Komödie ‹Papirius› (nach Gellius) und ‹Almansor. Der Kinder Schulspiegel›, 1592 eine Komödie des Plautus anlässlich der Gründung des Gymnasiums und 1502 der ‹Tobias› und die ‹Opferung Isaaks› von Hans Sachs auf der Hochzeit des Patriziersohns Theobald Ryff.
[51] Valentin Boltz: Der welt spiegel. Basel: Jakob Kündig 1550; Valentin Boltz: Der welt spiegel. Basel: Jakob Kündig 1551; Valentin Boltz: Tragicocomoedia. Sant Pauls bekerung. Basel: Jakob Kündig 1551; Valentin Boltz: Tragicocomoedia. Sant Pauls bekerung. Basel: Jakob Kündig 1552.
[52] Vgl. Christ-Kutter 2009, S. 372.
[53] Vgl. Benzinger 1913, S. 15f.
[54] Escobedo 2004, S. 91 geht davon aus, dass der ‹Christus Triumphans› in den Niederlanden entstanden sei; in der Widmung an englische Kaufleute im Exil aber blickt Foxe auf die Freundschaften, die er im Exil in Straßburg und Frankfurt geschlossen hat, zurück. Foxe 1556, A3ᵛ. Foxe war 1554 in die Niederlande geflohen, von wo aus er zuerst nach Frankfurt, dann nach Straßburg reiste, wo er 1554 seine ‹Commentarii rerum in ecclesia gestarum› publizierte. Von Straßburg aus reiste er weiter nach Basel, wo er in der Offizin des Oporinus eine Anstellung erhielt. Norland 2013, S. 75.
[55] John Foxe: Christus Triumphans, Comoedia Apocalyptica. Basel: Johann Oporinus 1556 (VD16 F 1946; F 1951); vgl. Foxe, ed. 1973.
[56] Norland 2013, S. 75.

Sollte der ‹Christus Triumphans› tatsächlich aufgeführt worden sein, so wäre damit der Aufführungsort noch lange nicht gewiss. Die Aufführungen waren in Basel nicht auf einen einzigen Platz in der Stadt begrenzt. Als Orte für Theateraufführungen werden Kleinbasel sowie auf dem anderen Rheinufer der Fischmarkt, der Holzmarkt, der Barfüßerplatz, der Münsterplatz und die ehemalige bischöfliche Residenz neben dem Münster, das Gymnasium, das Haus zur Mücke (Messehaus der Tucher in unmittelbarer Nähe des Münsterplatzes) sowie das ehemalige Augustinerkloster am Schlüsselberg oberhalb des Münsterplatzes erwähnt.

‹Wider die Abgötterey› (1535)

Laut Titelblatt des 1535 in Basel erscheinen Drucks wurde das anonyme Spiel ‹Ein herliche Tragedi wider die Abgôttery› am 9. Mai 1535 von Bürgern der Stadt in Basel – ohne weitere Angabe eines konkreten Platzes – aufgeführt.[57] Da nur vier Jahre später in Augsburg Sixt Bircks ‹Beel. Ain Herrliche Tragedi wider die Abgôtterey›[58] mit weitgehend gleichem Titel und identischem Vorspruch an den Leser erschien, ist das Spiel lange als ein Werk Sixt Bircks betrachtet worden. Die neuere Forschung ist hier vorsichtiger und geht eher von einer Mitwirkung Bircks zumindest bei der Drucklegung der Basler ‹Tragedi›, vielleicht auch einer Mitautorschaft aus; zugleich wird aber auch Johannes Kolroß als möglicher (Co-)Autor erwogen.[59]

Das in Basel gedruckte dreiaktige Drama macht in der Vorrede bereits klar, wogegen es sich mit Nachdruck wendet: Gezeigt werden soll, *wie die abgöttery/ Vor Gott so grosser grüwel sy* (Aijʳ). Der *gmeyne man* solle die rechte Parallele zwischen der dargestellten Handlung und den Vorkommnissen der Gegenwart erkennen. Die Plünderung des Tempels durch Nebukadnezar im Jahre 588/587 v. Chr.[60] sei fälschlich als eine Präfiguration des Bildersturms dargestellt werden, nur weil zahllose Kirchengeräte weggeführt wurden:

> Hands ettlich thier geladen ghan.
> Mit kelch/ crutz/ vnd monstrantzen vyl
> Des alles was keyn end/ keyn zyl.
> Wohin sich dißes hab gewendt
> Der wyß für sich selbs wol erkennt (Aijʳ).

---

[57] Ein herliche Tragedi wider die Abgôtterey (vß dem propheten Daniel) darinn angetzeygt würt/ durch was mittel eyn rechte Religion jnn eynem Regiment môg angericht werden/ zû Basel vff Sontag den neünden tag Meyens/ jm 1535 jor/ durch eyn junge Burgerschafft daselbst/ Got zû lob vnd eer offenlich gehallten. Basel: Lux Schauber 1535 (VD16 B 5551).
[58] Sixt Birck: Beel. Ain Herrliche Tragedi wider die Abgôtterey (auß dem Propheten Daniel) darinn angezaigt wirt/ durch was mittel ain rechte Religion in ainem Regiment oder Policey môg angericht werden. Augsburg: Philipp Ulhart d. Ä. 1539 (VD16 B 5552); vgl. Sixt Birck: Beel. Ain Herrliche Tragedi wider die Abgôtterey, hg. von Manfred Brauneck, in: Sixt Birck: Sämtliche Dramen, hg. von Manfred Brauneck, Bd. 1. Berlin 1969 (Ausgaben deutscher Literatur des XV. bis XVIII. Jahrhunderts 12), S. 159–238.
[59] Pfeiffer 2017, S. 2; Metz 2013, S. 233; Lähnemann 2011, Sp. 270; Michael 1984, S. 213.
[60] Vgl. Oelsner 2006.

Dem aber müsse mit einer anderen Interpretation von ‹Kirchenraub› entgegnet werden:

> Erstlich hand sy gar wydt gefält
> Dwyls hand Nebucadnåtzer gmålt.
> Sam wer eyn Sacrilegus
> Das er hatt bhroubt das heylig huß.
> Den roub an götzen dienst hatt gwendt.
> So man den handel recht erkennt.
> So würt kilchen roub gheyssen das
> Wann man das Gott vergabet was.
> Entfråmbdt/ jnn eygnen nutz vnd bruch (Aij^{r-v}).

Nicht ein Bildersturm also sei das Vergehen, das man Nebukadnezar vorwerfen müsse, sondern der eigennützige Missbrauch von Kirchengütern – wie ihn, so die indirekte Unterstellung, die römische Kirche pflegt – und der Götzendienst:

> Die götzen hatt er ghan für Gott
> Den waaren Gott ghept für eyn spott.
> Den wir alleyn anbåtten/ eerend
> Zů keyner creatur/ nit keerend (Aij^v).

Der Prologsprecher wirft denen, die bei den Götzen verharren, Irrtum vor. Es gelte, Kelche und andere Kirchengeräte allein zu Gottes Ehre einzusetzen, den Missbrauch zu meiden und den «rechten Gotts dienst» (Aij^v) zu pflegen. Wer aber immer noch im Irrtum sei, solle sich von diesem Spiel eines Besseren belehren lassen (Aiij^r).

Mit dem unmittelbar an den Prolog anschließenden Auftritt des Sigrist, der die Kerzen für den König anzündet und das Publikum auffordert, beim anschließenden Lied mitzusingen (Aiij^v), wird sogleich deutlich, wer die ‹Verblendeten› sind. Auf die Melodie von ‹Pange lingua›, ehemals einem Kreuzhymnus des Venantius Fortunatus, bekannt aber in der Thomas von Aquin zugeschriebenen Fassung als Vesperhymnus für das Fronleichnamsfest,[61] wird nun ein zweistrophiges Loblied auf Baal angestimmt (Aij^v). Diese Kontrafaktur eines katholischen Kirchenlieds setzt gleich zu Beginn des ‹geistlichen Spiels› einen sehr deutlichen Akzent. Das katholische Fronleichnamsfest wird als ein ‹paganer Ritus› inszeniert. Damit findet sofort eine Abgrenzung der Zuschauer von den dargestellten Figuren statt – und vom ‹Tragödienchor›, der nicht wie bei Horaz auf der Seite der Guten steht,[62] sondern auf der Seite derer, die Baal bitten: *Laß vns nit von dir abfallen.* | *Wie ettlich*

---

[61] Vgl. Wachinger 1989, S. 288.
[62] *Actoris partes chorus officiumque virile| defendat, neu quid medios intercinat actus | quod non proposito conducat et haereat apte. | ille bonis faveatque et consilietur amice* («Ars Poetica», V. 193–196, «Der Chor soll konsequent die Rolle eines Schauspielers und die Pflicht eines Mannes spielen und nicht etwas mitten zwischen den Akten singen, was nicht für das Thema des Stücks von Bedeutung ist und nicht eng damit zusammenhängt. Er stehe auf der Seite

sind gfallen schon (Aiij^v). Die Zuschauer dürfen sich als die *ettlich* begreifen, die diesem Kult den Rücken zugekehrt haben und daher von den handelnden Figuren als Gegner betrachtet werden.

Nach einer Diskussion mit Daniel verlangt König Cyrus von seinen Priestern einen Beweis, dass Baal tatsächlich ein Gott sei. Sie schlagen vor, dem Gott reiche Opfergaben zu bringen; wenn er sie verzehre, sei damit seine Göttlichkeit bewiesen. Auch in diesem Lösungsvorschlag spiegelt sich deutliche Kritik der protestantischen an der katholischen Kirche wider, welche besonderen Wert auf Opfergaben legt und sich selbst rechtfertigen wolle, indem sie von den Gläubigen Abgaben verlangt. In einer Prozession zieht man mit Lebensmitteln und Wein zum Tempel. Dort werden die Gaben bereitet und zum Abschluss ein Hymnus gesungen, welcher der Melodie von ‹Iste confessor› (Cij^v) folgt, einem Hymnus, der zu Ehren des Hl. Martin von Tours geschrieben worden ist und im Rahmen der Liturgie von Heiligenfesten, speziell von Bekennerheiligen und heiligen Bischöfen, verwendet wird.[63] Der Text ist hier umgedichtet in eine Bitte an Baal, seine Macht zu zeigen, seine Priester nicht im Stich zu lassen und Schande über Daniel kommen zu lassen. Direkt an diesen Hymnus schließt sich ein Loblied auf Baal an, in der Regieanweisung heißt es *glych eim Magnificat* (Cij^v); tatsächlich ist es eine Kontrafaktur des ‹Tedeum›, die wohl von Johannes Kolroß stammt:[64]

> Beel starcker Gott/ wir loben dich
> Vnnd preißen dyn allmåchtigkeit/
> Das land Babel dyn fröwet sich
> Hallt dich für Gott/ gantz wyt vnd breyt [...] (Cij^v–iij^r).

Der Gott Baal wird in diesem Lied nicht nur gelobt, sondern auch aufgefordert, seine Macht gegenüber dem *allt jud Daniel* (Ciij^r) zu beweisen und ihn *zů schand/ vnd spott* zu machen (Ciij^r). Die paganen Abwandlungen katholischer Lieder, eingebaut in einen auf der Bühne nachgestellten Gottesdienstkontext, dienen dazu, die Singenden, die auf der Handlungsebene stehen, negativ zu charakterisieren. Zugleich liefern sie den Interpretationsschlüssel für das Spiel: Die Baalspriester stehen für die alte Kirche.

Auch die weiteren Lieder dienen klar der antikatholischen Tendenz des Spiels. Nachdem der Betrug der Baalspriester aufgedeckt, die Baalstatue abgerissen und die Priester hingerichtet sind, stimmt man Johannes Kolroß' sapphische Ode[65] ‹Wir sónd alleyne | Lieben Gott vertruwen› [...] an (F^r), welches den Grundsatz *solus Christus* befestigt.

---

der Guten [...]». Quintus Horatius Flaccus: *Sämtliche Werke*, lat.-dt., hg. und übers. von Niklas Holzberg. Berlin/Boston 2018 (Übersetzung von Niklas Holzberg).

[63] Cornelly 1954, S. 151. Zu deutschen Übertragungen vgl. Berliner Repertorium, Nr. 7233, https://repertorium.sprachen.hu-berlin.de/browse/hymn.html#7233 [31.10.2023].

[64] Vgl. Arnold 1941, S. 254.

[65] Vgl. Newton 1941, S. 253f.

Akt II und III befestigen mit der Darstellung des Drachenkampfes Daniels, seiner ungerechten Verurteilung durch den Pöbel und seiner Unversehrtheit in der Löwengrube die Aussage des ersten Akts. Wieder sind es die Lieder, die eine konfessionelle Interpretation des Geschehens vorgeben: In der Löwengrube singt Daniel Johannes Kolroß' Vertonung von Psalm 25 (Jij[r]);[66] nach seiner Bergung singt man Luthers Übersetzung von ‹Veni sancte spiritus› (Kij[r]),[67] nach der Einführung des Christentums als Staatsreligion in Babylon sowie der Freilassung der Israeliten aus der Babylonischen Gefangenschaft und damit am Ende der Handlung ein Loblied auf Gott, der Daniel vor den Löwen bewahrt hat und *vns*, d. h. die Zuschauer, vor der *abgóttery* bewahren möge (Kiij[v]). Direkt im Anschluss daran ermahnt der Epilogsprecher das Publikum: *Alleyn vff Gott sôd jr euch verlon* (Kiiij[r]). Wer sich nämlich *vff ein gschôpff verladt*, werde von Gott ewig geschändet (Kiiij[r]).

> Darumb so wir / dussern gótzen hand
> Sampt valschem Gotts dienst / stat vnd land
> Gantz vßgerüdt / vnd abgethon (Kiiij[r]).

Mit einem Bittgebet, dass Gott die Gemeinde beim ‹wahren› Bekenntnis bewahren und helfen möge, den *tempel Gottes reyn* zu erhalten (Kiiij[r]), endet das Spiel. Nach diesem sehr klaren Statement gegen Bilder und gegen jeden Mittler zwischen Gott und den Menschen scheint keine Aufführung eines Heiligenspiels mehr in der Basler Öffentlichkeit denkbar zu sein.

‹Sant Pauls bekerung› (1546)

Einen alternativen Heiligen bringt der lutherische Theologe Valentin Boltz aus Rufach im Oberelsass auf die Bühne. Boltz war zunächst in württembergischem Dienst tätig.[68] Wegen Streitigkeiten mit dem Ehegericht legte er den Dienst nieder, ging nach Zürich, wo er erneut wegen Ehedingen Anstoß erregte,[69] und gelangte schließlich auf Umwegen und durch Vermittlung Konrad Pellikans[70] 1546 an eine Prädikantenstelle in Laufen im Baselland.[71] Er pflegte gute Kontakte mit Basel und organisierte von dort aus die Aufführung seiner ‹Tragicocomoedia Sant Pauls bekerung›[72]

---

[66] Vgl. Elschenbroich 1980, S. 487.
[67] Martin Luther und Johannes Walther: Geystliche gesangk Buchleyn. Wittenberg: Josef Klug 1524 (VD16 L 4776), Bd. 1, Nr. 2.
[68] Schiendorfer 2011, Sp. 331 diskutiert unterschiedliche Aufgaben Boltz' am württembergischen Hof.
[69] Ebd.
[70] Vgl. Henrich 2017, S. 1028, Nr. 1144 (Brief des Myconius an Heinrich Bullinger vom 07.07.1548).
[71] Schiendorfer 2011, Sp. 331. K. Benzinger 1913, S. 9 sieht ihn 1546 als Prediger in der Barfüßerkirche in Basel.
[72] Valentin Boltz: Tragicocomôdia. Sant Pauls bekerung. Gespilt von einer Burgerschafft der wytberûmpten frystatt Basel / im jor M.D.XLVI. Jetzund gebessert vnd gemehrt mit Figuren.

mit Darstellern aus der Basler Bürgerschaft am 6. Juni 1546.[73] Im Jahr darauf wurde er als Spitalpfarrer nach Basel berufen. Das Stück darf also gleichsam als Bewerbung um das Amt des Spitalpfarrers verstanden werden.[74] So sieht das zumindest auch Oswald Myconius, der am 23. August 1546 an Matthias Erb schreibt, viele einflussreiche Leute hätten Boltz nach der Aufführung Versprechungen gemacht und so wollten ihm einige Ratsmitglieder zur Wahl verhelfen, andere aber hätten Myconius gebeten, erst einmal Erkundigungen über Boltz einzuholen, da man nicht auch noch einen externen Unruhestifter in die Stadt holen wolle.[75] Die Ahnung, dass Boltz schwierig sein könnte, sollte nicht trügen. Bereits am 7. Juni 1548 klagt Myconius gegenüber Bullinger über den Unruhestifter Boltz, der sich beim ‹Pöbel› und beim Rat einschmeichle.[76] Ein Meisterstück dieser ‹Einschmeichelei› scheint die Aufführung des ‹Paulus› gewesen zu sein.

Der Inhalt des Fünfakters folgt grob Apg 9. Im ersten Akt tagt der Rat der Pharisäer in Jerusalem. Man berät, wie man der Sekte der Christen beikommen könne. Versuche des Nikodemus, des Joseph von Arimathäa und des Gamaliel, die christliche Lehre und die Christen zu verteidigen, werden mit Aggression beantwortet. Die drei werden des Rats verwiesen und man verständigt sich darauf, dass Saulus, ein bewährter Christenverfolger, mit dem Problem betraut werden sollte. Akt II zeigt, wie Saulus diese Aufgabe übertragen wird. Er reist nach Damaskus und trifft dort auf die predigenden Christen, lässt die ersten verhaften, rückt dann zu einer blutigen Niederschlagung der Christen aus – und wird von Christus mit Blindheit geschlagen. Rasch regt sich in ihm die Reue. In Akt III beauftragt Gott Ananias, Saulus von seiner Blindheit zu heilen und zu taufen. Bald nach seiner Taufe beginnt Paulus selbst zu predigen. Die Gefangenen werden befreit und preisen Gott. Zu Beginn von Akt IV erfahren die Pharisäer von der Bekehrung des Paulus und von seiner Predigttätigkeit. Bald kommt es zur direkten Konfrontation zwischen Archisynagogus und Paulus, der in der Disputation ebenso standhaft bleibt wie bei der Androhung des Martyriums. Als Paulus als vogelfrei erklärt wird, rät ihm die christliche Gemeinde zur Flucht. Diese gelingt, wie man in Akt V erfährt: Ein Heer, das in Damaskus anrückt, um Paulus zu töten, findet ihn dort nicht vor. Der Ärger über diesen Misserfolg entzweit König und Landvogt. Damit endet das Spiel.

Mit der *conversio* des Heiligen Paulus wählt Boltz einen Gegenstand, der bereits vorreformatorisch mehrfach dramatisiert worden ist, häufig allerdings nicht in selbstständigen Spielen.[77] Für das konfessionelle Theater war Paulus als Thema

---

Basel: Jacob Kündig 1551 (VD16 B 6527); ediert in: Valentin Boltz: Bibeldramen, Gesprächsbüchlein, hg. von Friederike Christ-Kutter. Zürich 2009 (Schweizer Texte 27).
[73] Schiendorfer 2011, Sp. 331.
[74] Vgl. K. Benzinger 1913, S. 10.
[75] Henrich 2017, S. 883, Nr. 996.
[76] Vgl. Henrich 2017, S. 1028, Nr. 1144.
[77] Vgl. Emrich 1934, S. 6–31; Christ-Kutter 2009, S. 124f.

hoch interessant, nicht zuletzt, weil er von den Reformatoren mit besonderem Nachdruck als Autorität zitiert wird, zum Beispiel auch von Myconius im oben erwähnten Widmungsschreiben seiner ‹Markusauslegung›,[78] aber auch weil die biblisch bezeugte *conversio* durch eine Christuserscheinung leicht auf Forderungen nach einem Bekennen des ‹rechten› Glaubens übertragbar war. Dies zeigt sich z. B. auch in der ‹Berner Trilogie›.[79] Dennoch gilt auch für das protestantische Drama, dass die Bekehrung Pauli in der Regel in Apostelspiele eingebaut ist,[80] ähnlich wie im katholischen Drama der Zeit – wie etwa im ‹Luzerner Apostelspiel›.[81] In diesen Spielen ist nur bedingt Raum für die Ausbreitung einer paulinischen Theologie in den Repliken Pauls; aber auch Boltz verzichtet weitgehend darauf und zeichnet vielmehr zwei religiöse Gruppen, die vergröbert die aktuelle Situation der Auseinandersetzung zwischen Protestanten und der römischen Kirche reflektieren. Boltz vermeidet es dabei, das Thema der Abendmahlslehre anzusprechen und bewegt sich möglichst auf neutralem protestantischem Terrain.

Manifestationen der kirchlichen Macht

Bereits im Prolog macht der Herold das Publikum darauf aufmerksam, dass das Dargestellte etwas sei, *Wie jetz noch alle tag beschicht* (V. 75), und so lädt allein schon die Wortwahl der ersten Regieanweisung im Text den Leser zu einer aktualisierenden Wahrnehmung des Geschehens ein. Zu Beginn der Handlung nämlich soll Doeg, *des Bischoffs Hoffbot* (V. 82c), ein *Concilium* (V. 82c) der Pharisäer zusammenrufen, auf Befehl des *obrist Priester* (V. 85). Im Sprechtext selbst wird der Begriff *concilium* nicht verwendet; die Rede ist von einer beratenden Versammlung, die an einen Stadtrat denken lässt (später ist in der Regieanweisung auch von einem *concili[um] oder radtsherren des hohen priesters*, V. 110a, die Rede). Die Assoziation mit der einen oder der anderen Konstellation oder aber die Überblendung beider ist damit der Inszenierung überlassen. Diese Offenheit der Interpretation wird auch durch den Holzschnitt auf aiij[v] unterstützt. Er zeigt einen Thronsaal mit deutlich überhöhtem Thron des Hohepriesters. Er trägt eine an die Tiara angelehnte Kopfbedeckung; um den Thron versammelt ist eine Gruppe, die z. T. als Juden, z. T. als

---

[78] Henrich 2017, S. 467, Nr. 489.
[79] Vgl. oben, Kap. ‹Bern›.
[80] Christ-Kutter 2009, S. 125 verweist auf ein wohl von Roz Monnet verfasstes französischsprachiges Apostelspiel, für das Johannes Calvin 1546 ausdrücklich die Genehmigung für die Aufführung in Genf am 4.7.1546 gab. Emrich 1934, S. 45–49 weist auf Brummers ‹Tragicomoedia Actapostolica› hin. Vgl. dazu Gold 2019.
[81] Vgl. oben, Kap. ‹Luzern›. Die Szene selbst fehlt überlieferungsbedingt. Eine Übersicht über die Auftritte des Paulus im Drama des 16. Jh. gibt Emrich 1934, S. 50f. Als einziges selbstständiges deutschsprachiges Paulusdrama aus dieser Zeit findet er ‹Die Bekehrung S. Pauli› von Johann Struthius (Nürnberg 1572).

Bürgerliche, z. T. als Geistliche, z. T. als Höflinge gezeichnet ist. Gegenstand der Beratung sollen die Christen sein, die

> [...] aber fahend an
> An sich zebringen wyb vnd man /
> Mit der nüwen vnd falschen leer
> Die vns abbricht an gůt vnd ehr (V. 91–94).

Die «neue und falsche Lehre», mit der die Christen so viele Anhänger gewinnen, scheint weniger aus inhaltlichen Gründen bedenklich zu sein als wegen des drohenden Verlusts an Gut und Ehre – und, so erklärt der Vikar Alexander, wegen des Drängens des Kaisers, der nicht weiter auf eine Entscheidung warten will (V. 114). Die politische Bedrohung und die Gefahr für Macht und Ansehen bilden auch den Hauptpunkt der Rede des Obersten Bischofs, mit der er die Versammlung eröffnet:

> Dann soll Christus ein fürgang han
> So ists vmb vnser sach gethan /
> Ja dörffts sagen vff dise stund
> Werdent vnwerder dan ein hundt /
> Jch sichs in myn eygnen sachen
> Vß mir wend sy ein byß schoff machen /
> Verlachen myn Bischofflich ampt (V. 145–151).

Der Oberste Bischof sieht sich selbst in direkter Konkurrenz zu Christus; entweder man verehre diesen oder ihn. Wenn aber Christus sich durchsetze, dann werde aus dem ‹Bischof› ein ‹Beißschaf›, ein zwar bissiges, aber an sich letztlich wehrloses Schäfchen der Gemeinde, kein Hirte mehr und noch nicht einmal ein Hirtenhund. Diese Herabminderung bringt ihn gegen die Christen auf lässt und ihn wie die gesamte Versammlung zu einem Bluthund werden – so drückt es Gamaliel aus: *Noch blůt dürst sye / glych wie ein hundt* (V. 332). Gerade wegen dieses Vorwurfs, dass die Pastoren ihrer Hirtenaufgabe zuwiderhandelten, wünscht sich Doeg, dass alle diese Ketzer *werindt all verbrant* (V. 334).

Folgt man den Regieanweisungen und versteht die Versammlung, welche auf eine Ketzerverbrennung zielt, als ein Konzil, so berührt das Drama ein 1546 hochaktuelles Thema. Im Jahr zuvor hatte Papst Paulus III. das Konzil von Trient einberufen, das bis 1563 währen sollte. Hauptthemen des Konzils waren der Umgang mit der Reformation und eine Formulierung des katholischen Glaubens als Gegenstück zur lutherischen ‹Confessio Augustana›. Bereits seit den 1530er-Jahren hatten Luther und seine Umgebung die Einberufung eines Konzils gegen ihn und gleichsam eine Wiederholung des Konstanzer Konzils mit der Verbrennung des Johannes Hus und Hieronymus von Prag befürchtet; deshalb hatte Johannes Agricola 1537 öffentlichkeitswirksam in seiner ‹Tragedia Johannis Huss› gegen das Konzil polemisiert, das keinerlei Interesse an theologischer Wahrheit, sondern nur an der

Wahrung der Macht der Kirche habe.[82] Luther hatte lange Zeit eine Wiederholung der Konstellation des Konstanzer Konzils mit sich selbst auf der Anklagebank befürchtet. Hierfür aber kam das Konzil von Trient zu spät, nicht zuletzt, weil Luther am 18. Februar 1546 starb. Dennoch stellte es neben dem sich anbahnenden militärischen Konflikt mit dem Kaiser, dem Schmalkaldischen Krieg, der noch im Juni 1546 ausbrechen sollte, eine Bedrohung für die Protestanten Deutschlands und der Schweiz dar.[83] Boltz' Idee, das von Paulus III. einberufene Konzil in einem Drama über die Bekehrung des Paulus zu thematisieren, ist überaus geschickt. Doppelt andeutungsreich ist zudem die fortgeführte Klage des Obersten Bischofs:

> Die Priester schåndens alle sampt/
> Wo einer vber dgassen gadt
> Der ley syn hůtlin vff jm hat/
> Gryffts nit mit einem finger an
> Vns zůcht vnd reuerentz zethůn/
> Ghrad wie Mardoch dem Aman thet
> Jn gantz in keinen ehren hett (V. 152–158).

Der Vergleich des ‹Laien› mit Mordechai, dem jüdischen Ziehvater Esthers, der sich weigert, den hochmütigen Heiden Haman als Gottheit zu verehren, und des Rats des Hohepriesters mit Haman, der im Buch Esther und in den höchst beliebten jüdischen und protestantischen Dramatisierungen des Stoffs[84] an seinem Hochmut zugrunde geht (Platter erwähnt ja auch die Basler Aufführung eines ‹Hamanus› und meint damit vermutlich den 1547 bei Oporinus gedruckten ‹Hamanus› Naogeorgs),[85] diskreditiert die Pharisäer als gottlose Machthaber und deutet hier schon ihren Sturz an. Eine ähnliche Wirkung hat die mit dem (in einem Bibelspiel anachronistischen) Motiv des Zwangs, vor einem unwürdigen Machthaber, genauer seinem Vogt, den Hut zu ziehen, verbundene Assoziation des Tell-Stoffs. Diese hilft noch mehr als der intertextuelle Verweis auf den Esther-Stoff, den Konflikt zwischen den Pharisäern und der ‹Sekte› der Christen als den Konflikt zwischen den katholischen Machthabern und protestantischen schweizerischen Bevölkerung zu lesen.

Wie sehr der konfessionelle Streit von der Suche nach Wahrheit auf die Ebene des Machtanspruchs verlagert ist, wird im folgenden Streitgespräch zwischen Gamaliel, Nikodemus, Joseph von Arimathäa und dem Rat der Pharisäer sehr deutlich. Der Vikar Alexander spricht Jesus die Heiligkeit ab, da er *widers gsatz hatt than* (V. 244); Nikodemus' Aussage, dass sich die Heiligkeit von Jesu Anhängern daran

---

[82] Vgl. Dietl 2015c; H.-G. Roloff 2015.
[83] Zu den Vorboten des Schmalkaldischen Kriegs als Hintergrund des Dramas vgl. Christ-Kutter 2009, S. 125. Zur Involviertheit der Schweizer in den Schmalkaldischen Krieg vgl. Henrich 2017, S. 45–53; Ryff: Chronik, S. 164,20: *In welchen krieg sich auch vill der Baszleren begaben.*
[84] Für eine Übersicht der Esther-Dramen des 16. Jahrhunderts vgl. Schwartz 1894.
[85] Platter, ed. 1976, S. 84.

zeige, dass *Gott selber redt vß jrem mund* (V. 254), fegt Rabbi Johannes weg: *Mund hin mund hår/ das bhredtst mich nit* (V. 255). Er verweist auf die Pflicht eines Fürsten, sich gegen den abweichlerischen Pöbel zu stellen: *Ein Fürst der solt vyl anderst bstan | vnd nit zů solchen bůben gan* (V. 267f.). Genau diese Freiheit aber, die ein Fürst haben sollte, beansprucht Nikodemus für sich: *Jch will nit syn ein Pfaffen knecht | Myn ampt das will ich sagen vff* (V. 289f.). Als der Oberste Bischof ihn daraufhin zum Teufel wünscht (V. 291), legt Joseph die Hand in die Wunde des Klerus, wie er sich hier präsentiert:

> Myn lebtag hett ichs nicht gegloubt
> Das du wårst dyner sinn beroubt/
> Ein Bischoff solt anderß gelten
> Dglöubigen nit also schelten/
> Der frumm Christus redt nie solch wort
> Wie man von dir jetz hat gehort/
> Jr nemmend üch deß gwalts vyl an
> Nit weiß ich wie es letst wůrd bstan (V. 295–302).

Kurz darauf setzt er noch hinzu:

> Ja hand deß gwalts und gůts so vyl
> Es ist on alle moß vnd zyl/
> Wer üch nit gibt was jr begert
> Der ist veracht/ vnd gantz vnwert/
> Man wůrd ein mol den tag erleben
> das jr můndt alles widergeben/
> Bůtzen vnd stiel/ vnd was es ist
> Handts wol verdient an Jesu Christ (V. 311–318).

Diese Diagnose des Missstands der Kirche und die Prophezeiung des Sturzes derer, die sich zu viel Macht angeeignet haben, bildet den sprachgewaltigen Auftakt zu einem Drama, das genau darauf zielt, die Ohnmacht der Mächtigen in Kirche und Reich und die Gewissheit von Gottes Gerechtigkeit zu zeigen. Ans Publikum gewandt, fasst Nikodemus, als die drei Gerechten den Rat verlassen, das Ergebnis der ersten Szene, sprich die Vorstellung der Feinde der Christen, zusammen:

> O lieben menschen/ merckend woll
> Ein jeder sich do hůten soll/
> Das yn diß volck nit an sich bring
> Die frümbkeit achten sy gering/
> Ein bůb gilt mehr in jrem rodt
> Dan einer der sich hangt an Gott/
> Sy trybendt nit dan glyßnery
> Jr andacht ist ein goucklery/
> Das gsatz an jren kleidren stodt
> Jr hertz das ståckt voll sünden kott (V. 378–387).

Die Kritik am gleißnerischen Ritus, der auf Zauberkunst setze – später kommt auch ausdrücklich ‹einnebelnder› Weihrauch zum Einsatz (V. 2054a) – und an der rein äußerlichen Gesetzestreue, die allein an den prachtvollen Gewändern hängt, ist deutlich gegen die römische Kirche gerichtet. Kritisiert wird ein Desinteresse am Religiösen und eine reine Fixierung auf Macht, Rang und Reichtum. Genau diesem Ziel scheinen auch die Konzilien der Kirche zu dienen. Auch in der späteren Handlung wird man immer wieder die Vorwürfe der Pharisäer und des Hohepriesters hören, die Christen würden das Priestertum und die Geistlichkeit verachten (V. 467, 471) und ganze Städte und Landstriche erobern (V. 511), wodurch der Machtverlust der Kirche deutlich wird. Genau um diesen geht es auch im (Prosa-) Brief, welchen der Christenverfolger Saulus an den Stadtrat von Damaskus schickt. Da man die ihm verliehene Autorität verachte (Z. 1410) und die Christen schütze, erklärt er der Stadt und dem Umland von Damaskus die Fehde:

> [...] das ich von wegen der Christen/ so jr vffenthalten/ üwer abgesagter fynd bjnn/ vnd syn will/ so lang vnd wyl/ biß solche Christen mir überantwurdt/ oder von üch selbs/ verbrendt/ erdrenckt/ kôpfft/ gschünden/ ghenckt/ oder sunst ellendtlichen ertôdt werden. Damit wir vnser eehr/ gsatz/ ceremonien/ vnd geistlichen stand/ erhalten môgen. Deß wissen üch gentzlich zûhalten (Z. 1418–1427).

Die Ehre und der Stand des Klerus werden durch Gesetz und Zeremonien gesichert; keine der vier Größen erlaubt einen Angriff, da sonst das gesamte Machtgebilde wankt. Nach seiner Bekehrung bekennt Paulus:

> Deß Gsatz bûchstab hat mich verfûrt
> Die Ceremonien mich verwirrt
> On die ich meindt/ es wer kein Gott
> Die bringen mich zû schand vnd spott/
> Am gmütt wils als gelegen syn
> Vnd nit allein am vßren schyn (V. 1516–1521).

Die Christuserscheinung macht deutlich, dass es einen Gott jenseits von Gesetz und Zeremonie gibt und dass es auf die innere Einstellung ankommt. Der Widerspruch zwischen Innerlichkeit und Äußerlichkeit wird im Spiel durch einen mehrfachen Kostümwechsel verdeutlicht. Saulus legt zunächst sein Pharisäergewand, Ausdruck seines Machtanspruchs, ab und eine Rüstung an (V. 1391a), wenn er aktiv die Christen verfolgt. Die Rüstung ist äußeres Zeichen des *bôß yfer* (V. 1492), den er sich selbst bei seiner Begegnung mit Christus zum Vorwurf macht. Er nimmt seinen Helm ab, wenn er seinen Fehler erkennt (V. 1513a), er legt «andere» Kleider an, wenn er als blinder Büßer im Hause sitzt (V. 1549a), und als er später von Archisynagogus auf sein fehlendes *geistlich kleid* (V. 2098) angesprochen wird, erklärt er:

Der Christlich gloub der ist min kleid
Den hab ich worlich angeleit/
Durch hilff vnd krafft des heilgen geist (V. 2100–2102).

Spätestens hier wird der Unterschied zwischen der rein äußerlichen Religion der Pharisäer und der Fundierung der wahren Religion im Heiligen Geist augenfällig. Die Kampfkleidung ist jetzt durch die allegorische Rüstung des *miles Christianus*, über die Paulus als Kirchenlehrer selbst in seinem Brief an die Epheser schreiben wird (Eph 6,10–20), eingetauscht. Boltz korrigiert damit zum einen die militärische Deutung der Allegorie (wie sie das ‹Ältere St. Ursenspiel› und v. a. die späteren katholischen Heiligendramen propagieren) und vollzieht sogleich auch den Grundgedanken des Bildersturms nach, nämlich alles, was den Blick auf den Glauben verstellen und falsche Frömmigkeit vorgaukeln kann, zu entfernen.

‹Sola Fide› – Märtyrer als Vorbilder im standhaften Glauben

Als eine Verlängerung der Gegenüberstellung von rein äußerlicher Religionsausübung oder wahrhaftigem, verinnerlichtem Glauben im Konzil darf das Thema des Martyriums verstanden werden. Auf der Handlungsebene wird kein Martyrium vorgeführt. Christen werden gefangengesetzt – aber nicht hingerichtet. Saulus zieht aus, um Christen zu töten, wird aber durch Gottes Intervention davon abgehalten. Schließlich wird ihm das Martyrium angedroht, aber er und die anderen Christen entziehen sich diesem durch Flucht. Eine mögliche Gewalt-Schaulust, wie sie den Zuschauern der Passions- und Märtyrerspiele vorgeworfen werden könnte, wird also nicht bedient. Dennoch ist in den Repliken der Figuren das Martyrium permanent präsent. Oben erwähnt wurde bereits die Drohung des Konzils, alle Christen zu verbrennen (V. 334). Gleich dreimal wird an das Martyrium des Heiligen Stephanus erinnert. So äußert der Oberste Bischoff schon in seiner Anfangsrede erstaunt, dass sich die Christen nicht bekehren lassen,

[...] Wiewol sy nechst gesehen handt
Am Steffano ein offlich schandt/
Das wir durch vnser gheyß vnd bott
Jhn mit steinen warffen zů todt/
Das im syn blůt vff derden ran
Vnd also schentlich end nam (V. 125–130).

Die Drastik der Beschreibung soll bei den vom Obersten Bischof angesprochenen Ratsmitgliedern nicht auf Mitleid zielen, sondern soll die Schandhaftigkeit eines solchen Tods und die zu erwartende abschreckende Wirkung betonten. Umso erstaunlicher ist es für ihn, dass diese Wirkung nicht eintritt, sondern nach der gebührlichen Trauerzeit alles wieder beim Alten ist (V. 133f.).

Doeg, der als Bote des Konzils Saulus dazu gewinnen soll, die Christen zu verfolgen, erinnert an Sauls Erfahrung, die er einst sammelte, als einer, der von Annas und Cayphas und den anderen Priestern verurteilt worden war, als er lange Reden führte, kurzerhand gesteinigt wurde (V. 780–792). Der Name des Gesteinigten fällt nicht; die Anspielung auf Stephanus ist aber deutlich genug. Zentral ist hier die Predigt, welche die Aggression derer, die das Wort nicht hören wollen, auslöst. Zugleich wird mit der Nennung von Annas und Cayphas die Christusnachfolge des Protomärtyrers betont.

Schließlich und endlich erinnert Usiel, einer der Ratsherren, als es um die Narrheit der Christen geht, die sogar ihre Feinde lieben, an einen sichtbaren Beweis der christlichen Narrheit:

> An Steffan hatt mans gsehen wol
> Syn kopff war so irrig vnd doll/
> Jn irthumb auch so gar verblendt
> Das er mit steinen ward geschendt/
> Kein Gott můst mir so lieb nit syn
> Das ich myn leben wogt dohin (V. 993–999).

Mit dieser Aussage diffamiert sich die pharisäische Seite deutlich selbst: Ihr Glaube reicht nicht dazu aus, dass sie bereit wären, für Gott zu sterben. Sie halten das Martyrium für Irrsinn, während der wahre Christ bereit ist, sein Kreuz auf sich zu nehmen und Christus nachzufolgen. Daher singt auch der Chor, als die Christen von Saulus inhaftiert werden, den lutherischen Choral ‹Mitten wir jm leben sindt› (V. 1367a), der das absolute Gottvertrauen im Moment des Leids und des Martyriums zum Ausdruck bringt.[86] Die Märtyrer, an die hier erinnert wird, namentlich Stephanus, sind keine Heiligen in dem Sinne, dass sie aus dem Jenseits Heil vermitteln und Wunder wirken könnten; sie sind aber ganz im Sinne der Heiligen-Definition in der ‹Confessio Augustana› Vorbilder im standhaften und Standhaftigkeit verleihenden Glauben.

Als der Rat des Archisynagogus in Akt IV beschließt, den bekehrten Paulus gefangen zu nehmen und den *ketzer* (V. 2233) für seine Kritik am Priestertum zu bestrafen, und danach wieder in die Synagoge einzieht, singt man ‹Der torecht spricht / es ist kein Gott›, Wolfgang Dachsteins Vertonung des 134. Psalms.[87] Der Psalm kommentiert hier die Blindheit der Pharisäer, die den Gerechten verfolgen und dabei selbst ihre Gottlosigkeit beweisen, da sie nicht bereit wären, für ihren Gott zu sterben. In Strophe 2 des Lieds heißt es:

> Die mein volck fressen biß aufs bein,
> gelich wie das brot verzeren.
> Sie hand gott nit gerůffet an,
> in grosser forcht sye alweg sten
> in irem argen rechte (2,3–7).

---

[86] Abdruck des vollständigen Liedes: Christ-Kutter 2009, S. 373; Scheitler 2013, Bd. 1, S. 100.
[87] Abdruck des vollständigen Liedes: Christ-Kutter 2009, S. 375; Scheitler 2013, Bd. 1, S. 100.

Verfolgung der Gerechten, Unglaube und Furcht um das Eigene stehen dem Gottvertrauen der Märtyrer entgegen. Zu letzteren zählt Paulus, der gerade dadurch, dass sein Martyrium zwar am Horizont steht, aber nicht auf der Bühne vorgeführt wird, umso mehr zu einem Vorbild für die bedrohte protestantische Gemeinde werden kann.

‹Solus Christus› – wider den Marienkult

Die Heilsgewissheit der Christen wird im Stück v. a. auch durch das wiederholte Zitat des ‹Protevangeliums› Gen 3,14f. zum Ausdruck gebracht, auf das Luther seine Gnadenlehre gründete.[88] Als die Christen bedrängt werden, erklärt Zacheus:

> Ein trost gab Gott jm Paradyß
> Do er zůr schlangen sprach mit flyß/
> Deß wybs somen soll eigentlich
> Ja gantz vnd gar zertretten dich (V. 1194–1198).

In fast den gleichen Worten wie der Prediger in Johannes Kolroß' 1532 in Basel aufgeführten ‹Fünferley Betrachtnus›, der ebenfalls Gen 3,14f. zitiert,[89] fährt hier Zacheus fort und zählt die verschiedenen Gnadenzusagen Gottes an Abraham, Jakob, David etc. auf, bis hin zur Erlösungstat Christi. Ist die Betonung der Gnadenlehre hier schon deutlich, wird die spezifisch protestantische Interpretation des Protevangeliums schließlich Paulus in den Mund gelegt, wenn er gegen den Archisynagogus disputiert. Paulus wirft den Pharisäern vor:

> [...] Das jr Christo stålen syn ehr/
> Der vns vom tüfell hatt gefryget
> Wie vns die heilge gschrifft gezügt/
> Der schlangen kopff zertretten hatt
> Wie Genesis geschryben stadt/
> Ein reine Jungfrauw wurd vns zeigt
> Die disen Jesum hatt gesegt (V. 2159–2165).

Die fragliche Stelle in der ‹Vulgata› heißt: *Inimicitias ponam inter te et mulierem, et semen tuum et semen illius: | Ipsa conteret caput tuum, et tu insidiaberis calcaneo ejus*[90] («Feindschaft setze ich zwischen dich [die Schlange] und die Frau und zwischen deinen Samen und ihren Samen. Sie wird deinen Kopf zertreten und du wirst ihn in die Ferse stechen»). In seinen ‹Enarrationes in I Librum Mose› (1535/38)[91] erklärt Luther, dass dem Menschen mit Gottes Verurteilung der Schlange in Gen 3,14 die

---

[88] Vgl. Asendorf 1998, S. 68f.
[89] Johannes Kolroß: Eyn schön spil von Fünfferley betrachtnussen den menschen zůr Bůss reytzende [...]. Basel: Thomas Wolff 1532 (VD16 K1967), Aiij^v.
[90] Biblia sacra vulgata, hg. von Robert Weber und Roger Gryson. Stuttgart ⁴2007.
[91] Luther, WA 42–44 (1911–15).

Zusage göttlicher Gnade gegeben sei, da Gott zuerst und bedingungslos die Schlange verurteilte und klar zwischen Satan und den Menschen unterschied. Indirekt zeige hiermit Gott bereits die Erlösung und die Befreiung von der Sünde und die vollständige Aufnahme Adams und Evas in die Gnade an: *Hic igitur remissio peccatorum, et plenaria receptio in gratiam Adae et Heuae ostenditur.*[92] Dieses Versprechen der göttlichen Gnade nun sieht Luther im nächsten Satz der Genesis klar ausgedrückt; er liest dabei aber nicht *ipsa*, sondern *ipsum*.[93] In seiner Bibelübersetzung, die auch in der Zürcher Bibel von 1530 übernommen ist,[94] schreibt er: *Der selb sol dir den Kopff zutretten / Vnd Du wirst Jn in die Verschen stechen*. Dazu bemerkt er im Kommentar:[95]

> (Derselb) Dis ist das erst Euangelium vnd Verheissung von Christo geschehen auff erden / das er solt / Sünd / Tod vnd Helle vberwinden vnd vns von der Schlangen gewalt selig machen. Daran Adam gleubt mit allen seinen Nachkomen / Dauon er Christen vnd selig worden ist von seinem Fall.[96]

Luther wirft der ‹Vulgata› vor, hier den hebräischen Text zu verfälschen, indem sie ein feminines Personalpronomen einsetzt, um die Aussage auf die Jungfrau Maria beziehen zu können. Es gehe aber nicht um Maria, welche die Schlange besiege, sondern um Christus,[97] dessen Sieg über Satan hier bereits vorhergesagt sei. *Sic Adam, sic Heua, sic omnes credentes, usque ad nouissimum diem spe ista uiuunt et uincunt* («Adam, Eva und alle Gläubigen leben und siegen bis zum jüngsten Tag in dieser Hoffnung»).[98] Indem er das Argument Luthers Paulus in den Mund legt, erweist sich Boltz deutlich als Lutheraner, allerdings in einer Position, die seiner reformierten Umgebung entgegenkam, indem er die überhöhte Position Marias in der katholischen Kirche angreift.

‹Sola Scriptura›: Das Wort Christi gepredigt und gelesen

Christus keine Ehre zu stehlen, bedeutet in der Logik des Textes auch, dass es nicht genügt, dass Saulus durch einen Blitz und eine Stimme aus dem Himmel bekehrt wird. Vielmehr lässt Boltz Christus höchstpersönlich auftreten. Christus erklärt Saulus den *corpus Christi mysticum* aus Eph 4: Wen er da verfolge, *Dy sindt myn glyder / ich jr houpt* (V. 1484), und mit den Worten der Bergpredigt fährt er fort:

---

[92] Luther, WA 42 (1911), S. 142.
[93] Vgl. Crowther 2010, S. 35–42.
[94] Die ganzte Bibel / der vrsprünglichen Ebraischenn vndd Griechischenn warheyt nach / auffs aller treüwlichest verteütschet. Zürich: Christoph Froschauer 1530 (VD16 B 2689).
[95] Der Kommentar fehlt in der Züricher Bibel, die auf alle Glossen verzichtet.
[96] Luther, Martin: Die gantze Heilige Schrifft Deudsch. Wittenberg 1545. Letzte zu Luthers Lebzeiten erschienene Ausgabe, hg. von Hans Volz u. a. Darmstadt 1972, S. 29–30.
[97] Luther, Martin, WA 42 (1911), S. 143.
[98] Ebd., S. 147. Vgl. Asendorf 1998, S. 68–69.

Was du jn thůst / das hast mir thon (V. 1486). Sofort ist Paulus bekehrt. Das hier Christus in den Mund gelegte Zitat aus dem Epheserbrief beweist gleichsam, dass Paulus anschließend Gottes Wort verkünden wird. Freilich bedarf die endgültige Bekehrung des Paulus entsprechend der biblischen Darstellung noch eines zweiten Impulses: Christus tritt hierzu erneut auf und sendet Ananias zu Paulus, um ihn zu heilen und ihn zum auserwählten «Rüstzeug» Gottes (V. 1631) zu machen. Durch Handauflegung ausdrücklich im Namen Christi (V. 1714) heilt Ananias Paulus, der sich sofort zum Gott der ewigen Wahrheit bekennt (V. 1768), woraufhin der Chor das Lied ‹Kumm helger geist›, sprich: Luthers Übersetzung von ‹Veni sancte spiritus› anstimmt (V. 1777a).[99] Es handelt sich bei diesem bereits in ‹Wider die Abgöttery› verwendeten Hymnus um ein Pfingstlied, das die sieben Gaben des Heiligen Geistes und die Gnade Gottes betont. Wichtig für die aktuelle Situation in Basel sind die Verse *Deß vnfrids band lőß vf zů stund, | mach einigkeit in Gottes bundt* (6,3f.). Das Bekehrungs- und ‹Pfingst›-Ereignis des Paulus kommt damit deutlich von Gott, es ist kein von Ananias gewirktes Wunder. Es ist zugleich ein Hoffnungsschimmer für die Einigkeit zwischen den Christen, freilich in lutherischer Formulierung.

Auch die als besonders überzeugend behaupteten Predigten der Christen im Spiel werden ausdrücklich in die Verantwortung Gottes gelegt; so erklärt, wie bereits erwähnt, schon im ersten Akt Nikodemus, Gott selbst rede den Aposteln aus dem Mund (V. 254). Nicht nur durch göttliche Eingebung oder durch geistbegabte Predigten erfahren die Christen das Wort Gottes. Besonders hervorgehoben wird vielmehr auch die Lektüre des Wortes Gottes. Kurz nach seiner Bekehrung diskutiert Paulus mit dem Archisynagogus ausdrücklich auf der Grundlage der Bibel. Dass Christus, der am Kreuz starb, Gott ist, und durch seinen Tod die Menschheit erlöst hat, will er ihm *mit gschrifft darthan* (V. 2170), stößt allerdings bei seinen vielen Verweisen auf Prophetenbücher auf Unverständnis. Gegenargumente kennt der Archisynagogus freilich keine, vielmehr fordert er Malchus (V. 2210) – also den Soldaten, dem Christus bei der Gefangennahme am Ölberg das abgeschlagene Ohr wiederansetzte und der dennoch unbekehrt blieb, mithin ein Exempel der Verstocktheit – auf, Paulus gefangenzunehmen. Dies freilich gelingt Malchus nicht (V. 2216–2219).

Wie sehr die Argumentation auf der Grundlage der Bibel den Pharisäern zuwider ist, verdeutlicht insbesondere auch die Anweisung des Obersten Bischofs an die Christenverfolger:

> Ersůchendt wol in jedem hůß /
> Was bůcher sy da heimen hendt
> So fůnden jr vyl Testament /
> Das låsen dschelmen für vnd für (V. 476–479).

---

[99] Vgl. Scheitler 2012, Bd. 1, S. 100; Christ-Kutter 2009, S. 374.

Heliab, der Kanzler des Konzils, hat für die Bibellektüre keinerlei Verständnis:

> Was thůnd sy mit dem Testament?
> Sy werden doruß gar verblendt/
> Dorzů wend sy dye Bibel lesen
> Doruß entstadt vns sŏmlich wesen (V. 713–716).

Sofort schreibt er den Sendbrief, dass man Ausschau halten sollte, wer die Bibel lese, um so die zu verfolgenden Christen zu identifizieren (V. 722). In diesen Äußerungen spiegelt sich deutlich der Vorwurf an die römische Kirche, sie wolle die Lektüre der Bibel verbieten, wenn sie die protestantischen Bibelübersetzungen verbot. Umso symbolischer ist es dann zu verstehen, wenn hier, nachdem die Gefangenen befreit worden sind, die Christengemeinde als erstes beginnt im Neuen Testament zu lesen – nach einem Lobgebet (V. 1884a).

Wo die Fähigkeit aller Christen, das Wort Gottes zu lesen, im Zentrum steht, begleitet von Predigten, bei denen Christus selbst aus dem Mund der Prediger spricht, ist es keine Frage, dass Handlungen der Figuren in den Hintergrund treten müssen. Aktiv sind im Stück letztlich nur die Krieger der Pharisäer, anfangs Saulus, später das Heer aus Landsknechten. Die Aktivität aber, die die falsche Seite auszeichnet, wird jedes Mal gestoppt: Saulus wird durch Christus selbst gebremst, das Heer am Ende verliert seinen Schwung durch die Abwesenheit des Ziels ihrer Aggression. Die Flucht der Christen selbst wird nicht gezeigt, sie wird nur besprochen. So kann das Spiel am Prinzip der Charakterisierung ‹heiliger› Figuren durch Ruhe und der Kennzeichnung der Gegenseite durch Aktion, Aggression und Affekt festhalten. Das ist eine der sehr typischen Formen der protestantischen Heiligendarstellung, die Boltz vom lutherischen Spiel kennen konnte.

Lutherische Lieder und militärische Musik

Den Unterschied zwischen der Ruhe der Christen und der Bewegtheit ihrer Gegner unterstreicht nicht zuletzt auch der Gebrauch von Musik im Spiel.[100] Die Aktübergänge sind hier, anders als etwa im ‹Einsiedler Meinradspiel›[101] oder vielen anderen Spielen, nicht mit *Musica* markiert, sondern mit Gesang, meist als *Cantores* bezeichnet. Der Gesang wird dann, wenn der nächste Akt mit einer Beratungsszene der Pharisäer beginnt, mit einer Orgel begleitet. Die Lieder, deren Incipits genannt sind, stehen nicht am Aktübergang; sie markieren vielmehr zentrale Wendestellen in der Handlung. Wie oben bereits gezeigt worden ist, handelt es sich hierbei um lutherische Lieder, die offensichtlich auch in der Schweiz so gebräuchlich sind, dass ihre Incipits genügen, um die Aussagen der Lieder anzudeuten. Sie betonen die Gnade Gottes, die den Seinen widerfährt, die Notwendigkeit des Glaubens und die

---

[100] Vgl. Scheitler 2012, Bd. 1, S. 100f.
[101] Vgl. oben, Kap. ‹Einsiedeln›.

Bestrafung der Gottlosen durch den gerechten Gott. Der getragene Ton der Lieder unterstreicht die Unverrückbarkeit der Felsen des Glaubens. Im Gegensatz zum Gesang baut die Militärmusik – Trommeln und Trompeten – ein Bedrohungsszenario auf. Besonders auffällig ist dies in Akt II, als Saulus sein Pharisäergewand gegen eine Rüstung austauscht. In der Regieanweisung liest man: *Trummen vnd pfyfffen schlacht man so lang biß Saulus gar gerüstet ist* (V. 1391a). Als sich der Trupp der Christenverfolger Damaskus nähert, heißt es:

> Jetzt bloßt der Trommeter vnd schlecht man drummen/ vnd ziehen daher in der ordnung vff Damasco zů vnd ist Saulus zů forderst am spitz. Vnd alß er nahet gon Damasco/ so erschyndt jm die macht Christi mit dunderen vne plitzgen/ felt in zbodenn (V. 1475a).

Der Lärm der Aggressoren wird mit einem deutlich lauteren Schlag von Gott beendet. Der aggressive Auftritt der Trommeln, Pfeifen und Trompeten kehrt aber im letzten Akt wieder. Die Belagerung von Damaskus, begleitet nun nicht nur von *trummenschlahen vnd pfyffen*, sondern auch von Kanonenfeuer (V. 2371a), inszeniert akustisch einen Glaubenskrieg, wie er aus den Kappelerkriegen allzu vertraut war und sich im Schmalkalder Krieg wieder anbahnte. Authentisch ist die Geräuschkulisse v. a. auch dadurch, dass die für Spiele engagierten Trompeter in der Regel die Stadttrompeter waren, die auch die Alarmfunktion im Krieg besaßen. Das Ende des Glaubenskriegs ist freilich ein utopisches: Der Gegner ist verschwunden und die Truppen, vertreten durch den Landvogt, widersagen dem König, da sie nicht gegen Wehrlose kämpfen wollen (V. 2508). Der Zorn des Königs, durch ein letztes Erklingen der Trompeten signalisiert, kann am Ende des fünften Akts nicht anders als zu verhallen.

Ein Spiel für den Stadtrat

Wie bereits erwähnt, geht aus den Briefen des Myconius hervor, dass ihm das Spiel und insbesondere die Unterstützung der Aufführung und des Autors durch den Rat der Stadt suspekt war. Dass Boltz offensichtlich eine Förderung des Rats erhalten hat, ist auch aus dem Epilog seines Spiels ersichtlich: Der mit dem Basler Stadtwappen bekleidete Herold wendet sich im Epilog nach einer allgemeinen Tugendlehre an die Stadtobrigkeit:

> *Jetzt wendt er syn angsicht gegen der Oberkeyt/ neigt sich tieff/ vnd spricht also:*
>> Edel/ streng/ fromm/ vest/ diser Statt
>> Fürsychtig/ wiß Herren im Rhatt/
>> Diß Spill so jetzund ist vollfůrt
>> Habend mir üwer lieb gespůrt
>> Mit radt/ mit hilff/ auch willigkeyt
>> Deß syg üch/ von vns danck geseyt/
>> Vmb rüstung/ vnd vmb allen züg
>> Deß danckend mir üch alle zyt (V. 2564a–2572).

Nicht nur durch Wohlwollen und Beratung also, sondern auch finanziell scheint der Rat das Spiel unterstützt zu haben, durch die Ausstattung verschiedener Art. Auf genau diese Förderung geht auch Johannes Gast († 1552), Diakon von St. Martin in Basel, in seinem Tagebuch ein:[102]

> [6. Juni 1546] Dies fuit serenissima, qua conversionis Pauli comoedia publice Valentino Bolzio Actore acta fuit a civibus magno cum apparatu, theatrum Magistratu ordinante ac cancellis muniente ligneis, intra quos consederant nobiles cum senatoribus; sed populus promiscuus in tribus ligneis pontibus declivibus spectatorem egit. Absoluta comoedia, cum histriones sub vesperam in urbe deambularent, pout fieri solet, nonnihil incommode ipsis allatum fuit a pluvial modica. Hinc factum, ut sequenti die, quae fuit serenissima, in urbe fee per totam diem deambularent.
> [9. Juni 1546] [...] Eodem die histrionibus honorarium munus exhibitum a Senatu; 20 Coronati numerantur. Actor vero Dominus Valentinus pro labore V accipit simulque decretum, ut sumpto publico typis aeneis imprimeretur comoedia iuxta formam, qua fuit acta in foro frumentario.[103]

([6. Juni 1546] Es war ein strahlender Tag, an dem das Spiel von der Bekehrung Pauli öffentlich unter Leitung von Valentin Boltz von den Bürgern mit großer Pracht aufgeführt wurde; der Rat bestimmte den Spielplatz und ließ ihn mit Holzschranken umgeben, innerhalb deren die Vornehmen samt den Ratsherren Platz genommen hatten; das gemeine Volk aber schaute von drei schrägen hölzernen Brügen zu. Nach dem Schluß des Spiels, als die Schauspieler wie üblich gegen Abend in der Stadt herumspazierten, litten sie von dem ziemlich starken Regen einigermaßen Schaden. So kam es, daß sie am folgenden, strahlend schönen Tag fast den ganzen Tag über in der Stadt herumspazierten.
[9. Juni 1546] [...] An demselben Tag werden den Schauspielern als Ehrengabe vom Rat 20 Kronen ausbezahlt; der Spielleiter aber, Herr Valentin, empfängt für seine Bemühungen 5 Kronen; zugleich wird beschlossen, daß die Komödie auf Staatskosten gedruckt werden solle, wie sie auf dem Kornmarkt zur Aufführung gebracht worden ist.)

Aus Gasts Darstellung geht hervor, dass der Rat für die Umgrenzung des Platzes und die Errichtung von Tribünen für die Stadtobrigkeit und die restliche Bevölkerung aufkam, zudem für eine gute Bezahlung der Darsteller und des Spielleiters sowie für die Drucklegung. Das Spiel selbst scheint ihn nicht weiter beeindruckt zu haben, eher das Faktum, dass die Schauspieler noch den ganzen nächsten Tag feierten. Wer den *magnu[m] apparatu[m]* für die Aufführung finanzierte, sagt Gast nicht aus; das freilich sagt Boltz ja selbst im Epilog.

---

[102] Zur Problematik der fragmentierten Überlieferung vgl. Das Tagebuch des Johannes Gast. Ein Beitrag zur schweizerischen Reformationsgeschichte, hg. von Paul Burckhardt. Basel 1945 (Basler Chroniken 8), S. 28; Rieckenberg 1964, S. 85.
[103] Gast, ed. 1945, S. 270–273. Die Übersetzung folgt Paul Burkhardt.

In seinem Brief an Heinrich Bullinger vom 7. Juni 1546 schreibt Gast sehr knapp: *Unser burgerschafft haben Conversionem Pauli gespilt mit grossem possen.*[104] Anders dagegen der Mathematiker und Theologe Josias Simler (1530–1576): Er erwähnt in einem Brief an seinen Paten und Förderer[105] Heinrich Bullinger am 11. Juni 1646 kopfschüttelnd die bei diesem Spiel betriebene Verschwendung:

> Sexta die iunii a civibus Basiliensibus acta est Conversio divi Pauli maximo apparatu atque sumputoso. Vestes nanque plurimi novas confecere variis formis. Aderat etiam exercitus peditum pariter et equitum, ut pulcherrimum hic superbię spectaculum videre licuerist magis quam ullius alterius rei; nam ipsa res non satis pro dignitate tractata fuisse videtur. Nec tamen sumptus nimis parvus esse videretur, tres dies sequentes comessatum. Actor comoedię fuit Valentinus ille Boltz tibi optime notus.[106]

> (Am 6. Juni wurde von Basler Bürgern die Bekehrung des Hl. Paulus mit größtem Aufwand und höchst kostspielig aufgeführt. Die meisten Kostüme wurden nämlich neu und in vielen Formen geschneidert. Es gab da ein ganzes Heer von Fußsoldaten und Reitern, so dass man es eher als eine prächtige Zurschaustellung von Hochmut anschauen könnte denn als irgendetwas anderes. Der eigentliche Gegenstand wurde nicht mit der nötigen Würde behandelt. Und damit die Kosten nicht zu klein blieben, hat man die nächsten drei Tage gefeiert. Der Spielleiter dieser Komödie war jener Valentin Boltz, der dir bestens bekannt ist.)

Die Nachfeier ist hier schon auf drei Tage gesteigert. Der von Gast verschwiegene Inhalt wird als letztlich nicht vorhanden reklamiert. Das ganze Unternehmen erscheint als Ausdruck der Hybris und der Verschwendungs- wie Feiersucht. Weshalb der Rat so etwas finanziert haben sollte, erscheint fragwürdig. Das Lob des Stadtrats allein oder auch die deutlich antikatholische, tendenziell lutherische Haltung des Spiels können kaum den Ausschlag hierzu gegeben haben. Vielleicht lag der Grund der Förderung gerade in dem von Simler kritisierten Aufwand.

Bühnenform als Teil der Aussagekraft des Spiels

Aus den Ausführungen Gasts und Simlers geht bereits hervor, dass die Aufführung als Freiluftaufführung großen Ausmaßes auf dem Kornplatz (heute Teil des Marktplatzes) zu denken ist. Aus weiteren Ausführungen Gasts zu einem juristischen Nachspiel der Aufführung sowie aus dem ‹Urfehdenbuch› der Stadt erfährt man auch, dass die Proben für das Spiel *zůn Barfůssern* stattfanden. Dort wollte nämlich Hans Jakob Hütschi, Sohn eines Ratsherren, zusehen und wurde, als der Christusdarsteller Balthasar Han ihn zurückwies, handgreiflich.[107]

---

[104] Bullinger, ed. 1974–2019, Bd. 17, Nr. 2457, S. 80, Z. 12f.
[105] Bächtold 2010, S. 420.
[106] Bullinger, ed. 1974–2019, Bd. 17, Nr. 2459, S. 87, Z. 74–80. Eigene Übersetzung.
[107] Gast, ed. 1945, S. 272f. und FN 29.

Der Barfüßerplatz aber genügte offensichtlich nicht für die Aufführung, obwohl er größer war. Es sollte der Kornmarkt mit dem dort neu errichteten Rathaus sein. Der Basler Arzt und Ratsherr Felix Platter (1536–1614) blickt in seiner ‹Lebensbeschreibung› auf die eindrücklichsten Ereignisse seiner Jugend zurück,[108] darunter auf die Aufführung des ‹Paulus›:

> Man hůlt das spil Paulus bekerung auf dem Kornmerckt, so Valentin Boltz gemacht, ich sach zů am eckhaus an der Hůtgaßen, darin der Felix Irmi; der burgermeister von Brun war Saulus, der Balthasar Han der hergoth, in einem runden himmel, der hieng oben am Pfůwen, dorus der strol schoß, ein fůrige racketen, so dem Saulo, alß er vom roß fiel, die hosen anzündet. Der Růdolf Fry war hauptman, hatte by 100 burger, alle seiner farb angethon under seim fenlin. Im Himmel macht man den donner mit faßen, so vol stein umbgedriben waren etc.[109]

Die Erinnerung Platters konzentriert sich v. a. auf die entscheidende Szene im Spiel, die auch auf dem Titelblatt des Drucks abgebildet ist: die *conversio* selbst. Offensichtlich beeindruckten den jungen Felix Platter der am Haus am Pfauenberg, sprich: am alten Gerichtshaus situierte Himmel, von dem aus eine Rakete als Blitz geschossen wurde. Sollte die genannte Panne wirklich stattgefunden haben, brannte sich die Szene natürlich ins Gedächtnis des Knaben ein. Ihn interessierte aber auch der Bühnentrick zur Herstellung eines Donnergeräusches: Fässer, die mit Steinen gefüllt im ‹Himmel›, also auf dem Vorderbau des Hauses zum Pfauenberg, gewälzt wurden. Wie nachdrücklich die Aufführung ihn als Knaben beeindruckt hat, beschreibt er wenig später in seinem ‹Tagebuch›:

> Wir knaben also iung wolten underwylen spil machen. In meins vatters höflin wolten wir auch den Saulum spilen, wil wir ettlich sprüch aus der burger spil gelernt hatten. Der Roll war Saulus und ich der hergot, sas uf dem heuner steglin, hat ein schiit fir ein strol, und alß der Roll auf eim schiit firüber reit gon Damascum, warf ich den strol nach im, draf in uf ein aug, daß der blůtet und grien [...].[110]

Wir wissen nicht, welche Verse dem Knaben im Gedächtnis blieben; eingeprägt hatte sich aber offensichtlich die nicht unfallfrei nachstellbare Bekehrungsszene mit Paulus zu Pferde und dem Blitz von oben.

Die Verwendung des Gerichtshauses als Sitz Gottes, der den falsche Gerichtsbarkeit übenden Saulus mit seinem gerechten Richter konfrontiert und schlagartig bekehrt, ist symbolisch gut gewählt. Die Beschreibung der Verwendung der Hausfassade sowie die Zahl der Darsteller (78 sprechende Rollen und angeblich 100 Statisten mit Pferden) verlangt, dass der ganze Platz eine Simultanbühne bildete. Die

---

[108] Pastenaci 2001, S. 519, betont die psychologische Komponente von Platters Rückblick auf die eigene Jugend.
[109] Platter, ed. 1976, S. 82f.
[110] Ebd., S. 85f.

Holzschnitte im Druck von ‹Sant Pauls bekerung› lassen verschiedene Spielorte erkennen: Akt I findet in einem Thron- und Beratungssaal, in oder bei dem, wie bereits erwähnt, Orgelmusik angestimmt werden kann, statt, dazu auch auf der Straße. Akt II scheint denselben Saal für die Beratung Sauls mit seinen Räten zu nutzen, nachdem der Oberste Bischof und sein *Concilium* sich unter Orgelmusik in einen Innenraum («Tabernakel») zurückgezogen haben (V. 755c). Der Holzschnitt zeigt ihn jetzt aus der umgekehrten Perspektive und man sieht drei Arkaden gegenüber dem Thron. Das könnte auf die Verwendung des Innenhofs des neuen Rathauses für die beiden Beratungsszenen hinweisen. Der Ritt nach Damaskus wäre demnach ein Ritt vom Rathaus am Haus zum Pfauen vorbei in Richtung Kornmarktbrunnen, wo das Bekehrungserlebnis stattfindet. Das Haus Judas, in das der Geblendete geführt wird, dürfte in der fortgesetzten Linie zu der dem Rathaus gegenüberliegenden Häuserzeile verortet sein. Der Holzschnitt zu Akt III, der mit der Erscheinung Christi vor Ananias beginnt, zeigt nämlich diese Ecke des Platzes, unterhalb des Hauses zum Pfauenberg. Mit Akt IV, zu dessen Beginn sich der Holzschnitt zu Akt I wiederholt, kehrt das Geschehen wieder in den Versammlungssaal zurück, von wo aus sich nun Archisynagogus auf den Weg zu dem Haus Judas macht, um zum Ende des Akts wieder zu seinem Versammlungsort zurückzukehren. Mit dem Schloss des Königs wird in Akt V ein neuer Spielort eingeführt. Der Holzschnitt zeigt eine Stadtansicht von außen und Paulus, wie er sich über die Stadtmauer abseilen lässt, während ein königlicher Soldat durch das Stadttor dringt. Die Ansicht ist zu generell, um ihr einen Ort in Basel zuzuweisen. Später ziehen die Truppen *haruff den platz* (V. 2357a). Man darf sich das königliche Schloss wohl am dem Pfauen gegenüberliegenden damaligen (heute abgerissenen) Ende des Kornmarkts vorstellen. In vieler Hinsicht gleicht die Bühne den großen Aufführungen geistlicher Spiele wie insbesondere des ‹Luzerner Osterspiels› auf dem Weinmarkt:[111] Die Spielorte gruppieren sich eng um Rathaus und Gerichtshaus; eine Kirchenfassade ist nicht mit einbezogen. Daran wird die Aufführung als eine Sache des Stadtrats erkenntlich, als eine städtische Alternative zu den geistlichen Spielen, die auf ‹profanem› Grund den neuen, von traditionellen Riten gereinigten und zum ‹reinen Wort› bekehrten Paulus vorstellt. Ein solches städtisches Ereignis zu haben, war dem Rat offensichtlich das viele Geld wert.

‹Der welt spiegel› (1550)

Valentin Boltz' ‹Der welt spiegel›, eine in zwei Tage unterteilte Moralität, die er am 11. und 12. Mai 1550 entstand inmitten eines politischen Streits um die Heiligenverehrung, nämlich um die Nennung der Heiligen bei der Neubeschwörung der eidgenössischen Bünde.[112] Bereits am 7. April 1545 schrieb Oswald Myconius an Bullinger, er habe von den Spannungen zwischen den Eidgenossen erfahren,

---

[111] Vgl. oben, Kap. ‹Luzern›.
[112] Henrich 2017, S. 68.

Venit hodie ad me de contentione Helvetiorum inter ipsos ob iuramentum foederis renovandum, et ut civitates evangelium foventes sanctos addere plane recusant; hinc ortum dissidium inter Immontanos et civitates iam dictas, ut illi cum fremitu iactent, priusquam hic velint cedere, nenuniciaturos pacta foederis.[113]

(Heute habe ich von Spannungen zwischen den Schweizern erfahren wegen der Erneuerung des Bündnisschwurs, und dass die evangelischen Städte es schlichtweg ablehnen, die Heiligen hinzuzufügen. Dadurch sei ein Streit zwischen den Innerschweizern und den genannten Städten entstanden, bei dem jene drohen, dass sie lieber das Bündnis verlassen wollten, bevor sie in der Sache nachgeben.)

Bullinger antwortet ihm am 20. April 1545, die Züricher hätten ihre Bürger gelehrt,

[...] das sy den eiyd by gott alein und nitt by den heiligen gåben sôllend und ouch thůn. Ursach: Der eid ist ein bezügen uff das aller hôchst des menschen, Hebrae. 6. Was nun das hôchst des menschen ist, darby thůt er den eyd. Son nun gott alein unser hôchsts gůt ist, sol der eyd by gott allein beschåhen. Die heiligen nåben gott setzten, ist, die geschôppfft verglichen dem schôppffer; das thůt kein råcht glôubiger.[114]

Auch wenn die Züricher den katholischen Kantonen einräumen, dass sie gerne bei den Heiligen schwören dürften,[115] so zieht sich die Diskussion über Jahre hinweg. Wie Myconius am 20. Juli 1549 an Heinrich Bullinger schreibt, wurden die Basler Theologen «als Verächter des eidgenössischen Bundes»[116] kritisiert, weil sie auch gegen den eigenen Stadtrat hart bei ihrer Position blieben, dass für sie ein Eid bei den Heiligen ausgeschlossen sei. Während sie ihre Stellungnahme gegenüber dem Rat vorbereiteten, gingen Valentin Boltz und Heinrich Pantaleon eigene Wege, akzeptierten die Lösung des Rats und weigerten sich schließlich, die Stellungnahme der theologischen Kollegen zu unterschreiben.[117] Am 31. Juli 1549 beschwert sich Myconius bei Bullinger, er habe gehört, Boltz sage ihm nach, er und auch andere seien eigentlich mit dem Schwören auf Gott und die Heiligen einverstanden, er widerspreche dem nur, weil die Ratsherren die Theologen nicht vorab konsultiert hätten.[118] Dass Boltz die Eidesformel schließlich 1550 in seinen ‹Weltspiegel› einbaute, sorgte für Streit mit Myconius und den theologischen Kollegen in Basel.

---

[113] Heinrich Bullinger: Werke. Zweite Abteilung: Briefwechsel, hg. von Ulrich Gäbler, Reinhard Bodenmann u. a., 19 Bde. Zürich 1974–2019, Bd. 15, Nr. 2129, S. 237.
[114] Bullinger, ed. 1974–2019, Bd. 15, Nr. 2141, S. 273, Z. 3–8.
[115] Ebd., Z. 24; vgl. Brief an Myconius am 1. Mai 1545, Bullinger, ed. 1974–2019, Bd. 15, Nr. 2150, S. 295, Z. 4f.
[116] Henrich 2017, Nr. 1204, S. 1081.
[117] Henrich 2017, Nr. 1204, S. 1081.
[118] Ebd., Nr. 1206, S. 1083f.

Im ‹Weltspiegel›,[119] dessen Aufführung am 12. Februar 1550 vom Stadtrat genehmigt[120] und schließlich ähnlich großzügig wie die des ‹Paulus› unterstützt wurde,[121] wofür sich Boltz im Epilog ausdrücklich bedankt (V. 5791–5794), wird der in Untugend verfallenen Welt ein Spiegel vorgehalten, was *zů jetzigen gforlichen zyten* (Widmung, Z. 9) besonders angebracht sei.

Im ersten Akt treten Personifikationen der Tugenden und Laster gegeneinander an; in ihr Gespräch mischen sich Vertreter der Stände und geistlichen Orden, denen Propheten des Alten Testaments entgegentreten. Zwischendurch treten Vertreter der dreizehn alten Orte der Eidgenossenschaft auf und weisen auf die Brüchigkeit ihrer Einheit hin. Als einzige Figur mit Personennamen vertritt Bruder Klaus Unterwalden. Er fleht Gott an, dass er den Eidgenossen *ein gműt / ein hertz* (V. 1257) geben wolle, *By ein ander zesterben vnd zleben* (V. 1258), sieht aber den Sittenverfall unter den Eidgenossen und fordert das Publikum auf, diesen gemeinsam mit ihm zu verschmähen, wenn er Schlemmerlied ‹Nun schütz dich, gredlin› (V. 1280) anstimmt.[122] Tod und Teufel machen am Ende des Akts – u. a. auch durch die Parodie des Wallfahrtslieds ‹In Gottes Namen fahren wir› als *Ins tüffels nammen faren wir* (V. 2312b)[123] – deutlich, wo sich die Welt mit all ihren Konflikten und ihrer Zerrissenheit zwischen Tugend und Laster hinbewegt.

Engel und Teufel ringen in Akt II um die den Lastern zugeneigten Seelen der Menschen, in Akt III zeigen Tod und Teufel den sorglosen Sündern, speziell den Spielsüchtigen, die Konsequenzen ihres Lebenswandels auf. In Akt IV weisen Narren und Gelehrte auf die fragliche Tugend des Alltagslebens in Basel hin, bevor Iustitia in ein Streitgespräch mit dem Landvogt tritt und feststellt, dass sie gegen seine Hartherzigkeit nicht ankommt. Er gibt offen zu, dass ihn die Religion wenig rührt:

> Nach krieg vnd rychtumb thůnd mir dencken
> Da můnd mir vnser sinn hin hencken /
> Was Gott antrifft / gad vns nit an
> Biß das man wirt Concilium han /
> Do selbst hin ist noch langer platz
> wir blyben by dem alten gsatz (V. 3909–3914).

Dieses klare Bekenntnis des Herrschers zum Konzil, zum Krieg und zum alten Glauben, das ihn als Kaiser Karl V. erkenntlich macht, ruft nun die christlichen Tugenden *charitas*, *benignitas*, *veritas*, *patientia* und *spes* auf die Bühne, die den Zuschauer

---

[119] Valentin Boltz: Der Weltspiegel, hg. von Friederike Christ-Kutter u. a. Zürich 2013 (Schweizer Texte N.F. 37).
[120] Mohr 1916, S. 106; Backes 2020, S. 464.
[121] Mohr 1916, S. 107; Christ-Kutter u. a. 2013, S. 224; Backes 2020, S. 464.
[122] Scheitler 2012, Bd. 1, S. 102.
[123] Ebd.

auf einen anderen Weg lenken möchten. Die abschließende Gründonnerstagslamentation[124] ‹Alle hertzen die füren klag› (V. 3944a) verdeutlicht die Erlösungsbedürftigkeit der Welt zu Zeiten des Interims und des Konzils von Trient.
Der fünfte Akt illustriert den Unfrieden zwischen den Geschlechtern, Akt VI den zwischen den Ständen.[125] Als Helias im Rahmen der Ständekritik feststellt, dass Gott den *Baallß pfaffen* (V. 5159) ihre gerechte Strafe zukommen lassen wird, treten noch einmal die Vertreter der Eidgenossenschaft auf. Sie bestätigen jetzt die Warnungen des Bruder Klaus und beschließen, dass sie in dieser Gemengelage *trüwe hand einandren bietten* (V. 5185) und sich brüderlich gegenseitig stützen (V. 5235) wollen. Bruder Klaus betet zu Gott und bittet um Hilfe und Schutz für die Eidgenossenschaft, bevor er den Genossen den Eid vorspricht, den Bund zu halten, *Des helff vns der Gott aller helgen* (V. 5392). Dieser Eid, nicht auf Gott und die Heiligen, sondern auf den Gott der Heiligen gesprochen, und der Dank, den die Eidgenossen dem *heilge[n] man* (V. 5420, 5433, 5446, 5477) dafür aussprechen, rufen die Engel auf den Plan, welche die Tugenden zu neuem Leben erwecken. Diese stimmen mit ‹Den vatter dört oben› (V. 5671–5690)[126] und dem ‹Tedeum›[127] ein doppeltes Gotteslob an, während die Engel noch einmal Gott um Beistand für sein Volk bitten: ‹O Jesus Christ, hilff dyner gmein› (V. 5739–5750). Irmgard Scheitler hat gezeigt, wie Boltz hier Musik gezielt dafür einsetzt, um durch Kontrafakturen katholische Riten wie die Wallfahrt zu parodieren, und auf anderer Seite seine Sympathie mit den Böhmischen Brüdern zu bekunden, aus deren Liederbuch u. a. die beiden Schlusslieder (vor und nach dem ‹Tedeum›) entnommen sind.[128]
Höchst bemerkenswert ist aber, dass hier ein Heiliger, der selbst im Text so bezeichnet wird, Nikolaus von Flühe, dem es auf der Tagsatzung zu Stanz 1481 gelang, das Auseinanderbrechen der Eidgenossenschaft zu verhindern,[129] den lange Jahre in der Eidgenossenschaft umstrittenen Bündniseid[130] auf Gott vorspricht.[131] Der Heilige, der in protestantischem Verständnis dann doch nur eine vorbildliche Gestalt ist, deren politische Leistung zu loben ist, wird hier zu einem Verfechter der Abschaffung des Heiligenkults, wohl aber eines Heiligengedenkens im Dienste der Eidgenossenschaft. Rudolf Gwalther schreibt daher am 15. Juni 1550 an Myconius, die von Boltz gewählte Formulierung eines Eids auf den «Gott aller Heiligen» entspreche seinem Wesen.[132] Letztlich entspricht sie v. a. dem lutherischen Verständnis von Heiligkeit.

---

[124] Scheitler 2012, Bd. 1, S. 102.
[125] Zum Jakobslied ‹Welcher das ellend buwen well› in Akt VI vgl. ebd., S. 103.
[126] Scheitler 2012, Bd. 1, S. 103.
[127] Ebd.
[128] Ebd., S. 104.
[129] Huwiler 2012, S. 29.
[130] Vgl. ebd., S. 29f.
[131] Huwiler, ebd., S. 30, weist auf die anachronistische Darstellung hin; tatsächlich wurde die Eidesformel erst 1797 geändert. Vgl. Gut 1996, S. 68.
[132] Henrich 2017, Nr. 1243, S. 1120.

In der Propagierung eines anderen Heiligenverständnisses, das mit der Eidgenossenschaft vereinbar ist, erfüllt damit der ‹Weltspiegel› die Aufgabe, welche sich seit der ‹Tragedi wider die Abgôtterey› gestellt hatte: dem ‹Götzenkult› entgegenzutreten, den ‹Tempel Gottes rein zu erhalten› und den Bildersturm zu rechtfertigen, ohne dabei die schweizerische Tradition zu ignorieren. Auffällig ist dabei der markante Einsatz von Musik: von Kontrafakturen katholischer Lieder und von dezidiert protestantischen Liedern, welche die neue Einheit stärken.

Schweizer Heiligenspiele

bonum atque utile est, suppliciter [Sanctos] *invocare* (§ 1821)[1] – oder: *Honorandi ergo sunt propter imitationem, non adorandi propter religionem* (V,5),[2] Dann ‹heilig› heißt ein ietlicher frommer Christ, der sin zuoversicht zuo gott hat (S. 172).[3]

Zwischen diesen Polen bewegen sich die Heiligkeitskonzepte in den Spielen des 16. und frühen 17. Jahrhunderts in der deutschsprachigen Schweiz: zwischen der flehenden Anrufung der Heiligen, die Hilfe versprechen, und der Betrachtung eines vorbildlichen Lebensstils von exemplarischen historischen Persönlichkeiten, die nicht heiliger sind als jeder fromme Christ. Genau in diesem Spannungsfeld bewegen sich daher auch die in diesem Band untersuchten ‹Heiligenspiele›. Auf die Schwierigkeit, die Textsorte zu umreißen, ist oben hingewiesen worden, und über die Textauswahl dieses Bandes darf durchaus diskutiert werden. Oskar Eberle geht so weit, dass er sogar den ‹Verlorenen Sohn› (1533) Hans Salats als ‹Heiligenspiel› bezeichnet,[4] mit der Begründung, er nenne alle die biblischen oder legendarischen Dramen ‹Heiligenspiele›, die «im Gegensatz zu den Passions- und Osterspielen [...] keine biblische Gesamtschau, sondern ein Einzelgeschick gestalten».[5] Dass freilich die Apostel, die zwar einzeln das Martyrium erleben, in Apostelspielen aber als Gruppe auftreten, eher als ‹Heilige› zu bezeichnen sind als etwa der Verlorene Sohn, leuchtet unmittelbar ein. Wie in der Einleitung erläutert, wurde im vorliegenden Band zunächst ein enger Heiligenbegriff angesetzt (Zeugen Christi und als Glaubenszeugen, denen eine besondere Gottesnähe und im katholischen Glauben eine Mittlerfunktion attribuiert wird). Die wenigen reformierten Theaterstücke, in denen neutestamentliche Heilige oder als ‹heilig› bezeichnete Figuren auftreten (darunter sogar den lateinischen ‹Christus Triumphans› des britischen Exilautors John Foxe), ebenfalls in diesem Kontext zu behandeln, dazu auch ausgewählte reformierte Stücke, in denen das Thema der Heiligkeit oder der Heiligenverehrung diskutiert wird, war von Anfang an ein gewagter Ansatz, der quer zur bisherigen Forschung steht. Die Überlieferung aber gibt ihm letztlich Recht: Vorreformatorische Heiligenspiele aus der deutschsprachigen Schweiz sind zwar dokumentiert, ihre Texte aber verloren. Deshalb stehen die protestantische Polemik gegen die «Abgötterei» des Heiligenkults und die reformierten Gegenentwürfe gegen das altgläubige Heiligenspiel am Beginn der uns verfügbaren Überlieferung. Das überlieferte

---

[1] Konzil von Trient, ed. 2017.
[2] Bullinger, ed. 1877.
[3] Zwingli, ed. 1908 (Z 20).
[4] Eberle 1929, S. 21.
[5] Ebd., S. 18.

‹katholische› Heiligenspiel zeigt sich sodann dezidiert gegenreformatorisch und betont auffällig die heilsvermittelnde Funktion der Heiligen und ihrer Reliquien sowie die Bedeutung der Wallfahrt. Es reagiert damit offensichtlich bereits auf reformierte Kritik, wie sie in jenen Spielen geäußert wird.

Die Zuspitzung auf die Frage der Mittlerfunktion der Heiligen, gegen die Rüte, Kolroß und Birck in den 1530er- und 1540er-Jahren auf der Basler und Berner Bühne aktiv angehen, zeigt sich bereits im recht früh überlieferten ‹Älteren Ursenspiel› aus Solothurn. Inwiefern sich Bullingers verlorenes Spiel über die Zürcher Lokalheiligen Felix, Regula und Exuperantius in die Diskussion um die Heiligen als Fürsprecher und Beschützer ‹ihrer› Stadt einbrachte, ist schwer abzuschätzen. Auffällig ist jedenfalls, dass Rüte im ‹Gedeon› auf das Motiv der Teufelsaustreibung im ‹Ursenspiel› zu reagieren scheint, wenn er den dämonenbesessenen Götzen durch den hohlen Götzen ersetzt. Die zweitägige Struktur seines Stücks könnte sich an den Luzerner Osterspielaufführungen orientieren, um zu markieren, dass er mit dem ‹Gedeon› auf das katholische Spiel Bezug nimmt.

Vielleicht ist es kein Zufall, dass das einzige *erhaltene* protestantische Spiel in der deutschsprachigen Schweiz, das einen Heiligen im engeren Sinne zum Protagonisten hat, aus der Feder eines lutherisch geprägten Verfassers stammt: Johannes Boltz stellt mit ‹Sant Pauli bekerung› einen neutestamentlichen, also durch die Schrift bezeugten, Heiligen und einen für Luthers Theologie höchst bedeutenden Kirchenlehrer ins Zentrum eines sehr rhetorischen Stücks. Dieses scheint an Johannes Agricolas lutherische ‹Tragedia Johannis Huss› angelehnt zu sein und greift damit einen aktuellen Trend aus dem Hl. Römischen Reich auf: Der Heilige, durch göttliche Gnade erleuchtet, erkennt die Verblendung und Gefährlichkeit der Konzilien und bekehrt sich von der römischen Kirche zum ‹wahren› Christentum. Seine Standhaftigkeit im (neuen) Glauben macht ihn zu einer eindrücklichen Vorbildfigur. Boltz bedient sich anders als seine möglichen lutherischen Vorbilder der traditionellen großflächigen Simultanbühne und setzt auf theatrale Effekte wie Blitz und Donner, sorgt aber dafür, dass in seinem Stück allein Gott Wunder wirken kann.

Mit Aals ‹Johannesspiel› und dem ‹Beromünsterer Apostelspiel› greift auch die katholische Seite zunächst zu neutestamentlichen Heiligen, stellt auch sie predigend und als Vorbilder im Glauben und im Gottvertrauen angesichts von Verfolgung und Martyrium dar, betont aber zugleich wiederum die Mittlerfunktion der Heiligen. Nicht zuletzt unter Rückgriff auf Muster der Luzerner Osterspielaufführungen, die eine enorme Strahlkraft besaßen, wird die Rolle der Heiligen in der Heilsgeschichte verdeutlicht. Aal stellt zudem die Bedeutung der Reliquien des Hl. Johannes heraus.

Darüber, ob das Auftreten eines dezidiert schweizerischen ‹Heiligen›, nämlich des Bruders Klaus, im ‹Weltspiegel› des Johannes Boltz auf seine Kenntnis heute verlorener Bruderklausenspiele verweist, kann nur spekuliert werden. In jedem Fall demonstriert Boltz mit seinem neuen Spiel deutlich, dass er sich mittlerweile gewandt im schweizerischen Diskussionskontext bewegt. Bruder Klaus ist einerseits aufgrund seiner politischen Rolle als Vermittler und Friedensstifter und aufgrund seiner Kritik am Söldnerwesen, andererseits aber auch aufgrund seiner extremen Askese gut von beiden Konfessionen zu vereinnahmen. Boltz lässt den ‹Heiligen› Bruder Klaus gegen die Anrufung der Heiligen votieren; wenn er in der umformulierten Eidesformel vom «Gott der Heiligen» spricht, macht er damit deutlich, dass er von Heiligkeit im Sinne der im Apostolischen Glaubensbekenntnis benannten christlichen ‹Gemeinschaft der Heiligen› ausgeht und nicht von auserwählten ‹Helden› im Himmel.

Wohl eher im Druck als auf der Bühne führt John Foxe in seiner Basler Zeit die Diskussion weiter (in lateinischer Sprache): Sein ‹Christus triumphans› präsentiert genau diesen Heiligentyp, der auch in der Folgezeit auf der Bühne der protestantischen Schweiz zu finden ist: Die Kirche erscheint hier als Gemeinschaft der Heiligen. Die Märtyrer verschiedener Epochen der Kirchengeschichte interessieren nicht als heilsvermittelnde Individuen, sondern als Vertreter des verfolgten ‹wahren› Glaubens, der auch in der Gegenwart unter der Verfolgung durch Rom leidet.

Dieser Auffassung vom allgemeinen Apostolat und der allgemeinen Heiligkeit aller Gläubigen im protestantischen Spiel begegnen in den 1560er- bis 1580er-Jahren katholische Spiele mit Nachdruck: das ‹Apostelspiel› in Beromünster, das ‹Meinradspiel› in Einsiedeln und Hanns Wagners Solothurner Spiel von ‹Mauritius und Ursus›. Noch deutlicher als die älteren katholischen Spiele zeigen sie den individuellen Heiligen (selbst wenn er in Gruppen auftritt), der von Gott eingesetzt ist, um durch Lehre, Vorbildfunktion im Leben, Fürbitte und Wunder nach dem Tod Heil zu vermitteln und ggf. als Patron von Stadt, Ort oder Kloster zu wirken.

Luzern als Vorort der katholischen Schweiz unterstützte tatkräftig die Aufführungen katholischer Heiligenspiele. Erst 1585 aber, als das Genre in Solothurn und Einsiedeln sowie in Beromünster bereits etabliert war, entwickelte nun Luzern die Beromünsterer Spiele weiter, wobei Wilhelmi das ‹Apostelspiel› als Fortsetzung des ‹Luzerner Osterspiels› gestaltet. Das Heiligenspiel war zu diesem Zeitpunkt, 39 Jahre nach Boltz' ‹Paulus› bzw. 46 Jahre nach dem ‹Älteren Ursenspiel›, mittlerweile klar katholisch markiert. Das protestantische Bibelspiel hatte sich inzwischen (wohl in Abgrenzung hiervon) ein neues thematisches Feld erschlossen: das Alte Testament, insbesondere die alttestamentlichen Historienbücher. Dennoch scheint die Aufführung zumindest eines Johannesspiels in Bern nicht unmöglich gewesen zu sein. Sollte Andreas Heininger 1591 tatsächlich eine Aufführung von Johannes Aals ‹Johannesspiel› (und nicht die ‹Enthauptung Johannis› von Hans Sachs) in Bern geleitet haben,[6] stellt sich die Frage, inwiefern das Stück für die Aufführung bearbeitet wurde.

Eher mit Invektive reagiert schließlich die ‹Berner Trilogie› auf die katholischen Heiligenspiele. Basierend auf Friedrich Dedekinds Moralitäten der Jedermann-Tradition, aber mit deutlich stärkeren Spitzen gegen die katholische Geistlichkeit,

---

[6] Baechtold 1892, S. 269.

propagiert sie die Heiligkeit eines jeden frommen Christen sowie die Heiligkeit des Kirchenlehrers Paulus. Davon abweichende Heiligkeitskonzepte beleuchtet sie kritisch. Der unbekannte Berner Dichter greift damit zum Teil auch die Argumentationslinie von Foxe wieder auf.

Demgegenüber halten die katholischen Spiele sehr explizit an ihrer Definition und Zeichnung von Heiligkeit fest. Eine neue Vorliebe für heilige Herrscher und politisch bedeutsame Heilige wie Wilhelm, Leodegar, Stanislaus, Bruder Klaus und Oswald fällt in dieser späten Phase auf.

Heiligentypen

Wenngleich keine eindeutige Abfolge konstatiert werden kann, so zeigt sich doch, dass zu unterschiedlichen Zeiten und in unterschiedlichen Konstellationen verschiedene Heiligentypen auf der Schweizer Bühne präsentiert werden. Sie verdienen hier eine genauere Betrachtung. Dabei ist die Einteilung von Heiligen keineswegs so einfach, wie die auf Legendentypen basierenden Systematiken von Williams-Krapp und Feistner suggerieren.[7] Williams-Krapp unterscheidet zwischen Aposteln, Märtyrern, Bekennern und Jungfrauen;[8] Feistner geht grundsätzlich von der Zweiteilung in Märtyrer und Bekenner aus und differenziert letztere weiter in Kirchenfürsten, Eremiten/Asketen und Ordensheilige der Reformorden.[9] Limburg[10] warnt dagegen ausdrücklich vor einer Systematisierung der Heiligen nach Quellentypen und schlägt zunächst eine historisch-institutionelle Einteilung vor in Märtyrer, Bekenner, Asketen/Bischöfe, Ritter-/Adelsheilige, Reiter-/Soldatenheilige, um diese Einteilung einer detaillierteren Gruppierung gegenüberzustellen:

> biblisch: Apostel und Evangelisten; frömmigkeitsgeschichtlich: Nothelfer, Pestheilige, Patrone usw.; kirchenkundlich: Päpste, Mönche, Ordensheilige, Könige usw.[11]

Dass freilich auch diese Einteilung nicht aufgeht, weil z. B. Soldatenheilige oft zugleich Märtyrer sind und die Nothelfer, Patrone etc. im Leben eine andere Funktion haben mussten, ist augenfällig. Koch und Weitbrecht plädieren daher für eine Beschreibung von Heiligkeitsmodellen jenseits von Typologien, denn:

---

[7] W. Williams-Krapp 1986; Feistner 1995.
[8] W. Williams-Krapp 1986, S. 26.
[9] Feistner 1995, S. 149.
[10] Limburg 2009.
[11] Ebd., Sp. 1275.

Für eine präzise Beschreibung der historischen Konjunkturen, der Gleichzeitigkeit und Überlagerung unterschiedlicher Modellierungen von Heiligkeit ist die Typologie daher bestenfalls ungeeignet, wirkt in vielen Fällen sogar verunklärend.[12]

Die im Folgenden dargestellte Typisierung ist aus den untersuchten dramatischen Texten selbst heraus entwickelt. Sie beschreibt eher Rollen als Personentypen,[13] wobei es die Regel ist, dass ein Heiliger mehrere Rollen annimmt und damit in der folgenden Darstellung von ‹Heiligentypen› mehrfach genannt ist.

Apostel

Dass die von Christus selbst zur Verkündung des Evangeliums entsandten Apostel[14] allein durch ihre Nähe zu Christus eine herausgehobene Position erfahren, ist auch in protestantischem Kontext zunächst eine Selbstverständlichkeit.[15] Paulus bezeichnet sich selbst als spätberufenen ‹Apostel› (Gal 1,17) und wird in der Tradition zu ihnen gezählt.[16] Als Verfasser des größten Teils der kanonisierten Briefe nimmt er eine besondere Position ein, insbesondere im frühen Protestantismus, nicht zuletzt wegen seiner Gnadenlehre.[17]

Paulus kommt insbesondere in den protestantischen Spielen eine tragende Rolle zu: sowohl in Boltz' unter dem Eindruck des Konzils von Trient entstandener ‹Pauli Bekehrung› als auch und in der ‹Berner Trilogie›. Diese ist offensichtlich unter dem Einfluss der Auseinandersetzung mit den Täufern in Bern und mit dem Jesuitenorden in der Schweiz entstanden und sichert den reformierten Glauben nach zwei Seiten ab. In ihr stehen religiöse Orden pars pro toto für den Gegner, der aus Eigennutz die Menschen verführe. In beiden Fällen verbürgt Paulus durch seinen Status als direkt von Gott Berufener die Wahrheit der biblischen Lehre gegenüber den Machtansprüchen von kirchlichen Institutionen wie Orden und Konzilien. Auch in dem ebenfalls während des Konzils von Trient in Beromünster entstandenen ‹Apostelspiel› ragt er unter den Aposteln besonders hervor. Die Gruppe der Apostel steht ausdrücklich für den durch die Christus-Zeugen verbürgten Glauben, der den ‹Taschenspielertricks› der Reformatoren,[18] die einen ‹neuen› Glauben einführen möchten und dabei die apostolische Kontinuität der Kirche leugnen, entgegengesetzt ist.

---

[12] E. Koch/Weitbrecht 2019, S. 15.
[13] Zur Unterscheidung von Heiligen als Figur und/oder Person vgl. Koch 2020b, S. 93–98.
[14] Zum Begriff vgl. Kertelge 2009, Sp. 851.
[15] Entsprechendes gilt auch für Johannes Baptista, der als von Gott berufener Vorbote Christi in mittelalterlicher Tradition gerne auch in Apostelbücher aufgenommen wird. Vgl. Williams-Krapp 1986, S. 26.
[16] Vgl. dazu auch E. Koch 2019, S. 93.
[17] Vgl. Stolle 2002.
[18] Vgl. oben, Kap. ‹Luzern›.

Die Nähe der Apostel zu Christus wird im ‹Luzerner Apostelspiel› besonders betont. Petrus wird durch die *Quo vadis*-Szene noch einmal eindrücklich an seine Bindung zu Christus ermahnt. Paulus (dessen Bekehrung im erhaltenen Spielfragment nicht dargestellt ist, beim Publikum aber als Begründung seiner besonderen Nähe zu Christus ohnehin als präsent vorausgesetzt werden darf) kommt im ‹Apostelspiel› (verstärkt noch in der Bearbeitung durch Wilhelmi) die Aufgabe zu, die konfessionell diskutierten Begriffe ‹Glaube›, ‹Gnade›, ‹göttliches Wort›, ‹Verdienst› oder ‹Dienst›, ‹göttlicher Wille› und ‹Rechtfertigung› ins rechte Licht zu rücken und dabei die angebliche Neuerung der Protestanten als eine Fehlinterpretation seiner Worte und damit des Wortes Gottes zu deuten.

Lehrer

Eng verknüpft mit der Apostel-Rolle ist die Rolle der Heiligen als Lehrer, die auch andere Heilige in Haupt- und Nebenrollen der Spiele übernehmen: Johannes, Stephanus, Oswald, Meinrad, Victor und Ursus, Bernhard und der als heilig verehrte Bruder Klaus, um nur die Wichtigsten zu nennen. Das lehrhafte Element fällt in allen schweizerischen Heiligenspielen auf (auch übrigens in den nachreformatorischen Luzerner Osterspielen). Es ist deutlich gewichtiger als in den erhaltenen vorreformatorischen geistlichen Spielen. Die Heiligen predigen und diskutieren. Ihre Stärke ist es, auch gegenüber rasenden Tyrannen die Ruhe zu bewahren und auch ihnen als Ratgeber zu begegnen, wie z. B. Bernhard gegenüber Wilhelm im ‹Wilhelmspiel› oder Victor gegenüber Hyrtacus in Wagners ‹Ursenspiel›. Sichtbar auf der Bühne vorgeführt wird die Überzeugungskraft ihrer Argumentation, die sowohl auf Bibelzitate (und damit auf das nicht zu hinterfragende Wort Gottes) als auch auf den Bildungskanon und auf logische Schlussfolgerungen gestützt ist. Dies zeigt sich etwa in der Bekehrung und Taufe der Massen durch die Predigten von Victor und Ursus im ‹Ursenspiel› oder der *conversio* des Jedermann durch Paulus in der ‹Berner Trilogie›. Angesichts des Kerns der Legende der Hl. Katharina von Alexandrien ist es denkbar, dass das verlorene ‹Katharinenspiel› Wilhelmis ebenfalls die verbale Überzeugungskraft der Heiligen und nicht nur ihre Vorbildlichkeit als Megalomärtyrerin in Szene gesetzt hat.[19] Eine Präsentation ihrer Disputation und Bekehrung der 50 weisesten Philosophen[20] könnte zumindest die in den schweizerischen Orten öffentlich durchgeführten konfessionellen Disputationen reflektieren.

Besonders hervorgehoben wird die institutionalisierte Lehrerrolle in Büchsers ‹Meinradspiel›. Hier wird ausdrücklich erklärt, wie ein Lehrer (einer Klosterschule) sein sollte: Er soll Bibelkenntnis und -exegese sowie Rhetorik und Charisma verbinden und so sprechen, dass die Jugend ihn verstehe und er sie zu einem heiligenmäßigen Lebenswandel anhalten könne. Ein solcher Lehrer ist klar ein Vertreter

---

[19] Vgl. dazu Tilg 2005.
[20] Vgl. Jacobus de Voragine, ed. 2014, Nr. 172, S. 2262–2283, hier 2266–2269.

der katholischen Reform, die nicht nur thematisiert wird, sondern deren Ziele auch im Spiel umgesetzt sind, das ebenso lehrhaft wirken will. Dabei steht die Dreiheit von Wort, Gottesfurcht und Klosterzucht im Gegensatz zu der alleinigen Betonung des ‹reinen› Worts im protestantischen Drama. Diese Gegenüberstellung zieht sich durch alle genannten Spiele hindurch. Daher ist auch die Lehrerrolle keiner bestimmten Periode der schweizerischen Heiligenspiele zuzuordnen.

Sünder- und Konversionsheilige

Eine häufig auf die Lehrerfiguren bezogene andere Gestalt ist der Konversionsheilige. Bedingt durch das Charisma des Lehrers oder aufgrund göttlicher Intervention gelingt es ihm, seine schlimmsten Gegner zu überwinden: das Ich, die Welt und den Teufel und die von diesem initiierte falsche Lehre. Diese Gegner werden bereits in Kolroß' ‹Fünferei Betrachtnis› explizit genannt; seine Jedermann-Figur vermag sich, vom Prediger ermahnt, erfolgreich von ihnen abzukehren. Paulus, dessen Konversion im Zentrum von Boltz' Spiel steht, stellt den paradigmatischen bekehrten Sünder dar, dessen auf innerste Erfahrung gestützte Lehre später mit umso größerer Überzeugungskraft andere – wie z. B. den Jedermann in der ‹Berner Trilogie› – überzeugen kann. Einen solchen aus flammender Überzeugung predigenden bekehrten Paulus stellt auch das von Wilhelmi überarbeitete ‹Apostelspiel› aus.
    Bekehrte Nebenfiguren gehören zum Standardrepertoire der konfessionellen, auf Überzeugung zielenden Stücke. Zu erwähnen ist etwa Patroclus in Wilhelmis ‹Apostelspiel›, der ähnlich begeistert für den als richtig erkannten Glauben wirbt wie Paulus. Sehr viel vorsichtiger gibt dagegen Symbolus in Wagners ‹Ursenspiel› zu, dass ihn die Reden der gefangenen Thebäer, kombiniert mit den sichtbaren Wundern, überzeugt haben. In seiner Vorsicht repräsentiert er diejenigen, die aus Angst vor der andersgläubigen Macht nicht wagen, laut ihren Glauben zu bekennen – und damit gerade nicht zu Konversionsheiligen werden, da zum Glauben das ‹Werk› hinzutreten muss.
    Die vom paganen Glauben zum Christentum bekehrte Hauptfigur ist in den katholischen Stücken relativ selten, geht es doch in diesen Werken nicht darum, einen alten als sündig erkannten Glauben abzulegen, sondern eher darum, den eigenen Glauben gegen alle Anfechtungen zu verteidigen. Die für die katholischen Spiele weitaus wichtigere Bekehrung ist die vom Weltleben zum gottgefälligen Ordensleben. Eine solche ist im ‹Wilhelmspiel› vorgesehen und durch die besonders sündhafte Darstellung Wilhelms als geradezu ‹unmöglich› präsentiert. Leider ist der zweite Teil des Spiels mit der Bekehrung nicht überliefert, es ist daher schwer abzuschätzen, wie sehr sie als Wundergeschehen ausgestaltet war.
    Während die Bekehrung zum rechten Glauben ein Gegenstand der Frühzeit des Reformationsdramas ist, ist die Abkehr von den Sünden ein Dauerthema; die Bekehrung zum monastischen Leben und zum Eremitenleben scheint aber eher später wichtig zu werden, wie im Folgenden dargelegt wird.

Asketen

Letztlich eine Steigerung der Bekehrung des Sünders zum Ordensleben stellt die zweite *conversio* eines Heiligen vom gläubigen zum eremitischen Leben dar, da sie eine Entscheidung auch gegen allgemein für gut gehaltene und gelobte Lebensformen ist. Das ‹Einsiedler Meinradspiel› präsentiert die wiederholte Entscheidung gegen die die angestammte Gemeinschaft (die Adelsfamilie, die klösterliche Gemeinschaft) und die Auflösung von Bindungen, die auch dem Heiligen wertvoll, aber der Liebe zu Gott unterlegen sind, als einen Kraftakt, gegen den die Teufel massiv intrigieren und damit ungewollt den Weg als den richtigen rechtfertigen. Der Rückzug des Bruders Klaus aus dem politischen Leben und aus der Familie zeigt ähnliche Bindungskonflikte,[21] die in den verschiedenen Spielen unterschiedlich ausgestaltet werden.

Die katholischen Stücke spielen mit der Härte dieser Entscheidung und den vielfältigen Anfechtungen des Asketen durch den Teufel, um anschließend den mittelalterlichen Einsiedler mit den spätantiken Wüstenheiligen[22] und schließlich mit Christus in der Wüste zu parallelisieren. Durch diese Analogiebildung wird die Heilswirksamkeit der Entscheidung für diesen Weg augenfällig. Die Spiele akzeptieren keinerlei Zweifel an der von protestantischer Seite stark kritisierten Lebensform. Der Einsiedler ist auch kein ‹Aussteiger›, der sich seiner Verantwortung gegenüber seinen Mitmenschen entziehen würde; Meinrad z. B. muss lernen, dass er sich auch in der Tiefe des Finstern Waldes nicht derer entziehen kann, die seinen Rat suchen. Gerade das asketische Leben erlaubt den Heiligen, als politische oder spirituelle Berater aufzutreten. Besonders deutlich ist dies bei Bruders Klaus, der auch im protestantischen Spiel (bei Boltz) als weiser Berater der Eidgenossenschaft auftritt; nur in den katholischen Spielen wird diese Weisheit mit dem Askesewunder in Verbindung gebracht. Auch Bernhard qualifiziert sich im ‹Wilhelmspiel› dadurch als weiser Berater Wilhelms, dass er in seinem asketischen Leben den gewalttätigen Anfechtungen der Teufel widersteht und eine besondere Nähe zu Gott aufbaut.

Dass der Typus des asketischen Heiligen nicht zu Beginn der gegenreformatorischen Verteidigungen des alten Glaubens auf der Bühne auftritt, überrascht wenig: Die Verteidigung des monastischen Lebens wird erst dann nötig, wenn durch die bereits erfolgte Reformation in Teilen der Schweiz auch die Klöster in der Zentralschweiz geschwächt werden.

---

[21] Auf welch unterschiedliche Weise familiäre Bindungen mit Lebensentwürfen von Heiligen verbunden sein können, zeigen für das legendarische Erzählen Weitbrecht u. a. 2019, hier v. a. Traulsen, S. 137–158.

[22] Ausführlich zu Asketenheiligen in den ‹Vitaspatrum› vgl. Traulsen 2017.

Märtyrer

Anders als der Asket hat der historisch ältere Heiligentyp des Märtyrers nicht innere Kräfte oder Versuchungen zum Gegner, sondern Tyrannen. Damit weist er in Zeiten aktiver und seit den Kappelerkriegen auch blutiger konfessioneller Auseinandersetzungen ein hohes Identifikationspotenzial für das Publikum auf. Im Hl. Römischen Reich sind Märtyrer, insbesondere der Protomärtyrer Stephanus, beliebte Protagonisten des lutherischen Dramas.[23]

Die Reihe der Märtyrer auf der Schweizer Bühne ist lang: Mauritius, Ursus und die gesamte Thebäische Legion, Johannes, Stephanus, sämtliche Apostel, Leodegar, Stanislaus, Oswald, dazu noch die Protagonistinnen und Protagonisten verlorener Texte: Felix und Regula, Katharina, etc. Die auch von protestantischer Seite unhinterfragte Vorbildlichkeit der konsequenten Christusnachfolge der Märtyrer wird in den katholischen Spielen ausdrücklich mit einem göttlichen Auftrag verbunden, wie etwa im ‹Meinradspiel›, in dem sowohl der wundersame (Christus-)Knabe als auch der Engel den Einsiedler auf den göttlichen Auftrag, den Zeugentod zu sterben, hinweist. Damit wird das Martyrium zu dem höchsten ‹Werk› des Heiligen. Der Märtyrertod heiligt zugleich den Sterbeort; die Reliquie des Märtyrers wird zum Mittler seiner Heiligkeit und heiligt auch den Ort ihrer Aufbewahrung. Durch die Präsentation der Wunder des Heiligen nach dem Tod wird die Relevanz des Heiligen für seinen Sterbeort bzw. den Ort der Aufbewahrung seiner Reliquien betont und damit nicht zuletzt auch mit lokalpatriotischen Argumenten gegen eine protestantische Ablehnung des Heiligenkults diskutiert. Dies wird in Mahlers ‹St. Oswald› besonders deutlich, wenn die Fragmentierung des Körpers des Heiligen auf der Bühne dargestellt und der gesamte zweite Spieltag darauf verwendet wird, die Wirkung der Reliquien und die Funktion des Heiligen als Schutzpatron der Stadt auszustellen. In Wagners ‹Ursus› wird der Märtyrertod durch die Intervention Christi auf der Bühne unmittelbar mit der Schutzfunktion des Heiligen für Solothurn nach der Erhebung der Gebeine verknüpft, während die Schmähung der Peiniger des Heiligen die lästernden Worte der Reformierten spiegeln, die das Schweißwunder der Ursus-Reliquie ausgelöst haben sollen. Unmittelbar auf die Heiligkeit der Kopfreliquie des Hl. Johannes spielt Aal an, wenn er das abgeschlagene Haupt beim Gastmahl des Herodes zur ‹Speise› werden lässt und mit dem *corpus Christi* beim Letzten Abendmahl überblendet.

Bemerkenswert ist schließlich der Sonderfall eines Märtyrers bei Felix Büchser: Meinrad wird als Opfer protestantischen Zweifels am Wallfahrtswesen und am Asketentum präsentiert. Das Wallfahrtswesen war von besonderer Bedeutung für das Kloster – sowohl für seine Ökonomie als auch für seine Anerkennung als spirituelles und religiöses Bildungszentrum. Die üblichen Vorwürfe an die ‹allein› auf finanziellen Vorteil bedachte Kirche werden hier zum Mordmotiv an Meinrad, der im Text unverhohlen als ‹Märtyrer› und nicht etwa als Opfer eines Raubüberfalls bezeichnet wird.

---

[23] Vgl. Dietl u. a. [2025].

Während in den katholischen Spielen die Märtyrerrolle durchgängig vertreten ist und der unorthodoxe britische Protestant John Foxe in seinem wohl in Basel verfassten ‹Christus Triumphans› die gesamte Kirchengeschichte als eine Geschichte fortwährenden Martyriums der Massen beschreibt, wird die Märtyrerrolle bei den erhaltenen reformierten Spielen geradezu zurückgewiesen: Wo gegen die katholische Heiligenverehrung polemisiert wird, spielt die Art, wie die ‹Menschen›, die anstelle von Christus angebetet würden, zu Tode gekommen sind, keine Rolle. Boltz spart das Martyrium des Paulus aus, wenngleich es drohend im Hintergrund des Geschehens steht; die späte ‹Berner Trilogie› setzt geradezu einen Schlussstrich unter die Martyriumsdiskussion. Sie spielt auf die Gefangennahme Petri und sein drohendes Martyrium an, ersetzt aber das Martyrium des Apostelfürsten ebenso wie den Heiligkeitsbegriff insgesamt durch das von allen Christen zu tragende Leid; sein Jedermann wird zu einer Art ‹Märtyrer im Leben›.

Amtsheilige

In den polemischen schweizerischen Spielen wider den Heiligenkult, in Boltz' ‹Paulus› und in der ‹Berner Trilogie› wird massive Kritik an kirchlichen Amtsträgern geübt und, insbesondere im Kontext des Konzils von Trient, auch an der Macht von Konzilien. Dies sind Dauerthemen protestantischer Reformationsdramen. Im Gegensatz dazu inszenieren die katholischen Heiligenspiele vor allem ab den 1580er-Jahren vermehrt Amtsheilige, die zugleich Märtyrer sind: Jetzt interessieren der Protomärtyrer und erste Diakon der Urkirche Stephanus, Leodegar, der Bischof von Autun, oder auch Stanislaus, Bischof von Krakau. Die Spiele betonen den ungebremsten Willen der Heiligen, ihr Amt gegen sämtliche Widerstände ihrem Auftrag gemäß auszufüllen und sich schützend vor ihre Gemeinden zu stellen. Die Betonung der Schwierigkeit und Gefährlichkeit einer rechten Amtsführung wird der protestantischen Kritik an korrupten Amtsträgern entgegengehalten. Sie lässt zugleich die Heiligen als Vertreter der katholischen Reform erscheinen, die hier gerade nicht den Jesuiten überlassen wird. Die durch ihre treue Amtsführung Geheiligten räumen einerseits mit Missständen in der eigenen Kirche auf, andererseits zögern sie nicht, Verfehlungen der Herrschaft und insbesondere moralische Mängel der von den Teufeln verführten Herrscher anzuprangern und – entsprechend den Vorgaben des Tridentinischen Konzils – das moralische und religiöse Primat der Kirche hervorzuheben. Dies wird im ‹Leodegarspiel› besonders deutlich. Gott unterstützt sichtbar das Wirken des heiligen Bischofs, indem er ihn durch ein Wunder selbst mit ausgerissener Zunge weiterpredigen lässt. Damit repräsentiert der Heilige den Willen und die Überzeugung der Gegenreformation, mit Gottes Hilfe nicht nachzulassen, an der römischen Lehre festzuhalten und sie zu verkünden. Diese Beharrlichkeit im ‹rechten› Glauben zeichnet alle Heiligen und letztlich alle Heiligenspiele aus.

Überzeugungsstrategien

Als audiovisuelles Medium setzt das konfessionelle Theater, das in der Schweiz stets mit Zuschauern der anderen Konfession zu rechnen hat, auf verschiedene Überzeugungsstrategien, welche die Richtigkeit der eigenen Position augenfällig vorführen möchten.

Wunder

Wenn der in seinem paganen Glauben verunsicherte Symbolus in Wagners ‹Ursus› die gefangenen Christen fragt, welche Wunder denn ihr Gott vollbringen könne, wird deutlich, dass Wunder zumindest in katholischen Spielen der Zeit (wie in der biblischen Tradition) als überzeugende religiöse Argumente gelten. Sie führen die Wirkmacht eines Gottes und damit die Angemessenheit, an ihn zu glauben, sichtbar vor Augen. Wunder werden daher in den katholischen Spielen zum Teil mit großem technischem Aufwand auf die Bühne gebracht.

Die in Heiligenspielen häufigsten Wunder sind Schutz-, Befreiungs- und Heilungswunder, die Gott von sich aus sichtbar tätigt, um das Wirken der Heiligen im Leben zu verlängern und um ihre Heiligkeit auszustellen: Mehrfach wird im ‹Ursenspiel› das Martyrium der Thebäer durch Wunder verhindert. Durch ein Wunder kann Leodegar weiterpredigen, obwohl ihm die Zunge herausgerissen worden ist. Das Fastenwunder bewahrt den Protagonisten der Bruderklausenspiele vor dem Hungertod und begründet seine Heiligkeit. Dieses Wunder wird in den Spielen explizit diskutiert. Es wirkt, auf der Bühne sichtbar, unmittelbar bekehrend auf diejenigen, die es wahrnehmen. Dieser Typus von Wundern ist auch protestantischen Spielen nicht gänzlich fremd, wenngleich sie nicht in gleicher Weise gesteigert auftreten. So wird auch der Protagonist in der ‹Berner Trilogie› (in Anlehnung an Petrus) wundersam durch einen Engel aus dem Kerker befreit und auch die Flucht des Paulus in Boltz' Spiel bewegt sich im Übergangsbereich zwischen List und Wunder. Diese Wunder zeigen, dass Gott den Protagonisten in besonderer Weise gewogen ist und ihnen in der Not beisteht, insbesondere dann, wenn Familie und Gemeinde für sie beten. Es sind aber, ähnlich wie auch das Bekehrungswunder des Paulus, das in Basel sehr effektvoll in Szene gesetzt war, keine Wunder, die Heilige durch ihre Fürbitte bewirken würden, es sind Wunder Gottes *am* Heiligen, die auch diesen meist überraschend überkommen und in seinem Glauben stärken.

In Wagners ‹Ursenspiel› wird explizit auch die andere Art von Wundern diskutiert und, so wie die Schutzwunder Gottes, nach der verbalen Präsentation sichtbar bestätigt: Gott, so erklärt hier Constantius, habe die Macht, Wunder zu wirken, auch habe er diese an die Apostel delegiert. Sie wirken die Wunder (insbesondere Heilungs- und Auferweckungswunder) zunächst im Leben, direkt oder durch Kontaktreliquien. Bei dieser Aussage stützt sich Constantius noch auf Exempel aus der

Apostelgeschichte. Vorgeführt werden solche Wunder und ihre bekehrende Wirkung u. a. in Wilhelmis ‹Apostelspiel›, in dem der nach seiner (durch Paulus verursachten) Totenerweckung bekehrte Patroclus eine flammende Rede zum Lob des christlichen Glaubens hält.

Effektvolle Wunder, die durch Heilige im Leben gewirkt werden, sind auch die Dämonenaustreibungen aus Götzenbildern wie im ‹Apostelspiel› durch Thomas und im ‹Ursenspiel› durch Victor. Diese Wunder, welche die Dämonenaustreibungen Christi im Neuen Testament spiegeln, werden durch die Klagereden der Teufel verifiziert und demonstrieren sowohl die Falschheit der anderen Religion als auch die Wirkmacht des Heiligen. Durch die Verwendung von regulären Exorzismus-Formeln setzen sie schließlich das in die Macht der Heiligen gegebene Wunder mit der Macht gleich, die den Priestern gegeben ist, um durch Segen und Sakramente Gottes Werk in der Welt fortzusetzen.

Deutlich dem katholischen Heiligenverständnis entspricht schließlich die Darstellung von postmortalen Wundern der Heiligen und ihrer Reliquien, welche die Nähe der Heiligen zu Gott und ihr weiteres Wirken in der Welt als Mittler der göttlichen Gnade belegen. In Wagners ‹Ursus› nennt Constantius das Wunder, dass viele Heilige nach ihrem Tod ihre abgeschlagenen Köpfe selbst davontragen. Genau dies wird im ‹Ursenspiel› anschließend vorgeführt. Bedeutender noch aber als diese Zeichen, die noch einmal die Auserwähltheit der Heiligen bezeugen, sind postmortale Heilungswunder, die auf Fürbitte der Heiligen gewirkt werden. Sie werden im ‹Ursenspiel› nur erinnert, im ‹Apostelspiel› und im ‹Leodegarspiel› aber samt den Reaktionen der Zeugen präsentiert. Mahlers ‹St. Oswald› räumt den wunderwirkenden Reliquien und der sichtbaren Wirkkraft der Fürsprache des Heiligen weiten Raum ein. Gerade durch einen möglichen Bezug zur Lokalgeschichte, die bei den Zuschauenden als bekannt vorausgesetzt wird, erweisen sich diese Wunder als bereits ‹gewusst› – und bestätigen damit das katholische Heiligenverständnis.

Auftritte himmlischer Gestalten

Die Engel, Christus, Gottvater (und in katholischen Spielen zuweilen auch Maria) übernehmen im frühneuzeitlichen Theater eine dominante Rolle. Dies ist insbesondere beim ehemals Beromünsterer ‹Wilhelmspiel› augenfällig, bei dem der Erzengel Michael als Proclamator (und damit in der üblicherweise dem Spielleiter zugedachten Rolle) auftritt. Die Engel oder Stimmen aus dem Himmel dienen in allen Spielen als Garanten der göttlichen Ordnung und der außerordentlichen Gnadenposition der Heiligen; sie führen die Heiligen auf den rechten Weg (wie z. B. in den Bruderklausenspielen oder in Boltz' ‹Paulus›), weisen die Teufel in ihre Schranken (in Mahlers ‹Bruder Klaus› übernimmt Maria diese Rolle), befreien Gefangene oder trösten die Todgeweihten vor dem Martyrium, versprechen ihnen die himmlische Krone (z. B. in den Ursenspielen, im ‹Leodegarspiel›, im ‹Meinradspiel› und im ‹Stanislaus›, aber auch in der ‹Berner Trilogie›). Ihre Auftritte verleihen damit dem bevorstehenden Tod der Heiligen Sinn und Erhabenheit.

Als gleichsam über der Handlung stehende Autoritäten lenken sie die Rezeptionshaltung des Publikums. Während etwa im ‹Anonymen Bruderklausenspiel› die Engel als Vermittler der im Text enthaltenen Heilsbotschaft zwischen Spiel und Publikum treten und dieses zur rechten Frömmigkeit anhalten, lässt Zurflüe Christus selbst erscheinen und die Menschen zu Gottesfurcht mahnen. In Hanns Wagners ‹Ursus› sagt Christus dem Heiligen seine künftige Stellung als Schutzpatron Solothurns zu. Er garantiert, dass Gott die Gebete derer, die in seinem Namen etwas erbitten, erhören werde, und dass in der Stadt keine falschen ‹Sekten› Fuß fassen könnten. Eine ähnliche Bestätigung der Mittlerfunktion des Heiligen und seiner Wirkung als Schutzpatron des durch seine Reliquie geheiligten Orts sprechen in Wilhelmis ‹Leodegar› Christus und Gottvater gemeinsam aus. In Mahlers ‹Oswald› ist die Stimme Gottes von Anfang an präsent. Der ganze zweite Spieltag spielt nach dem Märtyrertod Oswalds und präsentiert u. a. die Krönung des Heiligen im Himmel, die hier offensichtlich und damit nicht hinterfragbar ist. Christus tritt am Ende als Rächer auf, wobei sich der Heilige auch im Jenseits noch einmal als treuer Nachfolger Christi erweist und den Herrn für seine Mörder bittet, er möge diese Rache unterlassen. Damit ist die Fürbitte der Heiligen nicht nur von höchster Autorität bestätigt, sondern wird im Dialog sicht- und hörbar vorgeführt und verifiziert dabei die Ablösung des alttestamentlichen strafenden Gottes durch den gnädigen Gott, womit protestantischer Kritik geschickt begegnet wird.

Teufel

Komplementär zu den Engeln sind auch Teufel in der frühneuzeitlichen – protestantischen und katholischen – Literatur omnipräsent. Sie stellen in allen Spielen eine ernstzunehmende Bedrohung der Seelen dar; ihre Anfechtungen der Frommen sind Gradmesser der Glaubensstärke. Im ‹Wilhelmspiel› haben sie den späteren Bekehrungsheiligen anfänglich sogar gänzlich unter ihrer Kontrolle. Im ‹Leodegarspiel› sind sie als ständige Begleiter des Antagonisten Ebroinus ausgestellt; in der ‹Berner Trilogie› bekämpfen sie energisch die Bekehrung des Protagonisten. Helferfiguren der Teufel sind dabei personifizierte Untugenden wie Unglaube, Zweifel und Wollust – und schließlich Franziskaner und Jesuiten. Diese erscheinen auf gleiche Weise bedrohlich wie der Teufel Sekta im ‹Oswaldspiel›.

Gerade in ihrer Bedrohlichkeit dienen die Teufel wie die Engel als Garanten einer transzendenten Ordnung und – insbesondere nach dem Tod der von ihnen Versuchten – der göttlichen Gerechtigkeit. Wenngleich ihr Erscheinen durchaus unterhaltsame Qualitäten hat, so ist es z. B. alles andere als komisch, wenn sie im ‹Meinradspiel› Uli Bösbub vierteilen und in die Hölle führen oder wenn sie in Rütes ‹Faßnachtspil› die Vertreter der Papstkirche gemeinsam mit den Vertretern des paganen Glaubens abholen. Diese ebenso erschütternden wie letztlich tröstlichen Szenen vermögen vor dem Hintergrund der Heilsgewissheit die Teufel als höchst bedrohliche Gestalten erscheinen zu lassen, sie demonstrieren aber auch die Schwäche der Teufel gegenüber dem Göttlichen.

An der Standhaftigkeit des Heiligen müssen alle noch so aggressiven Agitationen der Teufel scheitern. Mit ihren erfolglosen Angriffen bestätigen die Teufel die Heiligkeit der Protagonisten und geben sich selbst als hilflose Kräfte des Bösen der Lächerlichkeit preis.[24] Je mehr Teufel auftreten – man beachte die Steigerung der Zahl der Teufel etwa zwischen Zurflües ‹Bruderklausenspiel› und dem ‹Anonymen Bruderklausenspiel› –, desto überraschender und somit komischer erscheint ihre Ohnmacht. Erfolglos rütteln sie im ‹Meinradspiel› am Haus der frommen Witwe und versuchen vergeblich, durch Fürze Meinrad von seinem Entschluss abzuhalten, Einsiedler zu werden. Laut ertönen mehrfach im Spiel ihre Wehklagen. Freilich können auch einzelne Teufel in ihrem ‹tragischen› Jammern komisch erscheinen, wie der machtlos wimmernde Teufel, der im ‹Älteren Ursenspiel› und bei Hanns Wagner aus der Merkurstatue weichen muss.

Eine Anlehnung der Teufelsgestalten an traditionelles Brauchtum, etwa die Darstellung des Teufels als einäugiger Hund in Flües ‹Bruderklausenspiel›, oder gar die direkte Assoziation der Teufel mit Fastnacht in Mahlers ‹Stanislaus›, wo die Teufel das wegen der ausschweifenden Feierlichkeiten kritisierte Fastnachtsfest verteidigen, verbindet die Teufel mit der lokalen Tradition und unterstreicht damit ihre nicht zu ignorierende Präsenz, die mit der Präsenz des Lokalheiligen korrespondiert.

Bibelzitate

Die Heiligkeit der Protagonisten wird in allen Spielen durch szenische Bibelzitate unterstrichen: Der Komet, der in den Bruderklausenspielen bei der Geburt des Protagonisten gesehen wird, ist ebenso ausdrucksstark als Christus-Zitat wie die Szene vom Fischfang der ‹Jünger› Meinrads oder die an die Ölbergszene angelehnte Tröstung Meinrads durch den Engel bei Felix Büchser. Ein eindeutiges Szenenzitat der Gefangennahme Christi ist auch die Gefangennahme Leodegars bei Wilhelmi. Auf die Überblendung der Präsentation des Hauptes Johannes des Täufers am Tische des Herodes mit Letztem Abendmahl und Eucharistie ist oben bereits hingewiesen worden. Durch diese Bibelzitate werden die Heiligen in ein postfigurales Verhältnis zu Christus gesetzt und durch dieses sichtbar geheiligt.

Bei biblischen Heiligen wie den Aposteln und Stephanus liegen selbstverständlich auch direkte szenische Zitate sowie in den Repliken gereimte Paraphrasen des entsprechenden Bibeltextes vor. Sie bestätigen die Wahrheit des Dargestellten. Eine dritte Form des Bibelzitats findet sich in den Predigten und lehrhaften Reden der Heiligen, die ihre Argumente aus der Bibel beziehen und zum Teil lange Passagen aus der Heilsgeschichte nacherzählen. Auf die Aufzählung der Wunder Christi sowie der in der Apostelgeschichte genannten Wunder der biblischen Heiligen im

---

[24] Zu den ‹armen› Teufeln im lutherischen Spiel vgl. Gold 2018.

‹Ursenspiel› Wagners ist bereits hingewiesen worden; Meinrad vergleicht sich in Todesangst explizit mit Petrus, der aus Angst Christus verleugnete. Als typisch protestantisch erscheint es zunächst, Bibelstellen nicht nur zu paraphrasieren, sondern explizite Stellenangaben zu machen, um zu belegen, dass alle zentralen Aussagen der Stücke bzw. ihrer Protagonisten bibelgestützt sind. Dies geschieht zunächst in den Repliken selbst, auch in katholischen Spielen, z. B. im ‹Luzerner Antichrist- und Weltgerichtsspiel›.[25] In den gedruckten Textausgaben von Boltz und Rüte finden sich Hinweise auf Bibelstellen zusätzlich in den Marginalien. Die – jüngeren – Handschriften von Heiligenspielen weisen das gleiche Layout auf, und zwar die katholischen in gleicher Weise wie die protestantischen. In Wagners Handschriften von ‹St. Mauritius und St. Ursus› etwa finden sich solche Marginalien ebenso wie in den Handschriften von Mahlers Spielen. Damit reagieren die katholischen Spiele offensichtlich auf den protestantischen Vorwurf, sie und die gesamte Heiligenverehrung entsprächen nicht dem göttlichen Wort. Bemerkenswert ist in diesem Zusammenhang v. a. der Epilog des ‹Meinradspiels›, der zur Rechtfertigung des Heiligenkults und des Wallfahrtswesens gezielt Psalmenstellen nach der Dietenberger-Bibel zitiert und damit der Zürcher Bibel widerspricht.

Mehr oder weniger versteckte Invektiven

Teil der Überzeugungsstrategie sowohl der katholischen als auch der reformierten Spiele ist die v. a. im frühen protestantischen Spiel sehr offene, nach dem im Zuge des Zweiten Kappeler Landfriedens 1531 verabschiedeten Schmähverbot[26] über längere Zeit eher versteckte und gegen Ende des Betrachtungszeitraums wieder deutlich offenere Invektive gegenüber der anderen Konfession. Ziel ist es, andere Positionen derart zu verunmöglichen und als gefährlich darzustellen, dass den Zuschauenden keine Wahl gelassen wird, mit welcher Seite sie sich identifizieren möchten. Dies ist in der Regel die Opferrolle, ob im Fall der von der Papstkirche und den paganen Priestern ausgebeuteten armen Bevölkerung wie in Rütes ‹Faßnachtspiel›, im Fall der verfolgten auf Christus allein ausgerichteten Christen in Boltz' ‹Paulus› oder den offen für christliche Tugenden und christliche Werke eintretenden daher verfolgten Heiligen, z. B. im ‹Leodegar› oder im ‹Johannes›. Die Opferrolle legt den Rezipienten nahe, sich selbst von der Täterrolle, in der sämtliche Untugenden zusammenkommen und die deutlich mit den Teufeln und damit mit der ewigen Verdammnis assoziiert werden, abzukehren, um das eigene Seelenheil zu sichern. Eine Betonung der Gefährlichkeit der Täter für *alle* kann zugleich als Appell dienen, diese zu bekämpfen.

---

[25] Vgl. dazu Thali 2015, S. 440–461.
[26] Vgl. Maissen 2009, S. 20.

Eine einfache Form des Verhüllens einer Schmähung der Gegenposition ist die scheinbare Ausrichtung auf Dritte: Nicht Zwingli etwa wird im ‹Luzerner Apostelspiel› als Betrüger gescholten, sondern Luther, der eine neue Religion gefunden haben will, indem er die Werke des Glaubens abgeschafft hat. Auch in Zurflües ‹Bruderklausenspiel› wird kein Schweizer Reformator, sondern Luther unter die *verloffnen pfaffen* gezählt, die der Teufel bereits in die Hölle geführt hat. In Mahlers ‹St. Oswald› ist die personifizierte Sekte zunächst nur verantwortlich für die Reformation in England; allerdings stellt Mahler dar, dass Sekta von England aus in die Eidgenossenschaft drängt, wo sie von den Zugern standhaft abgewehrt wird. In diesem Moment ist Sektas Identifikation mit der schweizerischen Reformation nicht mehr von der Hand zu weisen. Ähnlich verhält es sich mit den in Wagners ‹Ursenspiel› geschmähten «Sekten». Sie sind zwar nicht explizit einer Glaubensrichtung zugewiesen, ihre Identifikation mit der Reformation drängt sich aber geradezu auf.

Geschickter verhüllt Büchser die letztlich sehr viel drastischere konfessionelle Polemik im ‹Meinradspiel›: Er versteckt nicht etwa die Schweizer Reformatoren hinter Vertretern anderer Konfessionen oder Religionen, sondern hinter säkularen Personen, die fraglos als Mörder und Übeltäter sowohl der weltlichen als auch der göttlichen Gerichtsbarkeit anheimfallen: die allein aus Besitzgier handelnden Mörder des Heiligen, deren Verweigerung der Reue und Hinrichtung effektvoll in Szene gesetzt wird, wobei ihr Zweifel am Eremitenleben und Wallfahrtswesen bei der Hinrichtung keinerlei Rolle mehr spielt, und insbesondere der selbst von der eigenen Mutter und Ehefrau getadelte skrupellose Räuber und Mörder Uli Bösbub, der sich durch Werke des Unglaubens auszeichnet, ebenfalls nicht bereuen will und am Ende von einem plötzlichen Tod niedergestreckt und von den Teufeln geholt wird. Die dem Protagonisten kontrastierte Vita, der Name ‹Ulrich› und die Vierteilung nach dem Tod machen ihn erst hinterher als Abbild Zwinglis erkenntlich, der damit indirekt als ‹Bösbub› geschmäht wird.

Musik

In allen Spieltexten finden sich Hinweise auf Musik – zwischen den Akten, als Überbrückung von Übergängen, als Charakterisierung von Räumen oder als Markierung von Stimmungen. Damit entsprechen die Spiele der allgemeinen Konvention des frühneuzeitlichen Theaters. Nur selten geben die Handschriften Auskunft über die genaue musikalische Gestaltung. Explizit benannt sind Blechbläser und Trommeln, insbesondere im Kontext von Kampfdarstellungen, Aufmärschen der Heere, Herrscherauftritten und weltlichen Prozessionen (z. B. im ‹Wilhelmspiel› oder im ‹Stanislaus›), Pfeifen und Geigen bei Wirtshaus- und Festszenen (z. B. in Zurflües ‹Bruderklausenspiel›) oder *spillüt* in Hofszenen (z. B. im ‹Wilhelmspiel›). Erwähnt wird auch mehrfach Gesang, im Himmel (z. B. im ‹Oswald›) oder disharmonischer Lärm in der Hölle (z. B. im ‹Meinradspiel›). Dokumentiert ist zuweilen der Einsatz von eigenen Stadtpfeifern oder von geborgten, wie im Fall von Einsiedeln, das hier Luzern um Hilfe bat. Wo es freilich die lokalen Gegebenheiten erlauben, ist auch mit sehr elaborierter Musik zu rechnen. Hanns Wagner, Organist am St. Ursenstift, benennt die Komponisten, deren musikalische Schöpfungen er in sein Doppelspiel von ‹St. Mauritius und St. Ursus› integriert: Er verwendet die aktuelle, insbesondere in jesuitischen Kreisen hochgeschätzte Polyphonie als katholischen Konfessionsmarker. Auch Mahlers Kompositionen in Zug weisen über eine schlichte Tonkulisse deutlich hinaus. Im dritten Akt seines ‹St. Stanislaus› ist eine ganze Szene als dialogischer Chorgesang zwischen den himmlischen Geistern samt Geist der Königin und dem Chor der Unterwelt gestaltet, welcher der Welt einen Spiegel ihrer Zerrissenheit vorhält.

Die konfessionelle Markierung des Dramas durch Musik kann auch durch Kontrafakturen geistlicher Lieder erfolgen. In ‹Wider die Abgötterey› und in Boltz' ‹Weltspiegel› in Basel dienen Kontrafakturen dazu, die Heiligkeit vorgeführter liturgischer und ritueller Handlungen zu hinterfragen und auf polemische Weise den paganen Kult mit den Riten der römischen Kirche zu parallelisieren. Ein klares konfessionelles Statement ist es schließlich auch, wenn Boltz in seinen ‹Paulus› dezidiert Lutherlieder integriert.

Dieser konfessionelle Einsatz von Musik setzt die Vertrautheit des Publikums mit musikalischen Konventionen voraus. Die Melodie errichtet für die Rezipienten einen Bedeutungshorizont, an dem die Texte gemessen und als ‹richtig› oder ‹falsch› kategorisiert werden.

Aufführungsform

Nicht zuletzt durch die sehr häufige Präsentation der Spiele am Rande von politischen Versammlungen, die über mehrere Tage dauerten, und unter dem Einfluss der zweitätigen Luzerner Osterspielaufführungen hat sich eine Tradition der zweitägigen Spielaufführungen in der Schweiz herausgebildet, der die meisten Heiligenspiele folgen. Allein diese Struktur zitiert bereits ein literarisches Muster der vorreformatorischen Zeit. Dieses wird verstärkt durch die in der Regel großräumige Simultanbühne, wie sie gerne als charakteristisch für ‹mittelalterliche› Spiele bezeichnet wird.[27] Hier findet aber keineswegs nur eine Fortschreibung alter Traditionen statt. Durch das Errichten einer *brüggi*, d. h. einer Zuschauertribüne und zum Teil auch von Bühnengerüsten, ist eine von Ort zu Ort je unterschiedliche Hybridform zwischen der mittelalterlichen Simultanbühne und einer frühneuzeitlichen, am antiken Theater orientierten Bühnenform erreicht. So finden sich in vielen Spielen sowohl Akteinteilungen als auch Hinweise auf eine großflächige Simultanbühne. Durch die *brüggi* ist fraglos die Sichtbarkeit des Dargestellten verstärkt, außerdem wird der gehobenen Stellung der Teilnehmer an den Tagsatzungen oder

---

[27] Vgl. Velten 2020.

Freundschaftsbesuchen Rechnung getragen, indem ihnen ein fester Sitzplatz zugewiesen werden kann. Die von der großflächigen Simultanbühne gebotene Möglichkeit aber, vorhandene, im alltäglichen Stadtleben markierte Räume, symbolisch zu nutzen, ist bewahrt. Deutlich wird dies etwa bei der Einbeziehung der Merkursäulen vor der Stiftskirche St. Ursus in Solothurn in Wagners Doppelspiel ‹St. Mauritius und St. Ursus›, der Dorfkapelle in Sarnen in Zurflües ‹Bruderklausenspiel›, oder der Vorhalle des Basler Rathauses in Boltz' ‹Paulus›. Die übliche Nutzung, die Historie und die Bedeutung dieser Orte bereichern und vertiefen die Signifikanz der hier präsentierten Szenen, die damit sogleich auch auf die Lebenswirklichkeit der Zuschauenden bezogen werden.

Dies betrifft auch Orte und Gegenstände, die nicht unmittelbar in die Bühne integriert sind, sondern auf die von der Bühne aus der Blick geöffnet werden kann, wie etwa den Etzel als Hintergrund des ‹Meinradspiels› oder das vermutlich bei der Aufführung ausgestellte Gnadenbild sowie die auf der Bühne wie am Ort sichtbaren Wappen von Einsiedeln. In Solothurn könnte durch ein offenes Kirchenportal der Schrein des Hl. Ursus zumindest erahnt werden, während die im Spiel zentrale Aare insbesondere von den auswärtigen Gästen auf dem Weg zum Spielplatz überquert werden musste. In Luzern war es insbesondere auch für Gäste kaum vermeidbar, auf dem Weg zum Weinmarkt die Brückenbilder der Hof- oder Kapellbrücke zu sehen, welche die Geschichten der Apostel und Leodegars reflektieren, die Wilhelmi in Szene setzt.

Nicht nur der Verweis auf den eigenen Ort und das eigene Leben und damit auf die Verbindlichkeit und durch die Sichtbarkeit bezeugte ‹Wahrheit› des Dargestellten gelingt durch die großflächige Simultanbühne. Sie kann auch eine intertextuelle Verweisfunktion besitzen. Die Ähnlichkeit zwischen dem Zuger Kolinplatz und dem Luzerner Weinmarkt kann dazu dienen, die Zuger Spiele in eine längere Tradition von geistlichen Spielen einzuordnen. Die Verwendung eines Höllenschlunds wie im ‹Luzerner Osterspiel›, die für verschiedene Heiligenspiele wahrscheinlich ist, vermag zudem nicht nur an diese Tradition anzuknüpfen, sondern auch die Heilsgewissheit des Osterspiels in das Geschehen zu integrieren.

Krieg, Reisläuferei und Heiligkeit

Die schweizerischen Heiligenspiele weisen ein außerordentliches Interesse an Kriegsthemen auf. Die Protagonisten sind entweder Soldatenheilige (wie die Thebäische Legion oder auch Saulus) oder Krieg führende Könige (wie Wilhelm und Oswald). Alternativ sind die Heiligen unmittelbar mit Kriegshandlungen konfrontiert (wie Bruder Klaus). Wiederholt wird der Krieg mit großem Aufwand und lautem Getöse auf die Bühne gebracht: Im ‹Apostelspiel› stürzt bei der Eroberung Jerusalems gar eine eigens dafür errichtete Mauer ein. Im ‹Wilhelmspiel› beherrschen Eroberungspläne und Krieg den ganzen ersten Teil der Handlung; im prächtig ausgestatteten Turnier wird der Krieg im Kleinen als Spiel im Spiel vorgeführt, bevor auch das viel zu blutig-ernste Turnier durch einen regulären Kriegszug abgelöst wird. Zu Beginn des zweiten Tags des ‹Leodegarspiels› marschiert ein feindliches Heer auf Autun zu, und im Zentrum von Mahlers ‹Stanislaus› steht der Krieg zwischen Russland und Polen. Aber auch andere Spiele der Zeit stellen den Krieg ins Zentrum, so Rütes ‹Gedeon› oder Gotthards ‹Troja›. Die Kappellerkriege und die zahlreichen anderen kriegerischen Konflikte, in welche die Schweiz nicht zuletzt auch wegen des für die Ökonomie vieler Orte essenziellen Söldnerwesens involviert war, scheinen als ‹Kulisse› der Spiele permanent präsent zu sein. Die Darsteller der katholischen Spiele waren z. T. als Söldnerführer oder Reisläufer tätig und nutzten daher auch die Spiele als Forum, in dem sie den eigenen Status und die Stärke und Ausrüstung der heimischen Truppe demonstrieren konnten.

Inszenierung von Stärke und Macht

Immer wieder wird in den schweizerischen Spielen das Bild des *miles Christianus* aus Eph 6,13–17 verwendet und je nach Kontext unterschiedlich interpretiert. Die katholischen Heiligen verwenden die Allegorie im Sinne eines doppelten Schriftsinns: als spirituellen und zugleich als physischen Kampf gegen die Gegner des Glaubens. Damit greifen sie eine traditionelle Ritterwesens- und Kreuzzugsrhetorik auf, die nicht zuletzt auch im Kontext der Türkenkriege wieder aktualisiert worden war.[28] So stehen im Luzerner ‹Apostelspiel› *frum kriegslütt* kampfbereit auf der Bühne und in Wagners ‹Mauritius› wird die Thebäische Legion vom Papst selbst auf eine Ritterschaft nach dem Ideal des paulinischen Bildes verpflichtet. Der Boltz'sche Paulus allerdings widerspricht einer solchen Deutung des Epheserbriefs, indem er in ‹St. Pauli Bekehrung› ausdrücklich die Kriegsrüstung ablegt und sich in den Glauben kleidet. Dieser Reduktion des Bilds auf den spirituellen Sinn folgt auch der protestantische *miles Christianus* in der ‹Berner Trilogie›, der einen allegorischen Kampf gegen die dem ‹wahren› Glauben widerstrebenden Kräfte führt. Dies bedeutet aber nicht eine generell pazifistische Haltung der reformierten Spiele gegenüber einer Kriegsbegeisterung in katholischen Spielen. Auch Rütes Gedeon brilliert als Kriegsführer im Namen Gottes. Die Differenz zwischen den Konfessionen scheint hier eher in der Frage zu bestehen, inwiefern traditionelle Ritterideale und Solddienst biblisch gerechtfertigt werden können.

Wirkmacht haben die Kriegsszenen insbesondere durch ihre zeitgenössischen Bezüge. In Solothurn ist beispielsweise belegt, dass die lokalen Hauptleute von Söldnertruppen in ihrer vollen Kampfmontur auf die Bühne traten, und auch in Luzern kamen (anachronistisch) moderne Schusswaffen zum Einsatz. Die Aufzüge

---

[28] Zu Maximilians I. Begeisterung für den *miles Christianus* Georg als Patron der Türkenkriege vgl. Dietl 2005, S. 56f. und die dort angegebene Literatur.

der Heere bei den Aufführungen dienen immer auch der Demonstration von militärischer Stärke der das Spiel ausrichtenden Stadt. Dies wurde im Nachgang zu Boltz' Aufführung des ‹Paulus› ausdrücklich als eine «prächtige Zurschaustellung von Hochmut» getadelt.[29]

Neben der eigenen Kampfesstärke des Orts und der neuesten Waffentechnologie behandeln die Spiele auch Strategien und Regeln der Kriegsführung, deren Beherrschung für die militärische Unbezwingbarkeit des Orts, aber auch für die moralische Rechtfertigung des Kriegs stehen. So werden im ‹Luzerner Apostelspiel› verschiedene Strategien der Kriegserklärung, der Kriegsrüstung und Kriegsführung exemplarisch vorgeführt, und in Mahlers ‹Bruder Klaus› werden vor der Schlacht Kriegsartikel verlesen, die das Verhalten der Krieger regulieren und auf die alle Soldaten schwören.

Kritik an Kampf und Söldnerwesen

Genau in diesem Schwur auf die Kriegsartikel bei Mahler kann man auch eine Kritik am Kampf sehen. Deutlicher ist die Kritik an (unreguliertem) Kampf in Wilhelmis ‹Wilhelmspiel›. Hier offenbart der Protagonist bereits beim Turnierkampf seine unangemessene Brutalität und Gefühlskälte. Später erfährt der von den Teufeln empfohlene und beförderte Bruderkrieg eine deutliche Kritik und findet mit der *conversio* des Helden ein überfälliges Ende. Wilhelmi reflektiert damit (freilich nicht explizit) auch die Figur des Paulus bei Boltz: Auch hier erfahren das riesige Aufgebot von Soldaten und das skrupellose militärische Vorgehen des Protagonisten deutliche Kritik, nicht zuletzt durch Christi Eingreifen und die Bekehrung des Paulus.

Die Kritik am falschen Kriegsverhalten muss jedoch nicht unbedingt eine Kritik am Krieg und am Söldnerwesen generell bedeuten. Bruder Klaus etwa wird insbesondere in der reformierten Chronistik (etwa eines Valerius Anshelm) als Gegner des Kriegshandwerks für Sold gezeichnet. Seine dort genannten Argumente gleichen deutlich denen Zwinglis. In den deutschsprachigen katholischen Spielen erscheint er nur als Kritiker der angeblich häufig bei Reisläufern zu beobachtenden Prunksucht und Geldgier, die der strengen Askese Klaus' gegenübergestellt werden. Deutlicher als in den Sarner Bruderklausenspielen ist die Kritik am Söldnertum dagegen bei Mahler. Hier beklagt Bruder Klaus, dass die Macht des Geldes die Menschen dazu bringe, ihre Freiheit zu verkaufen und fremden Herren zu dienen. Diese Kritik spricht in Mahlers ‹Stanislaus› auch der Herold der Russen aus. Aus Geldgier, erklärt er, werde die Treue zum Vaterland gebrochen und man kämpfe im feindlichen Heer. Auch Aals ‹Johannesspiel› kritisiert jenes Kriegshandwerk, das die Moral dem Geld unterstellt. Dies widerlegt freilich nicht grundsätzlich das Bild eines frommen *miles Christianus*, der seinen Dienst bedacht den Herren dann unterstellt, wenn sie gerechte Ziele verfolgen. Vielmehr bleibt in jedem Fall die Moral die oberste Bewertungskategorie.

---

[29] Bullinger, ed. 1974–2019, Bd. 17, Nr. 2459, S. 87, vgl. oben, Kap. ‹Basel›.

Komik und Heiligkeit

Die schweizerischen Heiligenspiele sind charakterisiert durch eine bemerkenswerte Nähe zwischen dem Heiligen und dem Komischen, die ihnen insbesondere in der Philologie des 19. Jahrhunderts zur Kritik gereichte, die aber als eine eigene Ästhetik ernstgenommen zu werden verdient. So wie das Heilige die irdische Welt transzendiert, durchbricht das Komische durch überraschende Effekte die ernste Handlung. Dabei kann nicht von einem ‹Comic Relief› die Rede sein, wie dies in der Regel den Salbenkrämerszenen im geistlichen Spiel[30] oder auch komischen Interludien in Bibelspielen[31] – etwa den typischen Kochszenen in Jos Murers Dramen[32] – attestiert wird. In den Heiligenspielen verweisen die scheinbar komischen Handlungen und Figuren auf Abgründe des Geschehens. Träger dieser doppelten Effekte sind in der Regel Narren und Vertreter niederer Stände.

Narren

Omnipräsent in der frühneuzeitlichen Literatur sind Narren. Die zentrale Gestalt in Erasmus' ‹Lob der Torheit› oder Sebastian Brants ‹Narrenschiff›, in Murners Luther-Polemik, der aufblühenden Schwankliteratur ebenso wie in Fastnachtspielen und Fastnachtsbrauchtum ist Ausdruck einer sich verändernden Welt, in der Ordnungen bedroht sind.[33] Der Narr ist Teil dieser massiven Verschiebungen und zugleich ist er derjenige, der sie erkennt und sich selbst zu hinterfragen vermag. In den schweizerischen Heiligenspielen treten Narren als Prolog- und Epilogsprecher oder als Kommentatoren des Geschehens auf. Sie dürfen das sprachliche Niveau der Stücke sowie sämtliche Verhaltensnormen deutlich durchbrechen und wirken dadurch komisch. Mit ihren Scherzen legen sie oft den Finger in die Wunde der Gesellschaft, die himmelweit von einem heiligenmäßigen Leben entfernt ist – ob in der Uli-Bösbub-Handlung des ‹Meinradspiels›, in der Diskussion der Heilwirkung der Heiligenanrufung in Rütes ‹Faßnachtspil› oder in den Interludien der ‹Berner Trilogie›. Wenn der Narr in Aals ‹Johannes› den Heiligen für seine Enthaltsamkeit verspottet und wenn die Narren in Zurflües ‹Bruderklausenspiel› das Fasten des Protagonisten in Fress- und Saufszenen parodieren, betonen sie, wie weit ‹die Welt› (und damit auch das Publikum) von der Lebensform der enthaltsamen Protagonisten abweicht. Als Gegenbilder loben sie in besonderer Weise die Heiligen. Dies trifft auch auf den Narren in Wagners ‹Mauritius› zu, der den Anbetungstanz der paganen Götter anführt, der zugleich das Martyrium der Heiligen begründet und spiegelt. Wenn schließlich der Narr im ‹Meinradspiel› Uli Bösbubs brutales Vorgehen kommentiert und seinen Untergang prophezeit, zeigt selbst der

---

[30] Vgl. Velten 2018, v. a. S. 97f.
[31] Vgl. Hammes 1910, S. 30–58.
[32] Vgl. Michael 1984, S. 179–172.
[33] Vgl. hierzu die Schriften des Tübinger SFB ‹Bedrohte Ordnungen›, insbesondere Lüpke 2017.

Narr als Vertreter der verkehrten Welt die Einsicht in die Fehllenkung der Welt durch den Verfall an Glaube und Moral.

Vertreter niederer Stände

Ein Personal, das nach humanistischer Dramentheorie aufgrund der ‹Ständeklausel› keinen Platz in Tragödien hätte, vermag in der Frühen Neuzeit dort, wo ihm ein entsprechender Raum gewährt wird, um eigene Handlungsstränge oder eigene Szenen zu füllen, eine Nähe zur Komödie zu suggerieren. Dies ist etwa der Fall bei verschiedenen Henkerszenen – seien die Henker zu ungelenk, um im engen Kerker den Heiligen zu enthaupten (wie in Aals ‹Johannes›), oder seien sie betrunken und sexversessen wie in Büchsers ‹Meinrad›. Noch deutlicher ist das komische Potenzial der fastnächtlichen Bauernszenen im ‹Spiel von St. Stanislaus›, die in einem schreienden Kontrast zum hungernden Heiligen stehen. In der ebenfalls als ‹komischer› Zerrspiegel zum Heiligenleben angelegten Uli Bösbub-Handlung im ‹Meinradspiel› bleibt den Zuschauenden allerdings das Lachen im Hals stecken. Uli weist als Junge aus einfachen Verhältnissen eine Biographie auf, die den Werdegang des (adeligen) Heiligen negativ spiegelt. Als eine Art Schwankheld, der frei von Moral seine Mitmenschen austrickst, wird Uli zunehmend zu einer geradezu diabolischen Gestalt, die am Ende ‹zu Recht› von Tod und Teufeln gefällt wird.

Das komische Interludium um Koch, Mundschenk und Köchin in Wilhelmis ‹Wilhelmspiel› oder der Streit des Bauern Sältenrich mit dem Zinsherrn Vastrapp in der ‹Berner Trilogie› sind keine direkten Gegenbilder zur Haupthandlung. Gleichwohl halten auch sie dieser einen Zerrspiegel vor, um in derber, unflätiger Gewandung die Untugend und Ungerechtigkeit der Welt zu entblößen und damit den Protagonisten als Teil dieser Welt zu verdeutlichen, die sich dringend bekehren sollte. Das Interludium zwischen dem Bauern Sältenrich und Rychmann begegnet auch in den Bruderklausenspielen. Bei Zurflüe ist es noch unabhängig von der Haupthandlung; bei Mahler wird die Geschichte mit dem Protagonisten verbunden, indem daran die bekannte Richterszene angeknüpft wird.

Alle hier genannten ‹komischen› Gestalten sind im Ende keineswegs komisch; vielmehr führen sie noch konsequenter als die Teufels- und Narrengestalten vor, wohin der Weg der gestörten Ordnungen führen kann, und dienen dem Publikum als Warnung, während sie im Kontrast die Heiligkeit der Protagonisten verstärken – allerdings eine auf das Irdische bezogene ‹Heiligkeit› im Sinne des auch für das reformierte Drama akzeptablen Vorbilds in Glaube und Moral. Die ‹komischen› Interludien und Spiegelungen der Haupthandlung sollten sich daher auch im protestantischen Barockdrama durchsetzen[34] – freilich nicht in der Schweiz, da der reformierte Glaube dem Theater als solchem zunehmend kritisch gegenüberstand.

---

[34] Zu den Reyen bei Andreas Gryphius, die zwischen Chorlied, Balletteinlage und komischem Interludium changieren, vgl. Menke 2016.

Bibliographie

Abgekürzt zitierte Nachschlagewerke, Reihen und Verzeichnisse

ADB Allgemeine Deutsche Biographie, hg. von der Historischen Kommission der Bayerischen Akademie der Wissenschaften, 56 Bde. München 1875–1912.
BBKL Biographisch-Bibliographisches Kirchenlexikon, hg. von Friedrich Wilhelm Bautz u. a., 45 Bde. Hamm 1975–2023.
BHL Bibliotheca hagiographica latina antiquae et mediae aetatis, hg. von Socii Bollandiani, Bd. 1–2. Brüssel 1898–1901 (Subsidia Hagiographica 6).
DNP Der Neue Pauly. Enzyklopädie der Antike, hg. von Hubert Cancik und Helmuth Schneider, 16 Bde. Stuttgart/Weimar 1996–2003.
EM   Enzyklopädie des Märchens, hg. von Rolf Wilhelm Brednich u. a. Berlin 2016.
FWb Frühneuhochdeutsches Wörterbuch, hg. von Oskar Reichmann u. a. Berlin seit 1985, https://fwb-online.de [31.10.2023].
GAG Göppinger Arbeiten zur Germanistik.
GW   Gesamtkatalog der Wiegendrucke, https://www.gesamtkatalogderwiegendrucke.de [31.10.2023].
HLS Historisches Lexikon der Schweiz, https://hls-dhs-dss.ch/ [31.10.2023].
JOWG Jahrbuch der Oswald von Wolkenstein-Gesellschaft.
LexMA Lexikon des Mittelalters, hg. von Robert-Henri Bautier u. a., 10 Bde. München/Zürich 1977–1999.
²Killy Killy Literaturlexikon. Autoren und Werke des deutschsprachigen Kulturraums, 2. Aufl., hg. von Wilhelm Kühlmann, 13 Bde. Berlin/Boston 2008–2012.
³LThK Lexikon für Theologie und Kirche, hg. von Walter Kasper, durchgesehene Ausgabe der 3. Aufl., Sonderausg. Freiburg 2009.
MGG Die Musik in Geschichte und Gegenwart Online, hg. von Laurenz Lütteken. New York u. a. 2002, https://www.mgg-online.com/ [31.10.2023].
MGH Monumenta Germaniae Historica, https://www.mgh.de/de/mgh-digital/ [10.10.2023].
MTU Münchener Texte und Untersuchungen zur deutschen Literatur des Mittelalters.
NDB Neue Deutsche Biographie, hg. von der Historischen Kommission der Bayerischen Akademie der Wissenschaften, 28 Bde. Berlin 1953–2023.
TRE Theologische Realenzyklopädie, hg. von Gerhard Müller u. a., 39 Bde. Berlin 1977–2010.

VD16 Verzeichnis der im deutschen Sprachbereich erschienenen Drucke des 16. Jahrhunderts, https://www.vd16.de [31.10.2023].
VD17 Verzeichnis der im deutschen Sprachraum erschienenen Drucke des 17. Jahrhunderts, http://www.vd17.de [31.10.2023].
²VL Verfasserlexikon. Die deutsche Literatur des Mittelalters. 2. Aufl., hg. von Kurt Ruh u. a., 14 Bde. Berlin 1978–2008.
VL16 Frühe Neuzeit in Deutschland. Literaturwissenschaftliches Verfasserlexikon, hg. von Wilhelm Kühlmann u. a., 7 Bde. Berlin/Boston 2011–2018.
WA Martin Luther: Werke. Kritische Gesamtausgabe. Weimarer Ausgabe, hg. von der Heidelberger Akademie der Wissenschaften u. a., 127 Bde. Weimar u. a. 1883–2009.

Quellen

Archivalien

Luzern, Staatsarchiv, AKT A1 F7 SCH 890 [Erdbeben 1602].
——— PA 1422/4349 [Propst Vogt'sches Urbar].
——— URK 451/8097 [Propst Schweiger'scher Brief, 13.09.1456].
——— URK 488/8681 [Kauf Luzerns durch Habsburg, 16.04.1291].
München, Bayerische Staatsbibliothek, Clm 1610, fol. 5^r–6^v [Petrus Frank: Brief an Matthäus Rader, 21.09.1601].
Obwalden, Staatsarchiv, 02.RP.0005 [Ratsprotokoll 1584–1595].
——— 02.RP.0006 [Ratsprotokoll 1595–1611].
Zug, Bürgerarchiv, A 39.26.1.1335 [Ratsprotokolle der Stadt Zug 1552–1649].
——— A 39.27.0 [Gemeinde-Protokolle der Stadt Zug 1624–1627].

Handschriften

Acta Abbatis Adami, Einsiedeln, Stiftsarchiv, KAE 20 A.EB.4.1.
Berner Trilogie, Bern, Burgerbibliothek, Cod. A. 67.
Bruderklausenspiel (anonym), Obwalden, Staatsarchiv, 02.LIT.0002.
Büchser, Felix: Meinradspiel, Einsiedeln, Stiftsbibliothek, Cod. 1228.
Bühnenplan zum St. Wilhelms-Spiel, Luzern, Zentral- und Hochschulbibliothek, Ms. 178.a.fol.:2.
Cysat, Renward: Protokoll des ersten Kanonisations-Prozesses für Bruder Klaus 1591. Obwalden, Staatsarchiv, 02.BRKL.0002.
Einsiedler Nikolausspiel, Einsiedeln, Stiftsbibliothek, cod. 34, fol. 2^v–3^r.
Einsiedler Osterspiel, Einsiedeln, Stiftsbibliothek, cod. 300, S. 93f.
Einsiedler Prophetenspiel, Einsiedeln, Stiftbibliothek, cod. 366, S. 53f.
Einsiedler Weihnachtsspiel, Einsiedeln, Stiftbibliothek, cod. 366, S. 53.

Haffner, Anton: Chronica, Solothurn, Zentralbibliothek, S I 49.
Innsbrucker (thüringisches) Spiel von Mariae Himmelfahrt, Innsbruck, Universitäts- und Landesbibliothek, Cod. 960, 1^r–34^v.
Mahler, Johannes: Bruder Klausen-Spiel, Zug, Stadtbibliothek, T Msc 391.
—— Eigentliche Historische Beschreibung deß Läbens deß Frommen Gottseligen Andechtigen Einsidel und Eidtgnoßen Niclaus von der Flüe [...] Zug Anno 1663 Jarß, Sarnen, Privatbesitz Familienarchiv Wirz.
—— Spiel von St. Oswald, Zug, Stadtbibliothek, T Msc 382.
—— Spiel von St. Stanislaus, Einsiedeln, Stiftsbibliothek, Msc. 1050 (949).
Von Sant Meinrat ein hübsch lieplich lesen / was ellend vnd armut er erlitten hat. Vß der latinisch hystorien gezogen [Abschrift des Luzerner Drucks]. Einsiedeln, Stiftsarchiv, KAE A.DB.8.
Schilling, Diepold: (Luzerner) Chronik, 1507–1513, Luzern, Zentral- und Hochschulbibliothek, Sondersammlung (Eigentum Korporation), S 23 fol.
Vita sancti Meginradi martyris (dt.), eingefügt in das Legendar des Marquard Biberli, Basel, Universitätsbibliothek, cod. G² II 58, fol. 220^v–239^v.
Viten frühchristlicher Päpste und Märtyrer, St. Gallen, Stiftsbibliothek, Cod. Sang. 569.
Wagner, Hanns: Sant Vrsen Spiel, Solothurn, Zentralbibliothek, S I 81.
—— St. Mauritius-Spil, Solothurn, Zentralbibliothek, S I 101.
—— Tragoedia Vrsina, Solothurn, Zentralbibliothek, S I 120.
—— Stephanis. Actus qvintus, Solothurn, Zentralbibliothek, S 253.
Wilhelmi, Jakob: Apostelspiel, Luzern, ZHB, Sondersammlung (Eigentum Korporation), Ms 175 fol.
—— Wilhelmspiel, Luzern, ZHB, Sondersammlung (Eigentum Korporation), Ms 176 fol.:2.
—— Leodegarspiel, Luzern, ZHB, Sondersammlung (Eigentum Korporation), Ms 184 fol.
Zurflüe, Johann: Ein schön lústiges vnd nüwes spill. Von warhafftiger vnd wúnderbarlicher hÿstorj; oder läben vnnd stärben et cetera deß rächtfrommen, andächtigen gottsäligen, wÿttberüempten et cetera Niclaúsen von der Flüe, den man nempt Brûder Claúß Ob dem wald zû Vnderwalden jn der eÿdgenoschafft geboren. 1602, Obwalden, Staatsarchiv, 02.LIT.0001.

Frühdrucke

Aal, Johannes: Tragoedia Joannis des Heiligen vorlôuffers vnd Tôuffers Christi Jesu warhaffe Histori / von anfang sines lâbens / biß inn das end siner enthouptung. Vß den vier Euangelisten in spils wiß zûsammen gsetzt / vnd gespilt durch ein Eersame Burgerschafft zû Solothurn vff den 21. Julij Anno 1549. Bern: Mathias Apiarius 1549 (VD16 A5, VD16 A6).
Birck, Sixt: Beel. Ain Herrliche Tragedi wider die Abgôtterey (auß dem Propheten Daniel) darinn angezaigt wirt / durch was mittel ain rechte Religion in ainem

Regiment oder Policey mőg angericht werden. Augsburg: Philipp Ulhart d. Ä. 1539 (VD16 B 5552).
Birck, Sixt und Martin Ostermünchner: Beel. Basel: Johann Oporinus 1547.
Boltz, Valentin: Tragicocomôdia. Sant Pauls bekerung. Gespilt von einer Burgerschafft der wytberůmpten frystatt Basel/ im jor M.D.XLVI. Jetzund gebessert vnd gemehrt mit Figuren. Basel: Jacob Kündig 1551 (VD16 B 6527).
—— Der Welt Spiegel [...]. Basel: Jacob Kündig 1551 (VD16 ZV32540).
Breitinger, Johann Jakob: Bedencken von Comœdien oder Spilen. Zürich: Johann Rudolf Wolf 1624 (VD17 12:653213Q).
Dedekind, Friedrich: Der Christliche Ritter/ aus dem 6. Capitel der Epistel S. Pauli zu den Ephesern. Uelzen: Michael Kröner 1576 (VD16 ZV 4317).
—— Papista Conversus. Ein Newe Christlich Spiel von einem Papisten/ der sich zu der rechten warheit bekeret vnd darůber in Gefengniß vnd gefahr des lebens kompt [...]. Hamburg: Heinrich Binder u. Hans Stern 1596 (VD16 D 409).
Dietenberger, Johann: Biblia/ beider Allt unnd Newen Testamenten/ fleissig/ treülich vnd Christlich/ nach alter/ inn Christlicher kirchen gehabter Translation [...]. Mainz: Peter Jordan, Peter Quentel 1534 (VD16 B 2693).
Eichhorn, Johann Joachim: Der geistlich Bruder Claus: Ein außbündig schönes/ unnd lehrreiches Lied/ von dem ubernatürlichen Beruff/ Wandel und Geist Nicolai von Flü/ Eynsidels und Landtmanns zu Underwalden inn der Eydgnoßschafft; Im Thon: wie man S. Franciscum von Assisio singt: Oder/ Willhelm bin ich der Thelle/ Von Heldes Mut und Blut/ [...]. Konstanz: Leonhard Straub 1613 (VD17 1:687553K) [= 1613a].
—— Miraculosum Helvetiae Sidus. Hoc est: Supernaturalis, Ac Stupenda Nicolai De Saxo, Anachoretae Undervaldii. Vita. Rorschach: Johannes Rösler 1613 (VD17 12:117962W) [= 1613b].
—— Wundergestirn der Eydtgnoßschaft. Das ist Übernatürliches Leben und h. wandel/ Nicolai von Flüe/ Einsidels und Landtmanns zu Underwalden im Schweytzerland: den man nennet Bruder Claus. Konstanz: Leonhard Straub 1614.
Foxe, John: Christus Triumphans, Comoedia Apocalyptica. Basel: Johann Oporinus 1556 (VD16 F 1946; F 1951).
Gotthart, Georg: Ein schön lustiges Spil oder Tragedi von Zerstörung der grossen und vesten königlichen Statt Troia oder Ilio. Fribourg: Wilhelm Maess 1599 (VD16 G 2696).
Gwalther, Rudolf: Nabal. Comoedia sacra, quę inscribitur Nabal, desumpta ex I. Samuelis XXV. cap. nunc primum conscirpta et ædita. [Zürich: Christoph Froschauer d. Ä. 1549] (VD16 W 1125).
Haffner, Franz: Kleiner Solothurnischer Schaw-Platz/ Historischer Welt-Geschichten, 2 Teile. Solothurn: Michael Wehrlin 1666 (VD17 1:084828T).

Ein herliche Tragedi wider die Abgötterey (vß dem propheten Daniel) darinn angetzeygt würt/ durch was mittel eyn rechte Religion jnn eynem Regiment mög angericht werden/ zů Basel vff Sontag den neünden tag Meyens/ jm 1535 jor/ durch eyn junge Burgerschafft daselbst/ Got zů lob vnd eer offenlich gehallten. Basel: Lux Schauber 1535 (VD16 B 5551).

Kolroß, Johannes: Ein schön spil von Fünfferley betrachtnussen den menschen zůr Bůss reytzende. Basel: Thomas Wolff 1532 (VD16 K 1967).

Luther, Martin und Johannes Walther: Geystliche gesangk Buchleyn. Wittenberg: Josef Klug 1524 (VD16 L 4776).

Manuel, Rudolf: Ein holdsæligs Faßnachtspil/ darinn der edel wyn von der Trucknen rott beklagt [...]. Gespilt vonn jungen Burgern Zürich. Zürich: Rudolf Wyssenbach 1548 (VD16 M 685).

[Meinrat-Blockbuch]: Dis ist der erst aneuang, als unser lieben frowen cappell zuo den Einsidlen von Sant Meinrat selbst buwen wart [...]. [Basel: Lienhard Isenhut, um 1450/60], Einsiedeln, KAE A.DB.5.

Müller, Joachim: Von dem Leben vnnd Sterben des heiligen Einsidels vnd Marterers Meinradi. Auch von der heiligen Walstatt vnnd Capell vnser lieben Frawen der Můter Gottes Marie zů den Einsydlen. Mit angehencktem Leben vnnd Lyden des heiligen Hauptmans Mauritij vnd seiner Gesellen. Des heiligen Künigs Sigismundi. Des heiligen neunjärigen knaben Justi. Des heiligen Einsidels Geroldi. Vnnd des heiligen Bischoffs Wolffgangi. Alles von newem inn Truck geben. [o. O.: o. D.] 1577 (VD16 W 4715).

Münster, Sebastian: Cosmographiae universalis lib. VI. in quibus iuxta certioris fidei scriptores [...] describitur, Omnium habitabilis Orbis partium situs propriaeque dotes [...]. Basel: [o. D.] 1572 (VD16 M 6719).

Myconius, Oswald: In evangelium Marci [...]. Basel: [o. D.], 1538 (VD16 G830).

Passio S. Meinradi. Basel: Bernhard Richel [um 1481/82] (GW M29722).

Rasser, Johann: Ein Schön Christlich new Spil von Kinderzucht mit figuren gezieret, und wie die Kinder die wol erzogen, zu grossen Ehren und Ehrlichen stande Kommen So dargegen andere die ubel erzogen, vilmalen verderben, und eines schandtlichen todts sterben: Zu Ensisheim in Ober Elsass, durch junge Knaben [...] auff den 9. und 10. tag Augstmonats, Anno 1573 gespilet. Straßburg: Thiebolt Berger 1574 (VD16 R 344).

——— Comoedia Vom Koenig der seinem Sohn Hochzeit machte. Basel: Samuel Apiarius 1575 (VD16 R 339).

Römischer Catechismus Welcher auß beuelch Bäpstlicher Hayligkeit/ Pii des fünfften/ nach hieuor gegebner Ordnung des hailigen jungst zů Triendt gehaltnen Concilij [...] im Truck außgangen ist, übers. v. Otto of Augsburg. Dillingen: Sebald Mayer 1568 (VD16 K 2059).

Sachs, Hans: Der Todt ein Endt/ aller Yrdischen ding. Nürnberg: Georg Merckel 1554 (VD16 S 560 und S 561).

Salat, Johannes: Eyn parabel oder glichnus/ vsz dem Euangelio Luce am 15. von dem Verlornen/ oder Güdigen Sun [...]. Basel: Lux Schauber 1537 (VD16 ZV 16062) [= 1537a].

――― Rechte ware History Legend vnd leben des frommen andaechtigen lieben Saeligen Nicolausen von der Flue gebornenn Landsman ob dem Wald inn Vnderwalden inn der Eydgnoschaffte den man nennt brůder Clausen [...]. Augsburg: Heinrich Steiner 1537 (VD16 S 1326) [= 1537b].

Von sant meinrat ein hübsch lesen was ellend vnd armut er erlitten hat. vsz der latinischen hystorien gezogen. Basel: Michael Furter 1503 (VD16 ZV 18884; Copinger II 3966).

Von Sant Meinrat ein hüpsch Lieplich läsen, was ellend vnd Armůt er erlitten hatt. vss der Latinischen Historien gezogenn. Luzern: Johann Spiegel [um 1544] (VD16 P 885).

Stumpf, Johannes: Gemeiner loblicher Eydgnoschafft Stetten/ Landen vnd Völckeren Chronick wirdiger thaaten beschreybung [...]. Zürich: Christoph Froschauer d. Ä. 1548 (VD16 S 9864).

Surius, Laurentius: De probatis sanctorum historiis [...], Bd. 1. Köln: Johann Quentel Erben 1570 (VD16 S 10252).

――― De Probatis Sanctorvm Historiis. 3: Complectens Sanctos Mensium Maii Et Iunii. Köln 1579 (VD16 S 10260).

[Tellenspiel]: Ein hüpsch Spyl gehalten zů Vry in der Eydgnoschafft/ von dem frommen vnd ersten Eydgnossen/ Wilhelm Thell genannt. Zürich: Augustin Frieß [1540/44] (VD16 B 9632).

――― Ein hübsch spyl gehalten zů Vry in der Eidgnoßschafft/ von dem Wilhelm Thellen/ jhrem Landsmann/ vnnd ersten Eydtgnossen [Zürich: Tobias Geßner] 1563 (VD16 B 9633).

Topographia Helvetiæ Confoederatæ. Cum Iconismis Provinciarum generalibus, nec non Urbium, Pagorum, Castellorum, Fortalitiorum, etc. sepcialibus, æri incises. Frankfurt a. M.: Matthäus Merian Erben 1655 (VD17 23:301563G).

Das ist die wallfart zu den Einsideln vnd die Legent Sant Mainrat, Nürnberg: Hans Meyer [um 1494/95] (GW M17588).

Walther, Daniel: Eyne Christliche vnd jnn heiliger Schrifft gegründte Historia/ von der entheuptung Johannis Baptistæ/ in ein Tragediam gestalt [...]. Erfurt: Georg Baumann d. Ä., 1559 (VD16 W 949).

Wickram, Jörg: Die Zehen alter der welt. [Straßburg: Jakob Frölich] 1531 (VD16 G 1230).

――― Der Jungen Knaben Spiegell. Ein schönes Kürtzweilichs Spyl von Zweyen Jungen knaben/ Einer so wol gezogen vnd aber von einem bösen verlotterten jungen verfürt/ Allen Jungen knaben ein gůte warnung sich vor üppiger Böser geselschafft zů hütten. Straßburg: Jakob Frölich 1554 (VD16 W 2382).

Wytwyler, Ulrich: Sanct Meynrhats Läben. Eine grundtliche und warhafftige beschrybung vonn Sanct Meynrhats Läben/ des heiligen Einsydels/ auch von der heiligen Walstat unser lieben frowen / der Můter Gottes Marie zu den Einsydlen da S. Meynrhat gewonet und ermürt worden. Freiburg i.Br.: Stephan Graf 1567 (VD16 W 4714).

Wytwyler, Ulrich: Warhafftige Histori und Leben des Nicolausen von der Flü [...]. Dilingen: Sebald Mayer 1571 (VD16 S 1327).

―――― Warhafftige vnd gründliche Histori / vom Leben vnnd Sterben deß H. Einsidels vnd Martyrers S. Meinradt / Auch von dem Anfang / Auffgang / Herkommen vnd Gnaden der H. Wallstatt vnd Capell vnser lieben Frawen [...]. Fribourg: Abraham Gemperlin 1587 (VD16 W 4716).

―――― Warhafftige wunderbarliche Histori und Leben, dess rechtfrommen, andächtigen, Gottseligen, weytberhümpten Nicolausen von der Flü [...]. Konstanz: Nikolaus Kalt 1597 (VD16 S 1329).

Wölfli (Lupulus), Heinrich: Historia F. Nicolai De Saxo, Eremitae Undervaldensis Helvetii, Hominis Angelica abstinentia, sanctitate admirabili, hg. von Johann Joachim Eichhorn. Fribourg: Etienne Philot 1808 (VD17 23: 255082S).

[Zürcher Bibel]: Die gantze Bibel / der vrsprünglichen Ebraischenn vnnd Griechischenn warheyt nach / auffs aller treüwlichest verteütschet. Zürich: Christoph Froschauer 1530 (VD16 B 2689).

Zwingli, Huldrych: Ein gŏttlich vermanung an die Ersamen / wysen / eerenuesten / eltisten Eydgnossen zů Schwytz / das sy sich vor frŏmden herren hůtind vnd entladind. Zürich: Christoph Froschauer d.Ä. 1522 (VD16 Z 856).

―――― Von erkiesen und fryheit der spysen. Von ergernus vnd verbŏsrung. Ob man gwalt hab die spysen zů etlichen zyten verbieten. Zürich: [Christoph Froschauer d.Ä. um 1522] (VD16 Z 925).

―――― Ußlegen vnd gründ der schluszreden oder Articklen. Zürich: Christoph Froschauer d.Ä 1523 (VD16 Z 821).

Textausgaben

Aal, Johannes: Tragoedia Johannis des Täufers, hg. von Ernst Meyer. Halle 1929 (Neudrucke dt. Literaturwerke des 16. und 17. Jahrhunderts 263–267).

―――― St. Ursengedicht, hg. von Kully, in: R. Kully 1981, S. 60f.

Acta Petri. Text, Übersetzung und Kommentar zu den ‹Actus Vercellenses›, hg. von Marietheres Döhler. Berlin/Boston 2018 (Texte und Untersuchungen zur Geschichte der altchristlichen Literatur 171).

Actensammlung zur Schweizerischen Reformationsgeschichte in den Jahren 1521–1532 im Anschluss an die gleichzeitigen eidgenössischen Abschiede bearb. und hg. von Johann Strickler, Bd. 3. Zürich 1880.

Älteres St. Ursenspiel, hg. und komm. von Elisabeth Kully, in: Jahrbuch für Solothurnische Geschichte 55 (1982), S. 5–107.

Annales Heremi, hg. von Georg H. Pertz, in: MGH Scriptores 3. Hannover 1839, S. 138–144.

Anshelm, Valerius: Die Berner-Chronik, hg. vom Historischen Verein des Kantons Bern, 6 Bände. Bern 1884–1901.

Aufzeichnungen eines Basler Karthäusers aus der Reformationszeit. 1522–1532, in: Basler Chroniken, Bd. I, hg. von Wilhelm Vischer und Alfred Stern. Leipzig 1872, S. 429–490.

Beda Venerabilis: Kirchengeschichte des englischen Volkes, übers. von Günter Spitzbart. Darmstadt ²1997.

Berner Trilogie. Erstausgabe und Kommentar, hg. von Björn Reich. Basel [2024].

Biblia Sacra Vulgata, hg. von Robert Weber und Roger Gryson. Stuttgart 2007. [vgl. auch Hieronymus].

Bibliotheca hagiographica latina antiquae et mediae aetatis, hg. von Socii Bollandiani, Bd. 1–2. Brüssel 1898–1901 (Subsidia Hagiographica 6). Novum Supplementum, hg. von Heinricus Fros. Brüssel 1986 (Subsidia Hagiographica 70).

Birck, Sixt: Beel. Ain Herrliche Tragedi wider die Abgötterey, hg. von Manfred Brauneck, in: Sixt Birck: Sämtliche Dramen, hg. von Manfred Brauneck, Bd. 1. Berlin 1969 (Ausgaben dt. Literatur des XV. bis XVIII. Jahrhunderts 12), S. 159–238.

Bletz, Zacharias: Antichristspiel, in: Reuschel, Karl Theodor: Die deutschen Weltgerichtsspiele des Mittelalters und der Reformationszeit. Eine literarhistorische Untersuchung. Nebst dem Abdruck des Luzerner ‹Antichrist› von 1549. Leipzig 1906 (Teutonia 4).

Blockbuch von St. Meinrad und seinen Mördern und vom Ursprung von Einsiedeln, hg. von Leo Helbling. Faksimile. Einsiedeln 1961.

Boltz, Valentin: Bibeldramen, Gesprächsbüchlein, hg. von Friederike Christ-Kutter. Zürich 2009 (Schweizer Texte N.F. 27).

— — — Der Weltspiegel, hg. von Friederike Christ Kutter u.a. Zürich 2013 (Schweizer Texte N.F. 37).

Brant, Sebastian: Das Narrenschiff. Nach der Erstausgabe (Basel 1494) mit den Zusätzen der Ausgaben von 1495 und 1499 sowie den Holzschnitten der deutschen Originalausgaben hg. von Manfred Lemmer. Tübingen ³1986 (Neudrucke deutscher Literaturwerke N.F. 5).

Breitinger, Johann Jakob: Bedencken von Comœdien oder Spilen, hg. von Thomas Brunnschweiler, in: ders., Johann Jakob Breitingers ‹Bedencken von Comoedien oder Spilen›. Die Theaterfeindlichkeit im Alten Zürich. Bern u.a. 1989 (Zürcher Germanistische Studien 17), S. 1–97.

[Büchser, Felix]: Ein geistliches Spiel von S. Meinrads Leben und Sterben aus der einzigen Einsiedler Handschrift, hg. von Gall Morel. Stuttgart 1863 (Bibliothek des Litterarischen Vereins in Stuttgart 69).

Bullinger, Heinrich: Reformationsgeschichte, hg. von Johann J. Hottinger und Hans H. Vögeli. Frauenfeld 1838–1840.

Bullinger, Heinrich: Confessio Helvetica posterior, in: The Creeds of Christendom with a History and Critical Notes, hg. von Philip Schaff, Bd. 3. New York ⁴1877, S. 233–306.
—— Diarium (Annales vitae) der Jahre 1504–1574, hg. von Emil Egli. Basel 1904 (Quellen zur schweizerischen Reformationgeschichte 2).
—— Lucretia, in: Lucretia Dramen, hg. von Horst Hartmann. Leipzig 1973, S. 39–97.
—— Werke. Zweite Abteilung: Briefwechsel, hg. von Ulrich Gäbler, Reinhard Bodenmann u. a., 19 Bde. Zürich 1974–2019.
—— Studiorum ratio. Studienanleitung, hg., übers. und komm. von Peter Stotz. Zürich 1987 (Heinrich Bullinger Werke, Sonderband 1).
Confessio Augustana, hg. von Volker Leppin, in: Bekenntnisschriften der evangelisch-lutherischen Kirche. Vollständige Neuedition, hg. von Irene Dingel. Göttingen 2014, S. 65–228.
Confessio Helvetica prior (sive Basileensis posterior), in: The Creeds of Christendom with a History and Critical Notes, hg. von Philip Schaff, Bd. 3. New York ⁴1877, S. 211–231.
Cysat, Renward: Collectanea Chronica und denkwürdige Sachen pro Chronica Lucernensi et Helvetiae. Erste Abteilung: Stadt und Kanton Luzern. Erster Band, zweiter Teil, bearb. von Josef Schmid. Luzern 1969.
—— Spil dess heiligen crützes erfindung, in: Ukena, Elke: Die deutschen Mirakelspiele des Spätmittelalters. Studien und Texte, 2 Bde. Bern/Frankfurt a. M. 1975, Bd. 1 (Europäische Hochschulschriften 115), S. 561–771.
—— Convivii Process. Spiegel des vberflusses vnd missbruchs. Kommentierte Erstausgabe der Tragicocomedi von 1593, hg. von Heidy Greco-Kaufmann. Zürich 2001 (Theatrum Helveticum 8).
Dekrete der ökumenischen Konzilien, hg. von Josef Wohlmuth, Bd. 3. Paderborn u. a. 2002 (Konzilien der Neuzeit).
Donaueschinger Passionsspiel, hg. von Anthonius H. Touber. Stuttgart 1985.
Edlibach, Gerold: Chronik, hg. von Johann M. Usteri. Zürich 1847.
Eucherius of Lyon: Passio Arcaunensium martyrum, hg. von Beat Näf. Zürich 2015.
Fabulosa vita S. Stephani protomartyris, hg. von der Bibliotheca Casinensis. Monte Cassino 1873–1894.
Foxe, John: Two Latin Comedies, hg. u. übers. von John Hazel Smith. Ithaca 1973.
[Fredegar]: Fredegarii et aliorum Chronica. Vitae sanctorum, hg. von Bruno Krusch. München 1888 (MGH Scriptorum Rerum Merovingicarum 2).
Funklin, Jakob: Die Bühne als Kanzel, hg. von Max Schiendorfer, 2 Bde. Zürich 2019 (Schweizer Texte N. F. 53).
Gast, Johannes: Gast's Tagebuch. In Auszügen behandelt von Johannes Tryphius, übers. u. erl. von Karl Burtorf-Falkeisen. Basel 1856.

Gast, Johannes: Das Tagebuch des Johannes Gast. Ein Beitrag zur schweizerischen Reformationsgeschichte, hg. von Paul Burckhardt. Basel 1945 (Basler Chroniken 8).

Gerengel, Simon: Das Johannesspiel. Die schön euangelisch History von der enthauptung des heiligen Johannis des Tauffers, hg. von Michael Gebhardt. Innsbruck 2000 (Innsbrucker Beiträge zur Kulturwissenschaft, Germanistische Reihe 60).

Gartzwiller, Hilger: Chrysantus und Daria, hg. von Karolin Freund. Wiesbaden 2019 (Frühneuzeitliche Märtyrerdramen 6).

Gotthart, Georg: Ein schön lustiges Spil oder Tragedi von Zerstörung der grossen und vesten königlichen Statt Troia oder Ilio, hg. und komm. von Ralf Junghanns. Zürich 2016 [= 2016a].

——— Histori vom Kampf zwischen den Römern und denen von Alba, in: Georg Gotthart, Sämtliche Werke, hg. und komm. von Ralf Junghanns. Zürich 2016 (Schweizer Texte N. F. 46), S. 259–378 [= 2016b].

Gregor der Große: Vita Benedicti. Das Leben und die Wunder des verehrungswürdigen Abtes Benedikt, hg. von Adalbert de Vogüe, übers. von Gisela Vollmann-Profe. Stuttgart 2015.

Gretser, Jakob S. J.: Das Bruder-Klausen-Spiel vom Jahre 1586 [Comoedia de vita Nocolai Underwaldii eremitae Helvetii], hg. von Emmanuel Scherer. Sarnen 1928 (Beilage zum Jahresbericht der kantonalen Lehranstalt Sarnen 1927/28).

Gwalther, Rudolf: Nabal. Ein Zürcher Drama aus dem 16. Jahrhundert, hg. von Sandro Giovanoli. Bonn 1979 (Studien zur Germanistik, Anglistik und Komparatistik 83).

Haffner, Anton: Chronica, hg. von Franz Xaver Zepfel. Solothurn 1849.

Hans von Waltheym: Die Pilgerfahrt des Hans von Waltheym im Jahre 1474, hg. von Friedrich Emil Welti. Bern 1925.

Hessisches Weihnachtsspiel, in: Das Drama des Mittelalters, hg. von Richard Froning, Teil III. Stuttgart 1964, S. 902–939.

Hieronymus: Biblia sacra vulgata. Lat.-dt., hg. von Andreas Beriger u. a. Berlin/Boston 2018 (Tusculum).

Horatius Flaccus, Quintus: Sämtliche Werke, lat.-dt., hg. und übers. von Niklas Holzberg. Berlin/Boston 2018.

Jacobus de Voragine: Legenda aurea. Goldene Legende, hg. und übers. von Bruno W. Häuptli, 2 Bde. Freiburg u. a. 2014 (Fontes Christiani, Sonderband).

Josephus, Flavius: Der jüdische Krieg. 3 Bde. Griechisch und Deutsch, hg. und mit einer Einl. sowie mit Anm. vers. von Otto Michel und Otto Bauernfeind. Darmstadt ²2013.

Konzil von Trient: Dekret über die Anrufung, die Verehrung und die Reliquien der Heiligen und über die heiligen Bilder, 3. Dezember 1563, in: Heinrich

Denzinger: Kompendium der Glaubensbekenntnisse und kirchlichen Lehrentscheidungen, hg. und übers. von Peter Hünermann. Freiburg/Wien ⁴⁵2017, S. 538–540.
Legende von Sankt Meinrad und von dem Anfange der Hofstatt zu den Einsiedeln vor vierhundert Jahren in Holztafeln geschnitten. Faksimile, hg. von Gall Morel. Einsiedeln u. a. 1861.
Luther, Martin: Werke. Kritische Gesamtausgabe. Weimarer Ausgabe, hg. von der Heidelberger Akademie der Wissenschaften u. a., 127 Bde. Weimar u. a. 1883–2009.
—— Von den Konziliis und Kirchen, in: WA 50 (1914), S. 488–653.
—— Die gantze Heilige Schrifft Deudsch. Wittenberg 1545. Letzte zu Luthers Lebzeiten erschienene Ausgabe, hg. von Hans Volz u. a. Darmstadt 1972.
Luzerner Apostelspiel. Erstedition und Kommentar, hg. von Julia Gold. Berlin/Basel [2024].
—— gestützt auf die Textabschrift von M. Blakemore Evans und unter Verwendung seiner Vorarbeiten zu einer kritischen Edition nach den Handschriften, hg. von Heinz Wyss, 3 Bde. Bern 1967 (Schweizerische Geisteswissenschaftliche Gesellschaft 7).
Mahler, Johannes: Spiel von St. Oswald, hg. von Wolfgang F. Michael und Hans-Gert Roloff. Bern u. a. 1990.
—— Bruder Klausen-Spiel (um 1624). Eigentliche Historische Beschreibung dess Läbens dess Frommen Gottseligen Andëchtigen Einsidel und Eidtgnossen Niclaus von der Flüe (Bruder Clausen genambt) in Underwalden ob dem Kernwald geboren [...], hg. von Christiane Oppikofer-Dedie. Aarau 1993 (Aus der aargauischen Kantonsbibliothek 4).
—— Spiel von St. Stanislaus, hg. von Hellmut Thomke und Christiane Oppikofer-Dedie. Zürich 2003 (Schweizer Texte N. F. 18).
Manuel, Niklaus: Werke und Briefe, hg. von Paul Zinsli und Thomas Hengartner. Bern 1998.
Matthias von Beheim: Des Matthias von Beheim Evangelienbuch in mitteldeutscher Sprache. 1343, hg. von Reinhold Bechstein. Leipzig 1867. Nachdr. Amsterdam 1966.
Murer, Jos: Hester. Ein nüw Spyl/ darinn erzellt wirt/ wie Gott sin volck durch Hester/ von dem mortlichen vffsatz Hamans erlößt [...] beschriben durch Josen Murer burgern Zürych/ vnd daselbst gespylt deß 11. Februarij. M.D. LXVII, in: Jos Murer, Sämtliche Dramen, hg. von Hans-Joachim Adomatis, Bd. 1. Berlin 1974 (Ausgaben deutscher Literatur des 15. bis 18. Jahrhunderts, Reihe Drama 4/1).
Neukirch, Melchior: Stephanus. Ein schöne geistliche Tragedia von dem ersten Merterer, hg. und komm. von Verena Linseis. Wiesbaden 2019 (Frühneuzeitliche Märtyrerdramen 4).
Officia propria diœcesis basileensis. St. Pelagiberg 2019.

Platter, Felix: Tagebuch. Lebensbeschreibung 1536–1567, hg. von Valentin Lötscher. Basel 1976 (Basler Chroniken 10).

Rhenanus, Beatus: Rerum Germanicarum libri tres (1531), hg. u. übers. von Felix Mundt. Tübingen 2008 (Frühe Neuzeit 127).

Ruf, Jakob: Leben, Werk und Studien, hg. von Hildegard Elisabeth Keller, 5 Bde. Zürich 2008.

Rüte, Hans von: Sämtliche Dramen, hg. von Friederike Christ-Kutter, Klaus Jaeger und Hellmut Thomke, Bd. 1. Bern u. a. 2000 (Schweizer Texte N. F. 14).

Ryff, Fridolin: Chronik des Fridolin Ryff 1514–1541, mit der Fortsetzung des Peter Ryff 1543–1585, in: Basler Chroniken, Bd. I, hg. von Wilhelm Vischer und Alfred Stern. Leipzig 1872, S. 1–189.

Sachs, Michael: Stephanus. Tragedia von Stephano dem heiligen marterer, hg. und komm. von Karolin Freund. Wiesbaden 2019 (Frühneuzeitliche Märtyrerdramen 3).

Salat, Johannes: Reformationschronik 1517–1534. Text und Kommentar. 3 Bde. Bearb. von Ruth Jörg. Bern 1986 (Quellen zur Schweizer Geschichte N. F 1. Abt. Chroniken 8/1–3).

—— Der verlorene Sohn. Aufgrund des Erstdruckes von 1537 hg. von Robert Schläpfer, in: Fünf Komödien des 16. Jahrhunderts. Mit Erläuterungen, bio-bibliographischem Kommentar und je einem sprach- und literaturgeschichtlichen Essay hg. von Walter Haas und Martin Stern. Bern 1989 (Schweizer Texte N. F. 10). S. 61–181.

Sprüngli, Bernhard: Beschreibung der Kappelerkriege. Auf Grund des 1532 verfaßten Originals hg. von Leo Weisz. Zürich 1932 (Quellen und Studien zur Geschichte der helvetischen Kirche 2).

Thamm, Balthasar: Dorothea. Tragicocomoedia, hg. und komm. von Julia Gold. Wiesbaden 2019 (Frühneuzeitliche Märtyrerdramen 2).

Tschudi, Aegidius: Chronicon Helveticum, hg. von Bernhard Stettler, Bd. 1–6. Basel 1980–1986 (Quellen zur Schweizer Geschichte I,VII).

Urner Spiel von Wilhelm Tell, hg. von Hans Bodmer, in: Schweizerische Schauspiele des sechzehnten Jahrhunderts, hg. von Jakob Baechtold, Bd. 3. Zürich 1893, S. 1–48.

Vincentius (Wincenty Kadłubek): Die Chronik der Polen des Magisters Vincentius, hg. von Eduard Mühle. Darmstadt 2014 (Freiherr-vom-Stein-Gedächtnisausgabe 48).

Vincenz von Kielcz: Vita sancti Stanislai episcopi Cracoviensis (Vita minor), hg. von Wojciech Kętrzyński, in: Monumenta Poloniae historica 4, hg. von der Akademie der Wissenschaften in Krakau, Lwów 1884, S. 283–318.

—— Vita maior Stanislai episcopi Cracoviensis, hg. von Wojciech Kętrzyński, Monumenta Poloniae historica 4, hg. von der Akademie der Wissenschaften in Krakau, Lwów 1884, S. 319–483.

Vita S. Meginrati, hg. und übers. von Leo Helbling, in: Studien und Mitteilungen zur Geschichte des Benediktinerordens und seiner Zweige 111 (2000), S. 10–24.
Wagner, Hanns: Das Solothurner Dreikönigsspiel des Johannes Wagner (Carpentarius) vom Jahre 1561, hg. von Norbert King, in: Jahrbuch für solothurnische Geschichte 49 (1976), S. 45–83.
—— Solothurner St. Mauritius- und St. Ursenspiel, hg. von Heinrich Biermann. Bern, Stuttgart 1980 (Schweizer Texte N. F. 5).
—— Sämtliche Werke, hg. und erl. von Rolf Max Kully, 2 Bde. Bern/Frankfurt a. M. 1982 (Europäische Hochschulschriften 1).
Zurflüe, Johann: Das Sarner Bruderklausenspiel (1601), hg. von Heidy Greco-Kaufmann und Elke Huwiler. Zürich 2017 (Theatrum Helveticum 16).
Zwingli, Huldrych: Eine Predigt von der ewig reinen Magd Maria, 17. September 1522, in: Huldreich Zwinglis sämtliche Werke, hg. von Emil Egli, Bd. 1. Berlin 1905 (Corpus Reformatorum 88), S. 391–428 (Z 15).
—— Aktenstücke zur ersten Zürcher Disputation, I. Die 67 Artikel Zwinglis, in: Huldrych Zwingli: Eine Predigt von der ewig reinen Magd Maria (17. September 1522), in: Huldreich Zwinglis sämtliche Werke, hg. von Emil Egli, Bd. 1. Berlin 1905 (Corpus Reformatorum 88), S. 458–465 (Z 17 I).
—— Auslegen und Gründe der Schlußreden, 14. Juli 1523, in: Huldreich Zwinglis sämtliche Werke, hg. von Emil Egli, Bd. 2. Berlin 1908 (Corpus Reformatorum 89), S. 14–457 (Z 20).
—— Eine kurze Einleitung, 17. November 1523, in: Huldreich Zwinglis sämtliche Werke, hg. von Emil Egli, Bd. 2. Berlin 1908 (Corpus Reformatorum 89), S. 628–883 (Z 27).

Forschungsliteratur

Amiet, Bruno und Hans Sigrist: Solothurnische Geschichte, Bd. 2. Solothurn 1976.
Amschwand, P. Rupert: Bruder Klaus. Ergänzungsband zum Quellenwerk von Robert Durrer, hg. von der Regierung des Kantons Unterwalden ob dem Wald zum 500. Todestag von Bruder Klaus 1987. Sarnen 1987.
Angenendt, Arnold: Heilige und Reliquien. Die Geschichte ihres Kultes vom frühen Christentum bis zur Gegenwart. München 1994, [2]1997.
—— Die Heiligkeit und die Heiligen in der katholischen Kirche, in: «Wahre» und «falsche» Heiligkeit. Mystik, Macht und Geschlechterrollen im Katholizismus des 19. Jahrhunderts, hg. von Wolf Hubert. Oldenbourg 2013, S. 29–43 (Schriften des Historischen Kollegs 90).
Angst, Markus: Warum Solothurn nicht reformiert wurde, in: Jahrbuch für Solothurnische Geschichte 56 (1983), S. 5–29.
Arndt, Wilhelm: Die Personennamen der deutschen Schauspiele des Mittelalters. Breslau 1904 (Germanistische Abhandlungen 23).

Asendorf, Ulrich: Lectura in Biblia. Luthers Genesisvorlesung (1535–1545). Göttingen 1998 (Forschungen zur systematischen und ökumenischen Theologie 87).

Bächtiger, Franz: Bern zur Zeit von Niklaus Manuel, in: Niklaus Manuel Deutsch. Maler, Dichter, Staatsmann. Ausstellung vom 22. September bis 2. Dezember 1979 im Kunstmuseum Bern, hg. von Cäsar Menz und Hugo Wagner. Bern 1979, S. 1–16.

Bächtold, Hans Ulrich: «Das und Gott helff und die Heiligen»: Zürich im Streit um die eidgenössische Schwurformel, in: Bewegung und Beharrung: Aspekte des reformierten Protestantismus, 1520–1650, hg. von Peter Opitz und Christian Moser. Leiden 2009 (Studies in the History of Christian Traditions 144), S. 295–346.

——— Bullinger, Heinrich, in: HLS, Version vom 07.04.2011, https://hls-dhs-dss.ch/de/articles/010443/ [31.10.2023].

——— Sim(m)ler, Josias, in: NDB 24 (2020), S. 420f.

Backes, Martina: Schauspiel in der Stadt. Der *Weltspiegel* des Valentin Boltz, in: Raum und Medium. Literatur und Kultur in Basel in Spätmittelalter und Früher Neuzeit, hg. von Johanna Thali und Nigel F. Palmer, Berlin/Boston 2020 (Kulturtopographie des alemannischen Raums 9), S. 459–474.

Baechtold, Jakob: Ritz, Jakob Wilhelm, in: ADB 30 (1890), S. 85.

——— Geschichte der Deutschen Literatur in der Schweiz. Frauenfeld 1892.

Balling, Thomas: Die Bibel in Szene gesetzt. Gattungstransformationen im frühneuzeitlichen Johannesspiel. Hildesheim 2021 (Spolia Berolinensia 42).

Barton, Ulrich: Heilsamer Schrecken. Die Angst im mittelalterlichen Weltgerichtsspiel, in: ZfdA 140/4 (2011), S. 476–500.

Barton Sigrist, Petra und Egli, Michael: Niklaus Manuel – Sein vielfältiges Schaffen an der Zeitenwende, in: Söldner, Bilderstürmer, Totentänzer. Mit Niklaus Manuel durch die Zeit der Reformation. Begleitpublikation zur Wechselausstellung ‹Söldner, Bilderstürmer, Totentänzer – Mit Niklaus Manuel durch die Zeit der Reformation› (13.10.2016 bis 17.04.2017) am Bernischen Historischen Museum, hg. von Susan Marti. Zürich 2016, S. 39–48.

Beinert, Wolfgang: Wie wird man ein Heiliger und was ist man dann?, in: Stimmen der Zeit 220 (2002), S. 671–684.

Bender, Wilhelm: Zwinglis Reformationsbündnisse. Untersuchungen zur Rechts- und Sozialgeschichte der Burgrechtsverträge eidgenössischer und oberdeutscher Städte zur Ausbreitung und Sicherung der Reformation Huldrych Zwinglis. Zürich/Stuttgart 1970.

Benz, Maximilian: Apostolizität und Ort: Die politische Funktionalisierung Jakobs des Älteren in Spanien, in: Julia Weitbrecht u. a.: Legendarisches Erzählen. Optionen und Modelle in Spätantike und Mittelalter. Berlin 2019 (Philologische Studien und Quellen 273), S. 65–85.

Benziger, Augustin: Beiträge zum katholischen Kirchenlied in der deutschen Schweiz nach der Reformation. Einsiedeln 1910.

Benziger, Karl J.: Geschichte des Buchgewerbes im fürstlichen Benediktinerstifte U. L. F. von Einsiedeln. Einsiedeln 1912.
––––– Einleitung, in: Valentin Boltz, Illuminierbuch. Wie man allerlei Farben bereiten, mischen und auftragen soll, hg. von Carl J. Benzinger, München 1913, S. 5–36.
Berliner Repertorium. Online-Repertorium der mittelalterlichen deutschen Übertragungen lateinischer Hymnen und Sequenzen, hg. von Andreas Kraß, https://repertorium.sprachen.hu-berlin.de/page/home.html [31.10.2023].
Berner, Hans: Die Geschichte des Fürstbistums Basel von seinen Anfängen bis zu seinem Untergang (999–1792), in: Baselbieter Heimatblätter 64/2 (1999), S. 57–73.
Biermann, Heinrich: Die deutschsprachigen Legendenspiele des späten Mittelalters und der frühen Neuzeit. Diss. Köln 1977.
––––– Nachwort, in: Johannes Wagner, Solothurner St. Mauritius- und St. Ursenspiel, hg. von Heinrich Biermann. Bern/Stuttgart 1980 (Schweizer Texte N. F. 5), S. 207–261.
Bietenholz, Peter G.: Osvaldus Myconius, in: Contemporaries of Erasmus. A Biographical Register of the Renaissance and Reformation, hg. von Peter G. Bietenholz, 3 Bde. Toronto u. a. 2003 (Repr. der Ausgabe Toronto 1985–1987), Bd. 2, S. 475.
Birchler, Linus: Das Einsidler Gnadenbild. Seine äussere und innere Geschichte, in: Einsidlensia. Gnadenbild. Restaurierung der Stiftskirche. Ältere Klosterbauten. Gedenkschrift Linus Birchler, hg. von Hans R. Sennhauser. Zürich 1993 (Veröffentlichungen des Instituts für Denkmalpflege an der Eidgenössischen Technischen Hochschule Zürich 13, S. 9–28.
Bischof, Franz Xaver: Jesuiten, in: HLS, Version vom 13.01.2011, https://hls-dhs-dss.ch/de/articles/011718/ [31.10.2023].
Blank, Stefan: Zur Geschichte und Bedeutung der ‹Hermessäulen› in Solothurn, in: Jurablätter 59 (1997), S. 185–188.
Blank, Stefan und Markus Hochstrasser: Der Solothurner Stadtprospekt von Gregor Sickinger und Urs König – Versuch einer Datierung anhand des dargestellten Baubestandes, in: Archäologie und Denkmalpflege im Kanton Solothurn 12 (2007), S. 133–135.
Böck, Hanna: Einsiedeln. Das Kloster und seine Geschichte. Zürich/München 1989.
Bodmer, Hans: Einleitung zum Urner Spiel von Wilhelm Tell, in: Schweizerische Schauspiele des sechzehnten Jahrhunderts, hg. von Jakob Baechtold, Bd. 3. Zürich 1893, S. 3–11.
Boesch, Gottfried: Vorläufer der luzernischen Höheren Schule, in: 400 Jahre Höhere Lehranstalt Luzern 1574–1974, hg. von Gottfried Boesch und Anton Kottmann. Luzern 1974, S. 17–22.

Bölsterli, Joseph: Die bischöflich-constanzischen Visitationen im Kanton Luzern vom 16. bis 19. Jahrhundert, in: Der Geschichtsfreund. Mitteilungen des Historischen Vereins Zentralschweiz 28 (1873), S. 48–178.

Bolzern, Rudolf: In Solddiensten, in: Bauern und Patrizier. Stadt und Land Luzern im Ancien Regime. Ausstellung im ehemaligen Kinderasyl Schüpfheim 21. Juni bis 12. Oktober 1986 aus Anlass des Jubiläums 600 Jahre Schlacht bei Sempach – 600 Jahre Stadt und Land Luzern, bearb. von Silvio Bucher. Luzern 1986, S. 30–42.

—— Goldener Bund, in: HLS, Version vom 09.09.2005, https://hls-dhs-dss.ch/de/articles/017187/ [31.10.2023].

Bossardt, Fritz: Georgius-Darstellungen der Stadt Sursee: kulturgeschichtliche Skizze. Sursee 1933.

—— Zur Baugeschichte der Pfarrkirche in Sursee, in: Anzeiger für schweizerische Altertumskunde 39/1 (1937), S. 67–73.

—— Alte Surseer Bräuche, in: Schweizerisches Archiv für Volkskunde 39 (1941/42), S. 65–78.

Bossert, Gustav: Zur Biographie des Dichters Valentin Boltz von Ruffach, in: Zeitschrift für die Geschichte des Oberrheins, N. F. 14/2 (1899), S. 194–206.

Brandstetter, Renward: Die Technik der Luzerner Heiligenspiele, in: Archiv für das Studium der neueren Sprachen und Literaturen 75 (1886), S. 383–418 [= 1886a].

—— Die Regenz bei den Luzerner Osterspielen. Luzern 1886 (Beilage zum Jahresbericht über die Kantonsschule und die Theologie zu Luzern für das Schuljahr 1885/86) [= 1886b].

—— Zu den Luzerner Dorfspielen, in: Zeitschrift für deutsche Philologie 18 (1886), S. 459–478 [= 1886c].

Braun, Hans E.: Einsiedler Meinradspiel, in: Theaterlexikon der Schweiz, hg. von Andreas Kotte, Bd. 1. Zürich 2005, S. 524–526 [= 2005a].

—— Einsiedler Wallfahrtstheater, in: Theaterlexikon der Schweiz, hg. von Andreas Kotte, Bd. 1. Zürich 2005, S. 526–527 [= 2005b].

Braun-Bucher, Barbara: Die Hohen Schulen, in: Berns mächtige Zeit, hg. von André Holenstein. Bern 2006, S. 274–280.

Brauneck, Manfred: Die Welt als Bühne: Geschichte des europäischen Theaters, Bd. 1. Stuttgart 1993.

Brix, Kerstin: Sueton in Straßburg. Die Übersetzung der Kaiserviten durch Jakob Vielfeld (1536). Hildesheim 2017 (Spolia Berolinensia 36).

Bruckenberger, Anja: Heinrich Bullingers Rezeption des Lucretia-Stoffes, in: Zwingliana 33 (2006), S. 77–91.

Brückner, Wolfgang: Surius, Laurentius, in: EM 13 (2010), Sp. 57–59.

Brunnschweiler, Thomas: Johann Jakob Breitingers ‹Bedencken von Comoedien oder Spilen›. Die Theaterfeindlichkeit im Alten Zürich. Edition, Kommentar, Monographie. Bern u. a. 1989 (Zürcher Germanistische Studien 17).

Büchler-Mattmann, Helene: Das Stift Beromünster im Spätmittelalter. Beiträge zur Sozial- und Kulturgeschichte. Beromünster 1976.

Bumke, Joachim: Höfische Kultur. Literatur und Gesellschaft im hohen Mittelalter. München 2005 (zuerst in 2 Bdn. 1986).

Burchard, Christoph: Der dreizehnte Zeuge. Traditions- und kompositionsgeschichtliche Untersuchungen zu Lukas' Darstellung der Frühzeit des Paulus. Göttingen 1970 (Forschungen zur Religion und Literatur des Alten und Neuen Testaments 103).

Burgherr, Willi: Johannes Mahler, ein schweizerischer Dramatiker der Gegenreformation. Bern 1925.

Burkart, Lucas: Aus der Fastnacht in den Bildersturm: Knaben und junge Männer schänden und verbrennen das Kruzifix aus dem Basler Münster, in: Bildersturm. Wahnsinn oder Gottes Wille?, hg. von Cécile Dupeux u. a. München 2000, S. 128.

Büsser, Nathalie: Wenn Bürger zu Feudalherren werden. Die Stadt Zug und ihre abhängige Landschaft, in: Universum Kleinstadt. Die Stadt Zug und ihre Untertanen im Spiegel der Protokolle von Stadtrat und Gemeinde (1471–1798), hg. von Peter Hoppe u. a. Zürich 2018 (Beiträge zur Zuger Geschichte 18), S. 87–117.

Campi, Emidio: Die Reformation in Zürich, in: Die schweizerische Reformation. Ein Handbuch, hg. von Amy N. Burnett und Emidio Campi, dt. Ausgabe bearb. und hg. von Martin E. Hirzel und Frank Mathwig. Zürich 2016, S. 71–133.

Capitani, François de: Musik, in: Berns mächtige Zeit, hg. von André Holenstein. Bern 2006, S. 331–335.

Christ-Kutter, Friederike: Allgemeine Kommentare und Stellenkommentar [‹Sant Pauls bekerung›], in: Valentin Boltz: Bibeldramen, Gesprächsbüchlein, hg. von Friederike Christ-Kutter. Zürich 2009 (Schweizer Texte N. F. 27), S. 111–141.

Christ-Kutter, Friederike, Klaus Jaeger und Hellmut Thomke: Allgemeine Kommentare, in: Valentin Boltz: Der Weltspiegel, hg. von Friederike Christ-Kutter, Klaus Jaeger und Hellmut Thomke. Zürich 2013 (Schweizer Texte N. F. 37), S. 219–233.

Collinson, Patrick: England. IV. Reformationszeit, in: TRE 9 (1982), S. 636–642.

Colin, Marie-Alexis und Frank Dobbins: Sermisy, Claudin, de, in: MGG online, hg. von Laurenz Lütteken. New York u. a. 2006, https://www.mgg-online.com/mgg/stable/55552 [31.10.2023].

Connelly, Joseph: Hymns of the Roman Liturgy. Birmingham 1954.

Crowther, Kathleen M.: Adam and Eve in the Protestant Reformation. Cambridge 2010.

Czouz-Tornare, Alain-Jacques: Reisläufer, in: Historisches Lexikon der Schweiz (HLS), Version vom 19.05.2011, übersetzt aus dem Französischen v. Andrea Schüpbach, https://hls-dhs-dss.ch/de/articles/008607/ [31.10.2023].

Dafflon, Alexandre: Die Ambassadoren des Königs und Solothurn. Ein ‹vierzehnter Kanton› am Ufer der Aare. 16. bis 18. Jahrhundert. Solothurn 2014 (Zentralbibliothek Solothurn, Kleine Reihe 3D).

Daiber, Claudia: Gerechtigkeitsdiskurse in Passionsspielen des ‹neuen› Glaubens: Eine Studie zu den Passionsspielen des Jakob Ruf (1545), des Hans Sachs (1558) und des Hugo Grotius (1608). Diss. Groningen 2023, https://pure.rug.nl/ws/portalfiles/portal/751628471/Complete_thesis.pdf [31.10.2023].

Dammer, Raphael und Benedikt Jeßing: Der Jedermann im 16. Jahrhundert. Die Hecastus-Dramen von Georgius Macropedius und Hans Sachs. Berlin/New York 2007 (Quellen und Forschungen zur Literatur- und Kulturgeschichte 42).

de Montmollin, Benoît: Hauptmann, in: HLS, Version vom 29.11.2007, https://hls-dhs-dss.ch/de/articles/008610/ [31.10.2023].

Delgado, Mariano und Markus Ries (Hg.): Karl Borromäus und die katholische Reform. Akten des Freiburger Symposiums zur 400. Wiederkehr der Heiligsprechung des Schutzpatrons der katholischen Schweiz. Fribourg 2010 (Studien zur christlichen Religions- und Kulturgeschichte 13).

Dellsperger, Rudolf: Zehn Jahre bernischer Reformationsgeschichte (1522–1532), in: 450 Jahre Berner Reformation. Beiträge zur Geschichte der Berner Reformation und zu Niklaus Manuel, hg. vom Historischen Verein des Kantons Bern. Bern 1980 (Archiv des Historischen Vereines des Kantons Bern 64/65), S. 25–59.

Dietl, Cora: Die Dramen Jacob Lochers und die frühe Humanistenbühne im süddeutschen Raum. Berlin u. a. 2005 (Quellen & Forschungen zur Literatur- und Kulturgeschichte 37).

—— The Virgin, the Church and the Heathens: The Innsbruck ‹Ludus de assumptione beatae Mariae virginis›, in: European Medieval Drama 10 (2006), S. 187–205.

—— Ein ‹protestantischer› Märtyrer auf der Simultanbühne: Melchior Neukirchs Stephanus, in: Das Theater des Spätmittelalters und der Frühen Neuzeit. Kulturelle Verhandlungen in einer Zeit des Wandels, hg. von Elke Huwiler. Heidelberg 2015, S. 175–193 [= 2015a].

—— (Freuden-)Tanz und Gewalt. Die Leiden des Hl. Johannes im geistlichen Spiel und im Bibeldrama der Frühen Neuzeit, in: Gewaltgenuss, Zorn und Gelächter. Die emotionale Seite der Gewalt in Literatur und Historiographie des Mittelalters und der Frühen Neuzeit, hg. von Claudia Ansorge u. a. Göttingen 2015, S. 161–181 [= 2015b].

—— Für oder wider Brüche in der Theatertradition des 16. Jahrhunderts. Johannes Agricolas *Tragedia Johannis Huss* als ‹protestantisches Passionsspiel›, in: Das Geistliche Spiel des Spätmittelalters und der frühen Neuzeit, hg. von

Wernfried Hofmeister und Cora Dietl. Wiesbaden 2015 (JOWG 20), S. 411–423 [= 2015c].

Dietl, Cora: Memento Mori on Swiss Stage: Johannes Kolross' Spil von Fünfferley betrachtnus ... zur buoß. Vortrag, gehalten auf dem International Medieval Congress, Leeds am 03.07.2018 [bisher nicht publiziert].

—— Vom Fastnachtschwank zum Bibeldrama. Hans von Rütes Berner Spiele wider den ‹abgöttischen› Heiligenkult, in: Religiöses Wissen im mittelalterlichen und frühneuzeitlichen Schauspiel, hg. von Klaus Ridder u. a., Basel/Berlin 2021, S. 113–142 [= 2021a].

—— Einsiedeln, in: Klostergründungserzählungen des deutschen Sprachraums. Eine Anthologie, hg. von Edith Feistner in Verbindung mit Cora Dietl, Christoph Fasbender und Gesine Mierke. Münster 2021 (Regensburger Studien zur Literatur und Kultur des Mittelalters 6), S. 211–291 [= 2021b].

—— How to Mark A Saint on Stage. Felix Büchser's ‹Meinradspiel›, in: European Medieval Drama 25 (2021), S. 175–200 [= 2021c].

—— Zukunftsvorsorge oder Begegnung mit der Ewigkeit. Meinrads Entscheidung zum Einsiedlerleben in Legende und Heiligenspiel des 16. Jahrhunderts, in: Comparatio 13/2 (2021), S. 225–240 [= 2021d].

—— Eigenwillig und trotzig, fromm und bedacht: Der Rabe des Heiligen Oswald, in: Animal Body. Tier-Bilder in der deutschsprachigen Literatur, hg. von Malgorzata Kubisiak und Joanna Firaza. Paderborn 2022, S. 3–26.

—— Kann es Heilige aus dem Orient geben? Hanns Wagners ‹Dreikönigsspiel› (Solothurn 1561), in: Orientdarstellungen, hg. von Mathias Herweg. Würzburg [2024].

—— Narren und Teufel in Jos Murers ‹Hester› und in der ‹Berner Hester›, in: Premiers théâtres suisses 1450–1650, hg. von Natalia Wawrzyniak und Estelle Doudet [geplant 2024/25].

Dietl, Cora, Karolin Freund, Julia Gold und Verena Linseis: Inszenierungen von Heiligkeit. Deutsche Märtyrerdramen des 16. und frühen 17. Jahrhunderts. Wiesbaden [2025].

Doll, Eberhard: Ausblick – Die Berner Trilogie. Eine Bearbeitung der geistlichen Spiele Friedrich Dedekinds, in: ders.: Der Theologe und Schriftsteller Friedrich Dedekind (1524/25–1598). Wiesbaden 2018 (Wolfenbütteler Forschungen 145), S. 541–545 [= 2018a].

—— Der Theologe und Schriftsteller Friedrich Dedekind (1524/25–1598). Eine Biographie. Wiesbaden 2018 (Wolfenbütteler Forschungen 145) [= 2018b].

Dommann, Hans: Das Gemeinschaftsbewußtsein der V Orte in der Alten Eidgenossenschaft, in: Der Geschichtsfreund 96 (1943), S. 115–228.

—— Die Luzerner Bekrönungsbruderschaft als religiöse Spielgemeinde, in: Geistliche Spiele, III. Jahrbuch der Gesellschaft für Schweizerische Theaterkultur, hg. von Oskar Eberle, Basel/Freiburg 1930/31, S. 54–68.

Dörner, Gerald: Kirche, Klerus und kirchliches Leben in Zürich von der Brunschen Revolution (1336) bis zur Reformation (1523). Würzburg 1996 (Studien zur Literatur- und Kulturgeschichte 10).

Dorninger, Maria E.: Erzählstrategien in Johann Rassers ‹Comoedia. Vom König der seinem Sohn Hochzeit machte›, in: Current Topics in Medievaal German Literature: Texts and Analyses. Kalamazoo Papers 2000–2006, hg. von Sibylle Jefferis. Göppingen 2008 (GAG 748), S. 169–182.

―――― Sterben und Tod im deutschsprachigen geistlichen Drama des 16. Jahrhunderts am Beispiel des Johannes-Stoffes und der *Comoedia* Johann Rassers, in: Katastrophe, Sühne, Erlösung: Der Tod im (Musik-) Theater, hg. von Jürgen Kühnel u. a. Anif/Salzburg 2010 (Wort und Musik 72), S. 160–186.

―――― Rasser, Johann, in: VL16 5 (2016), Sp. 197–206.

Dupeux, Cécile (Hg.): Bildersturm. Wahnsinn oder Gottes Wille? München 2000.

Durrer, Robert (Hg.): Bruder Klaus. Die ältesten Quellen über den seligen Nikolaus von Flüe sein Leben und seinen Einfluss, 2 Bde, Nachdr. Sarnen 1981.

Eberle, Oskar: Theatergeschichte der innern Schweiz. Das Theater in Luzern, Uri, Schwyz, Unterwalden und Zug im Mittelalter und zur Zeit des Barock 1200–1800. Königsberg 1929 (Königsberger deutsche Forschungen 5).

―――― Johann Kaspar Weissenbach und das schweizerische Barocktheater, in: Schweizerische Monatshefte für Politik und Kultur 9/3 (1929/30), S. 130–142.

Eggenberger, Dorothee/Horat, Heinz: Veronika, Pilatus und die Zerstörung Jerusalems. Eine Legende in Federzeichnungen. Baden 2010.

Egloff, Gregor: Herr in Münster. Die Herrschaft des Kollegiatstifts St. Michael in Beromünster in der luzernischen Landvogtei Michelsamt am Ende des Mittelalters und in der frühen Neuzeit. Basel 2003 (Luzerner Historische Veröffentlichungen 38).

Ehrstine, Glenn: Theater, Culture, and Community in Reformation Bern, 1523–1555. Leiden 2002 (Studies in medieval and Reformation thought 85).

―――― Ablass, Almosen, Andacht: Die Inszenierung der nahen Gnade im Zerbster Fronleichnamsspiel, in: Literaturwissenschaftliches Jahrbuch 56 (2015), S. 81–118 [= 2015a].

―――― *Ubi multitudo, ibi confusio*. Wie andächtig war das Spielpublikum des Mittelalters?, in: Das Geistliche Spiel des europäischen Spätmittelalters, hg. von Wernfried Hofmeister u. Cora Dietl. Wiesbaden 2015 (JOWG 20), S. 113–131 [= 2015b].

―――― Besprechung zu: Greco-Kaufmann, Heidy und Huwiler, Elke (Hg.): Das Sarner Bruderklausenspiel von Johann Zurflüe (1601). Kommentierte Erstausgabe. Zürich 2017 (Theatrum Helveticum 16), in: Amsterdamer Beiträge zur älteren Germanistik 79 (2019), S. 433–436.

―――― Das geistliche Spiel als Ablassmedium: Überlegungen am Beispiel des ‹Alsfelder Passionsspiels›, in: Religiöses Wissen im mittelalterlichen und

frühneuzeitlichen Schauspiel, hg. von Klaus Ridder u. a. Basel/Berlin 2021, S. 259–297.
Elschenbroich, Adalbert: Kolroß, Johannes, in: NDB 12 (1980), S. 477f.
Eming, Jutta: Figura und Typologie. Am Beispiel des ‹Luzerner› und des ‹Heidelberger Passionsspiels›, in: Religiöses Wissen im mittelalterlichen und frühneuzeitlichen Schauspiel, hg. von Klaus Ridder u. a. Basel/Berlin 2021, S. 345–367.
Emrich, Wilhelm: Paulus im Drama. Berlin/Leipzig 1934 (Stoff- und Motivgeschichte der deutschen Literatur 13).
Engler, Claudia: Bildung, Wissenschaft und Kunst, in: Berns mächtige Zeit, hg. von André Holenstein. Bern 2006, S. 273.
Esch, Arnold: Wahrnehmung sozialen und politischen Wandels in Bern an der Wende vom Mittelalter zur Neuzeit, in: Sozialer Wandel im Mittelalter. Wahrnehmungsformen, Erklärungsmuster, Regelungsmechanismen, hg. von Jürgen Miethke und Klaus Schreiner. Sigmaringen 1994, S. 177–193.
Escobedo, Andew: Nationalism and Historical Loss in Renaissance England. Foxe, Dee, Spenser, Milton. Ithaca, NY/London 2004.
Etter, Hansueli F.: Sankt Meinrad. Einsiedeln 1984.
Etter, Hansueli F. u. a.: Die Zürcher Stadtheiligen Felix und Regula. Legenden, Reliquien, Geschichte und ihre Botschaft im Licht moderner Forschung. Zürich 1988.
Evans, Gillian Rosemary: Bernhard of Clairvaux. Oxford 2000.
Evans, Marshall Blakemore: Das Osterspiel von Luzern. Eine historisch-kritische Einleitung. Übers. des englischen Originaltextes von Paul Hagmann. Bern 1961 (Schweizer Theater-Jahrbuch 27).
—— Beteiligung der Luzerner Bürger am Passionsspiel, in: Der Geschichtsfreund 87 (1932), S. 304–335.
Feistner, Edith: Historische Typologie der deutschen Heiligenlegende des Mittelalters von der Mitte des 12. Jahrhunderts bis zur Reformation. Wiesbaden 1995 (Wissensliteratur im Mittelalter 20).
Fellay, Jean-Blaise: Katholische Reform, in: HLS, Version vom 03.04.2014, übers. aus dem Französischen von Alice Holenstein-Beereuter, https://hls-dhs-dss.ch/de/articles/017177 [31.10.2023].
Ferro, Eva: Ein Fest für den Heiligen. Die früh- und hochmittelalterliche Verehrung des heiligen Zeno und ihre liturgischen Quellen in Verona. Würzburg/Baden-Baden 2022 (Helden, Heroisierungen, Heroismen 17).
Fiala, Friedrich: Geschichtliches über die Schule von Solothurn, Bd. 1: Die alte Stifts- und Stadtschule bis zum Ende des 16. Jahrhunderts. Solothurn 1875.
—— Haffner, Anton, in: ADB 10 (1879), S. 317f.
Fisher, Kenneth A.: Hans von Rüte. Austin 1975.

Fleckenstein, Josef: Die Rechtfertigung der geistlichen Ritterorden nach der Schrift ‹De laude novae militae› Bernhards von Clairvaux, in: Die geistlichen Ritterorden Europas, hg. von Josef Fleckenstein und Manfred Hellmann. Sigmaringen 1980 (Vorträge und Forschungen. Konstanzer Arbeitskreis für Mittelalterliche Geschichte 26), S. 9–22.

Flüe, Niklaus von: Sarnen. Aus 1000 Jahren Geschichte mit Schwerpunkt im 19. Jahrhundert. Sarnen 2012.

Fluri, Adolf: Dramatische Aufführungen in Bern im XVI. Jahrhundert. Sonderdruck aus dem Neuen Berner Taschenbuch 15 (1909).

Freddi, Silvan: St. Ursus in Solothurn. Vom königlichen Chorherrenstift zum Stadtstift (870–1527). Wien u. a. 2014 (Zürcher Beiträge zur Geschichtswissenschaft 4).

―――― St. Ursen (SO), in: HLS, Version vom 08.02.2018, https://hls-dhs-dss.ch/de/articles/012122/ [31.10.2023].

Fuchs, Thomas: Protestantische Heiligen-*memoria* im 16. Jahrhundert, in: Historische Zeitschrift 267 (1998), S. 587–614.

Fudge, Thomas A.: Icarus of Basel? Oecolampadius and the Early Swiss Reformation, in: Journal of Religious History 21 (1997), S. 268–284.

Fueglister, Hans: Albrecht von Bonstetten, in: ²VL 1 (1978), Sp. 176–179.

Führer, Dörthe und Mikkel Mangold: Katalog der mittelalterlichen Handschriften des Stifts Beromünster, Basel 2020.

Fuhrer, Hans R.: Der Tod des Reformators, in: Der Tod des Reformators. Zwinglis Waffen, hg. von Hans R. Fuhrer. Wettingen 2019 (Geschichte der Schweiz, Fenster in die Vergangenheit 9/10), S. 11–75.

Furner, Mark: Die Täufer, in: Berns mächtige Zeit, hg. von André Holenstein. Bern 2006, S. 257–260.

Gámiz-Brunner, Regula: Königseinzüge, Stadtnarren, Bibelspiele. Theater in Bern im Spätmittelalter und in der Frühen Neuzeit. Diss. Bern 2013.

―――― Von der Stadtgründung bis zum Ende des 17. Jahrhunderts, in: Stadtnarren, Festspiele, Kellerbühnen. Einblicke in die Berner Theatergeschichte vom Mittelalter bis zur Gegenwart, hg. von Heidy Greco-Kaufmann. Zürich 2017 (Theatrum Helveticum 17), S. 17–140.

Garovi, Angelo: Obwaldner Geschichte. Sarnen 2000.

―――― Obwalden, in: Historisches Lexikon der Schweiz (HLS), Version vom 07.02.2018, https://hls-dhs-dss.ch/de/articles/007410/ [31.10.2023]

Garside, Charles jr.: Zwingli and the Arts. New Haven/London 1966.

Gerken, Claudia: Bilder- und Reliquienkult im nachtridentinischen Italien zwischen Kritik und Inszenierung, in: Bilder, Heilige und Reliquien. Beiträge zur Christentumsgeschichte und zur Religionsgeschichte, hg. von Mariano Delgado und Volker Leppin. Stuttgart 2020 (Studien zur christlichen Religions- und Kulturgeschichte 28), S. 265–286.

Glauser, Fritz: Über Luzerns Beziehungen zur Ettiswiler Sakramentskapelle 1450–1456, in: Heimatkunde des Wiggertales 32 (1974), S. 55–62.

――― Das Schülerverzeichnis des Luzerner Jesuitenkollegiums 1574 bis 1669. Luzern 1976 (Luzerner Historische Veröffentlichungen).

――― St. Leodegar, in: Historisches Lexikon der Schweiz (HLS), Version vom 22.02.2011, https://hls-dhs-dss.ch/de/articles/012236/ [31.10.2023].

Glauser, Thomas: 1352 – Zug wird nicht eidgenössisch, in: Tugium 18 (2002), S. 103–116.

Gloor, Fritz: Bruder Klaus und die Reformierten. Der Landesheilige zwischen den Konfessionen. Zürich 2017.

Gold, Julia: Mitleid mit dem Teufel? Ambivalenzen einer altbekannten Figur im geistlichen Spiel des Mittelalters und im protestantischen Drama der Frühen Neuzeit, in: Ambivalenzen des geistlichen Spiels. Revisionen von Texten und Methoden, hg. von Jörn Bockmann und Regina Toepfer. Göttingen 2018 (Historische Semantik 29), S. 125–154.

――― Brummer, Johannes, in: VL16 7 (2019), Sp. 90–95.

――― *Work in progress.* Die Handschrift des ‹Luzerner Apostelspiels› als Regiebuch, in: Das Regiebuch. Zur Lesbarkeit theatraler Produktionsprozesse in Geschichte und Gegenwart, hg. von Martin Schneider. Göttingen 2021, S. 53–81.

――― *Wachen vnd betten alle stunden.* Inszenierungsstrategien von Vigilanz im ‹Einsiedler Meinradspiel› von 1576, in: Diabolische Vigilanz. Studien zur Inszenierung von Wachsamkeit in Teufelserzählungen des Spätmittelalters und der Frühen Neuzeit, hg. von Jörn Bockmann u. a. Berlin/Boston 2022 (Vigilanzkulturen 2), S. 131–163.

Gombert, Ludwig: Johannes Aals Spiel von Johannes dem Täufer und die älteren Johannesdramen. Nachdr. der Ausg. Breslau 1908. Hildesheim u. a. 1977 (Germanistische Abhandlungen 31).

Gottschick, J.: Paulinismus und Reformation, in: Zeitschrift für Theologie und Kirche 7 (1897), 398–460.

Greco-Kaufmann, Heidy: Spiegel des vberflusses vnd missbruchs. Renward Cysats ‹Convivii Process›. Kommentierte Erstausgabe der Tragicocomedi von 1593. Zürich 2001.

――― Hofbrückenbilder und Weinmarktspiele. Abhängigkeiten, Wechselwirkungen?, in: Der Bilderweg auf der Hofbrücke in Luzern, Bd. II: Geschichte, Künstler, kulturelles Umfeld, hg. von Heinz Horat. Luzern 2003, S. 119–166.

――― *Zuo der Eere Gottes, vfferbuwung dess mentschen vnd der statt Lucern lob.* Theater und szenische Vorgänge in der Stadt Luzern im Spätmittelalter und in der Frühen Neuzeit, 2 Bde. Zürich 2009 (Theatrum Helveticum 11).

――― *Obseruiert vnd durchgegründet.* Renward Cysat (1545–1614) als Sammler und Vermittler von Wissen, in: Buchkultur und Wissensvermittlung in Mittelalter und Früher Neuzeit. Festschrift für Claudia Brinker-von der Heyde, hg. von Andreas Gardt u. a. Berlin/Boston 2011, S. 119–130.

Greco-Kaufmann, Heidy: Cysat, Renward, in: VL16 2 (2012), Sp. 85–92 [= 2012a].
— Theaterhistorische Pioniertaten mit nachhaltiger Wirkung, in: Renward Brandstetter (1860–1942). Beiträge zum 150. Geburtstag des Schweizer Dialektologen und Erforschers der austronesischen Sprachen und Literaturen, hg. von der Schweizerischen Akademie für Geistes- und Sozialwissenschaften, Bern 2012, S. 27–45 [= 2012b].
— Theatrical Actions during Carnival and Religious Disputes: The Bernese Way of Promoting Reformation Ideas, in: European Medieval Drama 16 (2012), S. 69–79 [= 2012c].
— Rohe Gewalt, Klamauk und freche Sprüche. Jakob Wilhelmis Aufführungen von Heiligen- und Märtyrerspielen im Spannungsfeld konkurrierender theatraler Formen, in: Das Theater des Spätmittelalters und der Frühen Neuzeit. Kulturelle Verhandlungen in einer Zeit des Wandels, hg. von Elke Huwiler. Heidelberg 2015, S. 159–174 [= 2015a].
— Theater, Frömmigkeitspraktiken, Politik: Ein Versuch zur Situierung der Beromünsterer Heiligenspiele, in: European Medieval Drama 19 (2015), S. 95–115 [= 2015b].
— Die Bedeutung von Teufelsfiguren in theatralen Aktivitäten und im Ordnungsdiskurs der Stadt Luzern, in: Literaturwissenschaftliches Jahrbuch 56 (2015), S. 119–135 [= 2015c].
— Niklaus Manuel, der Fastnachtspieldichter, in: Söldner, Bilderstürmer, Totentänzer. Mit Niklaus Manuel durch die Zeit der Reformation. Begleitpublikation zur Wechselausstellung ‹Söldner, Bilderstürmer, Totentänzer – Mit Niklaus Manuel durch die Zeit der Reformation› (13.10.2016 bis 17.04.2017) am Bernischen Historischen Museum, hg. von Susan Marti. Zürich 2016, S. 71–77.
— *Ein schön lustiges vnd nüwes spill*. Zurflües ‹Bruder Klaus› – ein unterhaltsames Heiligenspiel?, in: Das ‹Sarner Bruderklausenspiel› von Johann Zurflüe (1601). Kommentierte Erstausgabe, hg. von Heidy Greco-Kaufmann und Elke Huwiler. Zürich 2017 (Theatrum Helveticum 16), S. 445–468.
— Comic Interludes within Swiss Saint Plays, in: European Medieval Drama 24 (2020), S. 117–133.
Greco-Kaufmann, Heidy und Tobias Hoffmann: Theaterpionier aus Leidenschaft. Oskar Eberle (1902–1956). Zürich [2023] (Theatrum Helveticum 23).
Greyerz, Kaspar von u. a.: Soldgeschäfte, Klientelismus, Korruption in der Frühen Neuzeit. Zum Soldunternehmertum der Familie Zurlauben im schweizerischen und europäischen Kontext, in: Soldgeschäfte, Klientelismus, Korruption in der Frühen Neuzeit. Zum Soldunternehmertum der Familie Zurlauben im schweizerischen und europäischen Kontext, hg. von Kaspar von Greyerz u. a. Göttingen 2018, S. 9–33.
Gröbli, Roland: Die Sehnsucht nach dem «einig Wesen». Leben und Lehre des Bruder Klaus von Flüe. Zürich 1990.

Grochowina, Nicole: Die Reformation. Berlin/Boston 2020.
Groebner, Valentin: Pensionen, in: HLS, Version vom 03.11.2011, https://hls-dhs-dss.ch/de/articles/010241 [31.10.2023].
—— Helden im Sonderangebot. Söldner und Söldnerbilder vom 16. bis ins 21. Jahrhundert, in: Söldner, Bilderstürmer, Totentänzer. Mit Niklaus Manuel durch die Zeit der Reformation. Begleitpublikation zur Wechselausstellung ‹Söldner, Bilderstürmer, Totentänzer – Mit Niklaus Manuel durch die Zeit der Reformation› (13.10.2016 bis 17.04.2017) am Bernischen Historischen Museum, hg. von Susan Marti. Zürich 2016, S. 31–38.
Grübel, Isabel: Die Hierarchie der Teufel. Studien zum christlichen Teufelsbild und zur Allegorisierung des Bösen in Theologie, Literatur und Kunst zwischen Frühmittelalter und Gegenreformation. München 1991 (Kulturgeschichtliche Forschungen 13).
Gruber, Eugen: Geschichte des Kantons Zug. München 1968 (Monographien zur Schweizer Geschichte 3).
Guggisberg, Hans R.: Basel in the Sixteenth Century. Aspects of the City Republic before, during and after the Reformation, St. Louis 1982.
—— Reformierter Stadtstaat und Zentrum der Spätrenaissance: Basel in der zweiten Hälfte des 16. Jahrhunderts, in: Renaissance – Reformation. Gegensätze und Gemeinsamkeiten, hg. von August Buck. Wiesbaden 1984 (Wolfenbütteler Abhandlungen zur Renaissanceforschung 5), S. 20–16.
—— Johannes Oecolampadius, in: Contemporaries of Erasmus. A Biographical Register of the Renaissance and Reformation, hg. von Peter G. Bietenholz, Bd. 3. Toronto u. a. 2003 (Repr. der Ausgabe Toronto 1987), S. 24–27.
Günthart, Romy: Die vielen Leben des Heiligen Meinrad. Eine Legende und ihre Überlieferung(en), in: Variations 7 (2001), S. 105–118.
—— Deutschsprachige Literatur im frühen Basler Buchdruck (ca. 1470–1510). Münster 2007 (Studien und Texte zum Mittelalter und zur frühen Neuzeit 11).
—— Zurflüe, Johann, in: VL16 6 (2017), Sp. 680–684.
Gustafson, Fred: The Black Madonna. An Ancient Image for our Present Time. Einsiedeln 2014.
Gut, Katrin: Das vaterländische Schauspiel der Schweiz. Geschichte und Erscheinungsformen. Fribourg 1996.
Gutmann André: Schwabenkrieg, in: HLS, Version vom 24.02.2015, https://hls-dhs-dss.ch/de/articles/008888/ [31.10.2023].
Gutzwiller, Hellmut: Haffner, Anton, in: HLS, Version vom 20.01.2020, https://hls-dhs-dss.ch/de/articles/017544/ [31.10.2023].
Haas, Leonhard: Über geistliche Spiele in der Innerschweiz. Mailändische Augenzeugenberichte von 1533, 1549 und 1553, in: Zeitschrift für schweizerische Kirchengeschichte 47 (1953), S. 113–122 [= 1953a].
—— Geistliche Spiele in Luzern und Altdorf nach mailändischen Berichten von 1533, 1549 und 1553, in: Schweizer Theateralmanach 9 im Jahrbuch der

Schweizerischen Gesellschaft für Theaterkultur 21 (1952) [ersch. 1953], S. 143–147 [= 1953b].

Haas, Reimund: Surius, Laurentius, in: NDB 25 (2013), S. 709f.

Haefinger, Hans: Solothurn in der Reformation 1519–1535, in: Jahrbuch für Solothurnische Geschichte 16 (1943), S. 1–120 und 17 (1944), S. 1–81.

Hammes, Friedrich: Das Zwischenspiel im deutschen Drama von seinen Anfängen bis zum Auftreten der englischen Komödianten. Berlin 1910.

Häne, Rafael: Das Einsiedler Meinradspiel von 1576. Basel u. a. 1930.

Happé, Peter und Wim Hüsken (Hg.): Interludes and Early Modern Society. Studies in Gender, Power and Theatricality. Amsterdam/New York 2007 (Ludus 9).

Härle, Wilfried: Paulus und Luther: Ein kritischer Blick auf die ‹New Perspective›, in: Zeitschrift für Theologie und Kirche 103 (2006), S. 362–393.

Head-König, Anne-Lise: Ehe, in: HLS, Version vom 03.10.2013, https://hls-dhs-dss.ch/de/articles/007975/ [31.10.2023].

Hebenstreit-Wilfert, Hildegard: Wunder und Legende. Studien zu Leben und Werk von Laurentius Surius (1522–1578), insbesondere zu seiner Sammlung ‹De probatis Sanctorum historiis›. Tübingen 1975.

Hegglin, Clemens und Fritz Glauser: Kloster und Pfarrei zu Franziskanern in Luzern. Archäologische Pläne. Luzern 1989 (Luzerner Historische Veröffentlichungen 24/2).

Hegi, Erich: Historische Unterlagen zur Entstehung und Entwicklung eines eidgenössischen Kriegsrechtes. Bern 1970.

Heinzer, Felix u. a.: Einleitung: Relationen zwischen Sakralisierungen und Heroisierungen, in: Sakralität und Heldentum, hg. von dens. Würzburg 2017 (Helden, Heroisierungen, Heroismen 6), S. 9–18.

Henggeler, Rudolf: Die Einsiedler Engelweihe, in: Zeitschrift für Schweizerische Kirchengeschichte 40 (1946). S. 1–30.

Hennig, Ursula: Einsiedler Osterspiel, in: ²VL 2 (1980), Sp. 326f.

Henrich, Rainer: Oswald Myconius. Briefwechsel 1515–1552. Regesten. Zürich 2017.

Hidber, Basilius: Das Theater der alten Berner, in: Der Bund 25 (1858), § 98–100.

Hieber, Wolfgang: Legende, protestantische Bekennerhistorie, Legendenhistorie. Studien zur literarischen Gestaltung der Heiligenthematik im Zeitalter der Glaubenskämpfe. Würzburg 1970.

Hitz, Benjamin: Von ehrlichen Kriegsleuten, Schelmen und Fleischbänken. Reden über den Solddienst, in: Der Geschichtsfreund 164 (2011), S. 11–36.

— Kämpfen und Sold. Eine Alltags- und Sozialgeschichte schweizerischer Söldner in der Frühen Neuzeit. Köln u. a. 2015.

Höchner, Max: Das Söldnerwesen in der Zentralschweiz 1500–1800 als Migrationsbewegung, in: Der Geschichtsfreund 167 (2014), S. 11–30.

Hochstrasser, Markus: Solothurn, ‹Hermessäulen›, in: Archäologie und Denkmalpflege im Kanton Solothurn 3 (1998), S. 116–118.

Holenstein, André: Der Bauernkrieg von 1653: Ursachen, Verlauf und Folgen einer gescheiterten Revolution, in: Berner Zeitschrift für Geschichte und Heimatkunde 66 (2004), S. 1–31.
—— Religion, Macht und Politik, in: Berns mächtige Zeit, hg. von dems. Bern 2006, S. 164–167.
—— Reformation und Konfessionalisierung in der Geschichtsforschung der Deutschschweiz, in: Archiv für Reformationsgeschichte 100 (2009), S. 65–87.
—— Macht durch Verflechtung – Bern in Niklaus Manuels Zeit, in: Söldner, Bilderstürmer, Totentänzer. Mit Niklaus Manuel durch die Zeit der Reformation. Begleitpublikation zur Wechselausstellung ‹Söldner, Bilderstürmer, Totentänzer – Mit Niklaus Manuel durch die Zeit der Reformation› (13.10.2016 bis 17.04.2017) am Bernischen Historischen Museum, hg. von Susan Marti. Zürich 2016, S. 23–29.
—— Gemeine Herrschaften, in: HLS, Version vom 21.09.2021, https://hls-dhs-dss.ch/de/articles/009817 [31.10.2023].
Holstein, Hugo: Die Reformation im Spiegelbilde der dramatischen Litteratur des sechzehnten Jahrhunderts. Halle 1886 (Schriften des Vereins für Reformationsgeschichte 14/15).
Holt, Ian David: Die Rezeption von Marko Marulić am Beispiel der Stadt Solothurn zur Zeit der Reformation und Konfessionalisierung, in: Colloquia Maruliana 31 (2022), S. 233–249.
Holzherr, Georg: Einsiedeln. Kloster und Kirche Unserer Lieben Frau. Von der Karolingerzeit bis zur Gegenwart. Regensburg ²2006.
Hoppe, Peter u. a.: Zug (Kanton), in: HSL, Version vom 24.04.2019, https://hls-dhs-dss.ch/de/articles/007373/ [31.10.2023].
Horat, Heinz: Die Bilder der Kapellbrücke in Luzern, 2 Bde. Baden 2015.
Hörsch, Waltraud: Im Fokus zwischen Chorherrenstift und Flecken, in: Beromünster. Stiftstheater & Schol. Berichte 2013/4, hg. von der Dienststelle Hochschulbildung und Kultur, Archäologie und Denkmalpflege. Luzern 2013, S. 13–44.
Hübner, Gert: Historische Narratologie und mittelalterlich-frühneuzeitliches Erzählen, in: Literaturwissenschaftliches Jahrbuch 56 (2015), S. 11–54.
Hug, Albert: Eichhorn, Joachim, in: HLS, Version vom 27.08.2004, https://hls-dhs-dss.ch/de/articles/025724/ [31.10.2023].
Hugelshofer, Walter: Überlegungen zu Niklaus Manuel, in: Niklaus Manuel Deutsch. Maler, Dichter, Staatsmann. Ausstellung vom 22. September bis 2. Dezember 1979 im Kunstmuseum Bern, hg. von Cäsar Menz u. Hugo Wagner. Bern 1979, S. 51–66.
Hugger, Paul: Volksfrömmigkeit, in: HLS, Version vom 27.12.2014, https://hls-dhs-dss.ch/de/articles/011511/ [31.10.2023].

Huggler, Max: Niklaus Manuel und die Reformatoren, in: Niklaus Manuel Deutsch. Maler, Dichter, Staatsmann. Ausstellung vom 22. September bis 2. Dezember 1979 im Kunstmuseum Bern, hg. von Cäsar Menz u. Hugo Wagner. Bern 1979, S. 100–113.

Huwiler, Elke: Theater, Politik und Identität: Das Schweizer Schauspiel des 16. Jahrhunderts, in: Aufbrüche. Kulturwissenschaftliche Studien zu Performanz und Performativität, hg. von Peter Hanenberg und Fernando Clara. Würzburg 2012, S. 22–35.

——— Das Theater des Spätmittelalters und der Frühen Neuzeit: Kulturelle Verhandlungen in einer Zeit des Wandels. Eine Einleitung, in: Das Theater des Spätmittelalters und der Frühen Neuzeit: Kulturelle Verhandlungen in einer Zeit des Wandels, hg. von Elke Huwiler. Heidelberg 2015, S. 9–28.

——— Spieltext und Aufführung des Sarner Bruderklausenspiels von 1601, in: Das Sarner Bruderklausenspiel von Johann Zurflüe (1601), hg. von Heidy Greco-Kaufmann und Elke Huwiler. Zürich 2017 (Theatrum Helveticum 16), S. 413–443.

——— Lokale Religiosität im Theater. Die Verehrung des Heiligen Niklaus von Flüe im Sarner Bruderklausenspiel, in: European Medieval Drama 22 (2018), S. 111–126.

Im Hof, Ulrich: Niklaus Manuel als Politiker und Förderer der Reformation, 1523–1530, in: Niklaus Manuel Deutsch. Maler, Dichter, Staatsmann. Ausstellung vom 22. September bis 2. Dezember 1979 im Kunstmuseum Bern, hg. von Cäsar Menz und Hugo Wagner. Bern 1979, S. 92–99.

——— Die reformierte hohe Schule zu Bern. Vom Gründungsjahr 1528 bis in die zweite Hälfte des 16. Jahrhunderts, in: 450 Jahre Berner Reformation. Beiträge zur Geschichte der Berner Reformation und zu Niklaus Manuel, hg. vom Historischen Verein des Kantons Bern. Bern 1980 (Archiv des Historischen Vereins des Kantons Bern 64/65), S. 194–223.

——— Geschichte der Schweiz. Mit einem Nachwort von Kaspar von Greyerz. Stuttgart [8]2007 (Urban Taschenbücher 188).

Jäggi, Gregor: Zur ersten Lebensbeschreibung des hl. Meinrad, in: Studien und Mitteilungen zur Geschichte des Benediktinerordens und seiner Zweige 111 (2000), S. 39–63.

——— Ausführliche Geschichte der Engelweihe, https://www.kloster-einsiedeln.ch/geschichte-engelweihe/ [31.10.2023].

Jäggi, Stefan: Ein Tag im Leben eines Luzerner Söldners, in: Der Geschichtsfreund 152 (1999), S. 149–159.

——— Rosenkranzbruderschaften: Vom Spätmittelalter zur Konfessionalisierung, in: Der Rosenkranz. Andacht, Geschichte, Kunst, hg. von Urs-Beat Frei und Fredy Bühler. Bern 2003, S. 91–105.

——— Waldbruder, Prophet, Astrologe. Ein Luzerner Eremit am Ende des 16. Jahrhunderts, in: Der Geschichtsfreund 158 (2005), S. 163–194.

Jung, Martin H.: Die Reformation. Wittenberg – Zürich – Genf 1517–1555. Wiesbaden ²2016.

Junghanns, Ralf: Einführung zu Leben und Werk, in: Georg Gotthart: Sämtliche Werke, hg. von Ralf Junghanns. Zürich 2016 (Schweizer Texte N. F. 46), S. 7–256.

Kalinke, Marianne E.: St. Oswald of Northumbria: Continental Metamorphosis. With an Edition and Translation of ‹Osvalds Saga› and ‹Van sunte Oswaldo deme konninghe›. Tempe 2005 (Medieval & Renaissance Texts & Studies 297).

Kamber, Peter: Angst, Gläubigkeit und Wahn – Berns Hexenprozesse, in: Berns mächtige Zeit, hg. von André Holenstein. Bern 2006, S. 254–257.

—— Prag – Luzern – Engelberg. Illustrierte Handschriften des 15. Jahrhunderts aus Mitteleuropa in der Zentral- und Hochschulbibliothek Luzern. Katalog zur Ausstellung in der ZHB Luzern vom 22. Februar bis 2. April 2016. Luzern 2015 (Buchmalerei des 15. Jahrhunderts in Mitteleuropa 10).

Kamber, Peter und Mikkel Mangold (Hg.): Katalog der mittelalterlichen Handschriften des Franziskanerklosters St. Maria in der Au Luzern und der kleinen Provenienzen in der Zentral- und Hochschulbibliothek Luzern. Katalog der mittelalterlichen Handschriften im Staatsarchiv Luzern, im Provinzarchiv der Schweizer Kapuziner Luzern und in den Kapuzinerbibliotheken Luzern und Sursee. Basel 2019.

Kertelge, Karl: Apostel. I. Im Neuen Testament, in: ³LThK 1 (2009), Sp. 851f.

Kindermann, Heinz: Theatergeschichte Europas, Bd. 1. Salzburg 1957.

—— Theatergeschichte Europas, Bd. 2. Salzburg 1959.

King, Norbert: Das Solothurner Dreikönigsspiel des Johannes Wagner (Carpentarius) im Jahre 1561, in: Jahrbuch für Solothurnische Geschichte 49 (1976), S. 45–83 [siehe auch Textausgaben].

—— Epiphanie: Spieltradition und Brauchtum in der Region Freiburg (Schweiz), in: Zeitschrift für deutsche Philologie 107 (1988), S. 92–105.

Kipf, Johannes Klaus: Tyrann(ei). Der Weg eines politischen Diskurses in die deutsche Sprache und Literatur (14.–17. Jahrhundert), in: Wort – Begriff – Diskurs. Deutscher Wortschatz und europäische Semantik, hg. von Heidrun Kämper und Jörg Kilian. Bremen 2012 (Sprache, Politik, Gesellschaft 7), S. 31–48.

—— Martin Luther und die Wortfamilie ›Tyrann(ei)‹, in: Tyrannenbilder. Zur Polyvalenz des Erzählens von Tyrannis in Mittelalter und Früher Neuzeit, hg. von Julia Gold u. a., Berlin/Boston 2021, S. 515–529.

Kislinger, Ewald: Prostitution, in: LexMA 7 (2002), Sp. 267–269.

Klein, Klaus: Meinrad, in: ²VL 6 (1987), Sp. 319–321.

Knedlik, Manfred: Bischofsspiel, Fassung vom 06.02.2017, in: Historisches Lexikon Bayerns, https://www.historisches-lexikon-bayerns.de/Lexikon/Bischofsspiel [31.10.2023].

Köbele, Susanne: Registerwechsel. Wiedererzählen, bibelepisch (*Der Saelden Hort*, *Die Erlösung*, Lutwins *Adam und Eva*), in: Inkulturation. Strategien bibelepischen Schreibens in Mittelalter und Früher Neuzeit, hg. von Bruno Quast und Susanne Spreckelmeier. Berlin 2017 (Literatur, Theorie, Geschichte 12), S. 167–202.

Koch, Bruno: Kronenfresser und deutsche Franzosen. Zur Sozialgeschichte der Reisläuferei aus Bern, Solothurn und Biel zur Zeit der Mailänderkriege, in: Schweizerische Zeitschrift für Geschichte 46/2 (1996), S. 151–184.

Koch, Elke: Bedingungen und Elemente des Erzählens von jenseitiger Heilsmittlerschaft: Namenspraxis und Mirakelstruktur in Michael-Legenden, in: Julia Weitbrecht u. a.: Legendarisches Erzählen. Optionen und Modelle in Spätantike und Mittelalter. Berlin 2019 (Philologische Studien und Quellen 273), S. 25–44.

—— Vom Wegesrand zum Wendepunkt. Die Modellierung der Bekehrung des Paulus in Erzählung, Liturgie und Predigt, in: Anthropologie der Kehre. Figuren der Wende in der Literatur des Mittelalters, hg. von Udo Friedrich u. a. Berlin/Boston 2020 (Literatur, Theorie, Geschichte 21), S. 127–146 [= 2020a].

—— Fideales Erzählen. In: Poetica 51 (2020), S. 85–118. [= 2020b].

Koch, Elke und Julia Weitbrecht: Einleitung. Legendarisches Erzählen: Optionen und Modelle in Spätantike und Mittelalter, in: Julia Weitbrecht u. a.: Legendarisches Erzählen. Optionen und Modelle in Spätantike und Mittelalter. Berlin 2019 (Philologische Studien und Quellen 273), S. 9–21.

Kohl, Wilhelm: Oswald, König von Northumbrien, in: BBKL 6 (1993), Sp. 1325–1327.

Kopp, Peter F.: Schweizerkreuz, in: HLS, Version vom 18.11.2020, https://hls-dhs-dss.ch/de/articles/010104/ [31.10.2023].

Körner, Martin: Vorort, in: HLS, Version vom 30.07.2013, https://hls-dhs-dss.ch/de/articles/010077/ [31.10.2023].

Kotte, Andreas: Theaterwissenschaft. Eine Einführung. Köln u. a. 2005.

Kottmann, Anton: Das Jesuitentheater in Luzern, in: 400 Jahre Höhere Lehranstalt Luzern 1574–1974, hg. von Gottfried Boesch und Anton Kottmann. Luzern 1974, S. 153–169.

Kruse, Britta-Juliane: Friedrich Dedekinds deutsche Dramen, in: Doll, Eberhard: Der Theologe und Schriftsteller Friedrich Dedekind (1524/25–1598). Eine Biographie. Wiesbaden 2018 (Wolfenbütteler Forschungen 145), S. 409–539.

Küchler, Anton: Chronik von Kerns. Sarnen 1886 (Separatdruck aus dem Obwaldner Volksfreund).

—— Chronik von Sarnen. Sarnen 1895.

Kully, Elisabeth: Das ältere St. Ursenspiel, in: Jahrbuch für Solothurnische Geschichte 55 (1982), 5–107 [siehe auch Textausgaben].

Kully, Rolf Max: Das Leben des lateinischen Schulmeisters und Dramatikers Hanns Wagner alias ‹Ioannes Carpentarius›. Eine Testimonienbiographie. Bern/ Frankfurt a. M. 1981 (Europäische Hochschulschriften I,506,3).
―― Hanns Wagner und das Solothurner ‹Festspiel› vom Jahre 1581, in: Jahrbuch für solothurnische Geschichte 55 (1982), S. 109–128 [= 1982a].
―― Nachwort, in: Hanns Wagner alias ‹Ioannes Carpentarius›. Sämtliche Werke, hg. u. erl. von Rolf Max Kully, Bd. 1. Bern/Frankfurt a. M. 1982, S. 387–402 [= 1982b].
―― Aal, Johannes, in: VL16 1 (2011), Sp. 1–5.
―― Wagner (Carpentarius), Hanns (Ioannes, Johannes), in: VL16 6 (2017), Sp. 421–423.
Kuzmová, Stanislava: Preaching Saint Stanislaus. Medieval Sermons on Saint Stanislaus of Cracow and Their Role in the Construction of His Image and Cult. Diss. Budapest 2010.
Lähnemann, Henrike: Birck, Sixt, in: VL16 1 (2011), Sp. 168–275.
Lang, Odo (Hg.): Sankt Meginrat, Festschrift zur zwölften Zentenarfeier seiner Geburt. München 2000 (Studien und Mitteilungen zur Geschichte des Benediktinerordens und seiner Zweige).
Lavater, Hans Rudolf: Niklaus Manuel Deutsch – Themen und Tendenzen, in: 450 Jahre Berner Reformation. Beiträge zur Geschichte der Berner Reformation und zu Niklaus Manuel, hg. vom Historischen Verein des Kantons Bern. Bern 1980 (Archiv des Historischen Vereines des Kantons Bern 64/65), S. 289–312 [= 1980a].
―― Zwingli und Bern, in: 450 Jahre Berner Reformation. Beiträge zur Geschichte der Berner Reformation und zu Niklaus Manuel, hg. vom Historischen Verein des Kantons Bern. Bern 1980 (Archiv des Historischen Vereines des Kantons Bern 64/65), S. 60–103 [= 1980b].
Leppin, Volker: Die Reformation. Darmstadt 2013 (Geschichte kompakt).
Letter, Paul: Geschichte und Kultur der Innerschweiz: Anfänge und Entwicklungen einer historischen Landschaft. Berlin 2004.
Lexutt, Athina: Die Reformation. Ein Ereignis macht Epoche. Köln u. a. 2009.
Liebenau, Theodor von: Das alte Luzern. Luzern 1881.
Lifshitz, Felice: Apokryphe Apostelgeschichten und Apostellegenden als ‹feministische› Narrative, in: Vom Blutzeugen zum Glaubenszeugen? Formen und Vorstellungen des christlichen Martyriums im Wandel, hg. von Gordon Blennemann und Klaus Herbers. Stuttgart 2014 (Beiträge zur Hagiographie 14), S. 71–81.
Limburg, Hans J.: Heilige. IV. Typologie, in: ³LThK 4 (2009), Sp. 1275f.
Lind, Vera: Selbstmord in der Frühen Neuzeit. Diskurs, Lebenswelt und kultureller Wandel am Beispiel der Herzogtümer Schleswig und Holstein. Göttingen 1999 (Veröffentlichungen des Max-Planck-Instituts für Geschichte 146).
Linke, Hansjürgen: Einsiedler Nikolausspiel, in: ²VL 2 (1980), Sp. 425f.

Linke, Hansjürgen: Einsiedler Prophetenspiel, in: ²VL 2 (1980), Sp. 217–329.
—— Einsiedler Weihnachtsspiel, in: ²VL 2 (1980), Sp. 329f.
Lischer, Markus: Luzern (Gemeinde), in: HLS, Version vom 03.11.2016, https://hls-dhs-dss.ch/de/articles/000624/ [31.10.2023].
Lischer, Markus u. a.: Kauf Luzerns durch Habsburg, Stand 2023, https://staatsarchiv.lu.ch/schaufenster/quellen/Leodegar/Kauf_Habsburg [31.10.2023] [= 2023a].
—— Propst Vogt'sches Urbar, Stand 2023, https://staatsarchiv.lu.ch/schaufenster/quellen/Leodegar/Propst_Vogtsches_Urbar [31.10.2023] [= 2023b].
—— Quellen zum Stift St. Leodegar im Hof, Stand 2023, https://staatsarchiv.lu.ch/schaufenster/quellen/Leodegar [31.10.2023] [= 2023c].
Locher, Gottfried W.: Grundzüge der Theologie Huldrych Zwinglis im Vergleich mit derjenigen Martin Luthers und Johannes Calvins. Ein Überblick, in: Zwingliana 12 (1967), S. 470–509 u. 545–595.
—— Niklaus Manuel als Reformator, in: 450 Jahre Berner Reformation. Beiträge zur Geschichte der Berner Reformation und zu Niklaus Manuel, hg. vom Historischen Verein des Kantons Bern. Bern 1980 (Archiv des Historischen Vereins des Kantons Bern 64/65), S. 383–404.
Lücking, Stefan: Die Zerstörung des Tempels 70 n. Chr. als Krisenerfahrung der frühen Christen, in: Zerstörungen des Jerusalemer Tempels. Geschehen – Wahrnehmung – Bewältigung, hg. von Johannes Hahn. Tübingen 2002 (Wissenschaftliche Untersuchungen zum Neuen Testament 147), S. 140–165.
Lüpke, Beatrice von: Nürnberger Fastnachtspiele und städtische Ordnung. Tübingen 2017 (Bedrohte Ordnungen 8).
Maag, Karin: Das Schul- und Bildungswesen zwischen 1500 und 1600, in: Die schweizerische Reformation. Ein Handbuch, hg. von Amy N. Burnett und Emidio Campi, dt. Ausgabe bearb. und hg. von Martin E. Hirzel und Frank Mathwig. Zürich 2016, S. 527–548.
Maissen, Thomas: Die Bedeutung der Religion in der politischen Kultur der Schweiz. Ein historischer Überblick, in: Ist mit Religion ein Staat zu machen? Zu den Wechselbeziehungen von Religion und Politik, hg. von Béatrice Acklin Zimmermann, Ulrich Siegrist und Hanspeter Uster. Zürich 2009 (Schriften der Paulus-Akademie Zürich), S. 13–28.
—— Geschichte der Schweiz. Baden 2010.
—— Religiöses Patt und konfessionelle Allianzen: Dynamiken und Stagnation in der Eidgenossenschaft von 1531 bis 1618, in: Die schweizerische Reformation. Ein Handbuch, hg. von Amy N. Burnett und Emidio Campi, dt. Ausgabe bearb. und hg. von Martin E. Hirzel und Frank Mathwig. Zürich 2016, S. 595–623.
Maleczek, Werner: Innozenz II., Papst, in: LexMA 5 (1991), Sp. 433f.
Marchal, Guy P.: De la ‹Passion du Christ› à la ‹Croix Suisse›. Quelques réflexions sur une enseigne suisse», in: Itinera 9 (1989), S. 108–131.

Markschies, Christoph/Schröter, Jens (Hg.): Antike christliche Apokryphen in deutscher Übersetzung (AcA). I. Band in zwei Teilbänden: Evangelien und Verwandtes. Von Edgar Hennecke begründete und von Wilhelm Schneemelcher fortgeführte Sammlung der neutestamentlichen Apokryphen. Tübingen [7]2012.
Marti-Weissenbach, Karin: Büchser, Felix, in: HLS, Version vom 29.01.2003, https://hls-dhs-dss.ch/de/articles/011621/ [31.10.2023].
—— Haffner, Franz, in: HLS, Version vom 12.12.2013, https://hls-dhs-dss.ch/de/articles/017545/ [31.10.2023].
Martin, Ernst: Rasser, Johannes, in: ADB 27 (1888), S. 332f.
Meier, Bruno: Von Morgarten bis Marignano. Was wir über die Entstehung der Eidgenossenschaft wissen. Baden 2015.
Meier, Pirmin: Ich Bruder Klaus von Flüe. Eine Geschichte aus der inneren Schweiz. Zürich [3]2014.
Messmer, Kurt und Peter Hoppe: Luzerner Patriziat. Sozial- und wirtschaftsgeschichtliche Studien zur Entstehung und Entwicklung im 16. und 17. Jahrhundert. Luzern 1976 (Luzerner Historische Veröffentlichungen 5).
Meisterhans, Konrad: Ausgrabungen in der St. Stephanskapelle in Solothurn, in: Anzeiger für schweizerische Alterthumskunde 5 (1884–1887), S. 461–467.
Menke, Bettine: Reyen, in: Gryphius-Handbuch, hg. von Nicola Kaminski und Robert Schütze. Berlin/Boston 2016, S. 692–709.
Metz, Detlef: Das protestantische Drama. Evangelisches geistliches Theater in der Reformationszeit und im konfessionellen Zeitalter. Köln u. a. 2013.
Meyer, Helmut: Kappelerkriege, in: HLS, Version vom 12.11.2009, https://hls-dhs-dss.ch/de/articles/008903/ [31.10.2023].
Meyerhans, Andreas: Einsiedeln (Gemeinde), in: HLS, Version vom 14.11.2005, https://hls-dhs-dss.ch/de/articles/000710/ [6.10.2023].
Michael, Wolfgang F.: Das deutsche Drama der Reformationszeit. Bern u. a. 1984 [= 1984a].
—— Das Zuger St. Oswaldspiel, in: Daphnis 13/3 (1984), S. 553–560 [= 1984b].
—— Editorische Beigaben, in: Johannes Mahler: Spiel von St. Oswald, hg. von Wolfgang F. Michael und Hans-Gert Roloff. Bern u. a. 1990 (Mittlere Deutsche Literatur in Neu- und Nachdrucken 26), S. 391–446.
Mildenberger, Friedrich: Apostel/Apostolat/Apostolizität III, in: TRE 3 (1978), S. 466–477.
Mohlberg, Leo C.: Mittelalterliche Handschriften. Zürich 1932–1952 (Katalog der Handschriften der Zentralbibliothek Zürich I).
Mohr, Fritz: Die Dramen des Valentin Boltz. Diss. Basel. Basel 1916. Handexemplar des Verfassers mit hs. Notizen desselben, UB Basel.
Morel, Gall: Das geistliche Drama, vom 12. bis 19. Jahrhundert, in den fünf Orten und besonders in Einsiedeln, in: Der Geschichtsfreund 17 (1861), S. 75–144.

Morel, Gall: Zusätze und Nachträge zu der Abhandlung ‹Das geistliche Drama vom 12. bis 19. Jahrhundert in den fünf Orten und besonders in Einsiedeln› im 17. Bd. des Geschichtsfreundes 1848, in: Der Geschichtsfreund 23 (1868), S. 219–234.

Moser, Christian: Zwingli, Huldrych, in: HLS, Version vom 04.03.2014, https://hls-dhs-dss.ch/de/articles/010447/ [31.10.2023].

Mühlebach, Abert: Das ‹Dominikus-Spiel› des Martin Wyss vom Jahre 1629, aus dem Pfarrarchiv von Buttisholz, in: Der Geschichtsfreund 84 (1929), S. 90–108.

Mühling, Andreas: Die Schweiz, in: Reformation. Historisch-kulturwissenschaftliches Handbuch, hg. von Helga Schnabel-Schüle. Stuttgart 2017, S. 211–217.

Müller, Ernst: Geschichte der bernischen Täufer. Nach den Urkunden dargestellt. Nachdruck der Ausgabe Frauenfeld 1895. Niuewkoop 1972.

Müller, Jan-Dirk: Wickram, Georg, in: VL16 6 (2017), Sp. 517–538.

Müller, Johannes S.J.: Das Jesuitendrama in den Ländern deutscher Zunge vom Anfang (1555) bis zum Hochbarock (1665). 2 Bde. Augsburg 1930.

Neumann, Bernd: Innsbrucker (thüringisches) Spiel von Mariae Himmelfahrt, in: ²VL 4 (1983), Sp. 403–406.

——— Geistliches Schauspiel im Zeugnis der Zeit. Zur Aufführung mittelalterlicher religiöser Dramen im deutschen Sprachgebiet, 2 Bde. München/Zürich 1987 (MTU 84/85).

Newton, Arnold: The Sapphic Ode in Swiss Drama of the Sixteenth Century, in: Germanic Review 16 (1941), S. 250–259.

Nordmann, Achilles: Zur Geschichte der Juden in der Innerschweiz, in: Der Geschichtsfreund 84 (1929), S. 73–89.

Norland, Howard B.: John Foxe's Apocalyptic Comedy, ‹Christus Triumphans›, in: The Early Modern Cultures of Neo-Latin Drama, hg. von Andrew Taylor und Philip John Ford. Leuven 2013 (Supplementa Humanistica Lovaniensia 32), S. 75–84.

Oba, Haruka: Francis Xavier and Amor Dei in Jesuit Drama in the South of the German-Speaking Area, in: European Medieval Drama 18 (2016), S. 129–157.

Oba, Haruka u. a. (Hg.): Japan on the Jesuit Stage. Transmissions, Receptions, and Regional Contexts. Leiden 2021 (Jesuit Studies 34).

Oelsner, Joachim: Nebukadnezar, in: DNP, Fassung von 2006, http://dx.doi.org/10.1163/1574-9347_dnp_e818840 [31.10.2023].

Omlin, P. Ephrem: Die Geistlichen Obwaldens vom 13. Jahrhundert bis zur Gegenwart. Sarnen 1984.

Opitz, Peter: Bullinger, Heinrich, in: VL16 1 (2011), Sp. 396–404.

Oppikofer-Dedie, Christiane: St. Wilhelmspiel von 1596, aufgeführt unter der Spielleitung von Magister Jakob Wilhelmi (Ritz), Lizentiatsarbeit (masch.) Universität Zürich 1980.

Oppikofer-Dedie, Christiane: Einführung, in: Johannes Mahlers Bruder Klausen-Spiel (um 1624). Historisch-kritische Edition von Christiane Oppikofer-Dedie. Aarau 1993, S. 13–51 [= 1993a].

— Kommentar zum Bruder Klausen-Spiel, in: Johannes Mahlers Bruder Klausen-Spiel (um 1624). Historisch-kritische Edition von Christiane Oppikofer-Dedie. Aarau 1993, S. 323–507 [= 1993b].

Osterrechner, Julianischer Kalender, publiziert von Werner T. Huber, https://www.nvf.ch/ostern.asp [31.10.2023].

Pastenaci, Stephan: Platter, Felix, in: NDB 20 (2001), S. 518f.

Patschovsky, Alexander: Häresie, in: LexMA 4 (1999), Sp. 1933–1937.

Pfaff, Carl und Michele Camillo Ferrari: Heiligenverehrung, in: HLS, Version vom 16.03.2011, https://hls-dhs-dss.ch/de/articles/011531/ [31.10.2023].

Pfeiffer, Judith: Christlicher Republikanismus in den Bibeldramen Sixt Bircks. Theater für eine ‹neu entstehende› Bürgerschaft nach der Reformation in Basel und Augsburg. Berlin 2016 (Frühe Neuzeit 202).

Pfister, Oskar: Das Christentum und die Angst, Olten ²1975.

Pfrunder, Peter: Pfaffen, Ketzer, Totenfresser. Fastnachtskultur der Reformationszeit – Die Berner Spiele von Niklaus Manuel. Zürich 1989.

Plath, Uwe: Calvin und Basel in den Jahren 1552–1556. Basel/Stuttgart 1974 (Basler Beiträge zur Geschichtswissenschaft).

Posth, Carlotta: Krisenbewältigung im spätmittelalterlichen Schauspiel: Elias und Enoch als eschatologische Heldenfiguren, in: helden. heroes. héros. E-Journal zu Kulturen des Heroischen 5/1 (2017): HeldInnen und Katastrophen – Heroes and Catastrophes, S. 21–29.

— Persuasionsstrategien im vormodernen Theater (14.–16. Jh.). Eine semiotische Analyse religiöser Spiele im deutschen und französischen Sprachraum. Berlin/Boston 2022 (Trends in Medieval Philology 41).

Poulin, Joseph-Claude: Leodegar, in: LexMA 5 (1991), Sp. 1883.

Prautzsch, Felix: Heilige und Heiden im legendarischen Erzählen des 13. Jahrhunderts. Formen und Funktionen der Aushandlung des religiösen Gegensatzes zum Heidentum. Berlin/Boston 2021 (Literatur, Theorie, Geschichte 20).

Professbuch der fürstlichen Benediktinerabtei Unserer Lieben Frau zu Einsiedeln, erstellt von Rudolf Henggeler, erweitert von Joachim Salzgeber u. a., http://www.klosterarchiv.ch/e-archiv_professbuch.php [6.10.2023].

Puzicha, Michaela: Kommentar zur ‹Vita Benedicti›. Gregor der Große, Das zweite Buch der Dialoge. Leben und Wunder des ehrwürdigen Abtes Benedikt. St. Ottilien 2012.

Ramseyer, Ruodolf J.: Die Fastnacht in Stadt und Kanton Bern. Geschichte und Brauchtum eines uralten Volksfestes, in: Berner Zeitschrift für Geschichte und Heimatkunde 63 (2001), S. 1–54.

Rasch, Rudolf und Thomas Schmidt-Beste: Clemens, Jacobus, in: MGG Online, hg. von Laurenz Lütteken. New York u. a. 2021, https://www.mgg-online.com/mgg/stable/396291 [31.10.2023].

Reich, Björn: Helluo und seine Freunde – Zu einem Typus lasterhafter Nebenfiguren im Geistlichen Spiel um 1600, in: Von Mägden, Stalljungen und anderen Außenseitern, hg. von Sofina Dembruk u. a. [2023].

Reinhardt, Volker: Die Geschichte der Schweiz. Von den Anfängen bis heute. München 2011.

Rieckenberg, Hans-Jürgen: Gast, Johannes, in: NDB 6 (1964), S. 85.

Ringholz, Odilo: Wallfahrtsgeschichte Unserer Lieben Frau von Einsiedeln. Ein Beitrag zur Culturgeschichte. Freiburg i. Br. 1896.

—— Geschichte des fürstlichen Benediktinerstiftes U. L. F. von Einsiedeln, seiner Wallfahrt, Propsteien, Pfarreien und übrigen Besitzungen, mit besonderer Berücksichtigung der Kultur-, Rechts- und Wirtschaftsgeschichte, Bd. 1. Einsiedeln 1904.

Röcke, Werner: Vollzug und Vergegenwärtigung der Konversion. Das Drama der Paulus-Bekehrung im Theater des Spätmittelalters und der Frühen Neuzeit, in: Zwischen Ereignis und Erzählung. Konversion als Medium der Selbstbeschreibung in Mittelalter und Früher Neuzeit, hg. von Julia Weitbrecht u. a. Berlin/Boston 2016 (Transformationen der Antike 39), S. 203–216.

Rogger, Philippe: Held und Politik – Die Solddienste, in: Söldner, Bilderstürmer, Totentänzer. Mit Niklaus Manuel durch die Zeit der Reformation. Begleitpublikation zur Wechselausstellung ‹Söldner, Bilderstürmer, Totentänzer – Mit Niklaus Manuel durch die Zeit der Reformation› (13.10.2016 bis 17.04.2017) am Bernischen Historischen Museum, hg. von Susan Marti. Zürich 2016, S. 86f.

Roloff, Hans-Gert: Der Märtyrer und die Politik: Johann Agricolas ‹Tragedia Johannis Huss›. Zur Entstehung eines protestantischen Kampfdramas 1537, in: European Medieval Drama 19 (2015), S. 33–45.

Roloff, Jürgen u. a.: Apostel/Apostolat/Apostolizität, in: TRE 3 (1978), S. 430–483.

Rosenfeld, Hellmut: Berner Weltgerichtsspiel, in: ²VL 1 (1978), Sp. 748f.

—— Luzerner Antichrist- und Weltgerichtsspiel, in: ²VL 5 (1985), Sp. 1089–1092.

Rudwin, Maximilian Josef: Der Teufel in den deutschen geistlichen Spielen des Mittelalters und der Reformationszeit. Ein Beitrag zur Literatur-, Kultur- und Kirchengeschichte Deutschlands. Göttingen 1915.

Rüedy, Lukas, Bauernkrieg und Reformation in der solothurnischen Vogtei Thierstein, in: Jahrbuch für Solothurnische Geschichte 74 (2001), S. 51–189.

Rupprich, Hans: Die deutsche Literatur vom späten Mittelalter bis zum Barock. Das Zeitalter der Reformation, 1520–1570. München 1973 (Geschichte der deutschen Literatur von den Anfängen bis zur Gegenwart 4/2).

Sallaberger, Johann: Kardinal Matthäus Lang von Wellenburg (1468–1540). Staatsmann und Kirchenfürst im Zeitalter von Renaissance, Reformation und Bauernkriegen. Salzburg/München 1997.
Scheitler, Irmgard: Schauspielmusik. Funktion und Ästhetik im deutschsprachigen Drama der Frühen Neuzeit, 2 Bde. Tutzing 2013 und Beeskow 2015.
Scherer, P. Emmanuel O. S. B.: Nachwort, in: Das Bruder-Klausen-Spiel des P. Jakob Gretser S. J. vom Jahre 1586, hg. von Emmanuel P. Scherer O. S. B. Sarnen 1928 (Beilage zum Jahresbericht der kantonalen Lehranstalt Sarnen 1927/28).
Schiendorfer, Max: Boltz, Valentin, in: VL16 1 (2011), Sp. 330–336.
Schild, Wolfgang: Schandstrafgeräte, in: LexMA 7 (2002), Sp. 1439.
Schmid, Regula: Die Schweizer Eidgenossenschaft vor der Reformation, in: Die schweizerische Reformation. Ein Handbuch, hg. von Amy N. Burnett und Emidio Campi, dt. Ausgabe bearb. und hg. von Martin E. Hirzel und Frank Mathwig. Zürich 2016, S. 27–68.
Schmidt, Christian: Drama und Betrachtung. Meditative Theaterästhetiken im 16. Jahrhundert. Boston 2018 (Quellen und Forschungen zur Literatur- und Kulturgeschichte 93).
Schmidt, Heinrich Richard: Macht und Reformation in Bern, in: Berns mächtige Zeit, hg. von André Holenstein. Bern 2006, S. 15–27.
Schmidt-Beste, Thomas: Arcadelt, Jacques, in: MGG Online, https://mgg-online.com/mgg/stable/11722 [6.10.2023].
Schneider, Martin: Was ist ein Regiebuch? Erkundung eines unbekannten Theatermediums, in: Das Regiebuch. Zur Lesbarkeit theatraler Produktionsprozesse in Geschichte und Gegenwart, hg. von dems.. Göttingen 2021, S. 9–29.
Schreiner, Klaus: Maria. Leben, Legenden, Symbole. Nördlingen 2003.
Schröder, Walter Johannes: St. Oswald, in: Walter Johannes Schröder: Spielmannsepik. Stuttgart 1962 (Sammlung Metzler 19), S. 47–58.
Schulze, Ursula (Hg.): Juden in der deutschen Literatur des Mittelalters. Religiöse Konzepte – Feindbilder – Rechtfertigungen. Tübingen 2002.
––––––– Geistliche Spiele im Mittelalter und in der Frühen Neuzeit. Von der liturgischen Feier zum Schauspiel. Eine Einführung. Berlin 2012.
Schwartz, Rudolf: Esther im deutschen und neulateinischen Drama des Reformationszeitalters. Eine literarhistorische Untersuchung. Oldenburg/Leipzig 1894.
Schwarz-Zanetti, Gabriela, Nicolas Deichmann u. a.: Das Unterwaldner Erdbeben vom 18. September 1601, in: Der Geschichtsfreund 159 (2006), S. 9–28.
Schweizer, Christian: Kapuziner, in: HLS, Version vom 14.10.2009, https://hls-dhs-dss.ch/de/articles/011708/ [31.10.2023].
Schweizerisches Idiotikon, hg. vom Verein für das Schweizerdeutsche Wörterbuch, bisher 17 Bde. in mehreren Teillieferungen (Bd. 17 noch nicht vollständig). Basel u. a. 1881–2022.
Schwerhoff, Gerd: Gott und die Welt herausfordern. Theologische Konstruktion, rechtliche Bekämpfung und soziale Praxis der Blasphemie vom 13. bis zum

Beginn des 17. Jahrhunderts. Habil. Bielefeld 1996, korrigierte und gekürzte Online-Fassung 2004, https://d-nb.info/973426160/34 [31.10.2023].

Sennhauser, Hans Rudolf: St. Ursen – St. Stephan – St. Peter. Die Kirchen von Solothurn im Mittelalter. Beiträge zur Kenntnis des frühen Kirchenbaus in der Schweiz, in: Solothurn. Beiträge zur Entwicklung der Stadt im Mittelalter. Kolloquium vom 13./14. November 1987 in Solothurn, hg. von Hans Rudolf Sennhauser und Benno Schubiger. Zürich 1990, S. 83–220.

— Die ältesten Einsiedler Klosterbauten. Beobachtungen und Überlegungen aus heutiger Sicht, in: Einsidlensia. Gnadenbild, Restaurierung der Stiftskirche, ältere Klosterbauten. Gedenkschrift Linus Birchler, hg. von Hans R. Sennhauser. Zürich 1993 (Veröffentlichungen des Instituts für Denkmalpflege an der ETH Zürich 13), S. 49–133.

— Bemerkungen zu drei Aspekten der Einsiedler Gnadenkapelle, in: Studien und Mittelungen zur Geschichte des Benediktinerordens und seiner Zweige 111 (2000). S. 103–136.

Sidler, Daniel: Heiligkeit aushandeln: Katholische Reform und lokale Glaubenspraxis in der Eidgenossenschaft (1560–1790). Frankfurt 2017 (Campus historische Studien 75).

Sieber, Christian: Der Vater tot, das Haus verbrannt. Der Alte Zürichkrieg aus der Sicht der Opfer in Stadt und Landschaft Zürich, in: Ein «Bruderkrieg» macht Geschichte. Neue Zugänge zum Alten Zürichkrieg, hg. von Peter Niederhäuser und Christian Sieber. Zürich 2006 (Mitteilungen der Antiquarischen Gesellschaft in Zürich 73), S. 65–88.

Sieber, Dominik: Jesuitische Missionierung, priesterliche Liebe, sakramentale Magie. Volkskulturen in Luzern 1563–1614. Basel 2005 (Luzerner Historische Veröffentlichungen 40).

Sigrist, Roland: Dorothea von Flüe, in: HLS, Version vom 26.01.2005, https://hls-dhs-dss.ch/de/articles/042692/ [31.10.2023].

Somm, Markus: Marignano. Die Geschichte einer Niederlage. Bern ²2015.

Spanily, Claudia: Allegorie und Psychologie. Personifikationen auf der Bühne des Spätmittelalters und der Frühen Neuzeit. Münster 2010 (Symbolische Kommunikation 30).

Spreckelmeier, Susanne: Bibelepisches Erzählen vom ‹Transitus Mariae› im Mittelalter. Diskurshistorische Studien. Berlin/Boston 2019 (Literatur, Theorie, Geschichte 14).

Stadler, Edmund: Bernische Theatergeschichte. Materialien zur Forschung, hg. von Andreas Kotte u. Beate Schappach, Institut für Theaterwissenschaft der Universität Bern. Version vom 16.11.2022: https://www.theaterwissenschaft.unibe.ch/forschung/projekte/abgeschlossene_projekte/bernische_theatergeschichte_von_edmund_stadler/index_ger.html [6.10.2023].

— Schul- und Jugendtheater der Stadt Bern im Barock, in: Berner Zeitschrift für Geschichte und Heimatkunde 44 (1982), 87–144.

Stadler, Hans: Felix und Regula, in: HLS, Version vom 15.12.2008, https://hls-dhs-dss.ch/de/articles/010200/ [31.10.2023].
Steck, Rudolf u. Tobler, Gustav: Aktensammlung zur Geschichte der Berner-Reformation, 1521–1532. 2 Bände. Bern 1923.
Steiner, Hannes: Bruder Klaus und die Protestanten, in: Mystiker – Mittler – Mensch. 600 Jahre Niklaus von Flüe, hg. von Roland Gröbli u. a. Zürich 2016, S. 321–331.
Stolle, Volker: Luther und Paulus. Die exegetischen und hermeneutischen Grundlagen der lutherischen Rechtfertigungslehre im Paulinismus Luthers. Leipzig 2002 (Arbeiten zur Bibel und ihrer Geschichte 10).
Strübin, Johanna und Christine Zürcher: Die Stadt Solothurn III, Sakralbauten. Bern 2017 (Die Kunstdenkmäler der Schweiz 134).
Stubenrauch, Herbert: Studien zur Legendenkompilation der Gründung des Klosters Einsiedeln in cpg 111. Diss. (masch.) Greifswald 1921.
Stuber, Christine: Prinzipien und Instanzen der neuen Kirche, in: Berns mächtige Zeit, hg. von André Holenstein. Bern 2006, S. 182–190.
Studer, Charles: Die solothurnischen Reformationsmandate (ein Versuch zur Glaubensfreiheit), in: Festgabe Franz Josef Jeger, hg. von Arthur Haefliger u. a. Solothurn 1973, S. 55–72.
Studhalter, Joseph: Die Jesuiten in Luzern. 1574–165. Ein Beitrag zur Geschichte der tridentinischen Reform. Stans 1973 (Beiheft zum Geschichtsfreund 14).
—— Grundlegung und Entfaltung der Jesuitenschule in Luzern, in: 400 Jahre Höhere Lehranstalt Luzern 1574–1974, hg. von Gottfried Boesch und Anton Kottmann. Luzern 1974, S. 25–85.
Szarota, Elida Maria: Boleslaus der Kühne und der Hl. Stanislaus auf den Bühnen des 17. Jahrhunderts, in: Gegenreformation und Literatur. Beiträge zur interdisziplinären Erforschung der katholischen Reformbewegung, hg. von Jean-Marie Valentin. Amsterdam 1979 (Daphnis 8), S. 271–289.
—— Das Jesuitendrama im deutschen Sprachgebiet. Eine Periochen-Edition. Text und Kommentare, Bd. 3, Teil 1. München 1983.
Tailby, John E.: Berührungspunkte zwischen Passionsspiel und Heiligenspiel in Luzern am Ende des 16. Jahrhunderts, in: Leuvense Bijdragen 90 (2001), S. 249–261.
—— Die Kochszene im Luzerner Wilhelmspiel (1596), in: Der komische Körper. Szenen, Figuren, Formen, hg. von Eva Erdmann. Bielefeld 2003, S. 89–95.
—— Ein vernachlässigter Luzerner Bühnenplan, in: Ritual und Inszenierung. Geistliches und weltliches Drama des Mittelalters und der Frühen Neuzeit, hg. von Hans-Joachim Ziegeler. Tübingen 2004, S. 255–260.
Taylor, Archer: O du armer Judas, in: The Journal of English and Germanic Philology 19/3 (2020), S. 1–21.

Thali, Johanna: Text und Bild – Spiel und Politik. Überlegungen zum Verhältnis von Theater und Malerei am Beispiel Luzerns, in: Das Theater des Mittelalters und der frühen Neuzeit als Ort und Medium sozialer und symbolischer Kommunikation, hg. von Christel Meier-Staubach u. a. Münster 2004 (Symbolische Kommunikation und gesellschaftliche Wertesysteme 4), S. 171–203.

―― Schauspiel als Bekenntnis. Das geistliche Spiel als Medium im Glaubensstreit am Beispiel des ‹Luzerner Antichrist- und Weltgerichtsspiels› von 1549, in: Das Geistliche Spiel des europäischen Spätmittelalters, hg. von Wernfried Hofmeister und Cora Dietl. Wiesbaden 2015 (JOWG 20), S. 440–461.

Thomke, Hellmut: Johannes Mahler und sein Spiel von St. Stanislaus, in: Johannes Mahler: Spiel von St. Stanislaus, hg. von Hellmut Thomke und Christiane Oppikofer-Dedie. Bern u. a. 2003 (Schweizer Texte N. F. 18), S. 177–185.

―― *Jm schimpff man offt die worheit seyt*. Vom reformatorischen Fastnachtsspiel zum Bibeldrama, in: ‹Kann man denn auch nicht lachend sehr ernsthaft sein?›. Sprachen und Spiele des Lachens in der Literatur, hg. von Daniel Fulda u. a. Berlin/New York 2010, S. 87–103.

Tilg, Stefan: Die Hl. Katharina von Alexandria auf der Jesuitenbühne. Drei Innsbrucker Dramen aus den Jahren 1576, 1577 und 1606. Tübingen 2005 (Frühe Neuzeit 101).

Tischler, Matthias M.: Die Christus- und Engelweihe im Mittelalter. Texte, Bilder und Studien zu einem ekklesiologischen Erzählmotiv. Berlin 2005 (Erudiri Sapientia 5).

Toepfer, Regina: Biblische Tragödie. Die Enthauptung Johannes des Täufers in den Dramen Johannes Aals, Hans Sachs' und Simon Gerengels, in: Praktiken europäischer Traditionsbildung im Mittelalter. Wissen, Literatur, Mythos, hg. von Manfred Eikelmann und Udo Friedrich. Berlin 2013, S. 161–186.

―― Herodes und sein Narr. Karnevaleske Elemente in den Johannesspielen von Johannes Aal (1545), Daniel Walther (1558) und Johannes Sanders (1588), in: Das Geistliche Spiel des europäischen Spätmittelalters, hg. von Wernfried Hofmeister u. Cora Dietl. Wiesbaden 2015 (JOWG 20), S. 425–439.

Tomeï, Wolf von: Bruder Klaus in der Überlieferung Hans Salats, in: Der Geschichtsfreund 122 (1969), S. 106–148.

Traulsen, Johannes: Heiligkeit und Gemeinschaft. Studien zur Rezeption spätantiker Asketenlegenden im ‹Väterbuch›. Berlin/Boston 2017 (Hermaea N. F. 143).

―― Virginität und Lebensform, in: Weitbrecht, Julia u. a.: Legendarisches Erzählen. Optionen und Modelle in Spät-antike und Mittelalter. Berlin 2019 (Philologische Studien und Quellen 273), S. 137–158.

Ukena, Elke: Die deutschen Mirakelspiele des Spätmittelalters. Studien und Texte. 2 Bde. Bern/Frankfurt a. M. 1975 (Arbeiten zur Mittleren Deutschen Literatur und Sprache 1).

Ukena-Best, Elke: Aal, Johannes, in: ²Killy 1 (2008), S. 25 [= 2008a].

―― Cysat, Renward, in: ²Killy 2 (2008), S. 525–527 [= 2008b].

Ukena-Best, Elke: Luzerner Spiele, in: ²Killy 7 (2010), S. 589–592.
—— Wilhelmi, in: ²Killy 12 (2011), S. 421f.
—— Retextualisierungsverfahren im geistlichen Drama am Beispiel des ‹Heidelberger (Mainzer) Passionsspiels›, in: Das Geistliche Spiel des europäischen Spätmittelalters, hg. von Wernfried Hofmeister u. Cora Dietl. Wiesbaden 2015 (JOWG 20), S. 264–279.
Velten, Hans Rudolf: Kontrastmedium – Lachritual – Unterhaltung. Zur Bewertung der Komik im Krämerspiel, in: Ambivalenzen des geistlichen Spiels. Revisionen von Texten und Methoden, hg. von Jörn Bockmann und Regina Toepfer. Göttingen 2018 (Historische Semantik 29), S. 79–100.
—— Die Nullstufe auf der Bühne: Spielfläche und Schranken als historische Aufführungsdispositive im spätmittelalterlichen Theater, in: Zeitschrift für Literaturwissenschaft und Linguistik 50 (2020), S. 511–531.
Veraguth, Manfred: Theatergeschichte der Drei Bünde. Schaustrafen und Fastnachtsbräuche, Konfessionstheater und Wanderbühnen (1500–1800). Zürich 2023.
Vögelin, Salomon: Das alte Zürich, Bd. 1. Zürich ²1878.
Vones-Liebenstein, Ursula: Wilhelm X., Hzg. v. Aquitanien, in: LexMA 9 (1998), Sp. 142f.
Wachinger, Burghart: Pange lingua gloriosi (deutsch), in: ²VL 7 (1989), Sp. 288f.
Wackernagel, Rudolf: Geschichte der Stadt Basel, 3 Bde, Basel 1907–1924.
Wagner, Fritz: Bernhard von Clairvaux, Hl., in: EM 2 (1979), Sp. 153–155.
Wagner, Hugo: Niklaus Manuel – Leben und künstlerisches Werk, in: Niklaus Manuel Deutsch. Maler, Dichter, Staatsmann. Ausstellung vom 22. September bis 2. Dezember 1979 im Kunstmuseum Bern, hg. von Cäsar Menz und Hugo Wagner. Bern 1979, S. 17–41.
Walder, Ernst: Das Stanser Verkommnis. Ein Kapitel eidgenössischer Geschichte neu untersucht: Die Entstehung des Verkommnisses von Stans in den Jahren 1477 bis 1481. Stans 1994 (Beiträge zur Geschichte Nidwaldens 44).
Walsh, Martin: The ‹Urner Tellenspiel› of 1512: Strategies of Early Political Drama, in: Comparative Drama 34/2 (2000), S. 155–173.
Washof, Wolfram: Die Bibel auf der Bühne. Exempelfiguren und protestantische Theologie im lateinischen und deutschen Bibeldrama der Reformationszeit. Münster 2007 (Symbolische Kommunikation und gesellschaftliche Wertesysteme 14).
Weber, Peter Johannes: Solothurn, die Stadtansicht aus dem Jahre 1637, in: Archäologie und Denkmalpflege im Kanton Solothurn 12 (2007), S. 115–128.
Weber, Peter Xaver: Schulmeister Jakob Wilhelm Ritz. Festgabe an die 12. Generalversammlung der katholischen Lehrer und Schulmänner der Schweiz in Luzern. 25.–26. September 1911, S. 23–29.
—— Beiträge zur älteren Luzerner Bildungs- und Schulgeschichte, in: Der Geschichtsfreund 79 (1924), S. 1–76.

Wegmüller, Stefan: Heilige und Helden – Eine politische Ikonologie der Bildtafeln der Kapellbrücke in Luzern, in: Geschichte, Kultur, Gesellschaft 29 (2011), S. 17–42.
Weiler, Tanja: Heinrich VIII. und die englische Reformation: Der lange Weg zum Bruch mit Rom. Hamburg 2014.
Weitbrecht, Julia u. a.: Legendarisches Erzählen. Optionen und Modelle in Spätantike und Mittelalter. Berlin 2019 (Philologische Studien und Quellen 273).
Wenzel, Edith: «Do worden die Judden alle geschant». Rolle und Funktion der Juden in spätmittelalterlichen Spielen. München 1992 (Forschungen zur Geschichte der älteren deutschen Literatur 14).
Wenzel, Knut: Katholisch, in: ³LThK 5 (2009), Sp. 1345f.
Widmer, Berthe, Der Ursus- und Victorkult in Solothurn, in: Solothurn. Beiträge zur Entwicklung der Stadt im Mittelalter. Kolloquium vom 13./14. November 1987 in Solothurn. Zürich 1990, S. 33–82.
—— Ursus und Victor, in: HLS, Version vom 19.02.2013, https://hls-dhs-dss.ch/de/articles/010199/ [31.10.2023].
Wieser, Barbara: Sankt Oswald zwischen Himmel und Hölle. Zum Manuskript des barocken Theaters ‹Spiel von St. Oswald›, in: Tugium 26 (2010), S. 177–186.
Williams, Ulla: Die ‹Alemannischen Vitaspatrum›. Untersuchungen und Edition. Tübingen 1996 (Texte und Textgeschichte 45).
Williams-Krapp, Werner: Die deutschen und niederländischen Legendare des Mittelalters. Studien zu ihrer Überlieferungs-, Text- und Wirkungsgeschichte. Tübingen 1986 (Texte und Textgeschichte 20).
Wind, Siegfried: Zur Geschichte des Kapuzinerklosters Solothurn. Solothurn 1938.
Wirth, Jean: Soll man Bilder anbeten? Theorien zum Bilderkult bis zum Konzil von Trient, in: Bildersturm. Wahnsinn oder Gottes Wille?, hg. von Cécile Dupeux u. a. München 2000, S. 28–37.
Wolf, Toměï: Die Reformationschronik des Hans Salat, in: Der Geschichtsfreund 119 (1966), S. 103–117.
Wösch, Johann: Die Solothurnische Volksschule vor 1830, Bd. 1. Solothurn 1910 (Mitteilungen des Historischen Vereins des Kantons Solothurn 5).
Wünsch, Thomas: Der heilige Bischof – Zur politischen Dimension von Heiligkeit im Mittelalter und ihrem Wandel, in: Archiv für Kulturgeschichte 82/2 (2000), S. 261–302.
Würgler, Andreas: Eidgenossenschaft, in: HLS, Version vom 08.02.2012, https://hls-dhs-dss.ch/de/articles/026413/ [31.10.2023].
—— Zugewandte Orte, in: HLS, Version vom 26.02.2014, https:// hls-dhs-dss.ch/de/articles/009815/ [31.10.2023].
Wyss, Heinz: Der Narr im schweizerischen Drama des 16. Jahrhunderts. Bern 1959 (Sprache und Dichtung. N. F. 4).
—— Cysat, Renward, in: ²VL 2 (1980), Sp. 25–30.

Zahnd, Urs M.: Chordienst und Schule in eidgenössischen Städten des Spätmittelalters. Eine Untersuchung auf Grund der Verhältnisse in Bern, Freiburg, Luzern und Solothurn, in: Zwingliana 22 (1995), S. 5–36.

Zimmermann, Julia: Teufelsreigen – Engelstänze. Kontinuität und Wandel in mittelalterlichen Tanzdarstellungen. Frankfurt a. M. 2007 (Mikrokosmos 76).

Zinsli, Paul: Niklaus Manuel, der Schriftsteller. Niklaus Manuel – Leben und künstlerisches Werk, in: Niklaus Manuel Deutsch. Maler, Dichter, Staatsmann. Ausstellung vom 22. September bis 2. Dezember 1979 im Kunstmuseum Bern, hg. von Cäsar Menz und Hugo Wagner. Bern 1979, S. 75–91.

―――― Niklaus Manuel als Schriftsteller, in: 450 Jahre Berner Reformation. Beiträge zur Geschichte der Berner Reformation und zu Niklaus Manuel, hg. von Historischen Verein des Kantons Bern. Bern 1980 (Archiv des Historischen Vereins des Kantons Bern 64/65), S. 104–137.

Zünd, André: Gescheiterte Stadt- und Landreformationen des 16. und 17. Jahrhunderts in der Schweiz. Basel 1999 (Basler Beiträge zur Geschichtswissenschaft 170).

Zywietz, Michael: Gobmert, Nicolas, in: MGG, https://www.mgg-online.com/mgg/stable/15672 [31.10.2023].

Personen- und Werkindex

Aufgenommen sind sowohl historische Persönlichkeiten als auch biblische, legendarische und literarische Figuren, insofern sie namentlich genannt sind und nicht nur unter ihrer Funktionsbezeichnung (‹Prologsprecher›, ‹Narr›, ‹Diener› o. ä.) auftreten. Reine Personifikationen sind nicht aufgenommen, wohl aber Teufel und pagane Gottheiten mit sprechenden Namen. Werke sind, sofern die Verfasser bekannt sind, diesen zugeordnet, ansonsten werden sie unter dem Titel und Lieder unter dem Incipit aufgeführt.

Aal, Johannes 32–33, 205, 211, 215, 225
   Johannes 28–34, 208–210, 353, 358–359
   St. Ursengedicht 215
Abalzellen, Kuno 2
Abraham, Erzvater 238, 331
Abrahamspiel 317
Adam 39, 157, 222, 332
Adolf von Nassau, König 3
Æthelfrith von Northumbrien, König 274
Æthelwald von Deira 272
Agamemnon 138
Agricola, Johannes
   Tragedia Johannis Huss 325, 346
Alekto 274
Alle hertzen die füren klag 342
Almansor. Der Kinder Schulspiegel 318
Ambrosius von Mailand 308
Amlehn, Niklaus 54
Anaklet II., Papst 93, 104, 116
Ananias 323, 333, 339

Andreas, Apostel 58, 80
Andres, Rudolf 46
Annas, Hohepriester 240
Anshelm, Valerius 364
   Berner Chronik 158, 167, 214, 289
Anthonius von Padua 151, 179, 186
Antichrist 318
Apiarius, Mathias 240
Apostolisches Glaubensbekenntnis 25, 63
Arcadelt, Jakob 237
   Domine exaltetur manus tua 237
   Gaudent in cælis 237
Aristophanes
   Pluto 21
Aristoteles 1
Ärni aus Melchtal 139–140, 264, 266, 270
Asmodeus 57, 68, 142, 149, 259
Asper, Hans 233
Astaroth 66, 149
Asteriae 318
Auferstendnus Christi 317

Augustinus von Hippo 17–18
Ave Maria 14, 63, 231
Aventor, Hl. 222
Baal 232, 292–293, 320–221
Bartholomäus, Apostel 80, 91
Basler Teufelsspiel 316
Beatus Rhenanus 213
Beatus, Hl. 250
Beda Venerabilis
  Kirchengeschichte des engl. Volkes 272–279
Beelzebub 66, 68, 149, 185, 295–298, 302, 306
Behemot 306
Belial 142, 149
Benedikt von Nursia 192
Berengar von Tours 28
Berith 185–186
Berner Hester 174
Berner Synodus 287
Berner Trilogie 29, 283, 294–311, 324, 347–357, 363, 365–366
  Bekehrter Sünder 294–311
  Miles Christianus I 294–311
  Miles Christianus II 294–311
Bernhard von Clairefontaine
  Urteil Salomos 318
Bernhard von Clairvaux 93, 96, 103–115, 217, 250, 350, 352
Berno von Reichenau 212
Beromünsterer Apostelspiel 29, 44, 53–93, 346
Beromünsterer Wilhelmspiel 94–98, 356

Bertha von Burgund, Königin 211–213, 223
Berthold, Gf. von Sülgen 172
Berthrada die Jüngere, Königin 211–213
Beza, Theodor 21
Biberli, Marquard 169
Biblia sacra vulgata 60, 331–332
Bigandus 210
Binder, Georg 21, 211
  Acolastus 208–210, 241
Birck, Sixt 21, 34, 317, 319, 346
  Beel 319
  Ezechias et Zarobabel 317
  Josephus 317
  Judith 317
  Susanna 317
  Tragedi wider die Abgötterey 29, 317, 319–322, 333, 343, 361
Blarer, Ludwig 168
Bletz, Zacharias 33
  Antichrist- und Weltgerichtsspiel 39, 52, 56, 63, 66, 74, 78, 118, 259, 359
  Der Narrenfresser 259
Boleslaus II., König 253–262
Boleyn, Anne 281
Boltz, Valentin 21, 313, 317, 322–323, 359
  Konzil des Papstes 318
  Pauli Bekehrung 29, 79, 92, 313, 322–339, 347–351, 354–356, 359, 361–364

Weltspiegel 29, 131, 134, 137, 154, 162–163, 229, 270, 296, 317–318, 339–343, 346, 361
Borromäus, Karl 10–11, 134
Bösbub, Uli 172–198, 357, 360, 365–366
Bosch, Hieronymus
Die Versuchung des Heiligen Anthonius 187
Brant, Sebastian 169–170
Narrenschiff 296, 309, 365
Breitinger, Johann Jakob 23–27
Bedencken von Comoedien oder Spielen 23–24, 27
Brendlin, Teufel 66
Broelman, Stephan
Laurentius 32
Bruder Klaus 5, 20, 66, 131–164, 262–271, 317, 341–343, 346–350, 355, 362–364
Bruder Ulrich 143, 149, 153, 266, 267
Bruderklausenspiel (anonym) 29, 134–164, 262, 284, 358
Brummer, Johannes
Kaufbeurer Apostelspiel 79, 324
Brun, Georg 32, 33
Brunner, Werni 228
Bucer, Martin 286, 315
Büchser, Felix 165, 172, 180, 199, 201
Meinradspiel 29, 44, 100, 165–203, 334, 347, 350–353, 356–362, 365–366

Bullinger, Heinrich 1, 9, 11, 20–23, 158, 315, 317, 323, 337, 339–340, 346
Confessio Helvetica posterior 9, 17–18, 25
Diarium 21, 22
Felix, Regula und Exuperatus 27–29
Lucretia und Brutus 1, 21–22, 317
Studiorum ratio 22
Büren, Daniel von 211
Osterspiel 210
Bürstlin, Teufel 66
Calliopius 240, 245
Calvin, Johannes 9, 17, 287, 304, 316, 324
Candidus, Hl. 215
Canisius, Petrus 226
Mauritiuslegende 42
Capito, Wolfgang 286
Cassius, Hl. 222
Castellio, Sebastian 316
De haereticis 316
Catechismus Romanus 230
Catharina von Alexandrien 29, 208
Cendulla 274
Charles de Guise 237
Christophorus, Hl. 14
Christus 13–19, 24–26, 39, 45, 55–57, 59, 61, 77–87, 91, 99, 108, 115, 119–127, 141–142, 153–154, 166, 171, 174, 176, 179–180, 184–185, 187–189, 200–201, 216–246, 252, 258, 266, 273–284,

289, 296–298, 304–309, 323–335, 339, 349–359, 364
Clemens, Jacob 237
Coccius, Ulrich 317
Confessio Augustana 16, 325, 330
Confessio Helvetica prior 9, 17
Constantius, Hl. 227–228, 232, 355, 356
Cramer, Daniel
   Plagium 100
Cunert, Peter 150
Curione, Celio Secondo 316
Cyprian von Karthago 245
Cysat, Renward 12, 32, 33, 39, 41, 48, 60, 65, 72, 78, 95, 126, 134, 137, 195
   Collectanea 51, 54–55, 87, 90, 117
   Convivii Process 46, 259
   Denkrödeln 43
   Heiligkreuzspiel 45, 96
Dachstein, Wolfgang
   Der torecht spricht 330
Daniel, Prophet 194, 216, 222, 321–322
David, König 176, 230, 238, 292, 331
Dedekind, Friedrich 299–300
   Christlicher Ritter 296, 299–301, 347
   Grobianus 299, 347
   Papista Conversus 296, 299–303, 310–311, 347
Den vatter dórt oben 342
Der Heiligen Leben 170

Dich Juppiter 236
Diebold von Geroldseck 167–168
Dietenberger, Johann
   Biblia 71, 176, 359
Dilecte Martyr 196
Diocletian, Kaiser 215, 221
Długosz, Johannes 254
Dominikus von Caleruega 28
Domitian, Kaiser 58
Dörflinger, Wilhelm 131, 132
Eberhart, Johann 272
Ebroin, Majordomus 116–119, 124–127, 357
Eck, Johannes 8
Edwin von Northumbrien, König 274
Eichholzer, Moritz 210–11
Eichhorn, Johann Joachim 43, 137, 168, 170, 193, 263
   Der geistlich Bruder Klaus 139
   Miraculosum Helvetiae Sidus 138–140, 156, 163, 263, 266–269
   Wundergestirn der Eydtgenoßschaft 138–140, 156, 163, 263, 266–269
Einsiedler Nikolausspiel 166
Einsiedler Osterspiel 166
Einsiedler Prophetenspiel 166
Einsiedler Weihnachtsspiel 166
Elija, Prophet 192
Elsli Tragdenknaben 290, 296
Erasmus von Rotterdam 13, 314
   Lob der Torheit 365
Erb, Matthias 323
Esther, Königin 326

Eucherius von Lyon
　Passio Acaunensium martyrum
　212
Eusebius von Caesarea 245, 291–292
Eva 39, 332
Exuperantius, Hl. 21–22, 27–28, 41, 346
Exuperius, Hl. 215
Fabulosa vita S. Stephani 239
Farel, Guillaume 287
Federwüsch, Teufel 66
Feer, Peter 54
Felix und Regula (1495) 29
Felix und Regula (1504) 27–29
Felix, Hl. 21–22, 27–28, 41, 212, 222, 346, 353
filius perditus 318
Florentinus, Hl. 192, 215, 222
Floridus von Perugia 277
Flüe, Heinrich von 141
Flüe, Niklaus von → Bruder Klaus
Flüe, Peter von 142, 151
Foxe, John
　Christus Triumphans 29, 318–319, 345–348, 354
　Commentarii rerum in ecclesia gestarum 318
François I., König 5
Frank, Petrus 146
Fredegar-Chronik 212
Frickart, Oswald 255
Fridolin von Säckingen 250
Friedrich I., Kaiser 151
Friedrich III. der Schöne, König 3

Frischlin, Nicodemus
　Hildegardis Magna 318
Froschauer, Christoph 6
Fry, Rudolf 338
Funkelin, Jakob 21
Furter, Michael 170
Gabriel, Erzengel 66, 239–241
Gallus Anonymus
　Chronik 253
Gamaliel, d. Ä. 323, 325–326
Gartzwiller, Hilger
　Chrysantus und Daria 230
Gast, Johannes 336–337
Gengenbach, Pamphilus 21, 316
　Gouchmat 316
　Nollhart 316
　Sieben Alter 209
　Zehn Alter der Welt 131, 177, 183, 316
Georg von Gengenbach 169
Georg, Hl. 197
Georgius 28–29
Gereon von Köln 222
Gideon 232, 291–293
Glissglas, Teufel 66
Gnaphaeus, Wilhelm 211
　Acolastus 208–209
　Hippocrisis 317
Goliath 318
Gombert, Nicolas 236–237
　Anima nostra 237
　Qui seminant in lachrymis 237
Gotthart, Georg 211
　Kampf zwischen den Römern und denen von Alba 209

Tobias 210
Trojaspiel 137–139, 141, 155–156, 210, 363
Graf, Stefan 170
Gregor I. der Große, Papst 59, 70–71, 77
Vita Benedicti 192
Gregor VIII., Papst 280
Gretser, Jakob 136
Bruder Klausen-Spiel 134–137, 149, 250, 263–267, 284, 364
Grübel, Sebastian 21
Grynaeus, Johann Jacob 316
Gryphius, Andreas 366
Gundelfingen, Heinrich von 137
Historia Nicolai 151
Gwalther, Rudolf 22–23, 342
Nabal 22–23
Haberer, Herman 21
Haffner, Anton
Chronica 211, 214, 225
Haffner, Franz 211, 213
Solothurnischer Schauplatz 208, 211
Hagenwyler
O Christi Miles 237
Haller, Berchtold 205, 214, 286, 288
Haller, Johann
Glückwünschung 283, 293
Haman 326
Han, Balthasar 337–338
Hananias von Damaskus 239
Hans von Waltheym 213
Hecastus 318

Heer, Adam 168–172, 203
Acta Abbatis Adami 165, 192–193
Hegesippus, Hl. 32
Heininger, Andreas 29, 347
Heinrich I. von Lausanne 212
Heinrich III., Abt von Einsiedeln 166
Heinrich VII., Kaiser 129
Heinrich VIII., König 281
Heinrich von Frienisberg 212–213
Heinrich von Melchtal 140
Heinrich, Hans 208
Helisaeus 318
Helye, Helias 53
Hermann, Ulrich 46, 48
Hermes → Merkur
Herodes 57, 105, 209, 220, 240, 243–245, 311, 353, 358
Herodias 240, 245
Hertenstein, Niclaus von 46
Hessisches Weihnachtsspiel 184
Heyder, Hans 193
Hieronymus von Prag 325
Hieronymus, Sophrinus Eusebius 245
Hinderlist, Rychardus 289
Holzwart, Matthias 21
König Saul 318
Horaz 256, 260, 320
Hugo, Bf. von Konstanz 167
Hus, Johannes 325
Hütschi, Hans Jakob 337
Hyrtacus von Solothurn 212, 215, 219–228, 232, 350
Impetum inimicorum 237

In Gottes Namen fahren wir 341
Innozenz II., Papst 93, 104, 107, 108
Innozenz IV., Papst 254
Innozenz X., Papst 133
Innsbrucker Osterspiel 149
Innsbrucker Spiel von Mariae Himmelfahrt 70
Irmi, Felix 338
Isenhut, Lienhard 170
Iste confessor 321
Jacobus de Voragine
  Legenda aurea 55, 186
Jakob, Erzvater 238, 331
Jakobus d. Ä. 57, 80, 90
Jakobus d. J. 57, 90
Jesaja, Prophet 238
Jesus → Christus
Jezeler, Johannes 21
Jodokus, Hl. 250
Johannes der Täufer 13, 34, 219, 227, 239–246, 350, 353, 358
Johannes, Apostel 70, 239
Josef von Arimathäa 323, 326, 327
Josef, Erzvater 177
Josephspiel 209, 318
Josephus, Flavius 32, 70
  Antiquitates 241
  Der jüdische Krieg 56, 60
Josua, Sohn Nuns 222, 238
Jud, Leo 9, 167
Judas Iskariot 121, 189–190, 314, 339
Julius II., Papst 167, 213
Jupiter 227, 234

Kadłubek, Wincenty
  Chronik 253
Kain 190
Karl I. der Große, Kaiser 27, 213
Karl I. der Kühne, König 4, 267
Karl IX. von Frankreich, König 237
Karl V., Kaiser 52, 118, 237, 341
Karl-Emanuel III. von Savoyen, König 207
Katharina *siehe auch* Catharina
Katharina von Alexandrien 208, 350, 353
Katharina von Aragon 281
Katharinenspiel (18. Jh.) 49
Kemnat, Matthias von
  Chronik 151
Kielmann, Heinrich
  Tetzelocramia 100
Kirchenbuch von Sachseln 134, 137, 141, 150
Kirchmeyer, Thomas → Naogeorg
Klauber, Rudolph
  Papirius 318
Kleine Tagzeiten 197
Knopflin, Jakob 255
Kolb, Paul 210
Kolroß, Johannes 21, 316–322, 346
  Fünferley Betrachtnus 177–179, 317, 331, 351
  Tragedi wider die Abgötterey 29, 317, 319–322, 333, 343, 361
Konrad III., Abt von Einsiedeln 166–168
Konrad von Altzellen 140
Krus, Niclaus 46

Krüttlin, Teufel 66
Küchler, Anton 135
Kündig, Melchior 135–136
  Beatenspiel 135–136
Kyros II., König 321
Lambert, Franz 7
Leo VIII., Papst 166
  Engelweihbulle 166, 169
Leo X., Papst 167
Leodegar von Autun 41–42, 79, 116–127, 250, 348, 353–356, 358, 362
Leodegarvita I^a 117
Leonardus de Chieragatis 27
Léonor d'Orléans-Longueville 293
Leopold I. von Österreich 214
Leopold III. von Österreich 3
Leviathan, Teufel 68
Libellenvertrag 247
Liber Vagatorum 167
Locher, Jacob
  Iuditium Paridis 100
Lucretia 1
Ludwig I. der Bayer, König 3
Luther, Martin 8, 20, 51, 62–63, 68, 92, 125, 159, 283, 299–300, 303–306, 310, 313–315, 325–326, 331, 346, 360
  Biblia 332
  Enarrationes in I Librum Mose 331
  Kumm helger geist 333
  Mitten wir im Leben sind 330
Lüthi, Jakob 131
  Bruder Klaus 29, 135, 137, 284

Luzerner Antichrist- und Weltgerichtsspiel → Bletz
Luzerner Osterspiel 30, 39, 45, 51, 55–56, 63–66, 70, 74, 80, 100, 120, 174, 188, 195, 203, 245, 339, 347, 362
Luzifer 57, 66, 68, 86, 88, 110, 118, 142, 149, 159, 184–185, 195, 197, 230, 273–275, 281, 294, 303
Macropedius, Georgius
  Hecastus 178, 209, 300, 318
Mahler, Johannes 28, 249–251, 254, 261, 268, 273
  Bruder Klaus 29, 138–140, 156–158, 163, 248, 251, 253, 262–271, 273, 281, 356–366
  Oswald 29, 248–253, 262, 271–284, 353, 356–360
  Stanislaus 29, 248, 252–262, 360–366
Makarius, Hl. 179
Mammon 195, 203
Manuel, Niklaus 21, 288–290, 304, 309
  Ablasskrämer 21, 289
  Vom Papst und seiner Priesterschaft (Die Totenfresser) 77, 289
  Von Papsts und Christi Gegensatz 289
Manuel, Rudolf
  Weinspiel 296
Maria 7, 12–15, 25, 28, 32, 54–56, 60–61, 70, 80, 139, 143, 156–158, 166, 171, 175, 221, 229, 230, 233, 265–267, 301–303, 331–332, 356

Maria I. Tudor, Königin 316
Maria Magdalena 57, 98, 100, 165, 196
Maria von Ägypten 98
Mars 227, 233, 237, 273–275
Martin von Tours 321
Martyr Christianus → *Berner Trilogie*
Martyrologium Romanum 280
Martyrologium universale 281
Matthäus, Apostel 123
Mauritius, Hl. 27, 41–42, 215–238, 250, 353
Maximianus, Marcus Aurelius Valerius 212, 215–216, 218, 227
Maximilian I., Kaiser 363
Medici, Alessandro de 237
Meinrad, Hl. 152, 165–203, 350–354, 358–359
Meinrad-Blockbuch 166, 170, 186, 189, 190
Meinradsvita (ältere) 169
Meinradsvita (jüngere) 170–171
Melanchthon, Philipp 20
Merian, Matthäus 234
Merkur 231–235, 358, 362
Mettenwyll, Hans von 46
Meyer, Hans 170
Meyer, Sebastian 286
Michael, Erzengel 54, 94, 98, 161, 256–257, 294, 356
Migdonia, Königin 58, 86–87
Monnet, Roz
  Apostelspiel 324
Mordechai 326

Moses 57, 238, 297, 300, 305
Müller, Joachim 172
  Leben vnnd Sterben des heiligen Einsidels 172
Müller, Johannes 46–49, 65
Müller, Wolfgang 264
Münster, Sebastian
  Cosmographia 234
Murer, Jos 21, 365
  Hester 100, 174
Murner, Thomas 365
Myconius, Oswald 315–316, 335, 339, 342
  Markuskommentar 315, 324
Myricaeus, Kaspar 295
Naogeorg, Thomas
  Hamanus 317, 326
Nebukadnezar II., König 319, 320
Nero, Kaiser 58, 80, 84–86, 88
Neukirch, Melchior 239
Niklaus von Flüe → Bruder Klaus
Nikodemus 323, 326–328, 333
Nikolaus von Myra 194
Noah 192
Nun schütz dich, gredlin 341
O du armer Judas 314
O Jesus Christ, hilff dyner gmein 342
O Martyr Vrse egregie 237
Octavius, Hl. 222
Oekolampad, Johannes 8, 28, 286, 314–317
Offrida, Tochter des Oswiu 278
Opfer Abrahams 318
Oporinus, Johann 22, 318
Osiander, Andreas 28

Oswald von Northumbrien 250,
  252, 271–284, 348, 350, 353, 357,
  362
Oswald von Ranft 142
Oswiu, König 278
Pange lingua 320
Pantaleon, Heinrich 21, 340
  Zachaeus 317
Papeus, Petrus
  Samaritaner 317
*Passio beatissimorum martyrum
  Victoris et Ursi* 212
Passio Sancti Meginradi heremitae
  169
Passionarium novum 169
Patroclus 84–86, 351, 356
Paulus III, Papst 325, 326
Paulus von Tarsus 25, 55–59, 80–
  86, 88, 92, 98, 151, 171, 179, 187,
  217, 223–224, 231, 280, 296–311,
  322–339, 347–351, 355–356,
  362–364
Paulus von Theben 152
Peccator Conversus → Berner
  Trilogie
Pellikan, Konrad 322
Penda von Mercia, König 271–278
Peter von Churwalch 187–193
Petrus Leonis 107–108
Petrus, Apostel 13, 15, 58, 66, 80–
  83, 108, 120, 187, 223, 232, 239,
  280, 307, 310–311, 350, 354–355,
  359
Pfaffenbrief 3
Pfeiffer, Peter 228

Pfiffer, Jost 46
Philipp I. von Hessen 8
Philipp III. von Burgund 208
Philippe III. de Croy 237
Philippus, Apostel 57
Pilatus, Pontius 243
Pippin III. d.J. 245
Pius II., Papst 169
Pius IV., Papst 9, 18, 76
  *Dekret über die Anrufung der
  Heiligen* 18
Platter, Felix
  Lebensbeschreibungen 338
Plautus, Titus Maccius
  Aulularia 317–318
  Curiculio 317
Pluto 187
Prall, Vinzenz 318
Prometheus 256, 259
Quiting, Arnold
  Jakobus-und-Petrus-Spiel 79
Rächenzahn, Ulli 296, 298, 308
Rappenstein, Jörg 90
Rasser, Johann
  *Comoedia Vom Koenig der seinem
  Sohn Hochzeit machte* 70–71,
  73
  Kinderzucht 181, 182
Ratzenhoffer, Caspar 46
Regula, Hl. 21–22, 27–28, 41, 212,
  346, 353
Richard von Nördlingen 187–193,
  200
Richel, Bernhard 170
Rizio, Giovanni Angelo 52, 118

Rorer, Georg 209
Rot, Wolfgang 132, 136, 250
   Dreikönigsspiel 132
Rudolf I. von Habsburg, Kaiser 38, 247
Rueff, Jakob 21, 211
   Adam und Eva 184
   Hiob 208
Ruobert, Hemma 140
Rüte, Hans von 21, 290–293, 304, 346, 359
   Faßnachtspiel 16, 29, 283, 290, 357–359, 365
   Gedeon 29, 232, 290, 292, 346, 362–364
   Goliath 292
   Joseph 292
   Noe 292
   Osterspiel 293, 295
Ryff, Peter
   Chronik 313–314
Ryff, Theobald 318
Sachs, Hans
   Der todt ein end aller irrdischen ding 296
   Enthauptung Johannis 29, 293, 347
   Opferung Isaaks 318
   Tobias 318
Sachs, Michael 239
Salat, Johannes 32–33, 43, 81, 131, 154
   Bruder Klausen-Biografie 136, 162, 267

Reformationschronik 62–63, 72, 183
Verlorener Sohn 31, 39, 43, 51, 345
Vrstend 131
Salome 219, 227, 240, 244–245
Salomon, König 238
Sältenler, Fritz 296
Sältenreich, Greet 298
Sältenreich, Hans 298, 366
Saphira von Damaskus 239
Satan 103, 110, 149, 185–187, 195, 197, 217, 257, 259, 298, 302, 308, 331–332
Saulus → Paulus von Tarsus
Schilling, Diepold
   Luzerner Chronik 161–163
Schindeli, Johannes 193–194
Schiner, Matthäus 288
Schmalz, Anton 295
Schnyder, Johannes
   Chronica annalium 163, 268
Schöpper, Jakob
   Ectrachelistis 241
Schreiber, Andreas 295
Schüchnitt, Lüpold 289
Schweiger, Johann 38
Sebastian, Hl. 14
Segisser, Heinrich 46
Segisser, Ludwig 46, 65
Sekta, Teufel 274, 281–284, 357, 360
Sempacher Brief 4, 156
Seneca
   Thyestes 318

Septuaginta 176
Sermisy, Claudin de 237
  Præparate corda uestra Deo 237
Sickinger, Ulrich
  Zehnjungfrauenspiel 210
Sigerist, Jakob 152
Sigismund, Kaiser 129, 247
Simler, Josias 337
Simon Magus 58, 66, 78, 86
Sixtus V., Papst 11, 280
Sogn Steivan 26
Spiegel, Johann 170
Spil von dem eydgenossischen pundt 294
Sporus 58
Sprüngli, Bernhard
  Beschreibung der Kappelerkriege 183
Staal, Hans d. J. vom 213
Staal, Hans Jakob d. Ä. vom 225–226
Stanislaus von Krakau 255, 253–262, 348, 353–354
Stanser Verkommnis 4–5
Stapfer, Johann Wilhelm 248
  Heilig-Kreuz-Spiel 248
Stauffacher, Werner 139, 264–266, 270–271
Stephanus, Hl. 13, 80, 238–239, 307, 329–331, 350, 353–354, 358
Stettler, Michael 295
Steub, Georg 193
Struthius, Johann
  Die Bekehrung S. Pauli 324

Stumpf, Johannes
  Chronik der Eidgenossenschaft 147, 233
  Schweizer Chronik 263
Sulzer, Simon 315–316
Surius, Laurentius
  De probatis sanctorum historiis 49, 95, 107, 114, 254, 256, 262
Susanna 210
Suter, Johannes 43, 193–194
Tedeum 279, 321, 342
Tell, Wilhelm 1–2, 139, 140, 261, 264–266, 270, 326
Tentator, Teufel 185–186
Terenz
  Phormio 317
Theodosius II, Kaiser 245
Thomas von Aquin 151, 320
Thomas, Apostel 58, 66, 80, 86–87, 90, 356
Titus, Kaiser 71, 74
Tschudi, Egidius 170
Urfehdenbuch 317, 337
Uriel, Erzengel 294
Urner Tellenspiel 1–3
Urner Tellenspiel (älteres) 1, 4
Ursenspiel (älteres) 29, 208, 232–236, 292, 329
Ursinus von Ligugé
  Leodegarvita II 117
Ursprung der Eidgenossenschaft 294
Ursus (1502) 29, 208
Ursus (1521) 29, 208
Ursus von Solothurn 41, 66, 211–238, 350, 353, 362

Vaterunser 63, 180, 231
Venantius Fortunatus 320
Veni sancte spiritus 322, 333
Venus 28
Verlorener Sohn 210
Vespasian, Kaiser 72–75
Via, Johannes à 95
Victor von Solothurn 41, 66, 218, 222, 229–235, 350, 356
Vincentius von Kielcz
  Vita maior Stanislai 253
  Vita minor Stanislai 253
Vita sancti Meginradi martyris 169, 191
Vitalis, Hl. 215
Vitaspatrum 169–70, 352
Vogler, Meinrath 193
Vogt, Heinrich 38
Vonviller, Martin 316
  Dreikönigspiel 316
  Totentanzspiel 316
Vulgata → *Biblia sacra vulgata*
Wägmann, Hans Heinrich 42
Wagner, Hanns 33, 205, 208–211, 213, 225, 361
  Actus Quintus Stephanis 358
  Aristotimus tyrannus 209
  Dreikönigspiel 174, 209
  Mauritius und Ursus 29, 33, 67, 209, 221, 225–238, 245, 284, 350, 346–363, 365
  Stephanus 29, 79, 209, 238–239
Wallfart zu den Einsideln 170
Waltheym, Hans von 134
Warin von Poitou 118, 123–124

Weissenbach, Johann Jacob 254
Welcher das ellend buwen well 342
Wengi, Niklaus von 206
Wickart, Paul 255
Wickram, Jörg
  Knabenspiegel 181–184
  Zehn Alter der Welt 174, 177–179, 183
Wild, Sebastian
  Stephanus 26
Wilhelm X. von Aquitanien 93–116, 348, 350, 352, 362
Wilhelmi, Jakob 44–52, 95, 98, 135, 250
  Apostelspiel 29, 48–94, 118–119, 126, 226, 239, 324, 347, 349–351, 356, 360, 362–364
  Katharina 29, 49, 350
  Leodegarspiel 29, 42, 49, 116–127, 284, 354–363
  Wilhelmspiel 29, 49, 65, 93–119, 126, 350–352, 357, 360–366
Wir sönd alleyne lieben Gott vertruwen 321
Wolff, Thomas 22
Wölfli, Heinrich 136
  Bruder Klausen-Biografie 137, 152
Wulfli, Jakob 250
Wyss, Dorothea 133, 141–144, 148, 160, 265, 266
Wyss, Martin
  Dominikus 28, 29
Wytwyler, Ulrich 44, 165, 170, 172, 180, 201, 203

Bruder Klausen-Vita 136–137, 141, 162
Meinradvita 170–177, 184, 186–191
Zimmerische Chronik 167
Zürcher Bibel 176, 332, 359
Zurflüe, Johann 43, 135–136
   Bruderklausenspiel 29, 43, 66, 131–164, 263–267, 270, 284, 357–362, 364–366

Zwingli, Huldrych 5–16, 21, 25–27, 30, 62–63, 77, 90, 125, 130, 158, 167, 177, 183–184, 207, 216, 248, 283, 285–287, 299, 303–304, 310, 314–315, 360, 364
   Ein göttlich Vermanung 6
   Eine kurze christliche Einleitung 21
   Marienpredigt 13–14
   Schlussreden 7, 14–15, 25
   Von erkiesen und fryheit der spysen 6

Das Signet des Schwabe Verlags
ist die Druckermarke der 1488 in
Basel gegründeten Offizin Petri,
des Ursprungs des heutigen Verlagshauses. Das Signet verweist auf
die Anfänge des Buchdrucks und
stammt aus dem Umkreis von
Hans Holbein. Es illustriert die
Bibelstelle Jeremia 23,29:
«Ist mein Wort nicht wie Feuer,
spricht der Herr, und wie ein
Hammer, der Felsen zerschmeisst?»